中共一大代表丛书

毛泽东

蒋建农 著

中共党史出版社

图书在版编目（CIP）数据

毛泽东 / 蒋建农著．-- 北京：中共党史出版社，2024.1
（中共一大代表丛书）
ISBN 978-7-5098-6439-5

Ⅰ．①毛… Ⅱ．①蒋… Ⅲ．①毛泽东（1893-1976）－传记 Ⅳ．① A752

中国国家版本馆 CIP 数据核字（2023）第 231062 号

书　　名：毛泽东
作　　者：蒋建农
出版发行：中共党史出版社
责任编辑：王　兵　廖晓文（特约）
社　　址：北京市海淀区芙蓉里南街 6 号院 1 号楼　邮编：100080
网　　址：www.dscbs.com
经　　销：新华书店
印　　刷：天津鑫旭阳印刷有限公司
开　　本：710mm×1000mm　1/16
字　　数：559 千字
印　　张：42
版　　次：2024 年 1 月第 1 版
印　　次：2024 年 1 月第 1 次印刷
书　　号：ISBN　978-7-5098-6439-5
定　　价：99.00 元

此书如有印装质量问题，请联系中共党史出版社读者服务部　电话：010-83072535
版权所有·侵权必究

出版说明

《中共一大代表丛书》经原中共中央党史研究室审定，于1997年由河北人民出版社推出第一版，时任中共中央党史研究室副主任郑惠和全国中共党史学会副会长、北京师范大学教授张静如担任主编。该丛书收录了参加中共一大的代表传记，这些代表是：上海的李达、李汉俊，北京的张国焘、刘仁静，长沙的毛泽东、何叔衡，武汉的董必武、陈潭秋，济南的王尽美、邓恩铭，广州的陈公博，旅日的周佛海，以及受陈独秀派遣出席会议的包惠僧。丛书共13册，其中《毛泽东》《张国焘》《刘仁静》等9位传主的传记是当时国内出版的第一本完整的传记（分别是45万字到20万字不等）。丛书面世20多年来，在社会上产生了较大的反响，赢得众多读者的广泛关注和好评。令人痛惜的是，丛书的两位主编已经分别于2003年和2016年仙逝。中国共产党已走过百年奋斗历程，历经辗转，我们分别和各册传主的作者或家属取得联系，请他们对书稿内容进行充实、文字进行完善、史实进行校订，由中共党史出版社再版发行。

丛书能够再版，要特别致敬郑惠和张静如两位老先生，也衷心感谢丛书的副主编张树军、萧寒、肖功柄。并感谢为丛书出版付出过辛苦努力的河北人民出版社马千海、荆彦周等同人。

中共党史出版社

2023年12月

总　序

古老的东方有一条龙，她的名字叫中国。她有过自己的辉煌。

然而，当世界之舟驶入近代港湾时，这条巨龙却喘息着落伍了。

20世纪初的中国，内忧外患，满目疮痍。无数觉醒的中国人以各种方式，探寻着救亡图存的道路。

当时间老人迈着沉重的步子，蹒跚地走进20世纪20年代的时候，一件开天辟地的伟大事件悄悄地降临了。

1921年7月，13位年龄不一、口音不同、装束各异的年轻人，肩负着全国50多名党员的重托，在上海秘密聚会，宣告了中国共产党的诞生。从此，在古老落后的中国大地上，出现了完全新式的、以马克思列宁主义为行动指南的、统一的和唯一的无产阶级政党。

这次被命名为中国共产党第一次全国代表大会的历史性聚会，是在反动统治的白色恐怖下秘密举行的，除了会场一度遭到暗探和巡捕的骚扰以外，在社会上并没有引起任何注意，好像什么事情也没有发生。但是，一个新的革命火种由此在沉沉黑夜的中国大地上点燃起来了，中国历史将由她谱写出全新的篇章。

斗转星移！

在20世纪即将过去的时候，当年仅有50多人的中国共产党，已经发展成为拥有5800多万名党员的执政党。在中国共产党成立后76年的历史过程中，她领导中国革命和建设，历经坎坷，取得了辉煌的胜利和举世瞩目的成就。

如今，参加中共一大的代表都已过世。追寻他们的人生足迹和思想历程，从中探求人生的价值，寻觅历史发展的轨迹，揭示社会发展的规律，成为后人特别是历史学家说不尽道不完的话题。

大浪淘沙！

当年一同参加中共一大的代表，由于种种原因，后来走上了不同的人生之路。毕生为党的事业奋斗者有之，为人民的解放而献身者有之，中途脱党者有之，背叛革命者有之，沦为汉奸者有之。他们的曲折经历，尽现了复杂离奇的社会变迁，折射出剧烈动荡的时代特点。

这种复杂的情况，也就成为后来人研究中共一大代表的难点所在。

多少年来，研究中共一大代表的生平和思想，为他们各写一部传记的想法，一直萦绕在我们的脑海。这也是我们作为史学工作者的义不容辞的责任。1995年七八月间，我们和河北人民出版社经过周密策划，邀请有关专家学者，正式启动了这一工程。

历史著作和人物传记的生命在于真实。只有真实，冷冰冰的书籍才会流淌生动的音符，才会涌动生命的活力。要做到这一点，最重要的是材料和方法。历史人物的传记写得成功与否，全赖于此。有了准确的材料和科学的方法之后，最重要的是搞清楚和把握住历史人物一生最根本的追求是什么，并把历史人物活动的时空环境尽可能地再现出来，把历史的真实再现出来，从而给历史人物一个比较准确的历史定位。这样写出来的历史人物传记，才会给读者一个大体逼真的历史人物形象。这也正是我们这套丛书所努力的目标。

为此，我们提出了四条编写原则：（一）据实直书而不拘泥于定论，以确凿的历史资料为依据，实事求是地秉笔直书，注重思想性、科学性、学术性。（二）史料丰富而不至于芜杂，挖掘和采用真实可靠的具有历史价值的史料，去粗取精，摒弃似是而非、查无实据的材料，严禁杜撰情节。（三）重点突出而不平铺直叙，结合社会历史背景，突出写传主的活动，以人和事贯穿全书，兼顾传主的思想发展和个人生活，写出传主的性格特点和人生色彩。（四）文字生动而不求浮艳华丽，力求达到语言生动活泼，优美流畅，有较强的可读性。

基于上述目标和原则，同时也考虑到中共一大代表各自不同的多面人生，我们在编写这套丛书时，还强调发挥各本书作者的主动性和创造性，作者可以阐发自己的观点，体例和风格也不强求完全一致。人物传记本来就没有一种模式、一个套路。作者在求真的前提下，以不同风格、不同体例来撰写人物传记，也可体现出人物传记写作的多样化和丰富性。

历时两载，我们编写的这套丛书终于和广大读者见面了。如果读者朋友特别是青年朋友能从这套丛书中得到或多或少的收获，那将是我们的最大快乐和欣慰。

需要特别指出的是，在参加中共一大的代表中，周佛海、陈公博、张国焘等人先后走上了党和人民的对立面。这从一个方面证明了树立正确的世界观、人生观，是何等的重要。对于这些人，我们按照实事求是的原则，把他们放在具体的历史环境中，直书他们的人生，分析他们的变化，其目的，一是真实地反映历史，二是希望从中得出一些有益的教训。

回过头来看这套丛书，我们所确定的目标和原则，可以说有些达到了，有些则还没有达到，或者说没有完全达到，留下了一些遗憾。这一方面是由于挖掘的资料还不够充分，另一方面，也与我们的水平和方法有关。我们热忱地欢迎广大读者朋友批评指正。

最后，我们还想强调两点：一是我们在编写这套丛书时，参考了许多史学家的研究成果，吸收了他们的最新研究成果，借本书出版之际，对这些同行表示诚挚的谢意。二是我们在编写这套丛书的过程中，得到了史学界、出版界以及有关部门的大力支持和帮助，特别是中共中央党史研究室的 10 余位专家顶着酷暑，为我们审阅了全部书稿。对于他们的辛勤劳动和全力帮助，我们表示衷心的感谢。

郑　惠　张静如
1997 年 8 月

序

我与建农在年龄上是两代人,最初是通过我的学生同他有了交往,他也一直奉我为老师。近些年来,这种交往就更多起来了。

建农从事毛泽东生平和思想的研究,在资料的积累和理性的思考方面,是下了一番功夫的,并且著述颇丰。单就毛泽东的传记来说,早在1991年,他就和吴正裕为中共党史人物研究会编辑的《中共党史人物传》第50卷,撰写了一个15万字的毛泽东传略。这应该说是建国以来第一篇严格意义上的毛泽东传,填补了一个空白。1996年,郑惠和我主编了一套《中共一大代表丛书》,由河北人民出版社出版。其中的《毛泽东》一书,在这套丛书中占有很重要的位置,要写得有些分量。建农承担并完成了这本书的写作,比较好地把握了毛泽东这样一个历史人物,体现了我们编撰这套书的意图。现在,出版社用另一种形式再版这本书,约我作序。多年的交情,不好推辞,写点感想,权为序。

写历史人物的传记,尤其是写革命家兼思想家、理论家的传记,如何把他的一生的实践活动同思想活动、理论创造有机地结合起来,说清楚它们之间的关系,不是一件容易的事情。建农的这本书,把毛泽东的生平、著作、思想糅在一起,写得比较好。书中通过叙述毛泽东的实践活动、理论活动的独特贡献,比较全面地反映了毛泽东为中国的民族独立、人民解放和国家富强而不懈奋斗的一生。这可以说是该书的一个特点。

写人物评传要坚持科学性,从实际出发,实事求是地进行叙述、分析、评论。譬如，对一个历史人物的一生作评论，既要有总的评价，又要有分阶段的估价，不能笼而统之，简单处理。一个人一生几十年，由于环境和个人社会地位的变化，思想和行为都要发生变化，其社会作用在不同阶段也不同。评价毛泽东这样一个历史人物，当然要以《历史决议》为基本准绳，因为《历史决议》是建立在历史唯物主义的基本观点之上的，是以历史事实为依据的。但是，《历史决议》是站在宏观的角度来把握和评价毛泽东的。要写好毛泽东的传记，除了宏观地把握以外，也需要微观的、具体的分析。不仅要分析一个人一生的功过，还要分析一生中的不同阶段，甚至要分析一些具体事件中的正确与否。这本书，通过实事求是的叙述、分析和评论，对毛泽东作了恰如其分的评价。这不仅表现在总体评价上，也表现在对不同历史阶段以及不同问题的评价上。比如对于毛泽东在"大跃进"中的失误问题，有些论著不去分析原因，而是浓彩重墨地渲染一些现象。建农在书中比较好地处理了这个问题，他把毛泽东在"大跃进"中的错误作为探索社会主义建设道路全过程中的一段背景来写。他认为毛泽东对中国式建设道路的探索分为三个阶段，1956年至1957年春为开端；1958年秋至1959年夏为第二阶段；1961年冬开始的大兴调查研究之风为第三阶段，而把毛泽东发动"大跃进"的错误和庐山会议后期的"反右倾"，看作探索中的错误。这样，就把孤立的历史现象联系起来了，挖掘其深层的原因，展示毛泽东的思想发展脉络。我认为他的这种处理是符合历史发展规律的。

　　写人物评传要努力探索人物的个性特点及其对社会的作用，避免千人一面。所以，对思想、观点、品格、眼光、学历、学识、才能、爱好、人际交往等个人特点，都应该进行认真的考察。我不能说建农的这本书已经完全写出了毛泽东这个人物的个性特点及其对社会的作用，但是作者已经注意到了这个问题。这是很好的。

　　我历来主张，写人物传记，应当研究其与一些同时代人物的关系。作为毛泽东这样一个共产党的领袖人物，他交往的不仅有自己的同志，有自己的敌人，还有大量的是属于朋友的关系。这与中国革命所处的环境有关。在中国这样一个半殖民地半封建的国家进行革命，无产阶级不仅有自己可靠的同盟军——农民，还要与小资产阶级、民族资产阶级结成统一战线，在一些特殊的阶段还要与自己的敌人结成统一战线，以反抗共同的外敌入侵。这样，在毛泽东的政治生涯中，与各方面人士的关系就成为一个很有意思的研究课题。建农的这本书，在这个方面是有所突破的。建农一直很注意这方面的研究，曾出版过这方面的专著。由于有了一定的积累，所以写到这方面的内容时就能够比较得心应手。这应该说是这本书的特色之一。

当然，这本书也有不少遗憾和欠缺。1998年12月，我在出席建农主编的《毛泽东全书》的出版座谈会时说，每个历史人物都有自己特质的东西，每个历史人物的思想理论都有其核心的东西。毛泽东思想理论体系的核心是新民主主义理论，包括新民主主义革命论和新民主主义社会论。我提出要特别注意研究新民主主义理论与现代化的关系，与社会主义初级阶段理论的关系。建农的这本书专门列一节，概括地叙述了毛泽东关于新民主主义革命理论的内容，但并没有深入地加以展开分析，对这个理论同毛泽东后来的一些认识的关系也没有加以充分的注意。当然，这个不足，并不影响这本书在其他方面的价值。

建农在毛泽东的生平、著作和思想研究方面，可以说是很有成就的。作为一个年轻学者，希望他继续努力，拿出更多更好的成果，为繁荣毛泽东研究事业作出更大的贡献。

张静如

1999年11月15日

目 录
CONTENTS

引 子 001

第一章·"改造中国与世界" 007

008　故乡、家世
014　走出韶山
022　在湖南一师
029　五四运动的风云际会

第二章·参加建党 043

044　确立马克思主义世界观
048　播种"圣火"
054　参与创建中国共产党
062　领导湘区工运

第三章 · 在大革命中 069

- 070 推动第一次国共合作
- 080 分析社会各阶级
- 083 致力于农村大革命

第四章 · 开辟中国革命之路 099

- 100 把红旗插上罗霄山脉
- 126 星火燎原
- 167 分田分地真忙
- 177 横扫千军

第五章 · 踏遍青山人未老 197

- 198 逆境中的执着
- 206 中华苏维埃政府主席
- 214 扭转战局的一次次努力
- 219 长征途中的英勇抗争

第六章 · 奠基西北　233

- 234　神来之笔
- 242　团结北上
- 252　高原展红旗
- 266　筑起新的长城

第七章 · 领导民族抗战　277

- 278　实行全面的抗战路线
- 302　争夺统一战线领导权
- 311　打退反共高潮
- 327　建设模范的抗日民主根据地
- 338　论新民主主义革命
- 345　延安整风
- 356　主持中共七大
- 367　指挥解放区战场大反攻

第八章 · 为了光明的中国　377

- 378 ｜ 争取国内和平
- 385 ｜ 粉碎国民党军的全面进攻
- 395 ｜ 转战陕北
- 402 ｜ 决战前夜
- 412 ｜ 两种命运的大决战

第九章 · 开国立业　429

- 430 ｜ 为新中国奠基
- 452 ｜ 在三大运动中
- 465 ｜ 改造旧制度　武装新思想
- 470 ｜ 开展"三反""五反"运动
- 477 ｜ 确立社会主义制度

第十章 · 探索中国式建设道路　499

- 500 ｜ 伟大的开端
- 515 ｜ 在"大跃进"年代
- 530 ｜ 大兴调查研究之风

第十一章 · 伟人暮年 541

- 542 　国际反霸
- 549 　"不断革命"
- 558 　三线建设
- 563 　点燃"文化大革命"之火
- 570 　"斗、批、改"
- 580 　粉碎林彪集团
- 600 　提出三个世界理论
- 609 　"要把国民经济搞上去"
- 621 　动荡中交班

附录 · 毛泽东对中国特色社会主义的理论贡献 628

后 记 645

再版后记 647

修订版后记 649

引 子

逝者如斯

长江，正值汛期的长江，刮着五级大风。73 岁高龄的毛泽东不顾左右的劝阻，毅然跃入这水急浪大的江中。从武昌大堤口到武汉钢铁公司码头，大约是 30 华里的游程，毛泽东劈波斩浪一往直前。5 分钟、10 分钟、30 分钟、1 小时；5 里、10 里、20 里……大浪一个接着一个，江风越刮越猛。毛泽东时而侧泳，时而仰卧水面，时而奋力击水。就在这风口浪尖里，他整整畅游了 75 分钟。陪同毛泽东畅游长江的武汉市 5000 名游泳大军振奋不已；两岸 10 万名沿江欢呼的群众欢声雷动……全中国的 7 亿颗心为之跳跃，全世界的有心人闻之都感到震撼。他们对毛泽东超人的体能和罕见的果敢表现出极大的惊讶和由衷的敬佩。

但这仅是毛泽东一生中无数次中流击水的一幕。时间是 1966 年 7 月 16 日，地点武汉。

30 年后的 7 月 16 日，笔者有幸乘汽艇在武汉的江面上亲身领略了汛期长江那惊心动魄的场景。所不同的是，由于江水实在是太急了，武汉市为纪念毛泽东畅游长江 30 周年准备了 1 个多月的横渡活动，被迫延期。浩浩江面上只有少量的行船在波涛风雨中颠簸。汹涌而去的江水，使人产生无限的遐想……

"自信人生二百年，会当水击三千里"的毛泽东也无法背离生老病死的自然规律。1970年党的九届二中全会开始"批陈整风"后，毛泽东奔波于南方各省，用很大精力防范林彪集团的反扑，他已经有山雨欲来的预感，但还是没有想到事情会发展到预谋谋杀他本人和乘机外逃那么激烈的程度。九一三事件发生后，78岁高龄的毛泽东与周恩来一起领导了对林彪集团的揭批查工作。精神上的打击和极度的劳累，使毛泽东的身体骤然衰老。1972年1月10日，毛泽东只在睡衣外套了件大衣就去参加陈毅的追悼会，结果着凉感冒引起了肺炎。就在那次追悼会结束时，在场的一位医生注意到，毛泽东在上汽车时几次抬腿都未能蹬上汽车，最后在工作人员的搀扶下才上了车。同年2月12日凌晨，毛泽东由于肺心病加重和严重缺氧，突然休克，心脏也已经停止跳动。多亏大夫胡旭东、吴洁立和护士长吴旭君、俞雅菊等及时抢救，才缓了过来。醒过来的毛泽东对自己的生死经历浑然未觉，以为自己只是睡了一觉，但其身边工作人员却是后怕不已。闻讯从西花厅驱车赶到毛泽东住所的周恩来，许久迈不开要下车的腿。如果抢救失败，后果不堪设想。2月21日，美国总统尼克松如期访华。这是毛泽东重病脱险后的第九天。他的脚肿得很厉害，过去的鞋已经穿不进去了。为了准备会见尼克松，工作人员事先特地画了脚样，定做了两双肥大的圆口黑布鞋。毛泽东一直关注尼克松的行程，从飞机落地到他们入住钓鱼台国宾馆，工作人员不断地向他报告。出人意料的是，当周恩来尚未来得及与尼克松会谈的情况下，毛泽东却提出在尼克松一行抵京的当天下午就在住地会见尼克松、基辛格等。当客人进门时，工作人员搀扶着身体虚弱的毛泽东站起来，向客人们致以问候。毛泽东为自己已不能用十分清晰的语言流利地表达意思，向客人表示道歉。周恩来向客人解释说，这是因为毛泽东患了支气管炎的缘故。而尼克松在回忆录中却判断："这实际上是中风造成的后果。"尼克松有所不知的是，毛泽东的病情实际比他的判断还要严重得多，书房的屏风后放置的就是应急抢救的医疗设备，医护人员正在隔壁的房间内待命。原定这次会见只是礼节性的15分钟，实际却按照毛泽东的意思延长到了一个小时零五分钟。在会谈中毛泽东是那样的睿智，但会谈一结束，疲惫的他却不得不在沙发上静坐了30分钟，才起身卧床休息。也许有心人会注意到有关这次会见的新闻报道中没有出现"神采奕奕""身体非常健康"一类的用词。在这以后，毛泽东讲话越来越困难，在他生命最后一年的时间里，只有长期在他身边工作的人员才能听懂（有时是根据口形猜测）他要表达的意思。他在与人谈话时需要工作人员逐句"翻译"。

1973年8月24日，毛泽东主持召开党的十大。帷幕拉开之前，他得由工作人员搀扶到主席台的座位上。会议闭幕时，全体与会者起立，希望目送毛泽东离场。但他实在是无力起身。目睹这一幕的周恩来连忙说，毛主席要看着大家离场他再离开。于是，他等全体代表退席后才让工作人员扶走。所以，在关于党的十大的新闻纪录片中，既没有毛泽东入场的镜头，也没有他退场的镜头。这是他最后一次出席党的全国代表大会，毛泽东一生共参加了七届中共全国代表大会。

自1974年初开始，毛泽东的视力严重下降，看东西模糊吃力。他不得不借助工作人员帮助他读书、读报、读文件，这对一生都手不释卷的毛泽东而言，无疑是件很痛苦的事。同年8月，医生为毛泽东检查眼睛，确诊为"老年性白内障"。这种病没有快速治疗的办法，需要经过几个病理时期才能采取手术措施。这一情况，除了他身边的工作人员外，只有负责领导毛泽东医疗组工作的周恩来、汪东兴等几个人知道。在长达600多个昼夜的漫长时间里，毛泽东默默地承受着几乎完全失明的煎熬。在那段时间他批阅的文件上，留有他错行、错距、错位，甚至是重叠的字迹。毛泽东在1974年和1975年分别会见20余批次的外宾，眼睛恢复视力前，他和外宾握手时不得不摸索着才能抓住对方的手。但在日常生活中，他从不给工作人员和医护人员以沉闷的表情，相反，在与人接触时，他总是以幽默风趣的谈话来解除别人的担忧、紧张和顾虑。1975年春节前后，几位眼科专家到杭州毛泽东的住所为他会诊。当他与其中一位专家握手并得知他的名字叫唐由之时，立即说道："这个名字好，你的父亲一定是位读书人，他可能读了鲁迅先生的诗，为你取了这个'由之'的名字。"接着，他便背诵起鲁迅悼杨杏佛的诗："岂有豪情似旧时，花开花落两由之。何期泪洒江南雨，又为斯民哭健儿。"此时，毛泽东已82岁，虽然双目近乎失明，讲话费力，但吟咏起诗来却依然富有感情，并且一字不差，令在场的专家惊讶不已。同年秋，唐由之主刀，为毛泽东的左眼做拨除白内障手术。毛泽东让工作人员找来评弹《满江红》的录音带，静听着激昂的乐曲由医生做了手术。手术只用了7分钟，非常成功。

周恩来、汪东兴等一直在手术室外的大厅里守候。毛泽东在左眼复明后，不顾医生让他少看书的劝告，除批阅大量的文件外，还看了大量的书籍，如二十四史中的有些篇目、鲁迅的杂文，以及《考古学报》《历史研究》《自然辩证法》等报刊。他甚至还提出为他印大字本的《化石》杂志和《动物学》杂志的要求。

眼睛的复明并不能阻止毛泽东健康状况的继续恶化。但如同克服失明的困难一样，毛泽东顽强地同疾病作斗争。一方面，他竭力忍受治疗中的痛苦，配合医生治疗，特别是以极大的毅力，在年过八旬的时候戒掉了抽了一辈子的纸烟；另一方面，始终保持着乐观主义的情绪，进行力所能及的运动。1975年他在长沙期间，还先后五次到湖南省游泳馆游泳，每次达半个小时。三〇一医院的专家姜泗长曾感慨地讲："我行医四十年，给成千上万的人看过病，但我从来没有见过，在和疾病的折磨作斗争中，有谁像主席这样有着如此坚强的毅力和乐观主义的精神"[①]。

1976年1月8日，毛泽东闻知周恩来逝世的噩耗，许久一言未发。

[①]《缅怀毛泽东》下卷，中央文献出版社1993年版，第687页。

周恩来的病况，毛泽东是十分清楚的，离别是不可避免的。疾病的缠绕使两位伟人没有能够见上最后一面，毛泽东无力再去参加周恩来的追悼会。他吃力地拍着腿对身边工作人员张玉凤说："我也走不动了。"他只能无奈地在中共中央关于周恩来的治丧报告上重重地画了个圈。

1976年春节，工作人员一勺一勺地给毛泽东喂年饭。这时，他连"饭来张口"也很艰难了。他只吃了几口米饭和一点武昌鱼肉。春节期间他看了电影《难忘的战斗》。据吴旭君回忆，当银幕上出现人民群众热烈欢庆解放、迎接解放军进城的镜头时，毛泽东禁不住老泪纵横，电影也看不下去了。虽然毛泽东生活已经不能自理，甚至说话也很费劲了，但他的头脑依然十分清楚，依然全身心地为国事操劳。由于长期卧床，为了侧卧时看书批阅文件方便，工作人员为他配了单腿的眼镜。后来连举文件的力气也没有了，他就让工作人员帮他举着书和文件来阅读。1976年前五个月，他会见外宾五次。5月27日，他又坚持在书房里会见了来访的巴基斯坦总理布托，人们从现存的影像资料看到他的头部只能侧靠在沙发上。这是他最后一次会见外宾。会见只持续了15分钟。6月初，毛泽东的心脏病再度发作。经过全力抢救，才又平缓下来。这时他已完全不能自己进食，就是流食也难咽下去，医护人员为他做了鼻饲。毛泽东躺在床上几乎已经不能动身，鼻子上同时插着氧气和鼻饲两根管，但他仍然没有停止过工作。从1959年起开始为他做内勤服务和卫士的周福明回忆："我时常看到在疾病的折磨下主席是那样的痛苦。肺心病常常导致他在严重地缺氧，嘴唇发紫，浑身全是汗淋淋地，举书的手时间长了也抖得不停。"[1]

7月28日，唐山、丰南地区发生强烈地震，北京也受到波及。病中的毛泽东被用担架抬进了游泳池边上的新居"二〇二"。当时毛泽东已服用了安眠药，醒来后他执意要求搬回游泳池的旧居去。最后由华国锋亲自做

---

[1]《缅怀毛泽东》下卷，中央文献出版社1993年版，第686页。

工作说，等地震平稳下来，主席身体好些再回去。毛泽东十分关心震情和灾区人民。送来的震情汇报，他都亲自过问。当他听说灾区人民的生命财产遭到严重损失时，止不住热泪涌流。8月4日，毛泽东派以华国锋为总团长的中央慰问团赶赴灾区。《中共中央关于唐山、丰南一带抗震救灾的通报》是他生前批发的最后一份文件。不久，毛泽东的心脏病又一次发作。8月26日，危病中的毛泽东似乎不知道生命的终结将要到来，又向工作人员索要了南宋洪迈撰写的《容斋随笔》。这是他比较喜欢读的一本书，也是他向工作人员要的最后一本书。

9月2日，毛泽东的病情恶化。9月5日，病危。9月8日，毛泽东进入弥留状态。即使是在他生命的最后一天，毛泽东仍以超人的毅力，顽强地同死神抗争。

据医护人员统计，毛泽东在9月8日这一天，先后看文件、看书11次，共2小时50分钟。而这一切是在上下肢插着静脉输液管，胸部安有心电图监护导线，鼻子里插着鼻饲管和氧气管的情况下，由别人用手托着书和文件来读的。9月9日零时10分，毛泽东的心脏停止了跳动。

在毛泽东的一生中，既有过革命高潮时在风口浪尖上的搏击奋进，也经历了挫折时在低谷中的一次次努力，但无论是成功与失败，他始终保持着旺盛的斗志和奋发向上的精神，即使是在生命的最后一段时间里。我们没有理由说那时毛泽东并不知道死之将至，但他的行动却表现出一个彻底的唯物主义者视死如归的大无畏英雄气概，也反映了毛泽东一息尚存、奋斗不已的顽强精神。这何尝不是又一次到中流击水呀。这是面对着死神的挑战，用生命进行的最后一搏。

毛泽东，20世纪的大变革年代改变中国面貌的一代历史伟人。

第一章
CHAPTER ONE

"改造中国与世界"

故乡、家世

位于湖南湘潭、宁乡、湘乡交界处的韶山，是毛泽东的故乡。

韶山属湘潭市，处于湘中丘陵地带。

韶山的顶峰，即著名的韶峰，又称仙女峰，海拔500多米，山高陡峭，气势雄伟，"绝顶才宽三五尺，此身如有九重天"。韶峰是南岳衡山七十二峰之第七十一峰。在韶峰下，群山环抱着一块不大的谷地，由南向北，长5公里，宽3.5公里，地形明显地分为东西两部，西部山峦环绕，东部岗丘起伏，大致构成"六山一水二分田，一分道路和庄园"的格局，这个山谷就叫"韶山冲"。

韶山冲东北距长沙90公里，东南离湘潭45公里，是个偏僻的山冲。新中国成立以前，这里没有铁路、公路，也没有通船的河道。在这里居住的有毛、李、钟、周、邹、彭、庞等几姓人家，他们忠厚、朴实、勤劳、善良，但是在帝国主义和封建主义的压迫下，却遭受着深重的灾难，过着很穷苦的生活。

韶山冲里潺潺流淌着一条小溪，终年流水不断。在这小溪中上游的南岸，有一栋依山傍水的半瓦半茅屋的房子，叫上屋场。这是一栋湖南农村常见的"凹"字形住宅，当地人称作"一担柴"式的房子。这栋房子从堂屋正中为界，分别住着两家人。住在东边瓦房里的是毛家。公元1893年12月26日（清光绪十九年十一月十九日），毛泽东就诞生在这里。

韶山毛氏家族的历史，可以追溯到14世纪中叶。当时元末红巾军起义如火如荼，天下大乱。

在这王朝更迭的年代，家住江西省吉州府龙城县（今江西省吉水县）的一个名叫毛太华的青年农民，投奔到朱元璋的农民军中。

朱元璋建立明朝以后，毛太华做了百夫长一类的下级军官，并随从明朝大将傅友德、蓝玉远征云南。云南归入大明一统后，毛太华被留下，成为镇边军人。

云南边陲，为少数民族聚居地，当时很少有汉族居住。在云南澜沧（今云南省澜沧拉祜族自治县内），毛太华同许多镇滇军人一样，娶了一位当地少数民族姑娘为妻，并生育了四个儿子，依次取名为：毛清一、毛清二、毛清三、毛清四。

由于戍边立有军功，毛太华后被准许迁回内地。明洪武十三年（1380年），毛太华偕妻子王氏、长子清一、四子清四入湖南，居住在湘乡县城北门外绯紫桥。在这里，朝廷分给他们田产几十亩。数年后，毛清一、毛清四就迁移到了湘潭县七都七甲定居。七都七甲这个山乡，就是今日闻名天下的韶山。毛太华随儿子清一、清四在韶山生活若干年后就去世了。从此，毛氏家族便在这山清水秀的韶山一带繁衍生息。毛太华，成为韶山毛氏家族的第一代祖先。

毛氏家族从第一代毛太华至第六代，没有固定的谱系。清乾隆二年（1737年），毛氏家族第七代开始修族谱，定下固定的谱系为：

立显荣朝士，文方运际祥；
祖恩贻泽远，世代永承昌。

清光绪七年（1881年），毛氏族谱再修，又续订了谱系：

孝友传家本，忠良振国光；
起元敦圣学，凤雅列明章。

以后直至1941年，毛氏族谱又经三修、四修，但都没有再续谱系。

在族谱中，还记载着颇为严格的家训：培植心田、品行端正、孝养父母、友爱兄弟、和睦乡邻、教训子孙、矜怜孤寡、婚姻随宜、奋志芸窗、勤劳本业。族谱中规定的家戒则要求戒"游荡""赌博",等等。

毛氏家族在韶山世代务农。其第十七代传人毛祖人,又名毛四端,就是毛泽东的曾祖父。他生于1823年,1893年毛泽东诞生那年去世。他是一个沉默寡言、勤劳忠厚的农民,没有读过书,主要靠种田、出卖劳动力来维持一家的生计。生有二子,长子德臣,次子翼臣。

毛泽东的祖父毛翼臣,名恩普,字寅宾,是毛氏家族的第十八代传人。他生于1846年5月22日,1904年11月23日去世。娶妻刘氏,生一子贻昌;还有两个女儿,分别嫁张家和贺家。1878年,与哥哥德臣分家,从祖居地韶山东茅塘搬到南岸上屋场。他是一个老实厚道的庄稼人,一生清贫。为了生活,不得不将祖传的部分田产典当出去。

毛氏家族的第十九代传人毛贻昌,即毛泽东的父亲,字顺生,号良弼。他生于1870年10月15日,1920年1月23日因患急性伤寒病去世。当时毛泽东在北京为驱逐张敬尧的斗争而奔走,未能赶回韶山奔丧。

毛贻昌终生务农经商,而且生财有道。他读过几年私塾。10岁时,由父母做主,与湘乡县(现为湘乡市)唐家坨文芝仪之女文素勤[①]订了婚,15岁完婚。16岁时,为了替父亲偿清所欠债务,迫不得已外出当兵。他把军队发给的饷银积攒起来,退伍回家后,还清了债务。17岁开始当家理事。那时,他家只有六七亩地,家底微薄,一家人终年为温饱而操劳。但毛顺生精明能干,善于经营,他把自家省下来的稻谷做些加工,将白米挑到银田寺赶集出售,有时也零售给附近的穷苦樵夫和手工业者,米糠则用来喂养架子猪出售。渐渐地,他积攒了一笔钱,赎回了父亲典当出去的田产,算上原有的,共有自耕地15亩,年收60担谷。全家有父亲、妻子和泽东、

---

① 毛泽东母亲的名字说法不一。埃德加·斯诺的《西行漫记》根据毛泽东的口述音译为"文其美",后被校订为"文七妹"。毛泽民的外孙曹宏和作家周燕著《寻踪毛泽民》记载:毛泽民在1939年应共产国际要求,代毛泽东填写一份个人履历,其中将其母亲名字写为"文素勤"。(中央文献出版社2007年版,第303页)

泽民、泽覃三个儿子，连他共 6 口人（后又收养了其堂弟的女儿泽建），每年除用去口粮 35 担外，尚有 25 担左右的剩余。

毛顺生治家严厉，是个好当家。他常说："吃不穷、用不穷，人无计算一世穷。谁会盘算，谁就能过好日子；不会盘算的人，你给他金山银山，也是空的。"他带着一家人勤奋劳动并省吃俭用，家里没有吃闲饭的，儿子们年纪再小也要干些割猪草之类的轻活，长大些了就要到田里干活。每年口粮之外的剩余谷子，用作押进田产，取利息钱。此外，他还兼做些贩运谷米和生猪的生意。开始，这种生意还是小规模的。后来，毛顺生得到岳家亲戚的贷款帮助，便到湘乡大坪坳一带成批购进稻谷，加工销售。家里也开始雇工，起初是短工，后来雇一长工，在冬天碾谷的时候，还得多雇一个短工。在运输上，也逐步由肩挑改为土车运送，以后更发展到从银田寺雇船，将米运往湘潭市易俗河去出售。此外，他还贩卖耕牛。毛顺生手头的钱增多了。1904 年，他买进了堂弟毛菊生的 7 亩水田，使田产增加到 22 亩，年收稻谷 80 担。此后，他继续聚积财富，但不再买进土地，而是典进别人的田地。因为典地要比买地便宜，自己不用操心农田，有利于经营生意。他有了资本，算是个小财东了。他在银田寺的"长庆和"米店入了股，并同"祥顺和""彭厚锡堂"等店铺有商务往来。为了流通方便，自家还印制了取号"毛义顺堂"的纸票，同"吉春堂"的纸票流通周转。"吉春堂"是湘乡大坪坳一家设有药材、肉食、杂货等几个店铺的大商号，老板赵浦珠，是毛顺生妻兄文玉瑞的亲家。后来，毛顺生一手包办了儿子泽覃与赵家女儿先桂的婚姻。赵先桂与毛泽覃结婚后在毛泽东带领下参加了社会主义青年团，后成为革命烈士。赵浦珠在新中国成立后曾给毛泽东去信谈土改和减租之事，毛泽东复信要他与当地人民政府的同志妥为接洽，自己"因不悉具体情况，未便直接干预"。

毛顺生克勤克俭，经营有方，使得家业日益发达。1936 年毛泽东同斯诺谈到他家的经济情况，说相当于"富农"的地位。1950 年冬，韶山乡土地改革划成分时，乡政府写信请示毛泽东询问该如何给毛家定成分，毛泽东为自己家划的成分为"富农"。

毛泽东的母亲文氏，是一位勤劳、善良、品德高尚的农村妇女。1867年2月12日生于湘乡县四都唐家圫的一个农民家庭。同当时许多农村妇女一样，她没有一个正式的名字。由于她在文家排行第七，家庭及邻里都称她"七妹"。1936年毛泽东同斯诺谈话时，说他母亲"在娘家的名字叫文其美"，这是当年译成中文时的音译之误，因斯诺的《西行漫记》而流传开来，实际应该是"文七妹"（即文素勤）。

文家也以务农为业，家境小康。其家所在的唐家圫距韶山冲有10多华里。由于文家的祖先葬在韶山冲，后代每年都来韶山扫墓。为了扫墓时在韶山有个落脚的地方，文家就将七妹嫁到了韶山。七妹同毛顺生订婚时只有13岁，18岁嫁到韶山成婚。她共生育了7个孩子，长子、次子早夭，第三胎生下了毛泽东，后来又生了两男两女，四子毛泽民，五子毛泽覃，两个女儿也都早殁。

毛泽东的出世，给毛家带来了喜庆。母亲文氏唯恐第三个儿子又遇不幸，便烧香拜佛，祈求神灵保佑，并开始吃起了"观音斋"。毛泽东出世不久，就被寄养到唐家圫的外婆家。在唐家圫的后山，有个龙潭溪，溪内有一股清泉，四季流水不断。在潭边矗立着一块巨石，高二丈八，宽二丈。人们称这巨石为"石观音"，并经常来此祷告。外婆为了小外孙能长大成人，便要女儿七妹抱着外孙来到"石观音"前烧香叩头，拜巨石为"干娘"，寄名石头，取容易抚养之意。因毛泽东排行第三，故有了"石三伢子"的乳名。1959年毛泽东回韶山，在设宴招待乡亲父老时，还开玩笑说，今天该请的都请到了，就差那"石干娘"没来。

在外婆家，毛泽东还按母亲的意思，认七舅母为干娘，意在托福，因为七舅母孩子众多，被认为命中多子多福。母亲文氏为毛泽东的成人费尽了苦心。

对毛泽东影响较深的，还是母亲那高尚的品德。她性情温和，心地善良，富有同情心，且乐于助人。每逢荒年旱月，她就悄悄地送些米粮接济贫苦的乡亲们。这同过于自私的毛顺生之间产生了较大的反差。在母亲的影响和支持下，少年时代的毛泽东养成了乐于助人的品性。

至今，在韶山还流传着许多毛泽东助人和同情穷人的故事。

1919年10月5日，毛泽东的母亲因患淋巴腺炎不幸逝世。正在长沙忙于驱张运动的毛泽东昼夜兼程赶回韶山，为母亲守灵。他对着暗淡的油灯，回忆着慈母的件件往事，悲痛中写出了一篇哀恸的《祭母文》：

……吾母高风，首推博爱，远近亲疏，一皆覆载。恺恻慈祥，感动庶汇。爱力所及，原本真诚。不作诳言，不存欺心。整伤成性，一丝不诡。手泽所经，皆有条理。头脑精密，擘理分清。事无遗算，物无遁形。洁净之风，传遍戚里。不染一尘，身心表里。

并作泣母灵联两副：

疾革尚呼儿，无限关怀，万端遗恨皆须补；
长生新学佛，不能住世，一掬慈容何处寻？

春风南岸留晖远，
秋雨韶山洒泪多。

不久，毛泽东给他的同学、好友邹蕴真写信，又高度地赞扬了母亲的品德。他说，世界上共有三种人：损人利己的人；利己而不损人的人；可以损己而利人的人。他说他的母亲正是这后一种人。

在毛泽东的心里，对父亲、母亲的怀念和深情，始终没有淡漠。1921年春、1925年夏和1927年初，毛泽东回到韶山时，都要来到父母合葬的墓前凭吊。1936年，毛泽东在陕北对斯诺多次深情地谈到他的父母亲。1959年6月25日，毛泽东回到了阔别32年的故乡韶山。在旧居里父母的照片前，他伫立凝望了好久，然后对随行的人员说，如果是现在，他们都不会死的。他的父母得的都不是难治的病症，却都过早地去世了。第二天清晨，毛泽东踏着露水来到父母的坟前，献上一束松柏，深深地鞠躬致礼，静默良久，并表示，下次再回来，还要来看看两位老人。

走出韶山

毛泽东童年的大部分时间是在唐家圫的外婆家度过的。这是一个四世同堂的大家庭，全家大小20余口人，生活也比较富裕。在一大群孙男孙女中，多了个"根基不稳"的小外孙，外婆自然是对他格外宠爱。毛泽东在这里过着无忧无虑的群体生活，同表兄弟姐妹们一块嬉戏，一道去放牛、打猪草等。从6岁开始，他就来到田里帮助劳动。

1902年，毛泽东9岁了。父亲把他从唐家圫接回来，送到离家不到200米的南岸私塾受启蒙教育，塾师邹春培。毛泽东同旧时所有私塾学生一样，先是从《三字经》读起，接着读《论语》《孟子》《诗经》等。毛泽东天资聪明，读书很用心，塾师教过的书，他都能背得。由于他自己学会了使用《康熙字典》，一些先生没有教的书，他也能读懂。在学习上，他不需要先生太劳神，因此大家都叫他"省先生"。1904年秋，毛泽东转学到关公桥私塾，塾师毛咏生。1905年春，又就读于桥头湾、钟家湾私塾，塾师周少希。

1906年秋，又到井里湾私塾就读，塾师毛宇居。在井里湾私塾，毛泽东继续读四书五经，并开始练习书法。毛泽东在这里读的是《公羊春秋》《左传》等经史书籍，但是他不喜欢读这些书，而是喜欢读中国古典小说，特别是关于造反的故事。他曾背着老师读过《精忠传》《水浒传》《三国演义》《西游记》《隋唐演义》等。毛宇居后来回忆说："当时私塾的规矩，认为小说是杂书，不准学生看，因此，他（毛泽东）总是偷着看，见我来了，就把正书放在上面。后来被我发觉了,就故意多点书,叫他背,但他都背得出来。"后来,毛泽东回忆自己喜欢读中国古典小说,认为这些书对自己影响很大。

1907年至1908年,毛泽东停学在家务农,白天同成年人一样在田间劳动,学会了扶犁、掌耙、扬谷、下种等农活,晚上则替父亲记账。但是,毛泽东的兴趣并不在这里。晚上他很快地记完账后,就躲进自己的卧室,点起桐油灯,读起书来。父母住在隔壁,总是催他早点睡,第二天早上好做工去。毛泽东听到催促声,便用布遮住灯光,继续看,并且常常读到深夜。精明的父亲很快就看出他的把戏,反对道:你这样一夜熬掉了多少桐油,一个月下来就是几百文钱,这样下去,还了得?毛泽东如饥似渴地阅读当时能找到的一切书籍。有一天,他忽然想到了这样一个问题,就是小说里有一点很特别,里面没有种田的农民。所有的人物都是武将、文官、书生,从来没有个农民做主人公。毛泽东对此困惑不解,询问了许多人也都回答不出来。后来,他分析了小说的内容,发现它们颂扬的全都是帝王将相、才子佳人,而这些人是不必种田的,因为土地归他们所有和控制,农民替他们种田。

他读完在韶山所能借到的书,还跑到外婆家,从表兄文运昌那里借了一些书来读。其中有一本改良主义者郑观应所著的《盛世危言》,这是毛泽东非常喜欢的一本书。作者以为中国之所以弱,在于缺乏西洋的器械——铁路、电话、电报、轮船,所以想把这些东西传入中国。书中提出"主以中学,辅以西学"的主张。这一时期,他还读了另一位改良主义者冯桂芬著的《校邠庐抗议》,此书对外国侵略和清政府的腐败表示了不满,并提出一些富国强兵的主张。这些书,开阔了毛泽东的视野,激起了他要恢复学业的愿望。但是,父亲对儿子读这类书和小说是不赞成的,认为读这些书是浪费时间,他要儿子读一些经世致用的东西。有一次因为山林纠纷,毛顺生与人打了一场官司,对方本来是没有理由的,但由于人家知书识字,在大堂上引经据典，把无理说成了有理，而他自己则有理说不清，一片山地就这样被人家占了去。因此，父亲希望儿子能熟读经书，以后可以帮助他打赢官司。毛泽东后来继续求学能够得到父亲的同意和支持，这也是一个原因。

1909年秋，毛泽东复学，就读于韶山乌龟颈私塾，塾师毛岱钟（即毛简臣），毕业于法政学堂，以讼笔著称于韶山一带。1910年春，毛泽东又来到韶山东茅塘毛麓钟家里读书，毛麓钟是韶山冲唯一的秀才，曾在蔡锷部供过职。在这里，毛泽东选读了《纲鉴类纂》《史记》《日知录》等古籍，也读了许多时论和一些新书。

这个时候，韶山冲清溪李家屋场从外地回来一位维新派教师李漱清，他常给韶山冲里的人们讲述外地的一些见闻和维新的故事。他主张反对佛教，提出"弃庙兴学"，要把祠堂和寺庙的田产拿出来办学堂，而这种学堂不再是过去的那种私塾，不拜孔夫子，不读四书五经，而是学一些新的科学知识。韶山冲里的人们对李漱清的言论议论纷纷，很少有人支持他。毛泽东则赞成他的主张，并拜他为师，向他问学求教，还经常去找他谈心，了解外面的新鲜事情。他们成了好朋友。

这期间，湖南长沙发生的一件事给毛泽东留下深刻的印象。1910年4月，湖南闹粮荒，长沙饥民成群结队到湖南巡抚衙门请愿，要求救济，平价粜米，可得到的却是巡抚的无理答复。饥民们被激怒了，他们冲进衙门，砍断旗杆，赶走了巡抚。饥民的暴动最后遭到野蛮的镇压，许多人被捕杀。这件事传到韶山后，毛泽东和同学们议论了许多天，他把这件事同韶山人们的生活联系起来，觉得造反的人也是些像自己家里人那样的老百姓，因此，为惨遭镇压的饥民们深感不平。毛泽东后来回忆起这件事，认为这件事情影响了他的一生。

一些进步书籍和外面世界所发生的一些事情对刚刚步入青年的毛泽东产生了深刻的影响。他开始有了一些政治意识，特别是在他读了一本关于瓜分中国的小册子以后。这本小册子开头一句是："呜呼,中国其将亡矣!"书中谈到了日本占领朝鲜、中国台湾的经过,谈到了越南、缅甸等地宗主权的丧失。这使毛泽东对国家的前途感到沮丧,他开始意识到,国家兴亡,匹夫有责。

就在这时,父亲为了使儿子走上一条兴业传家之路,决定要送毛泽东去湘潭县城一家米店当学徒。毛泽东对父亲的决定起初也没有反对,觉得当学徒也许是有意思的事。可是,当他听说湘乡有个非常新式的学堂后,就决心不顾父亲的反对,要到那里去就学。他同母亲商定,邀请了舅舅、表兄和同族长者及老师来家相劝,有人告诉父亲,去那里学习,可以增加赚钱的本领。父亲终于改变了主意。在这次离开家乡时,他抄写了一首诗赠给父亲:

孩儿立志出乡关,学不成名誓不还。
埋骨何须桑梓地,人生无处不青山。

这首诗是根据日本明治维新时期著名的政治活动家西乡隆盛的诗略加修改而成。毛泽东把原诗中的"男儿"改成了"孩儿",将"死不还"改成了"誓不还"。诗中表达了毛泽东一心向学、志在四方的抱负和志向。

1910年秋,毛泽东走出韶山,来到湘乡县立东山高等小学堂读书。这所学堂在当时实行"新法教育",除教经书外,还教授西方"新学"——自然科学和其他新学科。毛泽东投考东山高等小学堂时,在试题《言志》的作文中,抒发了自己求学救国的志愿,受到校长李元甫的赞赏:"我们学堂里取了一名建国才!"

毛泽东在这里学到了很多中外文学、历史、地理和自然科学知识,学习很有长进,写得一手好文章,受到校长和教员们特别是国文教员的喜欢。他写的《救国图存论》《宋襄公论》等作文,全校有名。

在东山高等小学堂期间,毛泽东经常到学堂的藏书楼借阅中外历史、地理书籍，了解到中国古代尧、舜、秦始皇、汉武帝等的事迹，对他们表示仰慕。他从一本《世界英杰传》里，读到拿破仑、叶卡捷琳娜女皇、彼得大帝、惠灵顿、格莱斯顿、卢梭、孟德斯鸠和林肯的事迹，对他们的历史功绩深表钦佩，盼望中国也有类似的人物出现，以拯救民族危亡。他曾对同学萧子暲（萧三）说："中国也要有这样的人物。我们应该讲求富国强兵之道"，"我们每个国民都应该努力，顾炎武说的好：'天下兴亡，匹夫有责'"。[①]

在这里，毛泽东还读了从表兄文运昌那里借的关于康梁变法的书报，并且很喜欢这些书报。他反复阅读，有的可以背诵出来。他崇拜康有为、梁启超。他在读梁启超主编的《新民丛报》中连载的梁启超的《新民说》一文时，写了一些批语。对该文"论国家思想"一节说到两种君主制国家所写的批语为："正式而成立者，立宪之国也，宪法为人民所制定，君主为人民所拥戴；不以正式而成立者，专制之国家也，法令为君主所制定，君主非人民所心悦诚服者。前者，如现今之英、日诸国；后者，如中国数千年来盗窃得国之列朝也"。这时期，毛泽东并不反对君主制度，认为皇帝像大多数官吏一样都是诚实、善良和聪明的人，只是需要由康有为、梁启超那样的维新派帮助他变法改革。

1911年春，经东山高等小学堂老师推荐，毛泽东第一次来到省城长沙，考入湘乡驻省中学。在湘乡驻省中学，他第一次看到了报纸——《民立报》，从此，读报成了毛泽东终生的爱好。《民立报》是著名的同盟会会员宋教仁、于右任主编的。从这份报纸上，毛泽东了解到他来长沙后不久，在广州由黄兴领导的反对清政府的武装起义的消息，读到了这次起义中英勇殉难的七十二烈士的事迹。从这份报纸上，他还知道了孙中山这个人和同盟会的纲领，开始拥护孙中山等革命党人。

1911年5月，清政府颁布"铁路国有"的政策，强夺商办的川汉、粤

---

① 萧三：《毛泽东同志的青少年时代和初期革命活动》，中国青年出版社1980年版，第26页。

汉铁路，改为官办，并把筑路权出卖给帝国主义，以换取帝国主义的借款。这引起全国人民的强烈反对。保路风潮首先从湖南掀起，四川、湖北、广东也都立即发动了保路运动。毛泽东和同学们一起投入这场斗争。他倡议并和另一位同学带头剪掉自己的辫子，还强制十几个人也剪掉辫子，用此来表示对清王朝的不满情绪。

1911年10月10日，武昌新军起义，辛亥革命爆发。距武昌不远的长沙城受到强烈的震动，形势变得异常紧张，湖南巡抚宣布长沙全城戒严。已经形成了强烈的民主主义思想的毛泽东决心投笔从戎，参加革命军。他决定和其他几位同学到汉口去，并积极地做着行前的准备。

10月22日，湖南新军在焦达峰、陈作新的率领下，在长沙起义成功，建立了湖南军政府。许多学生投入军中，很快，一支学生军就组织起来。毛泽东不必到汉口去了，但他不喜欢这支学生军，认为它的基础太复杂，于是就决定参加正规军，为完成革命而尽力。

毛泽东被编入湖南新军二十五混成协五十标第一营左队，当一名列兵。后来，他还劝说两位同学参了军。他同排长和大多数士兵交上了朋友，尤其喜欢湖南籍的一个矿工和一个铁匠。

由于毛泽东能写字、作文章，可以帮助别人写信，而且有些书本知识，因此，大家都敬佩他的"大学问"。在新军中，毛泽东认真地接受军事训练，并且仍然十分重视研究时事和一些社会问题。他每月7元的饷银，除用于伙食2元和买水花去一点外，剩下的都用在订购报纸上。从当时鼓吹革命并正在讨论社会主义的《湘江新闻》上，他第一次看到了"社会主义"这个新名词。他还读了江亢虎写的一些关于社会主义及其原理的小册子，对社会主义问题产生了兴趣，并热情地写信给他的同学，讨论这个问题，同时也同士兵展开讨论。

革命形势在急剧地发展变化。1911年11月，袁世凯在帝国主义的支持下，逼迫清政府取消"皇族内阁"，由他任内阁总理大臣，组织内阁。袁世凯用革命来吓唬清政府，但更以暴力压制革命。1912年春，中华民国临时大总统孙中山与袁世凯达成协议。清政府也被迫接受了中华民国对皇室的优待条件，溥仪退位，孙中山辞去临时大总统的职务。3月，袁世凯在北京就任临时大总统。在湖南，湖南军政府任参议院议长的谭延闿，杀害了正副都督焦达峰、陈作新后，被咨议局推举为湖南省都督。这时，毛泽东以为革命已经结束，便退出了军队，决定继续求学。

当时，长沙城内有许多学校，各个学校都通过报纸广告来招徕新生。可是，这时的毛泽东对自己究竟想做什么却没有明确的主见，在专业的选择上举棋不定，犹豫再三。

他先后在六所学校报名投考。先是看到一个警察学堂的广告，就去报了名。但在考试之前，他又被一所肥皂制造学校的广告所打动。这则广告说，该校不收学费，供给膳宿，并有津贴，还说，制造肥皂对社会大有好处，可以富国利民。毛泽东改变了投考警察学堂的念头，决定去做一个肥皂制造家，于是又付了一元钱的报名费，投考肥皂制造学校。后来，他的一个在法政学堂学习的朋友不断地劝他进法政学堂。这所学堂在广告上许下诺言，答应在三年内教完全部法律课程，并且保证期满之后马上可以当法官。毛泽东第三次付出了一元钱的报名费，报考法政学堂。毛泽东报考的第四所学校是一所商业学堂。这是受到另一位朋友劝告，说国家现在处于经济战争之中，当前最需要的人才是能建设国家经济的经济学家。毛泽东动心了，付了报名费，参加考试并被录取了。可是，他并没有专心下来，还是继续注意广告。一则把一所公立高级商业学校说得天花乱坠的广告，促使毛泽东决定去那里学成一个商业专家。他写信把这一决定告诉了父亲，使父亲着实高兴了一场，因为父亲是最理解善于经商的好处的。毛泽东报名报考的第五所学校就是这所公立高级商业学校，并在这里学习了一个月。由于这所学校的课程大多数是用英语讲授，毛泽东不懂英语，而学校也没有用汉语教课的教师，所以他很快又退学了。

最后，毛泽东报考了湖南全省高等中学校（后改名为省立第一中学），并参加了入学考试。张榜结果，他名列第一。他进了这所学校学习。这所学校很大，学生也多。由于毛泽东爱好历史和文学，国文老师很喜欢他，并热心地帮助他，主动借给他《御批历代通鉴辑览》阅读。但是，他并不喜欢这所学校，因为学校的课程有限，校规也非常烦琐呆板。他读了《御批历代通鉴辑览》以后，得出结论，在校学习不如自学好。于是，毛泽东在省立第一中学学习了半年后，于1912年退学了。

毛泽东离开省立第一中学后，寄居在长沙城新安巷的湘乡会馆，开始了定王台的自修生活。

定王台，位于长沙城东南角。相传西汉的时候，有一个长沙定王为了怀念他死去的母亲，在这里修筑了一个土台子，经常登台向北方的长安眺望。后来长沙的老百姓就把这个台子叫定王台。清朝末年，这个土台已荡然无存，在这里盖起了一栋两层楼的洋房。辛亥革命后，省政当局接受一些学者的意见，利用这栋房子办起湖南图书馆，馆里购置了不少新书。

这里比较偏僻，周围树木葱茏，环境幽静，是一个难得的读书场所。毛泽东订了一个自修计划，每天到定王台来阅读。无论酷暑寒冬，都持之以恒，雪雨无阻，从未间断。每天，图书馆开门，他总是第一个进去，闭馆时，又是最后一个出来，中午休息片刻，到街上买两块米糕作午饭。

在这里，他广泛涉猎18、19世纪欧洲资产阶级的社会科学和自然科学著作。读了达尔文的《物种起源》，亚当·斯密的《原富》，赫胥黎的《天演论》，穆勒的《名学》，斯宾塞的《群学肄言》，孟德斯鸠的《法学》，卢梭的《社会契约论》等。还认真研读了一些俄、美、英、法等国的历史、地理书籍，同时，也阅读一些诗歌、小说和古代希腊、罗马的故事。

在这里，他第一次看到一幅世界地图，并怀着极大的兴趣研究了一番：原来世界有这样大！在这个地图上，中国只占这么小的一部分，湖南更小，湘潭县没标出来，韶山更没影子了……世界既这样大，人就一定特别多，

人多问题就多……①

毛泽东在定王台省图书馆的自修生活已过半年。这时，住在湘乡会馆里的士兵和学生发生了冲突，会馆被士兵占了去，毛泽东被迫离开了这里。也就在这前后，父亲来信不赞成他自修，认为这是不务正业，并拒绝提供费用。就这样，毛泽东结束了他后来认为是"极为有价值"的半年自修生活。

在湖南一师

毛泽东被迫停止在定王台的自修生活后，开始认真思索自己的前程。他认为自己最适合教书。在费用已无保障的情况下，湖南省立第四师范学校登出的一则有不收学费、膳食费低廉内容的广告，自然引起他的兴趣。两个朋友也鼓励他报考这所学校，于是，他投考并被录取。同时，他还很讲"义气"地帮助那两个鼓励他报考的朋友准备了入学考试的作文，使得他俩也进入第四师范。毛泽东进入第四师范后，抵住了后来一切广告的引诱，在第四师范预科一班学习了一年。1914年2月，第四师范学校合并于第一师范学校，他又随之转入第一师范，共学习了4年半，至1918年6月毕业。

第四师范合并于第一师范后，毛泽东被编入预科第三班。同四师的春季招生不同，一师是秋季招生，因此，他同四师转来的同学一样，重读了半年的预科。1914年秋，他被编入本科第八班。湖南省立第一师范学校，坐落在长沙南区书院坪。这里以前叫城南书院，是南宋理学家张栻讲学的地方，与朱熹讲学的岳麓书院隔湘江相望。辛亥革命后，在这城南书院早已荡然无存的书院坪，创办了第一师范学校。一师是一所比较民主开明的学校。在这里，毛泽东受到杨昌济、徐特立、袁仲谦、黎锦熙、方维夏、

---

① 周世钊：《毛泽东青年时期的几个故事》，载《新苗》1958年第9期。

王季范等教员的影响，尤其是杨昌济对他的影响最深。1936年，毛泽东回答斯诺谁是他最尊敬的老师时说："给我印象最深的教员是杨昌济，他是从英国回来的留学生，后来我同他的生活有密切关系。他教授伦理学，是一个唯心主义者，一个道德高尚的人。"他对自己的伦理学有强烈信仰，努力鼓励学生立志做有益于社会的正大光明的人。1918年8月，毛泽东来到北京，同萧子升等驻京主持湖南青年留法勤工俭学工作。在北京，毛泽东经杨昌济介绍，认识了北京大学图书馆主任李大钊，并被安排在图书馆当助理员。在杨昌济的赞许下，毛泽东和杨昌济的爱女杨开慧建立起真诚的友谊和恋爱关系。

在四师、一师学习的5年半时间，是毛泽东一生中非常重要的阶段。他的学习目的十分明确，就是要学习掌握救国救民的本领。他认为："今之天下纷纷，就一面而言，本为变革应有事情；就他面言，今之纷纷，毋亦诸人本身本领之不足，无术以救天下之难，徒以肤末之见治其偏而不足者，猥曰吾有以治天下之全邪！此无他，无内省之明，无外观之识而已矣。己之本领何在，此应自知也。以樠栌之材，欲为栋梁之任，其胸中茫然无有，徒欲学古代奸雄意气之为，以手腕智计为牢笼一世之具，如此秋潦无源，浮萍无根，如何能久？"要求得真本领，必须刻苦学习，"惟学如基础，今人无学，故基不厚，时惧倾圮"①。

为了认识真理和追求真理，毛泽东决心学习"颜子之箪瓢与范公之画粥"的精神，"将全副功夫，向大本大源探讨"。他提出"文明其精神"，要刻苦学习，不断地充实自己。他与同学约定"三不谈"，即不谈金钱，不谈男女之事，不谈家务琐事，只在一起谈论大事，即"人的天性，人类社会，中国，世界，宇宙"②。

---

① 《毛泽东早期文稿》，湖南人民出版社1990年版，第84—85页。
② [美]埃德加·斯诺：《西行漫记》，生活·读书·新知三联书店1979年版，第123页。

毛泽东学习十分认真、刻苦。他听课时做有大量的课堂笔记，课后自修时写有读书录，还全文抄录过一些他喜爱的书籍。这些课堂笔记、读书笔记等累积下来有几网篮之多。后来毛泽东把它们送回了韶山。1929年，国民党军队到韶山要抄毛泽东的家，附近的族人听到风声后，将这些本子和书籍搬到后山焚毁。一位曾教过毛泽东的族亲毛宇居，从火堆中抢出一个笔记本和两册教科书，保存了下来。《讲堂录》就是抢出来的那本笔记，是现存下来的毛泽东的唯一的课堂笔记。1917年下半年到1918年上半年，一师本科毕业班开设了修身课，所用教材是德国哲学家、伦理学家泡尔生著的《伦理学原理》。毛泽东读了这本约10万字的著作后，写了1.5万余字的批语，留下了用红、墨笔打记的圈点、单杠、三角、叉等符号。批语的内容绝大部分是对书中一些哲学、伦理学观点提出自己的看法，强调个人价值，主张唯我论，提倡个性解放，反对封建传统观念和专制主义的束缚和压抑。

毛泽东喜欢社会科学，对自然科学不十分感兴趣，反对将自然科学列为学校的必修课。因此，他将功夫多数都花在社会科学上，专心于哲学、史地、文学等。他博览群书，凡是能搜集到的古今中外的各种名著，如诸子百家、诗词歌赋、稗官小说、近人文集以及翻译成中文的外国名著等，无不浏览。他经济拮据，没有钱买书，只是有时买些折价书，大量的还是向老师同学借阅，并对一些他喜爱的内容，认真地抄录下来。《讲堂录》中就有他手抄的《离骚》《九歌》。他一师的同班同学罗学瓒在1917年9月26日的日记中记载："余借毛君泽东手录《西洋伦理学》七本，自旧历六月底阅起于今日阅毕。"[①] 手录《西洋伦理学》七本，足见毛泽东学习之认真、刻苦。

毛泽东很注重自学。课堂上的有限时间满足不了他的求知欲望。他精心安排自学计划，读书不倦。晚上熄灯后，他就捧着书本坐在走廊的路灯

---

① 《毛泽东年谱（1893—1949）》上卷，人民出版社、中央文献出版社1993年版，第28页。

下，或者茶炉房里，借着微弱的灯光苦读，经常读到深夜，有时通宵不眠。为了锻炼自己在任何环境中都能专心致志地学习和思考的本领，有时他只身到学校后面的妙峰山顶学习，为"静中求学"；有时则来到车水马龙的长沙城南门口读书，要在"闹中求静"，磨炼意志。

坚持不懈，持之以恒，是毛泽东读书学习的突出特点。他每天"从早到晚，读书不止"。早晨很早就起床，做冷水浴或其他运动，然后进教室自习。上课时，静心听讲，认真笔记，课余时间或是进图书馆、阅览室阅读，或是找同学、老师交谈学问。晚上熄灯后，还要夜读。

在学习上，毛泽东广泛而虚心地向他人请教，共同探讨问题，交流学习心得。他认为，"学问"两个字组成一词是很有道理的。既要虚心好学，独立思考，又要好问，与人交谈讨论。这样才能真正取得学问。杨昌济、徐特立、黎锦熙、方维夏等老师的住处是毛泽东常去求学问教的地方。1915年上半年，杨昌济指导毛泽东、蔡和森、萧子升等人组织了一个哲学研究小组，每逢周末，这些人就到长沙郊外板仓杨先生家中，由先生介绍和推荐读物，大家一起讨论读书心得。据黎锦熙1915年的日记记载，毛泽东在4月4日到8月29日这段时间里，在星期六或星期日到芋园黎锦熙住处拜访求教近20次，交谈内容包括"读书方法""研究科学之术""改造社会事""学与政"等。毛泽东从黎锦熙那里受益匪浅。1915年9月黎锦熙到北京工作后，毛泽东在给他的信中还表示："甚愿日日趋前求教。"黎锦熙对毛泽东十分赏识，他在日记中曾写道："在润之处观其日记，甚切实，文理优于章甫（即陈昌，后成为著名的革命烈士——引者注），笃行两人略同，皆可大造，宜示之以方也"。

在不断的学习和探索中，毛泽东找到适合自己的科学的学习方法。为了寻求救国救民的真理，为了追求改造世界的知识，他刻苦攻读，勤于思考，持之以恒，同时，广泛而虚心地拜师访友，求学问教，与他人探讨问题，交流学习心得。毛泽东在湖南第一师范学校打下了扎实的知识基础。

"欲文明其精神，必先野蛮其体魄"，是毛泽东在一师读书时热衷提倡的一个口号。他认为："德智所寄，不外于身。"虽然"有甚高之德与智，一旦身不存，德智则随之而隳矣！"[①] 因此，他为了强壮身体，磨砺意志，同时也为了保持学习时的旺盛精力，刻苦地进行体育锻炼，并且持之以恒。

毛泽东进行锻炼的项目很多，主要有冷水浴、游泳、野游、爬山、露宿等。

冷水浴，这是杨昌济常年进行的锻炼项目。开始时，毛泽东只是模仿老师进行，通过实践，他认为冷水浴有两大好处：第一，可以促进血液循环，增强身体抵抗力，并能强壮筋骨；第二，可以培养勇猛无畏的气魄和战胜困难的精神。因此，他从模仿转为常年坚持不懈地进行。

一师浴室旁有一口水井，每天清晨天蒙蒙亮，毛泽东就起床来到这里进行冷水浴。他脱光上身衣服，吊上一桶桶的井水往身上浇，然后擦，擦了又浇，浇了又擦，这样反复十几分钟，直到全身发红发热为止。冬季坚持冷水浴不容易，可毛泽东却习惯成自然。有同学问他为什么能坚持，他回答说，只要下定决心，难关是可以突破的。

毛泽东从小就酷爱游泳。8岁时他从师邹春培读私塾，一次邹有事外出，嘱咐学生温书。当书读熟后，毛泽东就和几个学生到私塾前的池塘里戏水。邹先生回校见到后，非常生气，要学生对对子，对不出就要用楠竹板打手心。对子出的是"濯足"。取意《孟子》中"沧浪水清兮可以濯我缨，沧浪水浊兮可以濯我足"。毛泽东不假思索就对以"修身"。取意于《大学》中"修身齐家治国平天下"。邹先生不禁连连点头。不敢说毛泽东8岁时就把游泳同修身联系起来了，但从青少年时期开始，他就一直把游泳作为锻炼体魄、砥砺意志的一项重要手段。长沙的橘子洲是他在一师求学时常来游泳的地方。夏天水涨时，湘江水面宽三四里，他能从东岸游到西岸；秋冬

---

① 《毛泽东早期文稿》，湖南人民出版社1990年版，第60页。

之间，行人已经穿上棉衣，他还能在江中游上几十分钟。他的同学张昆弟、罗学瓒曾在日记中记述了他们当年一起畅游湘江的情景。1917年9月23日张昆弟日记记载："昨日下午与毛君润之游泳。游泳后至麓山蔡和森君居，时将黄昏，遂宿于此，夜谈颇久。"罗学瓒在1917年9月20日的日记中也写道："今日往水陆洲头泅游，人多言西北风过大，天气太冷，余等全行不顾，下水亦不觉冷，上岸也不见病。坚固皮肤，增进血液，扩充肺腑，增加力气，不得不谓运动中最有益者。人言固足信哉！"他在10月8日的日记中又写道："余前数日，因浴冷水，致身痛头昏。休养数日，少饮食，多运动，今日已痊愈，复与毛君泽东等往河中洗擦身体一番，大好快畅。"

爬山、露宿、风浴、雨浴等也是毛泽东锻炼身体常用的方法。与一师隔湘江相望的岳麓山，是毛泽东常去锻炼的地方。除爬山外，还在这里进行过风浴、雨浴等活动。张昆弟1917年9月23日的日记中还写道："今日早起，同蔡、毛二君由蔡君居侧上岳麓，沿山脊而行，至书院后下山。凉风大发，空气清爽。空气浴、大风浴，胸襟洞散，旷然有远俗之概。归时八点钟矣。"有一次在一个狂风暴雨、电闪雷鸣的晚上，毛泽东独自一人，顶风冒雨爬上岳麓山顶，然后又从山顶跑下，来到蔡和森家。蔡母问他怎么回事，他回答说，是为了体验《诗经》上的"纳于大麓，烈风雷雨弗迷"这句话的情味。

一师校园里的君子亭和岳麓山的爱晚亭、白鹤泉以及橘子洲等地，是毛泽东经常露宿的地方。在寒霜时节，当夜幕降临时，他就邀请一些同学来到这里高谈阔论，直到夜深人静，然后各自找个地方，露宿至天明。

毛泽东经常进行锻炼的项目还有运动体操等，他曾自编过一套"六段运动"体操。毛泽东在刻苦进行体育锻炼的同时，还对体育理论进行了探索性研究。他写了一篇长达7000余字的《体育之研究》，以"二十八画生"的笔名发表在1917年4月1日出版的《新青年》第3卷第2号上。

1936年，毛泽东同斯诺谈话时，对他在一师的体育锻炼作了回忆："我们也热心于体育锻炼。在寒假中,我们徒步穿野越林,爬山绕城,渡江过河。遇见下雨,我们就脱掉衬衣让雨淋,说这是雨浴。烈日当空,我们也脱掉衬衣,说是日光浴。春风吹来的时候,我们高声叫嚷,说这是叫做'风浴'的体育新项目。在已经下霜的日子,我们就露天睡觉,甚至到十一月份,我们还在寒冷的河水里游泳。这一切都是在'体格锻炼'的名义下进行的。这对于增强我的体格大概很有帮助,我后来在华南多次往返行军中,从江西到西北的长征中,特别需要这样的体格。"[1]

在一师求学期间,毛泽东不仅刻苦攻读死的书本,而且还善于读"活"的书本。他常说不仅要读有字之书,还要读"无字之书"。他在课堂笔记《讲堂录》中写道:"闭门求学,其学无用。欲从天下国家万事万物而学之,则汗漫九垓,遍游四宇尚已。"他倡导走出学校,走向社会,了解社会,"周知社会"。他从《民报》上读到一则消息,说有两名中国学生旅行全国,一直走到西藏边境的打箭炉。这使他受到很大的鼓舞。他想效法他们的榜样,由于没有钱,便决定采用"游学"的方式,先游湖南。所谓游学,本是旧社会一些读书人,利用"游学"写字作对联送人,变相行乞。毛泽东用这种形式,深入农村,接近农民,得到了许多教益。

据有关记载和回忆,毛泽东在一师期间曾游学三次。

第一次是1917年7月中旬至8月16日。毛泽东邀萧子升和准备回安化老家度暑假的同学萧蔚然,开始了一次游学。这次游学,历时一个多月,途经长沙、宁乡、安化、益阳、沅江五县城乡,步行近千里。一路上,毛泽东每天清晨早起,做过"六段体操"后,追记笔记,留下了许多笔记和心得。师生们传阅了这些游学笔记后,称赞他是"身无半文,心忧天下"。

第二次是1917年寒假。毛泽东步行来到浏阳文家市。他在铁炉冲陈赞周同学家住了几天,和农民一起挑水、种菜,晚上,同附近农民谈心,针

---

[1] [美]埃德加·斯诺:《西行漫记》,生活·读书·新知三联书店1979年版,第123页。

对当地没有栽树的习惯，毛泽东宣传种果树造福子孙，他说：前人栽树后人乘凉，前人栽树后人食果。并动手栽了几棵板栗树。他还到西乡土桥炭坡大屋陈昌家走访。

第三次是1918年春。由于学校驻扎了一个旅的兵力，学校被迫停课。毛泽东趁此机会，同蔡和森徒步沿洞庭湖南岸和东岸，经湘阴、岳阳、平江、浏阳等县，游历半个多月，了解农村的政治、经济等情况。

通过几次游学，毛泽东广泛地了解了中国社会，更加了解了农村的现实情况，学到了许多书本上得不到的知识。他认为这是读"无字之书"。

对在第一师范的学习和生活，毛泽东后来曾不无感慨地对斯诺回忆道："我在这里——湖南省立第一师范过的生活中发生了很多事情，我的政治思想是在这个时期开始形成。我也是在这里获得社会行动的初步经验的。"

五四运动的风云际会

毛泽东在湖南一师求学期间，国际上爆发了第一次世界大战。在国内，专制与共和、民主与封建的斗争异常激烈，整个社会处于剧烈的动荡时期。特别是1915年，陈独秀主编的《新青年》（最初为《青年杂志》）创刊，标志着新文化运动的开始。在这样一个新的方生、旧的未死的充满矛盾的年代里，毛泽东怀着强烈的爱国心，时刻关注着中国和世界局势的发展变化，思索着中华民族的前途和命运。

他主要通过报纸杂志，了解国际和国内形势的发展变化，成了一师校园内闻名的"时事通"。一师有一个可容纳几十人的阅览室，是毛泽东天天去的地方，那里有湖南、北京、上海等地出版的报刊。毛泽东读报刊非常认真，常常随身带着地图、字典和笔记本，报刊上提一处地名，就查看地图，找出位置，疑难字则查查字典，凡重要消息、文章、资料，不论长短，他总是从头至尾认真读完，并做摘记，写出心得。

1915年5月7日下午3时，日本政府向袁世凯政府发出最后通牒，限9日下午6时前答复其1月18日向中国提出的"二十一条"要求。袁世凯为了换取日本对其复辟帝制的支持，于5月9日接受了除个别条款外的全部要求。消息传到湖南，一师师生义愤填膺。为了揭露袁世凯接受"二十一条"的卖国行径，学生们集资编印了有关日本帝国主义侵略中国的几篇文章和资料，题为《明耻篇》。毛泽东仔细阅读了这些文章和资料，并作了批注。他在封面上写道："五月七日，国民奇耻。何以报仇？在我学子！"1915年从夏至冬，毛泽东参加组织了第一师范进步师生开展反日、反袁斗争。当袁世凯复辟帝制之声甚嚣尘上时，毛泽东团结进步师生，公开进行反袁演说，并写文章，和帝制派劝进复辟的丑恶行为进行针锋相对的斗争。同时，他还以学友会的名义将著名人士关于反袁称帝的文章编印成册，在校内外广泛散发，在社会上产生了强烈的反响。

1917年10月至1918年5月，毛泽东被推选担任第一师范学友会总务兼教育研究部部长，做了大量的工作，使学友会的工作特别活跃起来。毛泽东主持一师学友会期间，除组织同学参加爱国反帝宣传活动及各种学术和体育活动外，还满腔热忱地举办了工人夜学。通过办工人夜学，毛泽东与城市工人有了广泛的接触，并同他们建立了深厚的感情，同时，也取得了同工人接触和联系的初步经验。

随着时局的发展和对社会问题的认真思索，毛泽东逐渐感到，要实现救国救民的愿望，还需要更广泛地结交有志救国的青年，联合更多的同志。为此，1915年9月，他以"二十八画生"的署名，向长沙各校发出《征友启事》。启事说："愿嘤鸣以求友，敢步将伯之呼。"提出要结交能刻苦耐劳、意志坚定、随时准备为国捐躯的青年。渐渐地，在毛泽东的周围，聚起一批追求进步的青年，其中有蔡和森、何叔衡、萧子升、张昆弟、罗学瓒、陈昌、陈书农、罗章龙等十余人。他们多数是第一师范以及各中等学校的学生，也有少数长沙市中小学的青年教师。1936年，毛泽东同斯诺谈道："这是一小批态度严肃的人，他们不屑于议论身边琐事。他们的一言一行，都一定要有一个目的。他们没有时间谈情说爱，他们认为时局危急，求知的需要迫切，不允他们去谈论女人或私人问题。"毛泽东和这一批志向远大的青年经常在岳麓山、橘子洲等处聚会，臧否人物，畅谈国事。正如他1925年作的《沁园春·长沙》中所追忆的那样："携来百侣曾游，忆往昔峥嵘岁月稠。恰同学少年，风华正茂；书生意气，挥斥方遒。指点江山，激扬文字，粪土当年万户侯。"后来，岳麓山刘家台子蔡和森的家，成了这批青年聚会的地方。他们议论的中心问题是"如何使个人及全人类的生活向上"。经过两年多的酝酿和无数次的讨论，他们形成了一个共同的认识，就是要"集合同志，创造新环境，为共同的活动"。毛泽东根据酝酿和讨论的结果，认为有必要建立一个更严密的组织，就和萧子升、蔡和森等发起组织了新民学会。

1918年4月14日，新民学会成立大会在蔡和森的家里召开。出席会议的有毛泽东、蔡和森、何叔衡、萧子升、陈绍休、萧子暲、邹鼎丞、张昆弟、陈书农、邹蕴真、周明谛、叶兆桢、罗章龙13人，陈昌、李维汉、周世钊、罗学瓒、熊光楚、曾以鲁、傅昌钰、彭道良8人因各种原因没有到会。会议通过了由毛泽东、邹鼎丞起草的会章。会章规定："本会以革新学术，砥砺品行，改良人心风俗为宗旨。""凡经本会会员五人以上之介绍及过半数之承认者，得为本会会员。"会员守则："1. 不虚伪；2. 不懒惰；3. 不浪费；4. 不赌博；5. 不狎妓。"会议推举萧子升为总干事，毛泽东、陈书农为干事。不久，萧子升赴法留学，会务由毛泽东主持。新民学会很快就成为"五四"时期最著名的青年进步团体之一。

新民学会成立以后，会员大都面临着向何处去的问题，因为这时大部分会员已经或即将毕业。就在这时，赴法勤工俭学活动已逐渐在全国开展起来。在湖南发起赴法勤工俭学运动，成为新民学会成立以后所进行的第一次大的行动。

1918年6月，杨昌济先生应北京大学校长蔡元培的邀请，举家迁至北京，出任北京大学伦理学教授。杨先生支持蔡元培、李石曾等人倡导的赴法勤工俭学活动，也时刻关心湖南青年的教育问题，所以，他很快就写信将华法教育会和留法勤工俭学会主办赴法勤工俭学活动的消息告诉毛泽东和蔡和森，并希望他们组织有志青年来北京。毛泽东接到信后十分高兴。6月下旬，新民学会在陈绍休、萧子升任教的第一师范附属小学召开了一次会议，着重讨论"会友向外发展"问题。学会委托蔡和森赴北京了解有关情况，进行联系和准备工作。蔡和森6月23日赴北京，随后，将他在北京所了解到的赴法勤工俭学活动的一些情况，多次函告毛泽东，并急切希望毛泽东能尽快来北京。蔡和森在信中说，联系赴法勤工俭学一事，"殊不好为计，故亦望兄来指教"。并说，"驻京唯有润兄最宜"。蔡和森在信中还说，杨昌济先生"颇希望兄入北京大学"。

与此同时，毛泽东等会员在长沙到第一师范、长郡中学、周南女校等学校宣传鼓动，很快就有30多人报名。8月15日，毛泽东同罗学瓒、张昆弟、萧子升、李维汉等24名新民学会会员和进步青年，从长沙乘船出发，到汉口后转火车直赴北京。

开始，来到北京的新民学会会员多散居在设在北京的湖南各县的会馆里，毛泽东住在鼓楼豆腐池胡同9号杨昌济家，为了便于联系和学习、讨论工作，后来毛泽东和一部分会员聚居在地安门内三眼井胡同吉安东夹道7号，八个人住在一间很小的房子里，"隆然大炕，大被同眠"，谁要是想翻个身都得告诉旁边的人，生活十分清苦。在北京等候赴法的湖南青年，很快达到四五十人，后张昆弟、李维汉、李富春、贺果等，被安排在保定育德中学留法预备班，一面学习法文，一面学习机械学和机械制图；蔡和森到蠡县布里村留法预备班，在学习法文的同时，担任了初级班的国文教员；萧子升、萧子暲、陈绍休、熊光楚、罗学瓒等则在北京留法预备班学习。

毛泽东经杨昌济先生介绍，在北京大学图书馆当助理员。但是，他主要的精力仍然用于四处奔走，为赴法勤工俭学运动而努力。

据何长工回忆：毛泽东在解决了留法勤工俭学学生在国内的学习生活问题之后，就进一步为他们出国做准备。当时最要紧的是筹备赴欧旅费。毛泽东在杨昌济先生的协助下，把控制在范源濂、熊希龄等人手中的一笔前清户部应该退还湖南的粮盐两税的超额余款存入俄国道胜银行的利息，提取出来作为湖南勤工俭学学生的赴欧旅费。毛泽东的热情努力，受到了新民学会会员和勤工俭学学生的好评。罗学瓒在一封家信中写道："毛润之，此次在长沙招致同学来此，组织预备班，出力甚多，才智学业均为同学所钦佩。"

1919年3月12日，毛泽东偕同一批准备赴法的青年，离开北京，14日抵达上海。15日，参加了环球各国学生会等组织召开的赴法留学学生欢送会。17日，第一批赴法学生乘坐邮船起航，毛泽东又到黄浦江码头为湖南青年送行。29日，参加了又一批赴法留学学生欢送会，31日又到码头送行。

毛泽东为赴法学友送行，许多赴法的新民学会会员曾恳切邀请他同行，但他却断然决定留在国内。后来在给周世钊的信中，他解释道：

我觉得求学实在没有"必要在什么地方"的理，"出洋"两字，在好些人只是一种"迷"。中国出过洋的总不下几万乃至几十万，好的实在很少。多数呢？仍旧是"糊涂"；仍旧是"莫名其妙"，这便是一个具体的证据。因此我想暂不出国去，暂时在国内研究各种学问的纲要。我觉得暂时在国内研究，有下列几种好处：

1.看译本较原本快讯得多，可于较短的时间求到较多的知识。

2.世界文明分东西两流，东方文明在世界文明内，要占个半壁的地位。然东方文明可以说就是中国文明。吾人似应先研究过吾国古今学说制度的大要，再到西洋留学才有可资比较的东西。

3.吾人如果要在现今的世界稍为尽一点力，当然脱不开"中国"这个地盘。关于这地盘内的情形,似不可不加以实地的调查及研究。这层功夫,如果留在出洋回来的时候做,因人事及生活的关系,恐怕有些困难。不如现在做了,一来无方才所说的困难;二来又可携带些经验到西洋去,考察时可以借资比较①。

毛泽东从上海回到长沙不久,五四运动爆发。毛泽东以新民学会为核心,组织和领导湖南各阶层人民的反帝反封建斗争。他本人则站在斗争的前列,率领新民学会会员深入长沙各校,拟写传单,动员青年学生起来,响应北京学生的爱国行动。

正在这时,北京学生联合会派出很多代表,分赴各省活动。邓中夏等2人于5月中旬来到了长沙,向毛泽东、何叔衡等介绍了北京学生运动的情况,并商讨恢复和改组原湖南学生联合会问题。5月23日上午,毛泽东约蒋竹如、张国基等在第一师范后山操坪,商谈响应北京学生反帝爱国运动,与北京学生采取一致行动问题,决定第二天分头行动,要求每个学校推荐一个或两三个代表,于25日上午到楚怡小学开会。几天来,毛泽东到第一师范、商业专门学校、明德中学等学校进行活动,向学生骨干提出:反帝爱国方向要明确,力争山东主权完整,反对北京政府的卖国政策;要有统一组织,力量集中;要准备对付张敬尧所施加的压迫。

5月25日上午,毛泽东同蒋竹如、陈书农等,与各校学生代表易礼容、彭璜、李振翩、何培元等共计20多人,在楚怡小学开会。毛泽东介绍邓中夏与各校代表见面。邓中夏报告了北京学生运动发生的经过,希望湖南学生实行总罢课,声援北京学生。会议决定成立新的湖南学生联合会,并发动学生总罢课,以推动反帝爱国运动。会后,各校代表各自返校,分头进行组织和发动工作。这时毛泽东把大部分时间用在组织学生的政治活动上。他亲拟传单,与其他学生会会员一道,积极进行串连发动。经过几天的联

---

① 《毛泽东早期文稿》,湖南人民出版社1990年版,第474页。

络和协商，5月28日，湖南学生联合会成立，毛泽东虽然不是学联的成员，但他每天都到学联去和学联负责人研究问题，指导学联的各项活动，是这个学生组织的实际领导者。

省学联成立以后，不顾湖南军阀张敬尧的重重阻挠，迅速发动了全省学生的总罢课。6月3日，学联发表罢课宣言。宣言说："外交失败，内政分歧，国家将亡，急宜挽救。"湖南学生"力行救国之职责，誓为外交之后盾"。宣言还向政府提出拒绝巴黎和约、废除中日不平等条约等内容。这天，长沙大多数学校实行罢课，只有明德中学、湖南法专和几个女校没有行动起来。毛泽东亲往明德中学进行说服，明德中学随后实现了罢课。7月9日，在毛泽东的指导下，省学联联合工、商各界，成立了湖南各界联合会。联合会以学联组织的"救国十人团"为基层组织。7月间，"救国十人团"已发展到400多个。

为了提高群众觉悟，扩大革命影响，推动爱国运动的发展，毛泽东认为迫切需要办一个革命刊物。省学联根据他的提议，决定创办《湘江评论》周刊，并聘他为主编。经过10多天的紧张筹备，《湘江评论》创刊号于7月14日在长沙正式出版。为办好这个刊物，毛泽东全力以赴，呕心沥血。据周世钊回忆：《湘江评论》每期绝大部分的文章都是毛泽东自己写的。刊物要出版的前几天，预约的稿子常不能收齐，只好由他自己动笔赶写。他日间事情既多，来找他谈问题的人也是此来彼去，写稿常在夜晚。他不避暑气的熏蒸，不顾蚊子的叮扰，挥汗疾书，夜半还不得休息。他在修业小学住的一间小楼房和我住的房子只隔一层板壁。我深夜睡醒时，从壁缝中看见他的房里灯光荧荧，知道他还在那儿赶写明天就要付印的稿子。文章写好了，他又要自己编辑、自己排版、自己校对，有时还自己到街上去卖。

《湘江评论》共出版了五期和一期"临时增刊"。每周一期，四开一张，增刊八开一张，有"西方大事述评""东方大事述评""世界杂评""湘江大事述评""湘江杂评""放言""新文艺"等栏目。据统计，除第五期（至今尚未找到）外，共有长短文章83篇，其中新民学会会员写的有56篇。毛泽东写得最多，有40多篇。

毛泽东在《湘江评论》启事中说，《湘江评论》"以宣传最新思潮为主旨"。他在《湘江评论》创刊宣言中，一开始便说："自'世界革命'的呼声大倡，'人类解放'的运动猛进，从前吾人所不置疑的问题，所不遽取的方法，多所畏缩的说话，于今都要一改旧观，不疑者疑，不取者取，多畏缩者不畏缩了。这样潮流，任是什么力量，不能阻住。任是什么人物，不能不受他的软化"。创刊宣言最后宣布："时机到了！世界的大潮卷得更急了！洞庭湖的闸门动了，且开了！浩浩荡荡的新思潮业已奔腾澎湃于湘江两岸了！顺他的生，逆他的死。如何承受他？如何传播他？如何研究他？如何施行他？这是我们全体湘人最切最要的大问题，即是'湘江'出世最切最要的大任务。"① 他在创刊宣言中响亮地喊出"天不要怕，鬼不要怕，死人不要怕，官僚不要怕，军阀不要怕，资本家不要怕"，表现出大无畏的气概。

《湘江评论》最重要的一篇文章，是第二、第三、第四期上连载的《民众的大联合》。毛泽东在文章中指出："历史上的运动不论是那一种，无不是出于一些人的联合。较大的运动，必有较大的联合。最大的运动，必有最大的联合。凡这种联合，于有一种改革或一种反抗的时候，最为显著"。如何实现民众的大联合呢？毛泽东指出，进行民众大联合的办法，就是"民众的小联合"。"大联合必须要从小联合入手"，小联合要以各个阶级、阶层的切身利益做基础，农民就要和种田的同类结成一个联合，以谋种田人的利益；工人要和做工的同类结成一个联合，以谋工人的种种利益；学生、教师、警察、车夫等各色的人都要根据自己的切身利益和要求，联合起来。这样，"因为共同利益，只限于一小部分人，故所成立的为小

---

① 《毛泽东早期文稿》，湖南人民出版社1990年版，第292、294—295页。

联合。许多的小联合彼此间利益有共同之点，故可以成立为大联合。像研究学问是我们学生分内的事，就组成我们研究学问的联合。像要求解放要求自由，是无论何人都有份的事，就应联合各种各色的人，组成一个大联合"。根据以上的分析，毛泽东指出："辛亥革命，似乎是一种民众的联合，其实不然。辛亥革命，乃留学生的发踪指示，哥老会的摇旗唤呐，新军和巡防营一些丘八的张弩拔剑所造成的，与我们民众的大多数，毫没关系"。他认为，只有俄国十月革命，才使"全世界为之震动"。十月革命深深地影响了中国。他说："我们知道了！我们觉醒了！天下者我们的天下。国家者我们的国家。社会者我们的社会。我们不说，谁说？我们不干，谁干？刻不容缓的民众大联合，我们应该积极进行！"在文章的最后，毛泽东满怀信心地写道："我们中华民族原有伟大的能力！压迫愈深，反动愈大，蓄之既久，其发必速。……他日中华民族的改革，将较任何民族为彻底。中华民族的社会，将较任何民族为光明。中华民族的大联合，将较任何地域任何民族而先告成功。诸君！诸君！我们总要努力！我们总要拼命向前！我们黄金的世界，光华灿烂的世界，就在前面！"这是100多年前，毛泽东为争取中华民族的伟大复兴发出的呐喊！

《湘江评论》虽然只出了五期就被查封了，但它以远见卓识的内容、热情奔放的革命激情和彻底无畏的战斗风格，在社会上引起强烈的反响。有人说它是湘江的怒吼，有人说它是湖南人民的声音。上海出版的《湖南》月刊评价它"著论选材，皆极精粹，诚吾湘前所未有之佳报。欲知世界趋势及湘中曙光者，不可不阅"。创刊号寄到北京，李大钊认为这是当时全国最有分量、见解最深的刊物。《每周评论》第36期载文介绍说："湘江评论的长处是议论一方面。……武人统治之下，能产出我们这样的一个好兄弟，真是我们意外的欢喜。"北京《晨报》说它"内容完备，魅力非常足"。《民众的大联合》一文，受到了各方面的好评，影响深远。《每周评论》认为这篇大文章"眼光很远大，议论也很痛快，确是现今的重要文字"。成都出版的《星期日》就曾转载过《民众的大联合》的全文,上海的刊物上也介绍过这篇文章的重大意义。《湘江评论》成为当时广大青年和爱国进步人士争相传阅的报刊。创刊号2000份当天全部销完,后来又重新印了2000份,仍不能满足需要,从第二期起即改印5000份。

《湘江评论》被查封后,毛泽东和学联其他负责人来到岳麓山湖南大学筹备处,继续进行革命活动。这时,在毛泽东影响和帮助下办起来的湘雅医学专门学校的《新湖南》、女子中学的《女界钟》、修业小学的《小学生》等刊物,仍在继续出版。9月间,毛泽东应湘雅医学专门学校学生会和《新湖南》周刊主编龙伯坚的邀请,担任学生会主办的《新湖南》周刊的总编辑。从第7期起由他主编。他在接办后,发扬了《湘江评论》的风格,提出该刊的宗旨是:"一、批评社会。二、改造思想。三、介绍学术。四、讨论问题"。并坚持"什么都可以牺牲,惟宗旨绝对不能牺牲"的信条。当时北京《晨报》对刷新的《新湖南》评价为"内容极为完备,并且为《湘江评论》的'化身',所以魄力非常充足"。继《湘江评论》之后,《新湖南》对反动军阀张敬尧的虐政进行猛烈抨击。不久,《新湖南》又被张敬尧查封。

此后,毛泽东又利用长沙《大公报》《女界钟》等报刊发表文章,继续揭露张敬尧的反动统治,抨击封建迷信和腐败的社会制度,宣传革命思想。1919年11月8日,毛泽东被聘为长沙《大公报》馆外撰述员。11月16日至28日,毛泽东就长沙城的新娘赵五贞因反对包办婚姻在花轿内自杀事件,在长沙《大公报》上发表《对赵女士自杀的批评》《赵女士人格问题》等九篇论文和杂感,在《女界钟》周刊讨论赵女士自杀的特刊上发表《女子自立问题》的文章,集中抨击封建礼教,激励人们向黑暗的封建社会猛烈冲击。

1919年8月中旬,由于湖南省学生联合会领导长沙群众焚烧日货,张敬尧的军警包围了省学生联合会,胁迫学联会长彭璜停止反日爱国运动,张贴布告,解散学联,并查封了省学联刊物《湘江评论》。此后,毛泽东和省学联骨干分子开始秘密地组织驱逐湖南督军兼省长、皖系军阀张敬尧出湘的活动。驱张运动是五四运动在湖南的深入和发展。9月中旬的一天，毛泽东在湖南商业专门学校召集原省学联骨干酝酿驱逐张敬尧的会议。他就驱张的意义和行动作了详尽的分析，指出北洋军阀内讧是驱张大好时机，湖南学生要做驱张运动的主力。并当场布置：（1）尽可能策动教职员和新闻界人士支援学生的驱张运动；（2）指派学联会长彭璜及商专代表李凤池等人去上海，作反张的宣传，并联络省外的驱张力量共同行动；（3）积极恢复学联，做好由爱国运动转入驱张运动的准备。

10月22日，毛泽东同湖南教育界1272人联合署名发出公启，揭露张敬尧派其私党操纵改造并控制省教育会的内幕，反对张敬尧摧残教育事业。11月16日，在毛泽东的领导下，原省学联的骨干分子重建学联。成立大会发表了再组宣言，指斥张敬尧一类军阀"植党营私，交相为病，如昏如醉，倒行逆施，刮削民膏，牺牲民意，草菅人命，蹂躏民权"。12月2日，长沙工人、学生、教职员、店员约万人，高举"民众联合""抵制日货""打倒奸商"的旗帜，在教育会坪举行第二次焚毁日货示威大会。张敬尧派军队弹压，"至伤十余人"，大会被迫中断。

12月3日下午，毛泽东、蒋竹如、周世钊等一批新民学会会员和省学联骨干，聚集在白沙井枫树亭易培基家里开会，研究形势，商讨对策。毛泽东在会上分析了形势，认为湖南人民对张敬尧恨之入骨，青年学生、教育界忍无可忍，驱张有群众基础；张敬尧劣迹昭著，驱张可以得到全国舆论的支持；直皖两系军阀钩心斗角，矛盾重重，驱张有矛盾可以利用。这次镇压反日爱国运动，侮辱学生，更是引火自焚，因而当前是驱张的大好时机。经过讨论，会议决定开展驱张运动，动员和发动全省学校总罢课，继续游行演说。之后，又在楚怡小学召开紧急会议，决定组织驱张代表团，分赴北京、天津、上海、汉口、常德、衡阳、广州等地，扩大驱张宣传，争取社会的同情和支持。从12月6日开始，不到一个星期，长沙全部专门学校、中学、师范和一部分小学都宣布罢课,73所学校的1200多名教职员也宣布总罢教。省学联代表长沙1.3万名学生向全国发出"张敬尧一日不去湘,学生一日不回校"的战斗誓言。

在长沙各校罢课的同时,各路代表团分途出发。毛泽东亲率一个驱张代表团前往北京,使北京成为驱张运动的中心。

12月22日,为了揭露张敬尧的罪恶和宣传驱张运动,毛泽东同张百龄等组织平民通讯社,毛泽东任社长。从建社日起发稿,分送北京、天津、上海、汉口各报,把张敬尧祸湘的罪恶和各地驱张运动的消息,加以传布。据有关回忆:平民通讯社社址在当时北长街99号的一个大喇嘛寺(今福佑寺),条件很艰苦。办公室设在正殿里,办公桌用一张长条香案代替。白天他四处奔走,晚上就在这里编写稿件。通讯社的文稿他都要过目,有些则由他自己撰写,如各界向政府的请愿书等。后来驻衡阳、上海等地驱张代表团主办的《湘潮》《天问》周刊相继出版,平民通讯社曾直接向《天问》周刊发送了大量稿件,毛泽东也为它撰写了不少文章。

毛泽东和代表团成员在京奔走呼号,联络湖南在京的学生、议员、名流学者和绅士,广泛宣传驱张。12月28日,毛泽东出席了在前门外湖南会馆召开的同乡会,参加的有学生、工界、教育界、新闻界、女界、议员、绅界、政界等近千人。大会议决了通电全国宣布张敬尧罪状并由国民公判等5项决议。

12月31日,毛泽东同彭璜、张百龄等14人以湖南旅京公民的名义,就张敬尧违禁运烟一事上书国务院,揭露张敬尧到湘后大开烟禁,并劝民种烟。要求国务院"速即呈明大总统,将湖南督军张敬尧明令罢职,提交法庭依律处办,以全国法而救湘民"。

1920年1月18日,毛泽东同罗宗翰、彭璜等55人为反对张敬尧侵吞湘省米盐公款,向天津、上海、湖南、北京等地的知名人士和群众团体发出快邮代电,要求米盐公款"在张贼未去,湘乱未宁以前,只可暂归湘绅保管，不得变动。俟湘事平定后，再由全省民意公决作用"。翌日，上海《民国日报》发表了毛泽东、陈绍休、彭璜等湖南各界公民代表给北京政府总统、国务总理的呈文《湘人控张敬尧十大罪》。呈文指出："张督祸湘，罪大恶极。湘民痛苦，火热水深。张督一日不去湘，湘民一日无所托命"。同日，他还与湖南省城各校教职员代表罗教铎、杨树达、朱剑凡、罗宗翰等联名呈文民国总统，控诉张敬尧摧残教育的种种罪行，强烈恳求撤惩张敬尧。

1月23日，毛泽东的父亲在家乡病逝。他得知这一不幸的消息后，没有回家奔丧，而是把无限的悲痛和对父亲的哀悼深深地埋在心间，继续留在北京为驱张活动而奔忙。

1月28日，湖南公民、教职员、学生三个代表团为要求撤惩张敬尧，向北京政府做最后一次请愿。当日上午12时，三个代表团打着写有请求内容的旗帜来到新华门。毛泽东等六人被推举为代表，声明非见国务总理靳云鹏求个办法不可。在国务院没有见到靳云鹏，他们又来到棉花胡同靳云鹏的私宅。靳云鹏托词不见，由其副官长代见。六位代表痛陈张敬尧祸湘十大罪状，要求靳云鹏当众宣布解决办法。靳承诺"明日国务会议将湖南问题提出"，下星期四，请代表再到靳宅听候答复。2月5日，毛泽东等六位代表依约到靳云鹏私宅请愿候信。由于棉花胡同早有兵警设防，阻止代表通过，请愿未获结果。

由于湖南民众和毛泽东等坚持不懈的斗争，再加上直系军阀和皖系军阀之间的矛盾斗争，张敬尧的地位岌岌可危。在驱张斗争胜利在望之际，毛泽东开始考虑驱张以后，湖南向何处去的问题。他在同彭璜起草的《湖南改造促成会发起宣言》中指出，驱张胜利后不能乐观，因为"一张敬尧去，百张敬尧方环伺欲来"，不能"虎头蛇尾，换汤不换药"，要"以'去张'为第一步"，"欲建设一理想的湖南，唯有从'根本改造'下手"①。

---

① 《毛泽东早期文稿》，湖南人民出版社1990年版，第681—682页。

5月，直系军阀吴佩孚部由衡阳北撤，谭延闿、赵恒惕在吴佩孚的默许下，跟在后面，步步紧逼长沙。张敬尧在一片声讨声中和军事威胁面前，惶惶不可终日，6月11日仓皇逃离湖南。历时半年多的驱张运动终于取得了胜利。

第二章
CHAPTER TWO

参加建党

确立马克思主义世界观

1918年8月,为了筹组赴法勤工俭学活动,毛泽东第一次来到北京。经杨昌济介绍被安排在由李大钊兼主任的北京大学图书馆当助理员。

毛泽东在图书馆的工作地点是第二阅览室,也叫"日报阅览室"或"新闻报纸阅览室",具体负责登记新到报刊和来阅览人姓名,管理15种中外文报纸。毛泽东在这里的工作平凡琐碎,每月月薪8块银元。1936年毛泽东曾向斯诺谈他在图书馆当助理员的情况:"我的职位低微,大家都不理我。我的工作中有一项是登记来图书馆读报的人的姓名,可是对他们大多数人来说,我这个人是不存在的。在那些来阅览的人当中,我认出了一些有名的新文化运动头面人物的名字,如傅斯年、罗家伦等等,我对他们极有兴趣,我打算去和他们攀谈政治和文化问题,可是他们都是些大忙人,没有时间听一个图书馆助理员说南方话。"毛泽东所说的傅斯年和罗家伦当时都是北大的学生,同时已经因主编《新潮》杂志而成为社会名流,后来他们不仅在国民政府里任高官,而且还都成为中央研究院的院士。有意思的是1945年7月1日到5日,傅斯年作为国民参政会的参政员和黄炎培、章伯钧等6人一同到访延安,与已经领导有100万军队和1亿人口解放区的共产党领袖毛泽东多次攀谈。傅斯年向毛泽东求书,毛泽东不知是否回忆起当年北京的那段经历,特意书写了晚唐诗人章碣的一首七言绝句《焚书坑》:"竹帛烟销帝业虚,关河空锁祖龙居,坑灰未烬山东乱,刘项原来不读书。"其中的寓意耐人寻味。从延安回到重庆后,黄炎培在他的《延安归来》中记载了他与毛泽东那段关于历史周期率的"窑洞对"。人们有所不知的是,一向自视清高的傅斯年,实际也很重视这次与毛泽东的交往。他把毛泽东给他的手迹不仅珍藏起来,而且带到了台湾。在他去世后，人们才从他家的阁楼里发现了这幅手迹。

管理报刊之便，使毛泽东有机会阅读了大量新出版的报纸杂志，汲取了许多新知识。当时北京大学是全国新文化运动的中心，各种思潮在这里传播，各种学术团体如雨后春笋般出现，一些新文化运动的领袖人物如陈独秀、李大钊、鲁迅、胡适等都曾在这里任教。这些对毛泽东有极大的吸引力。他利用北京大学的有利条件，经常去听他所感兴趣的课，还参加了北京大学哲学研究会、新闻学研究会。在参加这些研究会的活动中，他认识了陈公博、谭平山、邵飘萍等人，尤其是邵飘萍对他帮助很大。邵飘萍当时任《京报》总编辑，新闻学研究会的讲师。毛泽东曾在新闻学研究会听他讲《新闻工作的理论与实践》课程，还多次拜访邵飘萍，在新闻理论知识方面得到邵飘萍的许多教益，这对他后来回湘主编《湘江评论》等刊物，产生了积极的影响。

毛泽东除经常拜访杨昌济、黎锦熙之外，还拜访了陈独秀、胡适、蔡元培等知名人士，同他们讨论新思潮等各种问题。并曾与在京的新民学会会员分别邀请蔡元培、陶孟和、胡适等谈学术和人生问题，以求开阔眼界，增长知识。当时，毛泽东对政治的兴趣不断增长，思想也越来越激进。他读了一些关于无政府主义的小册子，很受影响，常常和一个名叫朱谦之的同学讨论无政府主义和它在中国的前景，并赞同工读主义等许多无政府主义的主张。但是，这时对他的思想发生直接影响的是李大钊，李大钊从日本留学归国后，于1917年冬受聘于北京大学，接替章士钊为图书馆主任。李大钊任图书馆主任后，积极扩充宣传新文化、新思想的书籍，包括许多马克思主义的书籍。不少激进的学生常到图书馆来请他介绍宣传新思想的书籍，和他讨论、研究各种思潮，其中也包括马克思主义。毛泽东来到北京时，李大钊已接受了马克思主义，并在积极传播马克思主义，因此，在李大钊领导下的北京大学图书馆，实际上成了北京大学校内一个研究、传播马克思主义的中心。毛泽东在北京大学图书馆当助理员，自然直接受到李大钊的影响。他有机会到李大钊处请教，并及时地阅读了李大钊发表的《庶民的胜利》《布尔什维主义的胜利》等歌颂俄国十月革命和宣传马克思主义的文章。他还参加了李大钊等组织的研究各种新思潮的学生活动。他开始逐步清除无政府主义思潮的影响，放弃了许多他原来赞成的无政府主义主张。1936年毛泽东曾对斯诺回忆说："我在李大钊手下在国立北京大学当图书馆助理员的时候，就迅速地朝着马克思主义的方向发展"。

毛泽东在北京大学图书馆工作期间，一面认真工作、勤奋学习，一面积极组织湖南学生开展赴法勤工俭学活动。当时湖南赴法勤工俭学的青年，有一部分被安排到设在长辛店铁路工厂的留法预备班，进行半工半读。毛泽东为了筹办这批青年的赴法路费，曾于这年冬季来到长辛店铁路机车车辆厂，并对工厂进行了调查[①]。他深入了解工厂和工人的生产和生活状况，在职工中询东问西，从生产细节到工厂经营范围、方针，从整个工厂的收益到职工们的个人生活，做了详尽的调查。这是毛泽东第一次细致地调查现代产业工厂和深入地接触众多的产业工人，对促进他向马克思主义者转变具有重大的意义。

这期间，他还参加了邓中夏等进步青年组织的北京大学平民教育讲演团，并同邓中夏、罗章龙等一些进步青年保持着密切的联系。

1919年3月12日，毛泽东偕同一批准备赴法的湖南青年离开北京，于14日到达上海。在上海的20多天中，他参加了两次赴法勤工俭学学生的欢送会，两次到码头送别。

4月6日，毛泽东从上海回到了长沙。此后，他"就更加直接地投身到政治中去"。经过五四运动的战斗洗礼，毛泽东的思想观念迅速地向马克思主义方向发展。在他撰写的《湘江评论》创刊宣言、《民众的大联合》、

[①] 《毛泽东年谱（1893—1949）》上卷，人民出版社、中央文献出版社1993年版，第38页。

《陈独秀之被捕及营救》等许多文章中，歌颂俄国十月革命的胜利，批判帝国主义和封建主义，号召民众联合起来进行改革和斗争，宣传冲破迷信和传统的束缚等，因而得到各方面的好评。

为了公开揭露张敬尧的罪行，争取全国各界对驱张运动的赞同和支持，毛泽东率领驱张代表团于12月18日抵达北京。这是他第二次来北京。

毛泽东在北京组织驱张活动的同时，阅读了许多介绍俄国情况的书刊，并热心地搜寻和研读当时所能找到的为数不多的用中文撰写或翻译的共产主义书籍。他还同正在北京大学秘密建立马克思学说研究会的李大钊、邓中夏等密切联系，用心阅读他们介绍的马克思主义的书刊。这时，毛泽东较多地受到马克思主义理论和俄国革命历史的影响，对社会历史的发展有了比较正确的理解。

这次在北京，毛泽东于1920年1月加入由李大钊、王光祈等人发起成立的少年中国学会。

这是"五四"时期的著名社团。宗旨为：本科学的精神，为社会的活动，以创造"少年中国"。学会的信条是：奋斗、实践、坚忍、俭朴。后来成为共产党员的张闻天、邓中夏、恽代英、高君宇、赵世炎、黄日葵、田汉等，都曾是这个学会的会员。

1920年4月11日，毛泽东离开北京，到上海继续做驱张工作。他5月初到上海，并在上海活动了将近三个月。这期间，他同陈独秀多次会晤，讨论自己读过的马克思主义书籍以及组织湖南改造促进会的计划。当时，陈独秀在上海成立了马克思主义研究会，并正在筹建上海共产党早期组织（当时称共产主义小组），为建立中国共产党做思想上和组织上的准备。毛泽东后来对斯诺谈到他在上海同陈独秀的交往，说："陈独秀谈他自己的信仰的那些话，在我一生中可能是关键性的这个时期，对我产生了深刻的印象。"并认为："他对我的影响也许超过其他任何人"。

毛泽东自己曾说："记得我在1920年，第一次看了考茨基著的《阶级斗争》，陈望道翻译的《共产党宣言》①和一个英国人作的《社会主义史》，我才知道人类自有史以来就有阶级斗争，阶级斗争是社会发展的原动力，初步地得到认识问题的方法论。可是这些书上，并没有中国的湖南、湖北，也没有中国的蒋介石和陈独秀。我只取了它四个字：'阶级斗争'，老老实实地来开始研究实际的阶级斗争。"②毛泽东说："我一旦接受了马克思主义是对历史的正确解释以后，我对马克思主义的信仰就没有动摇过。……到了1920年夏天，在理论上，而且在某种程度的行动上，我已成为一个马克思主义者了，而且从此我也认为自己是一个马克思主义者了。"③

播种"圣火"

1920年7月初，毛泽东从当时同北京一样是宣传马克思主义主要阵地的上海，回到了长沙。

途经武汉时，他住在恽代英等开办的利群书社，恽向他介绍了利群书社的经营理念，使他深受启发，他表示也要开办一个这样的书社。回到湖南后，毛泽东根据湖南的现状，决定创办一个以推销新书报、介绍新思想为主要任务的新式书社。

他联络何叔衡、彭璜、熊瑾玎、陈昌、陶毅、罗宗翰和易礼容等新民学会会员及教育界人士方维夏、湘雅医学专门学校职员赵运文等人，共同做发起人。7月31日，在湖南《大公报》发表了他撰写的《发起文化书社》一文。《大公报》在这篇文章前面加了以下按语："省城教育界新闻界同志，

---

① 陈望道翻译的《共产党宣言》是1920年8月才出版，毛泽东1936年的回忆有误。但是罗章龙回忆毛泽东在"驱张"到北京期间，曾阅读过他和北大同学翻译并油印的《共产党宣言》的部分章节。
② 《毛泽东农村调查文集》，人民出版社1982年版，第21—22页。
③ ［美］埃德加·斯诺：《西行漫记》，生活·读书·新知三联书店1979年版，第131页。

近日发起文化书社，为传播新出版物之总机关，实为现在新文化运动中不可省之一事"。

8月2日，文化书社发起人在楚怡小学何叔衡处召开会议，通过了毛泽东起草的《文化书社组织大纲》。《大纲》规定："本社以运销中外各种有价值之书报杂志为主旨。书报杂志发售，务期便宜、迅速，庶使各种有价值之新出版物，广布全省，人人有阅读之机会。"《大纲》还规定了书社的组织机构和经营方法。会议推定易礼容、彭璜、毛泽东为筹办员，负责起草书社议事会细则及营业细则，筹备书社成立。8月20日，经赵运文介绍，租定长沙潮宗街56号湖南湘雅医学专门学校的三间房子，解决了社址问题。

9月9日，文化书社正式营业。

书社开办后，毛泽东广开渠道，通过上海的陈独秀以及武汉的恽代英等（毛泽东请恽代英担保做信用介绍，以使文化书社在向外埠订购书刊时和利群书社一样，免去押金）购进多种进步书刊，文化书社自营业至1921年3月这段时间内，销售200本以上的和100本左右的书有：《马克思资本论入门》《社会主义史》《新俄国之研究》《劳农政府与中国》《晨报小说第一辑》《杜威五大讲演》《社会与教育》《克鲁泡特金的思想》《托尔斯泰传》《白话书信》《尝试集》《现代教育趋势》《新标点儒林外史》《新标点水浒》《人生之意义与价值》等。销售最多的杂志有：《劳动界》（5000份）、《新青年》（2000份）、《新生活》（2400份）及《平民教育》《新潮》《新教育》等，其中《劳动界》由上海共产党早期组织主编，是向工人群众宣传马克思主义的通俗读物，颇受工人欢迎。销售的重要报纸有：《时事新报》（每天75份）、北京《晨报》（每天45份）等。书社将全国各地出版的新书报刊，尤其是各地共产党早期组织主编的刊物以及宣传介绍马克思主义的书刊，都作为重点推销。这从以上书社经销的有关书目和数量统计中可略见一斑。文化书社在湖南境内广泛传播马克思主义和进步思想、推动新文化运动的发展方面，作出了重要的贡献。

文化书社不只是单纯地出售进步书刊，还想方设法地为那些无钱购买书报的人提供阅读机会和方便，发动群众阅读进步书刊。书社在房屋本来就狭小的社内挤出地方，设立书报阅览处，陈列各种新书报刊供大家阅览、选购。并在报上刊登"介绍新著""通告好学诸君"之类的广告，对新书报刊广为宣传。此外，书社还印制一些广告宣传单，随书社所售书刊附送。书社出售的《新青年》第八卷第一期（1920年9月1日出版）中，就夹有由毛泽东执笔起草的以"文化书社同人"落款的两份传单：《文化书社敬告买这本书的先生》和《读书会的商榷》。

文化书社从1920年9月开始营业，到1927年马日事变以后被许克祥查封，历时近7年之久。7年间，文化书社努力传播新思想、新文化，大力宣传马克思主义，推动了新文化运动的发展。湖南成为当时销售新书刊最多的省份之一。1925年9月，湖南《大公报》十周年纪念特刊记载：文化书社"专以介绍新文化书籍为务"；"全国新文化书籍销行多者，首推湖南和四川"；"销售新出版物最力者为文化书社"。

在创办文化书社的同时，毛泽东还与方维夏、何叔衡、彭璜等人一起，联络教育界、新闻界和社会知名人士姜济寰、易培基、包道平、贺民范等，发起组织了湖南俄罗斯研究会，公开研究、宣传马克思主义和俄国十月革命。

1920年8月22日，他们在长沙县知事公署召开俄罗斯研究会筹备会，商讨研究会的简章和组织。会议决定以"研究俄罗斯一切事情为宗旨"，会务包括："一、研究有得后，发行俄罗斯丛刊；二、派人赴俄实地调查；三、提倡留俄勤工俭学。"会上推举何叔衡、毛泽东、彭璜、包道平四人为筹备员，继续进行俄罗斯研究会的筹备工作。9月15日，俄罗斯研究会成立大会在文化书社召开。会议推举姜济寰为总务干事，毛泽东为书记干事，负责记录及文书事务，彭璜为会计干事并驻会接洽一切。会议议决：除会员个人进行研究外，每星期六下午可自愿去潮宗街文化书社集体讨论；集中个人和集体研究成果，发行《俄罗斯丛刊》；派代表赴京与俄代表接洽，筹备赴俄勤工俭学事宜，并在船山学社开设俄文班，聘上海的俄国人来湘教授。对于组织赴俄勤工俭学，毛泽东早就有这个想法。1920年初在北京时，他就认为"俄国是世界第一个文明国"，打算组织一个留俄队赴俄勤工俭学，并与李大钊商量过这件事。他在给陶毅的信中说："我为这件事，脑子里装满了愉快和希望"。稍后在给黎锦熙的信中他又说："同住都有意往俄，我也决去，暂且自习，一年半或二年后，俄路通行即往。"①

俄罗斯研究会成立后，其会员在报纸上发表了不少宣传俄国十月革命的文章，毛泽东还将外地进步报刊上的重要论文，推荐给长沙的有关报纸转载。如上海《共产党》月刊上登载的《俄国共产党的历史》《列宁的历史》《劳农制度研究》等，都在湖南《大公报》上转载过。这些文章，对湖南进步青年产生了较大的影响。俄罗斯研究会千方百计地介绍一些进步青年到上海共产党早期组织创办的外国语学社学习俄文，然后赴俄。刘少奇、萧劲光、任弼时、任作民等就是通过俄罗斯研究会介绍去上海外国语学社学俄文，然后克服重重困难，于1921年最早到达苏俄的。这些进步青年学成回国后，大都成了中国共产党重要骨干。

除创办文化书社和俄罗斯研究会外，毛泽东在传播马克思主义的过程中，还特别加强了对新民学会的改造与发展，以此推动会员的思想进步。

"革新学术，砥砺品行，改良人心风俗"是新民学会成立大会通过的会章中规定的学会宗旨。由于没有提出远大的革命目标，所以有的会员说这时的新民学会"不过是少数读书人的一种读书团体"。很快，毛泽东等一些新民学会会员从湖南一师毕业，走向了社会。在"会友向外发展"的驱使下，一批会员来到北京，进入留法预备班，做赴法勤工俭学的准备。这时，正值"五四"前后，经五四爱国运动的陶冶，会员的政治觉悟进一步提高，对学会的宗旨和会风等，有必要作出新的规定。1920年5月8日，毛泽东

---

① 《毛泽东早期文稿》，湖南人民出版社1990年版，第478页。

到上海与部分即将赴法勤工俭学的新民学会会员在半淞园召开送别会。这次会议讨论了新民学会的进一步发展问题和会务问题。这次会议的精神传到法国后,7月6日至10日,法国的新民学会会员在蒙达尼公学的教室里集会,蔡和森、向警予、萧子升、陈绍休、萧子暲、张昆弟、罗学瓒、蔡畅、李维汉、熊光楚、熊季光、熊叔彬、欧阳泽13人到会。会议提出并确定新民学会的方针为"改造中国与世界"。会议讨论了改造的方法,但是在此问题上出现了分歧。蔡和森等人主张组织共产党,走俄国式的革命道路,采取无产阶级专政的手段,根本改造中国社会。而萧子升等人则主张"温和的革命——以教育为工具的革命,为人民谋全体福利的革命——以工会合作社为实行改革之方法"。

8月间,蔡和森、萧子升分别写信给毛泽东,陈述自己的观点。毛泽东接到信后,对将"改造中国与世界"确定为新民学会的方针感到十分高兴。他仔细地研究了蔡和森的意见,于1920年12月1日复信给蔡和森、萧子升并转在法诸会友。毛泽东在信中表明了自己赞同以"改造中国与世界"为学会的方针。他说:"以'改造中国与世界'为学会方针,正与我平日的主张相合,并且我料到是与多数会友的主张相合的。"他认为这个方针是世界主义的。这种"四海同胞主义,就是愿意自己好也愿意别人好的主义,也就是所谓社会主义"。关于改造中国与世界的方法,他明确表示不同意萧子升等所主张的实行"温和的革命",以教育为工具的方法;而对于蔡和森提出的用俄国式的方法,组织共产党,实行无产阶级专政的主张,"表示深切的赞同"。他说:"我觉得教育的方法是不行的。我看俄国式的革命,是无可如何的山穷水尽诸路皆走不通了的一个变计,并不是有更好的方法弃而不采,单要采这个恐怖的方法"。从历史经验看,"凡是专制主义者,或帝国主义者,或军国主义者,非等到人家来推倒,决没有自己肯收场的"。因此,"用和平的方法去达共产目的"是不行的。他指出:"对于绝对的自由主义,无政府主义,以及德谟克拉西主义,依我现在看法,都只认为于理论上说得好听，事实上是做不到的。"①

1921年1月1日至3日，新民学会在长沙的会员毛泽东、何叔衡、彭璜、周世钊、熊瑾玎、陶毅、陈书农、易礼容等十余人在潮宗街文化书社召开新年大会，讨论旅法会员所争论的问题。会议主席何叔衡。会议主要讨论三个问题：（1）新民学会应以什么作共同目的？（2）达到目的需采用什么方法？（3）方法进行即如何着手？

讨论之前，毛泽东向会议介绍了法国会友对这三个问题的讨论结果：对第一个问题，主张以"改造中国与世界"为共同目的；对第二个问题，一部分会友主张用急进方法，一部分则主张用缓进方法；对第三个问题，一部分会友主张组织共产党，一部分会友主张实行工学主义及教育改造。讨论第一个问题时，开始有人提出已不必多讨论。毛泽东则认为还有讨论的必要，"因为现在国中对于社会问题的解决，显然有两派主张：一派主张改造，一派则主张改良。前者如陈独秀诸人，后者如梁启超张东荪诸人"。对于会议讨论时的不同意见，毛泽东提出自己的主张，他说："改良是补缀办法，应主张大规模改造。至用'改造东亚'，不如用'改造中国与世界'，提出'世界'，所以明吾侪的主张是国际的；提出'中国'，所以明吾侪的下手处；'东亚'无所取义。中国问题本来是世界的问题；然从事中国改造不着眼及于世界改造，则所改造必为狭义，必妨碍世界。至于方法，启民（陈书农）主用俄式，我极赞成。因俄式系诸路皆走不通了新发明的一条路，只此方法较之别的改造方法所含可能的性质为多"。

1月2日，新年大会继续进行。毛泽东报告了在巴黎的会员蔡和森的提议，并列举世界解决社会问题的五种方法：（1）社会政策；（2）社会民主主义；（3）激烈方法的共产主义（列宁的主义）；（4）温和共产主义（罗素的主义）；（5）无政府主义。何叔衡发言："主张过激主义。一次的扰乱，

---

① 《新民学会资料》，人民出版社1994年版，第146—149页。

抵得二十年的教育，我深信这些话。"毛泽东接着说："我的意见与何君大体相同。社会政策，是补苴罅漏的政策，不成办法。社会民主主义，借议会为改造工具，但事实上议会的立法总是保护有产阶级的。无政府主义否认权力，这种主义，恐怕永世都做不到。温和方法的共产主义，如罗素所主张极端的自由，放任资本家，亦是永世做不到的。激烈方法的共产主义，即所谓劳农主义，用阶级专政的方法，是可以预计效果的，故最宜采用"。经过长时间讨论后，进行表决，结果：赞成用布尔什维主义的有毛泽东等12人，赞成采用德谟克拉西主义的2人，赞成温和方法的共产主义的1人，未决定的3人。

1月3日，新年大会讨论第三个问题。毛泽东最后发言。在他之前10多人的发言中，提出各种着手进行的方法，诸如研究、组织、宣传、联络、经费、事业等。对此，毛泽东均表示赞成，提出："惟在研究底下，须增'修养'。联络名称'联络同志'，因非同志，不论个人或团体，均属无益。""我们须做几种基本事业：学校，菜园，通俗报，讲演团，印刷局，编译社，均可办。"他认为，"文化书社最经济有效，望大家设法推广"。会议对大家提出的各种着手方法进行表决，获一致通过。

三天的新年大会结束了。从对第二个问题即采用什么方法问题的表决结果中，我们可以看到，出席会议的会员中有三分之二赞同布尔什维主义。在毛泽东、何叔衡等的周围，已经出现一批赞同俄国十月革命，具有初步共产主义思想的知识分子。

参与创建中国共产党

随着马克思主义的广泛传播，新民学会会员中，在国内以毛泽东为代表，在国外以蔡和森为代表，涌现了一批马克思主义者。由于政治思想觉悟的迅速提高，他们从俄国十月革命经验中，已经认识到一个马克思主义的政党在无产阶级的革命事业中所起的重要作用，很快地产生了建立共产党的要求，并就建党问题展开了讨论。

1920年7月，蔡和森在蒙达尼会议上，在实现"改造中国与世界"目的的方法上与萧子升等产生分歧。后于1920年8月13日和9月16日，连续两次写长信给在长沙的毛泽东，阐述他主张建立共产党，走俄国人的道路的主张。

在蔡和森提出建党问题的同时，毛泽东也从研究俄国十月革命的经验中，意识到建立一个列宁式的布尔什维克党的重要性。他在1920年9月5日发表在湖南《大公报》上的一篇文章中说，俄国革命所以能成功，在于"列宁之以百万党员，建平民革命的空前大业，扫荡反革命党，洗刷上中阶级，有主义（布尔失委克斯姆），有时机（俄国战败），有预备，有真正可靠的党众，一呼而起，下令于流水之原，不崇朝而占全国人数十分之八九的劳农阶级，如响斯应。俄国革命的成功，全在这些处所"[①]。毛泽东接到蔡和森的信后，十分高兴，对信中提出的用俄式的方法，组织共产党，实行无产阶级专政的主张"表示深切的赞同"。他在1921年1月21日的复信中说：你的信"见地极当，我没有一个字不赞成"。并说："唯物史观是吾党哲学的根据，这是事实，不像唯理观之不能证实而容易被人动摇"。信中向蔡和森传递了国内有关建党活动的情况，"党一层，陈仲甫等已在进行组织。出版物一层，上海出的《共产党》，你处谅可得到。颇不愧'旗帜鲜明'四字"[②]。

1920年8月，陈独秀、李达等在上海成立共产党早期组织。这是中国第一个共产党早期组织，它成为创建全国统一的无产阶级政党的活动中心。据李达回忆，上海共产党早期组织成立后，由陈独秀、李汉俊找关系，"在

---

① 《毛泽东早期文稿》，湖南人民出版社1990年版，第507—508页。
② 《毛泽东书信选集》，人民出版社1983年版，第15页。

湖南由毛泽东负责"。受陈独秀的委托，毛泽东和何叔衡等经过酝酿筹备，于10月、11月间，创建了长沙共产党早期组织。当时成员还有彭璜、贺民范等，共六人。

长沙共产党早期组织成立后，十分注重马克思主义的宣传和开展工人运动。毛泽东、何叔衡等除了运用文化书社和俄罗斯研究会扩大宣传新思想、宣传马克思主义外，已开始注意将马克思主义灌输到工人群众中去。1920年秋，毛泽东利用担任第一师范附小主事的便利条件，开办了一所工人夜校，同时还办了一个工农子弟补习班，招收18岁以上的失学青年。夜校除学习文化外，还重点向工人群众传播马克思主义的基本常识，实行启蒙教育。1920年11月7日，毛泽东等以新民学会会员为骨干，组织长沙工人、学生举行游行，庆祝俄国十月革命三周年。

1920年11月21日，湖南劳工会成立。它的成立得到毛泽东、何叔衡、彭璜等的支持和帮助。1921年三四月间，该会领导了湖南第一纱厂收归国有的运动，5月1日，劳工会的工人和一部分学生在湖南一师举行劳动节晚会。大会进行讲演、游艺等活动，在纪念面包上印有"劳工神圣""不作工者不得食"等字样。劳工会的领导人黄爱、庞人铨曾受无政府主义的影响，后来在毛泽东的影响下，脱离无政府主义的影响，接受马克思主义，并参加社会主义青年团。

建立和发展社会主义青年团，是长沙共产党早期组织成立以后进行的一项重要工作，毛泽东为此花费很大精力，做了大量的工作。1920年8月，上海率先成立了社会主义青年团。10月，毛泽东接到从上海等地寄来的社会主义青年团章程后，立即开始筹建长沙社会主义青年团，他积极地在湖南第一师范、商业专科学校、省立一中的先进学生中，寻找团员的对象。当时湖南一师附属学校的进步学生张文亮，在日记中记载：

11月17日。接泽东一信，送来青年团章程十份，宗旨在研究并实行社会改造。约我星期日上午去见他，并托我代觅同志。

11月21日。会见毛（在通俗馆），云不日将赴醴陵考察教育，并嘱青年团此时宜注重找真同志；只宜从缓，不可急进。

12月2日。泽东来此。他说，青年团等仲甫来再开成立会。可分两步进行：一、研究；二、实行。并嘱咐多找同志。

12月15日。接泽东复信……（三）师范素无校风，你应努力结些同志做中坚分子，造成一种很好的校风。（四）青年团你可努力在校制造团员，尽可能于本学期开一次会。

12月16日。泽东来此。青年团将于下周开成立会。

12月17日。泽东送来《共产党》九本[①]。

在毛泽东的努力下，在"多找真同志"这样一个积极而又慎重的方针下，长沙建团工作健康顺利地开展。一些新民学会会员也参加了青年团。从10月到12月，3个月内就在湖南发展了20来名团员，建立了团的基层组织。1921年上半年，长沙的青年团员已发展到近40人，是全国团员较多的地区之一。

上海率先成立共产党早期组织以后，除长沙外，北京、武汉、广州、济南等地也建立了共产党早期组织，在法国和日本的中国留学生和侨民中也建立了这样的组织。

1921年6月上旬，共产国际代表维经斯基等到达上海，会见李达等，建议及早召开全国代表大会，宣告中国共产党成立。上海共产党早期组织担负发起建立中国共产党的任务。随即，他们致函各地共产党早期组织，各派代表两人于7月间到上海开会。

毛泽东接到上海发来的开会通知后，与何叔衡作为长沙共产党早期组织的代表，于6月29日离开长沙前往上海，参加中国共产党第一次全国代表大会。7月初，到达上海。

---

① 转引自高菊村等：《青年毛泽东》，中共党史资料出版社1990年版，第150页。

7月23日，中国共产党第一次全国代表大会召开。参加会议的代表有上海的李达、李汉俊，北京的张国焘、刘仁静，长沙的毛泽东、何叔衡，武汉的董必武、陈潭秋，济南的王尽美、邓恩铭，广州的陈公博，旅日的周佛海，包惠僧受陈独秀派遣，出席了会议。他们代表了全国50多名党员。共产国际远东局书记处代表马林、尼克尔斯基出席了会议。会议由张国焘主持，毛泽东和周佛海任记录。开会地址在上海望志路106号。因会议中间突然遭到暗探侦察，出于安全考虑，随后转移到浙江嘉兴南湖，在游船上继续开会。

大会经过充分讨论，通过中国共产党的第一个党纲，确定党的名称为中国共产党。规定党奋斗目标是：以无产阶级革命军队推翻资产阶级，由劳动阶级重建国家，直到社会的阶级区分消除为止；承认无产阶级专政，直到消灭社会的阶级区分；消灭资本家私有制，没收机器、土地、厂房和半成品等生产资料，归社会公有。大会还通过关于当前实际工作的决议，确定党成立后的中心任务是组织工会，领导工人运动。大会选举陈独秀、张国焘、李达组成中央局，陈独秀为中央局书记。

党的一大闭幕后，1921年8月，毛泽东回到长沙，积极进行建立湖南地方党组织的工作。他和何叔衡、彭平之、陈子博、易礼容等人经常在一起讨论组织湖南共产党的问题。10月10日，中国共产党湖南支部建立，毛泽东任书记，委员有何叔衡、易礼容等，党员有彭璜、郭亮、彭平之、陈子博等10人。毛泽东采取积极、慎重的建党方针，一方面从社会主义青年团内个别地吸收先进青年团员入党，同时注意发展工人运动中的先进分子入党。毛泽东和中共湖南支部成员多次到长沙湖南第一师范、省立一中、长郡中学、商业专科学校进行工作，发展党员，建立支部，毛泽东还亲自赴安源、衡阳等地发展党员，建立组织。毛泽东和中共湖南支部陆续在长沙、安源、衡阳建立了3个党支部，有党员30余人。按照中共中央的规定，1922年5月底，中共湘区执行委员会正式成立，毛泽东任书记，委员有何叔衡、易礼容、李立三等。湘区委机关设在长沙清水塘22号。1923年4月，毛泽东奉调党中央工作后，李维汉接任湘区委书记。

中共湘区委成立后，继续发展党员，扩大党的组织。毛泽东在粤汉路新河站吸收工人陈地广、卢士英等人入党，建立党小组。陈地广是火车头修理厂修理工，技术熟练，在工人中很有威信。毛泽东常到陈地广家"拉话"。陈地广是毛泽东的第一个铁路工人朋友。通过陈，毛泽东又结识了许多工人朋友。毛泽东还深入到长沙泥木、铅印活版、缝纫、纺织工人中，用很大力量在这些手工业工人中进行教育和组织工作，在领导手工业工人斗争的同时，先后吸收任树德、张汉藩、朱有富、杨福涛、萧石月等人入党，并在泥木工人中建立党支部。中共湘区执委委员郭亮在岳州建立党小组，在铜官建立支部；蒋先云在常宁、水口山建立支部；黄静源在株洲站建立转运支部。在各地建立的党组织中，长沙、安源的组织最健全，发展最快，这和毛泽东的直接领导密不可分。

在着手建立地方党组织的同时，根据中共中央局1921年11月的通告规定："全国社会主义青年团必须在明年七月以前超过三千团员"，毛泽东和中共湖南支部在长沙和各地大力发展团员。1922年6月17日，社会主义青年团长沙执行委员会召开改组大会，选举新的执委会，毛泽东任书记，李立三任组织部主任，罗君强（后为汉奸）任宣传部主任。大会通过了执行委员会细则。执委会下设学生、劳工、社会教育、妇女、农民、政治、非宗教特别运动委员会，由执委会派人任各委员会委员长。毛泽东在建立团组织时，很注意团员的工人阶级成分，强调团组织置于党的领导之下。湖南初期的团员多是由党员发展的，许多政治活动都是党团共同进行。党员在斗争中培养团员，团组织亦能自觉置于同级党组织的领导之下。这在全国团组织中颇具特色，是湖南党团组织能够稳步、健康发展的原因。1923年12月，社会主义青年团湘区第一次代表大会在长沙召开，正式成立团湘区执行委员会。至此，全区有长沙、安源、衡阳、耒阳、铜官等6个地方团执委会，新河、第一纱厂、平江、益阳、湘乡、宁乡、水口山7个团支部，共有团员790人。

毛泽东在建立湖南党团组织的过程中，十分注重党团员的组织生活和纪律。他曾在会议上批评年近60的共产党员贺民范不参加组织生活，耐心说服教育那些对交党费有异议的同志。毛泽东自己则非常注意发扬党的民主作风，坚持批评和自我批评。他勤于工作，不辞劳苦，常常是不分白天黑夜深入到工人群众中，做调查研究。他还负责大量的文字工作。向党中央汇报、请示工作，和各地方组织通信联系，指示工作。他勤奋好学，艰苦朴素，谦虚勤恳。所有这些，都深刻地影响着周围的同志们。

在建党建团过程中，毛泽东还非常重视马克思列宁主义的理论学习和研究，这是毛泽东建党活动的一个重大特点。为了加强党团干部的马克思主义理论学习，毛泽东、何叔衡等于1921年8月在船山学社社长兼船山中学校长贺民范的支持下，利用船山学社社址和每月400块银元的经费，创办了湖南自修大学。船山学社社长贺民范挂名任校长。毛泽东任教务长，实际负责一切事务。次年4月，贺民范辞职，校长一职由毛泽东接任。1922年11月，毛泽东又写信给在学术上已有名声的李达，邀请他来长沙任自修大学校长。这是中国共产党成立后，全国创办的第一所培养干部的学校，也可以说是一所最初的"党校"。

1921年9月，自修大学开始招生，招收学员极为慎重。《湖南自修大学入学须知》明确写道："我们的目的在改造现社会。我们的求学是求实现这个目的的学问。我们不愿意我们同学中有一个'少爷'或'小姐'，也不愿有一个麻木或糊涂的人"。为此，学员在入校前，先要以通信的方式答复以下问题：（1）以前进过什么学校？做过什么事？家庭和个人的经济情况怎样？（2）要研究哪几科？为什么要研究这几科？（3）以前学过什么学科？（4）愿来研究几个学期？（5）对于人生观的主张。（6）对于社会的批评。答案经学长评阅后，"再行当面接洽决定"。

自修大学的教学十分重视理论与实际、教育与生产、脑力劳动与体力劳动的结合。它要求学生研究"致用的学术""注意劳动""图脑力劳动与体力劳动平均发展，并求知识与劳力两阶级之接近"。自修大学的课程设置和研究中心完全从中国革命的实际出发。它要研究的是国家如何改造，政治如何澄清，帝国主义如何打倒，武人政治如何推翻，教育制度如何改革，文学艺术及其他学问如何革命等问题。自修大学开设了文、法两科十多个专业，着重学习马列主义文献，还要学习中外哲学思想、政治思想、教育思想、经济思想及心理学等课程。它强调师生深入工农群众中进行社会调查，参加社会活动。自修大学还为长沙人力车、笔业、矿业等行业工人开办了工人夜校，通过夜校了解工人疾苦，提高工人觉悟，组织工人斗争。校内还设置园艺场、工厂和博物实验室，供学生劳动锻炼和现场试验之用。

为了加强对中国革命问题的研究和系统地宣传马克思主义，并为这种研究和宣传提供一块阵地，1923年4月10日，湖南自修大学创办《新时代》月刊，由李达任主编，毛泽东为该刊撰写《发刊词》。《发刊词》写道："本刊和普通校刊不同，普通校刊兼收并列，是文字的杂货店，本刊却是有一定主张和一定宗旨的，同人自信都有独立自强的精神，都有坚苦不屈的志气，只有痛感着社会制度的不良和教育机关的不备，才集合起来，组织这个学问上的'革命之帮'，努力研究致用的学术，实行社会改造的准备"。创刊号的第一篇文章即是毛泽东写的《外力、军阀与革命》。毛泽东这篇文章初步用马克思主义的阶级分析方法，预言了中国社会各阶级的主要政治势力的消长趋势。他提出的国共两党将要成立统一战线是很有见地的。《新时代》月刊共出四期，还刊载了李达的《何谓帝国主义》《马克思学说与中国》《中国商人阶级应有之觉悟》，李维汉的《观念史观批评》等。这些文章对于帮助中共青年党员提高理论水平，指导中国革命实践具有重要意义。

湖南自修大学及其补习学校的创办,《新时代》的出版,引起湖南军阀、省长赵恒惕的不安。1923年11月,赵以"所倡学说不正,有害治安"为由,封闭了湖南自修大学及其补习学校,《新时代》亦被迫停办。湖南自修大学创办两年零三个月,培养了来自湖南34个县和外省4个县的200多名革命青年。他们经过学习,打下了文化和政治基础,成为共产党有力的后备军。他们中的优秀分子由教员介绍入党、入团。许多学员后来成为中国革命的骨干和著名社会活动家。

在毛泽东的领导下,湖南创建共产党的工作,不图形式,扎扎实实,认真从思想上、政治上、组织上进行建党,从而为创建真正的马克思主义政党奠定了坚实的基础。因此,湖南的建党工作,做得非常出色,受到中央局书记陈独秀的特别重视和多次表扬。后来,湖南涌现出一大批优秀党员领导骨干和卓越的革命领袖,如何叔衡、夏明翰、方维夏、谢觉哉、罗学瓒、蒋先云、黄静源、陈昌、张昆弟、蔡和森、向警予、柳直荀、杨开慧、毛泽民、毛泽覃、毛泽建、夏曦、李维汉、李立三、刘少奇、任弼时、郭亮、萧劲光,等等。这不是偶然的,它和毛泽东卓有成效的建党建团工作,以及对新民学会的正确领导,紧密相连。

领导湘区工运

中共一大确定党成立后的中心任务是组织工人阶级,领导工人运动。在此之前,中共党组织决议在上海成立中国劳动组合书记部。1921年8月,中国劳动组合书记部在上海正式成立,发表了《中国劳动组合书记部宣言》,宣布劳动组合书记部"是一个要把各个劳动组合都联合起来的总机关",它的任务是"向劳动者宣传组合之必要,要联合或改组已成的劳动团体,使劳动者有阶级的自觉,并要建立中国工人们与外国工人们的密切关系"。随后设立了一些分部和支部，在北京设北方分部，主任罗章龙（后邓中夏）；在汉口设立了武汉分部，主任林育南；在长沙建立了湖南分部，主任毛泽东；在广州设立了广州分部，主任谭平山；在济南建立了山东支部，主任王尽美；总部主任是张特立（张国焘）。在各分部之下，辖有产业工会和职业工会若干。工运发达的地区，有些分会之下还有省级的总工会，如湖北工团联合会等，在组织体系上，劳动组合书记部总部和各分部的主要负责人，基本上是由中共中央直接委派的。

毛泽东在领导湖南工人运动中，首先遇到的一个重大问题，就是如何争取湖南劳工会。

湖南劳工会是1920年11月23日在长沙成立的劳工团体，组织者是黄爱、庞人铨。黄爱、庞人铨对军阀赵恒惕统治下的湖南工人的痛苦生活极为同情。他们认为把工人组织起来，提高工人觉悟，是改善工人状况的唯一方法。为此，他们组织了湖南劳工会。黄爱、庞人铨为劳工会规定了三大任务：一是维护劳工的利益；二是促成国家的统一；三是维护民族的尊严。劳工会的会员，成立初期多数是工业学校的学生，以后逐渐在长沙华实纱厂、光华电灯厂、造币厂、黑铅厂、兵工厂和泥木、理发等行业工人中发展会员。仅两年，劳工会建立了20个基层工会，会员达7000余人。劳工会设评议、交际、教育、出版等8部。黄爱任教育部主任，庞人铨任出版部主任。劳工会还曾创办工人读书会和工人夜校，出版了《劳工周刊》，借以联络工人，进行教育。但是，当时担任湖南劳工会主要负责职务的黄爱、庞人铨等受无政府工团主义的影响，主张极端自由，不要政府，不要纪律，不要领袖，废除一切带有强制性制度，平均财富，一切平等。劳工会成立初期，存在不作政治斗争，单搞经济运动的错误倾向。

毛泽东深入劳工会内部了解情况，具体分析，将劳工会中真正的工人群众跟他们的上层分子区别开来，在他们的上层人物中，又将黄爱、庞人铨等纯洁、正直、勇敢和具有一定反帝反封建思想的人跟那些混入劳工会内部，企图攫取某种利益的人区别开来；对一般劳工会会员亦具体分析，弄清进步的和落后的；对进步分子，毛泽东重点培养，力图形成以进步力量为核心的群体。他多次找黄爱、庞人铨等人谈心，热情赞扬他们反抗资本家和军阀的勇敢斗争精神，同时对他们没有严密的组织，只作经济斗争，没有远大的政治目标进行了批评。

1921年11月，湖南劳工会成立一周年。毛泽东在《湖南劳工会周年纪念特刊号》上发表了《所希望于劳工会的》一文。他说："劳工会这一年来的艰难缔造，在湖南劳动运动史上已写完了头一页，现在要开始写第二页了。我愿这第二页上写的要不同于第一页；材料更丰富，意义更新鲜，章法组织更完备"。文章针对劳工会前段工作中的问题，提出三点希望：（1）劳动组合的目的，不仅在团结劳动者以罢工手段赢得增加工资，缩短工时等胜利，"尤在养成阶级的自觉，以全阶级的大团结，谋全阶级的根本利益"；（2）工会组织要有民主产生的全权办事机构，劳工会的职员太多，分部太繁，权力太分，甚不妥当；（3）为加强工人对工会的组织观念，工人应该养活自己的工会，要准备罢工资金，工人必须缴最低限度的会费。毛泽东教育黄爱、庞人铨要深入工人中去接受教育，锻炼自己。在毛泽东的影响和教育下，黄爱、庞人铨在1921年下半年开始摆脱无政府主义的影响，接受马克思主义，倾向中国共产党，加入了社会主义青年团。1921年12月中旬，第三国际代表马林在张太雷陪同下，去桂林会见了孙中山，途中在长沙稍作停留。毛泽东接待了他们，进行了长时间的交谈。毛泽东还介绍马林与黄爱、庞人铨等接触，请他"花了一个晚上"的时间，给黄、庞和部分工会群众"讲阶级斗争"，介绍"俄国革命"的情况及经验。

在毛泽东的指导下，12月15日，黄爱、庞人铨以劳工会的名义，在长沙召集各界群众一万多人参加反对华盛顿会议的集会和游行示威，向帝国主义瓜分中国表示严重抗议。这次活动在湖南省内外产生很大影响。后来，陈独秀在总结这次活动时说，除上海外，全国各地反对太平洋会议运动中，以"湖南工人最猛烈"。这是毛泽东争取劳工会的积极成果。毛泽东除自己经常帮助、教育劳工会的骨干成员外，还指定中共党员同他们保持联系。毛泽东后来对斯诺说："在许多斗争中，我们都是支持他们"，"并且通过协商，防止了他们许多轻率和无益的行动"。1922年1月，黄爱、庞人铨再次组织华实公司工人罢工，要求发给年终赏金。在遭厂方拒绝后，黄、庞领导工人继续斗争。公司以五万元巨款贿赂湖南军阀赵恒惕派兵镇压，并阴谋杀害黄、庞。1月16日夜，黄、庞与华实公司代表在劳工会协商调停罢工问题，赵恒惕的军队逮捕了黄爱、庞人铨。未经审讯，即于1月17日将他们绑赴浏阳门外斩首，然后以省政府名义宣布黄、庞的所谓罪行是："盛倡无政府主义，假劳工会名义煽惑人心，近复秘密收买枪支，勾结匪徒，乘冬防吃紧，希图扰乱治安。"随后，湖南劳工会被武力解散，《劳动周刊》也被查封。

毛泽东对黄爱、庞人铨被害极为悲愤，立即召开会议，布置对赵恒惕的斗争和稳定工人情绪。在毛泽东的主持下，工人们在船山学社召开两次黄、庞追悼会，并发纪念刊。毛泽东和湖南党组织稳住阵脚，对赵恒惕进行坚决斗争。邓中夏在《中国职工运动简史》中说："黄庞被杀以后，职工运动遭一顿挫，所谓湖南劳工会分子皆逃亡在外，但共产党员却并不跑，在白色恐怖之下做极其艰难的工作。"

为争取工人阶级的正当权益，毛泽东和中国劳动组合书记部及其他各分部的负责人一起倡议劳动立法，并积极参与领导劳动立法运动。

1920年11月，湖南军阀赵恒惕挤走谭延闿，取得湖南省长兼督军的职位。赵恒惕为愚弄人民，巩固既得地位，于1921年4月，在长沙各报刊公布《湖南省宪法草案》，1922年元旦颁布《湖南省宪法》。3月，依据其法，改造了省议会，接着又表演了一场"民选省长"的丑剧。毛泽东一方面在湖南《大公报》上发表文章揭露赵恒惕的真面目，同时决定利用赵恒惕的假民主，倡议劳动立法。1922年5月1日，毛泽东利用纪念

"五一"劳动节的时机,在湖南《大公报》发表《更宜注意的问题》一文,要求"自治省的湖南",更宜注意劳工的三件事,即"一、劳工的生存权,二、劳工的劳动权,三、劳工的劳动全收权"。他批评省宪法"虽然冠冕堂皇,可惜全没有涉及这几点!美其名曰全民政治,实际抛弃了至少百分之九十九的劳工!"他提醒人们不要对省宪法抱有幻想。毛泽东在文中暗示:劳工是社会的台柱子,是弃不了的,"'殷鉴不远',俄罗斯的资本阶级、贵族阶级就是个榜样,他们现在是已经后悔不及了!"

毛泽东的立法观点比后来中国劳动组合书记部提出的《劳动法大纲》(十九条)要早得多,毛泽东是中国劳动立法运动的首倡者。

1922年6月15日,中共中央第一次发表《对于时局的主张》,把劳动立法作为党"目前奋斗的目标"之一。中共二大进一步提出:"工会进行劳动者的经济改良运动,必须进行劳动立法运动"。中国劳动组合书记部贯彻中央决定,于8月向全国各地工会发出开展劳动立法运动的通告。中国劳动组合书记部还拟就劳动立法原则和《劳动法大纲》。

毛泽东接到中国劳动组合书记部的通知后,积极参与领导劳动立法运动,并同总部负责人邓中夏以及上海、武汉、广东、北京分部负责人联名向众议院递呈"请愿书"及《劳动法大纲》,要求众议院采纳通过,在宪法内将十九条予以规定,并要求取消"暂行新警律"第224条"罢工骚扰罪"及"治安警察条例"。毛泽东等还将"请愿书"和《劳动法大纲》发表在湖南《大公报》上。

9月6日,毛泽东领导中国劳动组合书记部湖南分部、长沙土木工会、新河粤汉铁路工人俱乐部、工友协进社、长沙理发工会、安源路矿工人俱乐部等团体举行劳动立法运动大会,组织湖南劳动立法大同盟、湖南各公团联合会,并以各工会、各公团的名义致电北京参众两院,要求从速通过《劳动法案大纲》。通电告诫议员们:若劳动法案未能通过,则"诸君不啻自绝于民众,我全国劳动者不得不奋其神圣之威权,起为一致之团结,为自由而战，为生存而战，为取得应有之权利而战"①。为扩大影响，湖南分部还将电文发送北京《晨报》《工人周刊》、上海《时事新报》《民国日报》、汉口《江声日报》、湖南《大公报》《民治日报》等报刊，并请它们转全国各报馆、各工会、各团体，请报界、工界和各界"办事公道，大加赞助"。

值得注意的是，毛泽东在倡导劳动立法运动时，就着手组织工人，把基点立在工人的团结、自己解放自己上。他派党的干部到新河站办工人夜校，成立了粤汉铁路工人俱乐部；他多次去安源，了解工人生产、生活情况，和工人亲切谈心，并派李立三到安源办工人夜校，建立安源路矿工人俱乐部；他以"十人团"的形式把长沙泥木工人组织起来，成立长沙泥木工会，并亲自起草长沙泥木工会章程18条；他还在长沙人力车工会、笔业工会成立大会上发表激动人心的演讲。这样，劳动立法运动之后，湖南有组织的工人阶级很快投入罢工斗争中。

以毛泽东为首的中共湘区委员会、劳动组合书记部湖南分部根据中共中央的部署，把马克思主义同工人运动相结合，结合湖南实际，在1922年下半年，先后发动和领导了粤汉铁路武长段、安源路矿、长沙泥木、长沙铅印等十多处四万余工人参加的罢工斗争，形成了湖南第一次工人运动高潮。

1922年11月，新河、岳州、株萍和徐家棚四个铁路工会，在新河成立粤汉铁路总工会。大会由毛泽东主持，全省各工会都派代表参加。这是全国铁路工人中最早的统一组织。成立会通过发起组织湖南全省工团联合会的决议。随即，省工团联合会第一次代表大会召开。毛泽东代表粤汉铁路总工会出席，并被推为会议主持人。11月5日，省工团联合会第二次代表会议召开，讨论通过由毛泽东等起草的《湖南全省工团联合会章程》，选举毛泽东为干事局总干事，郭亮为副总干事，任树德、罗学瓒等为各科正副主任，并将工团联合会的成立通告全国。湖南全省工团联合会是全省

---

① 湖南《大公报》1922年9月10日。

统一的工人组织，也是当时中国共产党领导的全国"两大地方组合"之一（另一为湖北省工团联合会）。自此，湖南工人阶级紧密地团结在以毛泽东为总干事的全省工团联合会周围。

省工团联合会成立以后，中共湘区委根据毛泽东的建议，针对赵恒惕政府对工人运动的诬蔑，决定派出代表，利用《湖南省宪法》，向省政府及赵恒惕作说理斗争。

1922年11月11日至13日，省工团联合会总干事毛泽东，率领11个工团的代表郭亮、任树德等23人，会见省长赵恒惕。毛泽东等就政府对工界的态度、工人集会、结社、信仰等10个问题，同赵恒惕及长沙县知事周瀛干等进行面对面的说理，迫使赵恒惕承认"宪法当然完全有效"。这次说理斗争是毛泽东和湖南工人阶级进行合法斗争的一个典范。

1923年京汉铁路工人二七大罢工被残酷镇压后，全国工人运动暂时转入低潮。在湖南，由于毛泽东和中共湘区委员会及时采取"弯弓待发"的方针，整顿工会组织，加强对工人的教育，发展党团员，保存积蓄革命力量，并开拓工人运动和反帝斗争、学生运动、农民运动结合起来的新路。因此，湘区工人运动得到继续发展。铜官陶业、湖南造币厂、汉冶萍公司株洲转运局、常德泥木与缝纫、第一纱厂、长沙人力车、衡阳染织业等，或建立工会，或要求提高工资，或举行罢工。到1923年底，湖南全省工团联合会所辖的工会达32个，会员约4万人。

毛泽东和中共湘区委及中国劳动组合书记部湖南分部领导的湖南工人运动工作出色，"引起社会之注目"，1923年6月，在中共三大上，陈独秀总结了党在二大以来中央和各地区的工作，在批评了上海、北京、湖北同志工作有疏漏时指出："只有湖南的同志，可以说工作得很好。"的确，在中共一大后各地成立的省级以上的党组织中，形成稳定的领导核心并持续发挥出重要作用的，只有李大钊负责的北方区委和毛泽东牵头的湘区委员会，这种先进状况一直持续到1927年大革命失败。

第三章
CHAPTER THREE

在大革命中

推动第一次国共合作

1922年8月，中共中央在杭州西湖召开特别会议，决定同国民党进行合作。国共合作成为中国共产党的头等大事。

1923年6月，毛泽东出席在广州召开的中共三大。三大的中心议题是讨论国共合作问题。会上，张国焘提出：工人阶级应该在"自己政党旗帜下"进行革命，"若加入了资产阶级性的国民党组织，便不免有混乱无产阶级思想的危险"。张国焘反对共产党员加入国民党，也反对在工人、农民中发展国民党组织。毛泽东针对张国焘的发言，依据自己领导安源路矿、长沙泥木工人罢工中注意团结各方人士的经验，论证工人加入统一战线的必要性，赢得多数代表的支持。毛泽东还特别提出农民问题的重要性，根据他的提议大会通过了《农民问题决议案》，这是中共第一个关于农民问题的文件。大会接受共产国际于同年1月12日通过的在中国实行国共合作的决议，通过《关于国民运动及国民党问题的决议案》，决定同国民党合作，建立各民主阶级的革命统一战线。

在中共三大上，毛泽东当选为中央执行委员和由五人组成的中央局成员。随后，又被推为秘书，协助委员长陈独秀处理日常事务，起草、联署文件（按规定，中央发出的文件必须由委员长和中央局秘书联名签发），掌管党的组织工作。中共三大期间，毛泽东捎信给当时任中共湘区委员会负责人的李维汉，指示他注意在安源产业工人中发展国民党组织。湘区委接受了他的建议，委派何叔衡、刘少奇与国民党元老覃振等组织国民党湖南筹备组。其实早在1923年春国共合作尚处在酝酿阶段时，时任中共湘区委员会书记的毛泽东就安排夏曦和刘少奇向任国民党中央总务部副部长的共产党员林伯渠请示利用国民党湖南省党部的空壳，从产业工人中发展国民党员，以扩大中共在国民党中的作用。

中共三大后，毛泽东驻上海中央局机关。为促进第一次国共合作尽快实现，他经常通宵达旦地审阅和起草各种党内文稿，同时还在党的机关刊物《向导》周报上不断发表文章，号召建立全国各阶层的联合战线，同心协力地进行反帝反军阀的国民革命。他在《北京政变与商人》一文中强调指出："中国现在的政治问题，不是别的问题，就是简单的一个国民革命问题。用国民的力量来打倒军阀并打倒和军阀狼狈为奸的外国帝国主义，这是中国国民的历史使命"。为完成这个神圣的历史使命，他呼吁全国各阶层人民团结起来，建立一个"严密的联合战线"，"用革命的方法，开展一个新时代，创造一个新国家！"①

为贯彻中共三大关于国共合作的决议，毛泽东于1923年9月又专程回到湖南，指导中共湘区委筹组国民党湖南地方组织。9月28日，他致信当时的国民党党务部部长彭素民、副部长林伯渠，谈在湖南发展国民党工作。他说："关于本党在湘发展，虽在军事时代仍应努力进行，昨与夏希②同志（夏希极能做事，在学生界有力量）商议分三步办法：第一步组织长沙支部；第二步组织常德衡州及其它可能的分支部；第三步再组织湖南总支部。关于长沙支部，现决定即日租定房子成立筹备机关（秘密的），多邀信仰三民主义及有活动能力的人入党，然后开成立会推出候补支部长，呈请本部委任"③。在毛泽东的推动下，10月初，国民党长沙支部成立。次年4月，组织了湖南省临时省党部。1925年10月，正式建立国民党湖南省党部。在他和中共湖南区委的领导下，以共产党员为骨干的湖南各级国民党党部从无到有地发展起来，湖南省的各级国民党党部大都是由中共和国民党左派所掌握。正如中共中央给湖南省委的信中所指出的："湖南国

---

① 《向导》周报第31、32期合刊，1923年7月11日。
② 夏希，即夏曦。
③ 《毛泽东书信选集》，人民出版社1983年版，第23页。

民党左派的下级党部比任何省要有基础，十五万到二十万的左派党员及其组织曾在我们指导之下奋斗到现在。"①

1923年冬，毛泽东受命离开湖南，赴广州参与筹备中国国民党第一次全国代表大会。在共产国际和中国共产党的帮助下，孙中山于1924年1月20日到30日在广州主持召开国民党一大，确立了联俄、联共、扶助农工的政策。毛泽东出席大会还就"组织国民政府之必要""出版及宣传问题""本党设立研究会""比例选举制"等议案作了发言，阐述自己的立场和观点，推动大会在国共合作问题上朝着正确的方向发展。30日，毛泽东被大会选为国民党候补中央执行委员。

国民党一大的召开，标志着第一次国共合作的正式建立。以此为契机，揭开了轰轰烈烈的大革命的序幕。

国民党一大结束的次日，毛泽东参加了由孙中山主持召开的国民党一届一中全会。会议决定派遣中央执行委员分别在上海、北京、汉口、哈尔滨、四川五处组织执行部，以中央直属机构的名义全权领导各地区的党务。会后，毛泽东以候补中央执行委员的身份参加上海执行部的实际领导工作，以主要精力从事统一战线的工作。2月25日，上海执行部第一次执行委员会会议议决由毛泽东代理秘书科主任职务和组织部秘书职务。毛泽东在担任这两个职务期间，按照国民党一大的要求，主持组织部负责对国民党员的重新登记工作。毛泽东在上海执行部一直工作到1924年12月，他团结国民党左派，对国民党右派破坏国共合作的行径进行坚决的斗争。如1924年8月1日，在叶楚伧的策划下，一些国民党右派在上海南方大学召开代表会议，讨论所谓"处置共产分子问题"。当即激起左派的反对，还造成武斗。后来，右派分子又闯入上海执行部，殴打邵力子。事件发生后，毛泽东、恽代英等14人联名上书孙中山，控告叶楚伧"主持不力，迹近纵容"的破坏国共合作罪行。此后，毛泽东和叶楚伧的斗争公开化，毛泽东

---

① 《湘赣边界秋收起义》，湖南人民出版社1987年版，第46页。

多次及时揭露叶的分裂行径,叶也因此嫉恨毛泽东。由于叶楚伧的排挤、打击、独断专行,也由于在国共合作策略上毛泽东与陈独秀的观点有分歧,再加上工作劳累,身体虚弱,失眠严重,毛泽东于1924年12月底请假回湖南"养病"。毛泽东借回乡"养病"之机领导发动了韶山等地的农民运动。

1925年9月上旬,毛泽东从湖南到达广州。10月5日,国民党中央党部党务会议决定由毛泽东代行国民党中央宣传部部长职务。稍后,他又着手创办《政治周报》,并担任主编。

毛泽东到达广州不久,就发生直系军阀孙传芳带兵反奉,奉系将领郭松龄倒戈事件。此事引发了北京等各地群众团体举行反对奉系军阀扶植的段祺瑞临时执政府的大示威。国民党中央党部委托毛泽东起草反奉宣传大纲。11月27日,毛泽东向国民党中央执行委员、监察委员、各部部长第123次联席会议提交了《中国国民党之反奉战争宣传大纲》。《大纲》指出:"此次反奉运动的主体,应该是全国的革命民众,直系之发动,仅仅是一支先发队,不能算作主体。""全国民众之反奉,即反英日帝国主义",反奉的胜利,即反英日的胜利,这与广东民众讨伐陈炯明,即攻击英帝国主义,东征胜利即罢工胜利的观念是一样的。12月3日,国民党公布了《反奉战争宣传大纲》,刊载于《政治周报》创刊号。广州《国民新闻》等报刊都以醒目标题转载。同一天,毛泽东以国民党"中央执行委员会宣传部代理部长"名义,发出《中央宣传部对反奉宣传之通告》,要求"全国各地高级党部亟宜指挥所属全体同志为广大之宣传,引起民众之革命高潮",以夺取"中国国民革命"的"部分成功进而至于全部成功"。《宣传大纲》及《通告》发出之后,全国各地掀起了反奉高潮。

1925年10月20日,中国国民党广东省第一次代表大会召开,毛泽东出席会议,发表了演说,并参与起草大会宣言,还为《广东省党部代表大会会场日刊》撰写《发刊词》。他在《发刊词》中指出,国民党改组以来反帝反军阀斗争的高涨是历史发展的必然,是孙中山富有远见地正确审察环境的结果。"孙中山先生看得清楚我们主要的敌人是帝国主义，于是定下了革命的民族主义。又看清楚帝国主义借以剥削中国人民的重要工具，是军阀、大商买办阶级和地主阶级，又定下了革命的民权主义与民生主义"。"革命的民族主义叫我们反抗帝国主义，使中国民族得到解放。革命的民权主义叫我们反抗军阀，使中国人民自立于统治地位。革命的民生主义叫我们反抗大商买办阶级，尤其是那封建宗法性一切反动势力根本源泉之地主阶级，使中国大多数穷苦人民得享有经济幸福"。

国共合作是在反国民党右派的斗争中实现的。国共合作以后，国民党右派反对国共合作，妄图篡夺统一战线领导权的阴谋并未停止。为巩固和发展统一战线，毛泽东坚决地进行反对国民党右派的斗争。1925年七八月间，国民党右派"理论家"戴季陶发表《国民革命与中国国民党》《孙文主义的哲学基础》等小册子，攻击马克思主义阶级斗争学说，借以反对国共合作，反对共产党员加入国民党，鼓吹所谓"戴季陶主义"。"戴季陶主义"的出现，立即引起中国共产党的高度警惕，按照中共中央的要求，毛泽东在国民党中央宣传部对"戴季陶主义"进行坚决打击。

在国民党广东省党部代表大会闭幕会上，毛泽东发表关于"中间派的问题"的演讲。这是毛泽东第一次提出"中间派"的概念。毛泽东针对戴季陶等人扮演的"中间角色"一针见血地指出："依我的观察，这中间派是不能存在的"。这是因为：（1）第一次世界大战以后，"世界上分成两个大本营，一个是大资产阶级领袖的反革命大本营，一个是无产阶级领袖的革命大本营，两派短兵相接起来，中间派的基础就动摇了"。（2）从中国近代历史看，确曾出现诸如政学系、研究系等颇强大的中间派，但最后都"做了帝国主义军阀的走狗，完全成了民众的公敌，完全成了反革命派了"。在革命高潮中，以革命与反革命决斗，中间派必然向两极分化。随后，毛泽东在《国民党右派分离的原因及其对于革命前途的影响》一文中进一步指出："中国的资产阶级（除开其左翼即中产阶级中历史和环境都有特别情况的人，可与其余阶级合作革命，但人数不多），到现在还在梦想前代西洋的民主革命，还在梦想国家主义之实现，还在梦想由中产阶级一阶级领袖不要外援欺抑工农的'独立'的革命，还在梦想其自身能够于革命成功后发展壮大的资产阶级建设一个一阶级独裁的国家。……中间派只有两条路走：或者向右跑入反革命派，或者向左跑入革命派（其左翼有此可能），万万没有第三条路。"①毛泽东关于中产阶级右翼提出的所谓"独立"的政治路线的论断，为此后中国革命实践所证明是完全正确的马克思主义观点。

西山会议派是第一次国共合作时期从国民党内分化出来的一个反动派别。

孙中山逝世以后，1925年11月23日，邹鲁、谢持、张继、林森、居正、覃振、沈定一等十余人聚集北京西山碧云寺孙中山灵柩前，召开所谓"国民党一届四中全会"。会议以反苏反共、破坏国共合作为中心，通过一系列议案，其中包括《取消共产党在本党党籍案》《顾问鲍罗廷解雇案》《开除中央执行委员之共产派谭平山李大钊等案》《取消政治委员会案》等。这次会议被称为西山会议，参加会议的国民党右派及其支持者被称为西山会议派。毛泽东以《政治周报》为阵地同西山会议派的反共和破坏国共合作的活动，进行了坚决的斗争。

《政治周报》从1925年12月5日创刊至1926年6月共出版14期。在第一期上，毛泽东针对反革命派在宣传中的"反共产""赤色帝国主义"两面黑旗，写了《三三三一制》《杨坤如的布告与刘志陆的电报》《如果讨赤志同，仇雠亦吾良友》《颂声来于万国》《反共产中国国民军大同盟万岁》《共产章程与实非共产》《邹鲁与革命》等杂文，指出"反共产"的实质是："一般反革命党以国民革命指为共产革命，以国民党指为共产党，以国民政府指为共产政府，以国民革命军指为共产军，无非承了帝国主义意旨，制造几个简单名词散布出来，企图打破国民革命中各阶级合作的联合战线"。《政治周报》第二期上，毛泽东以"子任"的笔名发

---

① 《政治周报》第四期，1926年1月10日。

表《革命派党员群起反对北京右派会议》的报道，质问西山会议派不愿在革命高潮之广州开会，而愿在段祺瑞统治下之北京开会，请问这是什么意思？《政治周报》第三期上，毛泽东仍以"子任"的笔名发表《上海〈民国日报〉反动的原因及国民党中央对该报的处置》一文，分析了上海《民国日报》被西山会议派操纵走向反动的必然性，并转引国民党中央决定查办该报的消息。同一期上，毛泽东还以"润"的笔名发表《北京右派会议与帝国主义》《帝国主义最后的工具》《右派的最大本领》三篇短文，从政治上揭露西山会议派与帝国主义、封建军阀的关系。在《政治周报》第四期上，毛泽东又发表了两篇批判国民党右派的文章。一篇题为《反对右派会议者遍于全国》，继续报道国民党各地方组织谴责西山会议派分裂国民党的消息。在另一篇题为《国民党右派分离的原因及其对于革命前途的影响》的文章中，毛泽东指出，国民党右派分离出去"是一种必然的现象"。（1）从时代特点和中国革命性质的变化来看，中国革命已处于新的历史时期，它既不同于18、19世纪欧美资产阶级领导的民主革命，也不同于孙中山领导的辛亥革命。以前的资产阶级民主革命，其动力是资产阶级一阶级，其对象是国内的封建贵族，其目的前途是建立资产阶级统治的国家；而现在的革命，其动力是无产阶级、半无产阶级、小资产阶级，中产阶级成为动摇的阶级，其对象是大资产阶级和国际帝国主义，其目的前途是建立一个革命民众合作统治的国家。就中国具体情况看，辛亥革命时口号是单纯的"排满"，没有组织工农群众，没有中国共产党，没有国际无产阶级援助；现在革命口号是反对国际帝国主义，革命队伍中加入了工农阶级，并且有了共产党，还有国际无产阶级的援助。由于这些变化，有跟随时代前进的，有落伍的，也有背叛的，致使国民党内部发生了分化。（2）从国民党的历史和国民党员的社会阶级属性来看，国民党前身，经历了兴中会、同盟会、国民党、中华革命党、中国国民党等不同阶段，组织几经变化，混进了一批地主、买办、军阀、官僚政客，成员比较复杂，国民党自身就存在着复杂的阶级斗争基础。有些人对国民党的进步、革命形势的发展不满，一有机会就要跳出来。(3)特殊时局的影响，加速了国民党的分化，现在时局已到了"短兵相接的时候"，阵营分明，帝国主义、买办阶级、封建势力为一方，无产阶级、小资产阶级、半无产阶级为一方，而中产阶级又梦想西洋革命、走中间路线，但实际不可能，或者向右跑入反革命，或者向左跑入革命。毛泽东说："我们可以毫不犹疑的断定：代表中产阶级的国民党右派之分裂并不足以妨碍国民党的发展，并不足以阻挠中国的国民革命"，相反，"革命派将因此成功一个更大的团结"。

1926年元旦，国民党二大在广州召开，毛泽东作为湖南代表出席，并再次当选为国民党中央候补执行委员。在会上，毛泽东和其他共产党人一起，团结国民党左派，积极进行反对西山会议派的斗争。1月8日，毛泽东代表国民党中央宣传部作《宣传报告》。他在结束语部分讲道："两年来在革命宣传与反革命宣传相对抗之中，革命宣传确是取一种攻势……反革命宣传却始终是一种守势。为了招架不住，才抬出'反共产'、'赤色帝国主义'这两块挡箭牌来。这种对抗攻守的现象，乃中国革命势力日益团结进取，而反革命势力日益动摇崩溃的结果"。在毛泽东等中国共产党人和国民党左派的共同努力下，中国国民党第二次全国代表大会通过了《处分违犯本党纪律党员决议案》《弹劾西山会议决议案》等，决定永远开除邹鲁、谢持的党籍，对居正、石青阳、叶楚伧等十二人提出警告，责其改正，命令叶楚伧将上海《民国日报》交出改组，责令戴季陶限期反省。大会给西山会议派以沉重的打击。

蒋介石是国共合作中后期统一战线内出现的新右派的代表。1926年3月，蒋介石制造了反共的中山舰事件。这是蒋介石向共产党和国民党左派发起进攻的信号。事件发生后，毛泽东极力主张给予以蒋介石为代表的新右派以坚决回击。时任国民党中宣部秘书的茅盾（沈雁冰）后来回忆说："中山舰事变的第二天晚上，毛主席同我谈起大局形势，记得主席说了大体是以下的一些话：蒋介石现在掌握的实力唯第一军，而第一军的下级军官和士兵大部分是有觉悟的，就省城而言，蒋的实力是大的，但就全局而言，蒋的实力是小的。他此番制造中山舰事件,向我们突然进攻,一是威胁,二是试探。我方示弱,他就要得寸进尺;我方强硬,他就要知难而退。故我方万万不能示弱妥协,要坚持同他斗争。"毛泽东还极力主张"把我们当时掌握的武装力量集中在粤、桂边境某地(我忘其名),同时说服国民党左派撤出广州,争取第一军外各军(他们同蒋本来有矛盾)反蒋,至少使他们中立,名正言顺地声讨蒋背叛统一战线,破坏国共合作,以武力对武力,逼蒋下台,削弱他的兵权"。他还进一步分析了当时各派政治力量及第一军以外各军的情况,指出:"假若我方退让,则他们会由于蒋的利诱和威胁而倒向蒋。"[1]

毛泽东积极将上述意见和主张向苏联军事顾问团代理团长季山嘉和中共两广区委书记陈延年提出建议。但是,季山嘉坚决反对。陈延年犹豫不决,说"不敢作主",要"请示上海中央"才能决定。最后,以陈独秀为首的党中央没有接受毛泽东的正确主张,相反采取了退让妥协的政策,从而使蒋介石首先顺利地控制了国民革命军第一军和黄埔军校的领导权。中山舰事件后,从黄埔军校和第一军退出的共产党员达250多人,毛泽东和周恩来建议把这批共产党员派到其他军中去,建立叶挺独立团式的革命军队,但陈独秀又拒绝了这一正确主张,因此这个计划未能完全实行。

1926年5月,蒋介石又在国民党二届二中全会上,提出所谓《整理党务案》,规定共产党在国民党中央及省、市党部任执行委员的人数不得超过全体委员会的三分之一,共产党员不得担任国民党中央的部长等。这是蒋介石企图限制和削弱中国共产党在统一战线中的领导地位,阴谋篡夺国民党党权的又一个严重反革命步骤。中共中央派张国焘、彭述之去指导出席这次会议的中共党团,在党团会议上讨论《整理党务案》时,大家意见很不一致。最后,张国焘按照他同陈独秀商定的让步方针,要大家签字接受。由于陈独秀等的退让方针,《整理党务案》还是被通过。担任国民党中央部

---

[1] 茅盾:《中山舰事件前后》,载《新文学史料》1980年第8期。

长的共产党员被迫全部辞职。毛泽东也离开了国民党中央宣传部。

随着北伐战争的胜利进行，蒋介石欲篡夺党、政、军大权，建立独裁统治的面目更加暴露无遗。蒋介石的倒行逆施也遭到国民党左派的抵制和斗争。1927年1月，中共和国民党左派在武汉地区开展了以反对蒋介石军事独裁为中心内容的"提高党权运动"，而党权运动的最高峰是3月中旬在武汉召开的国民党二届三中全会。毛泽东出席了这次会议，主张坚决反对以蒋介石为首的右派势力。鉴于蒋介石和国民党中央执行委员会主席张静江曾于1月3日在南昌召集中央政治会议临时会议，擅自决议中央党部和国民政府暂驻南昌，挑起"迁都之争"的事实，为防止当时仍留在南昌的蒋介石、张静江故技重演，毛泽东在7日的预备会上提议："在大会期间，政治会议停止开会，如有重大事故发生，应付与主席团全权办理。"这一提议得到于树德的赞同。表决时，多数通过。毛泽东在会上还主张取消蒋介石操纵的黄埔同学会，亦获全体通过。在共产党人和国民党左派的共同努力下，全会通过了多项限制蒋介石权力的决议。

蒋介石制造赣州惨案后，3月15日，毛泽东主持的武昌中央农民运动讲习所举行阳新、赣州死难烈士追悼会。毛泽东在会上发表演说，指出："在这革命势力的范围内，竟不断演出惨杀农工的事实，由此可证明封建的残余势力，正准备着秣马厉兵，向我们作最后的挣扎啊！从今日起，我们要下决心，向那些反动分子势力进攻，务期达到真正目的。"[1]在共产党人和国民党左派的领导下，武汉地区掀起一个规模巨大的反蒋运动，这是武汉政府时期反对国民党右派的高峰。

---

[1] 汉口《民国日报》1927年3月31日。

分析社会各阶级

1924年，中国共产党和国民党建立统一战线后，在中国共产党的推动领导下，大革命运动开始高涨，特别是1925年五卅运动后，工农运动迅速向纵深发展。同时，在五卅运动中，各阶级的政治态度都得到充分表现，国内的阶级关系、阶级斗争也日益尖锐和复杂起来。国民党新、老右派猖狂活动，企图夺取革命领导权。革命形势迫切要求中国共产党对民主革命的许多基本问题，作出正确的回答，尤其迫切需要正确分析中国社会各阶级的状况和把握各阶级间的相互关系，以便确定革命的领导者、动力、前途等一系列重大问题。

1925年1月，中国共产党召开第四次全国代表大会。大会把无产阶级对民主革命的领导权问题写进了决议，并且把这个问题同发动农民问题密切联系在一起。大会议决案指出：农民"天然是工人阶级之同盟者"。不努力发动农民从事经济和政治的斗争，"我们希望中国革命成功以及在民族运动中取得领导地位，都是不可能的"。中共四大前后，瞿秋白、恽代英、蔡和森、邓中夏、周恩来、李大钊，以及陈独秀、张国焘等都写过关于中国各阶级分析的文章。

在毛泽东的革命实践中，先是投身于以知识分子和青年学生为主体的新文化运动，继而发起创建共产党并领导了湘区的工人运动，中共三大后又参加了国共合作的统一战线工作。1924年底至1925年8月回湖南"养病"时，又发动领导了韶山地区的农民运动。丰富的革命实践，使得他广泛地接触了各阶级和各阶层人士，加深了对中国社会各阶级的认识。在此基础上，毛泽东依据马克思主义的阶级分析方法，对中国社会各阶级的经济地位及其对于革命的态度，作了完整严密的科学分析。前文述及他在1925年

10月初担任国民党中央代理宣传部长时已经开始阐述这方面的思想。随后他在12月1日出版的《革命》（半月刊）第4期上发表的《中国社会各阶级的分析》和在1926年1月1日出版的《中国农民》第1期上发表的《中国农民中各阶级的分析及其对于革命的态度》中，比较系统和全面地阐明了中国革命的敌、我、友问题，从而提出了中国新民主主义革命理论的一些基本观点。

毛泽东开宗明义指出："谁是我们的敌人？谁是我们的朋友？这个问题是革命的首要问题。中国过去一切革命斗争成效甚少，其基本原因就是因为不能团结真正的朋友，以攻击真正的敌人。革命党是群众的向导，在革命中未有革命党领错了路而革命不失败的。我们的革命要有不领错路和一定成功的把握，不可不注意团结我们真正的朋友，以攻击我们真正的敌人。我们要分辨真正的敌友，不可不将中国社会各阶级的经济地位及其对于革命的态度，作一个大概的分析。"

毛泽东指出：中国大地主大资产阶级"完全是国际资产阶级的附庸"，他们与民族革命的目的完全不相容，是"极端的反革命派"。中产阶级即民族资产阶级，对中国革命抱"矛盾的态度"。他们受外资打击、军阀压迫感觉痛苦时，需要革命，但是当着革命在国内有本国无产阶级勇猛参加，在国外有国际无产阶级积极援助，对于其欲达到大资产阶级地位的发展感到威胁时，又怀疑革命。他们企图实现民族资产阶级一阶级统治的国家，但这种企图"是完全行不通的"。在阶级斗争激烈的形势下，中间阶级必定很快分化，"或者向左跑入革命派，或者向右跑入反革命派，没有他们'独立'的余地"。毛泽东把小资产阶级分为有余钱剩米的、经济上大体自给的、生活下降的三部分，即右翼、中间、左翼三派，认为这个阶级"在人数上、在阶级性上，都值得大大注意"，革命高潮到来时，三部分人都可以参加或附和革命。毛泽东指出：半无产阶级包括半自耕农、贫农、手工业工人、店员、小贩等。他们"需要一个变更现状的革命"，对于革命宣传极易接受。

其中半自耕农和贫农是农村中一个数量极大的群众,所谓农民问题,主要就是他们的问题。他还指出:农村的无产阶级——雇农,在乡村中是生活最感困难者,因而"在农民运动中和贫农处于同一紧要的地位"。关于无产阶级,毛泽东在文章中指出,中国现代工业无产阶级不多,但却是中国新的生产力的代表者,是近代中国最进步的阶级。他们比任何阶级都更为集中,而且经济地位低下,失去了生产手段,绝了发财的念头,又受着帝国主义、军阀、资产阶级的极残酷的压迫和剥削,因此他们特别能战斗,"是我们革命的领导力量"。毛泽东还特别提到游民无产者,这种人多为失去了土地的农民和失去了工作机会的手工业者,"他们很能勇敢奋斗,但有破坏性",因此必须加以得法的领导,使之成为一种革命的力量。

基于上述分析,毛泽东清楚地区分了中国革命中的敌人和朋友。他指出:一切勾结帝国主义的军阀、官僚、买办阶级、大地主阶级以及附属于他们的一部分反动知识界,是我们的敌人。一切小资产阶级、半无产阶级、无产阶级是我们真正的朋友。那动摇不定的中产阶级,其右翼可能是我们的敌人,其左翼可能是我们的朋友——但我们要时常提防他们,不要让他们扰乱了我们的阵线。

毛泽东对中国社会各阶级的分析是他在反对国民党右派和中国共产党党内错误思想的斗争中,把马克思主义普遍真理与中国革命具体实践相结合的初步尝试,集中体现了当时共产党人探索中国新民主主义革命理论的最初成果。他运用马克思主义阶级分析的方法,科学地分析了中国社会各阶级的经济地位和政治倾向,比较系统地回答了关于中国民主革命的对象、任务、动力、领导、性质和前途等一系列基本问题,揭示了农民是无产阶级最广大最重要的同盟军地位,从而初步阐述了关于中国新民主主义革命的基本理论。

致力于农村大革命

毛泽东是中国共产党党内继彭湃等之后最早从事农民运动的领袖。毛泽东在中共党内从事农民运动虽然不是最早的,但他是立场最坚定、理论研究最深入和取得成效最突出的。早在1923年4月,毛泽东派水口山铅锌矿工人共产党员刘东轩、谢怀德回其家乡衡山岳北农村发动农民,成立了湖南第一个农民组织——岳北农工会,领导农民进行平粜、阻禁地主富农谷米运出和反对土豪劣绅的斗争。

1924年12月底,毛泽东借"养病"之机从上海回到长沙,与中共湘区委书记李维汉交换情况,对于国民运动、农民运动"作了详细的谈话和讨论"。随后,偕杨开慧、毛岸英、毛岸青到长沙板仓过春节。1925年2月6日(正月十四),毛泽东偕妻儿回到韶山。在韶山,毛泽东和杨开慧、毛福轩等人商定,吸取办工人夜校的经验,利用赵恒惕用以装饰门面的所谓提供平民教育的合法形式,创办农民夜校。他们先后在毛氏宗祠、李氏祠堂、庞氏祠堂等处,利用原有族校设备,开办农民夜校,通过教识字、教珠算,向农民灌输革命道理。

在深入的思想发动和团结了一批清贫农民与贫苦知识分子的基础上,毛泽东决定把他们组织起来。从1925年二三月间即发起组织秘密农协,不久即发展到20余个。随后,为声援五卅反帝爱国运动,毛泽东还领导韶山农民以"打倒列强、洗雪国耻"为口号,组织"雪耻会",进行反帝爱国斗争。在组织农民的过程中,根据以前开展工人运动的经验,毛泽东十分重视在农村建立中共基层组织。几个月来,在毛泽东的亲自培养下,毛新枚(梅)、庞叔侃、李耿侯、钟志申等很快成长为韶山农民运动的骨干。5月中旬,毛泽东发展他们为韶山第一批党员,秘密举行新党员入党仪式,建立起中共韶山支部，毛福轩为支部书记。毛泽东这次回乡养病，从1925年2月6日到韶山，到8月28日离开韶山，在家乡共住了半年多。这段时间，他从办农民夜校启发农民觉悟，再到组织"雪耻会"、农民协会，进而成立中共韶山支部，发展党员，对开展农运的意义和如何开展农运有了比较全面的切身体会，积累了第一手的经验。他在开展农运的同时，还进行了深入细致的调查研究工作，写下大量的调查研究笔记，从而使他对中国农村的了解和对中国农民的认识大大前进了一步。毛泽东的这一认识过程反映在他1936年在陕北会见美国著名记者埃德加·斯诺的谈话里。他说："那年冬天，我回到湖南休养——我在上海生了病。但在湖南期间，我组织了该省伟大的农民运动的核心。""以前我没有充分认识到农民中间的阶级斗争的程度，但是，在〔1925年〕'五卅'惨案以后，以及在继之而起的政治运动的巨浪中，湖南农民非常富有战斗性。我离开了我在休养的家，发动了一个把农村组织起来的运动。在几个月之内，我们就组织了二十多个农会，这引起了地主的仇恨，他们要求把我抓起来。赵恒惕派军队追捕我，于是我逃到广州。"①

国共合作后，工农运动迅速发展。国民党一大后由林伯渠出任第一任农民部部长，彭湃任秘书。1924年4月改派彭素民为部长，继而改以国民党右派黄居素为部长，但仍以彭湃为秘书（后由另外一位共产党员罗绮园继任），并实际主持部务（国民党中央农民部颁布制定的《本部办事细则》中明确规定："部长统理部务一切文件，由部长签字后始得发行""秘书襄助部长整理部务，部长不在时，代行部长之责任"）。彭湃等与黄居素关于农运的意见分歧很大，斗争激烈。1924年7月21日，由毛泽东起草并与陈独秀联合签署的《中央通告第十五号》明确指出："须努力获得或维持'指挥工人农民学生市民各团体的实权'在我们手里，以巩固我们在国民党左

---

① ［美］埃德加·斯诺：《西行漫记》，生活·读书·新知三联书店1979年版，第135页。

翼之力量，尽力排除右派势力侵入这些团体"。为适应革命形势发展的需要，培养农民运动干部，1924年7月至1925年底，中国共产党人以国民党的名义，在广州举办了第一至第五届农民运动讲习所。1925年秋，毛泽东回到广州。时值彭湃担任主任的第五届农民运动讲习所开办期间，彭湃邀请当时注重农民问题又富有从事农民运动经验的毛泽东到该所担任教员。毛泽东向学生介绍了湖南韶山等地农民运动的经验，并讲授了"中国农民中各阶级的分析及其对革命的态度"。他说：我们组织农民乃系组织自耕农、半自耕农、贫农、雇农及手工业工人于一个组织之下；"对于地主阶级在原则上用斗争的方法"；对于反动的土豪劣绅，"则须完全打倒他"；"对于游民无产阶级则劝他们帮忙农民协会一边，加入革命的大运动，以求失业问题的解决，切不可逼其跑入敌人那一边，做了反革命派的力量"[①]。毛泽东在这里精辟地阐述了农民革命的策略思想，对学生是一个极大的教育。

随着全国革命形势的发展，需要培养更多的农民运动干部，以发展全国农民运动，配合即将进行的北伐战争。1926年1月24日，国民党中央执行委员会常务委员会议决定林祖涵（伯渠）复任农民部部长。林祖涵上任后，即向国民党中央提议设立农民运动委员会，由林祖涵、毛泽东、萧楚女、阮啸仙、谭植棠、罗绮园和陈公博、甘乃光、宋子文九人担任委员。同时，中央农民部根据国民党二大的决议，"为发展全国农民运动起见，特扩充广州农民运动讲习所，希各省选派学生来所肄业"[②]，并于2月6日向全国发出通告，通告各省选派学生事宜。

3月16日，国民党中央农民部农民运动委员会召开第一次会议，讨论开办第六届农讲所问题。鉴于毛泽东在领导农民运动方面的成就，又对中国农民问题做了大量的调查和理论研究，会议决定聘请毛泽东担任第六

[①] 《中国农民》第1期，1926年1月1日。
[②] 《中国农民》第4期，1926年4月1日。

农讲所所长。3月30日,毛泽东出席农民运动委员会第二次会议。在会上,他指出:"农民运动与政治有密切关系,目前各省农民运动应以全力注意将来革命军北伐时经过之区域,如赣、鄂、直、鲁、豫诸省"。毛泽东的建议得到议决通过。此后,他便着手筹办第六届农讲所。

为了把学生培养成既懂革命理论又进行实际斗争的干部,毛泽东聘请了一批政治理论素养高、有丰富实际斗争经验的教员到农讲所任教。如专任教员萧楚女,对马克思列宁主义有深入研究,又富有教学经验。教员彭湃、阮啸仙、周其鉴等是中国共产党早期从事农民运动的领导人。教员李立三是中国共产党早期工人运动领导人。经过周密筹备,来自全国20个省区的学生于3月底陆续到粤。4月间,举行了入学考试,录取学生327人。这是历届农讲所中学生人数最多、学生来源最广的一届。5月3日,农讲所开学,因农讲所会堂为广东省第二次全省农民代表大会借用,延至15日正式开学。

毛泽东身为农讲所所长,除负责处理所务工作外,还亲自给学生讲课。他讲授"中国农民问题""农村教育""地理"三门课,运用马克思主义的立场、观点,阐述中国革命的具体问题。毛泽东在讲课中,根据中国的历史和当时的实际情况,从人口、生产、革命力量、战争关系、革命目的等五个方面论述中国农民在国民革命中的重要地位。他指出:"国民革命的目标是要解决工农商学各阶级问题,设不能解决农民问题,则各阶级的问题无由解决,故国民革命大部分是解决农民问题,其余问题皆不如农民问题重要。"毛泽东还进一步指出农民问题的具体内容:(1)土地问题;(2)地租问题;(3)田赋问题;(4)高利贷问题;(5)苛税问题;(6)苛捐问题;(7)昂贵的工业品和低廉的农产品;(8)天灾问题;(9)资本匮乏;(10)政治问题;(11)文化问题;(12)失业问题。

毛泽东非常注重培养学生分析问题、解决问题的能力,更提倡学生从事实际问题的调查研究。7月间,他曾组织50多个学生赴韶关学习一星期。8月,又组织全体师生赴海丰实习两星期。他把学生按来自不同的省区,组成"安徽、江西、湖南、湖北、四川、云贵、两广、福建、浙江、山东、奉直、豫陕、三个特别区等十三个农民问题研究会",并拟出36个调查项目,"引导学生开始研究实际问题"。这36个研究项目是:(1)租率;(2)主佃关系;(3)抗租减租平粜等风潮;(4)利率;(5)拖欠逼账及烂账等情形;(6)田赋;(7)抗粮情形;(8)厘金、杂税、杂捐及临时捐;(9)自耕农、半自耕农、佃农、雇农数目之比较;(10)地主的来源;(11)货物价格与农业价格之比较;(12)工价;(13)失业情形;(14)祠堂组织及族政情形;(15)地方公会组织及财产状况;(16)地方政治组织;(17)地方政治情形;(18)会党及土匪;(19)团防情形;(20)教育状况;(21)销售何种洋货,影响如何;(22)兵祸及其影响;(23)天灾及其影响;(24)贪官污吏及其影响;(25)烟赌偷抢各种情形;(26)出产什么及其销售地;(27)妇女的地位;(28)农民的观点及感想;(29)从前与现在地价之比较;(30)从前与现在农产品价格之比较;(31)农村组织状况;(32)地质之肥硗;(33)宗教之信仰状况;(34)度量衡;(35)民歌;(36)成语。学生通过理论学习,又把理论用到实际研究中去,"亲入革命的农民群众中,考察其组织,而且与其生活,影响学生做农民运动的决心极大"①。

毛泽东把学生社会实践的调查报告、总结报告,审核、修改后,编入他主编的《农民问题丛刊》正式出版,供全国从事农民运动的同志参考。丛刊原拟出版52种,至1926年11月,已出版了17种,后来还陆续出版了一些。毛泽东为丛刊写了序言《国民革命与农民运动》。这是一篇关于农民问题的重要理论著作,核心思想是:"农民问题乃国民革命的中心问题,农民不起来参加并拥护国民革命,国民革命不会成功;农民运动不迅速地做起来,农民问题不会解决;农民问题不在现在的革命运动中得到相当的解决,农民不会拥护这个革命。"毛泽东说:经济落后的半殖民地,帝国主义和封建统治阶级压迫榨取的对象是农民。他们能够实现其压迫与

---

① 王首道:《革命的摇篮——回忆广东农民运动讲习所》,《中国青年报》1961年6月29日。

榨取则全靠那封建地主阶级给他们以死力的拥护，否则无法行其压榨。所以经济落后的半殖民地的农村封建阶级，乃是国内统治阶级国外帝国主义唯一坚实的基础。不动摇这个基础，便万万不能动摇这个基础的上层建筑。中国的军阀是这些乡村封建阶级的首领，说要打倒军阀而不打倒乡村的封建阶级，是不知道轻重本末。毛泽东高度赞扬彭湃领导的广东海陆丰农民运动。他说，陈炯明的故乡，是历来土豪劣绅贪官污吏云集的海丰县，自从有了5万户20万人之县农民协会，便比任何县都清明——县知事不敢为恶，征收官吏不敢额外刮钱，全县没有土匪，土豪劣绅鱼肉人民的事几乎绝迹。毛泽东号召大家要学习海丰，不辞劳苦地深入农村开展农民运动。

为培养学生吃苦耐劳精神和英勇顽强的革命意志，毛泽东十分重视学生的军事训练。他说：搞革命就是刀对刀，枪对枪，要推翻地主武装团防局，就必须建立农民自己的武装，刀把子不掌握在自己人手里，就会出乱子。毛泽东还指出：农民占全国人口的大多数，但是，现在他们没有土地，没有教育，没有武装，中国革命还不能成功。农讲所专门设置军事训练课，负责管理学生军训工作。军训时间占全课程的三分之一，训练项目有：队列操练、持枪、刺杀、瞄准、实弹射击，利用地形地物进行森林山地战、村落战的训练，还进行夜间演习等。学生在学习期间过着艰苦的紧张活泼的军事生活，为日后从事复杂而艰辛的农民运动打下了基础。

第六届农民运动讲习所学生于1926年9月11日结业。毛泽东在结业式上作了长篇讲话。他总结农讲所开办以来的工作，指明当前农民运动的迫切任务，勉励学员"拜农民为老师，同农民做朋友，脱掉知识分子的衣服，放下臭架子；敢于同反动势力作斗争，不怕艰苦、不怕牺牲，为农民求解放，为农民谋利益，这才是我们的好学生"。至10月5日，第六届农讲所所有学员（其中比较著名的有王首道、张志远和吴芝圃）除三人因病未回外，均回到原籍，投入轰轰烈烈的农运工作。从而推动了全国农民运动的迅猛发展，推动了中国农村大革命的进程。

1925年10月，中共中央在北京召开四届二次扩大执行委员会会议，会议决定在中央执委会之下设立职工运动、农民运动及军事运动委员会。

中央农委成立之时，毛泽东正筹办广州农民运动讲习所，事务繁多，抽不出身。第六届农讲所刚结束，中共中央即通知毛泽东赴上海出任中共中央农民运动委员会书记。1926年11月，毛泽东偕杨开慧到上海赴任。中共中央局和共产国际代表联席会议拟定的《中国共产党关于农民政纲之草案》记载："中央农民运动委员会，自去年扩大会议议决设立后，因种种困难原因，组织迄未完备，十一月中，毛泽东来任中央农委书记，始正式决定以阮、彭、易、陆、萧、CY二人①合作并组成中央农委，以委员一人驻局办事，另在汉口设办事处，就便指导湘、鄂、豫、赣、川农运工作。"

毛泽东到达上海后，便立即起草了《目前农运计划》。《计划》规定大力发展农运的地方必须具备的条件，提出"在目前情况下，农运发展应取集中的原则"，即大力发展北伐军经过的湖南、湖北、江西、河南四省的农民运动，以此为重点，同时在陕西、四川、广西、福建、安徽、江苏、浙江全面展开。《计划》提出"省城及其它重要城市之近郊农民，预特为组织'近郊农民协会'。此等城市之国民党部或特别市党部，均须设立农民部指导近郊农民运动"。《计划》还决定在武昌开办农民运动讲习所②。

为实现这一《计划》，毛泽东于11月下旬亲自"赴长江一带视察农运情形"，联络江西、湖南、湖北三省国民党省党部，拟在武昌合办农讲所，得到三省党部的支持。湘鄂赣三省农讲所后发展成为中央农民运动讲习所。

12月，毛泽东到达武汉，以中共中央农委书记身份参加中共中央在汉口召开的十二月特别会议。陈独秀在会上作政治报告，错误地认为当前主要的危险是民众运动勃起并日益"左"倾，蒋介石因恐惧民众运动而日益向右，左右距离日远，会破裂联合战线而危及整个国民革命运动。会议根据陈独秀的错误分析，规定当时党的主要策略是限制工农运动发展，反

---

① 指阮啸仙、彭湃、易礼容、陆沉、萧人鹄及团中央两人共七人。
② 《中共中央政治报告选辑（1922—1926）》，中共中央党校出版社1981年版，第151页。

对"耕地农有",以换取蒋介石由右向左,同时扶持汪精卫取得国民党中央、国民政府和民众运动的领导地位,以制约蒋介石的军事势力。实际上是牺牲工农群众去迁就蒋介石。陈独秀还在会议上斥责湖南工农运动"过火""幼稚""动摇北伐军心""妨碍统一战线"等。陈独秀的意见得到共产国际代表的支持。毛泽东"在会上主张土地革命,并支持湖南区委关于实行土地革命的建议"。但会议在陈独秀的主持下,没有讨论毛泽东的建议。

毛泽东对陈独秀等的右倾机会主义主张很不满意,打算实地考察湖南工农运动。时值湖南全省第一次工农代表大会召开,电邀毛泽东回湘指导。12月17日,毛泽东回到湖南,参加湖南第一次全省工农代表大会,并多次发表演说。他肯定湖南农民以暴力打击土豪劣绅是"革命斗争中所必取的手段";严厉驳斥"惰农运动"之类对农民的诬蔑和"帝国主义没有打倒以前,我们内部不要闹事"的反动论调,指出过去军阀政府时代只准地主向农民加租加息,现在农民向地主要点减租减息就是"闹事"了吗?如果是这样,那么,这种只准地主向农民压榨,不准农民向地主作斗争的人,就是站在帝国主义、反革命一边的人,就是破坏革命的人。工农代表大会后,毛泽东在国民党湖南省监察委员戴晓云的陪同下,于1927年1月4日至2月5日,实际考察了湘潭、湘乡、衡山、醴陵、长沙五县农民运动。在32天里毛泽东不辞辛劳,行程1400公里,广泛接触农民和农运干部,召开各种类型的调查会,获得了大量第一手资料。在此基础上,毛泽东给中共中央写了著名的《湖南农民运动考察报告》(以下简称《报告》),热情歌颂湖南农民运动的丰功伟绩,批判来自党内外对农民运动的攻击和责难,充分估计农民在中国民主革命中的主力军作用,阐述中国共产党在农村依靠贫农、团结中农的阶级路线,阐明建立农村革命政权和农民武装的极端重要性,着重强调了相信群众,依靠群众,尊重群众首创精神的历史唯物主义观点。

毛泽东当时关于发动农民和农村革命的举措,遭到陈独秀和共产国际顾问维经斯基、鲍罗廷的一再否定。一次是前文已述及的1926年12月

13—18日，在汉口召开的中共中央特别会议上，毛泽东赞同中共湖南区委李维汉关于应该着手解决农民土地，实现耕地农有的主张，陈独秀等则反对把赞成与不赞成解决农民土地问题视为区分左右派的标准，认为目前马上解决土地问题的条件不成熟①；第二次是毛泽东考察湖南农民运动后写出的《报告》，在3月12日出版的中共中央机关刊物《向导》周报刊发了前七个部分，因陈独秀和彭述之的阻挠，后八个部分未能继续刊发；第三次是在中共五大上，毛泽东在会前邀集彭湃、方志敏、易礼容等各省农协负责人制定的分配土地的方案，被陈独秀拒绝②。不仅如此，中共五大还改组中共中央农民运动委员会，撤销毛泽东的书记职务，改由谭平山接任，毛泽东只保留委员职务。这一时期，毛泽东转变了对陈独秀的看法。他在《湖南农民运动考察报告》中把如何看待农民群众及其开展的农民运动作为判断革命和不革命的试金石，认为"一切革命的党派、革命的同志，都将在他们面前受到他们的检验而决定弃取"。对此，毛泽东在大革命失败后召开的八七会议上指出："农民要革命，接近农民的党也要革命，但上层的党部则不同了。当我未到长沙之先，对党完全站在地主方面的决议无由反对，及到长沙后仍无法答复此问题。直到在湖南住了三十多天，才完全改变了我的态度。"他还特别强调必须站在农民前头领导农民，这实际就是明确提出了无产阶级及其政党领导农民的极端重要性。他说，"广大的党内党外的群众要革命，党的指导却不革命，实在有点反革命的嫌疑。这个意见是农民指挥着我成立的。我素以为领袖同志的意见是对的，所以结果我未十分坚持我的意见。我的意见因他们说是不通于是也就没有成立"。由此，他得出"以后上级机关应尽心听下级的报告，然后才能由不革命的转入革命的"结论。真知出自实践，真知出自基层，真知出自群众。

---

① 李维汉：《回忆与研究》（上），中共党史出版社2013年版，第79页。
② 毛泽东后来和斯诺谈道："因为中央委员会也在陈独秀支配之下，拒绝把我的意见提交大会考虑。"（《西行漫记》，生活·读书·新知三联书店1979年版，第137页）

毛泽东在任中共中央农委书记期间，中国大革命已进入紧要关头。统一战线及中共内部对农民问题意见不一，毛泽东除花大量精力力图统一中共党内对农民问题的正确认识，还在国民党中利用一切机会支持农民运动。

1927年3月，国民党召开二届三中全会，毛泽东以国民党中央候补执行委员身份出席会议。13日，毛泽东以国民党中央农民部农民运动讲习所常务委员名义和邓演达、陈克文向全会提交《土地问题案》（后改称《农民问题案》）。14日，他们又联合提出《对农民宣言案》。16日，全会通过了《对农民的宣言》和《关于农民问题决议案》。《宣言》阐述了建立农民政权、农民武装、解决农民土地问题的极端重要性，指出这些问题得不到解决，中国农民就不能获得解放，"农民如不得到解放，国民革命断不能抵于完成"。《宣言》强调中国的农民问题，其内容即是一个贫农问题。贫农问题不解决，一切纷扰变乱都不会平息，革命亦终究没有完成之日。"贫农问题的中心问题，就是一个土地问题。"现在"广东、湖南、湖北农民运动发展的地方，贫农对于土地的要求已甚迫切"，如果"不使农民得到土地，农民将不能拥护革命至于最后之成功"。《农民问题案》是《对农民的宣言》的具体实施纲要，共有十项，要求"党部及革命的民众团体立即实行之"，否则，"国民革命将发生很大的危险"。全会还决定组织中央土地委员会。《对农民的宣言》和《关于农民问题决议案》究竟是出自谁的手笔，似乎无从考证。毛泽东在《湖南农民运动考察报告》中运用马克思主义关于阶级分析的方法进一步分析了农村的阶级关系，阐述了富农、中农和贫农对革命的态度，其中强调贫农占乡村人口的70%，是"乡村中一向苦战奋斗的主要力量"；"他们最听共产党的领导，他们和土豪劣绅是死对头，他们毫不迟疑地向土豪劣绅营垒进攻"；他们"是农民协会的中坚，打倒封建势力的先锋，成就那多年未曾成就的革命大业的元勋"。这与国民党二届三中全会《对农民的宣言》中关于"中国的农民问题，其内容即是一个贫农问题"，"贫农问题的中心问题，就是土地问题"等提法，几乎完全相同。可是重新阅读《报告》原文，并且对照《报告》当年的几个不同版本发现，《报告》虽然讲"这个贫农领导是非常之需要的，没有贫农，便没有革命"，虽然讲"并随即开始经济斗争，期于根本解决贫农的土地及其他经济问题"（这句话在1927年公开发表时没有，毛泽东1943年在编辑《六大以前》收录《报告》时才加上的——引者注），但是其表述与《对农民的宣言》的表述相比，意思虽有相近之处，可实际的出入还是明显的。事实上，毛泽东在1927年2月16日就考察湖南农民运动情况给中共中央的报告中倒是有更近似的表述，他写道："农民问题只是一个贫农问题，而贫农问题有两个，即资本问题与土地问题。这两个都已经不是宣传的问题而是要立即实行的问题了。"① 邓演达也曾谈过贫农问题，他说："本党始终站在贫农的地位，在乡村是要把雇农、佃农、半自耕农、自耕农组织起来，对大地主及一班乡村执政者实行乡村革命；至于中小地主可使中立，必要时得其同情。"② 他又说："我们的农运，始终是代表贫农作政治斗争的，这是国民党的农工政策的立脚点。"③ 他对土地问题说得更直接："土地问题可算是我们的中心问题的中心问题，是我们党最重要的一种工作，我们很快要实现总理（指孙中山）所说的'土地应归于农'"④。邓演达的表述与《对农民的宣言》的表述有相近之意，与毛泽东的论述是相通的。但相对而言，毛泽东对贫农问题相关观点的阐述在前，邓演达的论述在后；毛泽东有过很近似的表述，起草《对农民的宣言》的可能性更大一些。至于陈克文，根据他本人的回忆看，陈实际是个标准的行政官员，鲜有自己的主见⑤，由陈克文起草这两个文件的可能性几乎不存在。

4月2日，国民党中央土地委员会经国民党中央常务委员会第五次扩

---

① 《毛泽东年谱（1893—1949）》上卷，人民出版社、中央文献出版社1993年版，第183页。
② 《农民运动的理论和实际》（1927年6月19日），《邓演达文集》，人民出版社1981年版，第113页。
③ 《农民运动最近的策略》（1927年6月），《邓演达文集》，人民出版社1981年版，第119页。
④ 《在中央军事政治学校纪念周的政治报告》（1927年4月4日），《邓演达文集》，人民出版社1981年版，第69页。
⑤ 陈克文：《回溯前尘：国共两党及农民运动忆述》，载陈方正编辑、校订：《陈克文日记》，社会科学文献出版社2014年版。

大会议决成立。由邓演达、谭平山、毛泽东、徐谦、顾孟余五人组成。其任务是调查研究中国的土地分配状况，提出解决土地问题的方案，呈送中央执行委员会核准后，交农民部执行。在随后的两个月间，土地委员会在武汉召开了两次委员会、四次扩大会、两次审查委员会会议。每次会议的讨论都很热烈和详细。毛泽东在这些会议上提出并阐述了许多问题，归纳起来主要有：

解决土地问题应有一个纲领，内容包括：确认并大力宣传解决土地问题的意义；确定没收土地的标准及如何分配土地的方案；建立农民政权以便进行土地的没收和分配；规定禁止买卖土地和土地国有问题；解决地税问题。解决土地问题的意义：解放农民，增强农业的实力；保护革命；废除封建制度；发展中国工业；提高文化。农民政权的建立应分两个阶段："在农村革命的时候，政权集中在农民协会"；"革命过后，乡村政府应在国民政府一个系统之下"，实行区乡村自治。没收土地问题是解决土地问题的中心问题。（1）土地没收分两步进行，第一步政治没收（"如土豪劣绅军阀等等的土地"）。第二步经济没收（"凡自己不耕种而出租于他人的田，皆行没收"）。（2）必须因地制宜，根据不同地区的不同情况，实行不同的土地没收政策。（3）在条件成熟的地区，必须实行经济没收。（4）没收的办法，就是农民"不缴租给地主"，并非没收一律"归国家"。土地分配原则上以乡为单位进行，亦可以区为单位；分配以人口为标准，顾及年龄。维护贫苦农民的利益，对佃农应定出保障办法，如免减租税，田主不得虐待等。

毛泽东及国民党中央土地委员会提出的许多解决农民问题的建议，由于汪精卫的阻挠等种种原因，大都没有实施。尽管如此，在大革命高潮中的农民运动还是得到迅猛发展。

1927年3月27日，国民党中央农民部农民运动委员会召开扩大会议，将筹组全国农民协会列入农民部的工作计划，以"统一全国革命的农民之行动"。3月30日，湘鄂赣豫四省农协代表在湖北农协开会。会议推举13人组成全国临时农协执委会，其中毛泽东等五人为常委。4月9日，中华全国农民协会临时执行委员会委员发表就职通电,宣布"就职视事",互推邓演达为宣传部长,毛泽东为组织部长,彭湃为秘书长。由于邓演达肩负国民革命军总政治部主任、国民党中央农民部部长、湖北省政府主席等重任,全国农协临时执委的日常工作主要由毛泽东负责。《陈克文日记》披露了两封台北国民党党史馆收藏的当年毛泽东给陈克文的信,信中有三处谈及云南、陕西和江西农运委员会的负责人的人选时,都是用命令的口吻写道"可以指定"或"宜由"×××等担任[1],可证。

全国农协临时执委会刚组成,就面临着严峻的形势,反革命势力杀气腾腾,时局维艰。但全国农协临时执委会在毛泽东的领导下,仍克服重重困难,开展工作。他和国民党中央农民部、国民革命军总政治部联合组织了"战区农民运动委员会",5月5日随第二期北伐的北伐军出发进入河南,指导战区的农民运动。在邓演达出行河南归来之前(6月15日),毛泽东以全国农协临时执委会的名义连续发布《对湘鄂赣三省农协重要训令》《临字第四号训令》等多道训令,要求发展农协、创设区乡县的自治机关、武装农民和没收土豪劣绅及大地主的土地,要求各级农协一致请求国民政府:明令保护工农组织及其自卫武装,惩办一切屠杀工农的反动派。对在夏斗寅、许克祥相继叛变革命的情况下如何进一步开展农民运动,提出了指导性的意见,号召武装保卫革命。在全国农协临时执委会指导下,全国农民运动又有深入的发展。据1927年6月武汉政府农民部调查,湖南有农协会员600余万人,河南24万,湖北250万,陕西70万,广东70万,江西38万,四川、福建、山西、广西、安徽、热河等省农协会员也日益增多。全国有统计的农民协会会员已经超过1000万。在毛泽东为代表的共产党人和国民党左派邓演达等的共同努力下,珠江流域、长江流域,乃至黄河流域的广大个体农民,第一次为了一个共同的目标被组织起来。全国有上

---

[1] 陈克文:《回溯前尘:国共两党及农民运动忆述》,载陈方正编辑、校订:《陈克文日记》,社会科学文献出版社2014年版,扉页照片。

千万的农民参加了农民协会,并且有了他们自己的全国性组织——中华全国临时农民协会,其声势和规模远远超过历史上的任何一次农民起义。组织起来的农民爆发出他们所蕴藏的巨大能量,正如毛泽东在《湖南农民运动考察报告》中所指出的那样:"孙中山先生致力国民革命凡四十年,所要做而没有做到的事,农民在几个月内做到了。这是四十年乃至几千年未曾成就过的奇勋。"可以说,大革命后期轰轰烈烈的农民运动高潮的兴起,这是国共合作在军事领域之外最重要的成果,也是国共合作的大革命具备前所未有的革命彻底性的具体写照。

毛泽东当时在开展农运方面的另一项重要工作是主办国民党中央农民运动讲习所。1927年4月4日,毛泽东、邓演达和陈克文以常委身份出席国民党中央农民运动讲习所开学典礼,邓演达发表讲话。和在广州举办的第一至第六届农民运动讲习所有所不同,虽然名义上同是隶属于国民党中央农民部,但武昌农讲所的学员来自全国,毛泽东后来对斯诺讲,甚至有内蒙古的。陈克文回忆该所"实际是完全独立的","所里一切训练工作全在毛周两人手上(指毛泽东和周以栗——引者注)"。他说毛泽东"一方面调查农村实况,了解农民生活,寻找他的农运理论根据,创造他的革命策略。又一方面指示他的党徒组织农民,鼓动农民,布置共产党的势力,准备农村暴动。讲习所的农运理论,便全以老毛的调查所得和他的意见为张本"①。6月19日,中央农民运动讲习所举行毕业典礼,毛泽东精心培育的800多位农运骨干成为大革命失败后中共在广大农村掀起土地革命高潮的重要骨干。

毛泽东在主持中共中央农民运动委员会期间,一身数任,主持武昌中央农民运动讲习所,担任国民党中央农民部农民运动委员会常务委员和国民党中央土地委员会委员,还负责全国农协工作,肩负着领导全国农民运

---

① 陈克文:《回溯前尘:国共两党及农民运动忆述》,载陈方正编辑、校订:《陈克文日记》,社会科学文献出版社2014年版,第1332页。

动的重任。他为发展各地农会组织、培训农民干部、扩大农民武装、建立农民革命政权、着手解决土地问题等，付出了巨大而艰苦的劳动。

在全国农民运动蓬勃发展的重要时刻和蒋介石集团叛变革命的危急关头，中国共产党于4月27日至5月6日在汉口召开第五次全国代表大会。毛泽东在会上提出支持农民开展土地革命，猛烈发展农民武装，建立农民民主自治政权的提案。但是大会在陈独秀、彭述之把持下，毛泽东的意见没有引起大会注意。中共五大没有能够挽救蒋介石叛变革命后造成的险恶局势。

5月31日，全国农协及湖北省农协在汉口普海春饭店欢宴太平洋劳动会议代表。毛泽东主持宴会并致欢迎词。他说："中国革命是世界革命的一部分。"这个命题在过去"只能有空洞之口号，然在今天欢迎会上已充实了此口号的内在性"。毛泽东再一次强调中国农民"是革命进程中主要之力量"，无产阶级是农民的领导者，中国农民运动"深赖工人运动之影响与指导，其有益于革命前途，实在无可限量"①。毛泽东的这一论述与当时陈独秀放弃无产阶级对农民的领导权的主张是针锋相对的。

6月上旬，湘鄂赣三省都处于白色恐怖中，共产党员、国民党左派、工农群众牺牲者"不下一万数千人"。毛泽东不顾自己的安危，在血雨腥风中力挽狂澜。6月13日，毛泽东出席武汉政府军事委员会会议，讨论马日事变的处理问题。他以大量的事实驳斥"军工冲突""军农冲突"的谰言，澄清事实真相。他说："马日事变完全是潜伏在北伐军队伍里的反动军阀策动的叛乱，是许克祥的部队向湖南省农协进攻，向省农工会袭击，缴工农的枪，屠杀工农群众的行动。"这时武汉政府主张以和平方法解决马日事变。中共中央在陈独秀的把持下，亦采取"农军不得进攻长沙，湖南问题静候武汉国民政府解决"的方针。对此，毛泽东非常气愤。

同日，毛泽东以全国农协临时执行委员会的名义，发出《临字第四号

---

① 汉口《民国日报》1927年6月6日。

训令》，号召各级农民协会一致请求武汉国民政府，明令保护工农组织及工人纠察队和农民自卫军，惩办一切屠杀工农、扰乱北伐后方的反动派；明令惩办许克祥等叛军，解散其"救党委员会"，恢复湖南省农协、省总工会、国民党湖南省党部；明令禁止江西朱培德部驱逐共产党员及工农领袖；肃清湖北各县土豪劣绅、逆军、土匪，镇压蒋介石的奸细。《训令》还号召各省农协，努力团结农民，严密农会组织，迅速动员工农武装，反击土豪劣绅及反动军队的武装袭击[①]。

毛泽东还在7月4日中共中央常委扩大会议上提出必须保存武力的主张。他指出："不保存武力，则将来一到事变我们即无办法"。他还主张"上山"，并预料上山可造成军事势力的基础。毛泽东主动要求去湖南，组织农民，建立武装，上山建立根据地[②]。

但是，由于陈独秀独断专行，拒不接受正确意见，毛泽东提出的以革命暴力反对反革命暴力的主张未能被采纳。1927年国民党内反动集团叛变革命，残酷屠杀共产党人和革命群众，由于党内以陈独秀为代表的右倾思想发展为右倾机会主义错误并在党的领导机关中占了统治地位，党和人民不能组织有效抵抗，致使大革命在强大的敌人突然袭击下遭到惨重失败。

[①] 《毛泽东年谱（1893—1949）》上卷，人民出版社、中央文献出版社1993年版，第203页。
[②] 《毛泽东年谱（1893—1949）》上卷，人民出版社、中央文献出版社1993年版，第205页。

第四章
CHAPTER FOUR

开辟中国革命之路

把红旗插上罗霄山脉

自 1927 年蒋介石发动四一二反革命政变起,轰轰烈烈的大革命骤然低落。随之而来的夏斗寅叛变和长沙马日事变,以及武汉国民政府的日益右倾,失败的乌云盘绕在每个革命者的心际。毛泽东自然也不例外。他曾登临武昌的黄鹤楼,凭江远望,写下著名的《菩萨蛮·黄鹤楼》。

> 茫茫九派流中国,沉沉一线穿南北。烟雨莽苍苍,龟蛇锁大江。
> 黄鹤知何去?剩有游人处。把酒酹滔滔,心潮逐浪高!

1957 年 1 月《诗刊》发表这首词时,同时发表了毛泽东本人的注释:"一九二七年,大革命失败的前夕,心情苍凉,一时不知如何是好,这是那年的春季。夏季,八月七号,党的紧急会议,决定武装反击,从此找到了出路。"

毛泽东是中共党内最早提出并具体组织实施武装反抗国民党反动派的代表人物。毛泽东在同国民党新老右派的激烈斗争中提出用武力对抗右翼势力的挑衅。1926 年中山舰事件发生当晚,他就找到苏联军事顾问团代理团长季山嘉,要求依靠叶挺独立团,争取国民革命军第二、第三、第四、第五和第六军的力量,通电讨蒋,予以严办,削其兵权[1]。在此前后,毛泽东就郑重告诫:"各位同志要鉴往知来,惩前毖后,千万不要忘记'我们不给敌人以致命的打击,敌人便给我们以致命的打击'这句话。"[2] 随后,在他担任所长的第六届广州农民运动讲习所的培训课程中,加大军事训练的比重,军事训练课占全部课程的三分之一。毛泽东是中共党内最早重视武装斗争的同志之一。

---

[1] 茅盾:《中山舰事件回忆录》,载《新文学史料》1980 年第 3 期。
[2] 《毛泽东文集》第 1 卷,人民出版社 1993 年版,第 35 页。

毛泽东是在大革命高潮时期领导农民运动的火热斗争中，开始着手推动建立农民武装问题的。同以往向国民革命军派遣政治工作人员和选调共产党员、青年团员到军校学习与充实基层部队的做法不同，他是从夺取地主土地、防御地主反抗的角度提出武装农民问题的。他在考察湖南农民运动时要求把农民武装"确实普及于七十五县二千余万农民之中，应使每个青年壮年农民都有一柄梭镖"①。在他的号召下和中共湖南区委的领导下，当时湖南省有45个县组织起农民自卫军或工农义勇队。毛泽东另辟中共组织武装力量的蹊径。

毛泽东在大革命的危急关头首倡"上山可以造成军事势力的基础"，并明确"须知政权是由枪杆子中取得的"思想。四一二反革命政变和马日事变后，毛泽东于6月中旬同从湖南到武汉请愿的共产党员和工农骨干开会时强调：长沙站不住，城市站不住，就到农村去，下乡组织农民，发动群众，恢复工作，山区的人上山，滨湖的人上船，拿起枪杆子进行斗争，武装保卫革命②；不久，他奉命到湖南出任新的湖南省委书记，针对危急形势进行应变部署，强调各县工农武装一律迅速集中，不要分散，要用武力对付反动军队，以枪杆子对付枪杆子，不要再徘徊观望；7月4日，他在中央政治局常委会第三十四次会议上发言，提出"上山"和"投入军队中去"，认为"不保存武力则将来一到事变我们即无办法"③。这一时期，毛泽东不仅多次与蔡和森商议做一军事计划，以备万一（其建议后由任中央政治局常委的蔡和森致信中央提出），并指示湖南省委拿出详细的军事报告，而且他本人也受中央的委托起草了《湘南运动大纲》，准备以汝城为中心组织工农武装，发动土地革命。这一计划得到新组成的中共临时中央常委会的批准，他被任命为中共湘南特委书记。随后，他在中共八七会议上发

---

① 《毛泽东选集》第1卷，人民出版社1991年版，第29页。
② 《毛泽东年谱（1893—1949）》上卷，人民出版社、中央文献出版社1993年版，第204页。
③ 《毛泽东年谱（1893—1949）》上卷，人民出版社、中央文献出版社1993年版，第205页。

表"枪杆子里面出政权"的著名论断。他强调"暴动的发展是要夺取政权,要夺取政权,没有兵力的拥卫或去夺取,这是自欺的话。我们党从前的错误,就是忽略了军事,现在应以百分之六十的精力注意军事运动。实行在枪杆子上夺取政权,建设政权"[①]。毛泽东是中共中央确定武装反抗国民党反动派总方针的重要推动者。

毛泽东在大革命失败前后在如何推动开展武装斗争方面,有其独到之处。

其一,以农民为建立共产党领导的武装力量的主力,以农村为开展对国民党反动派武装斗争的广阔天地。面对四一二反革命政变以来国民党反动派的叛变和屠杀,越来越多的共产党人像毛泽东一样看到了开展武装斗争的紧迫性。远在莫斯科的联共(布)中央和共产国际也清醒地看到此问题的重要性。在斯大林精辟地概括"中国革命的特点是武装的革命反对武装的反革命"一年之后,共产国际执委会终于改变过去不让中共发展武装力量的态度,讨论制定并向中共中央发出紧急应变的"五月指示"。其中就要求中共动员两万共产党员,再加上湖南、湖北的五万革命工农,组建自己可靠的军队[②]。但是由于共产国际方面当时又坚决反对中共退出国民党,并寄希望于汪精卫为首的武汉政府能与中共合作执行"五月指示"。这造成陈独秀和鲍罗廷等害怕建立中共自己的武装会影响与武汉政府的关系,而无从执行。而毛泽东则不同。他始终在第一线领导开展农民运动,不仅从理论上对农民在中国革命中的主力军作用有深刻的认识,而且目睹了湖南农民建立的各种农民武装在动摇封建统治基础方面的巨大威力,他对广大农民群众建立自己武装的迫切要求及其所蕴藏的巨大能量有切身的感受。因此,他虽然也执行夺取长沙的中央指示,但是和当时中共中央一

---

① 参见中共中央文献研究室:《关于建国以来党的若干历史问题的决议注释本(修订)》,人民出版社1985年版,第144页。
② 《共产国际、联共(布)与中国革命档案资料丛书》第4卷,北京图书馆出版社1998年版,第309页。

方面强调依靠农民深入土地革命但却把着力点放在南昌、长沙、广州等中心城市的矛盾做法不同，他把发展工农武装的着眼点放在广大农村和亿万农民群众身上，提出山区的人上山，滨湖的人上船，独辟蹊径。在中共八七会议讨论制定《对党的组织问题决议案》时，毛泽东没有随大流一味地要求加强领导机关的工人成分，而是切实从中国的实际出发，强调应该是工人、农民共同参与指导工作。他要言不烦，只是提议在第七条中加一个"农"字[①]。于是，八七会议将第七条改为"工农机关的指导，应由各级党部从速审查，换成有经验的工人（农民）同志担任这种指导"[②]。这反映出毛泽东以农民为中国革命主力军的一贯主张。他的上述意见和作为，是毛泽东在率领秋收起义的队伍攻打长沙计划受挫后，能够率部转向敌人统治薄弱的农村勇闯新路的思想基础和实践基础。

其二，在发动武装起义地点的选择上，也体现出毛泽东独立自主和自力更生的精神。蒋介石叛变革命后，武汉政府一度在是继续北伐还是东征讨蒋问题上，举棋不定。这时，陈独秀和鲍罗廷曾设想把革命的重心向西北发展，一方面是想借助当时尚支持国民革命的冯玉祥势力，同时也有背靠苏联和外蒙再图发展的意图。后来，因为郑州会议和徐州会议后冯玉祥转向蒋介石而作罢。汪精卫集团叛变革命后，中共中央组织发动南昌起义和广州起义，不仅都是要通过占领中心城市重建广东革命根据地，同时也有保持出海口以接受苏联援助的计划。中共中央发动湘鄂粤赣四省秋收起义的目的，起初在很大程度上也是为呼应南昌起义军重建广东革命根据地的计划。当时，设法获取苏联的援助和支持，以重振革命的理念，在中共党内根深蒂固。毛泽东则有所不同。他和蔡和森等非常看重两湖地区的作用。马日事变后，他们在多次听取湖南来的同志介绍情况、部署准备反击

---

① 《建党以来重要文献选编（1921—1949）》第 4 册，中央文献出版社 2011 年版，第 404 页。
② 《建党以来重要文献选编（1921—1949）》第 4 册，中央文献出版社 2011 年版，第 449 页。

的同时，蔡和森连续给中央写了七次信，阐述以两湖为依托进行反击的建议，并起草了《湖南暴动计划》；毛泽东也向中央和陈独秀提出要求回湖南发动工会和农民协会，组织武装反击许克祥和何键的挑衅。在他们的一再要求和建议下，中共中央于6月7日和24日，两度决定改组湖南省委，由毛泽东出任临时省委书记和省委书记，他因此有机会于6月下旬短暂地回湖南进行开展武装斗争的准备和发动。尽管他很快就被陈独秀召回武汉，但他在湖南的紧急部署，特别是集中保存工农武装的安排，为后来湘赣边界秋收起义和1928年初的湘南暴动准备了基础力量。8月9日，他在中央政治局会议发言指出：湖南省委要组织一个师的武装去广东是很错误的。大家不应只看到一个广东，湖南也是很重要的。湖南民众组织比广东还要广大，所缺的是武装，当前处在暴动时期更需要武装。他说，"前不久，我起草经常委通过的一个计划，要在湘南形成一师的武装，占据五六县，形成一政治基础，发展全省的土地革命。纵然失败也不用去广东而应上山"①。

毛泽东提出并坚持以湖南为中心开展武装斗争，既表明了自力更生独立革命的决心，也是以湖南已经形成的雄厚的革命力量基础为支撑和保障的。湖南的农民运动当时是最发达的，到1927年5月，农民协会的会员已达600万，占全国农民协会会员总数的一半以上。再者，按照毛泽东在考察湖南农民运动时给中共湖南区委的指示，他们大力在农村发展中共党员，到大革命失败时已经发展农村党员2万人②，占全国中共党员人数的三分之一。求真务实的工作作风和在湖南省卓有成效的工作实绩，使得毛泽东得以坚持以湖南为中心、依靠中共和工农的力量开展武装斗争和土地革命。这既是他在秋收起义队伍受挫后不再徒劳地攻打中心城市的原因所在，也是他后来选择在湘赣边界的罗霄山脉中段独立自主探寻中国革命之路的

---

① 《毛泽东年谱（1893—1949）》上卷，人民出版社、中央文献出版社1993年版，第209页。
② 中央档案馆、湖南省档案馆：《湖南组织报告（五月—八月）》（1927年9月5日），《湖南革命历史文件汇编》（省委文件，1927年，甲，5），1984年4月版，第126页。

组织条件和实力依托。

其三,在发起武装反抗国民党反动派的过程中,如何对待受中共领导或影响的一部分国民革命军并促成他们与工农力量的结合,是摆在中国共产党人面前的新课题。共产国际和新的中共临时中央常委会一方面特别强调要建立中共自己的武装,强调发动工农的力量,强调要深入土地革命,其大方向无疑是正确和非常必要的。但是,蒋介石发动四一二反革命政变以来,广州的四一五事变、武汉的夏斗寅部叛乱、长沙的马日事变、在郑州的冯玉祥部与蒋介石的合流,以及唐生智、张发奎、朱培德等相继反共的严酷现实,使他们对一部分深受中共影响包括直接在中共领导下继续坚定地投入新的武装斗争的军队,都心存疑虑。在这种心态下,他们一味地鼓动各地的农民自卫队等暴动,期望出现登高一呼、群起响应、一战而定的奇迹。结果是那些没有经过军事训练又几乎没有枪械的农民起义队伍,与敌人的正规军碰撞,造成惨重的牺牲,基本上一一失败。毛泽东则有所不同。他不仅一贯强调并在实践中注重发挥工农的主力军作用,而且同时,他从马日事变时长沙附近十万工农队伍反击却不抵许克祥、王东原两个团的正规军的失败教训中认识到,革命发动时必须有正规部队参加。他在1927年8月初起草并经中央批准的《湘南运动大纲》中就提出从江西革命军中调一团人赴汝城,他认为"以革命军一团为中坚,至少有占领五县以上的把握"①。8月18日,他在召集中共湖南省委沈家大屋会议讨论秋收起义计划时,进一步明确提出"要发动暴动,单靠农民的力量是不行的,必须有一个军事的帮助。有一两团兵力,就可以发动起来。暴动的发展是要夺取政权。要夺取政权,没有兵力的拥卫或去夺取,这是自欺的话"②。毛泽东把拟调一两个团的兵力作为暴动"发火药"的想法写进给中共中央

---

① 《建党以来重要文献选编(1921—1949)》第4册,中央文献出版社2011年版,第456页。
② 《湘赣边界秋收起义》,湖南人民出版社1987年版,第97页。

的报告。但却受到中央23日回信的批评,认为暴动计划"偏重于军力,好像不相信群众的革命力量,其结果只是一种军事冒险"。收到中央回信后,毛泽东和湖南省委进行了认真的讨论,并于30日由毛泽东复信中央,再次强调要把军事力量与工农群众的暴动结合起来,并解释说明暴动的主要战斗者是工农,调两个团是辅助工农力量之不足,中央的批评是因为不了解此间情形,是不要注意军事,又要民众武装暴动的一个矛盾政策。毛泽东对受中共影响的正规军参加暴动问题的重视,既是汲取马日事变血的教训,也是基于他对国共合作时期中共主持国民革命军政治工作巨大成效的了解和信任。在大革命时期,他和担任总政治部主任的国民党左派邓演达在共同领导开展农民运动中结下深厚的友谊和互信关系,与中共从事军队政治工作的主要领导周恩来、恽代英等有密切的合作,与担任国民革命军第六军和第二军副党代表(第一至第六军的党代表名义上均由汪精卫兼任)的湘籍共产党人林伯渠、李富春,以及担任其所辖各师党代表的方维夏、萧劲光、包惠僧等往来频繁,并曾兼任过第二军军官学校的教官,他的《中国社会各阶级的分析》一文就是在第二军的刊物《革命》上首发。因此,他深知中共在北伐军部分军队中的影响和作用。对那时的政治工作制度和政治工作,毛泽东曾予以高度评价,认为"那时军队有一种新气象,官兵之间和军民之间大体上是团结的,奋勇向前的革命精神充满了军队"[1]。正是因为上述原因,毛泽东十分珍惜在国民革命军中保留的革命火种。在领导秋收起义的过程中,他对指挥二方面军警卫团的卢德铭非常倚重,对该团的多数官兵也很信任,并以贺龙两把菜刀闹革命已经发展为一个军的事例鼓舞官兵们的士气,特别是为促进警卫团官兵与起义军中工农武装力量的结合,他通过在三湾改编中把支部建在连上和设立士兵委员会,大大加强了中共对军队的领导,夯实了新型人民军队的基础。后来毛泽东在井冈山

---

[1] 《毛泽东选集》第2卷,人民出版社1991年版,第380页。

的斗争实践也印证了他当初这一决策的正确,他在《中国的红色政权为什么能够存在?》中指出:"至于此刻的红军,也是由经过民主的政治训练和接受过工农群众影响的国民革命军中分化出来的。"①在毛泽东领导的湘赣边界秋收起义队伍中,既有原国民革命军二方面军警卫团,又有安源路矿的工人和平浏等地区的农民自卫军,真正是"工农兵"的结合,这在当年的100多次武装暴动中可能不是唯一的,但肯定是最突出的,并且具有重要的示范和引领意义。

尤为难得和值得关注的是,毛泽东在筹划发动秋收起义之初就注意到绿林武装的问题。他在八七会议的讨论发言中特地指出:"土匪问题是非常大的问题。因为此种会党土匪非常之多,我们应有一策略,有些同志以为只可以利用他们,这是中山的办法,我们不应如此。只要我们实行土地革命,那一定是能领导他们的。我们应当视他们是我们自己的弟兄,不应看作客人。"②而当时的临时中央虽然一再强调"必须依靠真正的农民的群众力量",但没有具体的措施支撑,反而指责"坐待军队与土匪的行动,或许纯全依靠军队的行动而忽略农民本身之组织力量与行动,这也是机会主义的一种形式的表现"③。对此问题,后来中共中央有所改变,并且还更明确地指出:"土匪是失业的农民,有些是未失业的农民,我们要领导他们来参加土地革命是对的,而且他们的问题也只有在土地革命成功之下才能解决。"④

在大革命失败之际,全国先后爆发了100多次中共领导的武装起义。当各支起义队伍都在强敌的进攻下一一失败的时候,各路起义军的领导人除去必须继续坚持土地革命和武装斗争外,还必须有一些独特的途径以保存力量东山再起。朱德是利用过去与云南将领范石生的同僚关系,保存了

---

① 《毛泽东选集》第1卷,人民出版社1991年版,第50页。
② 《建党以来重要文献选编(1921—1949)》第4册,中央文献出版社2011年版,第402页。
③ 《湘赣边界秋收起义》,湖南人民出版社1987年版,第62页。
④ 《建党以来重要文献选编(1921—1949)》第4册,中央文献出版社2011年版,第560页。

南昌起义军的余部；贺龙则是凭借他深厚的血缘、地缘关系，后来在湘鄂边重振旗鼓；毛泽东没有拉杆子和在旧军队工作的经历，但是，他有对中国社会各阶级和各阶层的科学分析，有对原国民革命军部分官兵高度政治觉悟的深刻认识，有对会党土匪成分的深入了解，因此，他能表现出不同凡响的政策水平。这是他后来引兵上井冈山，成功团结袁文才和王佐武装的思想基础。毛泽东从实际出发，以独立自主的精神作出并坚持实施了引入受中共领导的正规部队作为秋收起义"发火药"的决策，以及团结改造以破产农民为主要成分的会党土匪武装的主张，壮大了革命阵营的力量，促进了革命武装与工农群众的融合，保留了秋收起义的火种，指明了新型人民军队建设的方向，为开辟井冈山革命根据地和探索井冈山革命道路提供了坚强有力的武力支撑。

八七会议后，毛泽东作为中共中央特派员，回到长沙，传达党中央指示，帮助改组湖南省委，组织领导湖南地区的秋收起义。8月18日，改组后的湖南省委召开会议，根据八七会议精神讨论和制定秋收起义计划。关于暴动的区域问题，省委的多数同志"想鼓动全省农民起来暴动"，"坚决地夺取整个的湖南"。毛泽东始终认为这个计划不符合实际情况，力主缩小暴动范围。经过激烈争论，多数同志赞同了毛泽东的主张，认为，以党的精力及经济力量计算，只能制造湘中四周各县的暴动。于是，湖南省委放弃了原拟的湘中以长沙为中心、湘南以衡阳为中心、湘西以常德为中心、湘西南以宝庆为中心的全面开花的暴动计划，决定湖南的秋收暴动以长沙为中心，同时暴动的是长沙周围的湘潭、宁乡、醴陵、浏阳、平江、安源、岳州七县市，这个区域能够影响湘、鄂、赣三省。其他地方则虚张声势，以牵制敌人。会议确定了秋收起义的具体计划，并成立了以毛泽东为书记的最高指挥机关——共产党的前敌委员会。

在国共关系破裂的情况下，是毛泽东在中共党内最早提出要打出共产党的旗帜。他在8月20日代表湖南省委给中共中央的信中写道："我们应高高打出共产党的旗子,以与蒋、唐、冯、阎等军阀所打的国民党旗子相对。国民党旗子已成军阀的旗子,只有共产党的旗子才是人民的旗子。"[①]23日,中共中央复信批评湖南省委和毛泽东抛弃国民党旗子的主张,强调"此时我们仍然要以国民党名义来赞助农工的民主政权"。收到中央复信后,毛泽东立即于30日召集湖南省委会议进行讨论。在发言中他对中央复信的内容,有些表示坚决执行,有的进行了解释,但对是否抛弃国民党旗子问题,他表示仍坚持要高举共产党的旗帜,抛弃国民党的黑旗,秋收起义要由共产党独立自主地进行。因为要去安源召开发动秋收起义的军事会议,毛泽东让彭公达代表他和湖南省委去武汉当面向中央汇报和解释。

在举什么旗的问题上毛泽东之所以旗帜鲜明并一再坚持自己的主张,这首先如他在8月20日给中央的信中所说:"这一点我在鄂时还不大觉得,到湖南来这几天,看见唐生智的省党部是那样,而人民对之则是这样,便可以断定国民党的旗子真不能打了,再打必会再失败。从前我们没有积极的取得国民党领导权,而让汪、蒋、唐等领导去,现在即应把这面旗子让给他们,这已完全是一面黑旗。我们则应立刻坚决的树起红旗。"[②]可见,高举共产党的旗帜是毛泽东在第一线的实践斗争中得出的结论。

其次,在整个国共合作期间,毛泽东不仅竭诚地拥护国共合作,他在中共三大上就赞成中共党员以个人身份加入国民党,并主张在产业工人中发展国民党员,而且他一直都是中共党内力主保持中共的独立性和坚持争取中共领导地位的代表人物之一。毛泽东后来在八七会议上批评中共党内有许多同志尚在是否允许产业工人乃至农民加入国民党等问题争论不已的现象说:"当时大家的根本观念都以为国民党是人家的,不知它是一架空房子等人去住。其后像新姑娘上花轿一样勉强挪到此空房子去了,但始终无

---

① 《湘赣边界秋收起义》,湖南人民出版社1987年版,第50页。
② 《湘赣边界秋收起义》,湖南人民出版社1987年版,第50页。

当此房子主人的决心。我认为这是一大错误。"①而他本人早在1923年春国共合作尚处在酝酿阶段时，就安排夏曦和刘少奇向任国民党中央总务部副部长的共产党员林伯渠请示利用国民党湖南省党部的空壳，从产业工人中发展国民党员，以扩大中共在国民党中的作用。正是在毛泽东和中共湘区委员会的领导下，湖南省的各级国民党党部大都是由中共和国民党左派所掌握。1927年1月，毛泽东在考察湖南农民运动过程中，不仅进一步主张在湖南农民中大力发展国民党的基层组织，而且前瞻性地提出要在农村大力发展共产党员。他在考察湖南农民运动结束后给中共中央的报告中写道："无论为应付目前的环境或准备不久要来的革命，我们党都要有一个大的发展，至小数目湖南在六个月内要发展至两万人（现才六千）。有农协会员二万以上的县均须成立地方（委员会），这样才有办法。"②毛泽东的未雨绸缪，表现出他在政治上的高瞻远瞩，其实质是基于他对中共及其所代表的中国工人阶级在国民革命中领导地位的深刻认识。他在1926年9月就指出："进步的工人阶级尤其是一切革命阶级的领导。"③因此，他在国共合作破裂之初之所以能够第一个提出要高高地打出共产党的旗帜，是他一贯坚持中共对国民革命领导权思想发展的必然结果。

再次，中共中央当时坚持不同意抛弃国民党的旗子，除了因不加分析而无条件地贯彻共产国际的指示所致以外，一个重要原因是认为蒋介石集团和汪精卫集团叛变革命标志着民族资产阶级已全部叛变，为了抓住小资产阶级继续革命，还要用国民党的旗子，否则有着革命传统的国民党的旗号就会被蒋汪之流篡夺。而毛泽东早已对中国小资产阶级左、中、右三翼的经济地位和对国民革命的态度进行过科学的分析。他由五卅运动和各地

---

① 《毛泽东文集》第1卷，人民出版社1993年版，第46页。
② 毛泽东：《考察湖南农民运动给中共中央的报告》（1927年2月16日）。
③ 《毛泽东文集》第1卷，人民出版社1993年版，第39页。

农民运动的经验认定：他们"对于革命的态度，在平时各不相同；但到战时，即到革命潮流高涨，可以看得见胜利的曙光时，不但小资产阶级的左派参加革命，中派亦可参加革命，即右派分子受了无产阶级和小资产阶级左派的革命大潮所裹挟，也只得附和着革命"[1]。理论上的清醒，带来行动上的坚定。毛泽东不仅认为小资产阶级由其阶级地位所决定，而且即使是民族资产阶级也一样，只要无产阶级力量大，他们都是可以参加革命的。对此问题，湖南省委书记彭公达在按照毛泽东的要求向中央解释为什么一定要抛弃国民党旗子改打共产党旗帜的原因时，转达了毛泽东对国民党左派的分析，即：他们"大抵系小资产阶级出身的人，他们对于革命只是同情，决不会自己开步走，且他们的行动是要看风转舵，无产阶级的力量大，他可以站在无产阶级方面来附和革命，在资产阶级方面也是一样。取消国民党只要无产阶级的力量大，左派小资产阶级仍然可以来革命。取消国民党并不成问题，因此，湖南对于此次暴动，是主张用共产党名义来号召"[2]。

毛泽东力倡改用共产党旗帜号召革命，既是出于现实斗争的需要，又有革命经验的积淀，还有理论的准备，更是顺应了广大工农群众的意愿。旗帜问题是一个最核心的问题。如果继续用国民党的旗子反对打着国民党旗号叛变革命的蒋介石、汪精卫和其他大小军阀，既不足以号召小资产阶级，更无法代表广大工农群众的利益和要求；如果继续使用国民党的旗子，势必难以脱开孙中山用核定地价、国家收购的办法平均地权学说的窠臼，土地革命会裹足不前；如果继续用国民党的旗子，其必然的逻辑就是还要用"国民政府"的牌子（当时共产国际和中共中央主张先建立革命委员会），"国民政府"的旧瓶容不下"工农民主专政"的新酒。历史的发展证明了毛泽东主张的正确，在他提出此问题一个月后，中共中央根据南昌起义以来

---

[1] 《毛泽东选集》第1卷，人民出版社1991年版，第6页。
[2] 《湘赣边界秋收起义》，湖南人民出版社1987年版，第99页。

的实践，于9月19日发布《关于"左派国民党"及苏维埃口号问题决议案》指出，"现在群众看到国民党的旗帜是资产阶级地主反革命的象征，白色恐怖的象征，空前未有的压迫与屠杀的象征"，明确宣布抛弃国民党的旗子[①]。从此，中共必须独立行使对中国革命的领导权成为全党的共识。从严格的意义讲，这是中共独立领导革命的开始，标志着中国革命进入一个新的阶段，其意义影响深远。

9月初，毛泽东到达安源，在张家湾安源工人补习学校召开军事会议。参加会议的有浏阳县委书记潘心源、安源市委书记蔡以忱、赣西农民自卫军总指挥兼安福县农军负责人王兴亚等。会议将拟参加起义的主力——原国民革命军第二方面军总指挥部警卫团、湖南平江和浏阳的农军、鄂南崇阳和通城的部分农民武装、安源煤矿的工人武装等共约5000人，统一编为工农革命军第一师第一、二、三团，卢德铭任起义军总指挥，余洒度任师长，钟文璋、王兴亚、苏先俊分任团长。警卫团和平江、浏阳农军原来都准备参加南昌起义，因未能及时赶到，这时还驻扎在江西的修水、铜鼓。会议决定，起义部队兵分三路，分别从修水、安源、铜鼓出发，进击长沙，在城内工人的响应下，会攻长沙。

在安源部署就绪后，毛泽东亲赴铜鼓，途经浏阳县（现为浏阳市）张家坊，被地主团防队扣留。1936年毛泽东向斯诺这样回忆道："那时候，国民党的恐怖达到顶点，好几百共产党嫌疑分子被枪杀。那些民团奉命把我押到民团总部去处死。……于是我决定逃跑。但是直到离民团总部大约二百码的地方，我才得到了机会。我在那地方挣脱了来，跑到田野里去。

"我跑到一个高地，下面是一个水塘，周围长了很高的草，我在那里躲到太阳落山。士兵们追捕我，还强迫一些农民帮助他们搜寻。有好多次他们走得很近，有一两次我几乎可以碰到他们。虽然有五六次我已经放弃希

[①] 《中共中央文件选集》第3册（1927），中共中央党校出版社1989年版，第369页。

望，觉得我一定会再被抓到，可是我还是没有被发现。

"最后，天黑了，他们放弃了搜寻。我马上翻山越岭，连夜赶路。我没有鞋，我的脚损伤得很厉害。路上我遇到一个农民，他同我交了朋友，给我地方住，又领我到了下一乡。我身边有七块钱，买了一双鞋、一把伞和一些吃的。当我最后安全地走到农民赤卫队那里的时候，我的口袋里只剩下两个铜板了。"

9月9日，秋收起义爆发了。湘赣边界的起义军从破坏粤汉铁路开始行动，起义的铁路工人和农民，破坏了岳阳至黄沙街、长沙至株洲两段铁路，切断了敌人的交通运输。同日，工农革命军第一师第一团从修水出发，向平江长寿街进军。11日，越过平修边界，占领龙门厂。当行进至离长寿街15华里的金坪时，起义前夕收编的邱国轩团即第四团，投敌叛变，致使第一团腹背受敌损失惨重。总指挥卢德铭当机立断，率部退向平、浏边界；9月10日正是中秋节，在安源的第二团按部署攻打萍乡。但9月11日激战一天，城未攻下。宜春之敌军赶来增援，面对这种情况，二团决定弃攻萍乡，改攻老关。12日，二团在占领老关后乘胜进扑醴陵。在与当地起义农民会合后，起义部队分三路攻城，旋即胜而占领之。9月14日主动撤出醴陵，16日占领浏阳。在胜利形势下，以王兴亚为首的部分领导干部，产生了骄傲轻敌思想，疏于设防，并拒绝听取潘心源等人提出的及时把部队撤出浏阳城的正确建议，结果在16日陷入优势敌人的重围，损失兵力达三分之二。9月11日凌晨，毛泽东亲自指挥第三团进攻浏阳的白沙镇，旗开得胜。9月12日三团乘胜前进，直扑浏阳东门市。在离东门市不远的十二墩与敌接火，击毙敌排长一人，东门守敌闻讯向达浒方向逃去。三团胜利地占领东门市。后因强敌反扑而受挫，退驻浏阳上坪。

9月19日，工农革命军第一师第一、第三团先后到达浏阳文家市。被打散的第二团的少数战士也闻讯赶到这里会师。

毛泽东在部队宿营就绪之后，不顾旅途劳累，当晚就在师部所在地文家市里仁学校，继续主持召开前委会议，讨论部队的进军方向问题。会上，毛泽东和余洒度都较系统地发表了自己的意见。余洒度固执于原定的起义计划，"仍主张取浏阳直攻长沙"。毛泽东则具体地分析了敌情变化及敌强我弱的客观情况，主张部队作战略退却，退到湘赣粤边境上去坚持农村斗争，以便将来湘赣粤三省"任何一省的农民暴动时，我们随时都可参加"。经过激烈争论，毛泽东的主张得到卢德铭等多数前委委员的支持，最后前委决定部队撤离湘东地区，经萍乡退往湘南，以保存革命力量。

翌日清晨，工农革命军共1500多人集合在里仁学校操场举行会师大会，毛泽东作了鼓舞革命信心的重要讲话。他着重说明，秋收起义原计划要去打长沙，大家也都想进长沙。可是，长沙打不下来。目前，长沙那样的城市，还不是我们能蹲的地方，那就不要去了。我们要到敌人管不着或难得管的地方去，到农村去，到乡下去，在乡下站住脚跟，养精蓄锐，发展我们的武装力量。

9月21日，起义部队由文家市向萍乡进发，向湘南退却。至此，工农革命军第一师的进军方向完全转变，由向长沙进攻改变为向农村山区进军，由以攻占大城市为目标改变为向农村山区寻找革命军队的落脚点。这是一次意义深远的转折，从进攻大城市转为向农村进军，是中国革命具有决定意义的新起点。毛泽东这时并没想到，为此他后来受到了中央的严厉处分：被撤销了中央政治局候补委员和前敌委员会书记的职务。

然而，更为现实的沉重打击才刚刚开始。在向湘南进军的途中，部队顶炎热余威，爬山越岭；疟疾、痢疾蔓延，缺医少药；敌人尾追堵击，部队弹药缺乏，没有给养，伤病残人员大量增加。在江西萍乡芦溪又遭到敌人的伏击，总指挥卢德铭牺牲；部队中党的各级组织不健全，部队思想混乱，许多指战员在困难与背井离乡面前情绪低落下来，随着行军路线的不断向南，逃亡逐渐公开化。这支革命部队经受着严峻的考验。

经过艰苦转战，9月29日，部队到达江西省永新县三湾村。三湾处在湘赣边界的九陇山区，是茶陵、莲花、永新、宁冈4县交界的地方，有50多户人家，在山区是较大的村庄。当晚，毛泽东召开前敌委员会会议，决定对部队进行改编。

首先是整编。起义部队到达三湾时已不足千人，但仍是起义前的编制，有的团、营官多兵少，枪多人少。这样的组织显然不利于作战。因而前委决定将3个团1个师部缩编为1个团，称工农革命军第一师第一团，下辖一、三营2个营。另设1个特务连、1个卫生队、1个辎重队。编余军官组成1个军官队。毛泽东同时宣布：凡不愿意留队者，根据路途远近，发3—5元钱的路费，并开具介绍信允许离队，希望你们回到本地继续革命，将来如愿回来时，还可以回来。对伤病员，统由卫生队管理，以利战斗。值得关注的是，这次整编不仅是起义军编制的精简，而且通过整编实际削弱了师长余洒度的话语权。余洒度毕业于黄埔军校二期，在校时就是学生中的佼佼者，更因编《黄埔潮》而为师生瞩目。秋收起义前因卢德铭去武汉汇报工作，由担任营长的他主持过一段时间第二方面军警卫团的工作，因此在秋收起义发动时就推举余洒度担任师长。他当时坚决支持中共临时中央关于打长沙的主张，与毛泽东的意见存在分歧。总指挥卢德铭牺牲后，失去控制的余洒度更加轻视毛泽东和中共前敌委员会的领导。三湾改编后部队缩编为一个团，由同是黄埔军校毕业的陈浩为团长，余的作用被大大地淡化了。不久，他和失去团长位置的原第二团团长苏先俊借口向中央汇报工作，离开秋收起义队伍，辗转到上海。后来，余洒度先是脱离中共加入国民党临时行动委员会（当时被人称为第三党），继而被捕彻底叛变，投入蒋介石阵营，以后因贩卖烟土被蒋介石枪毙。

其次，建立和健全部队各级党的组织，确立党对军队的领导。秋收起义部队沿用北伐军时建立的政治工作制度，党支部建在团上，营、连只设党代表。毛泽东根据一路上的调查与思考，决定将支部建在连上，班、排设党小组，营、团以上设党委，各级党组织由前敌委员会统一领导。同时规定，重要问题都要经党委讨论决定。这样，毛泽东第一次为工农革命军建立了党委集体领导制度，从而确立了党对军队的绝对领导。

再次，为了废除军阀军队的旧制度及其影响，毛泽东决定在部队中实行民主制度：官长不许打骂士兵，废除烦琐的礼节，建立新的带兵方法，开会时士兵有说话的自由，经济公开，官兵待遇平等，吃饭穿衣都一样，并在连以上建立士兵委员会。士兵委员会的主席和委员由全体士兵民主选举产生。官长也参加士兵委员会，也有选举和被选举权，但官长被选者不得超过委员会人数的三分之一。士兵委员会在党代表指导下进行宣传、组织群众的工作，组织领导士兵的文娱生活，监督部队的经济开支和伙食管理等。士兵委员会对军官有监督之权，军官做错了事，要受士兵委员会的批评甚至处分。在军队中实行民主制度，是增强团结、提高部队战斗力的重要措施。正如毛泽东自己后来在《井冈山的斗争》中所说："红军的物质生活如此菲薄，战斗如此频繁，仍能维持不敝，除党的作用外，就是靠实行军队内的民主主义。"[①] 时隔38年后重上井冈山时（1965年），毛泽东问陪同者：井冈山的革命传统是什么？时任湖南省委书记的张平化说是艰苦奋斗，汪东兴说是支部建在连上，毛泽东说是民主。三湾改编中士兵委员会的设立，成为新型人民军队与白军区别的重要标志，对推广军内民主，反对军阀主义，克服官僚主义，密切官兵关系，加强党的威信，对瓦解敌军，粉碎敌人的军事和经济"会剿"发挥了重要的作用。

三湾改编，确立了党对军队的绝对领导和在军队中实行民主制度，从政治上、组织上奠定了新型人民军队的基础，是把工农革命军建设成为无产阶级领导的新型人民军队的重要开端。

1927年10月3日，毛泽东率经三湾改编后的工农革命军向宁冈古城开进，下午抵达古城。部队驻扎停当后，毛泽东就在文昌宫主持召开前委扩

[①] 《毛泽东选集》第1卷，人民出版社1991年版，第65页。

大会议，对越来越迫切的寻找部队落脚点的问题作出决断。

毛泽东在会上首先初步总结了湘赣边界秋收起义以来的经验教训，认为由于经验不足，秋收起义在战术上有深刻的教训，这就是，部队过于分散，没有很好地集中使用兵力，没有实行有力的统一指挥，以致分别遭到敌人的袭击，打了败仗。没有改造的邱国轩团的叛变也是一大教训。但是，工农革命军并没有全部被打垮，我们的骨干力量还在，这是继续同敌人斗争的本钱。会议提出，要进一步把工农革命军整顿好、建设好，提高部队的战斗力，迎接更艰巨的革命斗争。接着，会议着重讨论了在井冈山一带建立革命根据地问题。毛泽东在率领工农革命军南下途中经过调查研究，已选定罗霄山脉中段即井冈山地区作为部队的落脚点。

井冈山，地处湘赣两省边境，介于宁冈、遂川、酃县、永新四县之间，西北与九陇山区相望，地形险要。1926年9月，在共产党领导下宁冈人民举行武装起义，驱逐了反动县长，成立了由龙超清担任主席的行政委员会。自此，这里的党、政、军大权基本上掌握在共产党手里，还有袁文才、王佐领导的农民武装在这里坚持斗争，这是工农革命军建立根据地、扩大武装的极好条件。

从敌人方面来说，井冈山地处湘赣边界，距离国民党统治的中心城市比较远，加之湘赣两省军阀之间又存在矛盾，敌人的统治力量比较薄弱。在三湾改编期间，毛泽东即提出要在罗霄山脉中段建立根据地问题，他说："部队不能乱跑了"，要"就地打主意"。在这次会议上，毛泽东介绍了井冈山地区地理人情等情况，经过讨论，会议决定在茅坪安家，建立留守处和后方医院，部队在井冈山一带开展游击战争，会议决定派人分头与中央、湖南省委和南昌起义的部队取得联系，"并继续整顿部队内部"。会议还讨论了对袁文才、王佐部队的方针问题。

古城会议后的10月6日，毛泽东即前往大仓村会见袁文才。毛泽东首先向他分析了大革命失败后的国内形势和革命发展前途，说明工农革命军向农村进军和建立根据地的必要性，表明工农革命军来井冈山地区的目的和想法，勉励袁文才同工农革命军共同开展革命斗争。会面前，毛泽东已知道袁文才、王佐部队缺少枪支，便赠送袁文才步枪100支、王佐70支，诚心诚意地鼓励他们扩大队伍。原以为工农革命军是抢地盘，心怀戒备的袁文才、王佐，被毛泽东和工农革命军的诚挚态度所感动，消除了疑虑，表示一定尽全力解决工农革命军的吃粮和伤病员的安置问题，送数百银元给工农革命军解决急需的给养。10月7日，工农革命军在毛泽东的率领下，分两路到达茅坪，袁文才带领农民自卫军和当地群众热烈欢迎，极尽地主之谊。在袁文才的大力帮助下，工农革命军得以在茅坪攀龙书院设立后方医院，安置了伤病员；在步云山象山庵设立留守处，作为与各处联络的地点。军官队留驻茅坪、大陇一带开展群众工作。

10月中旬，毛泽东派陈伯钧、徐彦刚、游雪程三人赴袁文才部队当干部，帮助袁部开展军事训练，进一步扩大工农革命军的政治影响，准备逐步改造这支农民武装。同时，通过袁文才的关系，派人与王佐取得联系（二人是结拜兄弟），并相机向王佐介绍工农革命的情况及行动方向，后又派何长工去王佐部开展改造工作。对于袁、王部队的改造，毛泽东自始至终倾注了很大的心血，不仅亲自对派出的干部作了许多明确而又具体的指示，给他们指出可能出现的问题，帮助他们找到解决问题的办法，而且，注意体察入微，直接做袁、王的工作。除抓住机会直接面谈外，毛泽东在紧张繁忙的工作中还经常写信给袁文才、王佐，向他们讲政治形势，讲共产党的任务，讲军队的性质，讲革命的前途，讲无产阶级的纪律等，这对袁、王在政治上、思想上的帮助是非常之大的。为了团结、改造好袁、王部队，毛泽东还抽出时间，到袁、王部队中看望士兵群众，给士兵们讲述革命的道理，开阔大家的眼界，提高觉悟。在毛泽东、前委和何长工等派遣干部的努力之下，袁、王部队的改造工作进展顺利，取得了明显的效果。王佐也很快就加入了共产党（袁文才在大革命时期就已经入党了）。1928年2月上旬，袁、王部队在宁冈大陇改编为正规军队，加入了工农革命军，番号是工农革命军第一军第三团，下辖两个营。根据袁、王部队的提议和前委的批准，袁文才任团长兼第一营营长，王佐任副团长兼第二营营长。大陇收编，标志着对袁、王部队的改造工作取得了重大胜利。对袁、王部队改造的成功，创造了我党改造旧式武装的范例，积累了开展军队统一战线工作，开展兵运工作的宝贵经验。

毛泽东非常重视工农革命军的建设，努力在开辟农村革命根据地的斗争中摸索一条新型的建军道路。在井冈山斗争的初期，毛泽东一反旧军队只管单一作战的习惯，根据当时所面临的任务，向部队提出三大任务：一是打仗消灭敌人，二是打土豪筹款子，三是做群众工作。三大任务的制定，既进一步明确了工农革命军的建军宗旨，正确地解决了工农革命军的任务，又密切了军队与人民群众之间的血肉联系，对于工农革命军的成长与壮大、革命根据地的建立与巩固，起了十分重要的作用。根据毛泽东制定的三大任务的要求，工农革命军每打一仗之后，全军便分成几路奔赴各地，广泛开展群众工作。每一路又分连、排、班深入各个乡村，根据敌我双方的形势，以及当地工作的基础，决定和力争按质按期完成十天或半个月或稍长时间的工作任务。为了加强部队的纪律，毛泽东规定了"三大纪律六项注意"。三大纪律是"行动听指挥，不拿工人农民一点东西，打土豪要归公"；六项注意是"上门板，捆铺草，说话和气，买卖公平，借东西要还，损坏东西要赔"。这些规定，增强了军队纪律，密切了军民关系，体现了新型人民军队的本质。

在加强军队建设、开展武装斗争和努力密切军民关系的同时，毛泽东对重建湘赣边界的党组织工作，也予以高度重视。

在向井冈山进军途中，1927年9月25日到达莲花县甘家村时，毛泽东在此召集地方党负责人会议。在了解莲花、永新等地情况的同时，鼓励他们坚持斗争。随后，工农革命军攻下莲花县城后，以毛泽东为书记的前委召开了原党组织负责人会议。会议强调要恢复和发展党的组织，开展武装斗争，进行土地革命。10月7日，工农革命军进驻宁冈茅坪，永新与莲花的一部分党员正躲在该地"打埋伏"，当晚，毛泽东在茅坪的攀龙书院召开永新、宁冈、莲花三县部分党员的会议，要求他们回到原地，发动群众开展斗争，在斗争中迅速重建党的各级组织。10月中旬，毛泽东率领工农革命军到达鄢县水口。在这里，他不仅亲自主持了赖毅、欧阳健、李恒等六名新党员的入党宣誓仪式，并在朱家祠堂接见鄢县党组织派来接头的同志，指示鄢县要赶快扩大党的组织，扩大农民协会，组织武装暴动。11月上旬，毛泽东在茅坪象山庵召开宁冈、永新、莲花三县原党组织负责人会议。永新的刘珍、王怀、刘作述、贺敏学、贺子珍，宁冈的龙超清，莲花的朱亦岳等人参加会议。毛泽东在听取他们的汇报之后，着重提出要抓紧时间，把三县党组织重新建立起来，领导人民群众开展武装斗争，进行游击暴动，建立红色政权，为党的事业作出不懈的努力。

为了扩大根据地，解决部队给养，策应万安暴动，1928年1月5日，工农革命军攻占遂川县城，随后分兵发动群众，帮助建立了陈正人为书记的中共遂川县委和王次淳任主席的县工农兵政府。不久，前委召开万安、遂川县委联席会议。会上，毛泽东分析了当时的斗争形势，再次强调重新建立地方各级党组织的重要性，要求在工农武装割据的斗争中发展成员，建立党的组织，开展党的活动，发挥党的战斗作用。

在重建地方党组织的过程中，毛泽东特别提出：党要注意党的基本组织——支部，实现"一切工作归支部"的口号。他还经常教育大家：党支部是党的基础，它就像房子一样，基础不牢，房子就会倒掉。党支部办不好，党也不是坚固的，因此，"党的组织不必求其普遍，应特别注意造成坚实中心区域党的组织"。为了发展党员，建设好党的支部，前委从工农革命军中抽调党员干部，深入各地，做艰苦细致的党的建设工作。1927年底，毛泽覃到宁冈的乔林，建立了乔林乡党支部。翌年春天，毛泽东、宛希先分别到永新的秋溪与三湾，在那里发展党员，建立起党的支部。到1928年2月，茶陵、永新、宁冈、遂川四县建立了县委，谭思聪、刘珍、龙超清、陈正人四人分别担任四县县委书记。酃县建立了特别区委，刘寅生任书记。莲花建立了特别支部，朱亦岳为书记。此外，前委还和万安、攸县等地党组织取得了联系。

在边界党组织重建的基础上。前委于1927年11月，曾考虑成立边界的特委，以加强地方上党的工作。但是，由于当时根据地尚属初创，党的组织还未健全，因而，前委的设想未能付诸实施。到1928年5月，根据地获得了很大的发展，各县党组织大多数建立，成立特委的条件已经具备。因此，1928年5月20日，在宁冈茅坪召开湘赣边界党的第一次代表大会，选举产生第一届中共湘赣边界特别委员会，毛泽东为书记。从此，边界各县党组织，在特委的领导下，进入了一个新的发展、壮大阶段。

在此过程中，毛泽东不仅强调恢复和发展地方党组织的重要性，而且也十分重视无产阶级思想领导的问题。由于边界党员大多数是贫苦的农民出身，边界党组织的基础，最大部分是建筑在农民和其他小资产阶级的成分之上。长期落后的个体经营方式和生产方式，使他们受到种种非无产阶级思想的影响。经过调查了解，毛泽东敏锐地察觉到边界党组织内部，存在着这样两种不良现象：一是宗族主义，二是土客籍之间的矛盾。前者的产生是源于长期以来形成的同姓同族共同居住的关系，一个党支部的成员往往是一个家族的，党支部开会，简直同时就是家族会议。后者则产生于土籍的本地人和数百年前从北方移来的客籍人之间，有时还会发生激烈的械斗。这种情况反映到党内，便时常发生无原则的斗争。此外，边界的党组织还处于分散的农村游击战争的环境与白色势力的严重包围之中，社会上的各种落后思想意识，以及机会主义的不良影响，无时不从各个方面侵袭边界的党，使一部分党员的思想不同程度地受到冲击和腐蚀。边界党组织所存在的这些情况，使得毛泽东感觉到：无产阶级思想领导的问题，是一个非常重要的问题。"边界各县的党,几乎完全是农民成分的党,若不给以无产阶级的思想领导,其趋向是会犯错误的。"①

由此,毛泽东和前委要求,"党的发展,特别注意质量,在介绍党员当中,介绍者应对被介绍者做许多宣传和考查工作。凡介绍一个新同志,应在一个支部会议上通过,经过区委批准,反对拉夫式吸收党员,必须使每个党员成为无产阶级的战斗员"。对于现有的党员,则加强无产阶级的思想教育和党的基本理论的教育。他对边界的党组织明确地提出:"过去各地党之所以没有力量,就是因为党员没有训练,甚至连入党仪式都没有过,现在每个党员都须加以党的基本理论的训练。"毛泽东起草的《湘赣边界各县党的第二次代表大会决议案》专门规定如何解决"完全没有集体指导及民主化的精神"问题,提出健全组织,反对个人领导,一切权力集中常委会;一切政策都要经党员热烈讨论,使之有深切了解,能根据政策定出工作计划;各级党部委员及书记应尽量用选举方法产生;铁的纪律为布尔什维克的主要精神,要使党壁垒森严,步伐整齐的成为强健的斗争组织。在毛泽东和边界党组织的高度重视与积极努力下,通过对广大党员进行无产阶级的思想教育,有效地克服了党内的各种非无产阶级思想,提高了广大党员的阶级觉悟,增强了党的战斗力。边界各县党组织的重建,有力地推动了边界的武装斗争、群众工作和政权建设等工作的进行。探索和实践工农民主政权的建设,是毛泽东这个时期的另一项重要工作。

中国革命的直接目标就是夺取政权。毛泽东是在领导开展农民运动的过程中认识到这一问题的。并且他认识到中国农民运动的特点是"政治争斗、经济争斗这两者汇合在一起的一种阶级争斗的运动。其中表现得最特别的尤在政治争斗这一点。这一点与都市工人运动的性质颇有点不同,都市工人阶级目前所争,政治上只是求得集会结社之完全自由,尚不欲即时

---

① 《毛泽东选集》第 1 卷,人民出版社 1991 年版,第 77 页。

破坏资产阶级之政治地位。乡村的农民，则一起来便碰着那土豪劣绅大地主几千年来持以压榨农民的政权（这个地主政权即军阀政权的真正基础），非推翻这个压榨的政权，便不能有农民的地位，这是当时中国农民运动的一个最大的特色"①。那时，毛泽东虽然从理论上认识到农民运动最本质的问题是推翻现政权，但在出任中共中央农民运动委员会书记之初制定全国农运计划时，还没有把夺取政权列入农民运动的重点，他是在考察湖南农民运动的时候，从农民自发的行动中，才感受到这一问题的迫切性。他在给中央的报告中写道："在各县乡下所见所闻与在汉口在长沙所见所闻几乎全不同，始发见从前我们对农运政策上处置上几个颇大的错误点。"他认为，"在湖南湘中湘南各县多数经过了一个烈风暴雨的农村革命时期（第二时期），乡村陷入了无政府状态，应立即实行民主的乡村自治制度，变无政府为有政府，具体的建立农村联合战线，以免发生农民孤立的危险；农村中的农民武装、民食、教育、建设、仲裁等问题也才有最后的着落。目前湖南的政治问题，莫急于乡村自治这一点，省民会议县民会议非在完成乡村自治以后决无可言"②。

毛泽东积极推崇的农民乡村自治，从表面看来和中共中央自国共合作前后就一直热衷号召的国民会议运动是一致的。在北伐军攻克武昌后，中共中央仍然希望"由行使国民革命领导使命的国民党"，出面召集全国的商会、工会、农会、学生会和其他各界职业团体来推举多数代表，举行国民会议、省民会议、县民会议和乡民会议，以产生新的政府。毛泽东所说的乡村自治看似其中的一环，但是，深入地分析看，毛泽东提倡的乡村自治决不只是一个简单的采用什么样政体形式的问题，而他主张的是"必须建立农民的绝对权力"。他说"农村革命是农民阶级推翻封建地主阶级的权力

---

① 《毛泽东文集》第1卷，人民出版社1993年版，第40—41页。
② 毛泽东：《考察湖南农民运动给中共中央的报告》（1927年2月16日）。

的革命"。他认为"农民若不用极大的力量,决不能推翻几千年根深蒂固的地主权力"。可见,毛泽东所说的乡村自治,不只是一个政体问题,其实质上还涉及一个国体问题,即由哪个阶级对哪个阶级专政的问题。正如他在《湖南农民运动考察报告》中所指出:"宗法封建性的土豪劣绅,不法地主阶级,是几千年专制政治的基础,帝国主义、军阀、贪官污吏的墙脚,打倒这个封建势力,乃是国民革命的真正目标。孙中山先生致力国民革命凡四十年,所要做而没有做到的事,农民在几个月内做到了。这是四十年乃至几千年未曾成就过的奇勋"。毛泽东以发动和支持广大农民群众推翻帝国主义和中国封建势力专制统治的基础,作为他政权建设的出发点,在乡村自治的基础上高呼"一切权力归农会"的响亮口号,显示出其卓尔不群的真知灼见。

在蒋介石、汪精卫集团叛变革命后,毛泽东在酝酿发动秋收起义的过程中关于政权问题的见解,与他关于必须高举共产党的旗帜的思想是紧密相连的。当时,共产国际和新的中共中央临时政治局常委会一方面要求共产党员退出已经变质的武汉国民政府,另一方面又不肯放弃国民党的旗子,试图通过"国民党左派运动",重新建立一个"以 CP 占多数的与国民党左派的联合政权",利用国民党的"正统"地位和影响,反对以蒋介石和汪精卫为代表的宁汉政府,以号令天下。而毛泽东,如前文所述,则是依据他对形势的客观分析,坚决主张放弃国民党的旗子,改用共产党的旗帜相号召。这是毛泽东在政权问题上的最核心的见解。

毛泽东在革命转变时期酝酿建设新政权的过程中,旗帜鲜明地主张共产党的独立领导,坚定地贯彻中共中央关于"建设工农德谟克拉西专政的革命政权"的正确方向,力主依靠工农大众为主力的方针,从而为下一个阶段的政权建设点亮了指路的明灯,其肇始之功,功在千秋。正是循着这个方向,1927 年 11 月打下茶陵后,毛泽东否定沿袭旧套路建立政权的办法,改由工会、农会和士兵委员会各选出一名代表组成工农兵代表会议,然后建立起第一个县级的工农兵政权；随后，毛泽东总结茶陵建政的不足，在建立遂川工农政权时，提出红军的三大任务，组织队伍深入农村打土豪和发动群众，并制定实施了切实可行的《遂川工农县政府临时政纲》，以工农民主政权保护工农群众的利益，以工农民主政权行使民主革命阶段的专政职责，把土地革命、武装斗争和政权建设联系为一体，夯实了工农政权的执政基础，真正保证了工农民主专政的政权性质。

在井冈山根据地各县、区、乡和湘赣边界工农兵政府普遍建立、工农民主专政的基本形态已初具之后，毛泽东在给中共中央的报告中曾系统地总结了创建工农民主政权过程中的经验。他列举了几种存在的问题：一是乡级政权初创时被小地主富农钻营把持的问题；二是一些县区的工农兵代表会走形式或被以群众大会代替的问题；三是工农兵代表会与经其选出的政府委员会之间的权力脱节问题，及其权力被政府机关和其组成人员滥用的问题；四是以党代政的问题。毛泽东逐一阐述了解决这些问题的方法。比如关于党与政府的关系，他说："以后党要执行领导政府的任务，党的主张办法，除宣传外，执行的时候必须通过政府的组织。国民党直接向政府下命令的错误办法，是要避免的"。再如针对工农兵代表会这一新的政治制度缺乏宣传和教育，以及封建时代独裁专断恶习对工农群众和一般党员的影响等问题，毛泽东深有感触地指出："民主集中主义的制度，一定要在革命斗争中显出了它的效力，使群众了解它是最能发动群众力量和最利于斗争的，方能普遍地真实地应用于群众组织。"①

这样，从1927年10月到1928年5月，随着工农革命军作战的胜利和根据地建设工作的开展，以宁冈为中心包括宁冈全县、遂川西北部、永新、鄘县、茶陵各一部的第一个农村革命根据地——井冈山革命根据地，便初步建立起来了。

---

① 《毛泽东选集》第1卷，人民出版社1991年版，第72—73页。

星火燎原

与毛泽东率领秋收起义的队伍进行"井冈山的斗争"的同时，南昌起义军的主力在潮汕地区遭到失败后，朱德在陈毅的协助下，率领留守三河坝的一部分起义军，沿闽粤赣边境向西转移，力求迅速摆脱敌人的追击和土匪以及豪绅民团的袭扰，寻找立足点。1927年11月间，朱德、陈毅率领部队在崇义、上犹地区打游击时，便派原在第二十五师政治部工作的毛泽覃前往井冈山与毛泽东联系。毛泽覃是毛泽东的胞弟，接受任务后，他装扮成国民党第十六军的副官，化名"覃泽"，由资兴经茶陵到井冈山。见到毛泽东后，他详细介绍了朱德所部及其行动情况，并转达了朱德的问候。

与此同时，毛泽东也一直非常关心南昌起义部队的情况。毛泽东率领秋收起义部队来到宁冈后，就派何长工去与湖南省委及衡阳特委联系，并要何长工打听南昌起义部队的下落。10月下旬，毛泽东曾带部队向茶陵方向游击，目的亦在于打探南昌起义部队的下落。10月中旬，何长工在长沙找到湖南省委后，于12月中旬辗转来到广州，尔后在广东韶关犁铺头找到了朱德、陈毅、王尔琢及其部队，向他们介绍了毛泽东在井冈山建立了革命根据地的情况，并汇报了这次下山找朱德联系的经过。朱德高兴地说：好极了。我们跑来跑去，也没有一个地方站脚，正要找毛泽东同志呢！前些天刚派毛泽覃同志到井冈山去联系了。1928年1月上旬，何长工返回遂川，把会见朱德、陈毅的情况向毛泽东作了详细汇报。

1928年1月12日，朱德、陈毅率领部队智取宜章县城，揭开湘南暴动序幕。不到2个月时间，暴动浪潮波及20余县，中心区域的宜章、郴县、耒阳、永兴、资兴、安仁等县相继恢复了党的组织，建立苏维埃政权，组建了工农革命军第一、第三、第四、第七师和两个独立团，同时，发动群众打土豪，开展土地革命斗争。3月底在强敌进攻下，暴动失败。湘南暴动失败后，部队干部战士都有一个共同的心愿：上井冈山，找毛泽东同志去！于是，朱德、陈毅等果断地决定，除留一部分地方武装继续在湘南坚持斗争外，主力部队2000余人及湘南农军8000余人一起撤出湘南，向湘赣边界的井冈山转移。

4月上旬，毛泽东得知湘南暴动部队向湘赣边界转移的消息，立即率领部队离开沙田，往汝城进发，以牵制敌人，掩护湘南暴动部队的转移。第一团经桂东，攻占汝城县城。随后，毛泽东率领部队经土桥、田庄、邓家湾，在资兴县东南三四十里的龙溪洞遇到萧克领导的宜章独立营。毛泽东详细地询问了他们的情况，并告诉他们：朱德率领的队伍向东转移了。还把今后的行动方向告诉了他们，要他们一起行动。尔后，两支部队由毛泽东率领，经青腰、彭公庙、中村、水口等地返回井冈山。

4月24日，毛泽东率领的第一团回到宁冈砻市，和先期到此的朱德、陈毅的部队会合。刚抵达砻市，毛泽东立即带领一、二团的部队干部去看望朱德等人。朱德听说毛泽东来了，赶忙偕同陈毅等人到门外来迎接。两支革命部队胜利会师了！① 两军会师后，朱德所部有2000余人，湘南农军有8000多人，毛泽东所部有1600多人。这么多的军队聚在一起，就有了统一领导指挥训练的必要。因此，在龙江书院召开了两军营以上干部会议，通过了建立工农革命军第四军的各项决定和人事安排。随后，在砻市召开第四军第一次党代表大会，选举产生第四军军委，毛泽东任军委书记。并决定部队给养统一筹措，各部队没收的粮食、布匹，尽量运至井冈山储存。

5月2日，毛泽东以第四军军委书记的名义，写报告给江西省委和中央，介绍湘赣边界军事、政治方面斗争的胜利，提出需要上级党组织帮助解决的

---

① 关于这次会师的时间说法不一，这里是根据《毛泽东年谱（1893—1949）》上卷（人民出版社、中央文献出版社1993年版）第239页的说法。

问题。其中提到，第四军以朱德为军长，毛泽东为党代表。5月19日，江西省委将吉安地委转来的毛泽东信件，上报给中央。这是中共中央收到直接来自井冈山根据地的第一个重要报告。在这以前，江西省委曾于4月25日向中央报告："据吉安来人报告，毛泽东部确与朱德部汇合，现已乘虚重复占领宁冈，并向永新方向发展。"

5月4日，毛泽东出席在宁冈砻市召开的庆祝两军会师暨工农革命军第四军成立大会。大会执行主席陈毅首先讲话。他宣布：根据党的决定，全体部队改编为中国工农革命军第四军，军长是朱德，党代表是毛泽东。王尔琢任参谋长，陈毅担任士兵俱乐部主任。全军下辖三个师九个团。5月底，因枪械及人数不足，给养又发生较大困难，第四军取消师的番号，缩编为六个团，主力是四个团，即：南昌起义部队编为第二十八团，团长王尔琢兼，党代表何长工；宜章农军为第二十九团，团长胡少海，党代表龚楚；秋收起义部队三十一团，团长张子清，党代表何挺颖；原井冈山地区的工农革命军为第三十二团，团长袁文才，副团长王佐，党代表陈东日。三十团和三十三团为耒阳、郴州、永兴、资兴农军。后来这两个团于5月间在各县干部带领下返回湘南，沿途遭受重大损失，余部在湘南就地坚持革命斗争。

此时，全国各地党领导的部队都还不称红军。井冈山和各地起义军大多称工农革命军。1928年5月25日，中共中央发布《中央通告第五十一号——军事工作大纲》，才明确提出："为保障暴动的胜利与扩大，建立红军区为目前的要义"，正式规定："在割据区域所建立之军队，可正式定名为红军，取消以前工农革命（军）的名义"。6月4日，中共中央又在给毛泽东、朱德并转前委诸同志的信里，进一步明确指示第四军："关于你们的军队，你们可以正式改称红军。"据此，中国工农革命军第四军改称为中国工农红军第四军，简称为红四军。

井冈山革命根据地的建立，特别是在毛泽东、朱德的队伍会师以后，其影响波及湖南、江西乃至湖北诸省。这就逐渐引起敌人的不安，开始频繁地对井冈山根据地发动"进剿"和"会剿",妄图将这支革命队伍扼杀在摇篮里。

从1928年1月至6月,毛泽东和朱德指挥红军同优势的敌人作战,连续取得新城、五斗江、草市坳、龙源口等战斗的胜利,粉碎赣敌对井冈山根据地的四次"进剿"。其中,6月23日的龙源口大捷,歼敌一个团,击溃两个团,是井冈山根据地创建以来最大的一次胜利。

在此期间,毛泽东和朱德总结1927年秋季以来红军和赤卫队的作战经验,于1928年5月提出"敌进我退,敌驻我扰,敌疲我打,敌退我追"的游击战争"16字诀"。最早见诸文字记载的"16字诀",源自毛泽东1929年4月5日起草的《红四军前委关于目前形势闽赣斗争情况和红军游击战术向中央之报告》。该报告说:"我们三年来从斗争中所得的战术,真是和古今中外的战术都不同。用我们的战术,群众斗争的发动是一天比一天扩大的,任何强大的敌人是奈何我们不得的。我们的战术就是游击的战术。大要说来是:'分兵以发动群众,集中以应付敌人。''敌进我退,敌驻我扰,敌疲我打,敌退我追'。'固定区域的割据,用波浪式的推进政策。强敌跟追,用盘旋式的打圈子政策'。'很短的时间,很好的方法,发动很大的群众。'"游击战争"16字诀",是土地革命战争前期红军游击战争的基本指导原则,是红军全部作战原则的基础。它不仅对井冈山、赣南、闽西的游击战争起了重要的指导作用,而且得到党中央的赞同和推广,对其他革命根据地的红军作战也发生重大的影响。

龙源口大捷后,井冈山革命根据地发展到宁冈、永新、莲花三个整县,吉安、安福各一小部,遂川北部,以及酃县东南部,使边界进入全盛时期。毛泽东在总结这一段的斗争经验时说,4月以后,井冈山根据地之所以能不断地得到胜利和发展,除边界地形有利于斗争,湘赣两省之敌不尽一致外,就在于边界共产党(地方的党和军队的党)的政策是正确的。当时党的边界特委和军委的政策是:"坚决地和敌人作斗争,造成罗霄山脉中段政权,反对逃跑主义;深入割据地区的土地革命;军队的党帮助地方党的发展,军队的武装帮助地方武装的发展；对统治势力比较强大的湖南取守势；对统治势力比较薄弱的江西取攻势；用大力经营永新，创造群众的割据，布置长期斗争；集中红军相机迎击当前之敌，反对分兵，避免被敌人各个击破；割据地区的扩大采取波浪式的推进政策，反对冒进政策。"[1]

毛泽东及其在井冈山的斗争也曾遭遇两次严重的挫折。一次是1928年2月中共湘南特委军事部长周鲁上山，误传中共中央指令，开除毛泽东的党籍。事实上是瞿秋白牵头的临时中央在1927年11月9日开会总结湘赣边界秋收起义的教训，鉴于毛泽东不执行攻打长沙的命令，决定"开除"毛泽东的中央政治局候补委员职务。但这一决定辗转到井冈山后变成为"开除毛泽东的党籍"，追根溯源，很大程度上可能是由于中央的命令没有用"撤销"或"免去"，而比较奇怪地用了"开除"。毛泽东在新中国成立后曾自嘲说，被开除了党籍，不能做政委了，我就转任师长，成了民主人士。好在不到一个月，正式的文件到了井冈山，毛泽东的党籍自然也就恢复了。另一次是同年6月，中共湖南省委特派员杜修经上山，传达省委指示要求红四军开赴湘南，并指定杨开明接替毛泽东任湘赣边界特委书记。毛泽东于6月30日在永新召集联席会议，经过讨论用集体决定的形式抵制了去湘南的指示。会后，红四军分兵行动。7月12日，由湘南籍组成的红二十九团士兵委员会开会决定开赴湘南，政委龚楚和团长胡少海，一个是积极推波助澜，一个是默许。朱德、陈毅劝阻未果，于是二十八团同行。结果造成二十九团覆没，王尔琢牺牲，井冈山根据地只保留大小五井的中心区域，其他各县沦陷。史称八月失败。八月失败的原因主要是湖南省委的盲动主义，红四军内的小生产观念和极端民主化也是内在的因素。毛泽东在给中共中央的报告中指出"我们感觉无产阶级思想领导问题，是一个非常重要的问题"。在接应朱德、陈毅和二十八团回到井冈山后，毛泽东召集红四军

---

[1] 《毛泽东选集》第1卷，人民出版社1991年版，第59页。

前委会议，决定建议湖南省委给杜修经处分，同时建议任命他为湘南特委书记，并调龚楚去湘南工作。此后，毛泽东和朱德指挥红军又先后打破湘赣敌军发动的两次"会剿"，扭转了因湖南省委代表杜修经的错误指挥造成的湘赣边界八月失败，井冈山根据地在八月失败中被敌占领的地区基本于1928年11月恢复。1928年12月10日，彭德怀、滕代远率领的平江起义队伍红五军主力700余人到达宁冈，同红四军会师，井冈山革命根据地的革命武装力量进一步壮大。为避免地方主义对红四军建设的影响，1929年4月，毛泽东在给中央的报告中提出红四军应直接由中共中央指挥，不再由湖南、江西省委及湘南特委等调遣、指挥。

在率领井冈山军民进行军事斗争的同时，毛泽东还以极大的精力去领导边界农民开展土地革命。关于如何没收地主阶级的土地，分配给无地和少地的农民，毛泽东在秋收起义之前就进行过积极的探索。1927年5月，共产国际关于要深入土地革命等内容的"五月指示"下达后，要不要解决农民土地问题，在中共内部已无大的争议。但是该如何解决农民的土地问题和没收地主土地的标准问题，成为一个新的议题。中共五大的《土地问题议决案》提出没收公共土地和地主租与农民的土地，但是又明确"属于小地主的土地不没收"[1]。中共五大认为："无产阶级应非常注意小资产阶级，否则他将与资产阶级一路走。上海暴动之失败，最大原因是无产阶级没有得到小资产阶级群众的赞助。"[2] 当时中共党内包括陈独秀等都认为小地主是小资产阶级，因此必须向他们作某些让步。这种观点反映了共产国际的指示精神，也迎合了当时国民党左派的意见。毛泽东则在八七会议讨论关于农民运动的决议案时提出不同的意见。他一方面赞同中央关于没收大中地主土地的主张，并强调"大中地主的标准一定要定，不定则不知何为大地主中地主。我意以为可以五十

---

[1] 《建党以来重要文献选编（1921—1949）》第4册，中央文献出版社2011年版，第194页。
[2] 《建党以来重要文献选编（1921—1949）》第4册，中央文献出版社2011年版，第179页。

亩为限，五十亩以上不管肥田瘦田通通没收"；另一方面，他又依据他对中国农村状况的透彻了解，非常明确地指出："小地主问题是土地问题的中心问题。困难的是在不没收小地主土地，如此，则有许多没有大地主的地方，农民则要停止工作。所以要根本取消地主制，对小地主应有一定的办法，现在应解决小地主问题，如此方可以安民"。不仅如此，毛泽东还进一步指出"自耕农问题，富农中农的地权不同。农民要向富农进攻了，所以要确定方向"①。毛泽东的这次发言和他在《中国社会各阶级的分析》中的有关论述，与陈独秀为代表的对中国农村各阶级的认识，有原则的区分。陈独秀等把小地主认定为小资产阶级；毛泽东则是把自耕农（包括富农、中农）认定为农村的小资产阶级（这一时期毛泽东对农村各阶级的分析还不是十分精确，他已经注意到"富农往往与小地主利害联系在一起"，但对他们之间的原则区别还把握不准。他在《井冈山的斗争》中将二者并列为农村的中间阶级，认为"富农土地在土地总额中占少数，但与小地主土地合计，则数量颇大。这种情形，恐全国亦差不多"②）。显然，毛泽东的划分更符合中国农村的实际，他实际上是将小地主归为"要根本取消的地主制"范畴，并与对待富农、中农采取不同的政策。随后的斗争实践也证明，毛泽东"现在应解决小地主问题，如此方可以安民"的主张，比中央关于只没收大中地主土地的政策，更能受到多数农民的拥护。后来中共中央在总结南昌起义失败的教训时写道：南昌起义"关于土地问题提出'没收二百亩以上地主土地'的主张。这是非常大的错误，这证明没有土地革命之决心，这种政纲可以使叶贺暴动根本上丧失其意义。广东一个农民听见这一主张便说到：'这叫做耕者无其田！'这句批评是再正确也没有"③。

---

① 《建党以来重要文献选编（1921—1949）》第4册，中央文献出版社2011年版，第402页。
② 《毛泽东选集》第1卷，人民出版社1991年版，第69页。
③ 《中央通告第十三号——对叶贺失败事件》（1927年10月24日），载南昌起义八一纪念馆：《南昌起义》，中共党史出版社2009年版，第54页。

8月中旬毛泽东回到湖南进行秋收起义的发动准备。他又召集了两次调查会，然后草拟出《土地纲领数条》交湖南省委讨论，并呈报中央。其中他规定："没收一切土地，包括小地主自耕农在内，归之公有，由农协按照'工作能力'与'消费量'（即依每家人口长幼多少定每家实际消费量）两个标准，公平分配给愿得土地的一切乡村人民。"① 这个规定相比毛泽东在八七会议上的发言有所退步，主要因为它混淆了小地主与自耕农的界限，实施起来会侵犯中农的利益，引起中农的不满。对此，学术界的看法几乎是一致的。这里我不想引用彭公达在给中央的报告中记录的毛泽东在湖南省委讨论此问题时的发言②，为毛泽东辩解，因为那个发言与毛泽东在八七会议上发言的精神是一致的。我认为毛泽东当时确实有过没收一切土地的设想，这在他后来主持制定的《井冈山土地法》中可以得到印证。问题是"没收一切土地，包括小地主自耕农在内"与"只没收大中地主的土地或没收二百亩以上大地主的土地"这两个政策，哪一个更能吸引广大农民群众投身土地革命呢？哪一个对推动当时的土地革命更有力呢？毛泽东后来在《井冈山的斗争》中断言："在上述土地状况之下，没收一切土地重新分配，是能得到大多数人拥护的。"③ 的确，在土地革命发动之初，为了鼓动最大多数无地和少地的农民参加，有瑕疵的前者肯定更能搅动这一潭沉寂了两千多年的死水。毛泽东关于小地主的土地也要一并没收的主张，如同他坚持打出共产党旗帜的主张一样，在一个月后得到中共中央的认可和赞同。中共中央在指导发动广州起义的过程中纠正了自己过去的意见，批评南方局和广东省委的政纲，指出保留一部分小地主的土地不没收，"便保留一部分地主制度"，"可以妨碍革命发展的"④。

---

① 《湘赣边界秋收起义》，湖南人民出版社1987年版，第51页。
② 《湘赣边界秋收起义》，湖南人民出版社1987年版，第96—97页。
③ 《毛泽东选集》第1卷，人民出版社1991年版，第69页。
④ 《建党以来重要文献选编（1921—1949）》第4册，中央文献出版社2011年版，第509页。

需要指出的是，毛泽东关于"没收一切土地，包括小地主自耕农在内"的设想，不是凭空想象或是根据上级的指示（共产国际或中共中央），而是源于他的调查。他在8月20日给中央的信中有明确的说明："我这回从长沙清泰乡（亲到）、湘潭韶山（有农民五人来省）两处乡村的农民调查中，知道湖南的农民对于土地问题一定要全盘解决。昨日与乡下来几位农民同志会商，征询他们意见的结果，拟出土地纲领数条。"[①]一切从群众中来，注重调查研究，已经成为毛泽东显著的工作作风。不仅如此，他关于"没收一切土地，包括小地主自耕农在内"的设想，还和他在考察湖南农民运动过程中及其以后一段时间里，对贫农问题的认识有直接关系。他根据长沙的调查得知："乡村人口中，贫农占百分之七十，中农占百分之二十，地主富农占百分之十。"因此，他认为合共占乡村人口百分之七十的贫农群众，乃是农民协会的中坚，打倒封建势力的先锋。"没有贫农，便没有革命。若否认他们，便是否认革命。若打击他们，便是打击革命。他们的革命大方向始终没有错。"[②]与充分肯定贫农的重要作用相比较，前文已述，毛泽东对包括自耕农（含中农）在内的小资产阶级对革命作用的评价就淡化了许多。这可能是左右他制定"没收一切土地，包括小地主自耕农在内"政策的思想因素之一。无论如何，必须看到，毛泽东这一时期为解决农民土地问题的不懈努力以及他对没收和分配土地标准问题的探索，尽管尚存缺陷，但毕竟是运用马克思主义阶级分析的方法认真分析中国农村和中国社会得出的（他在撰写并发表《中国社会各阶级的分析》《中国农民中各阶级的分析及其对于革命的态度》的基础上，通过考察湖南农民运动和领导全国的农民运动，对农村的阶级、阶层又有进一步的调查和分析），毕竟是在农村斗争的第一线向广大农民群众和基层党员干部调查研究得出的，诚如他自己

---

① 《湘赣边界秋收起义》，湖南人民出版社1987年版，第51页。
② 《毛泽东选集》第1卷，人民出版社1991年版，第20页。

所言,"这个意见是农民指挥着我成立的"。他针对当时"广大的党内党外的群众要革命,党的指导却不革命"这种反常现象,发人深省地指出"以后上级机关应尽心听下级的报告,然后才能由不革命的转入革命的"①。这是毛泽东在八七会议上继"须知政权是由枪杆子中取得的"之外的另一句至理名言,实际反映的是中共的群众观。

必须强调的是,毛泽东关于如何解决农民土地问题的探索,尽管有这样或那样的不足,但当时,无论在中共党内还是在党外,其成就尚无人能及。他在秋收起义前湖南省委讨论土地纲领时发言的精神被彭公达概括在给中央的报告中,即"现在的土地革命到了根本取消地租制度,推翻地主政权的时期,此时党对农民的政策,应当是贫农领导中农,稳住富农,整个地推翻地主制度的土地革命。对地主阶级不是在没收他们土地时候让步,应在土地没收之后去救济土地已被没收的没有劳动能力的地主家庭,并且只要他们能耕种,仍须拿与农民同等之土地给他们耕种,以消灭地主阶级"②。这是中共第一个完整的土地革命路线,是一个在刚刚要起步的阶段就拿出来准备实施的土地革命路线,但是,和后来成熟的土地革命路线相比,其基本精神和大体轮廓已具雏形。更重要的是运用马克思主义阶级分析的方法研究和解剖中国农村成为毛泽东革命生涯的常态。

进驻井冈山之后,毛泽东本人并组织党员干部对湘赣边界地区的土地状况和阶级关系进行了深入和全面的系统调查。经过广泛的调查,毛泽东了解到,湘赣边界和全国其他地区一样,土地占有情况也极不合理,只占边界人口5%的地主豪绅阶级,却占有67%以上的土地;而占边界人口90%以上的农民,只占40%以下的土地。"江西方面,遂川的土地最集中,约80%是地主的。永新次之,约70%是地主的。万安、宁冈、莲花自耕农

---

① 《毛泽东文集》第1卷,人民出版社1993年版,第46—47页。
② 《湘赣边界秋收起义》,湖南人民出版社1987年版,第100页。

较多，但地主的土地仍占比较的多数，约60%，农民占40%。湖南方面，茶陵、酃县两县均有约70%的土地在地主手中。"[1] 地主豪绅凭借着土地所有权，以50%以上的租利率，残酷地剥削广大贫苦农民。

1927年11月上旬，前敌委员会在宁冈茅坪象山庵召开有宁冈、永新、莲花三县党组织负责人参加的联席会议。会上，毛泽东指示各县党的负责人要大力开展土地革命，并根据边界的具体情况，指示各地在旧历年前，迅速开展一场以打土豪分浮财、废债毁约为主要内容的年关斗争。

1928年1月5日，毛泽东率领工农革命军打下遂川城后，立即分兵三路：一路到于田，一路到大坑，一路到草林，开展发动群众的工作。2月，毛泽东又带领一部分工农革命军，深入永新秋溪乡一带，调查研究，发动群众，打土豪筹款子，并亲自创建了秋溪乡党支部。同年3月中旬，毛泽东率领工农革命军进驻酃县中村时，亲自召开群众大会，向到会的2000多群众讲述富人为什么会富，穷人为什么会穷的道理，用事实说明，依靠工农革命军的支持与帮助，农民群众开展了分田地的斗争。毛泽东还从军队中抽调一批干部，会同当地党组织，协助农民插牌分田。4月上旬，毛泽东又到桂东沙田一带，打土豪发动群众，进行分田试点工作。

1928年5月20日，毛泽东在宁冈茅坪主持召开湘赣边界党的第一次代表大会，并在大会上讲话。在讲话中，毛泽东阐述了深入土地革命对于开展武装斗争、建立红色政权、巩固革命根据地的重要性和迫切性，号召开展全面分田。会后，在湘赣边界特委的具体领导下，一个声势浩大的全面分田高潮，在边界各地迅速掀起。

分配土地时，首先碰到的一个问题，是以什么区域为单位进行分配，边界各地的做法极不统一。像莲花以区为单位分配；宁冈多数以乡为单位分配，个别地方以区为单位分配；遂川多数以乡为单位分配，只有黄坳区

---

[1] 《毛泽东选集》第1卷，人民出版社1991年版，第68—69页。

以区为单位分配，小江区以三四个乡为单位分配，也有些地方以村为单位分配。实践证明，以村为单位分田是不好的。因为村有大有小，地主往往集中在大村，土地也多集中在大村。以村为单位分配土地，小村的农民不仅田分得少，而且还是分差田。另外，边界地区往往是一村一姓，以村为单位分田，豪绅地主阶级易于利用封建宗族观念制造矛盾，挑起姓氏冲突，破坏分田。而以区为单位分田也有缺点，因为区域过大，互不了解，有的人乘机瞒田，有的因所分之田在他乡，不便耕种。毛泽东等在总结群众实践经验的基础上，后来确定以乡为单位分配，作为分田的主要办法。另外，是按劳力分配土地还是按人口分配土地，也是争论得很激烈的问题，边界各地也有多种做法。开始时，多数地方按劳力进行分配，但自从毛泽东在永新塘边村进行分田调查，制定了分田临时纲领17条以后，各地基本上又改为按人口平均分田。方法上多以原耕土地为基础，抽多补少。

通过一系列调查研究和分配土地的实际工作，毛泽东起草了《井冈山土地法》。1928年12月，以湘赣边界工农政府名义正式颁布。在这个土地法中，毛泽东将土地革命运动的政策及方法等归纳为九条：

第一条规定土地分配的方法："没收一切土地归苏维埃政府所有，用下列三种方法分配之：（1）分配农民个别耕种；（2）分配农民共同耕种；（3）由苏维埃政府组织模范农场耕种。以上三种方法，以第一种为主体，遇特别情形，或苏维埃政府有力时，兼用二、三两种。"第二、第三条规定土地分配后的经营方式："一切土地，经苏维埃政府没收并分配后，禁止买卖。"土地分配后，每人都须参加劳动。第四条规定土地分配的数量标准："（1）以人口为标准，男女老幼平均分配；（2）以劳动力为标准，能劳动者比不能劳动者多分土地一倍。以上两个标准，以第一个为主体。有特殊情形的地方，得适用第二个标准。"第五条规定分配土地的区域标准："（1）以乡为单位分配；（2）以几乡为单位分配（如永新之小江区）；（3）以区为单位分配（如遂川之黄坳区）。以上三种标准，以第一种为主体，遇特别情形时，得用第二、第三两种标准。"第六条规定山林分配法：茶山和柴山平均分给农民使用，竹木山归政府所有。第七条规定土地税征收标准："（1）土地税依照生产情形分为三种：15%，10%，5%。以上三种方法，以第一种为主体。（2）如遇天灾，或其他特殊情形时，得呈明高级苏维埃政府批准，免纳土地税。"第八条规定："乡村手工业工人，如自己愿意分田者，得分每个农民所得田的数量之一半。"第九条规定："红军及赤卫队的官兵，在政府及其他一切公共机关服务的人，均得分配土地，如农民所得之数，由苏维埃政府雇人代替耕种。"

由于缺乏经验，《井冈山土地法》有三个重要缺陷，即：提出没收一切土地而不是只没收地主的土地；土地所有权属政府而不属农民，农民只有耕种权；禁止土地买卖。尽管如此，毛泽东亲自制定的《井冈山土地法》，仍然是中国共产党领导的新民主主义革命中第一部成文的土地政纲，第一次从法律上保证了农民对土地的使用权。因而，不仅为边界土地革命运动的继续深入开展创造了条件，而且充分调动了广大农民群众参加土地革命的热情和积极性，也成为中国共产党第一部付诸实践的土地法，为中共土地革命的路线和政策的最终形成奠定了基础。

大革命失败后，毛泽东一方面在实践中对中国共产党和中国革命的生存与发展问题，进行了勇敢不懈的探索；另一方面对实践中摸索出的经验和教训，进行理论上的总结和升华，提出红色政权的理论。这一时期他关于红色政权的理论集中表述在1928年10月召开的湘赣边界党的第二次代表大会上，毛泽东为大会起草的以"中国的红色政权为什么能够存在？"为中心内容的决议案和11月25日毛泽东代表前委给中央写的后来题为《井冈山的斗争》的长篇报告中。在这两篇著作中，毛泽东分析了大革命失败后的国内国际政治形势和半殖民地半封建社会的政治经济特点，着重地阐明中国的红军和红色政权能够存在和发展的原因和条件，阐明武装斗争、土地革命和根据地建设三者相结合的基本原理，从理论上和实践上答复了"红旗到底打得多久"的问题，从而形成关于中国红色政权的伟大理论。

毛泽东提出："一国之内，在四周白色政权中，有一小块或若干小块赤色政权长期的存在，这是世界各国从来没有的事。这种奇事之发生，有其独特的原因。而其存在和发展，亦必有相当的条件。"这些条件主要是：

第一，中国的经济"不是统一的资本主义经济"，而是微弱的资本主义经济与广大落后的封建经济同时存在，近代式的若干城市工商业和停滞的自给自足的广大农村经济同时存在。这种经济上的不平衡形成政治上的封建割据和冲突，加之"帝国主义势力范围的分裂剥削政策"，这便引起连年不断的军阀混战。由于地方的农业经济可以不依赖于城市而独立，由于反动统治阶级内部的长期分裂和战争，革命力量就能够获得可乘之机，"于是发生出赤色政权一小块或若干小块在四周白色政权包围的中间"，湘赣边界的割据，就是这许多小块中间的一块。毛泽东明确提出："我们只须知道中国白色政权的分裂和战争是继续不断的，则赤色政权之产生、存在并且日益发展，便是无疑的了。"

第二，中国小块红色政权的发生和能够比较长期存在的地方，不是那些并未经过民主革命影响的地方，而是在1926年和1927年资产阶级民主革命过程中工农兵群众曾经大大地发动起来过的地方，特别是湘、粤、鄂、赣等省。"这些省份的许多地方，曾经有过很广大的工会、农民协会的组织和工农阶级对城乡资产阶级的许多经济的政治的斗争"；这些地方的人民和军阀的军队都受过民主革命的政治训练，因此，红色政权就易于先在这里发生并能够长期存在。

第三，小地方红色政权之能否长期存在，决定于全国革命形势是否向前发展这一条件。毛泽东指出："中国革命形势是怎样呢？实在是跟着国内国际资产阶级之继续的分裂和战争，而继续向前发展的。所以不但小块红色政权之长期存在没有疑义，而且是继续发展日渐接近总政权之取得的。"

第四，相当力量的正式的红军之存在也是红色政权存在的必要条件。毛泽东提出："虽有很好的工农群众，若没有相当力量的武装，便决然不能造成割据局面，更不能造成长期的和日益发展的割据局面，所以'工农武装割据'的观念，是共产党和割据地方工农群众必须充分具备的一个重要观念。"

第五，共产党组织的有力量和它政策的不错误是红色政权长期存在和发展的一个重要条件。

毛泽东在文章中对"工农武装割据"的思想也作了阐述。他说："只要买办豪绅阶级间的分裂和战争是继续的，则工农武装割据的存在和发展也将是能够继续的。此外，工农武装割据的存在和发展，还需要具备下列的条件：（1）有很好的群众；（2）有很好的党；（3）有相当力量的红军；（4）有便利于作战的地势；（5）有足够给养的经济力。"毛泽东指出：以农业为主要经济的中国的革命，以军事发展暴动，是一种特征。由于军阀和豪绅地主阶级不准农民有自由，更不准农民作反抗。所以在中国，要革命就只能拿起枪杆子，以武装的革命反对武装的反革命。须知"所谓割据，必须是武装的。哪一处没有武装，或者武装不够，或者对付敌人的策略错了，地方就立即被敌人占了"。这里，毛泽东讲的是要进行武装斗争。

毛泽东指出："中国现时确实还是处在资产阶级民权革命的阶段。中国彻底的民权主义革命的纲领，包括对外推翻帝国主义，求得彻底的民族解放；对内肃清买办阶级的在城市的势力，完成土地革命，消灭乡村的封建关系，推翻军阀政府。"这种民权革命的实质就是农民的土地革命，农民是这场革命的主力军。中国共产党要领导革命走向胜利，就必须发动土地革命、解决农民的土地问题，组织农民，武装农民，发展和壮大革命力量。要知道，"必定要经过这样的民权主义革命，方能造成过渡到社会主义的真正基础"。这里，毛泽东讲的是要开展土地革命。

毛泽东指出：必须"注意建立中心区域的坚实基础，以备白色恐怖到来时有所恃而不恐"，"以求自立于不败之地"，"在四围白色政权中间的红色割据，利用山险是必要的"。这里，毛泽东讲的是要有巩固的农村革命根据地。

武装斗争、土地革命、根据地这三者是有机结合和相互联系的。没有武装斗争，就不能进行真正的土地革命，也就不能在白色恐怖包围下建立和发展革命根据地；没有土地革命，也就不能充分地发动农民，武装斗争也就不能得到占中国最大多数人口的农民的支持，也就无从谈起根据地的巩固和发展；没有革命根据地，武装斗争就将失去依托而走向"流寇"行动，走向失败，土地革命也就无法、无处开展。

红色政权理论的提出是毛泽东对中国革命的一个重要贡献，是他关于由农村包围城市道路最后取得革命胜利这一光辉思想的雏形。

1928年12月，湘赣两省国民党军成立"剿匪"总指挥部，以何键为总指挥兼湖南省"剿匪"军总司令，以金汉鼎为副总指挥兼江西省"剿匪"军总司令，纠集25个团约3万人的兵力，对井冈山革命根据地发动第三次"会剿"。对此严峻的军事形势，以毛泽东为书记的红四军前委，于1929年1月4日在宁冈县柏露村召开军队和地方党组织负责人联席会议，商讨破敌对策及红军的行动方向等问题。毛泽东主持会议，并首先传达才接到不久的中共六大文件。当他传达到六大关于"与土匪或类似的团体联盟仅在武装起义以前可以适用，武装起义后宜解除其武装，并严厉的镇压他们，这是保持地方秩序和避免反革命的头领死灰复燃。他们首领应当作反革命的首领看待，即令他们帮助武装起义亦应如此"的内容时，毛泽东机智地提议休息一下，跳过了对这部分内容的传达。经过热烈的讨论，会议通过了毛泽东提出的"围魏救赵"的方案。毛泽东指示：井冈山革命根据地一定要坚守，不能轻易放弃。但也不能死守，要善于钻敌人的空子。敌人大军围攻井冈山，后方空虚，必然有隙可乘。因此，我们的对策，就是以一部分红军守山，主力出击。敌人从这边打过来，红军从那边打进去，以此分散敌人兵力，使敌人顾此失彼，红军则可以趁机发展新的根据地。会议通过这一方案，并决定：红四军主力下山，向敌人后方进攻，开辟新的根据地，红五军和红四军三十二团（由王佐率领，袁文才作为红四军的副参谋长随主力下山）留守井冈山。万一守山不住，可以转移到包围圈外，同红四军主力会合。

1929年1月14日，红四军主力部队3600余人，在毛泽东、朱德率领下，从茨坪、小行洲出发，分兵两路离开井冈山，一路走下庄、黄坳，一路走荆竹山。进入遂川境内，两路又会合，之后，一起进军赣南。

进军途中，散发了毛泽东起草的《红军第四军司令部布告》，红四军还根据党的六大决议的指示精神，编写散发了以中国共产党第四军党部署名的《共产党宣言》，提出共产党领导的工农红军所要实现的三项任务："打倒帝国主义""打倒封建剥削""推翻国民党政府，建设工农兵代表会议（苏维埃政府）"；发布了下列十大政纲：

（1）推翻帝国主义在中国的统治；

（2）没收外国资本开设的工厂、商店、船只、矿山和银行；

（3）统一中国，承认满、蒙、回、藏、苗、瑶各族的自决权；

（4）推翻军阀国民党的政府；

（5）建立工农兵代表会议政府；

（6）工人实行八小时工作制，增加工资，失业救济，社会保险等；

（7）没收一切地主阶级的田地，分给无田地及少田的农民；

（8）改变兵士生活，发给兵士田地和工作；

（9）取消一切政府军阀地方的捐税，实行统一的累进税；

（10）联合世界各国的无产阶级，联合苏维埃俄罗斯。

毛泽东起草的《布告》和《宣言》，阐明了共产党建立农村革命根据地的政治纲领和具体的政策措施，用群众习惯和懂得的语言进行"共产主义宣传"，内容又切合广大人民群众的切身利益。所以它得到广大人民群众的热烈拥护，起到发动群众起来开展革命斗争的号召书的作用。

红四军一下井冈山，"会剿"井冈山革命根据地的敌人急忙抽出四个旅的兵力，前往遂川的大汾、左安等地进行堵击，并尾追红军。这样，毛泽东、朱德调走了"会剿"敌军的一半，包围井冈山的敌军只剩下四个旅，这就大大减轻了对井冈山革命根据地的压力。红军的第一步目的已经达到。但另一方面，却给红四军主力增加了较大的困难。为了摆脱敌军的围困和追击，红四军在转战赣南途中，先后进行了多次艰苦的战斗。

1月25日，红四军攻克大余县城。28日，敌军李文彬旅围攻大余，与红四军发生激战。由于当地无党和群众组织，无人替红军当侦探报消息，红四军事前不知道敌人前来进攻，兵力未能全数集中，还是休息队形，仓促应战，导致此战失利。二十八团党代表何挺颖不幸负伤，独立营营长张威等英勇牺牲。

红四军撤离大余后，经信丰、全南、龙南、定南、安远，2月初到达寻乌之吉潭、顶山。部队进入"三南"地区途中，何挺颖的担架走错方向，与部队失掉联系，遭到敌人袭击，何挺颖壮烈牺牲。在寻乌圳下遭到敌人偷袭时，陈毅差点被抓，朱德亲自手持机关枪冲出包围，但其妻子伍若兰被捕牺牲，随即部队来到闽粤赣三省交界的罗福嶂山区。在这里休息两晚，毛泽东主持召开前委会议，指示"为安置伤病兵计，为找有党有群众的休息地计，为救援井冈山计，决定往东固"。因为东固地区此时在李文林等的领导下已发展成为赣西南游击根据地的中心，建立有地方武装红二团和红四团，是红四军一个很好的落脚点。

红军日夜兼程，向东固前进。2月7日，前锋部队千余人抵达会昌之筠门岭。8日，驻福建武平之敌郭凤鸣旅，派出炮兵两个连及步兵一个营，企图骚扰红四军，被红四军前锋部队击败。之后，红四军经会昌乌迳、瑞金武阳，于2月10日抵达瑞金之大柏地。敌军刘士毅部两个团也紧紧追来。

大柏地位于瑞金城北60里的崇山峻岭中。这里，峰岭逶迤、森林茂密，杂草遍野，只有一条贯通南北的石阶小路直通宁都。为了彻底摆脱尾追之敌，毛泽东与朱德、陈毅等在大柏地村的王屋祠堂召开红四军干部会议，研究决定利用大柏地的有利地形，分兵三路，布成口袋阵，伏击和消灭刘士毅部。陈毅后来在给中央的报告中写道："是役我军以屡败之余作最后一掷，击破强敌。官兵在弹尽援绝之时，用树枝石块空枪与敌在血泊中挣扎始获得最后胜利。为红军成立以来最有荣誉之战争。"

2月10日上午，敌军被引进红军的伏击圈，红军立即派出小部队迂回到敌人后方，切断敌人的退路和增援。但由于红军数量少、弹药缺，两军从10日下午3时鏖战至11日正午。毛泽东站在山峰上，命令几个红军号手同时吹号，激扬斗志，终将刘士毅部队完全击溃，俘敌800多人，缴枪800多支。敌团长肖致平、钟桓被活捉，只因红军战士不认识他们，没有留心看管，他们逃跑了。大柏地战斗，是红四军向赣南进军以来的第一次重大胜利。经过这次战斗，红四军甩掉了敌人的围追，摆脱了被动局面。

大柏地战斗后，红军乘胜进占宁都县城。当地驻敌赖世琮部不战而逃。红军在宁都休息了一晚之后，经宁都的赖坊、永丰的君埠，2月17日到达吉安之东固，与江西红军独立第二、第四团会合，尔后又和赣南特委取得联系。

随后，在坳上云汉堂，毛泽东主持召开有第二、第四团和东固地方干部参加的干部会议。他在会上作报告，阐明国内外形势及党的方针、任务和斗争策略。为了加强东固革命根据地的建设，毛泽东还听取了东固地方党组织和军队领导人的详细汇报，对根据地分配土地的方针政策和红色政权的组织形式等问题，提出许多指示性的意见。同时，红四军前委还决定留下毛泽覃等一批干部，帮助东固革命根据地的建设工作。

在东固，红四军进行短期休整。在这期间，传来井冈山失守的消息，且敌军又向东固攻来，毛泽东、朱德及时决定向闽赣边界开展游击活动。1929年2月25日，红四军离开东固，经永丰、宁都、广昌，向南折回瑞金之禾田。3月上旬，第一次进入闽西。3月12日，到达四都。13日凌晨，闽西地方军阀郭凤鸣即派其侦察连前来偷袭红军哨所，当即被击退，红军乘胜沿渔溪、上蒸、南严、陂溪一直追到长岭寨脚下。在陂溪，遇到前来反映情况的长汀县临时县委负责人段奋夫。当日下午，在陂溪村小河边的草坪上，举行红四军军委扩大会议，决定：进攻长岭寨，占领长汀（古代汀州治所），彻底消灭郭凤鸣部。

3月14日上午8时许，毛泽东、朱德指挥红四军兵分三路向长岭寨发起总攻。不一会儿，便打散守敌，占领了长岭寨主峰的两侧高地。这时，郭凤鸣率两个团沿着山谷间的小路以一路纵队的队形开过来。红军前哨按预定的作战计划，与敌接火后，且战且退，退上山去。敌军以为红军战斗力薄弱，害怕交战，便立刻向上追赶，中计进入红军伏击圈。红军突然从隐蔽地点勇猛冲杀出来。敌首郭凤鸣逃跑不成，被红军战士击毙。毛泽东得知郭凤鸣被打死的消息后，指示红军战士将其尸体抬到汀州城里示众。

毛泽东来到汀州城后，住在城东面汀江河畔的辛耕别墅。为摸清当地社会政治经济状况，毛泽东当日晚上就查阅了《汀州府志》和《汀州县志》。16日，他又邀请佃农、裁缝、钱粮师爷、教书先生、衙役、流氓头六种人到辛耕别墅开座谈会。通过调查，毛泽东初步摸清了汀州城的政治、经济、风俗习惯以及地主豪绅、资本家等各方面的情况，为进行打土豪、筹款和开展群众工作提供依据。正是在此基础上，毛泽东起草并以红四军军部名义发布了《告商人及知识分子书》，除阐明共产党革命的三大任务外，着重讲了对商人和知识分子的政策，指出："共产党对城市的政策是：取消苛捐杂税，保护商人贸易"。在革命时对工商界酌量筹款供给军需，但不准派到小商人身上。城市反动分子（军阀的走狗、贪官污吏、国民党指导委员、工贼、农贼、学贼）的财物要没收，乡村收租放息、为富不仁的土豪搬到城市住家的，他们的财物也要没收。至于普通商人及一般小资产阶级的财物，一概不没收。但普通商人及一般小资产阶级应该赞助工农革命，服从工农阶级的指导，齐心一致向打倒帝国主义、打倒地主阶级、打倒国民党政府三大任务上努力。"知识分子的出路，也只有参加工农革命。知识分子若肯参加革命，工农阶级均可收容他们，依照他们才干的大小，分派他们相当的工作。"

在汀州，红四军收获5万光洋和1个军服厂，每个指战员得到2块钱的军饷，红军第一次正式着装，每人得到2套灰色的军服。毛泽东和朱德还对红四军进行整编。原二十八团一、二营扩编为一纵队；独立营和特务营以及二十八团三营合编为二纵队；三十一团为三纵队。每纵队下辖2个支队（相当营），每个支队下辖了3个大队（相当连）。每个纵队约有枪500支、1200多人。军长朱德，党代表毛泽东，政治部主任陈毅。这种整编，是为了适应广泛开展游击战争的需要，"分兵游击时，即以纵队为单位分开出击，然后再分小支，分开与集合，都很便利"，能以"很短的时间，很好的方法，发动广大的群众"，"这种战术正如打网，要随时打开，又要随时收拢"，使红军灵活机动的战略战术得以充分实现。

1929年3月20日，毛泽东在汀州城辛耕别墅主持召开前委扩大会议，研究当前形势和红军的行动方针问题。毛泽东根据赣南、闽西党和群众的基础，明确提出以创建赣南、闽西革命根据地为目标的战略计划，即：红四、五军及江西红军第二、第四两团之行动，在国民党军阀战争的初期，以赣南、闽西20余县为范围，从游击战术，到发动群众，以至公开苏维埃政权割据，由此割据区域，以与湘赣边界割据区域相连接。会议当天，毛泽东在他起草的《四军前委向福建省并转中央的报告》中又向中央提出"福建全省、浙江全省、赣东赣南两边区，统治阶级的军力非常薄弱（在全国来比较），未知中央曾讨论以此三地方为目标，首先创造公开割据的计划否？三地统治势力既弱，又通海口，这是值得注意的"。并建议中央："不仅在湘赣粤闽等地，江苏北皖鄂北豫南直隶，都应有红军及小区域苏维埃之创立。"报告中特别强调"闽西、赣南一区内之由发动群众到公开割据，这一计划决须确立，无论如何不能放弃，因为这是前进的基础"。

3月下旬，蒋桂战争爆发，全国形势发生急剧变化，敌军大部调离赣南。

在此期间，毛泽东、朱德、陈毅接到了留守井冈山的彭德怀突围出来进占瑞金之后的来信。于是，毛泽东等决定撤离长汀，回师赣南，建立赣南根据地，并使赣南根据地与湘赣边界取得联系，恢复井冈山附近的群众割据。

4月1日，红军从汀州回师赣南，部队从汀州出发，一天就到了瑞金，与红五军会师。会师后，前委决定，将彭德怀所部编为红四军第五纵队，彭德怀以副军长名义指挥之；并决定，红五军"数日后须返湘赣边界收集旧部，恢复政权，与赣南取得联络，仍属前委指挥"。

4月3日，毛泽东、朱德在瑞金收到2月7日《中央给润之、玉阶两同志并转湘赣边特委的信》，即中央的"二月来信"。来信中对形势的基本分析是："党的领导力量薄弱，工农群众的组织和斗争都还未能有健全的较平衡的发展，故革命的主观力量还不能促进这一新的革命高潮的到来。"由于这种悲观的估计，来信要求毛泽东和朱德离开部队到上海，把红军分成小部队，散入湘赣边境各乡村中发动群众，搞土地革命，以待时机。

毛泽东认真对待中央的指示，不仅向前委传达，而且印发红四军的各纵队、支队讨论。他虽然不同意"二月来信"要他和朱德离开红四军到上海的指示，但在回信中也郑重表示，如果确需他们离队担负其他工作，建议中央可以用刘伯承和恽代英来替代他和朱德，主持红四军的军事和政治工作。经召集前委开会讨论后，4月5日，毛泽东代表前委给中央写了复信，向中央提出不同意见："中央此信对客观形势及主观力量的估量都太悲观了。三次进攻井冈山表示了反革命的最高潮。然至此为止，往后便是反革命潮流逐渐低落，革命高潮逐渐生长。我党的战斗力组织力虽然弱到如中央所言，但在反革命潮流逐渐低落形势之下，恢复一定很快，党内干部分子的消极态度也会迅速地消灭。群众是一定倾向我们的。屠杀主义又固然是为渊驱鱼，改良主义也不能再号召群众了。群众对国民党的幻想一定很快地消灭。在将来形势之下，什么党都不能和共产党争群众的。"

"我们感觉党在从前犯了盲动主义极大的错误，现时却在一些地方颇有取消主义的倾向了。闽西赣南我们所经过的地方党部，战斗的精神非常之弱，许多斗争的机会轻易放过去了。群众是广大而且革命的，党却袖手不去领导。由闽西赣南的例子使我们想到别的地方或者也有这种现象，所以我们要反对盲动主义和命令主义的恶劣倾向，但取消主义和不动主义的倾向又要极力防止。"

复信指出："农村斗争的发展，小区域苏维埃之建立，红军之创造与扩大，亦是帮助城市斗争、促成革命潮流高涨的条件。所以抛弃城市斗争沉溺于农村游击主义是最大的错误，但畏惧农民势力发展，以为将超过工人的领导而不利于革命，如果党员中有这种意见，我们以为也是错误的。因为半殖民地中国的革命，只有农民斗争不得工人领导而失败，没有农民斗争发展超过工人势力而不利于革命本身的。"复信还具体分析了分兵的危害：一是红军不是本地人；二是分开则领导机关不健全；三是容易被敌人各个击破；四是愈是恶劣环境，部队愈须集中，领导者愈须坚强奋斗，方能应付敌人。只有在好的环境里才好分兵游击。"红军无论在什么时候，党及军事的统一指挥机关是不可少的，否则陷于无政府，定是失败。"

"中央要求我们将队伍分得很小，散向农村中，朱、毛离开队伍，隐匿大的目标，目的在于保存红军和发动群众，这是一种理想。以连或营为单位单独行动，分散在农村中，用游击的战术发动群众，避免目标，我们从前年冬天就计划起，而且多次实行都是失败的。"

毛泽东在报告中向中央建议："在国民党混战的长期战斗中间，我们要和蒋桂两派争取江西，同时兼及闽西、浙西，在三省扩大红军的数量，造成群众的割据，以一年为期完成此计划。""争取江西，兼及闽西、浙西"，促进全国革命高潮的到来，直至夺取全国革命胜利的伟大的战略计划，这也是后来中央革命根据地的宏伟蓝图。只是关于一年为期争取江西的计划，毛泽东随即感到有"一些急躁性"，1930年1月5日，他便在《星星之火，可以燎原》这篇通信里又作出具体说明，以补其不妥："上面争取江西的话，不对的是规定一年为期。至于争取江西，除开江西的本身条件之外，还包含有全国革命高潮快要到来的条件。因为如果不相信革命高潮快要到来，便决不能得到一年争取江西的结论。那个建议的缺点就是不该规定为一年，因此，影响到革命高潮快要到来的所谓'快要'，也不免伴上了一些急躁性。至于江西的主观客观条件是很值得注意的。"

中共中央收到毛泽东代表红四军前委4月5日给中央的复信后，于6月12日召开政治局会议进行讨论。周恩来在发言中承认中央2月给毛泽东、朱德的信提出分散等意见是有些毛病。会议同意毛泽东的意见，红军应采取集中游击的策略，中央应坚决改变分散红军的原则，并决定召集一次军事会议，详细讨论各地红军问题。朱毛处应派一得力人员参加。

4月8日，红四、红五军由瑞金开到于都。毛泽东随即召集有赣南特委和中央军事部派来的罗寿男参加的前委扩大会议。会议分析蒋桂战争的形势，又一次作出红四军争取江西的决定。同时，会议根据彭德怀的要求，决定红五军回师井冈山，恢复和扩大以井冈山为中心的湘赣边界革命根据地。

正当赣南革命浪潮不断高涨之际，蒋桂战争告一段落。江西敌人大部队返回，并以四个旅的兵力向红军逼进，企图围歼红四军主力。而5月13日，在广东又爆发了粤桂战争，紧邻粤东地区的闽西大小军阀，为了各自的利益，先后投入了这场混战，造成闽西敌人力量空虚的局势。同时，毛泽东等于5月18日收到中共闽西临时特委书记邓子恢派人送来的《闽西历年斗争与敌我情况》的书面报告，并请求红四军再次入闽。

审时度势，毛泽东、朱德决定红四军第二次入闽。5月19日，红四军从瑞金的武阳越过武夷山，急速向闽西挺进。5月22日傍晚，来到龙岩城西30华里的小池。晚间，毛泽东、朱德等在小池圩赞生店召开军事会议，听取闽西临时特委派来的代表介绍龙岩城陈国辉部的近况，决定乘龙岩城内陈部兵力不多之际，攻打龙岩城。

5月23日凌晨，毛泽东在小池圩边的大草圩，向全军作了攻打龙岩城的战前动员。随即，部队按计划分两路行动，悄悄地直奔龙岩城。激战至中午时分，红四军胜利结束战斗。这是红军一打龙岩城。当日下午，根据毛泽东的诱敌回巢、待机全歼的指示，红军主力撤出龙岩城，相继攻占湖雷、永定，扩大了战果和政治影响。

红四军撤出龙岩城后，龙岩地方反动武装和陈国辉部一部分主力，在"失而复得"中又得意忘形起来。不料，毛泽东、朱德命令红四军三纵队会同地方革命武装于6月3日第二次攻下龙岩城，并于6月5日成立了红色政权——龙岩县革命委员会。红四军二进龙岩之后，奉毛泽东、朱德的命令，再次撤离龙岩城，一则扫清龙岩外围的反动民团，二是让开永定龙岩的大道给陈国辉回来，以便聚而歼之。不久，由闽西的地方武装编成红四军第四纵队，傅柏翠任司令员，李力一任党代表。

6月间，陈国辉所部在红军骄兵之计的"引导"下，趾高气扬地回到龙岩城。红四军前委见歼敌之机到来，即于6月18日指挥部队从新泉回到小池，三打龙岩城。6月19日拂晓，已完成包围龙岩计划的红四军发动总攻。四面楚歌的陈国辉扮成老百姓潜逃，2000余部下全部被歼。红军缴获了迫击炮4门、机枪10挺、步枪900余支、子弹不计其数。这是红四军进军闽西以来的又一大胜仗。

红四军三打龙岩的重大胜利，动摇了闽西地区的反动统治基础，土地革命的烈火也随之熊熊燃起，初步形成以龙岩、永定、上杭为中心，包括连城、长汀、武平等县的闽西革命根据地。

红四军自下井冈山以来，经过半年转战各地，指战员特别是中下级军官及各级政治工作人员伤亡较大，红四军内党的组织状况也不尽如人意。1929年5月，全军约4000人，党员1329人，占33.2%，其中工人310人，仅占23.4%，农民、小商人、学生等成分则占69%，尤以农民成分为最多。这种状况在高度分散的农村游击战争环境中，是不可避免的。但也正因为频繁的转战，无产阶级思想教育不够，使上述状况衍生为各种非无产阶级思想倾向的泛起，单纯军事观点、军阀主义残余、极端民主化等思想，与毛泽东自三湾改编以来所创造和规定的党和军队建设的原则和政策发生了矛盾，并经常引起党和军队领导层内的争论。除了这些问题外，还有对政治形势的估量和对红军战略战术等方面的分歧。

上述这些问题和争论，在红四军党内和军内是一直存在的，只是在形势严峻的情况下才更为公开化而已。1929年五六月间，围绕着是设立还是取消红四军军委问题，这些争论和分歧集中地暴露出来。作为前委书记，毛泽东对于这场争论的公开化与激烈化，有些始料不及。当时红四军的组成人员主要是南昌起义队伍、秋收起义队伍、井冈山附近农民、投诚和俘虏人员。毛泽东把中央"二月来信"和前委的复信印发部队讨论，目的是统一思想，结果却引起思想混乱。传闻朱毛离开，军心不稳；有主张毛走的，也有主张朱走的，还有让两人都走的；中央主张分兵又给想分兵的人以口实；新近从苏联学习归来被中央派到红四军担任临时军委书记并兼政治部主任的刘安恭从中推波助澜。刘安恭全面执行中央"二月来信"精神，同时把苏联红军的"一长制""军事长官说了算""司令部对外""党只能做政治指导，军事行政不能干涉"等做法搬来，引发一场有关建军原则的争论，激化了红四军内的矛盾。毛泽东细心观察和思考出现这场争论的原因和实质，努力寻求解决争论的根本有效的方式方法。6月1日，他向中共中央报告说："党内现发生些毛病"，并乐观地表示"正在改进中"。6月8日晚毛泽东在福建上杭白沙召集前委扩大会议，有41人参加。毛泽东提交一份书面意见："一、前委与军委分权，前委无法放手工作，又要负责，陷于不生不死状态。二、根本分歧在前委、军委。三、反对党管一切，反对一切归支部，反对党员的个人自由受限制，要求党员要有相当自由。这三大组织原则发生动摇，成了根本上的问题——个人自由主义与无产阶级组织性纪律性斗争的问题。四、对于决议案没有服从的诚意，讨论时不切实争论，决议后又要反对，且归咎于个人，因此前委在组织上的指导原则根本发生问题（同时成了全党的问题），完全做不起来。"他主张撤销军委。因为在职能上红四军前委既管地方工作，又管红四军的工作，特别是离开井冈山后，地方事务锐减，在一支只有三四千人的军队中，设置前委和军委两个党的领导机关，实际是叠床架屋，政出多门。毛泽东的意见部分地得到与会者支持，会议上36票对5票同意撤销军委。但同时对毛泽东批评很激烈，毛泽东愤而提出辞去前委书记职务。会议决定陈毅代理前委书记，拟开红四军党的七大讨论争论问题。并决定毛泽东、朱德和刘安恭各写一文阐述自己的观点，刊登在《前委通讯》第三期上，供会前酝酿讨论。当晚林彪给毛泽东写信，不赞成他离开前委，希望他有决心纠正党内的错误思想。6月14日，毛泽东以给林彪复信的形式写出长文，列举14个问题阐述自己的观点，这篇文章实际就是古田会议决议的雏形。

毛泽东说：有四军，就应该有军委的观点就是形式主义；所谓"家长制"是"只有个人的命令，没有集体讨论，只有上级委派，没有群众选举"，红四军发展的历史完全不是这样。毛泽东认为，"四军党内显然有一种建立于农民、游民、小资产阶级之上的不正确的思想，这种思想是不利于党的团结和革命的前途的，是有离开无产阶级革命立场的危险"，必须"克服这种思想，以求红军彻底改造"。

在这封长信中，毛泽东把红四军党内的"毛病"概括为14条，而最主要的"毛病"是党的领导问题。单纯军事观点、流寇思想等错误的时常发作，都与党的领导的削弱有关。个人主义与小团体主义的滋长，又给这些错误思想和问题起了推波助澜的作用。毛泽东在信中指出，这场争论的一个重要的社会思想根源，在于红四军党内显然有一种建立在农民、游民、小资产阶级之上的不正确思想，这是由于红军从旧式军队脱胎而来、党内成分复杂、长期处于农村环境中等"大气候"所造成的，遇着一定的"小气候"必然要发作起来。当然，"一种形式主义的理论从远方到来"也是这场争论的一个重要原因。即中央派到红四军来工作的某些同志，不察实际情况，硬搬教条，照抄"本本"，焉能不出问题？！毛泽东在信中回答了某些同志的具体指责，指出，前委领导中没有"家长制倾向"，党的领导的加强是必要的，明确表示现阶段没有成立军委的必要。毛泽东在信中没有一概否定这场争论，而是肯定说，党内有争论是党的进步，不是退步，红四军改造的工作由此可以完成，红四军的党由此可以得到极大的进步。同时，他也严正告诫：红四军党内的不正确思想是不利于党的团结和革命前途的，有离开无产阶级革命立场的危险，必须毫不犹豫地反对之。毛泽东刊发这封长信，意在说服有不同意见的同志，统一党内思想认识，消除分歧，结束争论。但是，长信刊出后，争论不但没有停止，反而更加广泛和激烈了。

1929年6月22日，红四军党的第七次代表大会在龙岩召开。到会代表中，有红四军前委委员，各纵队司令员、支队长、党代表和士兵代表共四五十人。陈毅主持会议并作了报告，毛泽东、朱德等发了言。陈毅在报告中，一方面基本按照毛泽东6月14日长信中的分析，指出了这场争论产生的原因，同时又指出组织制度、工作方法和工作作风等方面存在的缺陷，如指出"组织不完备""领导兼职太多""过去党的批评精神缺乏""负责同志间工作方式与态度不好"等，也是引起争论的原因。对于党内争论的解决，陈毅提出要坚持实行"民主集中制"，"反对家长制和极端民主化的倾向"，提出要"提高党员政治水平线""改进支部生活""反对一切非无产阶级意识"，等等。陈毅在1971年九一三事件发生后回忆，那次会议批评毛泽东主要集中在四条内容：一、对马克思主义信仰不够，他常讲马列主义规定了世界革命和中国革命的基本原则，但中国革命的具体问题还要靠我们自己在实际工作中创造；二、个人英雄主义，他常讲现在革命如果没有党领导一定要失败，实际就是说没有他毛泽东领导一定要失败；三、领导方式是家长制的；四、毛泽东所谓"没有调查就没有发言权"是不对的，共产党员都应该有发言权，说错了可以纠正。

毛泽东在发言中表示：大家对他的有些批评意见是很对的，对他有好处的批评他会考虑。但对有些批评意见，他表示可以保留，将来让事实来证明是对是错。他还特别说明，我们红四军是党委领导下分工负责制，这不是家长制，并再次申明自己的观点：要从实际斗争经验出发，加强党对红军的领导，军队要做政治工作，要打仗，要筹款，要讲三大纪律八项注意。

由于军情紧急，大会只开了一天，最后通过了陈毅按其报告精神起草的《红军第四军第七次代表大会决议案》，选举毛泽东、朱德、陈毅等13人为新的前委委员。在选举前委书记时，毛泽东未能当选，陈毅被选为前委书记，而不顾毛泽东的前委书记职务是中央任命的这一情况（不符合党的组织程序）。会议否定了毛泽东提出党对红军的领导必须实行集权制（当时对民主集中制的称谓）和必须反对不要根据地的流寇思想的主张，并给予毛泽东"严重警告处分"。

红四军党的七大后，毛泽东带领谭震林、蔡协民、江华、曾志、贺子珍等，离开部队去蛟洋指导闽西特委召开闽西党的第一次代表大会。

7月，陈毅根据中共中央关于要红四军派一得力同志前往中央汇报工作的指示，决定前往上海。

陈毅走后，前委工作由朱德代理。为稳定官兵情绪，整顿部队，9月下旬，朱德主持前委决定在上杭召开红四军党的八大。由于放手让群众讨论，事先缺乏必要的意见准备，所以这次大会只是"无组织状态的开了三天"，争论不休，"毫无结果"。会前曾捎信让毛泽东回来参加红四军党的八大，毛泽东回信：问题不解决他不回。并且其身体有病也确实不能回。刘安恭挑拨说毛泽东目无组织，要求前委给予党纪处分，结果就又给了毛泽东一个"警告"处分，并责令他马上赶来参加八大。毛泽东就坐担架被抬去，赶到时会议已结束。大家看他面黄肌瘦，一副病入膏肓的样子，确实病重，就让他继续养病。因为误传和国民党方面的造谣，共产国际听闻毛泽东已经于1929年10月病逝，于1930年3月间误发讣告，称"中国共产党的奠基者，中国游击队的创立者和中国红军的缔造者之一的毛泽东同志，因长期患肺结核而在福建前线逝世"。

红四军党的八大后，朱德和很多政治工作人员等要毛泽东回来复职，主持前委工作。他们写信给毛泽东，毛泽东回信拒绝了。

10月下旬，红四军前委率一、二、三纵队奉中央指示"到东江游击，向赣梅发展"。结果受挫，红四军损失千余人，刘安恭也落水牺牲。毛泽东仍留在闽西，同闽西特委一起，继续领导闽西的革命斗争。在根据地军民的艰苦努力下，闽西革命根据地进一步发展和巩固。到了1929年11月，闽西根据地已由三个县扩大为包括龙岩、永定、上杭、武平、长汀、连城六县，纵横数百里的红色区域。

7月间，陈毅于苏区出发，经厦门赴上海。陈毅在动身之前，先将红四军党的七大上的争论问题和会议决议写信向党中央作了报告，并说明自己即将来中央报告工作。到上海后，在9月中央召开的各地区军事联席会议上，陈毅除向党中央写了书面的《关于朱毛红军的历史及其状况的报告》外，还口头向党中央客观地汇报了红四军党的七大上的争论，部队存在的不良倾向以及毛泽东已离开部队等情况。中央组织部长、军事部长周恩来听了汇报后，和李立三等认真研究了红四军党的七大的决议及其附件（包括6月14日毛泽东的信），几次召开会议讨论，9月28日，陈毅按照周恩来多次谈话和中央会议的精神，代中央执笔起草并经周恩来审定的《中共中央给红军第四军前委的指示信》，即有名的中央"九月来信"。

"九月来信"肯定了毛泽东关于"工农武装割据"的思想，指出，中国革命的道路，是先有农村根据地，后有城市政权，这是中国革命的特征，这是中国经济基础的产物。红军的基本任务是发动群众斗争，实行土地革命，建立苏维埃政权，实行游击战争，武装农民，并扩大本身组织，扩大游击区域及政治影响于全国。指示红军要克服单纯军事观点，以免使根据地一切行动成为单纯的军事活动。来信指示红四军全体指战员，要维护毛泽东、朱德的领导，提高他们在群众中的威信，以团结全体同志努力向敌人作斗争，实现红军所担负的任务，并指示毛泽东仍为前委书记。中央"九月来信"，吸收和肯定了毛泽东一系列基本观点，作为中央指示，它又反过来直接促成了古田会议的顺利召开以及指导和帮助了古田会议决议的诞生。

根据中央指示，陈毅迅即绕道香港返回闽西，并在11月18日的前委上杭官庄会议上，忠实地传达了中央"九月来信"和周恩来的指示。党中央的"九月来信"和周恩来代表中央的指示精神，对全军指战员特别是领导干部起了很大的鼓舞和教育作用。11月23日，红四军再占汀州，前委即决定由陈毅去请毛泽东回来负责。

毛泽东于11月26日偕福建省巡视员谢汉秋从蛟洋到达汀州，与红四军会合。毛泽东与朱德、陈毅会合后，各自进行了自我批评。毛泽东并向中央报告"四军党内的团结，在中央正确指导下，完全不成问题"。28日，毛泽东和前委在汀州召开扩大会议，除同意前委官庄会议关于扩大闽西赤色区域，建立闽西政权的决议外，更深一层检查红军的一般情况，认为若不抓紧训练和整顿，要完全执行党的政策是困难的。扩大会议正式决定召开红四军党的第九次代表大会。

为了开好红四军党的九大，毛泽东随即开展调查研究工作，在汀州召开工人座谈会，征求他们对红军的意见。

12月3日，毛泽东、朱德率领红四军开往连城新泉。毛泽东、朱德、陈毅一起冒着严寒深入各连队召开座谈会，与到会同志展开讨论，大家无拘无束，畅所欲言。毛泽东格外重视党内的调查研究，多次召开各级党组织的书记、组织委员、宣传委员会议和各级党代表联席会议。通过调查研究，实际上是为起草党代表决议准备材料。同时，毛泽东还到新泉邻村官庄一公祠召开农民座谈会，征求他们对红军的意见。

12月中旬，红四军进驻上杭县古田镇。

红四军进驻古田后，前委、政治部和司令部设在八甲村。四个纵队分别布防于周围的赖坊、竹岭、溪背、菜屋等村庄。在八甲，毛泽东主持召开各支队、纵队、部分大队的党代表和支队以上的书记、组织委员和宣传委员参加的联席会议,进一步为红四军党的第九次代表大会进行准备。

联席会议之后,代表们便回到各纵队、支队、大队去召开党委或支部会议,传达党代表联席会议的精神,并对本单位存在的问题做初步检查。毛泽东则利用这段时间,在政治部二楼的住房里,最后完成《中国共产党红军第四军第九次代表大会决议案》的起草修订工作。

1929年12月28日,一切准备就绪的红四军党的第九次代表大会在古田曙光小学(原为廖氏宗祠)隆重开幕。出席大会的代表有120多人,大会秘书长陈毅主持会议。会上,毛泽东代表红四军前委,作关于政治决议案的报告,并多次讲话,朱德作军事报告。陈毅传达党中央"九月来信",同时作反对枪毙逃兵的讲话。全体代表们热烈地讨论了中央的指示和毛泽东的政治报告,并通过批评和自我批评的方式,共同总结了经验教训,统一了思想认识,一致通过《中国共产党红军第四军第九次代表大会决议案》(通称古田会议决议)。大会改选前委,选举毛泽东、朱德、陈毅等11人为前委委员,毛泽东为前委书记。

毛泽东主持起草的古田会议决议全文长达两万多字,分为九个部分:一、纠正党内非无产阶级意识的不正确倾向问题;二、党的组织问题;三、党内教育问题;四、红军宣传工作问题;五、士兵政治训练问题;六、青年士兵的特种教育;七、废止肉刑问题;八、优待伤兵问题;九、红军军事系统与政治系统关系问题。其中心思想就是用无产阶级思想建设党,建设红军。

关于党的建设问题。毛泽东指出:所谓党内的非无产阶级思想,就是"小资产阶级、资产阶级甚至地主阶级思想,而主要是小资产阶级的思想",它们在红四军党内的具体表现是:单纯军事观点;极端民主化倾向;绝对平均主义;唯心观点;非组织意识;个人主义;流寇思想;盲动主义。"红军党内最迫切的问题,要算是教育的问题。为了红军的健全与扩大,为了斗争任务之能够负荷,都要从党内教育做起。不提高党内政治水平,不肃清党内各种偏向,便决然不能健全并扩大红军,更不能担负重大的斗争任务。因此,有计划地进行党内教育,纠正过去之无计划的听其自然的状态,是党的重要任务之一"。毛泽东在决议中严肃指出:"红军党的组织问题,现在到了非常严重的时期,特别是党员的质量之差和组织之松懈,影响到红军的领导与政策之执行非常之大。同志们应站在大会的精神之上,努力去改造党的组织,务使党的组织确实能担负党的政治任务,才算得成功。"为此,决议具体规定了解决办法,主要如:"以新分子入党的条件:1.政治观念没有错误(包括阶级觉悟);2.忠实;3.有牺牲精神,能积极工作;4.没有发洋财的观念;5.不吃鸦片,不赌博",这五个条件"完备的人,才能够介绍他进党";各级党部要"严格地执行纪律,废止对纪律的敷衍现象";"党的纪律之一是少数服从多数,少数人在自己的意见被否决之后,必须拥护多数人所通过的决议";"下级对上级要有详尽的报告,上级对于这些报告要有详尽的讨论和答复,并尽可能派人出席下级会议,不能借口工作人少,工作能力薄弱和工作时间不够,来掩护自己的不积极,而把这些工作疏忽起来"。

  关于军队的建设问题。毛泽东认为,红军不是也不能是其他样式的军队,它必须是服从于无产阶级思想领导的,服务于人民斗争和根据地建设的工具。这是毛泽东关于军队建设的根本思想。从这一根本思想出发,决议强调指出:"军队只是完成政治任务的工具之一","红军是一个执行革命的政治任务的武装集团";"红军决不是单纯的打仗的,它除了打仗消灭敌人军事力量之外,还要负担宣传群众、组织群众、武装群众、帮助群众建立革命政权以至于建立共产党的组织等项重大的任务"。为了保证红军上述任务的实现,必须坚持党对军队的绝对领导。决议批判了那种认为军事和政治是对立的,军事不要服从政治,或以军事来指挥政治的单纯军事观点。指出:"这种思想如果发展下去,便有走到脱离群众,以军队控制政权、离开无产阶级领导的危险，如像国民党军队所走的军阀主义的道路一样。"

决议规定在军队中实行民主主义制度，着重提出举行废止肉刑运动，由最高军政机关发布废止肉刑的通令，并颁布新的红军惩罚条例。

此外，古田会议决议强调了要重视宣传工作，坚持三大纪律八项注意，要优待俘虏，要优待伤病员，等等。古田会议总结了中国共产党建军方面的经验教训，划清了无产阶级军队和一切旧式军队的界限，解决了如何把以农民和其他小资产阶级为主要成分的中国红军，建设成为党领导下的新型人民军队的根本问题。大会所通过的决议，不仅为红四军党和军队的建设指明了方向，而且也为中国红军的建设制定了一条马克思列宁主义的路线，决议的基本精神是中国人民军队建设的伟大纲领。

古田会议期间，蒋介石策划闽粤赣三省军队"围剿"闽西革命根据地。对此，前委决定红四军全部"离开闽西"转战江西，以求达到粉碎敌之"围剿"而后"巩固闽西"之目的。1930年1月5日，红四军开始向赣南转进。到赣南后，红四军掀起了贯彻古田会议决议的热潮，各部队都认真组织了对会议决议的学习，并且按照决议逐条地检查了本部队各支部存在的问题，自上而下地掀起了一个反对不良倾向的群众运动。同时，还在部队中建立了许多重要制度，加强了政治工作。古田会议及其决议，对于红四军的党和军队产生深刻的影响，部队面貌为之一新。古田会议决议是党和军队建设的伟大纲领。它从根本上解决了党和军队即使在长期处于分散的农村游击战争环境，并在工人不占主要成分的情况下，也能成为用马克思列宁主义武装起来的无产阶级政党，成为党领导下的新型的真正的人民军队的问题。

古田会议不久，1930年元旦前夕，红四军第一纵队司令员林彪给毛泽东写了一封新年贺信。林彪在信中描述了红军中存在的一些观点，认为中国革命高潮未必很快到来，提出应用比较轻便的流动游击方式去扩大红军的政治影响，流露出对时局和革命前途比较悲观的看法。

毛泽东接到林彪的信后，认为林彪反映的思想有一定的代表性，为了教育全军，经过深思熟虑，于1930年1月5日，在古田赖家坊的"协成店"住地，给林彪写了一封关于《时局估量和红军行动问题》的长篇复信（收入《毛泽东选集》第一卷时改为《星星之火，可以燎原》），并以党内通信形式将复信油印发至红四军各大队党的支部和地方党组织。

毛泽东针对林彪信中反映的种种悲观论调指出："我要提出的是什么问题呢？就是对于时局的估量和伴随而来的我们的行动问题。我从前颇感觉、至今还有些感觉你对于时局的估量是比较的悲观。去年五月十八晚上瑞金的会议席上，你这个观点最明显。我知道你相信革命高潮不可避免的要到来，但你不相信革命高潮有迅速到来的可能，因此在行动上你不赞成一年争取江西的计划，而只赞成闽粤赣交界三区域的游击；同时在三区域也没有建立赤色政权的深刻的观念，因之也就没有由这种赤色政权的深入与扩大去促进全国革命高潮的深刻的观念。……你认为距离革命高潮尚远的时期做建立政权的艰苦工作为徒劳，只有用比较轻便的流动游击方式扩大政治影响，等到全国各地争取群众的工作做好了，或做到某个地步了，然后来一个全国暴动，那时把红军的力量加上去，就成为全国形式的大革命。你的这种全国范围的、包括一切地方的、先争取群众后建立政权的理论，我觉得是与中国的革命不适合的"。而"这种理论的来源，主要是没有把中国是一个许多帝国主义国家互相争夺的半殖民地这件事认清楚"。

毛泽东在这封信中，从中国社会的基本特点出发，在总结井冈山和赣南、闽西革命斗争经验的基础上，把他关于红色政权的理论又大大地向前推进了一步，从理论上论证了中国革命应当走什么道路的问题。

第一，毛泽东指出："中国是一个许多帝国主义国家互相争夺的半殖民地"，而国内各派反动军阀为了维护他们自身及其帝国主义主子的利益，互相之间长期混战，始终不能有一个真正统一的政权的现状，就是这种争夺的必然的直接反映。这就是中国社会的基本特点。在这个基本特点之下产生了两种情况：一是各派军阀混战都以大中城市或包括县城在内的中心城市为目标。他们的军队豢养在城市。他们的反动统治以城市为最恐怖。这就使得中国共产党领导的革命力量难以在城市立足。二是城市以外的广大乡村，特别是偏远乡村和各省之间的边界地区，就成为反动统治的薄弱地带。因此，就产生了一件除中国以外而无有的"怪事"，"即红军和游击队的存在和发展，以及伴随着红军和游击队而来的，成长于四周白色政权中的小块红色区域的存在和发展"。这种"四周白色政权中的小块红色区域"，就是中国共产党领导红军开辟的乡村工农民主政权。所以，中国社会的基本特点，决定了中国革命必须是先在农村积蓄和发展革命力量，建立乡村革命政权，逐步推进直至取得城市，取得全国范围的胜利，即走农村包围城市的道路，是历史所显现出来的不可移易的中国革命的客观规律。为此，毛泽东在信中批评了"城市中心"的思想。他指出，"城市中心"的思想，"是与中国革命的实情不适合的"。"抛弃城市斗争，是错误的；但是畏惧农民势力的发展，以为将超过工人势力而不利于革命，如果党员中有这种意见，我们以为他是错误的。因为半殖民地中国的革命，只有农民斗争得不到工人的领导而失败，没有农民斗争的发展超过工人的势力而不利于革命本身的。"

第二，毛泽东指出，中国共产党领导的红军战争是中国农民革命斗争的最高形式。在半殖民地半封建的社会特点之下，中国农民遭受的压迫与苦难尤为深重，农民起义因而具有全国规模的发展，中国农民是愿意积极地参加革命战争，并愿意使战争得到彻底胜利的，他们是革命战争的主力军。但是，小生产的生产方式限制了他们的"政治眼光"，导致其狭隘性、散乱性和无政府状态的自发认识浓厚，所以他们不能成为革命战争的正确领导者，而只能由无产阶级政党来领导，组织起自己的武装力量——红军和游击队，建立起自己的红色政权，才能使革命和战争走上胜利的道路。所以，毛泽东在信中指出："红军、游击队和红色区域的建立和发展，是半殖民地中国在无产阶级领导之下的农民斗争的最高形式，和半殖民地农民斗争发展的必然结果"。

第三，毛泽东指出，中国社会矛盾的向前发展，决定了中国革命高潮不可避免地要到来。"如问中国革命高潮是否快要到来，只要详细地去察看引起革命高潮的各种矛盾是否真正向前发展了，才能作决定。既然国际上帝国主义相互之间、帝国主义和殖民地之间、帝国主义和它们本国的无产阶级之间的矛盾是发展了，帝国主义争夺中国的需要就更迫切了。帝国主义争夺中国一迫切，帝国主义和整个中国的矛盾，帝国主义者相互间的矛盾，就同时在中国境内发展起来，因此就造成中国各派反动统治者之间的一天天扩大、一天天激烈的混战，中国各派反动统治者之间的矛盾，就日益发展起来。伴随各派反动统治者之间的矛盾——军阀混战而来的，是赋税的加重，这样就会促令广大的负担赋税者和反动统治者之间的矛盾日益发展。……如果我们认识了以上这些矛盾，就知道中国是处在怎样一种皇皇不可终日的局面之下，处在怎样一种混乱状态之下。就知道反帝反军阀反地主的革命高潮，是怎样不可避免，而且是很快会要到来。中国是全国都布满了干柴，很快就会燃成烈火。'星火燎原'的话，正是时局发展的适当的描写。只要看一看许多地方工人罢工、农民暴动、士兵哗变、学生罢课的发展，就知道这个'星星之火'，距'燎原'的时期，毫无疑义地是不远了。"同时，毛泽东又特别强调："所谓革命高潮快要到来的'快要'二字作何解释，这点是许多同志的共同的问题。马克思主义不是算命先生，未来的发展和变化，只应该也只能说出个大的方向，不应该也不可能机械地规定时日。但我所说的中国革命高潮快要到来，决不是如有些人所谓'有到来之可能'那样完全没有行动意义的、可望而不可即的一种空的东西。它是站在海岸遥望海中已经看得见桅杆尖头了的一只航船，它是立于高山之巅远看东方已见光芒四射喷薄欲出的一轮朝日，它是躁动于母腹中的快要成熟了的一个婴儿。"

第四，毛泽东指出，建立红色政权是促进全国革命高潮最重要的因素。他在信中肯定地说："单纯的流动游击政策，不能完成促进全国革命高潮的任务，而朱德毛泽东式、方志敏式之有根据地的，有计划地建设政权的，深入土地革命的，扩大人民武装的路线是经由乡赤卫队、区赤卫大队、县赤卫总队、地方红军直至正规红军这样一套办法的，政权发展是波浪式地向前扩大的，等等的政策，无疑义地是正确的。必须这样，才能树立全国革命群众的信仰，如苏联之于全世界然。必须这样，才能给反动统治阶级以甚大的困难，动摇其基础而促进其内部的分解。也必须这样，才能真正地创造红军，成为将来大革命的主要工具。总而言之，必须这样，才能促进革命的高潮。"这里，毛泽东重申了他在《中国的红色政权为什么能够存在？》一文中关于"工农武装割据"的思想，即无产阶级领导的农民土地革命、武装斗争和农村革命根据地的政权建设这三个方面实行有机结合。

《星星之火，可以燎原》这封信，不仅进一步回答了中国的红色政权为什么能够存在和发展的问题，而且在古田会议正确地解决了党对农民的领导和党长期在农村发展情况下无产阶级化问题的基础上，提出中国革命无法以城市为中心取得全国性胜利，而必须以"乡村为中心"的光辉思想，标志着毛泽东关于以农村包围城市，最后夺取全国胜利的革命道路理论的初步形成。

红四军经过一年的转战，初步开辟了赣南闽西根据地。但许多地方多次易手，县与县之间被敌军割离，新开辟的根据地，大多不够巩固，一些地区在主力红军撤走后，就又变为游击区。古田会议结束后，为了粉碎闽、粤、赣敌人的"三省会剿"，前委决定红四军全军离开闽西，向赣南出击，首先打乱敌人包围闽西的军事部署，然后相机消灭敌人，发展新的根据地。但当时红军给养已经告罄。于是前委决定：由朱德率领一、三、四纵队先行出发，北击连城，入连城筹款，然后经清流、归化、宁化，西越武夷山，去江西开展游击战争，打到敌人后方去，转移敌人的目标，也是为了实现原定的争取江西的计划。另由毛泽东和前委机关率二纵队同赤卫队在龙岩小池诱敌，阻击刘和鼎之五十六师，掩护主力红军远征，然后寻机撤出战斗，去江西同红军大部队会合。

1930年1月5日，朱德率领红四军一、三、四纵队离开古田，经连城、宁化、广昌，至东韶红色区域，等候二纵队前来会合。

毛泽东和前委机关率二纵队暂留古田，并主动向小池开进，阻击东线之敌刘和鼎部，牵制和迷惑敌五十六师，掩护红军大部队转移。任务完成后，亦于7日离开古田，跟踪红军大队由连城以东的清流、宁化、归化县境，翻越武夷山亦入广昌。前委已知红军大部队在东韶，遂于1月下旬由洛口入东韶与红军大部队会合。此时敌人主力离红军都比较远，周围仅有一些小股敌人，环境比较安定。于是，毛泽东当机立断，立即决定四个纵队在宁都、东固、永丰等县分兵，开展游击活动，充分发动群众，深入土地革命，扩大地方武装和主力红军。

2月3日，红四军三纵队到达永丰，赣西特委得知这一消息后，马上派人找到红四军前委，报告了赣西的一切情形。前委当即写了一封长信致赣西、赣南两特委和红五军，为部署争取江西首先胜利的计划，准备2月10日在东固召开联席会议，并提议赣西南此时应开一次代表大会。前委将信发出后，遂派出以前委书记毛泽东等三人组成的代表团赴陂头，赣西特委扩大会议扩大为有红四军前委，赣西赣南两特委，红五、红六两军军委参加的联席会议。

联席会议于2月7日在陂头正式举行，一共开会四天。毛泽东在会上传达了古田会议精神，部署了争取江西首先胜利的计划。会上讨论了这个计划和深入土地革命、扩大工农武装的问题。

为指导广大的武装斗争、土地革命和政权建设，会议决定将以前中共中央任命的、指导红四军及随红四军所到之处地方工作的红四军前委扩大为四、五、六军前委，统一指挥湘、鄂、赣、粤、闽的斗争。红四军另成立军委指导。这个前委由毛泽东、曾山、方志敏、朱德、陈毅等17人组成，毛泽东为书记。这个前委得到党中央的承认，仍随红四军行动。

按照陂头会议的决定，2月15日，又召开赣南工作会议，以解决赣南的问题。参加会议的有前委毛泽东、熊寿祺、宋裕和、黄公略，省委巡视员张怀万，赣西南特委常委全体人员，赣南各县区负责人30余人。会议主要内容，有政治报告及讨论政权、土地、武装、组织、行动等问题，批评了赣南党组织前段比较右倾的错误，同意陂头"二七会议"的全部决定。

按照军事部署，毛泽东、朱德率红四军主力冒着大雪由广昌进至吉安施家边，准备向吉水发动进攻。行军途中，毛泽东触景生情作词《减字木兰花·广昌路上》："漫天皆白，雪里行军情更迫。头上高山，风卷红旗过大关。此行何处？赣江风雪迷漫处。命令昨颁，十万工农下吉安。"

蒋介石得悉红军集中在吉安、泰和附近的赣江两岸，急令驻吉安第五十师第一四八旅加强防御，并从湖北调独立第十五旅唐云山部到江西，令第十八师第五十四旅主力和第五十二旅一部在乐安、宜黄地区集中，第十二师金汉鼎部集中宁都地区，伺机对红军发动进攻。独立第十五旅经南昌、樟树镇，于2月20日到达吉水县城和乌江镇之线。根据这一情况，毛泽东和前委经过研究，认为不宜在吉水地区对敌军大部队作战，因为这个地区是地主武装会道门红枪会活动的区域，红军得不到群众的帮助。前委果断地放弃原定计划，立即率部向富田退却，准备"诱敌深入到赤色区域"，尔后消灭之。敌独立第十五旅唐云山部发现红四军后撤，随即兵分三路，向红军逼近。面对这个情况，前委决定乘该旅兵力分散、态势孤立之机，集中兵力各个歼灭该敌，24日，红四军在红六军第二纵队的配合下，以一部兵力迂回敌人侧后，牵制右路、中路之敌，集中主力猛攻进至水南之左路敌军，经半小时激战，歼其大部。次日拂晓，红军以一部兵力插入敌后，主力猛攻右路、中路之敌，经一天激战，歼其大部，残敌逃往吉安。水南、值夏、富滩之战，歼敌独立第十五旅大部，俘敌1600余人，缴获10多挺重机枪，七八门迫击炮。这一胜利，促进了赣西南革命形势的发展。

在水南休整十多天后，3月10日，红四军开到东固。此时一是深知兴国、于都一带没有敌兵；二是于都北乡群众要打马安石土圩子之"靖卫团"，红军应群众要求去发展于都工作。同时想在于都一带解决给养，观察敌情之变化，遂移师至兴国。到兴国后探知敌金汉鼎部全部入闽，与刘和鼎夹击卢兴邦以争夺福州，赣州空虚，即决定攻打赣州。3月中旬，红军一部进至赣州城郊，方知金汉鼎部第十七团由万安回赣还未开走，闭门固守，红军不能入城。3月16日，红军从东、南、西三面猛力攻城。赣州城高墙厚，素有"铁赣州"之称，红军又无重火器，因此数日不克。

毛泽东在赣州关山坪视察了红军围攻赣州城的战势，指示停止攻城，并在赣州市郊楼梯岭主持召开前委和红四军军委会议。会上，毛泽东认为，红军应撤围赣州，同时认为北进再打吉安无把握，南下去广东北江，对于夺取江西亦无意义。他主张，红军应乘此金汉鼎部入闽和蒋冯阎酝酿战争不能分兵到江西之机，打通闽粤赣三省边界的联系，把这一广大地区完全赤化，作为红军前进发展的根基，从而进一步夺取江西全省政权。在这个目标下，会议根据毛泽东的提议，决定红四、红五、红六军在赣南、闽西地区实行大规模的分兵发动群众的工作路线，时间以三个月为期。3月底，红四军攻克大余县城。毛泽东在大余城省立第十四中学召开南康、信丰、南雄等县党的领导人会议。接着，毛泽东又在大余城吉安会馆召开的南康、南雄、信丰、大余、崇义、上犹六县党的活动分子会议上，对组织政权、建立武装、进行武装斗争、解决农民的根本问题——土地问题等作了指示，号召大家建立赣西南革命根据地。4月1日，毛泽东率领红四军主力越过大庾岭，胜利进占南雄县城。4月9日，毛泽东又发出攻打信丰城的命令。红四军第一纵队攻打南门；第二纵队攻打北门；第四纵队攻打西门，经过两个多小时的鏖战，消灭负隅顽抗的地主武装三四百人，活捉国民党县长吴兆丰。半个月后,红四军又经会昌筠门岭开入寻乌城,开展革命工作。

在红四、红六军的相互配合运动下,赣西南的斗争形势发展很快。自前委3月分兵过去3个月后,赣西南有组织的群众从陂头"二七会议"时的150万人发展到300万人左右,红色区域扩大到30多个县的广大地区,有了红色政权赣西南苏维埃政府和正式红军以及地方红军第二十、第二十二军等。至此,赣西南地区已由原来零星的红色割据区域,发展成为有统一领导的、连成一大片的大块革命根据地。特别是使赣南、闽西革命根据地得到进一步的巩固和扩大,奠定了中央革命根据地的基础。

分田分地真忙

1929年4月上旬,毛泽东率领红四军三纵队从于都来到兴国县城,住在潋江书院。经过了解调查,毛泽东制定并颁布了《兴国土地法》。这个土地法,把《井冈山土地法》里规定的"没收一切土地"改为"没收一切公共土地及地主阶级的土地"。这是一个原则的改正。明确指出打击的对象是地主阶级,使农民群众认识到土地革命代表自己的利益,也就争取了中间阶级,有利于集中打击地主阶级。所谓"公共土地",是指在旧中国,有政治性的,如反动村、乡政府的土地;有名为"社会公益"性的,如义仓田和供修桥补路费用的土地;有教育性的,如学田;有宗教性的,如各类佛门教会的庙宇田;有宗族性的,如祠堂名下的公堂田。这些所谓的公共土地,其实大部分掌握在豪绅地主与富农手里,农民无权干预,正如毛泽东所称的"死地主"。毛泽东说:看起来,兴国的"死地主"也不少。这些"死地主"的田不平分给穷人的话,多数农民土地不足的问题仍然得不到合理的解决。

为了贯彻《兴国土地法》,从组织上、理论上培养土地革命的骨干力量,毛泽东又亲自在兴国城主办了一期"土地革命干部训练班"。主要课程有国际国内形势讲话、农民问题及土地革命、党的组织和纪律、革命武装和革命政权。毛泽东不仅编写了大部分教材,还亲自登台讲课。接着,毛泽东又制定了《兴国县革命委员会政纲》:

(1)推翻国民党统治,成立区、乡工农民主政府;

(2)没收豪绅地主土地、山林,并分配给无地少地的农民耕种,烧毁田契借约;

(3)建立和组织革命的武装——赤卫队和少年先锋队;

(4)取消国民党政府的一切苛捐杂税,实行统一的累进税;

(5)开展游击战争,打倒贪官污吏,肃清封建势力,保卫县、区、乡革命政权。

4月中旬,兴国县第一个红色政权——革命委员会诞生,《兴国县革命委员会政纲》作为革命政权的施政大纲,迅速在兴国等地贯彻实施。就这样,不到一个月的时间,于都、兴国、宁都三县革命委员会相继成立,赣南革命根据地初步形成。

随后,红四军第二次入闽、三打龙岩,开辟了闽西革命新局面。为了进一步发动群众,深入开展闽西土地革命,1929年6月间,红四军在龙岩颁布了由军长朱德、党代表毛泽东、政治部主任陈毅签署的《红军第四军司令部政治部布告》,再次阐明中国共产党在民主革命时期的三大任务,并着重向群众宣布了打土豪分田地等党的土地革命政策。7月20日,中国共产党闽西第一次代表大会在蛟洋文昌阁(即蛟洋广智学校)正式开幕。毛泽东在听取特委工作报告和代表的发言后,作重要讲话。他精辟地分析了国内外的革命斗争形势,高度赞扬闽西党组织和人民的革命斗争精神和斗争经验,指出闽西党今后的基本任务是巩固和发展闽西红色根据地。接着,毛泽东又告诉代表们巩固根据地的三条基本方针,这就是:一、深入地进行土地革命；二、彻底消灭民团土匪，发展工农武装，由阵地波浪式地向外发展；三、发展党组织，建立政权，肃清反革命。

大会通过《政治决议案》和《土地问题决议案》，并对土地问题作了原则规定。关于分田的原则，决议指出："田地以乡为单位，按男女老幼依原耕形势，将他们在本乡邻乡田地总合起来抽多补少、平均分配。"关于如何进行没收和分配土地，决议案规定："一、暴动推翻地主阶级政权后，须立刻没收一切地主土豪及庙会公堂等田地，归农民代表会或农民协会分配；二、自耕农田地不没收，但所耕田地除自食外尚有多余，经当地多数农民要求，经县、区政府批准者，得没收其多余部分；三、凡土豪地主反动派携家眷外逃者，其自耕田地由政府没收分配与农民，但家属在家，并不反动，经当地群众及政府准其在乡居住者，别又无他种方法维持生活者，得酌量分与田地；四、分田区域标准：（一）以乡为单位，由某乡农民将他们在本乡及邻乡所耕田地总合起来共同分配。（二）以数乡为单位，如有三四乡（互相毗连者），内中几乡田多几乡田少，若以一乡为单位分配，其田少之乡村不能维持生活，又无他种生活可以补救者，则以三四乡合为一单位去分配，但田少之乡若有其他生产如纸业等不在此例。以上两种办法标准，第一种是普遍的，遇有特别情形，经农民代表会议要求经县政府批准者，方可用第二种办法；五、分田的数量标准：（一）为使农民迅速得到田地起见，应照乡村人口数目，男女老幼平均分配。（二）有特别情形地方，得以劳动力单位为标准，能劳动者比不能劳动者多分一倍（十四岁以上至六十岁能耕种者为一劳动单位），但需农民代表会议请求得县政府批准；六、乡村中工商学各业能够生活者不分田，生活不够者，得酌量分与田地；七、旅外不在家者不分田，但现役红军官兵及从事革命工作者照例分田。"关于债务问题，《土地问题决议案》中规定："工农穷人欠土豪地主之债不还"，"工农穷人自己往来账目及商家交易之账仍旧要还，但民国十六年底以前的账及非本身之债务不还"。此外还明确规定："目前社会还需要金融周转，利息不能取消，但须禁止高利贷。"

中共闽西一大制定的土地革命斗争的原则和办法传达后，立即成了闽西80万人民进行土地斗争的行动指南。毛泽东也离开蛟洋到上杭县的苏家坡和大洋坝等地进行农村调查，指导闽西土地革命。闽西的广大区域内，呈现一派"分田分地真忙"的革命景象。由于党的政策正确，广大群众积极拥护，所以在很短的时间内，就在长汀、连城、上杭、龙岩、永定纵横300多里的地区内，解决了50多个区600多个乡的土地问题，近80万农民分得了土地。

1930年4月底，毛泽东率红四军按前委原定计划到达寻乌，消灭了寻乌澄江的地主武装，并于6月上旬指导召开寻乌县第一次工农兵代表大会，正式成立县工农民主政府。同时红军部队分兵在寻乌、安远、平远等地做发动群众的工作，逐步地扩大红色区域的范围。毛泽东则仔细研究寻乌的情况，认为寻乌地处闽、粤、赣三省交界处，是江西赣州、广东梅县之间的商品、物资的一个集散地，只要明了这个县的情况，对三省交界各县的情况就可以基本明了，而它对于全盘了解工商业状况和中国的富农问题，特别是解决党在土地革命中对中间阶级、中小工商业者的政策，防止出现机会主义和盲动主义的错误等都有重大的意义。因此，毛泽东决定选择寻乌亲自进行调查。

在这个过程中，毛泽东写出《调查工作》①。毛泽东指出，"中国革命斗争的胜利要靠中国同志了解中国情况"，要坚持"从斗争中创造新局面"的思想，教育党员干部要从"本本主义"的束缚中解放出来。他说："共产党的正确而不动摇的斗争策略，决不是少数人坐在房子里能够产生的，它是

---

① 当年，毛泽东曾撰写过一篇《反对本本主义》，可惜未保存下来。20世纪60年代初发现丢失已久的《调查工作》后，他非常高兴，立即印发用以指导当时正在全党蓬勃开展的"大兴调查研究之风"活动，1964年在将其收入《毛泽东著作选读》（甲种本）发表时改名为《反对本本主义》。

要在群众的斗争过程中才能产生的,这就是说要在实际经验中才能产生。因此,我们需要时时了解社会情况,时时进行实际调查。"毛泽东指出,本本主义者不根据实际情况决定工作方针,只知道照章办事,"开口闭口,'拿本本来'",根本拒绝实际调查。然而,"离开实际调查就要产生唯心的阶级估量和唯心的工作指导,那末,它的结果,不是机会主义,便是盲动主义"。他说,即使是对上级的指示,也决不能采取本本主义的态度,"我们说上级领导机关的指示是正确的,决不单是因为它出于'上级领导机关',而是因为它的内容是适合于斗争中客观和主观情势的,是斗争所需要的"。因此,不管实际情况如何,"一味盲目执行上级指示是很不对的","这不是真正在执行上级的指示,这是反对上级指示或者对上级指示怠工的最妙方法"。同时,毛泽东还批评了"本本主义的社会科学研究法"。他说:"我们说马克思主义是对的,决不是因为马克思这个人是什么'先哲',而是因为他的理论,在我们的实践中,在我们的斗争中,证明了是对了。"我们对于马克思主义的"本本"是要学习的,但是这种学习,"必须同我国的实际情况相结合。我们需要'本本',但是一定要纠正脱离实际情况的本本主义"。他告诫说:本本主义者认为"只要遵守既定办法就无往而不胜"的想法,"是完全错误的",这"完全是一种保守路线。这种保守路线如不根本丢掉,将会给革命造成很大损失"。

毛泽东说,"只有向实际情况作调查""调查就是解决问题""一切结论产生于调查情况的末尾,而不是在它的先头"。而调查工作又必须有正确的方法,他明确提出:"我们调查工作的主要方法是解剖各种社会阶级",通过这种解剖,"明了社会各阶级的政治经济情况",了解"各阶级现在的以及历史的盛衰荣辱的情况","明了各种阶级的相互关系",从而"得到正确的阶级估量",以便据此定出我们正确的斗争策略,即"确定哪些阶级是革命斗争的主力,哪些阶级是我们应当争取的同盟者,哪些阶级是要打倒的"。这就是我们进行社会调查的主要目的。根据自己在革命斗争实践中的亲身体会，毛泽东提出"没有调查，没有发言权"这个振聋发聩的响亮口号，并尖锐地批评道，一事当前，不去调查它的实际情况，"成天地闭着眼睛在那里瞎说，这是共产党员的耻辱"。

在写作《反对本本主义》的同时，毛泽东在寻乌县委书记古柏的协助下，对寻乌城的概况和知情人士做了一番深入的调查。

经常参加毛泽东召集的调查会的，有县苏维埃的委员、有在旧衙门管过钱粮的小官吏、有商人，也有塾师、店员、穷秀才，以及乡区干部等。开调查会时，毛泽东坐在中厅的一张八仙桌旁，其他人都聚在宝盖灯下，围坐成一个半圆。毛泽东接二连三发问：寻乌城里有几家工商业？商业、手工业店铺各多少？各个行业老板的姓名，是土商还是客商？雇了店员没有？本钱多少？对革命的态度怎样？……到会人员一边屈着手指报名计数，一边同别人小声商议，努力把毛泽东要的材料说得更准确些。毛泽东始终口问手写。一条条、一件件细细地问，静静地听，认真地记，碰到听不懂的土话就请古柏"翻译"一下，遇有疑义的就给时间让大家讨论。调查会开了十多天，调查的内容非常广泛：从寻乌的历史到现在的盛衰荣辱，从寻乌的地理环境到政治区划，从社会各阶级的状况到政治经济，从旧有土地关系到土地革命，以至妇女在土地斗争中的表现……

结合开调查会，毛泽东还深入田间、作坊和商店进行调查，收集到许多闻所未闻的材料。及至端午节后的第二天，又召开有50多人参加的调查总结会。这个大型会议整整开了两天。毛泽东问了大家100多个条目，政治、经济、文化教育、风俗习惯等都问到了。问得最多、最细致的还是寻乌的商业、农村各阶级的状况和土地斗争情况。其次如水陆交通、山林特产、进出口货、市场店铺、人口成分、土地占有、田租债利、店员和雇农的家庭、婚姻等。

通过调查，毛泽东主要解决这样几个问题：

一、制定限制富农的政策。中国的富农是一个特殊的阶级，一般带有很重的半封建的性质。他们大多出租土地，兼营商业和放高利贷、雇佣劳动的条件也是半封建性的。因此，在反对封建剥削的土地斗争中，广大贫苦农民主张同时废除富农的半封建的剥削，是可以理解的。但是，富农和地主是有区别的，对待富农在经济上应采取削弱而不是消灭的政策。怎样限制富农？在寻乌调查中，毛泽东了解到在土地斗争中富农往往把持好田，抽多不抽肥的土地分配原则，有利于富农而不利于贫雇农。在对比分析寻乌南半县、北半县土地分配的快慢情况以后，他指出，土地分配"实际的斗争就是在抽多补少里头。这种斗争是农民对地主富农的斗争，抽多的不愿抽肥，补少的不愿接瘦，要调配妥当，故需要相当时间"。在考察了"抵抗平田的人"的情况后，他还发现，在分配土地时，"群众中成为问题的，就是一个肥瘦分配的斗争，这是土地斗争的中心，也即是富农与贫农的斗争"。这里，毛泽东已经提出了"抽肥补瘦"的问题，但还未作为政策规定下来①。

二、制定和检验土地革命各方面的政策。关于土地没收标准问题，寻乌土地没收标准比较明确，即没收一切地主阶级的土地和地主阶级把持的"公共土地"，对于富农的土地则实行"抽多补少"和"抽肥补瘦"。关于土地分配的数量标准问题，寻乌已经分配土地区域的80%是照人口平分的，即以人口总数除土地总数去分配。这种按照人口平分土地的"平田主义"，得到多数农民的拥护，只有地主、富农反对。因这样分配土地对于贫苦农民有利，只对于地主、富农不利。关于土地分配的区域标准问题：是以区为单位分配土地，还是以乡或村为单位分配土地，这是寻乌土地分配中讨论较多的又一个问题。寻乌的农民以两个理由反对以大的区域为单位分配土地，欢迎以小的区域为单位分配土地。一是怕把自己区域的土地分出去。为了这个，他们不但反对以区为单位分田，有些连以乡为单位都不赞成。

---

① 蒋建农：《毛泽东关于对富农政策的理论》，《毛泽东思想研究》1993年第3期。

所以寻乌县85%是以乡为单位分田，还有15%是以村为单位分田，以区为单位的则没有。二是不赞成移民。不但是这区移到那区农民自己不赞成，就是这乡移到那乡也不赞成。毛泽东生动地描述："'上屋搬下屋，都要一箩谷'，说的是搬家要受损失。""摸熟了的田头，住惯了的房屋，熟习了的人情，对于农民的确是有价值的财宝，抛了这些去弄个新地方，要受到许多不知不觉的损失。"还有因为地理的原因，如交通便利、商业发达地方的农民不肯移到闭塞的地方去，也同样是经济理由。毛泽东说，那种以为农民的地方主义是由于农民的思想陈旧，即承认是心理的原因，不承认是经济的原因，是不对的。

三、解决对城市工商业和城市贫民的政策。毛泽东用阶级分析方法剖析了寻乌城的人口构成，了解了城镇居民的阶级关系和政治态度。寻乌城共有农民1620人，占全城人口的60%；手工业者297人，占全城人口的11%，这两者共占71%，表明寻乌城"还完全是个农业手工业城市"。城市贫民（包括娼妓、游民）432人，占全城人口的16%；商人135人，仅占全城人口的5%。商人中有5家是商人兼地主，他们的政治态度，有两家是反动的，有3家是"不话事"的。其余能向政界"话事"的商人也仅有4家。寻乌城的商店和手工业店铺多数不雇人或只雇少数几个店员、徒工，多数是小手工业者和中小商人。这些调查材料说明，这时寻乌城并没有资产阶级，商人人数不多，经济力量很弱，政治上没有什么权力，即使有点权力的商人也是处于地主阶级帮手的地位。而城市贫民，社会地位极其低下，是"苦群众"，"在革命中得到了很大利益……与贫农所得到利益差不多"。因此一般都是欢迎革命的，应该争取他们参加革命，成为无产阶级在城市的同盟军。关于这次调查的详细情况，1931年2月，毛泽东在宁都小布整理出《寻乌调查》。它共分为5章，39节，104个纲目，长达8万余字，分门别类记载了寻乌县的政治、经济、交通、文化、商业贸易、旧有土地占有、土地斗争及妇女在土地斗争中的表现等情况。《寻乌调查》为毛泽东制定和完善土地革命政策、更好地提出对城市贫民和工商业的政策起了重要的作用。

1930年6月，乘蒋冯阎中原大战爆发之机，毛泽东、朱德依照3月赣州楼梯岭分兵最后会师闽西的计划，率红四军从寻乌出发，北入武夷山南端，再次到达闽西境内武平县，胜利地解放武平县城，接着进驻长汀、上杭县境内。这是红四军第三次入闽西。

6月11日至13日，毛泽东在长汀南阳乡龙田书院主持召开前委和闽西特委的联席会议，即南阳会议。前委、红四军和闽西的党政军领导人朱德、邓子恢、张鼎丞、谭震林等出席会议。邓子恢代表闽西特委在会上作关于土地问题、粮价问题、流氓无产者问题的报告。他在报告中介绍了闽西特委和工农民主政府为解决分配土地中肥瘦不均、富农占便宜、贫雇农吃亏和谷贱伤农等问题，实行"抽多补少、抽肥补瘦"的分田原则和创办粮食合作社、建立工农银行的措施，同时实行奖励开荒、增产粮食的政策。毛泽东对闽西的斗争经验十分重视，在讲话中高度赞扬闽西党组织在分配土地中创造的"抽肥补瘦"的新鲜经验。经过认真讨论，联席会议通过了邓子恢起草、毛泽东审阅修订的《富农问题》《流氓问题》决议案。

《富农问题》决议案，在原来的"抽多补少"原则外，增加规定"抽肥补瘦"的原则，从而解决了分田当中"不利于贫农有利于富农的根本问题"。针对当时农村的地主豪绅阶级被打倒后，贫农、雇农同富农之间发生争多分田、分好田的尖锐斗争的新情况，《富农问题》决议案指出："分配土地不按人口平分，而以劳力为标准分配对于富农有利。以劳力为标准分配土地，劳力多的多分，劳力少的少分，这只于富农有利。因为中国的富农主要还是半地主性的和初期性的两种，纯粹资本主义的农场或农业公司是很少的，南方各省中简直看不见几个。中国的富农既是以自己劳力为主体的占绝大多数，那么以劳力为标准分配土地，这于富农很有利的，因为他们不但有劳力还伴随着充足的牛力、农具与资本，不比贫农虽有劳力，但伴随的牛力、农具、资本很不充足甚至没有。"因此,《富农问题》决议案接着又指出:"争取群众是目前策略的第一标准,发展生产不是目前策略的第一标准";"只有按人口平分土地才能争取广大贫农群众。即就发展生产来说也是按人口平均分较劳力差别分为有利。闽西就是很好的证据。闽西是按人口平均分配土地的,今年田禾非常茂盛,估让要比去年年末分配时多收百分之二十"。

这些正确规定,进一步丰富了党的土地政策,更符合农村土地革命实际斗争的需要,推进了农村土地革命斗争的深入。但是,必须指出:《富农问题》决议案对什么是富农和富农阶级性的分析是不确切的,因而提出反富农的过左政策。

南阳会议后,毛泽东又乘战争的间隙做了一系列的社会调查,写下《兴国调查》《东塘等处调查》等重要著作,回答了许多政策问题。同时发现了由于地权不稳而产生的农民"不安的耕种"的严重现象。毛泽东在调查中指出:过去田地归苏维埃所有,农民只有使用权的空气十分浓厚,并且四次五次分了又分,使得农民感觉田不再是自己的,自己没有权支配,因此不安心耕种。他认为这种情况是很不好的。因此,毛泽东于1931年2月27日以中央革命军事委员会总政治部主任的名义给江西省苏维埃政府主席曾山写了一封题为"民权革命中的土地私有制度"的信,指示江西省苏维埃要发布一个布告,"要说明过去分好的田(实行抽多补少,抽肥补瘦)……即算分定得田的人……这田由他私有,别人不得侵犯","生的不补,死的不退;租借买卖,由他自由;田中出产,除交土地税于政府外,均归农民所有。吃不完的,任凭自己出卖,得了钱来供零用,用不完的,由他储蓄起来,或改良土地,或经营商业,政府不得借词罚款,民众团体不得勒捐","农民一家缺少劳力,田耕不完,或全无劳力,一点不能自耕的,准许出租"。这样,毛泽东就解决了从八七会议以来一直没有解决的土地所有权的问题,认为这"是民权革命时代应有的过程"。他特别强调:"共产主义不是一天做得起来的，苏联革命也经过许多阶段，然后才达到现在社会主义的胜利。只有实行现在的民权革命时代所必要的政策，才是真正走向共产主义的好办法。"

毛泽东在领导根据地人民进行土地革命斗争中，注意调查研究，从中国的实际出发，克服来自"左"的右的干扰，集中全党的智慧，到1931年初，就形成了一条符合中国实际的马克思列宁主义的土地革命路线。这条路线的内容概括起来，就是："依靠贫农、雇农，联合中农，限制富农，保护中小工商业者，消灭地主阶级，变封建半封建的土地所有制为农民的土地所有制。"

横扫千军

1930年6月，毛泽东主持召开"南阳会议"期间，李立三的"左"倾冒险错误已经开始了对中央的统治。中央派代表涂振农来到汀州，传达中央的有关决议和命令。于是，会议接着移到了汀州继续举行。在汀州期间举行的联席会议，又称为汀州会议。涂振农在会上灌输"立三路线"，对红四军前委的工作横加指责。根据中央的指示，联席会议决定将红四军、红六军、红十二军整编为红军第一路军（不久改称红军第一军团），朱德任总指挥，毛泽东任政治委员；同时成立中共红一军团总前敌委员会，毛泽东任书记。6月15日，李立三等又发出《中央致红四军前委的信》，指责前委"非常怕帝国主义，所以过去我们指示你们到东江，你们说东江帝国（主义）力量大，中央指示你们应当准备争取一省或数省的首先胜利，向南昌发展，争取武汉的胜利，你们说武汉帝国主义力量大，不可能……这是一个极严重的错误"。并严厉地指出："中央新的路线到达四军后，前委须坚决按照这个新的路线转变，四军的路线转变对于全国有极大的意义，希望四军能坚决的执行,如果前委有谁不同意的,应即来中央解决。"

毛泽东对于李立三的"左"倾冒险错误,一开始即存疑虑,但在党中央的一再批评和压力之下,不得不在组织上表示接受中央的决定。他在率领红军执行中央关于攻打南昌的决定时,采取了极其谨慎的逐步推进方针。6月25日,毛泽东和朱德训令红一军团所属各部按时在广昌集中后向兴国进发。7月11日,红一军团总部在兴国根据当时江西"敌逆军邓英部以主力集中吉安倚固死守,峡江、吉水、新淦、泰和亦在该逆敌军盘踞中""南昌之敌逆已赴援铜鼓、以图与我第五军抗敌,樟树间有邓英部之小部队"的敌情,决定:"进攻樟树窥袭南昌,以响应武汉工人暴动,扩大政治影响,诱邓敌弃置吉安,退回与我野战,使赣西群众武装得以乘间占领吉安。"并具体规定了部队分期推进的计划。

7月24日,红一军团击破樟树守敌两个营,顺利地占领樟树镇。当时,毛泽东等已经从缴获敌军的作战文件中,了解到江西省内敌军的主要配置情况,南昌地区有一个旅(两个团、分散的)。据此,红一军团此时是可以集中优势兵力向处于劣势的南昌守敌两个团发动进攻,举行攻城战斗的。但是,在前委樟树军事会议上,毛泽东与朱德并没有贸然下达攻打南昌的作战命令,相反却决定不打南昌。对此,毛泽东在8月19日于黄茅写的《给赣西南特委转闽西特委并转中央的信》中,作了详细的阐述。信中说:"若直进南昌,则敌人主力没有消灭且在我军后,南昌又四面皆水,于势不利,故乘虚渡河向南昌之对岸前进,攻牛行车站为目标,举行八一示威。经高安于七月三十日到达万寿宫、石子垅、生米街,离南昌三十里一带,派了两个纵队于八月一日到达南昌对岸,攻击牛行车站。敌人在南昌城不还一枪,不出一兵。我们此时找不到敌人打,既不能攻南昌,八一示威任务已经达到,遂向奉新、安义散开工作,发动群众、筹款、做宣传等。"

毛泽东等率红一军团在奉新、安义一带开展群众工作时,得知红三军团占领长沙和湖南军阀何键部向长沙移动的消息。8月3日,红一军团总部于奉新发布《进攻长沙先取浏阳的命令》，指出："南昌之敌仍守防御工事中，尚不敢向我前进，湖南何键部于7月19日由长沙向平江移动，有对我五军前进之势，武汉白军悉数北上参加蒋阎战争。"因此，决定"本军团以绝对急进攻击敌人之精神，决先取浏阳，进攻长沙，以威胁武汉，拟于本月五日由此地（奉新、安义）出动，沿途工作，向浏阳前进"。

8月18日，红一军团到达万载黄茅。此时得知红三军团在敌何键部全力反扑之下已退出长沙，红一军团前委乃决定攻取文家市，解红三军团之围。8月20日，红一军团主力围攻文家市，采取突然包围强袭之势，全歼敌三团一营一机枪连，击毙敌旅长戴斗垣。随即，红一军团乘胜于8月23日打到浏阳东部之永和市。8月24日，红三军团亦从长寿街来到永和市，与红一军团会师。当日，两军团前委即举行联席会议，决定一、三军团合编为中国工农红军第一方面军，成立中共第一方面军总前委和统一指挥红军与地方政权的中国工农革命委员会，毛泽东任方面军总政委、前委书记和工农革命委员会主席。

永和会师后，总前委立即就李立三命令红军一方面军"再战长沙，夺取武汉"的问题进行讨论。毛泽东等"对这项政策表示疑问"，认为"红军的装备和训练都不宜于打阵地战"。在敌强我弱的条件下，如若硬攻强大的敌军，"其结果将是红军全部消灭"。但是，"这些看法都被否决了"。当时多数干部认为，按照中央指示的精神，红一、红二军团应立即再战长沙。根据当时的具体情况和多数同志的意见，毛泽东主张先试一试看。最终，总前委作出第二次进攻长沙的决定。

红一方面军于8月末对长沙取包围之势后，方面军总部"拟以诱歼出击之敌然后乘胜进攻长沙"。然敌人龟缩在防御圈内，并未有出击的动向。于是，方面军总部于9月1日晚8时发布《围攻长沙总攻击的命令》，准备9月2日发起全线总攻击。正在这时，得敌作战文件一份，知敌情动向，乃改变原定计划，于9月3日下午歼灭了由猴子石出击之敌七八百人。此后，何键部更是固守不出。红军一些领导干部便一再坚持强攻。方面军总部乃于9月10日在田心桥发布《强攻长沙的命令》。《命令》说："决强攻该敌夺取城垣，并定于本晚八时向二里碑、乌梅岭一带之敌阵地施行总攻击。"从此开始了强攻长沙的激烈战斗。由于缺乏攻城武器，红军久攻不下。指战员们想尽办法攻城，甚至采用"火牛"去冲敌人设置的电网，亦无济于事。红军伤亡越来越多，而敌人援军又从各方赶来，形势对红军已十分不利。

实践教育了人们，坚持二攻长沙的领导干部终于认识到红军还不具备攻坚战和阵地战的条件。于是，毛泽东等总前委成员因势利导，决定撤围长沙，并于9月12日发布《撤围长沙于后进占萍乡株洲待机的命令》。

红一方面军从长沙撤退后，总前委决定撤至江西袁州地区，布置一军团夺取吉安，三军团进到清江一带威胁南昌、阻击援军，并决定在湘赣边界反复作战歼灭敌军。这一决定在当时是正确的，可是，在总前委讨论这一行动时，三军团的某些同志在李立三"左"倾错误的影响下，仍有主张进攻南昌者。毛泽东又以极大的耐心，说明、启发红三军团持不同意见的同志，使之认识到攻打中心城市是错误的，改变攻打南昌的意见，从而统一了全军的思想。

9月28日，红一、红三军团到达袁州，29日下午红一方面军总部下达30日向吉安前进的命令。就在这时，中共中央长江局军事部负责人周以栗，以中央全权代表的名义，于当晚到达红一方面军总部。周以栗带来8月29日《中共中央给长江局并转湘省委、鄂赣前委及行委的信——关于占领长沙的战略与政策的指示》，要红一方面军返回攻打长沙，"湘中主要敌力击溃与消灭后，便应掉转主力击溃江西主要敌军，进一步做到占领南昌、九江，使湘赣苏维埃能配合而巩固的向前发展"。这样一来，在红一方面军内部就产生维持原议攻打吉安与回头攻打长沙或南昌的争论。为此，总前委在袁州召开会议进行讨论。

周以栗是毛泽东在主办武昌农民运动讲习所时的得力助手（任教务主任），袁州会议之前，为了说服周以栗改变主张，毛泽东与他彻夜长谈，详细地分析当时敌我双方的形势和红军两次攻打长沙的教训，终于以充分的理由，说服周以栗接受了自己的意见。于是，袁州会议决定：既不回去打长沙，也不马上打南昌，而是继续去攻打吉安。

10月4日，红一军团攻占吉安后，是否按照袁州会议的决定，再打南昌、九江，又成为亟待解决的问题。为此，总前委于10月17日在峡江召开会议，讨论时局和行动等问题。会议情况，在毛泽东10月19日给湘东特委的信中有所记述。毛泽东在信中说："我们认为统治阶级的军阀混战暂时决不能调和停顿，但也不会继续扩大到底。……我们不能离开阶级立场来分析，以为军阀混战会扩大下去，继续到底，要知道阶级立场矛盾超过统治阶级内部矛盾时，反动统治阶级，必联合的来进攻革命，但是我们决不容悲观，因为这是革命高潮的表现。所以我们的任务是要在反动统治阶级争取改良主义的领导权未解决之前，来一个一省首先胜利，继续此胜利的发生与扩大，来冲破消灭反革命的联合进攻。"但是关于红军行动问题，会议未能就是否放弃打南昌、九江而取得一致意见，因此，仍决定："我们目前的行动，是前去占领南浔路，进攻南昌九江消灭敌人，全军团拟明后两日由峡江出发，向南浔路前进。"

10月12日，毛泽东率总部机关到达清江县太平圩，发觉国民党军队有从四面开来包围红军的迹象，乃果断地决定总部从清江太平圩后撤30里，10月23日到达新余罗坊，毛泽东根据收集到的国民党报纸和情报，进一步判定国民党军队正在向红军包围而来，形势已显紧急。为了进一步统一全军的思想，确定红军行动方向，打败国民党军队的进攻，毛泽东于10月25日在新余罗坊又主持召开总前委和江西省行委联席会议，即罗坊会议。在会上，毛泽东最后说服了红一方面军的一些高级指挥员，放弃攻打中心城市的主张，并创造性地提出采用"诱敌深入"的战略方针，对付即将面临的国民党军队的"围剿"。会议于10月26日讨论通过《目前政治形势与一方面军及江西党的任务》的决议。决议指出："长沙的占领与继续严重的进攻,以及吉安的夺取,这不但对中国革命形势有大的转变,同样转变了统治阶级的关系,就是说革命势力的发展,阶级的根本矛盾,已使帝国主义、中国统治阶级极力想缓和自身的冲突,联合对付革命。……在帝国主义军阀这一暂行联合对付革命之下,所以蒋介石有从前线大调兵力进攻革命的需要与可能。"这一准确的形势分析,使红军和根据地人民在敌人的大规模"围剿"面前有了较好的精神准备。

从汀州会议到罗坊会议的数月时间里,经曲折反复的斗争实践,毛泽东等终于胜利地抵制了李立三要主力红军强攻敌人中心城市的"左"倾错误,使红一方面军和湘赣两省的农村革命根据地避免了大的损失,而且壮大了红军力量,扩大了革命根据地。对此,1945年4月党的六届七中全会通过的《关于若干历史问题的决议》指出:"特别是毛泽东同志,他不但始终没有赞成立三路线,而且以极大的忍耐心纠正了红一方面军中的'左'倾错误,因而利用了当时蒋冯阎战争的有利形势而得到了发展,并在一九三〇年底到一九三一年初胜利地粉碎了敌人的第一次'围剿'。"

1930年10月7日,蒋军攻下了河南郑州,蒋冯阎中原大战以蒋介石的胜利而基本结束。于是,蒋介石得以集中力量来对付红军和农村革命根据地。蒋介石还亲自为这次"围剿"制定了"长驱直入,外线作战,分进合击,猛进猛出"的作战方针。具体战略是:三路大军,由北向南,从吉安、建宁之线,分八个纵队,向中央革命根据地进攻,在吉安、泰和和赣州以东,永丰、乐安、南丰以南,形成一个半圆形的包围圈,企图将红军主力压至清江至分宜段的袁水两岸地区,"聚而歼之"。

针对敌人即将发动的大规模"围剿",10月26日,毛泽东在罗坊会议上提出,在红军和苏区还不巩固、全国范围内敌强我弱的基本情况还未改变的条件下,对于敌人的大规模"围剿",红军应先向苏区内退却,依靠苏区人民的支援和有利的地形条件，发现和造成敌人的弱点，使敌我力量对比发生有利于我不利于敌的变化，然后实施反攻，各个歼灭敌人于运动中，以粉碎敌之"围剿"。根据敌军企图在赣江西岸的白区一带来包围消灭红军主力的诡计，毛泽东主张红军应东渡赣江向根据地中心地带作"最后退却"，把敌人引到根据地内部去打。

11月1日，红一方面军总部于罗坊园前村发布《移师赣江东岸工作筹款的命令》，实际上开始了诱敌深入的撤退计划。11月5日，敌人开始进攻。7日，各路敌军分别进到清江、新淦、黄土街、罗坊、新余、分宜等地。由于红军已先期转移，敌人扑空。敌总指挥鲁涤平发觉红军主力东渡赣江后，深恐红军夺取樟树镇、临川，急忙调整部署：第三纵队继续在赣江西岸进攻，第一、二纵队集中到赣江以东，寻求与红军主力作战。11月18日至20日，各路敌军分别进到吉安、吉水、永丰、乐安、宜黄、南城等地，结果又一次扑空。此后，敌人即在上述各地进行"清剿"，为继续进攻苏区的中心区做准备。

11月19日，毛泽东由吉安来到永丰藤田，与总部和红三军团会合。在这段时间里，总前委再次召集会议，研究战略退却的终点问题。毛泽东、朱德等经过反复考虑，11月27日，总部发出《关于到黄陂小布集中的命令》："方面军决定集结主力由右翼出击次第歼灭敌军，拟于12月1日以前在黄陂、小布、洛口之线集中完毕。"红军依令于12月1日到达退却终点——宁都西北之黄陂、小布地区，完成了反"围剿"的战略退却任务。12月25日，总前委在小布召开盛大的"苏区军民歼敌誓师大会"。毛泽东亲笔写了一副对联，挂在主席台两侧："敌进我退，敌驻我扰，敌疲我打，敌退我追，游击战里操胜算"；"大步进退，诱敌深入，集中兵力，各个击破，运动战中歼敌人"。毛泽东在会上作动员报告，他说："目前局势是严重的，敌人大兵压境。可是，我们有足够胜利的条件。"毛泽东对形势的分析，大大地鼓舞了苏区全体军民反"围剿"胜利的信心。

国民党军这次"围剿"的主力是原国民革命军第二军。毛泽东对这支部队非常了解，北伐时期共产党人李富春是该军的副党代表（汪精卫当时兼第一到第五军党代表），该军下属各师的党代表分别是萧劲光、方维夏、包惠僧，毛泽东的《中国社会各阶级的分析》就是在该军政治部编的《革命》半月刊上首发的。并且，毛泽东与该军的老长官谭延闿及其继任者鲁涤平，以及下属师长谭道源等都有交往。12月28日，鲁涤平命令其已经深入苏区的5个师向黄陂、小布、麻田地区之红军实施总攻。敌前线总指挥兼第十八师师长张辉瓒以第五十四旅留守东固，率领师部和第五十二、五十三旅于29日进占龙冈，并决定次日晨向君埠前进。红军总部得知这一情况，29日连夜召开紧急军事会议，决心抓住这一有利战机，在龙冈及君埠之间的黄竹岭设伏，在敌人前进中予以歼灭。当晚8时，总部下达《攻击龙冈之敌张辉瓒师的命令》。《命令》规定：除留警卫团在黄陂钳制源头、洛口、头陂之敌外，主力全部利用夜间秘密西开，求歼敌人第十八师主力于运动之中或立足未稳之际。

12月30日晨，敌第十八师第五十二旅为先锋，师部及第五十三旅随后，由龙冈出发前进。上午9时许，该敌在龙冈以东、小别以西登山时，突然遭到居高临下的红三军先头第七师的迎头痛击。敌人逐步展开两个团，向红军猛攻，均被击退。到下午3时许，张辉瓒孤注一掷，亲自指挥4个团多路向红军猛攻，又被击退。此时红十二军已沿龙冈北侧迅速插到张家车，完全截断了龙冈敌人同东固、富田等地敌人的联系，并从背后向龙冈敌人发起猛烈攻击，红三军团主力已进到上固及其附近地区占领阵地，切断了敌军从西北方向增援和龙冈敌军向西北方向突围的道路；红三十五师也迂回到敌后，切断了敌军从西南方向增援和龙冈敌军向西南方向突围的道路。这样，敌人第十八师主力被红军四面包围。下午4时左右，红军发起总攻。敌人向西北突围未遂，随即溃散，到处窜逃。赤卫军、少先队也和红军战士一起冲杀，一起搜索敌人。黄昏前，战斗全部结束。这次战斗，红军歼敌第十八师师部和两个旅近 1 万人，缴获各种武器 9000 余件，活捉其前线总指挥兼师长张辉瓒。

敌十八师主力一战被歼，敌人全线震动。鲁涤平判断红军必将转扑谭道源师，为免遭各个击破，于是迅速调整部署。毛泽东、朱德决定全力追击溃逃的敌人，把敌人歼灭在四周环山的东韶地区。红军总部发布关于歼灭谭道源师的命令。此时，谭道源师已经逃到东韶，敌我相距 35 公里。为了迅速赶到敌人的前头，围歼敌人，三路追击的红区军民连夜向前急行军。一夜过后，除红三军未能到达指定位置之高地外，西、南、北三面红军都进入预定位置。不久，毛泽东、朱德也来到前沿阵地上。晨 7 时许，红军从西南北三个方向向敌人发起猛攻。谭道源惊慌失措，火速电请许克祥增援未至，不得不命令所部就地抵抗。战斗到下午 3 时，红军不断突破敌人的阵地，向东运动，形成合围之势。谭道源不得已，只好下令残部分别向南丰、洛口、抚州三个方向突围，于 1 月 7 日逃到抚州。东韶战斗，红军共歼谭师 1 个旅，俘敌 3000 人，缴枪 2000 多支，获弹药无数。红军在 5 天内两战两胜，俘敌逾万，胜利地打破了敌人的第一次"围剿"。毛泽东的《渔家傲·反第一次大"围剿"》生动地记录了这场以少胜多的战例："万木霜天红烂漫，天兵怒气冲霄汉。雾满龙冈千嶂暗，齐声唤，前头捉了张辉瓒。"

对中央革命根据地第一次军事"围剿"的失败，并没有使蒋介石放弃彻底摧毁红军和根据地的企图。1931 年 2 月，蒋介石派军政部长何应钦兼任陆海空军总司令南昌行营主任，开始组织对红一方面军和中央革命根据地的第二次大规模"围剿"。于是出现了"二十万军重入赣，风烟滚滚来天半。"蒋介石亲自确定：这次"围剿"，"以厚集兵力，严密包围及取缓进为要旨"，首先在苏区周围集结重兵，并实行经济封锁；然后"以主力分别由东、北、西三方面进剿，一部由南面协剿，并依稳扎稳打，步步为营之原则"，将红军"严密封锁，逐渐紧缩包围圈"，以期彻底消灭红一方面军,摧毁中央革命根据地。为此,蒋介石增调王金钰第五路军、孙连仲第二十六路军以及第五十二师和第五师一部(4个团)到江西参加"围剿",连同第一次"围剿"失败后继续留在中央苏区周围的军队,总兵力达20万人。

毛泽东在第一次反"围剿"战争胜利之后,就已经预计到敌人会实行再次"围剿"。因此,他和朱德等领导人一起,积极部署红一方面军为第二次反"围剿"战争做准备。1931年1月上旬,中共六届三中全会后的中央所派代表项英到达中央苏区,根据中央的决定,于1月15日撤销了以毛泽东为书记的红军第一方面军总前委,在宁都小布宣告成立中共苏区中央局。在发布的第一号《中共苏区中央局通告》中指出:"中央为加强对苏区的领导和工作的指导起见,在中央之下设立全国苏维埃党的中央局(在政治上、组织上,同南方局、长江局一样受中央政治局的指导),管理全国苏维埃区域内各级党部,指导全国苏维埃区党的工作,将来苏维埃区扩大的区域,仍归苏区中央局管理。现在决定周恩来、项英、毛泽东、朱德、任弼时、余飞、曾山及湘赣边特委一人,CY中央一人组织之。现已正式成立,开始工作。以后全国各苏区及红军党部(总前委取消)应直接受苏区中央局指导。"在中央局成立的同一天,同时宣告成立了归中央局领导的"中央革命军事委员会",主席项英,副主席朱德、毛泽东,委员人选按党中央的规定。朱德、毛泽东仍分别兼任红一方面军总司令和总政治委员。2月17日,中革军委设总政治部,毛泽东兼任主任。

3月18日,苏区中央局举行第一次扩大会议,就战略问题进行讨论。一些同志认为,在20万敌军严密包围的形势下,只有将红军分散到苏区外去打游击战,把敌人引出苏区,才能达到既保存红军又保全苏区的目的。毛泽东坚决不同意退出中央苏区,主张就地打仗,并认为,只要我们充分发动群众,军民团结一致,是能够在根据地内打破敌人的"围剿"的。这次讨论未能达成一致意见。4月17日,苏区中央局在宁都青塘继续召开扩大会议，就反"围剿"的战略问题又进行了热烈的讨论。主张退出苏区的同志，进一步提出要转移到云、贵、川去建立新的苏区；另有一些同志提出一种"分兵退敌"的主张。毛泽东仍然坚持自己的意见，既反对红军撤离中央苏区的主张，也反对"分兵退敌"的主张，力主集中兵力，就地打仗，打破敌人的"围剿"。严重的意见分歧，使苏区中央局无法作出决定。毛泽东建议把会议扩大，让各军的军长、政委都参加。几天之后，会议继续进行。经过两天会内会外的激烈争论，毛泽东又利用各种机会、运用各种方式耐心进行说服，赞成毛泽东积极防御战略的同志越来越多，红军中的高级干部几乎全部主张打。

4月30日，苏区中央局扩大会议第四次召开。这次会议上，意见已趋一致。中央局先请毛泽东作报告。毛泽东在报告中，首先深刻地分析了形势。他指出：敌人包围我们的军队虽多，但它有许多致命的弱点，如敌人虽然号称20万，但和第一次"围剿"时一样，全部都是蒋介石的非嫡系部队；他们内部不统一，官兵不一致，没有群众支持，地形不熟；远离后方，兼之到了山区，补给非常困难等。同时指出，我军数量虽少，技术装备虽弱，但有三个条件："第一红军好"，上下团结一致，求战情绪高；"第二群众好"，得到土地革命利益而又遭到敌人严重摧残的苏区人民，对红军热烈拥护，对敌人极端仇恨；"第三地势好"，红军可以占领优越而又熟悉的地形，去打击敌人。我们有这些有利条件，是能够以少胜多，以弱胜强，粉碎敌人"围剿"的。井冈山以来武装斗争的经验告诉我们：愈是恶劣环境，队伍愈须集中，领导者愈须坚决奋斗，方能团结内部，应付敌人。其次，毛泽东分析了第一仗打谁的问题。第三次会议上，多数同志提出先打蒋光鼐、蔡廷锴的第十九路军，"理由是蒋蔡打坍之后，我们就有了出路，便于发展，可以伸开两手到湖南……"还有的同志提出先打第六路军朱绍良、毛炳文、胡祖玉各部。对此，毛泽东分析指出：蒋蔡的十九路军是各路敌军中最强的，而且在兴国时间较久。完成了工事，它的两个师合在一起，不容易分割。所以，打蒋蔡是攻坚战而不是运动战。如果打不下来，北边的敌人压过来，红军就要吃大亏。第六路军朱、毛、胡的兵力亦较强，且打它就得向西扫，西边为赣江所限，打完后，无发展余地。因此，毛泽东提出先打王金钰的第五路军。王金钰部5个师中的罗霖师防守吉安，其余的4个师在"围剿"军中虽然也可算是主力，但它从北方新到，士兵不服水土，不习惯爬山作战，士气不振，对我们表示恐怯，因而又是弱兵。且打垮他们之后，"向东横扫，可在闽赣交界之建宁、黎川、泰宁地区，扩大根据地，征集资财，便于打破下一次'围剿'"。经过争论与说服，会议终于再次肯定了诱敌深入的战略方针，决定在苏区"坚决的进攻，艰苦的奋斗，长期的作战以消灭敌人"。同时，也同意了毛泽东的战役设想，第一仗求歼由富田出动之敌王金钰部第四十七师和第二十八师。

按照战役设想，毛泽东耐心地说服了性急的同志，坚持将部队开到东固，迫敌而居，依山设伏，隐蔽待机，并领导各部队在深谷丛林中加紧进行临战训练。红军当时伏击的阵地，处于蔡廷锴、郭华宗两敌之间，北面距离郭部5余公里，南面距蔡部20余公里，靠王金钰部也很近。对于这个阵势，有人总放心不下，说这是"钻牛角"，但毛泽东丝毫不为所动，3万主力红军似雄踞丛林的一只猛虎，继续等待敌人离开巢穴。一直等了25天，终于捕住了战机。

5月13日，王金钰第五路军之右翼第二十八师和第四十七师1个旅，脱离富田阵地，分两路向东固进犯。富田与东固之间相距40华里。中间横着一座大山，有两条大路相通：一条经九寸岭，一条经观音崖，都是险隘路程。据此情况，5月14日晚8时，总司令朱德、总政委毛泽东下达《红一方面军攻击富田的命令》，此《命令》经15日补充指示后是这样的：红三军团为左路军，15日到达江头树隐蔽，16日向固陂、富田攻击前进，进行迂回包抄；红三军为中路，沿东固通中洞大道前进，迎击敌二十八师；红四军、十二军为右路军，分两路抢占九寸岭、观音崖，而后即向富田攻击前进。

5月15日拂晓，红军各部开始行动。为了确保打胜第一仗，毛泽东于当晚赶到红三军，同黄公略军长一起，找向导调查道路，在东固至中洞大道的南侧找到一条小路，随即确定第三军主力改由这条小路前进，从沿大道东犯之敌右侧实施攻击。这一改变，对于歼灭敌第二十八师起到重要的作用。

5月16日拂晓前，红一方面军总部在由坳上沿通向中洞的大道西进时，前卫特务连同沿中洞至东固大道东犯之敌第二十八师先头部队遭遇，因敌众我寡，毛泽东率总指挥部及特务连抢占白云山与敌激战，并阻止敌人的前进。近午时分，由小道秘密前进的红三军主力已进到中洞的南侧，乘敌第二十八师的后尾全部离开中洞时，突然从山上猛攻下来。敌人遭此突如其来的侧面攻击，顿时陷入混乱，迅速被歼大部。与此同时，我右路军第四军抢占观音崖、九寸岭两隘口，并在追击中歼敌第四十七师一个旅大部。担任迂回任务的红三军团，于16日进占固陂，歼灭敌第二十八师的兵站后，当即进占富田。

中洞大捷后，红军依照毛泽东的"由西向东横扫，求得各个击破"的运动作战方针，集中红军主力，于5月17日上午由富田向水南追击郭华宗之第四十三师。敌军企图退至潇龙河北岸据守，但原先架设的便桥已被当地赤卫队拆除，河深不能徒涉，便转向白沙逃跑。红三、红四军立即向白沙猛追，红三军团直插白沙附近。5月19日，红军在白沙截住逃敌，经激战，全歼敌第四十七师一个旅的残部和第四十三师一部，余部逃向永丰。与此同时，红十二军攻占沙溪，敌第五十四师星夜逃回永丰；南面第十九路军也由城冈圩撤回兴国，随后又全部撤回赣州。

当红军集中力量同敌第五路军作战时，敌第二十六路军孙连仲部奉命从南团出小布，绕道向红军侧后进攻。5月20日，其高树勋第二十七师进到南团及其附近，当晚又受命经中村向沙溪增援第五十四师。这时白沙战斗已经结束，红军正按预定计划继续向东扩张战果。5月21日午后，红军前锋进至中村附近,即与敌第二十七师第八十一旅的先头部队接触。毛泽东、朱德决定歼灭进到中村之敌,乘势直下南团。作战部署是:第三军团和第四军攻击中村;第三、第十二军为总预备队,准备尔后参加攻击南团。22日上午,红军发起攻击,经激烈战斗,于当日13时占领中村,歼敌第二十七师近1个旅,余敌窜回乐安。当晚,红军追至南团,敌军第二十五师仓皇撤回宜黄。

红军进到南团后,中共苏区中央局即留驻龙冈,另组成以毛泽东为书记的红一方面军临时总前委,负责指挥前线作战和领导战区地方工作。红军在临时总前委指挥下,按预定计划,日夜兼程向东疾进。这时,敌人第六路军慌忙向广昌收缩兵力,并自5月23日开始,按第八、第二十四、第五师的顺序,由广昌向南丰撤退。临时总前委得知敌人意图后,决定乘敌第五师4个团未及撤离广昌之机,攻歼该敌,夺取广昌城。部署是:以第三军经甘竹向南丰疾进,追击北逃之敌第八、第二十四师;以第四军为左翼,第十二军为右翼,攻击广昌;第三军团为攻城总预备队。5月27日晨,红军直逼广昌城下。守敌第五师凭坚顽抗。打了整整一个上午,红军部队不仅仍被挡在城外,而且伤亡很大。下午2时许,毛泽东、朱德率领总预备队第三军团来到广昌城外。毛泽东听说攻城战斗打得十分艰苦,就和朱德等一道登上距城西四里的乌石岗,站在这个制高点上观察战场形势。毛泽东俯视了一会儿,又沉思片刻后,叫传令兵命令各部队暂停攻击。接着,毛泽东召集军以上干部在乌石岗指挥所开战地紧急会议,重新研究攻城策略。

毛泽东对大家说,眼前的敌人虽然被我们围了起来,走投无路。但兵力高度集中,火力猛烈,而且有着坚固的工事,所以很难对付。红军如果靠火力跟敌人死打硬拼,不但攻不下来,反而会使自己遭到很大伤亡,这对于我们来说是划不来的。为了使下一步的战斗能够顺利进行,我们必须立刻变更攻城的策略和方法。于是,紧急会议根据毛泽东的主张,决定用声势浩大的总攻势迫退（而不是全部吃掉）敌人，把敌人歼灭一部、击溃一部，并放其逃跑一部，从而尽快为红军下一步行动打开通路……过不多久，红军部队向敌人发动总攻击。至当晚9时，红军冲进城内，歼敌一部，打伤敌师长胡祖玉，余敌向南丰逃窜而去。

红军攻占广昌后，敌军第五十六师刘和鼎部约7000人，自安远以南之中沙仓皇撤回建宁。红军临时总前委决定：以红四军第十师北上，配合红三军继续追击敌人第二十四、第八师和第五师残部；红四军主力在广昌休整；方面军总部率红三军团和红十二军主力继续向东，求歼建宁敌五十六师。5月30日下午6时，红军出敌意外地扑攻建宁城，并迅速结束外围战斗，把敌人包围在建宁城中。当日晚8时，临时总前委在里心总司令部召开会议，"决定如敌不退出建宁城时，决以三军团为攻城部队，向该城进击"，并具体布置攻城的作战计划。次日，红军攻占建宁城，总计歼敌3个多团，并缴获了红军所急需的大批药品。

这样，从5月16日开始至31日结束，红军15天中横扫700余里，从赣江之畔一直打到闽北山区，连打5个胜仗，共歼敌3万余人，缴枪2万余支。所谓"七百里驱十五日，横扫千军如卷席"，痛快淋漓地打破了敌人的第二次"围剿"。

在第二次"围剿"中刚刚遭受惨败的蒋介石，于1931年6月又很快组织起第三次更大规模的"围剿"。为了彻底消灭红一方面军，摧毁中央苏区，蒋介石把他的嫡系第十四、第十一、第六、第九、第十师共10万人调到江西担任"围剿"主力军，连同原在中央苏区周围的和新调来的非嫡系部队，总兵力达23个师又3个旅，共30万人。蒋介石亲自担任"围剿"军总司令，何应钦为前线总司令，均驻南昌，并聘请英、日、德等国军事顾问随军参与策划。这次"围剿"，蒋介石采取"长驱直入"的战略，企图先击破红军主力，捣毁苏区，然后再深入"清剿"。

6月下旬，蒋介石把在宜黄、南丰以南地区的红三军第九师和红四军第十二师误认为红军主力，下令迅速对之发起进攻，7月1日起，各路"围剿"军开始行动。此时，距红军第二次反"围剿"结束仅1个月。红军苦战之后，没有得到充分的休息和补充，全军只有3万人，而且部队远离根据地中心区近700里，还处于分散状态，一时尚来不及集中。这就给第三次反"围剿"作战带来很大困难。

6月30日，临时总前委最后判明敌人即将发动第三次"围剿"的情况，来不及经中央苏区中央局的讨论，即决定继续实行"诱敌深入"的方针，命令以独立第四、第五师和第三军第九师在吉安、吉水、永丰、乐安、宜黄以南地区，第四军第十二师在南丰以南和东南地区，协同地方部队和赤卫军、少先队，以运动防御和游击战迟滞敌人前进；分散在闽西北、闽西、赣南广大地区的红军主力迅速收拢部队，向苏区中心回师，准备适时转入反攻，粉碎敌之"围剿"。7月10日前后，红一方面军主力相继从建宁等各自工作区域出发，紧急行军，绕道瑞金以北的禾田，于22日前到达于都以北的银坑地区，同第三军主力、第三十五军、第七军会合，随后，稍经整顿，继续向西北方向转移，于28日到达苏区后部兴国西北的高兴圩地区，完成了回师集中的战略任务。

敌军进入中央苏区后，奔波20余日，一直找不到红军主力。7月底，敌人终于发现红军主力集中在兴国地区，并判断红军有西渡赣江之可能，于是以其主力分路向西南疾进，企图压迫红军于赣江而消灭之。

8月5日晚，红军主力从崇贤、兴国两地敌军之间40里的空隙中，沿着崇山峻岭秘密东进，6日到达莲塘、官田地区，红三军团警戒部队同进至莲塘附近之敌第四十七师第二旅接触。方面军总部决定，抓住战机，迅速歼灭该敌，尔后向北发展。下午，毛泽东在有团长以上干部参加的战前动员会上说：这次千里回师，走的并不冤枉，为的正是暂时忍耐折回，集中优势兵力，然后再狠狠地打击去。我们不打就不打，一打就要将敌人置于死地。说完之后，他和朱德就具体部署了莲塘战斗。当晚，红三军团

（指挥第七军）和红三、红四、红十二军（欠第三十五师），秘密向敌接近，于 7 日拂晓突然发起猛攻，激战至上午 9 时，将敌第四十七师之第二旅及由良村向西侦察的一个多营全部歼灭，毙敌旅长谭子钧；上官云相抢先带了两三个参谋副官骑马仓皇逃回龙冈，四十七师余部亦快速向龙冈撤退。红军取得了初战胜利。

红军歼灭莲塘之敌后，不顾疲劳，继续向离莲塘 30 里之良村疾进，途中同由良村向莲塘增援之敌郝梦龄第五十四师第一六〇旅遭遇，迅速歼其一个团，毙敌旅长张銮诏。残敌向良村溃逃，红军衔尾猛追，直逼良村。刚由龙冈撤回良村之敌第五十四师师部和两个旅，喘息未定，就陷入红军包围中，红军就势发起猛攻，一举突入圩内，歼敌一部，毙敌副师长魏我威、参谋长刘家祺等，余敌逃向龙冈。莲塘、良村两仗，红军共歼敌两个多旅，俘敌 3500 余人，缴获各种枪 3100 多支，迫击炮 14 门。8 月 11 日晨，红军主力进到黄陂附近，总部确定以第四军、第十二军由黄陂南侧实施主攻，第三军团并指挥第七军迂回到黄陂东面，断敌退路。当天中午，第四军和第十二军主力冒大雨发起攻击，一举突入黄陂，迅速歼敌两个团。第三军团和第七军也从东面发起攻击。午后 3 时，敌师长毛炳文率余部向洛口、宁都突围。红军乘胜追击 20 多里，又歼敌一部。从 8 月 7 日至 11 日，红军连打三个胜仗，共毙伤俘敌 1 万余人，从被动中夺得主动。随后，红军主力转到君埠以东尖岭垴山区，得用战斗间隙进行休整。

8 月 15 日，红军主力 2 万余人，在毛泽东、朱德亲自率领下，乘夜暗由尖岭垴山地出发，偃旗息鼓，悄悄西进，硬是从正在东进的敌人第一军团和第二路进击军之间一个 10 公里间隙的大山中偷越过去，回到兴国东北的白石、枫边地区隐蔽休整，并同中共苏区中央局和中央革命军事委员会会合。红十二军主力则大张声势地向东北方向行进，并以一部兵力攻占乐安县城。蒋介石误认为红十二军是红军主力，并判断红军将进攻宜黄，夺取临川。因此，急调第十师赶回临川，加强防守；同时下令第一、第二路进击军等部对红十二军主力追击。红十二军主力同敌军保持一定的距离，紧紧牵住敌人的鼻子，并利用自己轻装灵便的长处和敌人笨重不灵的弱点，翻山越岭，走崎岖难走的路，进一步疲惫敌人。就这样把敌人一部分主力拖了近半个月，出色地完成了掩护红军主力西移和休整的任务。

8月底，蒋介石发觉红军主力已由君埠以东地区西去，随即下令其第一军团为先头，其他各部随后，再次西进，寻求与红军主力决战。毛泽东等总部领导为了进一步调动和疲惫敌人，于9月初率领主力继续西移，转到兴国、万安、泰和之间以均村、茶园冈为中心的山区隐蔽待机。

这时，敌军在中央苏区来回奔波已达两月，除第四十九、第五十四、第八师等部遭到歼灭性的打击以外，其余部队也受尽苏区军民的不断袭扰和坚壁清野的困苦，"肥的拖瘦，瘦的拖死"，士气急剧下降。于是，敌第一军团进到兴国高兴圩地区同原在兴国的第四团会合后，即停止了前进。和敌军情况相反，红军三战三捷之后，又经过半个多月的休整，士气更加旺盛。战场上红军主动、敌军被动的形势愈益明显。与此同时，两广军阀利用蒋军主力深陷中央苏区之际，正向湖南衡阳进兵，对蒋介石造成了很大的威胁。在此情况下，蒋介石不得不下令结束"围剿"，实行总退却。9月6日晚，红一方面军总部得悉兴国地区敌人正沿高兴圩大道向北撤退。毛泽东等当即决定首先抓住兴国北撤之敌一部歼灭之，尔后视机扩张战果。具体部署为：第三军、独立第五师迅速抢占老营盘，截断敌军退路；第三军团和第四军（并指挥第三十五师）、第三十五军，分别自西而东、自北向南攻击高兴圩及其南北地区之敌；第七军牵制兴国之敌。9月7日，敌人第四军团正沿黄土坳、老营盘之线北撤，红三军和独立师迅速出击，首先攻占黄土坳，切断了敌人先头独立旅同其后续部队的联系，接着从北、南、西三面向敌独立旅发起攻击，从拂晓打到下午，终将该旅全部歼灭。

与此同时，红三军团、红四军、红三十五军也向高兴圩地区之敌第一军团第六十、第六十一师发起攻击；红七军则向兴国之敌第五十二师压迫，保障红军主力在高兴圩作战。由于战前侦察不细，低估了敌军的战斗力，攻击高兴圩的红军各部经过两天激战，毙伤敌2000余人，终因敌人占据有利地形，红军兵力不够集中，且徒涉高兴圩以西河流时遭到较大伤亡，结果打成对峙。红军为争取主动，即撤出战斗，主力转移到茶园冈、均村、永丰圩地区待机，而以红三军及独立第五师位于老营盘阻敌北撤。高兴圩之敌亦因伤亡较大，且对红军情况不明，也就加修工事，固守整顿。

9月13日，敌人改变退却路线：第四军团余部和第一军团第二十二师经崇贤、东固向吉安撤退；第一军团主力先掩护上述部队北撤，尔后经兴国向赣州撤退。

红军侦知这一情况后，立即集中全力对北撤之敌实施追击。9月15日拂晓，在敌第四军团大部已通过方石岭隘口后，红军追击部队赶到，迅速抢占了方石岭，截住了敌第五十二师及第四军团的一个多团，将其包围于方石岭以南地区。激战至上午9时，全歼该敌。敌第四军团已经到达东固的部队匆忙经富田逃至吉安，其他各路敌军也纷纷撤到永丰、宜黄、南越、南丰、广昌、宁都、赣州等地。

此时，红军因各次战役特别是高兴圩一役损伤过大，已无力再对敌人作战，亦决定结束战争。对退却之敌，只命地方部队追击。主力红军移瑞金休整。

第三次反"围剿"历时两月，红军六战歼敌3万余人。将介石不得不实行总退却，第三次反"围剿"宣告结束，红军取得最后胜利。第三次反"围剿"胜利后，中央革命根据地进一步扩大，包括21个县，250万人口，进入全盛时期。

第五章
CHAPTER FIVE

踏遍青山人未老

逆境中的执着

党的六届四中全会以后，王明"左"倾教条主义错误统治了中共中央领导机关。王明等为推行其"左"倾教条主义错误，对各级党组织实行所谓"改造"与"充实"，并向全国各地都派出他们的"钦差大臣"。1931年4月初，中共中央派出的中央代表团——由任弼时、王稼祥、顾作霖三人组成，因而亦称"三人团"——来到中央革命根据地。中央代表团带来六届四中全会的文件，毛泽东与王明"左"倾教条主义错误的斗争由此拉开序幕。

1931年4月17日，在宁都的青塘召集了一次苏区中央局扩大会议，因"三人团"到达前夕，苏区中央局刚刚举行完扩大会议，所以这次会议又称作"中央局扩大会议的继续会议"，会议只开了一天，听取关于中共六届四中全会和中央对目前形势估量的报告，通过了《接受国际来信和四中全会决议的决议》等五项决议。这些决议标志着王明"左"倾教条主义错误开始在中央苏区传达贯彻，并开始对毛泽东所代表的一系列正确方针政策的攻击和否定。由于是初到苏区，也因为是要纠正"立三路线"，中央代表团除去关于富田事变提出极左的处理意见外，对毛泽东及其为首的红四军前委的工作予以一般性的肯定。认为红四军前委在汀州会议前（1930年6月）是执行党的六大的正确路线的；坚决地执行土地革命来争取群众，贡献了土地问题许多宝贵的经验；建立了红军的整个制度，如建立党的领导，建立政治委员制度，建立士兵委员会，建立军需制度和筹款路线，特别是建立做群众工作的路线等。同时指责也犯了冒险攻打大城市等错误。但是会后不久，中央代表团就发现以毛泽东为代表的一整套正确主张与他们推行的"国际路线"是格格不入的，因而开始斥之为"狭隘经验论"。8月30日，在上海由王明把持的中共中央在《给苏区中央局并红军总前委的指示信》中除一般地肯定中央苏区的斗争成绩外，着重指责中央苏区存在的"严重的错误"，即"缺乏明确的阶级路线与充分的群众"。这些指责主要是：在巩固和扩大中央苏区的问题上，指责"中央苏区至今还没有建立起巩固的根据地，以至于红军在长期作战中便是'疲于奔命'"，造成红军"长期的内线作战，很难向外发展"。要求"红军在冲破三次'围剿'后，必须向外发展，必须占领一个、两个较大的城市"。在分配土地的问题上，指责中央苏区"对于消灭地主阶级与抑制富农政策还持着动摇态度"，例如，"容许地主残余租借土地耕种，对于富农只是抽肥补瘦，抽多补少，而不实行变换富农肥田给他坏田种的办法"。为此，要求苏区中央局"对待地主残余的办法，只能是分配他们做苦工。必须加紧雇农、贫农与富农的对抗，而抓紧对中农的联盟……必须变更富农的土地所有，给他坏田耕种，富农的剩余工具要没收"。在红军的训练、编制和战略战术等问题上，指责"红军直到现在还没有完全抛弃游击主义的传统与小团体的观念，这与红军已进行大规模战争与担负着争取一省几省的首先胜利的任务是不相称的"。要求"红军的编制要开始适应于大规模作战的组织，红军的战斗力亦着重于技术能力的增进，特别要有堡垒战、街市战、射击飞机等等的演习"。

此外，还指责全苏大会至今未能召开；指责苏区工人运动不发展，没组织工人反雇主的斗争，没实行八小时工作制，没组织反帝同盟等；指责中央苏区"在党内和群众中缺乏思想斗争的教育工作"。如果作为一般要求，这种指责还不能说是错误的，但中央是从反"AB团"来说的，并且认为中央苏区只反"AB团"还不够，同时要进行"反改组派，反第三党，反取消派，反罗章龙派，反富农思想以至农民落后意识的斗争"。

1931年11月1日至5日，在中央代表团的主持下，中央苏区第一次党代表大会即赣南会议在瑞金叶坪开幕。在主席台上就座的有：毛泽东、朱德、项英、陈毅、任弼时、王稼祥、梁柏台、古柏。毛泽东以苏区中央局代书记的身份向大会作了报告。

在这次大会上,王明"左"倾错误的积极拥护者,凭借党中央的指示信和决议,对大会施加压力。他们自诩为"百分之百的布尔什维克主义",讥笑"山沟里没有马列主义",站在强烈的宗派主义立场上,不顾事实地批评毛泽东和红一方面军的领导干部执行了"立三路线",指责毛泽东等的正确观点和主张为政治上的非无产阶级观点,军事上的单纯防御和游击主义,实际行动中的狭隘经验主义,等等,赣南会议实际上是王明"左"倾教条主义者有计划有步骤地全盘否定毛泽东的正确主张、改变中央根据地正确领导的一次会议,是实现王明"左"倾中央"改造"各级机关的一次行动。大会最后决定:撤销毛泽东的中央局代书记职务,由项英以及任弼时等主持中央局工作。同时决定设立中央革命军事委员会,"取消红一方面军总司令和总政委的名义及其组织",因而,毛泽东在红军中的领导职务也在实际上被免除了。

1931年九一八事变发生后,国内政治形势发生重大变动。民族危机空前严重,全国人民要求抗日的怒潮席卷全国。

但是,由博古负总责的临时中央置全国抗日民主高潮兴起的有利形势于不顾,也不对敌我力量作具体的分析,推行的是比"立三路线"更"左"的错误路线,一味强调在国内革命战争中采取所谓"进攻路线",要求红军攻打中心城市。1931年12月6日,临时中央指令红军"首攻赣州,迫吉安"。苏区中央局亦作出相应决议。周恩来于年底来到中央苏区后,同毛泽东交换了意见。根据对实际情况的估量,到苏区前亦曾主张进攻赣州的周恩来,致电临时中央,明确表示:"进攻中心城市有困难"。意即不同意去攻打赣州。但临时中央复电:至少要在抚州、吉安、赣州中选择一个城市攻打。此时,周恩来已就任苏区中央局书记,只好召开中央局会议进行讨论。

在中央局会议上,毛泽东既不赞成"左"倾中央对形势的估计,更不赞成打赣州。他认为，现在提出夺取中心城市的口号为时过早，以争取中心城市为目标的发展路线是错误的。他主张红军此时一方面要抓紧时间进行休整，肃清根据地内的地主豪绅土围子，巩固苏区，为粉碎敌人新的"围剿"做准备，一方面可采取有阵地的波浪式的形式向敌人力量薄弱、群众基础较好的赣东北方向发展，打通中央区与赣东北区的联系，然后再向外发展。就攻打赣州来说，赣州是敌人必守的坚城，红军技术装备差，很可能久攻不克，于我不利，不能打这一仗。毛泽东提出，即使要打，也只能采取围城打援的战术。但是，中央局和中革军委的一些领导人却坚决主张打赣州，并批评毛泽东等人的意见是"不了解夺取中心城市的意义"，是"对中心城市之夺取的过分恐惧而产生的右倾机会主义观念"。他们说，只要打下了赣州城，把中央工农民主政府迁移到那里，就可以说是实现了"一省数省的首先胜利"。会议最后表决时，因为受临时中央决议的影响，总想在江西多打下几个城市，所以赞成打的占多数，于是乃决定打赣州。

红军在做好一切战斗准备后，从2月上旬至3月初，先后四次挖地道爆破进攻，在付出了重大伤亡的情况下，虽然破开了城墙，但始终未能攻进三面环水、城高两丈的"铁赣州"。同时，敌人援兵陈诚、罗卓英部队所属之十一、十四、五十二师三个师和两个独立旅，已从吉安经遂川到达赣州外围的赤主岭，粤敌亦北上至大余、九渡水一线，对红军攻城部队取反包围之势。红军在战略上已处于十分不利的地位，只是由于采纳毛泽东的建议派红五军团帮助才使得围城的红三军团等脱困，于3月7日撤至赣州城东的江口地区集结。

3月中旬，苏区中央局在江口召开扩大会议，被紧急从瑞金召来的毛泽东与周恩来、朱德、王稼祥、彭德怀及中央局成员等出席会议。会议着重讨论红军的行动方针问题。毛泽东提出向赣东北方向发展，以求在赣江以东、闽浙沿海以西、长江以南、五岭山脉以北的广大农村建立苏区，发展革命战争的战略方针。当时红军向这个方向发展，可以汇合赣东北苏区和闽北苏区的革命力量，取得人民群众的有力支援；可以依托武夷山、仙霞岭、天台等山区有利地势，稳步向外扩展；还可以同上海和全国正在兴起的抗日反蒋的民族民主运动取得密切的配合。毛泽东还严正批评"左"倾教条主义者给红军造成严重损失的攻打赣州的错误主张，认为即使赣州打下，也无法坚守。但是，在赣州城下遭受重大损失的教训面前，苏区中央局仍拒绝毛泽东的正确意见，坚持"以赣江流域为中心，向北发展"的方针。中革军委根据苏区中央局的决定，于3月18日发出中央红军今后行动方向的训令，以一军团和五军团组成中路军，在赣江东岸活动；三军团组成西路军，到赣江西岸活动，尔后两路军"夹赣江而下"向北发展。

毛泽东随中路军行动。走到半路，他一再建议中路军要改向闽西发展，并获得一军团领导人林彪、聂荣臻的支持。于是，毛泽东这一建议得到苏区中央局批准，一、五军团改称东路军，向闽西发展。3月26日，红军到达长汀。在长汀，毛泽东向一军团团以上干部作东征动员，他说：我们的新任务是经闽西向闽南方向发展。闽南逼近厦门，当前日寇的势力已到达厦门，我进军闽南，对日寇侵略阴谋是一个打击。我军以实际行动贯彻我党抗日主张，无论对国内、国外，都将产生极大的政治影响。向闽南发展，一是有闽西根据地作依托，二是闽南尚有广阔的发展余地，是一个最好的发展方向[①]。东征动员以后，毛泽东一面命一军团开赴长汀以北的新桥迷惑敌人；一面于3月30日致电苏区中央局书记周恩来，建议以东路军夺取漳州，指出："政治上必须直下漳（州）、泉（州），方能调动敌人，求得战争，展开时局。若置于龙岩附近筹款，仍是保守局面，下文很不好做。"[②] 周恩来接受了毛泽东的建议。此后，毛泽东即以中华苏维埃临时中央政府主席的身份，率东路军执行攻取漳州的任务。

---

① 《毛泽东年谱（1893—1949）》上卷，人民出版社、中央文献出版社1993年版，第369页。
② 《毛泽东军事文集》第1卷，军事科学出版社、中央文献出版社1993年版，第263页。

红一军团东征漳州的主要作战对象是国民党张贞的四十九师和地方保安部队。红军在做好各种准备后，于4月10日拂晓先向龙岩发起进攻，并于当天攻占龙岩，歼灭张贞部一个多团，给张贞以迎头痛击。4月14日，第五军团到达龙岩与一军团会合。随后东路军即按预定计划进攻漳州。漳州守敌系第四十九师第一四五、第一四六旅两个旅。其主力配置在漳州外围天宝、南靖及其以北山区，依托杨梅岭、风霜岭、十二岭、笔架山、榕子岭，凭险固守；另一部兵力置于漳州市区。对此，毛泽东和林彪、聂荣臻亲临前线视察地形，了解敌情，全面地摸清了敌人兵力的布置情况。经过一番周密的调查研究，决定首先歼灭漳州外围之敌，尔后乘胜夺取漳州。部署是：一军团之第四军在左主攻，第十五军在右助攻；五军团之第三军位于南坪附近为预备队；第十三军位于龙岩，闽西军区之第十二军位于上杭、武平、永定监视粤军的行动。4月19日，红军主力对漳州外围之敌发起攻击，第四军首先突破敌主阵地十二岭、风霜岭，主力向天宝方向扩展战果，一部由左向右横扫，协同第十五军作战，第十五军在第四军的配合下，迅速攻占榕子岭、笔架山，第三军自左翼投入战斗，向纵深发展。全军协同作战，迅速占领天宝、南靖，乘胜向漳州市区进击。在漳州以西茶铺地区击溃由漳州出援之敌一部后，于20日占领漳州。此战，红军歼敌第四十九师大部，俘敌1600余人，缴获飞机两架等大批军用物资和给养，毛泽东本人也在漳州的龙溪中学找到几箩筐的书籍，成为他宝贵的精神食粮。

东路军打下漳州后，毛泽东主张红军撤回中央根据地，肃清白匪的土围子，休整部队，总结经验教训，筹备粮食，准备打破敌人的下一次"围剿"；同时仍主张在打通闽西、赣南两区后，即应向赣东北做有计划的发展，打通赣南与赣东北两区，使中央苏区得到扩大与巩固。

"左"倾教条主义者认为毛泽东的主张不符合他们的"积极进攻路线"，继续要求红军去攻占中心城市；立即扩大红军，改组红军，开展城市战、堡垒战的演习。同时，对毛泽东的主张进行了攻击。

5月20日,临时中央又给苏区中央局发了一份长电指示信,直接指责毛泽东在三次反"围剿"中所采取的战略是"纯粹防御路线",是"游击主义",认为毛泽东及其纯粹防御路线的拥护者们的"消极态度","将削弱我们的防御力量与不能扩大与巩固苏区","可以引出极大的危险结果与苏区土地之丧失",认为这种"过分估计与夸大敌人力量"的"纯粹防御路线"和"红军中游击主义的坏的残留",是当前"极大的危险""主要的危险"。对于与毛泽东的分歧,指示信中提出:"以说服的态度,设法争取他赞成积极斗争的路线,使他在红军及群众中宣传积极路线,争取党和红军的干部说服他的纯粹防御路线的措施与危险,公开讨论泽东的观点。"

6月5日,临时中央发布军事训令:"一、五军团主力应先与河西三军相呼应,解决入赣粤敌,在可能条件下占领梅岭关,再沿江北上,占领赣州、吉安、樟树,以争取南昌为目的。"关于北上作战,毛泽东曾提出他的战略设想,认为红军应先行攻打守敌薄弱的乐安、宜黄、南丰、南城等地,扫清北上通路的障碍,打通与赣东北苏区的联系,然后再图进展。7月21日,周恩来以中央局代表身份到信丰前线,后方由任弼时代理中央局书记。周恩来到前方后经过实地考察,了解了前方情况与敌我态势,因此很快同意了毛泽东的战略设想。8月8日,中央局接受周恩来等的提议,任命毛泽东为红一方面军总政委。中革军委主席朱德,副主席王稼祥、彭德怀联名签发了《红一方面军总政委毛泽东已到军中工作的命令》。同时,决定在前方组织军事最高会议,由周恩来、毛泽东、朱德、王稼祥组成,以周恩来为主席,负责处理前方的行动方针和作战计划。

同日,中革军委按照毛泽东一再坚持的主张发布《关于发起乐安、宜黄战役的训令》。红一方面军随即佯作向西行动,主力却隐蔽疾行北上。红军连续行军一星期,于8月15日开抵同敌军相持的招携、东韶一线时,对方还毫无察觉。第二天,红军出其不意,突然发动攻击。17日攻占乐安。20日攻克宜黄。23日乘胜占领南丰。这一仗打得异常迅猛,速战速决，一周内连克三城，俘敌5000多人，缴获了包括山炮、迫击炮、机关枪等在内的大批武器、弹药和物资。南昌、抚州大震。

乐安、宜黄战役后，红军本想乘胜攻取南城。8月24日，毛泽东随军抵达南城近郊。这时，发现南城守敌有3个师的兵力，已有作战准备，地形于我不利，敌方的工事又很坚固，势必形成相持对垒的局面。而敌人在乐安、宜黄战役后受到很大震动，担心红军乘胜北取抚州，威胁南昌，正由武汉、南昌、吉安等地调兵增援。根据这些新的情况，红军当机立断地改变预定计划，主动撤退至东韶、洛口一带休整，寻找战机。但临时中央和苏区中央局却一再催促红一方面军继续向北出击，威胁南昌，认为这样才能减轻敌人对鄂豫皖、湘鄂西、湘鄂赣根据地的压力，给这些根据地以直接支援。并且指责一方面军"不宜在南丰、南城、宜黄间久待"，"这给群众以十二分不好影响"。此后，前方的红军指挥者们和后方的苏区中央局信电来往不断，意见争执不下。

9月26日，前方军事领导人根据战场实际，不顾中央局的反对，以红一方面军总司令朱德、总政治委员毛泽东的名义发布《在敌人尚未大举进攻前部队向北工作一时期的训令》。《训令》中大胆地预定了未来和敌人决战的战场是在乐安、宜黄、南丰一带地区，《训令》中是这样说的："为要坚决执行胜利的北上任务，必需迅速地肃清宜黄、乐安、南丰一带拦阻着我军北上的白匪与地主武装，使我军可以巩固和迫近宜黄、乐安、南丰各城市。有把握的夺取据点，消灭援敌，胜利的北上"，"当敌军实行对中央苏区与红军总攻时，要有把握的在宜黄、乐安、南丰一带地区，粉碎敌军四次'围剿'，即以猛烈追击夺取抚州、吉安，开展江西局面，因此决心在宜黄、乐安、南丰之间以战备姿势布置目前的战场"。后来的反第四次"围剿"的进程与战场分布表明，这是一个英明的预见，正确的战略计划，它实际上已经勾画出第四次反"围剿"的战略蓝图。在第四次反"围剿"中，周恩来、朱德正是根据这个《训令》的基本思路，指挥红军粉碎了敌人的"围剿"。

1932年10月上旬，苏区中央局在江西宁都召开全体会议。会议名为总结1932年攻打赣州以来七个月的工作，实际上是为了解决和毛泽东的严重分歧。会上展开了激烈的争论。与会的大多数人在"会议中特别指出要及时和无情地打击一切对革命胜利估计不足、对敌人大举进攻的恐慌动摇、失去胜利信心、专去等待敌人进攻的右倾主要危险"。认为前方军事领导人"有以准备为中心的观念，泽东表现最多"。他们把矛头突出地指向毛泽东，提出要把毛泽东召回后方，专负中央政府工作的责任，而由周恩来负责战争领导的总责。会议结束后，毛泽东对前来告别的周恩来说：军事工作我还愿意做，前方何时电召便何时来。这充分体现了毛泽东以革命利益为重的宽广胸怀。10月12日，中革军委根据苏区中央局的指示，发布通令说："红一方面军总政治委员毛泽东同志，为了苏维埃工作的需要，暂回中央政府主持一切工作，所遗总政治委员一职，由周恩来同志代理。"至此，"左"倾教条主义者终于剥夺了毛泽东对红军的领导权。对这个决定，周恩来、朱德和王稼祥在宁都会议上和会后，分别表示了不同意见。

中华苏维埃政府主席

要毛泽东专任政府工作，是中央代表团进入中央苏区不久，就决定的。

1931年11月7日，中华苏维埃第一次全国代表大会在瑞金开幕。大会的主要议题是：成立苏维埃政府；接受中共中央提出的宪法大纲、劳动法、土地法令、红军法、经济政策、少数民族问题、工农检查处等草案。大会开幕时，项英致开幕词。接着，中共苏区中央局代表毛泽东作《政治问题报告》。毛泽东在讲话中指出：……红旗不倒就是我们的胜利。敌人的破产，红军发展，是保证红色政权存在的必要条件。现在建立了红色政权,将来还要巩固扩大,以促进全国革命的高潮到来。大会一致通过《中华苏维埃共和国宪法大纲》,确立这个新型国家的性质是"工人和农民的民主专政的国家",它的"全部政权是属于工人农民红军士兵及一切劳苦民众的";它的任务是在中国共产党领导下,用革命武装推翻帝国主义和封建主义在中国的统治,争取"苏维埃区域工农民主专政的政权达到他在全中国的胜利"。《宪法大纲》规定按照民主集中制原则组织人民政权,全国工农兵代表大会是最高权力机关,大会闭会期间,中央执行委员会是最高权力机关。在中央执行委员会下设人民委员会,处理日常政务。

11月19日,大会进行选举。毛泽东等63人当选为中华苏维埃共和国临时中央政府执行委员,组成中央执行委员会,为大会闭会后的最高政权机关。11月20日,大会完成全部议程,胜利闭幕。毛泽东在大会上致闭幕词,号召各级工农兵政府要组织广大群众致力于革命战争,用革命战争武装自己,用革命战争打倒敌人。11月27日,中央执行委员会召开第一次会议,选举中央执行委员会主席、副主席。毛泽东当选为主席,项英、张国焘为副主席。同时组成临时中央政府人民委员会,毛泽东为主席,项英为副主席。决定将瑞金改名为瑞京,作为中华苏维埃共和国首都。

中华苏维埃第一次全国代表大会后的近一年时间里毛泽东的主要精力仍用于在前线指挥打仗。宁都会议结束后,被彻底剥夺军事指挥权的毛泽东从前线回到瑞金,在瑞金的东华山稍事休息后,便于1932年10月间来到汀州,住在傅连暲主持的福音医院,一面养病,一面深入基层搞调查,以事实同"左"倾错误作斗争。毛泽东找到也在福音医院住院的中共福建省委代理书记罗明,给罗明详细地介绍了中央红军取得三次反"围剿"胜利的经验,然后指出,福建和江西一样,应加紧开展广泛的地方游击战争,以配合主力红军的运动战,使主力红军能集中优势兵力,选择敌人的弱点,进行各个击破,消灭敌人的有生力量,粉碎敌人的第四次"围剿"。他还指出,在杭、永、岩等老根据地,应加紧进行政治、军事、经济的动员,支援边区的斗争；在边区主要应是开展游击战争，牵制和打击广东、闽南两方面的敌军，这对于粉碎敌人的"围剿"、保卫中央根据地是十分重要的。

根据毛泽东谈话的精神，罗明在出院后，立即召开省委会议作传达，大家一致表示完全接受毛泽东的意见，并决定由罗明任省特派员去杭、永、岩进一步开展游击战争，省委由刘晓暂时主持工作。会后罗明和谭震林、方方等在杭、永、岩前线成立"中共前线委员会"，深入边缘区，具体领导政治动员和军事行动。1933年1月21日，罗明根据他在长汀、新城和连泉等县的工作情况，向省委写了《对工作的几点意见》的报告，就如何巩固发展闽西根据地、扩大红军主力和打破敌人的第四次"围剿"等重大问题，提出自己的意见，其内容是同毛泽东的"工农武装割据"思想和反"围剿"的战略战术相符合的。罗明把《对工作的几点意见》送交福建省委（当时亦称闽粤赣省）后，又根据实际情况，写了《关于杭永岩情形给闽粤赣省委的报告》，进一步坦率地阐明自己的看法和意见。

罗明的两份报告是公开写给省委和党中央的，提出自己对工作的意见，在组织形式上是合法的，是党纪允许的；在意见内容上，也基本上是实事求是的，正确的。但是，刚刚被迫从上海撤到中央苏区的博古却抓住这两个报告不放，蛮横地将罗明的意见打成为"机会主义路线"，并在全党上下和各根据地内开展了一场反对所谓"罗明路线"的大斗争。其中，在江西发动了所谓反对以邓小平、毛泽覃、谢唯俊、古柏为代表的"江西罗明路线"的斗争。当时领导开展这场反所谓"罗明路线"的中共临时中央负责人博古，后来在党的七大上诚恳地检讨说："苏区中反对罗明路线，实际是反对毛主席在苏区的正确路线和作风，这个斗争扩大到整个中央苏区和周围各个苏区，有福建的罗明路线，江西的罗明路线，闽赣的罗明路线，湘赣的罗明路线，等等"。"更沉痛的是由于路线的'左'倾错误，宗派主义的干部政策，再加上一个错误的肃反政策，而使得许多同志，在这个时期中，在这个肃反下面被冤枉了，诬害了，牺牲了。这是无可补救的损失。"①

被剥夺军事指挥权的毛泽东，仍然关心红军的建设和发展，他参与领导了1931年12月14日爆发的国民党军第二十六路军宁都起义及其改编为红五军团的行动。日本发动侵占中国东北的九一八事变后，如何拯救民族危机和由于中日矛盾上升而引起的国内各阶级的变化，成为毛泽东关注的重点。1932年1月中旬，他在苏区中央局提出：日本帝国主义大举侵华，势必引起全国人民的抗日高潮，国内关系必将发生变化。但遭到中央代表团一些人的反对，他们以临时中央的判断为己见，认为日本侵略中国东北是为了侵略苏联，因此必须提出"武装保卫苏联"的口号，否则就是右倾机会主义。一·二八事变发生后，毛泽东起草了中华苏维埃临时中央政府《对日战争宣言》，但这份《宣言》被搁置了两个月，到4月15日才发表。在《宣言》中毛泽东指出：中华苏维埃临时中央政府正式对日宣战（蒋介石国民政府直到1941年12月珍珠港事件后才正式对日宣战——引者注），领导全中国工农红军和广大被压迫民众，以民族革命战争，驱逐日本帝国主义出中国，反对一切帝国主义瓜分中国，以求中华民族彻底的解放和独立。1933年十九路军发动反蒋抗日的福建事变前，毛泽东和周恩来、朱德等接见了他们的谈判代表徐名鸿。在毛泽东等的积极关注和支持下，双方秘密签订了《中华苏维埃临时中央政府及工农红军与福建省政府及十九路军反日反蒋初步协定》共11条。

这个时期，毛泽东的心情是极其沉重的。但他并没有因"左"倾教条主义者的排挤、打击而消沉，仍以党和人民的利益为重，不顾疾病缠身，全身心地投入领导根据地的政权建设和经济建设，以及中央临时政府的日常工作。

中华苏维埃中央政府是作为蒋介石国民政府的对立物而建立的全国性

---

① 《遵义会议文献》，人民出版社1985年版，第106—107页。

政权的雏形，其基础是与大地主大资产阶级专制对立的工农民主专政。为夯实工农大众的执政基础，1933年8月9日，毛泽东签署并发布中华苏维埃共和国中央执行委员会关于选举运动的训令。训令指出：这次选举是从乡苏、市苏一直到中央执行委员会完全实行改选，这是工农劳苦群众自己参加政权、巩固政权的伟大运动。作为工农民主专政的政府，在选举上，一方面剥夺一切剥削分子的选举权，另一方面吸引尽可能多数的工人农民积极参加选举。要使选民尽量发表意见，使革命的民主精神充分表现出来。9月16日，毛泽东在中央苏区南部18县选举运动大会上作《今年的选举》的报告，再次强调工农民主专政的职能时指出：苏区的工农群众已经夺取了政权，我们要时时刻刻保护这个政权，发展这个政权，使之能尽打击内外反革命势力、增进工农福利的重大作用。11月中旬和下旬，毛泽东率临时中央政府检查团到江西兴国长冈乡和福建上杭才溪乡进行调查，分别撰写了《乡苏工作的模范（一）——长冈乡》和《乡苏工作的模范（二）——才溪乡》，这两个调查报告反映了基层工作的真实情况，介绍和推广它们在乡苏政权建设、群众工作、经济活动、扩大红军等方面的经验，以及中央革命根据地革命斗争和政权建设的经验。在1934年1月下旬召开的中华苏维埃第二次全国代表大会上，毛泽东24日和25日作长篇报告，其中进一步明确阐述工农民主专政的职能：苏维埃政权需要使用强力去对付一切阶级敌人，但对于自己的阶级——工农劳苦群众，则不能使用任何强力，而他表现出来的只是最宽泛的民主主义。为了巩固工农民主专政，苏维埃必须吸引广大民众对于自己工作的监督与批评。这一观点成为毛泽东人民民主专政思想的基本内核。

1933年初，以博古为首的临时中央从上海搬到瑞金，与苏区中央局合并为中共中央局。王明"左"倾教条主义错误开始在中央苏区全面蔓延。在土地斗争方面，为了贯彻"地主不分田，富农分坏田"的"左"倾政策，中共中央局推行查田运动，旨在把冒称贫农、中农的地主和富农都查出来。

这成为政府主席毛泽东的一项重要工作。6月1日，以他和项英、张国焘名义下发《关于查田运动的训令》。17日、18日、19日，毛泽东连续在中央苏区八县区以上苏维埃负责人会议上发表演讲和报告，在推进这项工作的同时，力求减少查田运动中"左"的危害。他限定查田运动的范围，指出在所有的苏区都有三种区域，在斗争深入区域的中心问题是土地建设，改良土地与发展生产；斗争落后地区的中心问题是查田查阶级；新发展区域的中心问题是以武力推翻地主阶级的政权，没收地主阶级的土地财产和富农的土地，分配给贫农、中农。21日，毛泽东在这次会议的闭幕会上作总结时强调，查田的目标是查阶级，而不是分田，要严格区分查田与分田，以保护已经分田农民的土地所有权。毛泽东的这一主张，可以说是他后来在解放战争时期制定老区、半老区和新区不同土地政策的先声。当时他还撰写了《查田运动的群众工作》一文，提出查田运动的阶级路线，即以工人为领导者、依靠贫农、联合中农，削弱富农、消灭地主。他强调富农与地主有区别，消灭富农的倾向是错误的，联合中农是土地革命最中心的策略，中农的向背，关系土地革命的成败。为联合中农和不侵犯中农利益，他在文中特别提出"富裕中农"的概念，以说明富农与中农交界地方，使富裕中农稳定起来。10月，为了正确解决土地问题，纠正查田运动中发生的"左"的错误，毛泽东发表《怎样分析阶级》，并主持制定了《关于土地斗争中一些问题的决定》。他依照马克思主义阶级分析的方法，对农村的阶级关系进行了科学的划分，即：地主占有土地，自己不劳动，或只有附带的劳动，而靠剥削农民为生；富农一般占有土地，占有比较优裕的生产工具和活动资本，自己参加劳动，但经常地依靠剥削为其生活来源的一部或大部；中农一般不要出卖劳动力，贫农一般要出卖小部分的劳动力，这是区别中农和贫农的主要标准；富裕中农则对别人有轻微的剥削，但非经常的和主要的；工人（雇农在内）一般全无土地和工具，工人完全或主要地以出卖劳动力为生。知识分子不应该看作一种阶级成分，其阶级成分依其所属阶级确定。知识分子是一种使用脑力的劳动者，应受到苏维埃法律的保护。这两个文件切合根据地农村阶级关系的状况和土地斗争的实际，因而深得广大干部和群众的拥护，对于纠正查田运动中错划阶级成分的错误，起了积极的作用，并成为后来制定土地革命政策的基本遵循。

1933年8月，中华苏维埃临时中央政府召开中央苏区南部17县经济建设大会，毛泽东在会上作题为《粉碎五次"围剿"与苏维埃经济建设任务》的报告（《毛泽东选集》第一卷中《必须注意经济工作》是这个报告的一部分），他深刻阐述了经济建设在粉碎敌人军事"围剿"和经济封锁、改善民生、支持红军军备、巩固工农民主专政等方面的重要作用。报告批评了将经济建设和革命战争对立起来的两种错误观点，指出：那种认为在革命战争环境中没有经济建设的可能，要等战争最后胜利了，有了和平的安静的环境，才能进行经济建设的观点是不对的；那种认为经济建设已经是当前一切任务的中心而忽视革命战争，离开革命战争去进行经济建设，同样是错误的。他认为只有在国内战争完结之后，才说得上也才应该说以经济建设为一切任务的中心。而在现在的阶段上，经济建设必须环绕着革命战争这个中心任务。

翌年1月，毛泽东在中华苏维埃第二次全国代表大会上代表中华苏维埃共和国中央执行委员会作两年来的工作报告（其中经济政策问题部分，收入《毛泽东选集》时题为《我们的经济政策》）和结论报告（其中一部分以《关心群众生活，注意工作方法》为题，收入《毛泽东选集》）。毛泽东在这些报告中，提出根据地经济建设的理论，制定了根据地经济建设的方针和政策。他规定开展经济建设的根本指导思想是：从根据地农村的实际出发，正确处理革命战争和经济建设的关系。他从根据地经济的特点出发，说明经济建设对于支援革命战争、发展革命根据地的重要意义，指出："我们的经济政策的原则，是进行一切可能的和必须的经济方面的建设，集中经济力量供给战争，同时极力改良民众的生活，巩固工农在经济方面的联合，保证无产阶级对于农民的领导，争取国营经济对私人经济的领导，造成将来发展到社会主义的前提。"① 毛泽东针对根据地经济以农业经济为主这一基本情况，强调要把发展农业生产放在第一位，认为这是根据地经济建设的重要前提。他指出，红色区域经济政策的基本原则是，发展国营经济和合作社经济，与保护私人经济同时并进。毛泽东阐明了关心群众生活，注意工作方法，是顺利开展经济建设的重要问题。他说："我们是革命战争的领导者、组织者，我们又是群众生活的领导者、组织者。组织革命战争，改良群众生活，这是我们的两大任务。"② 他教导政府和红军中的干部，要关心群众的实际生活问题，解决群众的穿衣问题，吃饭问题，住房问题，柴米油盐问题，疾病卫生问题，婚姻问题。同时，他还告诫干部要注意工作方法，克服官僚主义。"如果仅仅提出任务而不注意实行时候的工作方法，不反对官僚主义的工作方法而采取实际的具体的工作方法，不抛弃命令主义的工作方法而采取耐心说服的工作方法，那末，什么任务也是不能实现的。"③ 在毛泽东关于根据地经济建设的理论和政策指导下，中央革命根据地的经济建设在艰难困苦的战争环境下得到很大的发展，有力地支援了革命战争，改善了群众生活，巩固了红色政权。

在这次会议上，他再次被选为中华苏维埃共和国中央执行委员会主席。但不再担任人民委员会主席的职务，改由张闻天担任。毛泽东对政府工作的领导权也被进一步地削弱。同年1月中旬，在中共六届五中全会上，由于毛泽东在中共党内的崇高威望和重要作用，在共产国际方面的支持下，毛泽东被选为中央政治局委员。

---

① 《毛泽东选集》第1卷，人民出版社1991年版，第130页。
② 《毛泽东选集》第1卷，人民出版社1991年版，第139页。
③ 《毛泽东选集》第1卷，人民出版社1991年版，第140页。

扭转战局的一次次努力

第五次反"围剿"战争开始时，毛泽东虽然已不能参与战争的决策问题，但他却在自己的岗位上尽最大努力为战争作了贡献，尤其是战局不利时，更是利用一切办法，提出自己的建议与战略设想。他自己曾说过，在这段时期，他看马列主义的书，搞农村建设工作，对党的决议是服从的。他坚持三条：一是少数服从多数，二是不消极，三是争取在党许可的条件下做些工作。

1933年9月25日，蒋介石以北路军三个师由南城、硝石向黎川发动进攻，开始了对中央苏区的第五次"围剿"。博古为首的中共中央局继续推行军事冒险主义，提出"御敌于国门之外"的错误方针，要求红军在苏区外战胜敌人，并争取苏维埃在全中国的胜利。这时，共产国际派来的军事顾问李德到达中央苏区，他在博古的支持下，实际上掌握了中革军委的领导权。在他住处召开的一次中革军委会议上，毛泽东对敌我形势作了冷静的分析。他认为，在敌人气势汹汹的大规模进攻前面，红军既不能和敌人打阵地战、正规战，在敌人的突击方向进行主力抗击，徒以损耗自己的有生力量；也不能死守中央苏区，和敌人拼消耗。他提出两方面的建议：一方面"诱敌深入"，和以前几次反"围剿"一样，实行有计划的后退，以小部、次要兵力吸引和牵制敌人，将敌人诱至苏区腹地，使其"盲人摸象"。而主力红军则隐蔽集结，待机破敌。敌人要寻找红军主力决战，必使敌疲惫；红军的退却，必使敌骄傲而轻敌懈怠，这就必然会给我以相机歼敌的有利机会。换句话说，"诱敌深入"，造成敌人在战略上对我实行大"围剿"，我则在战役战斗上对敌人实行小"围剿"，集中优势兵力，各个歼灭敌人。从前几次反"围剿"的结果看，这样做是有胜利把握的。另一方面，突破敌人的重兵围困，跳到敌人身后去作战，和敌人实行大"换防"，迫使敌人撤出碉堡回防，置敌人碉堡于无用，而红军则可以发挥机动灵活的特长，在运动中来消灭敌人，以打破敌人的大"围剿"。

这两方面的建议，都与"御敌于国门之外"的阵地战、正规战有着根本的不同，因而李德都表示反对。李德认为，实行"诱敌深入"，"就会把我们的领土不战而弃，而且不能为我们阻止敌人并打击敌人提供保证"，是军事上的保守与胆怯；而跳出包围圈，到敌人统治区去作战，"由于敌人的堡垒构筑坚固，并且层层向纵深发展，所以想在这里突围，到敌人的外侧或背后作战，已经是不可能的了"。这样，毛泽东的第一次建议——关于作战方针的选择，遭到了李德的全部否定。

随后，接连几战失利，博古、李德等由此竟一变军事冒险主义为军事保守主义，采取消极防御的战略方针，处处设防，节节抵御，不敢实行向敌人后方无堡垒地区作战的方针，也不采取以往几次反"围剿"行之有效的诱敌深入，想以此"迟滞敌人的进攻，削弱其力量，以达到制止敌人五次'围剿'的最终目的"。

正当红军按照上述指示布置防御，毛泽东不能不为此而扼腕担忧时，11月20日，李济深、陈铭枢和驻福建的国民党第十九路军将领发动福建事变，公开宣布反蒋抗日。蒋介石慌忙从北路军中抽调九个师，又于沪杭地区抽调两个师分由江西和浙江进入福建，进攻第十九路军。毛泽东看到这是实行战略转变以粉碎第五次"围剿"的良机，再次提出突围的提议。11月20日，他与朱德致电福建人民革命政府与十九路军，表示"我们苏维埃政府和工农红军准备在任何时候同你们联合，同你们订立作战的军事协定以反对与打倒我们共同的敌人——日本帝国主义与蒋介石的南京国民党政府"；同时，他向中央提出：以红军主力突破敌人的堡垒线，"突进到以浙江为中心的苏浙皖赣地区去，纵横驰骋于杭州、苏州、南京、芜湖、南昌、福州之间，将战略防御转变为战略进攻，威胁敌之根本重地，向广大无堡垒地带寻求作战。用这种方法，就能迫使进攻江西南部、福建西部地区之敌回援其根本重地，粉碎其向江西根据地的进攻，并援助福建人民政府"。毛泽东的这一建议，又被把持中共中央局和中革军委的博古、李德等拒绝。他们不敢采用这种向敌人后方打击的进攻性战略，害怕因此而失去根据地，又没有争取一切可能的同盟者尤其是"上层统一战线"的策略思想。他们认为利用敌人内部的矛盾与冲突使自己转入反攻与进攻，是冒险的行动；而且认为红军在东线运动打击进攻十九路军的蒋介石部的侧后方，是等于帮助了十九路军这一"最危险的敌人"，无异于丧失了无产阶级的"革命立场"。他们把红军主力从东线调到西线永丰地区，去进攻敌人的堡垒阵地，让十九路军单独去同蒋介石军队作战，使红军丧失了粉碎敌人第五次"围剿"的有利时机。

蒋介石在镇压第十九路军以后，随即将其入闽的军队，改编为东路军，协同其北路军、南路军，于1934年1月下旬重新开始对中央苏区的进攻。这时，中央苏区的人力、物力已很匮乏，红军已经失去在中央苏区内线作战取得决定性胜利、打破敌人"围剿"的可能。在此情况下，毛泽东迫切希望红军能毫不迟疑地转变战略方针，适时地突进到外线广大无堡垒地区，寻求有利时机，歼灭敌人。党中央虽然在小范围内讨论过实行战略转移的问题，但无结果。中革军委在7月间派出第七军团3个师6000余人，以"北上抗日先遣队"的名义，从江西瑞金出发，经福建向闽浙皖赣边挺进，企图调动敌"围剿"军回援，以减轻中央苏区的压力。毛泽东、朱德等以中央政府、中革军委的主席、副主席名义联名发表红军北上抗日宣言。他本人还在7月31日的《红色中华》上发表谈话，指出抗日先遣队即将经东部各省北上抗日，目的在使全国民众明白红军是全中国内真正抗日的军队。抗日作战越快越好，我们号召全国一致起来援助苏维埃与红军，使我们能够迅速粉碎敌人第五次"围剿"，集中力量抗日反帝。但是，由于兵力小未能调动敌人。此后，红军反"围剿"形势愈加严重。博古、李德等实权人物仍未采取有效措施，保存红军有生力量，却要求红军主力"用一切力量继续捍卫苏区来求得战役上大的胜利"，并采取六路分兵、全线抵御的军事战略，继续同优势敌人拼消耗。

4月至7月，毛泽东在中共粤赣省委驻地会昌进行调查研究，指导工作。他亲临南线前沿就军事问题进行调查，作了一系列重要指示，一度使南线出现新局面。当时"围剿"中央苏区的国民党南路军总司令、广东的陈济棠在7月间秘密派人到苏区接洽。当毛泽东了解到陈济棠和蒋介石有利害冲突，在南线采取的是"外打内通""明打暗和"的策略，不积极向苏区进攻，并派出代表向红军作试探性的不再互犯的谈判之后，立即对粤赣省委书记刘晓和粤赣省军区司令员兼政委何长工指示：要抓住这一有利时机，加强统一战线的工作，可以派一些化装小分队，深入陈济棠部管区宣传抗日救国，中国人不打中国人，枪口一致对外的道理，促动陈军停战抗日。毛泽东还指示：根据南线情况，可适当调整部队，把主力抽下来，这样既可缓和前线形势，又可积蓄我军力量，休养生息，以备不虞[①]。毛泽东的这些指示，对消除南线的赤白对立，促进陈济棠与红军进行谈判，起到了良好的作用。

10月间，周恩来、朱德派潘汉年、何长工为红军代表，同陈济棠的代表举行密谈，双方达成"就地停战""互通情报""解除封锁""相互通商"和"必要时互相借道"5项协议。其中包括：红军有行动时事先告诉陈济棠，陈济棠部就后撤20公里。这就为后来中央红军的突围准备了有利条件。

毛泽东从南线回到瑞金后，按照中革军委的要求，从7月下旬开始用将近一个月的时间撰写了三万字左右的《游击战争》一书。全书分为三章，第一章概论，谈游击队的任务与组织，以及游击队如何发展为红军；第二章游击队的战术；第三章游击队的政治工作。10月，中革军委印发此书。

---

① 《何长工回忆录》，解放军出版社1987年版，第323—324页。

10月上旬，敌北路军和东路军加紧对兴国、石城、长汀进攻，南路军由筠门岭向会昌推进，企图迅速占领上述各地，进而占领宁都、于都、瑞金，以实现其围歼红军的目的。在这种情况下，红军还可以利用敌人暂时不敢长驱直入的弱点，进行休整补充和动员教育，然后突破敌人包围圈，向敌后广大无堡垒地带寻求战机，歼灭敌人有生力量，争取粉碎敌人的"围剿"。毛泽东再一次提出自己的主张：红军主力立即突围，此时"虽已不利于出浙江，但还可以向另一方面改取进攻战略，即以主力向湖南前进，不是经湖南向贵州，而是向湖南中部前进，调动敌人至湖南而消灭之"。但是，博古、李德等人这时已为气势汹汹的敌人所吓倒，哪里还想到"进攻战略"，毛泽东最后一次扭转危局的努力也失败了。于是，正如毛泽东所说："此计又不用，打破第五次'围剿'的希望就最后断绝，剩下长征一条路了。"

随着局势的日益恶化，中央革命根据地濒临绝境，中央红军损失惨重。面对这一形势，李德起草《八、九、十三个月战略计划》时提出战略转移的问题，并且也开始了退出中央苏区的直接准备。但同时，李德等人却又要求中央红军"用一切力量继续捍卫中央苏区来求得战役上的大的胜利"。这种十分矛盾的态度和做法所带来的后果是，既没有适时地实行战略转移，又由于继续坚持阵地战，使红军和中央根据地的损失更加惨重。时至1934年10月中旬，由毛泽东、朱德等一手创建起来的中央革命根据地，已由全盛时期的5万平方公里土地、250万人口、占有21座县城的相当规模的广大区域，锐减到只剩下瑞金、石城、宁都、会昌、于都等一小块中心地带，眼看敌人就要合围了，李德、博古等人至此才不得不作出放弃中央革命根据地的决定，被迫实行突围，准备到湘西与红二、六军团会合，寻找一块新的立足之地。1934年10月16日，中共中央、中革军委和红军总部率领主力红军连同后方机关共86000余人，从江西瑞金、于都等地出发，退出中央根据地，开始突围，拉开了长征的序幕。

长征途中的英勇抗争

长征开始时,中共中央政治局常委会由王明、博古、张闻天、周恩来、张国焘、陈云、项英组成,博古负总责;长征前夕,军事指挥权由新设立的"三人团"博古、李德、周恩来全权负责。毛泽东虽然是中央政治局委员和中华苏维埃中央政府主席,但实际被隔离在军机大事的决策圈之外,连他在政府工作方面的权力也被大大削弱。他在中华苏维埃第一次全国代表大会时兼任的人民委员会主席一职,已经在中华苏维埃第二次全国代表大会时改由张闻天担任。甚至差一点连参加长征的资格也被博古等人剥夺[①]。毛泽东和贺子珍把他们心爱的孩子毛毛托付给留下坚持斗争的弟弟毛泽覃和弟媳贺怡(从此再也没能找到这个孩子,毛泽覃也牺牲在随后进行的游击战争中),踏上了漫漫长征路。

长征开始后,毛泽东随由中革军委系统改编成的军委纵队(代号"红星纵队")一起行动。当时,他正患重病,身体十分虚弱,每天都躺在担架上行军。但他的大脑却在不停地思考着和判断着。他看到,长征开始以后,"左"倾领导者一改第五次反"围剿"中所奉行的进攻中的冒险主义,转而实行防御中的保守主义和退却中的避战主义。本来,中央红军从内线作战转到外线作战,可以抓住这个有利时机,出敌不意,集中优势兵力,打几个歼灭战,以便扭转被动挨打的局面。然而,由于李德、博古等人僵化而错误地认为:红军一定要到达指定地区(湘西),放下行李后,再开始反攻来消灭敌人。因而,他们只是一味地行军、突围,只求到湘西与红

[①] 对此有两种说法:一种说法是毛泽东本人提出他熟悉中央苏区的情况,又能熟练运用游击战的战略战术,希望留守中央苏区;另一种说法是伍修权等同志回忆的,认为博古、李德等曾设想把毛泽东留下,后鉴于毛泽东在红军中的崇高威望,没敢实施。

二、六军团会师，而不顾一切。在军事部署上，将三军团放在右翼，其后为八军团；一军团任左翼，其后为九军团；五军团殿后，护卫着中央纵队和军委纵队以及负担着大量辎重物资的后勤机关。

1934年10月21日夜，突围战役开始。在江西的信丰、安西和安远三点一线的封锁线上，担任防守的粤军余汉谋纵队在得到陈济棠的示意后，只是稍事抵抗。这场突围战实际上是假打，为瞒蒋介石耳目，双方都做出攻防之势，枪弹却是朝天放的。23日，红军大部越过赣州、南雄间的公路，进入粤北，突破了蒋介石吹嘘的第一道"钢铁封锁线"。突破这道封锁线没有经过大的战斗，使红军保存了实力，争取了时间。红军在通过了第一道封锁线之后，即向湖南、广东边境前进。敌军又沿着湖南汝城、广东城口一线部署了第二道封锁线。不过，由于陈济棠执行秘密协议，没有派重兵阻截我军，只图自保；蒋介石的嫡系远在湘赣边，鞭长莫及；湖南军阀何键率领的湘军不敌红军，这样，没有经过严重的战斗，敌人的第二道封锁线又被红军突破了。蒋介石赶忙以重兵在粤汉铁路湘粤边界湖南境内的良田到宜章之间，设立了第三道封锁线。除湘军刘建绪、李觉、王东原、陶广等部外，蒋介石的嫡系部队薛岳、周浑元部也从江西赶到了。鉴于当时敌我双方的实际状况，毛泽东于11月6日在广东仁化的城口提出建议：红军不要向文明司前进，不要在坪石过粤汉铁路，不要取宜章、临武，而应该向北越诸广山，沿耒水北上，在水口山一带休整，仍到永丰、蓝田、宝庆等地摆开战场，消灭"围剿"之敌。毛泽东的这一建议，对于彻底打破敌人的"围剿"，从根本上摆脱被动挨打的境地，十分有意义，但"左"倾领导者还是拒绝了。这样，为突破第三道封锁线，红军被迫同敌军展开激战。在付出较大的伤亡代价后，终于突破敌人的第三道封锁线。蒋介石又迅速调集40万大军依据湘江天险，部署了第四道封锁线。中央红军处于前有湘江阻拦，后面和左右两侧有数十万敌军围追堵截的危险处境。

面对当时险恶的形势，毛泽东在反复研究敌情之后，提出改变进军方向的建议：主张红军主力不要过潇水，不要攻道县和江华，应沿潇水东岸经保和圩、雷家坪等地，攻占零陵的粟山铺，再向东北攻祁阳，过湘江，在两市镇或宝庆一带与敌决战，然后再返回中央革命根据地去。但这一具有战略眼光的建议，又一次被"左"倾教条主义领导者拒绝了。尽管自己的多次建议未被理睬，但毛泽东始终以革命利益为重，抛开个人所蒙受的冤屈，密切关注着党和红军的命运与前途。

突破敌人的第四道封锁线，是长征以来最紧张激烈的一次战斗，激战达一个星期之久。由于"左"倾领导者的错误指挥，湘江之战使中央红军付出极其惨痛的代价。在此次战役中发挥"铁拳"作用的红一军团减员不少；红三军团一个团被敌人切断，未能过江，红五军团三十四师负责湘江之战总掩护任务，正要过江时，被数十倍敌人包围，最后全师覆没；红八军团，这支诞生于长征前夕的部队，在渡江之后仅剩1000余人。湘江之战后，中央红军由长征出发时的86000余人（抵达湘江时尚有6万余人），只剩下3万多人。湘江之战的惨痛牺牲，使把持红军指挥权的李德、博古等也遭受了严重的信任危机。正如刘伯承在《回顾长征》中所指出："广大干部眼看反五次'围剿'以来，迭次失利，现在又几乎濒于绝境，与反四次'围剿'以前的情况对比之下，逐渐觉悟到这是排斥了以毛泽东同志为代表的正确路线，贯彻执行了错误的路线所致，部队中明显地滋长了怀疑不满和积极要求改变领导的情绪，这种情绪，随着我军的失利，日益显著，湘江战役，达到了顶点。"惨痛的现实教育了全党和全军，毛泽东成为他们心目中替代已经走投无路的"左"倾教条主义者、指挥红军重新走向胜利的唯一恰当人选。正如萧华后来在《长征组歌》中所唱吟的那样："全军想念毛主席，迷雾之中盼太阳"。这反映了红军将士共同的心声。

踏上长征路的毛泽东，一直在思索第五次反"围剿"失败的原因和红军的出路何在。他和一同行军宿营的张闻天、王稼祥等倾心交谈，向他们分析红军军事失利的原因和李德、博古等的指挥错误，并提出要讨论军事上的得失问题。毛泽东的意见首先得到张闻天、王稼祥的赞同和支持，进而又得到朱德、周恩来以及聂荣臻等红军将领的支持。在经历湘江之战的惨痛损失之后，毛泽东的主张得到党内高层和众多红军将领的普遍共鸣。从翻越老山界起，毛泽东和张闻天、王稼祥就开始批评中央的军事路线，指出第五次反"围剿"以来的失败主要是军事路线的错误所致。这引发了中央领导层的激烈争论。

中央红军突破敌人第四道封锁线，渡过湘江之后，继续向西转移。而蒋介石看到他精心部署的第四道封锁线被突破，把红军消灭于湘江以东地区的计划宣告破产之后，立即重新调兵遣将，部署新的追堵计划，蒋介石最怕中央红军北上与红二、六军团会合，因此他把"追剿"的兵力重点摆在湘西地区。当中央红军跨过老山界，离开广西地界，进入湖南境内时，敌人便把防堵中央红军北上与红二、六军团会合作为兵力布置的重点，并在这个方向上，摆放了五六倍于红军的兵力，布置好"口袋"，等着红军去钻。特别是鉴于中革军委二局破译国民党军之间的电报，得知他们已确悉红军将"循萧匪故道，向西急窜"，并紧急在湘西构筑了四道碉堡封锁线，张网以待，企图围歼中央红军[①]。面对这种危难形势，毛泽东等人积极主张中央红军绝不能被敌人牵着鼻子走，绝不能往敌人的"口袋"里钻，绝不能自动"入瓮"，自取灭亡。但"左"倾领导者不顾敌人的重兵堵截，仍坚持到湘西与红二、六军团会合的方针。毛泽东的建议虽然没有被采纳，但还是引起中革军委主席兼红军总司令朱德的重视，他在进入通道的当天（1934年12月11日）就致电红一军团的林彪、聂荣臻，要他们派出侦察部队带电台去"侦察入黔的道路"[②]。正是在毛泽东的力主下，为了解决战略方向问题，当红一军团二师五团打下了湖南的通道县城后，12月12日，

---

① 曹冶、伍星：《红军破译科长曹祥仁》，时代文献出版社2014年版，第80页。
② 中国人民解放军历史资料编审委员会编：《红军长征文献》，解放军出版社1995年版，第170页。

有关的中央领导在通道召开一次碰头会。会议主要讨论战略方向问题，争论异常激烈。李德、博古仍坚持同红二、六军团会合的方针，李德还提出："是否可以让那些在平行路线上追击我们的或向西面战略要地急赶的周部和其它敌军超过我们，我们自己在他们背后转向北方，与二军团建立联系。我们依靠二军团的根据地，再加上贺龙和肖克的部队，就可以在广阔的区域向敌人进攻，并在湘黔川三省交界的三角地带创建一大片苏区。"[1] 这是一个关系红军生死存亡的紧急关头。毛泽东挺身而出，极力说服博古等主要领导人，放弃同红二、六军团会合的计划，以免投入敌人已布置好的罗网，主张改向敌人力量薄弱的贵州前进。毛泽东的正确主张得到大多数人的赞同，会议最后决定西进贵州。这是自第五次反"围剿"开始以来，毛泽东的意见第一次得到中央多数同志的尊重，第一次对中央的战略决策发生重大的影响。毛泽东西进贵州的主张得到通过，不仅挽救了处于危难之中的党和红军的命运，也表明人们越来越认清毛泽东的正确主张。这也是红军自长征开始以来战略转变的一个开端。

根据通道会议的决定，中央红军开始西进贵州。1934年12月15日，中央红军占领黎平城。红军这一举动，一下子把敌人摆在湘西的重兵置于无用之地，而敌人要调整部署又需时间，中央红军自10月份开始长征以来，第一次获得休整的可能。12月18日，中共中央政治局在黎平城内召开会议，讨论战略方针问题。可以说，黎平会议是一次十分重要的会议，是从湘南就开始的我军战略方向问题争论的继续，是通道会议进行的两种战略方针问题争论的继续。会上，博古和李德坚持从黎平北上去湘西与红二、六军团会合，创建新根据地的方针。他们不顾敌人的重兵仍在湘西的实际情况，不愿按照已经变化了的情况来改变自己的行动方针。毛泽东则主张继续向贵州西北部进军，在川黔边建立新根据地。经过毛泽东摆事实、

---

[1] [德]李德：《中国纪事（1932—1939）》，现代史料编刊社1980年版，第124页。

讲道理、深明大义的努力说服，与会不少人改变了自己原来的观点，绝大多数人同意毛泽东放弃北上方针的正确意见。更为重要的是，黎平会议作出并通过《中央政治局关于战略方针之决定》（即黎平会议决议）。决议明确指出："鉴于目前所形成之情况，政治局认为过去在湘西创立新的苏维埃根据地的决定在目前已经是不可能的，并且是不适宜的。"为使中央红军在今后能与红四方面军和红二、六军团更密切地协同动作，为求得在政治、经济及群众等方面更有利于彻底粉碎第五次"围剿"的条件，利于今后苏维埃运动及红军的发展，"政治局认为新的根据地应该是川黔边地区，在最初应以遵义为中心之地区，在不利条件下应该转移至遵义西北地区"。这个决议不仅用中央政治局正式决定的形式否定了博古、李德等坚持北上湘西与红二、六军团会合的错误主张，肯定了毛泽东关于改变进军方向的正确主张，也是红军长征以来的重大战略转折。同时也表明，"三人团"的最高决定权正在减弱，博古、李德的最高军事指挥权正在消失。此外，黎平会议还作出了一个重大决定，即在适当时机召开党中央政治局扩大会议，以解决从湘西及通道开始的党内关于战略方针的各种争论。

黎平会议后，中央红军即按照中央军委的部署，兵分两路，向遵义方向前进。到1935年元旦前夕，中央红军各路大军已云集在乌江南岸，正在紧张而有秩序地进行强渡乌江的各项准备工作。1934年12月31日，军委纵队到达瓮安县的猴场。鉴于中央红军即将渡过乌江，进入黔北，也由于"左"倾领导者对于黎平会议决议尚有争论，对于下一步的行动方针还有不同意见。为此，中央政治局在1935年1月1日于猴场召开一次会议。在会上，"左"倾领导者主张中央红军不过乌江，回头东进，与红二、六军团会合，仍坚持过去错误方针。毛泽东则再次重申在黎平会议上所阐明的正确主张，与会的绝大多数人都赞同毛泽东的建议，再次否定"左"倾领导者的错误主张。会议还作出《中央政治局关于渡过乌江后的行动方针的决定》（亦称猴场会议决议）。在这个决议中，明确指出要"建立川黔边新苏区根据地。首先向以遵义为中心的黔北地区然后向川南发展,是目前最中心的任务"。在这次会议上,为了能够把握住取得胜利的有利时机,使红军不失时机地在运动中各个击破敌人,中央政治局还决定:"关于作战方针,以及作战时间与地点的选择,军委必须在政治局会议上做报告。"这一决定实质上就是对第五次反"围剿"以来李德、博古等把持的军事指挥权在组织上作出的剥夺。

在黎平会议和猴场会议上,中央政治局提出夺取遵义,进军黔北,开创以遵义为中心的川黔边革命根据地的方针,并准备反攻,以彻底粉碎敌人的第五次"围剿"。特别是猴场会议提出的"打到遵义去,创造新苏区"的口号,使广大红军指战员人心振奋,斗志倍增。在强渡形势险要的乌江天险之后,中央红军第一军团第二师于1935年1月7日智取遵义。中央军委纵队于1月9日进驻遵义。

在中央红军占领遵义期间,中共中央政治局于1935年1月15日至17日在遵义召开了具有伟大历史意义的扩大会议。这次会议的召开,其本身就是毛泽东正确主张的胜利。

1935年1月15日至17日,中共中央政治局扩大会议在遵义召开。参加会议的人员有:

政治局委员:毛泽东、周恩来、朱德、陈云、张闻天、博古
政治局候补委员:王稼祥、邓发、刘少奇、何克全(凯丰)
中央秘书长:邓小平
红军总部和各军团负责人:刘伯承、彭德怀、杨尚昆、聂荣臻、林彪、李富春、李卓然
军事顾问:李德
翻译:伍修权

会议在贵州军阀柏辉章的公馆、一座二层楼的楼上举行。因为中央政治局和军委白天要处理战事和日常事务,所以会议一般都是晚饭后开始开,

一直开到深夜。会议的主要目的是要集中全力解决当时具有决定意义的军事问题和组织问题。具体地说，即：一、决定和审查黎平会议所决定的暂时以黔北为中心，建立苏区根据地的问题；二、检查在五次反"围剿"中与西征中军事指挥上的经验与教训。

会议开始是由博古主持。首先，博古作总结第五次反"围剿"的主报告。在报告中，他虽然对军事指挥上的错误作了一定的检讨，但是，由于他对所推行的王明"左"倾路线的错误及严重危害缺乏认识，对长征以来军事指挥上的严重错误缺乏认识，所以，他强调许多客观原因，为临时中央和自己的错误作辩护和解释。接着，周恩来作关于第五次反"围剿"军事问题的副报告。周恩来在报告中详细分析了第五次反"围剿"失败、离开中央革命根据地的原因，重点指出主观因素上的错误，对李德、博古进行不点名的批评。他在报告中还以坦荡的胸怀，对军事指挥上的错误进行了诚恳的自我批评，主动承担责任。张闻天根据毛泽东、王稼祥和他商定的意见，作"反报告"。

随后，毛泽东作重要发言，讲了一个小时左右。他在发言中指出，当前首先要解决军事问题。他系统地批判了"左"倾错误军事路线及其表现，如防御时的保守主义，进攻时的冒险主义和转移时的逃跑主义。他还尖锐地批评李德的错误指挥，只知道纸上谈兵，不考虑战士要走路，也要吃饭，也要睡觉；也不问走的是山地、平原还是河道，只知道在地图上一划，限定时间打，当然打不好。毛泽东还用一、二、三、四次反"围剿"胜利的事实，批驳了用敌强我弱的客观原因为第五次反"围剿"失败作辩护的观点。毛泽东还指出，正是在军事上执行"左"倾错误主张，才导致第五次反"围剿"的失败，造成红军在长征中的重大牺牲。毛泽东特别分析了"左"倾教条主义战略战术上的错误，他指出："左"倾教条主义战略战术上的第一个错误是堡垒对堡垒，使敌人的堡垒主义持久战的战略战术达到目的。在战争指挥上，不依靠正确的战略指导战役，并正确运用战术，而是靠战术制胜。这是军事领导、军事理论上的绝大错误。第二个错误是分散兵力。对"左"倾领导者在战略转移和突围行动方面的错误，毛泽东也作了批评：正因为惊慌失措，战略大转移这么重大的行动既未在政治局讨论，又未做充分政治动员，也未能在转移前给红军以必要的休整而仓促行动。针对李德"包办了军事委员会的一切工作"，"把军委的集体领导完全取消"，在军事问题上对不同意见"不但完全忽视，而且采取各种压制的方法"，"下层指挥员的机断专行与创造性被抹杀了"，军委内部及各军团首长"不止一次提出了正确的意见，而且曾经发生过许多剧烈的争论"，但这对于博古、李德却是"徒然的"。毛泽东的发言，反映了大多数与会同志的共同想法和正确意见，获得多数人的热烈拥护。

继毛泽东发言以后，第一个发言支持毛泽东正确意见的是王稼祥。他旗帜鲜明拥护由毛泽东出来领导和指挥红军，严厉地批判李德和博古等在军事指挥和军事理论上的错误。由于王稼祥是从教条宗派集团转变到正确路线方面来的第一人，是提议召开遵义会议的第一人，是在遵义会议上继毛泽东之后紧接着发言支持毛泽东正确主张的第一人，作用很大，所以，后来毛泽东多次赞扬王稼祥这一功绩，说王稼祥在遵义会议上投了"关键的一票"。

王稼祥发言后，张闻天也明确地表示支持毛泽东的意见，对博古和李德等在军事上的错误作了深刻的批判，并在发言中说，现在必须由毛泽东同志出来领导。由于张闻天当时是中央政治局委员、常委、书记处书记，所以他的态度对遵义会议的胜利产生重大影响。

正因为如此，毛泽东后来曾说过："遵义会议是一个关键，对中国革命的影响非常之大。但是，大家要知道，如果没有洛甫（张闻天——引者注）、王稼祥两个同志从第三次'左'倾路线分化出来，就不可能开好遵义会议。同志们把好的账放在我的名下，但绝不能忘记他们两个人。当然，遵义会议参加者还有别的好多同志，酝酿也很久，没有那些同志参加赞成，光他们两个人也不行；但是，他们两个人是从第三次'左'倾路线分化出来的，作用很大。"

此外，担任政治局常委、军委副主席、红军总政委、"三人团"成员之一的周恩来，在会上也坚定地站在毛泽东一边。正是周恩来的鲜明态度，极大地促进了会议的最后成功。

遵义会议正式开会的会期只有三天，主题是总结第五次反"围剿"的经验教训和确定红军今后的行动方针。其主要成就有三：

其一，会议全面总结了第五次反"围剿"以来军事指挥的得失，集中批判了"左"倾教条主义的错误军事路线，重新肯定了毛泽东所代表的正确军事路线及其战略战术，并将其确定为红军今后的作战方针。这在张闻天在会上的"反报告"和毛泽东以及绝大多数与会者的发言中，得到充分的体现。

其二，会议剥夺了"左"倾教条主义者的军事指挥权，取消了"三人团"的军事指挥体制，决定仍由红军总司令朱德和总政委周恩来为军事指挥者，而周恩来是党内委托的对指挥军事上下最后决心的负责者；"扩大会完毕后中央常委即分工，以泽东同志为恩来同志的军事指挥上的帮助者"[1]。这标志着军事指挥体制的转变和毛泽东重新回到军事指挥的最高决策圈。

其三，会议增补毛泽东为中央政治局常委。这是党的六届五中全会召开整整一年后，党中央领导核心的又一次重要变动。一年前召开的六届五中全会决定设立中央书记处（又称中央政治局常委会），由博古、张闻天、周恩来、项英、陈云等为书记处书记[2]。遵义会议上作为正式的组织决定，增补毛泽东为中央政治局常委，标志着他进入中央领导核心。不仅如此，

---

[1] 《陈云文选》第 1 卷，人民出版社 1995 年版，第 43 页。
[2] 《陈云传》上卷，中央文献出版社 2005 年版，第 148 页。

在遵义会议进行中，毛泽东的长篇发言，得到绝大多数与会者的赞同和支持，周恩来发言时就全力推举毛泽东来领导红军的今后行动。他的倡议得到多数人的拥护①。杨尚昆也回忆："会上，许多同志要求毛主席代替博古领导全党工作，这是众望所归。但毛主席不愿意，说他身体不好，有病。"②因此，遵义会议决定俟后"常委中再进行适当的分工"③。在随后酝酿更换党的"总负责人"时，据周恩来回忆：中央红军一渡赤水向云南扎西行军途中，洛甫首先提出中央要变换领导，他说"博古不行"。毛泽东找周恩来商量，把洛甫要求变换中央领导的意见告诉了他。周恩来毫不犹豫地说："当然是毛主席，听毛主席的话。"毛泽东说："不对，应该让洛甫做一个时期。"④可见，毛泽东当时就是党的最高领导职位的主要人选。只不过是因为他个人坚决不同意而作罢。

1935年2月3—5日，在四川叙永的石厢子会议上，在毛泽东的提议和积极说服下，根据遵义会议精神，中央政治局常委进行分工，由张闻天代替博古负总责。1935年3月12日在贵州苟坝成立了由周恩来、毛泽东、王稼祥组成的三人军事小组，全权指挥军事。在当时险恶的战争条件下，在漫长艰辛的长征途中，军事问题是决定党的生死存亡的重要问题，因此三人军事小组是党中央最重要的领导机构。毛泽东参加三人军事小组，表明毛泽东在全党全军的领导地位得到进一步的确认。

遵义会议确立了毛泽东在全党和全军的领导地位，是这段历史所有亲历者的共识。陈云，中央政治局常委之一，他非常清楚地知道遵义会议并没有推举毛泽东担任党和红军的最高领导职务，但是，他第一时间（几乎

---

① 《周恩来传》上卷，中央文献出版社1998年版，第349页。
② 《杨尚昆回忆录》，中央文献出版社2007年版，第118页。
③ 《陈云文选》第1卷，人民出版社1995年版，第43页。
④ 周恩来1972年6月10日在中共中央召集的一次会议上的讲话，转引自《毛泽东年谱（1893—1949）》上卷，人民出版社、中央文献出版社1993年版，第446页。

是在中央红军长征抵达陕北的同时）在向共产国际执行委员会书记处报告遵义会议情况时就表明："我们撤换了'靠铅笔指挥的战略家',推选毛泽东同志担任领导"①;张闻天,遵义会议后接替博古"在党内负总责",他在遵义会议召开8年后的1943年12月,也就是毛泽东终于正式担任中央政治局和中央书记处主席之后,也明确指出:"遵义会议改变了领导,实际开始了以毛泽东同志为领导中心的中央的建立"②;邓小平,在遵义会议前夕刚刚再任中央秘书长,他在40多年后审阅《关于建国以来党的若干历史问题的决议》草稿时,明确要求删掉原稿中"遵义会议实际上确立了毛泽东同志在红军和党中央的领导地位"一语中的"实际上"三个字。他说他当时是党的秘书长,是遵义会议的与会者。会后的行军中,他和毛泽东、周恩来、张闻天等是在一起的。每天住下来,要等各个部队的电报,一直等到深夜,再根据这些电报确定红军的行动。在重要问题上,大都是毛泽东同志出主意,其他同志同意的。尽管名义上他没有当什么总书记或军委主席,他实际上对军队的指挥以及重大问题上的决策,都为别的领导人所承认③。遵义会议确立了毛泽东的领导地位的这一事实,也被载入中国共产党的历史。1945年4月21日,党中央通过的《关于若干历史问题的决议》这样评价遵义会议:"这次会议开始了以毛泽东同志为首的中央的新的领导,是中国党内最有历史意义的转变。"④1981年6月27日中共十一届六中全会通过的《关于建国以来党的若干历史问题的决议》认为遵义会议"确立了毛泽东同志在红军和党中央的领导地位,使红军和党中央得以在极其危急的情况下保存下来,并且在这以后能够战胜张国焘分裂主义,胜利地完成长征,打开中国革命的新

---

① 《陈云文集》第1卷,中央文献出版社2005年版,第9页。
② 遵义会议纪念馆编:《遵义会议资料汇编》,中央文献出版社2009年版,第89页。
③ 邓力群:《介绍和答问——学习〈关于建国以来党的若干历史问题的决议〉》,北京出版社1981年版,第68页。
④ 《毛泽东选集》第3卷,人民出版社1991年版,第969页。

局面。这在党的历史上是一个生死攸关的转折点"。

遵义会议是中国共产党独立自主地运用马克思主义基本原理解决中国革命问题的开始。中共成立初期，即成为共产国际的一个支部，党的纲领、路线、方针和政策，在很大程度上依靠共产国际的指导，"先生讲，学生听，由先生抓着手学写字"，纲领和中央全会的决议都依赖共产国际起草。这是党处在幼年时期的特征。而遵义会议，则是在失掉和共产国际无线电联系的情况下，中共运用马列主义普遍原理，从中国革命战争的实际出发，独立自主地解决自己的问题。共产国际派来的军事顾问李德，虽然参加了遵义会议，但他在会议上处于被批判的地位，再也不能对中国共产党发号施令了。党把马列主义与中国革命实际相结合，独立自主地自己决定自己的问题，这是中国共产党从幼年走向成熟的标志。而毛泽东则是最早实践这个结合的伟大旗手。毛泽东说："我们得到一条经验，任何一个党的纲领或文件，只能由本国党来决定，不能由外国党决定。"① 又说："中国人不懂中国情况，这怎么行！真正懂得独立自主是从遵义会议开始的。这次会议批判了教条主义。"②

遵义会议胜利地结束了统治中国共产党达四年之久的王明"左"倾教条主义错误，事实上确立了毛泽东同志在党中央和红军的领导地位，开始确立以毛泽东同志为主要代表的马克思主义正确路线在党中央的领导地位，开始形成以毛泽东同志为核心的党的第一代中央领导集体，开启了党独立自主解决中国革命实际问题新阶段，在最危急关头挽救了党、挽救了红军、挽救了中国革命，并且在这以后使党能够战胜张国焘的分裂主义，胜利完成长征，打开中国革命新局面。这在党的历史上是一个生死攸关的转折点。

---

① 毛泽东1964年3月23日同外宾的谈话。
② 毛泽东1963年9月3日同外宾的谈话。

第六章
CHAPTER SIX

奠基西北

神来之笔

长征最直接的战略目标是重建新的革命根据地。第五次反"围剿"的失败，是以中央苏区的丧失为标志的；长征要达到最后的胜利也必须是以找到新的落脚点为终结。这一点在遵义会议后愈加明确。1935年3月8日中共中央发布的《为粉碎敌人新的围攻赤化全贵州告全党同志书》即指出："用一切努力来粉碎敌人新的围攻，来建立苏区根据地，是目前每个共产党员最中心最神圣的任务。"[①]和"左"倾教条主义者的指挥根本相反，毛泽东不同意要先到达新根据地放下包袱再回过头来粉碎敌人"围剿"的观点，而是以运动战调动敌人，在粉碎敌围追堵截的过程中寻求和创造新的根据地[②]。

遵义会议后，党内的正确路线开始确立，但是中央红军所面临的敌情依然十分严峻。蒋介石为了阻止中央红军北进与红四方面军会合，或东出湘西与红二、六军团会合，实现围歼我军于黔北川南地区的战略目的，调兵遣将，在中央红军周围组织了一个大包围圈。四渡赤水战役正是在这一背景下发生的。为了摆脱十余倍于己的敌人，彻底冲破敌人的围追堵截，改变红军被动挨打的局面，毛泽东指挥和领导红军神出鬼没，巧妙周旋，避敌之长，击敌之短，穿插迂回，相机歼敌，在蒋介石调兵遣将之际，敌人合围形成之前，胜利转移。

1935年1月20日，中革军委在发布的《渡江作战计划》中提出："我野战军目前的基本方针，在由黔北地域经过川南，渡江后转入新的地域协同四方面军由四川西北面实行总的反攻，而以二、六军团在川、黔、湘、

[①]《毛泽东年谱（1893—1949）》上卷，人民出版社、中央文献出版社1993年版，第451页。
[②] 蒋建农：《奠基西北——遵义会议后毛泽东重建革命根据地的伟大实践》，《党的文献》1996年第5期。

鄂之交活动，来钳制四川东南'会剿'之敌，配合此反攻以粉碎敌人新的围攻，并争取四川赤化。"1月21日中央红军分三路纵队向赤水方向前进。1月24日，右路纵队红一军团进占土城，随后继续北进。1月25日到猿猴（元厚），以图占领赤水县城，为全军打开向川南进军的通路。中路红九军团于1月24日进抵东皇殿，后归入右路纵队。军委纵队从遵义出发后，经桐梓，于1月25日抵达东皇殿。这时，已侦悉四川军阀刘湘的"模范师"——郭勋祺师已渡过长江，正从綦江方向南下，企图阻击我军北上。1月27日下午，中央军委到达土城。同一天，左路纵队红三军团也进抵土城。这时，得到的情报表明尾追之敌是两个旅四个团，正向土城方向前进。战斗在1月28日凌晨打响。中央红军连续激战三四个小时，未能扩大战果。随即，红军迅速发现对敌情判断有误。原来以为敌军约六七千人，但实际上，敌人共有四个旅八个团，共一万多人。加之，红一军团已沿河右岸北上，奔袭赤水城，分散了兵力，没有形成打歼灭战的拳头，情况相当危急。

毛泽东当机立断，立即通知红一军团急速返回增援。在红一军团未返回的两三个小时内，战斗打得仍十分激烈。红五军团阵地被敌军突破，我军遭到很大伤亡。敌人抢占山头，向土城镇步步进逼，甚至打到了中革军委指挥部前沿所在的镇东面的白马山。山后就是赤水河，若不能顶住敌人进攻，将导致极其严重的后果。紧急关头，毛泽东命令干部团发起反冲锋。干部团是长征出发时，由公略、彭杨两个步兵学校合并组成的，成员均为富有战斗经验的连排干部。他们在团长陈赓、政委宋任穷率领下，发起了猛烈的反冲锋。敌人被打得仓皇溃退。当日下午，跑步返回增援的红一军团第二师赶到白马山阵地，与干部团协同作战，敌受重创，退却固守。同时，红三军团牢固控制了道路以南的观山高地。

当阵地完全巩固以后，毛泽东立即召集政治局几位主要领导开会。根据当时的敌情，原定由赤水北上，从泸州至宜宾之间北渡长江的计划不行了。在会上,毛泽东果断地指出:为了打乱敌人的尾追计划,变被动为主动,不应再与敌恋战,作战部队与军委纵队应即轻装,从土城渡过赤水西进。与会者都赞同毛泽东的这一主张。根据会议精神,1月29日凌晨,中革军委向各军团发布关于一渡赤水河的行动部署。

1月29日,中央红军及中央纵队、军委纵队分成左、中、右三路,利用在极其困难的条件下搭起的浮桥,在红一军团四团的掩护下,轻装前进(红三军团把笨重的山炮丢进河里;陈云率领卫生、供给部的人员,也将一些笨重的物资推入河中)全部渡过赤水河。当追敌来到赤水河边时,只见到被破坏掉的浮桥和被毁掉的船只,他们也只能望河兴叹,目送红军远去。

中央红军一渡赤水后,进入了四川南部,并随即分成左右两路,进抵川南古蔺县境。2月7日,中革军委电告各军团:根据目前情况,原定的渡河计划已不可能实现,现党中央及军委决定应以川滇黔边境为发展地区,以战斗的胜利来开展局面,并争取由黔西向东的有利发展。这表明中央红军已明确决定转变战略方针,暂时放弃北渡长江,在成都的西南或西北建立根据地的打算,而采用在取得川滇黔边境发展后,由黔西向东发展的方针。

2月6日,中央红军各部主力先后到达滇东北扎西地区集结。2月9日,中革军委进驻扎西县城。在扎西,中革军委召开扩大会议,讨论战略方针等问题。毛泽东在会上作重要发言。他精辟地分析了当时的形势,并深刻指出要用敌变我变的原则来指导红军的行动。他明确指出:我们的作战路线是服从于红军的作战方向的,这个方向受了限制,就应转移到另一个方向上去。现在转移到黔北去,这是由于我军的北上,使敌人的主力和注意力都调到川南一线来了,黔北比较空虚,我们应该利用敌人的过失,寻找有利的战机,集中优势兵力,发挥我军运动战的特长,去主动消灭敌人。毛泽东的这些观点和主张,使与会者茅塞顿开,被深深地折服了。毛泽东又接着提出"回师东进,再渡赤水,重占遵义"的战略方针,得到大家的一致赞同。

根据党中央和毛泽东新的战略意图，中革军委于1935年2月10日开始部署东进。2月11日，中央红军开始向东南转移。当晚，根据敌情变化，中革军委决定"各军团向赤水河东发展，争取渡河先机"。从2月18日起至19日，中央红军第二次渡过赤水河。这次东渡赤水河后，中央红军便进到当时敌人力量最薄弱的黔北地区。2月24日，红一军团先头部队突然攻击桐梓，号称"双枪兵"的黔军弃城而逃，援敌退守娄山关。娄山关位于遵义、桐梓两县交界处，雄踞大娄山山脉的最高峰，是川、黔交通的要道，地势险要，易守难攻。经过激战，2月26日，中央红军攻上娄山关。中央红军在占领娄山关之后，就开始向遵义方向猛追残敌。鉴于当时敌吴奇伟率两个师的增援部队即将到达遵义，军委决定要迅速解决遵义守敌，然后再歼灭援敌。2月27日，中央红军经过英勇战斗，再次解放遵义城。2月28日，在老鸦山战斗中，中央红军对前来遵义增援的吴奇伟的两个师给予沉重打击，吴奇伟最后仅率少数残兵逃过乌江。至3月1日，整个遵义战役胜利结束。自2月11日由扎西出发，中央红军在18天的时间里，由西向东，从北到南，行程达550余公里，歼灭和击溃敌人2个师8个团，毙伤敌2400余人，俘敌3000余人。这是长征以来最大的胜利，是毛泽东和中革军委正确指挥的结果。这次胜利，极大地鼓舞了全军的士气，物资得到补充，沉重地打击了敌人，特别是蒋介石嫡系部队的气焰，连蒋介石也不得不承认这是国民党追击以来的奇耻大辱。

为了加强作战指挥，对付蒋介石新的围攻，3月4日，中革军委发布命令，决定成立前敌司令部，任命朱德为司令员，毛泽东为政治委员。命令中说："为了加强和统一作战起见，兹于此次战役特设前敌司令部，委托朱德同志为前敌司令员，毛泽东同志为前敌政治委员，特令遵照。"毛泽东自1932年被排挤出红军领导岗位后，再次获得对红军的具体指挥权。3月12日在贵州苟坝附近成立由周恩来、毛泽东、王稼祥组成的三人军事小组，他们根据当时具体的敌情，决定红军仍以黔北为主要活动地区，控制赤水河上游，以消灭薛岳所部和王家烈残军为主要目标。据此，3月15日，中央红军主力向驻守鲁班场的敌人周浑元纵队发起进攻。由于敌人三个师集结在一起，红军攻击未能奏效，而且损失较大，同时敌人援军也即将到达。毛泽东等人当机立断，决定放弃对鲁班场的进攻，撤出战斗，转兵西进，从贵州茅台附近西渡赤水河（即三渡赤水），以调动敌人，寻求新的战机。这充分显现了毛泽东战略战术的机动灵活性。

三渡赤水后，中央红军佯作北渡长江姿态，以迷惑和调动敌人。果然，蒋介石以为红军要渡江北上，急忙调整部署，将重兵向川南调动，企图围歼红军于古蔺地区。因为蒋介石最害怕的就是中央红军北上与红四方面军会合。毛泽东正是要利用蒋介石的这种心理。

当各路敌军纷纷赶往川南，围歼中央红军的部署还未完成之时，毛泽东当即决定"秘密、迅速、坚决、出敌不备折而向东"。"渡过赤水东岸，寻求机动"。3月21日晚至22日，中央红军主力在二郎滩、太平渡等地东渡赤水河，再次进入黔北。当时正是蒋介石调中路大军纷纷向古蔺前进之时，中央红军十分巧妙地从敌人重兵之间分路与其相向而行。这样，红军又一次跳出蒋介石精心策划、严密部署但尚未完成的包围圈，将敌人几十万大军甩在古蔺周围赤水河沿岸地区。

中央红军四渡赤水后，即决定迅速挥师南下，南渡乌江。3月28日，红军主力由鸭溪、白腊坎之间突破敌人封锁线，3月31日，经江口大塘、梯子岩等地南渡乌江，进至息烽西北地区，把蒋介石又一次纠集起来准备在遵义地区将红军"一网打尽"的集团重兵甩在乌江北岸。

中央红军南渡乌江后，以一部兵力佯攻息烽，主力进至扎佐，前锋直逼贵州省会贵阳。当时，蒋介石正在贵阳督战，敌人在贵阳及其周围只有正规军4个团。蒋介石一面命令各部队火速增援贵阳，一面下令地方部队死守机场，并准备了轿子、马匹、向导，随时准备逃跑。当时，滇军离贵阳较近，蒋介石对滇军十分倚重。3月31日，蒋介石连发两份"限即刻到"

的万万火急电报给滇军孙渡，让滇军前来贵阳增援。蒋介石这一着，其实是听从了毛泽东的"指挥"。还在部署威逼贵阳的作战行动时，毛泽东就曾说过："只要能将滇军调出来，就是胜利。"

为了继续调动滇军，中央红军在毛泽东指挥下，向东佯攻。同时，采取声东击西的战术，4月5日，佯装东渡清水江，摆出要与红二、六军团会合的姿态。蒋介石又一次上当，他除命令孙渡率滇军追击中央红军外，还电令湘军到黔东防堵，桂军在平越线防堵，吴奇伟纵队尾追。一时间，各路敌军齐向黔东奔集。

毛泽东和中革军委看到调出滇军的目的已达到，西进云南的道路已敞开，便决定：西进云南，抢渡金沙江，北上抗日。为迷惑敌人，中央红军大造要进攻昆明的舆论，并到处张贴"打倒云南军阀龙云！""打到昆明去，活捉龙云！"的标语。红一军团四团和红五军团一部奉命佯攻昆明，到达昆明近郊，大造进攻昆明声势。当时，昆明周围敌人兵力空虚，敌人"追剿军"都距离红军3天以上路程。龙云感到昆明危在旦夕，急电在曲靖以东的孙渡所部取捷径直开昆明，同时调集各县民团防守昆明。这样一来，敌人在滇北各地和金沙江南岸的防御力量进一步削弱，为红军北渡金沙江创造了很有利的条件。4月28日晚，毛泽东与周恩来、朱德、王稼祥、张闻天、刘伯承等中央和军委的领导召开会议，研究讨论如何部署兵力、抢占渡口、北上四川等问题。毛泽东在会议最后讲了三条意见：一、自遵义会议后，我军由于大胆穿插，机动作战，已把蒋介石的尾追部队甩在侧后，现在已经取得西进北渡金沙江的最有利时机。但蒋介石在贵阳已发现我主力从贵州西南向云南的东北方向急速前进，因而正调集近70个团的兵力向我尾追，其先锋部队离我军后卫部队仅有两三天路程。不过，金沙江两岸目前尚无敌人正规部队防守，比较空虚，对我有利。二、昆明东北地区是一块比较大的平原，不像湖南贵州两省有良好的山区可以利用，我军现在不宜在平川地带同敌人进行大的战斗，尤其以避开省城昆明为好。

三、过去决定红一方面军北上进入四川西部，同红四方面军会合，创造革命根据地的方针，已有实现的可能了。因此，我军应趁沿江敌军空虚，尾追敌人距我军尚有三四天的行程，迅速抢渡金沙江，以争取先机。

围绕上述作战方针，毛泽东还就具体的兵力部署阐述了自己的见解。他主张：一军团为左纵队，从现驻地出发，经嵩明、武定一线西进至元谋，然后急速北进，抢占龙街渡口；三军团为右纵队，从现驻地出发，经寻甸然后北进，抢占洪门渡口；军委直属单位为军委纵队，提议由刘伯承率领，干部团为前锋，经石板河、团街直插皎平渡口。以上三路，从翌日拂晓起，均应日夜兼程前进，先头部队每天必须行程50公里以上，沿途不与敌人恋战，更不要费时强攻县城，务必在5月3日前抢占上述渡口，收集船只。北渡之后，要不惜一切牺牲巩固与坚守阵地，为后续部队渡江北进创造有利条件。毛泽东又进一步分析说：我军在5月3日前若能抢占龙街、皎平、洪门3个渡口是上策，万一敌人先我烧船，能占领其中的一个到两个我军亦有办法。最忌的是，龙云先我通风报信，下令把各渡口船只在我军到达以前烧毁或撤到北岸。所以，务必限定在4天之内赶到江边抢占渡口，这是全军胜败最关键的一着棋，一定要把这步棋走活！九军团作为钳制部队，独立行动，以分散尾追之敌。该军团应在会泽、巧家之间自行选择渡江的地点，渡江以后再同主力会师。会议一致同意毛泽东提出的上述战略方针和军事部署。

刘伯承按照毛泽东的部署，率先头部队昼夜行军，迅速强占皎平渡。在皎平渡口，中央红军主力凭借六条渡船（干部团在俘获两条后，又找到四条）昼夜抢渡，从5月3日至5月9日，全部渡过了金沙江。第二天，追敌到达江边，已没有了船只和渡江材料，只好望江兴叹了。

中央红军渡过金沙江后，敌人几十万"追剿军"全被抛在金沙江以南，行程相距一个多星期。跳出数十万敌军围追堵截的圈子，红军终于取得战略上的主动权。

遵义会议后的四渡赤水之战是决定党和红军命运之战，是在中央红军士气最低落、身心最疲惫、处境最艰难的情况下进行的一场生死攸关的绝地反击；对于被推到历史大潮浪尖上的毛泽东来说，则是对其军事指挥才能和军事思想的最直接的检验。毛泽东和他的战友们面临着如何维系党和红军的团结、如何肃清"左"倾教条主义错误军事路线的影响、如何把因无根据地依托所造成的困难降到最低、如何克服高山大河等恶劣自然环境，特别是如何突破十倍于己的国民党军队的重重包围等一系列严峻情况的挑战。从军事学角度看，指挥四渡赤水之战不同于在井冈山和中央苏区毛泽东领导粉碎敌人"进剿""会剿"和"围剿"时的战役指挥，而是具有重要战略意义的战役指挥，牵一发而动全身，事关红军的生死和中国革命的兴亡。当时形势之危急、问题之复杂、压力之巨大、任务之艰险，在毛泽东的军事生涯中可以说是空前绝后的。从1935年1月下旬离开遵义到5月9日全军渡过金沙江，长达4个月时间。在整个令人窒息和倍感煎熬的战役过程中，毛泽东的战略思想并不是一下子就和盘托出的，其战术安排也是随着战场形势的变化而不断调整。不要说红军作战部队的基层干部和普通战士，就是在中央决策层的领导和高级红军将领中，能够完全理解毛泽东战略意图的也为数很少。特别是在当时的危急形势下，客观上也不允许把全局的作战计划悉数告知分路行军的各军团首长。因此，质疑甚至是责难在所难免。打鼓新场之争是当时大大小小诸多争论之一，相对于过去"三人团"的独断专行而言，这是遵义会议以来军事民主和党内民主健康发展的新气象，也是毛泽东重新肩负军事指挥重任后的一个插曲。在自己的意见被否决，并被免去前敌司令部政委职务的当天晚上，一切以革命利益为重的毛泽东，又打着灯笼找周恩来，反复陈述利害，打动了周恩来，继而说服了朱德。第二天中央政治局继续开会，大家又都赞成了毛泽东的意见，放弃了进攻打鼓新场的计划。

必须强调的是，即使是毛泽东也无法立即改变敌强我弱这一基本事实，他在指挥四渡赤水之战时，只能在客观条件许可的范围内去争取最大的胜利。因为对敌情判断不明，他也有过指挥土城战斗和鲁班场战斗失利的事例。但是，和"左"倾教条主义者不同，毛泽东把打破敌人围追堵截的现实任务和重建根据地的既定目标，有机地统一起来。他不为寻找新根据地所束缚，而是依据战场实际，时而向北摆出同红四方面军会师的态势，时而又回头显露出要与红二、六军团会合的趋向，把包袱甩给敌人，机敏地调动敌人，在赤水河两岸与强敌周旋。其中，至为重要的是采取了灵活机动的战略战术和正确的军事路线。正如2月16日中共中央和中革军委发布的《告全体红色指战员书》所指出："为了有把握地求得胜利，我们必须寻求有利的时机与地区去消灭敌人。在不利的条件下，我们应该拒绝那种冒险的没有胜利把握的战斗。因此，红军必须经常地转移作战地区，有时向东，有时向西，有时走大路，有时走小路，有时走老路，有时走新路，而唯一的目的是为了在有利条件下求得作战的胜利。"[1]他根据敌情变化，率领中央红军反复往返于赤水河两岸，佯攻贵阳，威逼昆明，巧渡金沙江。在十倍于己的国民党几十万大军中往来穿插，彻底改变了遵义会议前红军的被动局面，牢牢掌握了战场主动权，在惊涛骇浪中杀出一条生路，最终摆脱敌人重兵的围追堵截。

团结北上

中央红军渡过金沙江后，继续北上。1935年5月29日，红军强渡大渡河，飞夺泸定桥，翻越终年积雪的夹金山。6月12日，中央红军一部与红四方面军一部在达维镇会师。由于中央红军长征出发时的目标是与红二、

---

[1] 《毛泽东年谱（1893—1949）》上卷，人民出版社、中央文献出版社1993年版，第448页。

红六军团会师，后调整为北渡长江到川西与红四方面军形成呼应。因此当时许多红军指战员都认为，与红四方面军会师，就是西征（后来才有长征的概念）的胜利。会师后两个方面军加起来有十万之众。下一步究竟在哪里建立新的根据地作为落脚点，这是毛泽东和中共中央首要考虑的问题。这时，毛泽东和党中央提出新的战略设想，即：今后我一、四两方面军总的方针应是占领川陕甘三省，建立三省苏维埃政权，并于适当时期以一部组织远征军占领新疆[1]。而当时把持着红四方面军领导权的张国焘，出于对革命形势的悲观判断和他个人篡夺党权、军权的野心，坚决反对党中央北上川陕甘的方针，主张南下川康边，转而西进打通苏联。

长征开始后各路红军在长征途中都曾进行过创建新根据地的斗争，其中有一个重要的特点，那就是由南向北、向西逐次推进。起初的重点是旨在粉碎国民党军对老根据地的"围剿"，保存和发展红军的有生力量。因此创建新根据地的区域主要是在长江流域，并试图与传统的革命根据地形成呼应。其中特别突出的是中央红军根据敌情变化，先后选择湘西、川黔边、川西或川西北、川滇黔边等地创建新根据地。但是，这些努力一一落空。这使得毛泽东和党中央在与红四方面军会师后，开始系统地分析和研究中国革命的形势、敌我力量的对比和分布、民族状况和各区域的经济发展水平、中国革命的发展方向和复兴之路等全局性的问题，从而提出在川陕甘地区创建新根据地的战略取向。

1935年3月底，红四方面军为了向四川、甘肃边界发展，配合中央红军在川、黔、滇边的作战，发起强渡嘉陵江战役。经过激烈的战斗，取得强渡嘉陵江成功的重大胜利，部队也发展到8万多人，并控制了川康边地区，为红一、四方面军会师创造了极为有利的形势。为探讨红一、四方面军会师后的战略发展方向，党中央、中革军委与红四方面军领导人之间的

---

[1] 《毛泽东军事文集》第1卷，军事科学出版社、中央文献出版社1993年版，第358页。

电文往来频繁。6月16日,毛泽东、周恩来、朱德、张闻天联名致电张国焘、徐向前、陈昌浩指出:"为着把苏维埃运动之发展放在更巩固更有力的基础之上,今后我一、四两方面军总的方针应是占领川陕甘三省,建立三省苏维埃政权,并于适当时期以一部组织远征军占领新疆。"①6月24日,毛泽东等和军委纵队一起到达懋功县两河口。

为了消除分歧,统一认识,6月26日,党中央在两河口召开政治局扩大会议。会上,周恩来代表党中央和军委作报告,分析了红一、四方面军会合后的形势,指出在岷江西岸的懋功、松潘、理番地区不宜建立根据地,向大西北,向东、向南进攻,均不可能,今后的战略方针应是向北发展,在岷山山脉以北地区建立川陕甘根据地。红军应迅速前进,在松潘与胡宗南作战,首先占领甘南。张国焘反对北上建立川陕甘根据地,也不同意先打松潘向甘南发展,理由是南有雪山草地,气候严寒,行动不利,部队长途行军,减员必大;北面有胡宗南部20余团兵力,即便到了甘南也站不住脚。主张依托懋功地区,避开胡宗南部,先向南打成都,然后向川、康边发展。

针对张国焘的错误主张,毛泽东指出,我们的战争性质,不是决战防御,不是跑,而是进攻。根据地的建立是依靠进攻的。他说,在川陕甘建立根据地有它的好处:把苏维埃运动放在更加巩固的基础上,并要求"在四方面军应作解释,因为他们是要打成都"。他主张红军必须高度机动,集中兵力,迅速地打破胡敌向前。他特别强调:今天决定,明天即须行动。这里条件太坏,后退不利,应力争在6月底突破岷江以北地区,经松潘到决定地区去。

与会人员都同意北上建立川陕甘根据地的战略方针,张国焘陷于孤立,只好表示赞成。张国焘后来在《我的回忆》中也不得不承认:两河口会议

---

① 《毛泽东军事文集》第1卷,军事科学出版社、中央文献出版社1993年版,第358页。

上"大多数表示支持毛的主张"。

6月28日，中央政治局正式通过了《中共中央政治局决定——关于一、四方面军会合后的战略方针》，主要内容是：

（一）在一、四方面军会合后，我们的战略方针是集中主力向北进攻，在运动战中大量消灭敌人，首先取得甘肃南部，以创造川陕甘苏区根据地，使中国苏维埃运动放在更巩固更广大的基础上，以争取中国西北各省以至全中国的胜利。

（二）为了实现这一战略方针，在战役上必须首先集中主力消灭与打击胡宗南军，夺取松潘与控制松潘以北地区，使主力能够胜利地向甘南前进。

……

（五）为了实现这一战略方针，必须坚决反对避免战争、退却逃跑以及保守偷安、停止不动的倾向。这些右倾机会主义的动摇，是目前创造新苏区斗争中的主要危险。

这样，中央政治局从党的组织原则上，否定了张国焘的错误主张，正式确定了建立川陕甘根据地的方针。

毛泽东把在川陕甘建立根据地的方针同北上抗日的目标联系在一起。针对华北事变和日本对华侵略的深入，毛泽东在6月29日召开的中共中央政治局常委会会议上明确提出：要在部队中宣传反对日本帝国主义，反对放弃华北，这最能动员群众①。随后，他在同徐向前等红四方面军指挥员的谈话中进一步指出，北上抗日，建立川陕甘革命根据地，就是为了促进全国抗日高潮的发展。

两河口会议后，中央政治局考虑到必须尽快解决红一、四方面军会合后的集中领导和统一指挥问题，决定增补张国焘为中革军委副主席，徐向前、陈昌浩为军委委员。

---

① 《毛泽东年谱（1893—1949）》上卷，人民出版社、中央文献出版社1993年版，第461页。

但张国焘回到杂谷脑红四方面军总部后，即对两河口会议决定采取阳奉阴违、口是心非的态度。6月30日，竟又致电中央，公然违反他刚刚举手赞成的两河口会议决定，重新提出退却方针，同时，进一步向党中央伸手要权。

毛泽东等中央领导再次拒绝张国焘的错误主张。同时本着大敌当前、革命利益为重的精神，7月18日，中革军委任命张国焘为红军总政委，任命博古为总政治部代理主任（王稼祥自第五次反"围剿"以来伤情一直未愈），并规定"一、四方面军会师后，一切军队均由中国工农红军总司令、总政委直接统率指挥"。对此，彭德怀在其《自述》中说："毛泽东在同张国焘的斗争中，表现了高度的原则性和灵活性。在黑水寺开中央会议时（我没参加），张国焘要当总政委，洛甫提议把总书记交给张国焘，毛主席不同意。宁愿交出总政委，不能交总书记。张国焘当时不要总书记，他说，总书记你们当吧，现在是打仗。如果当时让掉总书记，他以总书记名义召集会议，成立以后的伪中央，就成为合法的了。这是原则问题。"[①]

7月底，毛泽东和红军总部来到毛儿盖地区。这时，由于张国焘的拖延，已经失去进取松潘的有利时机。8月初，毛泽东等军委成员举行会议，决定放弃松潘战役计划，改为执行夏洮战役计划，即以红军主力出阿坝，北进夏河地区，突击敌包围线之右侧背，争取在洮河流域消灭敌主力，创造甘南根据地为作战目的。

中央于8月4日至6日在毛儿盖的沙窝召开政治局会议。8月5日，会议通过《中央关于一、四方面军会合后的政治形势的决议》。在重申在川陕甘建立根据地方针的同时，《决议》突出强调"必须在一、四方面军中更进一步的加强党的绝对领导，提高党中央在红军中的威信"，指出"一切有意无意的破坏一、四方面军团结一致的倾向，都是对于红军有害，对

---

① 《彭德怀自述》，国际文化出版公司2009年版，第204页。

于敌人有利的"。会议同意把在红四方面军工作的一些同志补为候补中央委员，或中央委员，或政治局委员。鉴于周恩来肝病严重，为了制约张国焘夺取最高军事指挥权的野心，8月19日，中央政治局常委会召开沙窝会议调整常委们的分工，正式决定毛泽东负责军事工作[①]。这表明毛泽东在遵义会议前后的军事指挥得到党中央的充分肯定，他成为党内"在军事指挥上最后下决心的负责者"。

沙窝会议后，为了执行夏洮战役计划，全军分左右两路军共同北上。右路军由党中央、毛泽东直接率领，由徐向前、陈昌浩指挥；左路军由朱德指挥，实际上由张国焘率领。但张国焘一离开沙窝，便又公然违反会议决议，提出要西出阿坝，北占夏河，向青海、甘肃边远地区退却的错误主张，拖延主力红军的北上行动。

因此，中央政治局于8月20日在毛儿盖召开扩大会议，以克服张国焘的阻力，贯彻沙窝会议精神。会上，毛泽东首先作关于夏洮战役计划的报告。他说："我们向北行动以后，目前存在着两个方面：一个是执行夏洮战役计划，向洮河流域东岸发展；另一个是向黄河以西、青海、新疆、宁夏方向发展。毛泽东认为，向东是转入反攻，向西是退却。向西去，无论敌情、地理、民族、经济、政治等条件，都对我极其不利。敌人的部署，正是逼迫红军向黄河以西。向东发展，则可以洮河流域作为开创川陕甘革命根据地的基础。这一区域，背靠草地，四川军阀很难来，西北靠黄河，便于作战。同时，又可以黄河以西为退路。因此，红军主力应向黄河以东，不应向黄河以西去破坏敌人的封锁计划。"他指出，洮河作战步骤，极大关系于将来的行动。毛泽东在分析敌我形势之后，提出红军应出敌不意，横跨草地，北出陕甘。会议通过了毛泽东为中央政治局起草的《关于目前战略方针之补充决定》。在这个文件中，毛泽东特别区分了张国焘关于红

[①] 《毛泽东年谱（1893—1949）》上卷，人民出版社、中央文献出版社1993年版，第467页。

军主力西进的主张和党中央关于打通苏联的设想之间的区别。他指出："政治局认为，在目前将我们的主力西渡黄河，深入青、宁、新僻地，是不适当的，是极不利的（但政治局并不拒绝并认为必须派遣一个支队到这个地区去活动）。""政治局认为目前采取这种方针是错误的，是一个危险的退却方针。这个方针之政治来源是畏惧敌人夸大敌人力量，失去对自己力量及胜利的信心的右倾机会主义。"①

毛儿盖会议后，左、右路军终于又迈上北上的征途。8月26日，右路军胜利通过草地，并取得包座战斗的胜利，打开了红军向甘南进军的门户。8月29日，中央政治局开会，毛泽东等领导抓住有利时机，制定了北出甘南的行动计划，决定右路军以主力向东推进，待左路军到达后，用小部队向南坪、文县佯动，集中主力从东北方向的武都、西固、岷州间打去。9月1日，毛泽东和徐向前、陈昌浩联名把这一计划电告张国焘。但是，张国焘接到电报后，拒绝执行中央的指示，又提出南下川康边境的计划，要把右路军和左路军全部拉回到天全、芦山、丹巴地区，并且擅自下令左路军停止北上，强迫已前进到墨洼的红五军返回阿坝。9月3日，张国焘竟以红军总司令部的名义，发电要求党中央和右路军南下："拟乘势诱敌北进，右路军即乘胜回击松潘敌，后路备粮后亦向松潘进，须即决即行。"

张国焘要求南下的错误主张和行动，当然是党中央所不能同意的。毛泽东等按照预定计划，部队坚决北上，并派前锋红一军（即红一军团，红一、四方面军会师后统一番号，取消了军团建制）于9月4日出发北进俄界。在巴西，毛泽东等中央领导人多次同陈昌浩、徐向前等商谈，争取张国焘北上。9月8日，徐、陈致电张国焘，说明"我们意以不分散主力为原则，左路速来北进为上策，右路南进为下策"。

当天，张国焘来电，命令徐、陈率右路军南下。因周恩来当时患病未

---

① 《毛泽东年谱（1893—1949）》上卷，人民出版社、中央文献出版社1993年版，第468页。

愈，起不了床。晚上，毛泽东等人即在周住地开会。会前，毛泽东等已拟好一份要张国焘执行中央北进指示的电文，会上念了一下，要求徐、陈表态，两人均表示同意电报内容。于是，中央当晚即以毛泽东等七人的名义致电左路军："目前红军行动是处在最严重关头，须要我们慎重而又迅速地考虑与决定这个问题。""左路军如果向南行动,则前途将极端不利。""望兄等熟思慎虑，立下决心，在阿坝、卓克基补充粮食后，改道北进。""甘南富庶之区，补充有望，在地形上、经济上、居民上、战略退路上，均有胜利前途。"

张国焘不但不听劝告，反而在9月9日密电陈昌浩，命令右路军南下，企图分裂和危害中央。担任右路军参谋长的叶剑英看到电报，立刻报告毛泽东。毛泽东、周恩来、张闻天、博古当即在周恩来住处开会。为了贯彻北上方针，避免红军内部可能发生的冲突，会议决定立即率领红一、三军和军委纵队连夜转移，脱离险境，并指定右路军统归军委副主席周恩来指挥，还决定委托毛泽东起草《共产党中央为执行北上方针告同志书》。夜12时后，部队先后从巴西及其附近出发。红三军在山上警戒，担任后卫。红三军又以红十团为后卫。为了及时处理可能出现的情况，毛泽东和彭德怀随红十团一起在后尾前进。他俩边走边谈，彭德怀问毛泽东："如果他们扣留我们怎么办？"毛泽东回答说："那就只好跟他们南进吧！他们总会觉悟的。"

9月10日，中共中央发表毛泽东连夜起草的《共产党中央为执行北上方针告同志书》，指出："南下的出路在哪里？南下是草地、雪山、老林，南下人口稀少，粮食缺乏，南下是少数民族的地区，红军只有减员，没有补充，敌人在那里的堡垒线已经完成，我们无法突破，南下不能到四川去，南下只能到西藏、西康，南下只能挨冻挨饿，白白的牺牲生命，对革命没有一点利益，对于红军，南下是没有出路的，南下是绝路"；"只有中央的战略方针是唯一正确的，中央反对南下，主张北上"。号召红军指战员"坚决拥护中央的战略方针，迅速北上，创造川陕甘苏区去"。

中共中央率领中央红军主力北进后,红四方面军副参谋长李特带一队骑兵追赶中央,"劝说"中央率军南下。李特把陈昌浩写的一封信送给彭德怀,要他停止北进,回头南下,遭到彭德怀的严词拒绝。毛泽东也来会见李特,对他说了一些很感动人的话,让他转告张国焘、陈昌浩,北上方针是正确的,南下川康十分不利。希望能认清形势,率部跟进。如果一时想不通,过一段时间想通了再北进,中央也欢迎,望以革命大局为重,有何意见,可随时电商。

9月11日,北上部队陆续到达俄界后,党中央再次致电张国焘,令其立刻率部北上。张国焘又一次抗拒中央的命令,并于9月12日直接发电给红一、三军,攻击北上"将成无止境的逃跑","不拖死也会冻死";还命令说,"望速归来","南下首先赤化四川,该省终是我们的根据地"。

9月12日,中共中央在俄界召开政治局扩大会议,毛泽东等21人出席。会上,毛泽东首先作《关于与四方面军领导者的争论及今后战略方针》的报告。毛泽东在报告中揭露张国焘反对北上方针的错误,接着说,不管张国焘等人如何阻挠破坏,中央坚持过去的方针,继续向北。他指出,红军总的行动方针是北进,但考虑到目前党中央是率领一、三军单独北进,力量是削弱了,从当前的敌我形势出发,行动方针应该有所变化,首先打到甘东北或陕北,以游击战争来打通国际联系,靠近苏联,在陕甘广大地区求得发展。毛泽东甚至做了最坏的打算:即使给敌人打散,我们也可以做白区工作。这次会议虽然改变了在川陕甘建立根据地的设想,但仍然将陕甘地区视为中国革命的希望所在,计划在靠近苏联的地区建立根据地后,再向陕甘发展。关于张国焘错误的性质和处理办法,毛泽东指出:我不同意开除张国焘的党籍的做法。因为我们同张国焘的斗争,目前还是党内的两条路线斗争,组织结论是必要的,但不一定马上就做,因为它关系到团结和争取整个四方面军的问题。你开除他的党籍,他还是统率几万军队,还蒙蔽着几万军队,以后就不好见面了。我们应尽一切可能争取四方面军北上，向南是没有出路的。

会议经过讨论，一致同意毛泽东的报告，通过《中央关于张国焘同志的错误的决定》。《决定》批评了张国焘向西南地区退却的逃跑主义错误，指出："四方面军的领导者张国焘同志与中央绝大多数同志的争论，其实质是由于对目前政治形势与敌我力量对比估计上有着原则的分歧。"因其对形势的分析与态度是悲观的，"以至丧失了在抗日前线的中国西北部创造新苏区的信心，主张向中国西南部的边陲地区（川康藏边）退却的方针，代替向中国西北部前进建立模范的抗日的苏维埃根据地的布尔塞维克的方针"。《决定》还揭露和批判了张国焘的军阀主义与反党行为。

会议讨论了北上部队的组织问题，决定把红一、三军和军委纵队改编为中国工农红军陕甘支队，由彭德怀任司令员，毛泽东任政委。同时成立由毛泽东、周恩来、王稼祥、彭德怀和林彪组成的"五人团"，作为全军的最高领导核心。

根据俄界会议决定的方针，为了继续争取张国焘北上，9月14日，党中央率领陕甘支队从俄界出发的时候，又致电张国焘，恳切地说明"中央先率领一、三军团北上，只是为着实现中央自己的战略方针，并企图以自己的艰苦斗争，为左路军及右路军之三十军、四军开辟道路，以便利于他们北上"。再次要求张国焘立即取消南下的决心，服从中央命令、率军北上。9月19日，陕甘支队到达甘南的哈达铺后，又等待了七天之久，因为张国焘已拉着红四方面军南下，才继续北上。9月27日，在榜罗镇召开的中央政治局常委会会议上，毛泽东根据新近了解到的陕北还保存有相当大的一片苏区和相当数量的红军这一新情况，把在川陕甘地区建立根据地的战略构想进一步具体化，确定把中共中央和陕甘支队的落脚点放在陕北。在9月28日陕甘支队连以上干部会议传达榜罗镇会议时，毛泽东充满激情地讲道："现在，同志们，我们要到陕甘革命根据地去。我们要会合二十五、二十六、二十七军的弟兄们去。……陕甘革命根据地是抗日的前线。我们要到抗日的前线上去！任何反革命不能阻止红军去抗日！"毛泽东的演讲极富鼓动性，他指出："同志们！努力吧！为着民族，为着使中国人不做亡国奴，奋力向前！红军无坚不摧的力量，已经表示给全中国、全世界的人们看了！让我们再来表示一次吧！同志们，要知道，固然，我们的人数比以前少了些，但是我们是中国革命的精华所萃，我们担负着革命中心力量的任务。从前如此，现在亦如此！我们自己知道如此，我们的朋友知道如此，我们的敌人也知道如此！"[1] 10月19日，毛泽东率领陕甘支队到达吴起镇。对于中共中央率部抵达陕甘地区的重要意义，当时就被有识之士所洞悉。1936年1月4日的《大公报》发表正在实地考察红军长征情况的著名记者范长江的《松潘战争之经过》（指歼灭国民党军第四十九师的包座战役）一文，特别指出这场战役的后果之一——"是中央苏维埃已由长江流域移到黄河流域，中央红军的主力，亦由中国的东南转到西北的陕北上来"[2]。当然，最能够体味决策落脚陕北重要意义的莫过于决策者毛泽东了，他说："有人说，陕北这地方不好，地瘠人贫。但是我说，没有陕北就不得下地。我说陕北是两点：一个是落脚点，一个是出发点。"[3]

高原展红旗

中共中央率中央红军经过长途跋涉抵达陕甘根据地后，全体将士虽然革命斗志依然昂扬，但是身体已经是疲惫不堪，并且几乎到了弹尽粮绝的境地。陕甘人民以极大的热情欢迎阶级亲人，倾其所有帮助中央红军。中央红军的全体将士，体力得到恢复，伤病得到救治，身心得到彻底的休整，

---

[1] 《中国工农红军第一方面军长征记》，人民出版社1955年版，第413、414页。
[2] 《范长江新闻文集》上册，新华出版社2001年版，第338页。
[3] 《毛泽东在七大的报告和讲话集》，中央文献出版社1995年版，第32页。

特别是摆脱了一年间无根据地作战的痛苦，感受到了回家的温暖。以找到新的根据地为标志，中央红军的战略转移终于取得了胜利，艰苦的万里长征终于结束了，中国革命又揭开了新的一页。

但是另一方面，硕果仅存的陕甘革命根据地弥足珍贵，它当时基本偏于陕北一隅，红二十五军与陕甘红军会合时根据地发展到20多个县，人口有90余万[①]；这里是单一的个体农业经济（少部分区域是农牧结合），几乎没有工业，而且土地贫瘠、交通困难，经济发展水平极其低下；更为严重的是它正遭受着国民党中央军、东北军、十七路军、晋绥军和陕北地方军阀井岳秀、高双成、高桂滋，以及宁夏、甘肃军阀20余万大军的包围和"围剿"。当时，国民党军对陕甘根据地的第三次"围剿"气焰正盛，之后也一直没有放弃对中共的进攻，直到1936年6月，国民党军高双城部还趁红军主力西征之机，突袭占领了中共中央所在地瓦窑堡，张闻天、毛泽东、周恩来等匆忙撤离瓦窑堡，被迫进驻保安。可见陕甘根据地的外部生存环境的恶劣、艰险。这里作为陕甘支队和红二十五军的落脚点已经难以为继，更不足以承载中国革命骨干力量的适时北移和中国革命新的大本营的历史重任。更为严重的是在根据地内，执行王明"左"倾教条主义错误的中共北方局驻西北代表团的一些领导干部，否定刘志丹等在陕甘根据地执行的正确路线，致使用残酷的肉刑等"逼""供""信"手段，开展错误的肃反。刘志丹、高岗、张秀山、习仲勋、汪锋、马文瑞等一大批陕甘根据地的创建者和领导骨干被抓（有的已经被开除党籍），红二十六军营级以上干部和地方党政骨干200多人被错杀。陕甘苏区的党组织和干部队伍被严重削弱，军心动摇，民心不稳。习仲勋后来回忆："白匪军乘机挑拨煽动，以致保安、

[①] 中共中央文献研究室：《关于建国以来党的若干历史问题的决议注释本》，人民出版社1985年版，第124页。

安塞、定边等几个县都反水了,根据地陷入严重危机。"①中共中央长征抵达陕北伊始,得知这些情况后,毛泽东立即下令,停止逮捕、停止审查、停止杀人,果断停止了在陕甘根据地进行的肃反,释放了刘志丹、高岗、习仲勋等一大批领导骨干,并恢复了他们的职务。刘志丹先后被任命为西北革命军事委员会后方办事处副主任兼瓦窑堡警备司令和红二十八军军长等职,习仲勋被安排在关中特委工作,1936年任中共环县县委书记。由于当时"左"倾错误路线没有得到清算,陕甘边苏区的地方干部和军队干部仍然戴着"右倾机会主义"的帽子,对他们的工作分配并不公正,但这批领导骨干能够重新被使用,对于陕甘根据地的巩固、发展具有积极意义。同时对主持错误肃反的人员,给予撤职、警告等组织处理,分别成立陕甘、陕北省委和关中、三边、神府特委,恢复红一方面军的番号(下辖以陕甘支队组成的红一军团和以陕甘红军与红二十五军组成的红十五军团),并设立以毛泽东为主席的新的西北革命军事委员会。鉴于肃反造成的红二十五军和陕甘红军之间的隔阂,党中央要求对由红二十五军和红一军团调到红二十六、红二十七军工作的干部进行一次普遍教育,对陕甘红军"不得发生任何骄傲与轻视的态度",对陕甘红军干部的"不安与不满进行诚恳的解释","使红十五军团全体指战员团结如一个人一样"②。在解决陕北肃反问题的过程中,当得知红二十五军长征到达陕北的4000多人中,还有300多名在鄂豫皖苏区肃反中被定为"反革命嫌疑"的人尚未作结论时,毛泽东说:他们长征都走过来了,这是最好的证明,应该统统释放;党员、团员要一律恢复组织生活,干部要分配工作③。这样,遵义会议以来所确立的正确的组织路线在陕甘根据地得到贯彻。从而迅速扭转和稳定了局势,化解了陕

---

① 《习仲勋文集》上卷,中共党史出版社2013年版,第427页。
② 《毛泽东年谱(1893—1949)》上卷,人民出版社、中央文献出版社1993年版,第501页。
③ 《毛泽东年谱(1893—1949)》上卷,人民出版社、中央文献出版社1993年版,第489页。

甘根据地的危机。后来这被习仲勋喻为"红日照亮了陕甘高原"。

吴起镇是陕北革命根据地保安县属地。当中央红军即将进入陕北的时候，蒋介石即命令东北军和马鸿逵、马鸿宾的骑兵进行堵截并歼灭红军。当中央红军到达吴起镇后，敌人骑兵也跟踪而来。根据敌情，毛泽东认为，若让敌人的骑兵一直跟进陕北，对己十分不利，总是十分被动。为此，他嘱咐一纵队的首长：要想办法打它一下。在听取有关的情况汇报后，毛泽东定下打击尾追之敌的决心。他在为此而集合的支队干部会上说道：后面的敌人是条讨厌的"尾巴"，一定要把这条尾巴斩断在根据地门外，不要把敌人带进根据地。他号召大家坚决打好这一仗，作为与陕北红军会师的见面礼。10月21日晨，中央红军主力与尾追之敌交火。这一仗，中央红军击溃尾追之敌2000余人，其中彻底消灭了敌人1个骑兵团，打垮了敌人3个骑兵团，缴获了大批轻重武器和战马，抓获了大批俘虏。这次战斗，迫使国民党"追剿"部队停止了对中央红军的追击。

10月22日，中共中央政治局在吴起镇举行扩大会议，毛泽东、张闻天、周恩来等出席会议。会上，毛泽东作关于目前行动方针的报告。会议指出：党中央和陕甘支队已经完成长途行军，开始了新的有后方的运动战。会议决定党和红军今后的战略任务是："建立西北的苏区，领导全国大革命"；陕西、甘肃、山西三省是红军发展的主要区域。具体计划是先以约20天时间在以吴起镇为中心的地区整顿部队，扩大红军，进行群众工作，以后向南寻机歼敌，待黄河结冰后再向东发展。

陕甘支队在吴起镇经过短期休整，10月30日，所有非战斗单位前往陕北苏区中心瓦窑堡，战斗部队则向甘泉前进。11月初，在甘泉南边的象鼻子湾，中央红军与由徐海东领导的红二十五军和刘志丹领导的陕北红军合编成的红十五军团胜利会师。

11月3日，中共中央政治局常委在甘泉县的下寺湾，听取陕甘晋省委副书记郭洪涛、西北军委主席聂洪钧关于陕甘边苏区政治、军事情况的汇报，接着召开政治局常委会会议。参加会议的有毛泽东、张闻天、周恩来、博古等人。会议着重研究党政军工作分工问题。毛泽东被确定负责军事。同日，中华苏维埃共和国中央政府决定成立中国工农红军西北革命军事委员会，毛泽东任主席。

中央红军到达陕北并与红十五军团胜利会师，对国民党是一个巨大威胁，陕甘苏区成了革命的中心，也成了敌人"围剿"的重点。国民党军西北"剿总"决定重新调整部署，以五个师，首先构成沿葫芦河的东西封锁线，并打通洛川、富县与延安之间的联系，构成沿洛水的南北封锁线，尔后采取南进北堵，逐步向北压缩的方针，将红军消灭于洛水以西、葫芦河以北地区。

毛泽东分析了当时的形势和所面临的敌情，拟定了一个大的歼灭计划，决定在直罗镇布下口袋阵以歼灭敌人。11月5日，毛泽东召集红一军团和红十五军团首长研究制定直罗镇战役计划。决定：将敌放进直罗镇，乘敌立足未稳，集中红军主力，采取包围侧击战术，歼灭敌人，得手后，继续歼灭敌人后续部队。同时，派出兵力牵制敌人，阻敌增援，以保证在直罗镇胜利歼敌。

11月20日下午，敌一〇九师在红军警戒部队节节抗击下被诱入直罗镇。21日拂晓，红一军团由北向南，红十五军团由南向北，对被包围之敌展开猛攻。战斗打响后，毛泽东亲临前线指挥，他的指挥所就设在离直罗镇不远的山坡上。他一再叮嘱："要的是歼灭战！"激战到下午2时，敌已大部被歼灭。此时，敌东西两路援军迫近。红军遂以少数兵力继续围攻敌一〇九师残部，并阻击由富县西援之敌一一五师，集中主力向西迎击由黑水寺向直罗镇增援的敌第五十七军的主力两个师。第五十七军见势不妙，惧怕被歼，于23日下午沿葫芦河西撤，红军跟踪追击，在张家湾地区歼其1个团，余敌仓皇退回太白镇。第一一五师见第五十七军主力后撤，亦急忙逃回富县城内。第一〇九师见待援无望，便收拾残兵败将500余人，于23日晚向东突围，被全歼。

直罗镇战役，全歼敌一〇九师和一〇六师1个团，毙伤敌师长以下1000多人，俘敌5300人，缴枪3.5万余支，轻机枪176挺，迫击炮8门，无线电台2部，子弹22万多发。这一切，大大补充和改善了红军的武器装备。红军教育和释放了这次战役中的俘虏，对争取东北军建立抗日民族统一战线，起了良好作用。

直罗镇战役的胜利，粉碎了敌人的"围剿"，巩固和扩大了陕北苏区，有力地配合了全国红军的行动，为党中央把全国革命大本营放在西北，举行了奠基礼。

进而，毛泽东和中共中央全面开展苏区建设，夯实陕甘宁根据地的物质基础。1935年11月，中共中央为加强陕甘苏区的建设和统一领导，设立中华苏维埃共和国中央政府西北办事处，全面领导苏区建设。发布关于发展苏区工商业的布告，取消一切工商业的捐税；帮助设立消费合作社；组织劳动互助社，优待红军家属；开发延长油矿、组织贩运盐池的盐、派部队保护贸易运输和帮助苏区群众开垦荒地；开办各种群众文化福利设施，发展苏区经济文化事业。鉴于宁夏甘肃边界地区回民聚居，加强民族政策教育，争取回民同胞拥护党的抗日救国主张。同时，积极展开对哥老会群众的宣传，使其团结在中共的抗日民族统一战线旗帜之下。瓦窑堡会议后，中共中央以调整阶级政策和富农政策为突破口，改变过去把富农与地主、豪绅同样对待、全部没收富农土地财产的政策，"保障富农扩大生产（如租佃土地，开辟荒地，雇用工人等）与发展工商业的自由"[1]。之后又将没收地主土地的政策改变为减租减息，团结爱国乡绅共同抗日。这些举动壮大了红军，扩大了中国共产党的影响，充实了物质基础，这是使陕甘宁革命根据地能够成为八路军出征抗日的出发点和战略后方，并长期成为中国革命

---

[1] 《建党以来重要文献选编（1921—1949）》第12册，中央文献出版社2011年版，第502页。

大本营的重要条件。

与此同时，大力扩红，培养和训练干部，为迎接新的革命高潮做好干部和组织准备。中共中央鉴于长征中兵力锐减，积极扩大红军武装队伍，动员地方游击队担负扩大根据地的任务。1936年初，在新扩红军和收编地方武装的基础上，重建了红一军团第一师，新组建了红二十八军、红二十九军。东征中更是扩红8000余人。这些武装力量后来都发展成为抗日的重要力量。此后，为巩固抗日后方，又将根据地划分为5个清剿区，将军事打击与政治争取结合起来，抽出兵力清剿和肃清土匪，至全国抗战爆发前基本肃清匪患，巩固了根据地内部的稳定安宁。

面对长征以来党和部队干部严重减员情况，毛泽东认为"干部问题是一个有决定作用的问题"，应该"从发展北方以至全国的武装力量出发"予以重视。他要求清查降级使用人员，把他们提升起来，同时提拔老战士开办教导营[1]。他在给红军主要将领的电报中曾明确要求："凡属同意党的纲领政策而工作中表现积极的分子，不念其社会关系如何，均应广泛地吸收入党，尤其是陕甘支队及二十五军经过长征斗争的指战员，应更宽广地吸收入党。""凡属经过长征的分子，一律免除候补期。"[2] 1936年6月，中国人民抗日红军大学在瓦窑堡创办（后迁至延安，改称"中国人民抗日军事政治大学"，即"抗大"），党中央和军委主要领导人都前往授课。毛泽东亲自为学员们讲授"中国革命战争的战略问题"。他指出："我们不但需要一个马克思主义的正确的政治路线，而且需要一个马克思主义的正确的军事路线。"[3] 他明确反对那种照搬苏联经验的做法，重申列宁关于马克思主义活的灵魂是"具体地分析具体的情况"，号召全党和全军研究中国革命战争的规律。全国抗战爆发前，抗日红军大学共培训军政干部3800余

---

[1]　《毛泽东年谱（1893—1949）》上卷，人民出版社、中央文献出版社1993年版，第511页。
[2]　《毛泽东年谱（1893—1949）》上卷，人民出版社、中央文献出版社1993年版，第500—501页。
[3]　《毛泽东选集》第1卷，人民出版社1991年版，第186页。

人，输送了大批人才。此外，中革军委还创办了红军摩托学校，红军总司令部二局开办了无线电侦察和谍报训练班，三局开办了红军通信学校，总供给部开办了红军供给学校，总卫生部开办了卫生学校，以及各军团和师、团单位主办的多个学兵队。这些专业技术训练班、校，培养了大批专业技术人才，为迎接全国抗战准备了骨干力量。

鉴于陕北土地贫瘠和人口稀少，又处在各路强敌的围困之中，毛泽东提出"以发展求巩固"的方针。12月1日他在给张闻天的电报中就提出"用战争、用发展、用不使陕北苏区与我们脱离的方针"[①]。1935年12月17日，中共中央政治局举行瓦窑堡会议，讨论党在新形势下的军事战略问题，特别是红一方面军的行动方针问题。当时，有些同志痛感丢失根据地后在长征路上饱尝各种艰难牺牲之痛，提出不急于向外发展，而是先在陕北巩固和稳定一个时期；还有些人认为当时主要的军事压力来自国民党中央军、东北军和十七路军，主张向南逐步推进；也有同志主张为打通与苏联的联系，取得国际支援，应首先向宁夏北出绥远内蒙古。毛泽东为此进行了反复的研讨，他不同意现时就向西北出宁夏的意见，也不赞成林彪以红军的主要干部率兵出陕南开展游击战争的提议。他认为根本方针应是南征与东讨（山西）。但他把南征界定为旨在粉碎敌军的"围剿"，而不主张把战略进攻的方向定为南下（只是在西安事变后，为打破蒋介石的威逼和对红军、东北军和十七路军的分而治之的阴谋，他曾一度在党内酝酿过出兵陕南的策略），他把下一步进军的重点定位在东征山西。他在瓦窑堡会议前从直罗镇战役前线发给张闻天的电报中就指出："目前不宜即向宁夏，根本方针仍应是南征与东讨。东讨之利益是很大的。"[②] 毛泽东在会议上作报告时指出：第一步，在陕西的南北两线给进犯之敌以打击，巩固和发展陕北苏

---

① 《毛泽东年谱（1893—1949）》上卷，人民出版社、中央文献出版社1993年版，第493页。
② 《红军东征——影响中国革命进程的战略行动》（上），中共党史出版社1997年版，第36页。

区，从政治上、军事上和组织上做好渡黄河去山西的准备。第二步，到山西去，准备击破阎锡山的晋绥军主力，开辟山西西部五县以至十几县的局面，扩大红军1.5万人，并保证必要时返回陕西所需要的物质条件。第三步，根据日军对绥远进攻的情形，适时地由山西转向绥远[1]。战略方针应是坚决的民族革命战争，首先把国内战争与民族战争相联系，一切战争都在民族战争的口号下进行。他主张，红军应利用当前蓬勃发展的抗日形势，积极向山西发展，在发展中求得苏区的巩固。毛泽东在阐述这一主张时指出：目前形势正处在全国大变动的前夜，有利于革命力量发展，苏区必须迅速向外发展，红军必须迅速得到扩大。他在详细说明了东征山西的有利条件及好处后，说：当前的军事行动方针是要在40天内完成东渡黄河的准备，进入接近抗日前线的山西。经过激烈的讨论，瓦窑堡会议讨论通过了毛泽东起草的《中央关于军事战略问题的决议》。正式明确"在以坚决的民族战争反抗日本帝国主义进攻中国总任务之下，首先须在一切政治的军事的号召上与实际行动上，进一步重申'把国内战争同民族战争结合起来'的方针"[2]。并提出："把红军行动和苏区发展的主要方向放到东边的山西和北边的绥远等省去。"[3]根据这个会议的决定，毛泽东、周恩来在12月24日拟定了《关于四十天准备行动的计划》，开始进行东征的准备。

红军东征最大的顾虑是能否保住来之不易的陕甘革命根据地。经历了长征中千难万苦磨难的中央红军和红二十五军将士，对没有革命根据地为依托的痛苦和艰辛有着刻骨铭心的感受。中共中央政治局内和红军主要将领有不少人对毛泽东提出的东征心存疑虑。当时作出东征的决策是要下极大决心的，有后顾之忧需要解决。对此，毛泽东与中共中央极其审慎地做了充分的准备。其一，乘直罗镇战役粉碎国民党军对陕甘根据地第三次

---

[1] 《毛泽东年谱（1893—1949）》上卷，人民出版社、中央文献出版社1993年版，第498页。
[2] 《红军东征——影响中国革命进程的战略行动》（上），中共党史出版社1997年版，第37页。
[3] 《红军东征——影响中国革命进程的战略行动》（上），中共党史出版社1997年版，第38页。

"围剿"之威，红军各部按照毛泽东的部署，分别对"围剿"陕甘根据地之南北两线的东北军和陕北地方军阀及地主武装等进行了有组织的进攻，震慑了南线的国民党军，扫清了北线东征前进道路上的敌人武装。其二，对陕甘根据地周边的各派力量，大力开展抗日统一战线工作。1936年1月20日，红军代表李克农与张学良、王以哲在洛川谈判，达成了与东北军在共同抗日的意愿下，双方各守原防、恢复通商的协议，并与陕北军阀高桂滋达成合作意向[①]。这样，就缓解了东征的后顾之忧。其三，进一步肃清中共北方局代表在陕北发动错误肃反的恶劣影响，大力加强中央红军、红二十五军和陕甘红军相互之间的团结，扩大和整编地方红军。其四，实行广泛深入的抗日民族统一战线教育和政策，调整对富农政策，努力发展经济，从内部巩固陕甘革命根据地。其五，派出有力武装保护黄河各渡口，掩藏和整修渡船，部署接应部队，切实保证东征主力必要时的回撤线路和安全。由于有了上述准备，在东征后期当国民党中央军15万大军进入山西后，战局出现重大转折时，东征红军得以及时安全地西渡黄河回到陕甘革命根据地。

为了进行东征，军委决定将红一方面军主力部队组成"中国人民红军抗日先锋军"，彭德怀为总司令，毛泽东为总政委。下辖红一军团、红十五军团和红二十八军。2月20日晚8时，红军开始东渡黄河，一举突破敌军黄河防线，渡河成功。至23日，红军全部控制辛关至三交镇之间各渡口，占领了包括三交、留誉、义牒各镇在内的横宽50余公里、纵深35公里的地区。2月24日，毛泽东与彭德怀为打破敌军的封堵，建立作战根据地，又决定：除以一部兵力继续围攻石楼以外，主力迅速进占柳林、离石、中阳、考义、隰县、永和这一弧线以内的有利阵地，并大力开展群众工作，争取群众的支持；然后集中兵力消灭敌军一路至二路，取得在山西

[①]《毛泽东年谱（1893—1949）》上卷，人民出版社、中央文献出版社1993年版，第506—507页。

发展抗日根据地的有利条件，作为东征第二步任务。按照这一部署，东征军英勇奋战，于3月上旬粉碎了阎锡山组织的4个纵队的第一次反击。随即，毛泽东与彭德怀根据敌情变化，指挥东征部队展开北上南下作战，纵横于晋中、晋西南、晋西北广大地区。在此期间，中共中央政治局于3月20日至27日在晋西地区举行扩大会议，进一步分析了国际国内形势，特别是华北的形势，讨论政治、军事和开展抗日民族统一战线等三个方面的问题。毛泽东在会上作报告。他指出：过去提"巩固向前发展"是对的，今天则是"以发展求巩固"。现在，只有发展才能求得巩固。为此，战略上必须采取大胆的方针，因客观的形势好，战役上要采取谨慎的方针，在有利地形上以多胜少，力求减少错误。会议决定"争取迅速对日作战为党与红军的重要任务"，"以发展求巩固"为全党全军的战略方针，党和红军当前的方针是经营山西；当前在山西已占区域的主要工作"是普遍摧毁反动基础，普遍发动群众，猛烈扩大红军，各个消灭敌人"。

4月间，蒋军、阎军共同以重兵跟踪围攻东征红军，并采取堡垒推进的战法，以主力在晋西由南向北进击，企图围歼红军于黄河东岸。这样一来，就大大增加了红军机动作战的困难。4月28日，毛泽东、彭德怀在进一步分析了山西和陕西、甘肃的敌情之后，致电周恩来和各军团首长，指出：目前，山西方面，阎军和蒋军共51个团，采取堡垒主义，稳步向我推进；陕西方面，蒋介石强令东北军、西北军向北进攻，企图封锁黄河；神府地区、三边（即陕北的靖边、安边和定边）地区和环县、合水及其以西地区均较空虚。"根据上述情况，方面军在山西已无作战的顺利条件，而在陕西、甘肃则产生了顺利条件，容许我们到那边活动，以执行扩大苏区、锻炼红军、培养干部等任务。另一方面则粉碎卖国贼扰乱抗日后方计划，亦是当前的重要任务。"因此，"我军决定西渡黄河，第一步集结于延长地域"。

5月2日，彭德怀、毛泽东下达渡河命令，规定全军利用夜晚，分批从铁罗关、清水关西渡黄河。当晚，东征军开始西渡，至5月5日全部渡完。同日，中共中央以中华苏维埃人民共和国中央政府主席毛泽东、中国人民红军革命军事委员会主席朱德的名义，发表了停战议和一致抗日的回师通电，重申停止内战、一致抗日的主张。至此，东征战役结束。东征历时75天，消灭敌人7个团，扩红8000余人，提高了部队的战斗力，同时筹款和物资价值50万元，改善了部队装备，并迫使"进剿"陕北的晋绥军撤回山西，使陕北革命根据地得到进一步的恢复和发展。同时，这次东征开展了群众工作，宣传了党的抗日主张，充分展示了中国共产党人为挽救民族危亡与自己的敌人血战到底的英雄气概。这不仅给分不清"剿共"与"抗日"孰重孰轻的晋绥军等国民党军政界以极大的震慑，也不仅给山西乃至华北的8000万人民以极大的鼓舞，而且给全中国一切不愿做亡国奴的人民以前所未有的激励。抗日先锋军的旗帜和率先开赴抗日前线的实际行动与决心，振奋了全国的军心民心，中共的抗日救亡主张第一次真正地在全国各界民众中产生了广泛的影响和呼应。正如林育英、张闻天和毛泽东等1936年5月20日在给红二、六军团和红四方面军将领的电报中所描述的那样："红军的东征引起了华北、华中民众的狂热赞助，上海许多抗日团体及鲁迅、茅盾、宋庆龄、覃振等均有信来，表示拥护党与苏维埃中央的主张，甚至如李济深亦发表拥护通电，冯玉祥主张抗日与不打红军，南京内部分裂为联日反共与联共反日两派，正在斗争中。上海拥护我们主张的政治、经济、文化之公开刊物多至二十余种，其中《大众生活》一种销数达二十余万份，突破历史总记录，蒋介石无法制止。马相伯、何香凝在上海街上领导示威游行，许多外国新闻记者赞助反日运动，从蓝衣社、国民党起至国家主义派止，全国几十个政治派别在联共反日或联日反共问题上，一律起了分裂、震动与变化。我党与各党各派的统一战线正在积极组成中。所有这一切都证明，中国革命发展是取着暴风雨的形势。"[①] 红军

[①] 《建党以来重要文献选编(1921—1949)》第13册，中央文献出版社2011年版，第125—126页。

东征使得全国民众切实地认识到红军长征的"北上抗日"不是口头的宣传而是实实在在的行动,"在事实上证明了,(只有红军)才敢勇敢地打起鲜明的抗日大旗,打到日本帝国主义势力范围的华北五省中去"[①];红军东征使中共"将国内战争和民族战争结合起来"的战略初见成效,推动了红军由内战向抗战的伟大战略转变;红军东征使全国人民初步看到"共产党和红军不但在现在充当着抗日民族统一战线的发起人,而且在将来的抗日政府和抗日军队中必然要成为坚强的台柱子"[②];东征掀起全国抗日救亡运动的新高潮。

结束东征回师陕北以后,毛泽东和中共中央根据当时的政治、军事形势,以及与东北军、西北军统一战线工作的进展情况,确定党在今后的政治任务是:保卫西北,扩大和巩固西北抗日根据地,扩大红军,努力争取西北抗日力量大联合,进而推动全国国防政府和抗日联军的建立,实现全国性的对日抗战。据此,规定红一方面军和陕北苏区的战略任务是:向西面进攻,以造成广大的陕甘宁根据地,并向北打通与苏联、蒙古的联系,向南打通红四方面军和红二、六军团的联系;东面坚持游击战争;南面争取东北军和其他可以争取的国民党军队走向抗日。执行这三项任务的目的,是争取时间,争取空间,争取力量,为将来的大发展准备条件。

1936年5月14日,红一方面军在延川县大相寺召开团以上干部会议,会议的主要任务是:总结东征,动员西征。毛泽东作了形势与任务的报告,他指出,西征的任务是扩大新根据地,扩大红军;打击马鸿逵、马鸿宾的封建势力,以促进陕北根据地的巩固和发展,促进与东北军西北军抗日民族统一战线的形成。

5月18日,毛泽东、周恩来、彭德怀在大相寺联名发布西征战役计划,

---

① 《红军东征——影响中国革命进程的战略行动》(上),中共党史出版社1997年版,第276页。
② 《毛泽东选集》第1卷,人民出版社1991年版,第157页。

决定以红一方面军第一、第十五军团和第八十一师、骑兵团等共1.3万余人组成西方野战军，由彭德怀任司令员兼政委，进行西征。

5月20日前后，西方野战军分两路相继从延长、延川地区西进。左路军红一军团经蟠龙、安塞到达吴起镇集结；右路军红十五军团经永坪、蟠龙之间到达新城堡集结。

敌人发觉红军有"进攻宁夏"的迹象，立即调其第三十五师一部由庆阳经曲子、环县、洪德城回援，遗防由东北军派部接替。这时，毛泽东一面致电东北军不要妨碍红军去占领曲子、环县、洪德城；一面致电彭德怀，要红一军团立即由吴起镇进至元城镇，派一部向庆阳方向游击，阻止东北军由庆阳北进，相机占领曲子及其南北一线，并指出，在执行此项任务时，"以不与东北军正式作战为原则，对马鸿宾则坚决打击之"。据此，西方野战军于6月间相继取得曲子、阜城等战斗的胜利，占领了陕甘宁边境的广大地区，完成了西征作战的第一阶段任务。

6月14日，西方野战军领导提出下一阶段的基本任务为："以最大努力赤化占领区域，摧毁定边、安边、豫旺（堡）及豫旺城的（等）支点，打击敌出扰部队，肃清民团，解决本部给养、冬服材料"。据此，西方野战军各部先后攻占定边、盐池、豫旺等城，歼灭敌军和民团千人以上。7月上旬，东北军的骑兵军军长何柱国，在张学良去南京参加国民党五届二中全会时，执行蒋介石的命令，指挥东北军步、骑兵四个师和第三十五师残部，集结于固原、庆阳之间，准备分两路夹清水河向北进攻。7月14日，毛泽东电示彭德怀："对何柱国指挥'进剿'（之）全部东北军，宜决定消灭其一部，这样并不妨碍大局，反有利于大局。"7月17日，何柱国以骑六师向红军作试探性的进攻。红一军团一举将其击溃。此后，何柱国鉴于红军已有充分准备，加之张学良从南京回到西安，遂停止了进攻。

7月27日，毛泽东同周恩来、杨尚昆联名致电西方野战军及各军团、各军首长，指出："两个月来，西征野战军以其坚决机动的指挥与英勇牺牲的战斗，完成了在西方创造根据地的任务"，开辟了纵横200余公里的新根据地。西征战役胜利结束。

红军的东征和西征不仅巩固和扩大了陕甘革命根据地，而且其最重要的成果就是有力地配合了红二和红四方面军的北上，促成三大主力红军会师西北，完成了中国革命骨干力量由南向北的大转移。此后，中国的各路红军第一次纳于中共中央和中革军委的直接统一指挥之下。西安事变发生后，为抵御国民党军可能的进犯，应张学良和杨虎城之邀，中共中央进驻延安，红军主力则南下关中，与东北军、十七路军形成相互策应，从而使陕甘根据地由陕北一隅发展为陕甘宁革命根据地，地域扩大为20余县近13万平方公里，人口增加到150多万，成为三大主力红军长征的落脚点和中国革命长期稳定的大本营。

筑起新的长城

解决遵义会议没有来得及解决的政治路线问题，是毛泽东抵达陕北后苦心考虑的重要问题。学术界在论及遵义会议时一致认为当时只集中解决了军事路线和军事指挥问题，没有触及政治路线问题。一般来说，政治路线是指党的纲领在一定历史时期的具体表现。在不同的历史时期，党都必须根据当时的客观情况，科学地确定一定历史时期的政治任务即奋斗目标，以及实现这一目标依靠什么力量、团结什么力量等根本原则。的确，遵义会议没有解决党的政治路线中如何正确对待中间阶级的问题（这是八七会议和党的六大以来一直没有解决的问题），更没有涉及九一八事变后因中日矛盾逐渐上升为主要矛盾，党的政治路线应该作相应转变的问题。这一问题是在长征的过程中逐渐解决的，其中最主要的是依据中日矛盾成为中国社会的主要矛盾，中共中央制定以建立抗日民族统一战线为核心内容的政治路线。

抗日民族统一战线是中国人民赢得抗日战争胜利的基本条件和根本保证。这是一切爱国的中国人在日本对华侵略的步步进逼下，逐渐达成的共识。但是，如何创建全民族的抗日统一战线，并使之不断地得到巩固和壮大，则是一个极其艰难复杂的过程。在九一八事变后的一段时间里，中国共产党内对民族斗争和阶级斗争孰重孰轻的认识是不清楚的。一度占据中央领导地位的王明"左"倾教条主义者，还照搬苏联提出的资本主义世界与社会主义世界的对立是"国际关系的核心"的论断，认为日本侵略东三省是进攻苏联的序幕，提出要"武装保卫苏联"，要首先推翻日本及一切帝国主义的走狗国民党的反动统治，才能直接地毫无阻碍地与日本帝国主义作战。这种错误的理论和实践上的关门主义，使党和红军坐失"九一八"后国内抗日民主运动高涨的良机，使自己陷入孤立，并遭受严重损失。

共产国际七大，以及在其精神指导下中共驻共产国际代表团起草的《八一宣言》，开始转变方针，对中国共产党确定抗日民族统一战线的策略起了积极的推动作用。但是，《八一宣言》最早发表于1935年10月1日巴黎的《救国报》，首先在海外华侨，继而在中国沿海地区和大城市的知识分子等群体中得到传播，中共中央是在长征抵达陕北后的11月17日以后才得晓其精神。

毛泽东也在日夜思索着抗日救亡和建立抗日民族统一战线的问题。他对这个问题的思索不是一般地去发号召，而是综合国际国内形势的变化，归纳分析各阶级在外敌入侵时的态度和利害关系，因而他提出的主张显得更切实可行。

中央红军到达陕北后，1935年11月中旬，参加共产国际七大的张浩（林育英）从莫斯科来到瓦窑堡，传达了共产国际关于建立世界反法西斯统一战线的精神，对中共中央制定抗日民族统一战线的政策产生积极的影响。1935年12月13日，指挥取得直罗镇战役胜利回到瓦窑堡的毛泽东，听取了张浩凭记忆口头传达的共产国际七大精神[①]。17日，毛泽东出席在陕北瓦窑堡举行的中共中央政治局会议，在会上作了军事战略问题的报告。会议在讨论政治问题时，对如何对待民族资产阶级的问题发生意见分歧。毛泽东认为中国的民族资产阶级有两面性，是可以争取的。博古则坚持认为中间势力是最危险的。毛泽东进行了驳斥。会议通过了《中央关于目前政治形势与党的任务决议》，确定了抗日民族统一战线的策略方针，解决了党的政治路线问题。会后，毛泽东于27日在党的活动分子会议上，作《论反对日本帝国主义的策略》的报告，系统地阐明党的抗日民族统一战线的策略方针，论述了在新的形势下，工人、农民、城市小资产阶级和广大知识分子是坚决抗日的基本力量，阐明同民族资产阶级在抗日的条件下重新建立统一战线的可能性和重要性，指出即使是地主买办营垒也有与之建立抗日民族统一战线的可能性。报告批判了党内存在的"左"倾关门主义，强调党的基本策略是"组织千千万万的民众，调动浩浩荡荡的革命军"，建立广泛的抗日民族统一战线。毛泽东在报告中还着重说明了要在抗日民族统一战线中坚持无产阶级领导权的问题。

当时，毛泽东虽然还没有提出要改变对地主阶级的政策，也没有放弃反蒋的口号，但是他明确了在新的历史条件下中国革命所面临的主要任务，分清了敌、我、友，解决了遵义会议没有来得及解决的党的政治路线问题。

循着这样一条路线，在领导全党广泛建立下层统一战线的同时，毛泽东还以很大的精力亲自开展上层统一战线工作。他多次致信沈钧儒、邹韬奋、陶行知、章乃器、宋庆龄、蔡元培等爱国领袖和国民党左派，表达对他们爱国行动的敬佩和赞赏；他广泛联系地方实力派，如西北军的杨虎城，东北军的张学良，两广的李宗仁、白崇禧，四川的刘湘，西康的刘文辉，

[①] 在1936年7月初季米特洛夫给斯大林的信中转引中共中央6月26日给共产国际的电报；共产国际七大的正式文件是在1936年3月才收到的。《共产国际、联共（布）与中国革命档案资料丛书》第15辑，中共党史出版社2007年版，第228页。

山西的阎锡山，绥远的傅作义，华北的宋哲元，云南的龙云，以及失势的各政治势力代表冯玉祥、李济深、陈铭枢、蔡廷锴等，争取他们对中共抗日民族统一战线主张的同情和支持，同时，也给蒋介石和南京国民党政府以外部压力。他还直接致信致电给国民党政府的军政要员和蒋介石的嫡系将领邵力子、宋子文、孙科、于右任、陈立夫和胡宗南、王均、汤恩伯、陈诚、贺耀祖等，力陈抗日救国大义，并通过他们影响蒋介石改变"攘外必先安内"的祸国政策。

为实现与南京蒋介石政权的合作，在利用一切渠道表达中共合作抗日诚意的同时，毛泽东一方面指挥红军坚决粉碎了国民党军的军事进攻，打破了蒋介石消灭红军和用军事力量压迫中共同意其收编红军的幻想；另一方面，毛泽东在全党和全军中广泛地开展统一战线思想的教育，从思想上和组织上肃清"左"倾关门主义的影响，号召全党各级干部都去做统一战线工作。1936年9月1日，中共中央正式发布《关于逼蒋抗日问题的指示》。同蒋介石为代表的大资产阶级建立统一战线关系，是实现全民族统一战线的核心和关键，也是抗日民族统一战线形成的标志。

毛泽东特别致力于建立西北地区的抗日民族统一战线，提出并成功实施了以西北统一战线带动全国抗日民族统一战线的战略。他把联合东北军、十七路军共同抗日救国，建立西北地区的抗日民族统一战线，作为推动全国统一战线建立的重要环节。1935年直罗镇战役刚刚结束，毛泽东就派汪锋到十七路军杨虎城部去做统战工作，并让汪锋带去他给杨虎城、杜斌丞等的亲笔信，沟通了中共同十七路军及杨虎城的关系。1936年1月25日，毛泽东领衔发出《为红军愿意同东北军联合抗日致张学良、于学忠、何柱国、董英斌、万福麟并东北军全体将士书》。同时，毛泽东和周恩来派被俘的东北军团长高福源回去见王以哲、张学良，转达中共中央关于联合抗日的诚意。2月和4月，毛泽东两次打电报给张学良，联系派李克农和周恩来同张学良谈判事宜。经过谈判，确立了红军和东北军的合作关系。

对于山西阎锡山方面，东征班师后，毛泽东和中共中央特别注重对山西上层人士特别是阎锡山的统一战线工作。5月25日，毛泽东通过被俘的晋绥军团长郭登瀛带去他给晋绥军第七十二师师长李生达和第六十六师师长杨效欧，以及阎锡山本人的亲笔信，促其觉悟，再次表达中共方面停战议和一致抗日的诚意。5月27日，张学良应中共之请飞抵太原，对外宣称商讨"剿共"，实际是帮助中共沟通与阎锡山的联系。除多次直接写信给阎锡山、傅作义表示合作意向外，毛泽东还一再致电新任中共北方局中央代表的刘少奇，强调统一战线工作要以宋哲元、傅作义、阎锡山等各派军队为第一位。中共北方局委托中华民族革命同盟华北办事处主任朱蕴山三次去山西劝说阎锡山与中共合作抗日。8月下旬，刚刚从北平草岚子监狱出狱的山西籍共产党人薄一波接到阎锡山的邀请，要他回晋帮助其开展抗日民运工作。薄一波顾虑自己作为共产党员却接受阎锡山的邀请是否合适，就请示北方局。北方局向他传达了毛泽东关于把对晋绥军等华北地方实力派的统战工作放在第一位的电报内容，指示他必须去[①]。此后，经过薄一波和中共山西公开工作委员会及秘密的山西工委的积极工作，阎锡山为保全自己在山西的统治地位，最终确定联共拥蒋，"守土抗战"。中共以"山西牺牲救国同盟会"为载体与阎锡山建立起特殊形式的统一战线。在此前后，中共中央和毛泽东还先后派南汉宸、彭雪枫、周小舟与阎锡山会晤，商定在太原建立中共驻晋秘密联络站。12月，彭雪枫作为中共中央和红军的代表在太原建立办事处与电台。

中共与阎锡山抗日统一战线关系的确立，是中共以西北统一战线带动全国统一战线战略，继形成与张学良、杨虎城"三位一体"关系之后的又一重要成就，大大加重了中共与蒋介石南京政府谈判合作抗日的砝码。由于阎锡山还具有国民政府军事委员会副委员长的身份，是地方实力派的代

---

① 薄一波：《七十年奋斗与思考》上卷，中共党史出版社1996年版，第200页。

表人物，因此这一统战关系的影响不止晋绥两省，而是波及整个华北，乃至全国。它对推动西安事变的和平解决，对促进国共第二次合作的实现，对全民族抗战爆发后八路军三个师开赴山西抗日前线和中共领导的抗日武装在华北敌后的战略展开，都产生了不可替代的重要作用。特别值得注意的是，与其他地方实力派和军事力量的统战关系不同，中共与阎锡山的统战关系不仅是有固定的区域为活动空间，而且有相对稳定的统一战线组织——牺盟会和动委会（战地总动员委员会），并且持续时间最长（初期关系很密切，在1939年因晋西事变一度几乎中断又重新恢复后，虽然双方戒心重重和小磨擦不断，但始终没有完全破裂，一直维持到抗战结束），因而是最富成效的统战关系。这在中共与其他地方实力派的统战关系中是仅有的。凭借着这种关系，抗战初期八路军总部和中共北方局机关得以在山西公开活动，八路军及其地方武装也因此顺利地迅速壮大，并创建了实际在中共领导下的山西新军；还是凭借着这种关系，太原失守后，根据毛泽东关于开展独立自主山地游击战的指示，八路军在晋东北、晋西北、晋东南、晋西南四个地区实行战略展开。在晋东北地区，聂荣臻率一一五师一部，依托恒山山脉创建晋察冀抗日根据地；林彪、罗荣桓率一一五师三四三旅，到晋西南地区依托吕梁山脉，创建晋西南抗日根据地；贺龙、关向应率一二〇师，到晋西北地区，依托管涔山脉创建晋西北抗日根据地；刘伯承、张浩率一二九师及一一五师三四四旅，到晋东南地区创建晋冀豫抗日根据地。山西成为中共和八路军在华北敌后开展抗日游击战争唯一的战略支点。

在1936年整整一年中，毛泽东为建立抗日民族统一战线，促成国共第二次合作而倾注全部心血。为了联合一切可能联合的力量抗击日本侵略者，促成最广泛的抗日民族统一战线，他满怀抗日救国的热情，给国民党的党政军要员，写了大量书信，向他们阐明"自相煎艾则亡，举国奋战则存"的道理，主张国共两党两军抛嫌释怨以对付共同之敌。同时，他给各方面的爱国民主人士和社会名流写信，陈述中国共产党关于停止内战一致抗日的主张，吁请他们敦促国民党放弃其"对外退让对内苛求""爱国有罪卖国有赏"的错误政策，共救中国于危亡之时。

1936年12月12日，张学良、杨虎城两将军率领东北军、西北军在西安发动"兵谏"，扣押前来布置"剿共"任务的蒋介石，迫使他停止反共内战，实行联共抗日。由于"三位一体"的西北抗日民族统一战线的存在，张、杨两将军在西安事变爆发的当天，联名打电报给毛泽东和中共中央邀请中共代表团去西安共商抗日救国大计，处理捉蒋的善后事宜。

12月12日上午，在保安的毛泽东首先接到中共驻西安代表刘鼎的急电，随后又收到张、杨两将军电报，毛泽东立即命令警卫员通知周恩来、朱德等中央领导开会讨论。会议一直开到第二天凌晨，毛泽东在会上率先作重要发言，肯定这次事变是有革命意义的，是抗日反卖国贼的。他提出，我们应以西安为中心来领导全国，控制南京，以西北为抗日前线，影响全国，形成抗日战线的中心。当时会议决定："推动人民要求南京罢免蒋，交给人民审判"，并确定周恩来率领中共代表团去西安。

12月14日，由毛泽东、朱德、周恩来及红军各方面军将领联名致电张学良、杨虎城，支持张、杨两将军的爱国行动，强调当前第一要务是巩固内部、战胜敌人，同时通知他们红军已开始集中，向三原等地移动，以配合东北军、西北军抵御中央军可能发动的进攻。

12月15日，由毛泽东领衔发表《红军将领关于西安事变致国民党国民政府电》，电报肯定了张、杨发动"兵谏"的正义性质。要求南京政府"立下决心，接受张、杨二氏主张，停止正在发动之内战"，同时提出"罢免蒋氏，交付国人裁判"，并表示红军愿与国民党军队"联袂偕行，共赴民族革命之战场，为自由解放之祖国而血战"。

12月17日晚，周恩来到达西安，立即与张学良面谈，并致电中共中央和毛泽东："为缓和蒋系进兵，便我集中，分化南京内部，推动全国运动,在策略上答应保蒋安全是可以的,但声明如南京进兵挑起内战,则蒋安全无望。"毛泽东同意周恩来的意见,并据此召开政治局会议,讨论改变对蒋政策,由罢蒋和平到保蒋和平。19日,中央政治局经过两天讨论,作出《中央关于西安事变及我们任务的指示》,分析了西安事变的性质,认为西安事变是中国一部分民族资产阶级的代表,也是国民党实力派的一部分不满意南京政府的对日政策,要求立即停止"剿共",一致抗日,并接受中国共产党联合抗日主张的结果。这次发动是为了要抗日救国而产生的,是要以西北的抗日统一战线去推动全国抗日统一战线的开始。但因为事变采取了武力的方式,扣留了蒋介石及其一部分将领,使南京和西安处于公开的敌对地位,而蒋介石的实力并未受到任何打击,所以如果处理不妥,就有可能造成新的大规模的内战,妨碍全国抗日力量的团结。张闻天在会上指出:事变的发展有两个前途,一是引起新的大规模内战,推迟抗战的发动,造成日本扩大侵略的顺利条件,另一是和平解决,结束内战,使全民族抗战早日实现。他的分析为大家所赞同。为了争取第二个前途,中国共产党确定了和平解决西安事变的方针策略,即坚决反对新的内战,主张南京政府和西安之间在团结抗日的基础上和平解决;用一切办法联合国民党左派,争取中间派,反对亲日派,推动南京政府走向抗日的道路;对于张学良、杨虎城给予同情和积极的实际援助,使之彻底实现其抗日主张。毛泽东在会议上发言,"我们准备根据这样的立场发表通电,国际指示还未到,或者要隔两天再发"。通电在当天即发出,共产国际的指示于12月20日才到达。21日,中央复电共产国际书记处:"来电于20日才收到,同意你们的意见,我们也已经基本的采取了这种方针。"这样,在毛泽东、周恩来和中共中央的积极努力下,西安事变终于得到和平解决。

西安事变的和平解决,对国共两党再次合作团结抗日,对抗日民族统一战线的建立,起了决定性的作用。1937年1月13日,毛泽东率中共中央机关由保安移往延安。3月6日,毛泽东等致电任弼时,高度评价西安事变的和平解决:"西安事变顺利的和平解决,成为开始在全国停止内战、一致抗日与和平统一、团结御侮的新阶段,也走到全国统一战线的实际建立,举国抗战开始一个过渡的时期。"

西安事变和平解决后,毛泽东继续以主要精力去促成抗日民族统一战线的最后建立。他根据国内和平已基本实现的新形势,适时地向全党提出"巩固和平、争取民主、实现抗战"的方针。其中,他特别强调争取民主的重要性,认为这是目前阶段中革命任务的中心环节,看不清其重要性,"降低对于争取民主的努力,我们将不能达到真正的坚实的抗日民族统一战线的建立"[①]。

为此,1936年12月28日,毛泽东发表《关于蒋介石声明的声明》,希望蒋介石能够履行他在西安允诺的条件,即改组国民党政府、释放爱国领袖和政治犯、保证人民权利、联合红军抗日等,做到"言必信,行必果"。翌年2月9日,毛泽东出席中共中央政治局常委会会议,讨论通过了中国共产党致国民党五届三中全会电,提出著名的五项要求和四项保证。这个文件实际成为国共合作谈判的纲领。此后,国共代表先后在西安、杭州、南京、庐山等地就两党重新合作、红军改编、苏区体制等实质性问题进行了谈判。

毛泽东除在原则上和具体步骤上对谈判工作进行指导外,还从多方面着手,努力推动抗日民族统一战线的形成。他多次致信致电蒋介石、阎锡山、杨虎城、孙蔚如、王以哲、宋哲元、李宗仁、白崇禧、刘湘、何香凝等国民党各派代表人物,力陈抗日救国大义。1937年5月,他亲自布置并接待了十年来第一个负和平使命赴苏区的国民党中央考察团,提出"拥护蒋委员长领导抗日"的口号。继1936年夏秋间同斯诺的谈话之后,他又先后接见尼姆·威尔斯、史沫特莱、范长江、厄尔·H.利夫、托马斯·阿

[①] 《毛泽东选集》第1卷,人民出版社1991年版,第255页。

瑟、毕森、拉铁摩尔、菲力普·贾菲等中外新闻界人士，广泛地宣传中国共产党关于抗日民族统一战线的主张。他既告诫全党要反对"左"倾关门主义，要求各地的各级干部都去做统一战线的工作，同时，又及时提醒党员干部不能做无原则的让步和联合，注意防止右倾投降主义的倾向。他亲自起草祭黄帝陵文，并派陕甘宁边区政府主席林伯渠祭扫黄帝陵，表达中国共产党对中华民族始祖的敬仰和团结全民族共赴国难、光大古邦的决心。1937年5月，苏区代表会议在延安召开，毛泽东作题为《中国共产党在抗日时期的任务》和《为争取千百万群众进入抗日民族统一战线而斗争》的两个发言。他指出，国民党三中全会以后，抗日民族统一战线已经初步建立起来了，因而进入一个新的历史阶段，在新阶段，抗日民族统一战线的任务是巩固和平、争取民主和实现抗战。号召全党加强团结，为争取千百万群众进入抗日统一战线而斗争。

第七章
CHAPTER SEVEN

领导民族抗战

实行全面的抗战路线

1937年7月7日,卢沟桥事变爆发。7月8日,毛泽东同朱德、彭德怀等红军将领领衔致电蒋介石,要求立即"实行全国总动员,保卫平津保卫华北,收复失地"。鉴于华北危急,而蒋介石又迟迟不下达红军改编的命令,7月11日,毛泽东提议红军一部组成抗日先遣队先期赴河北抵抗日军。7月13日,延安全市共产党员与机关工作人员举行紧急会议,毛泽东在会上号召:"每一个共产党员与抗日的革命者,应该沉着地完成一切必需的准备,随时出动,到抗日前线!"与此同时,毛泽东加紧进行对各路红军的改编工作。他就红军改编后的组织序列、各级首长名单、装备等事宜,连电在外谈判的周恩来和布防在各地的军政首长。为了加强领导,他亲自抽调一批干部和抗大学员充实各部队。他坚决回绝了国民党要在红军各级战斗单位中派设副长官、政训主任、常驻代表等无理要求,维护了中国共产党对红军的独立领导。他派郑位三、方方等分赴鄂豫皖、闽浙赣等地,向坚持在南方进行斗争的红军游击队传达中共中央关于建立抗日民族统一战线的指示;又派孟庆山等参加了长征的红军骨干分赴冀中等地在家乡组织发动抗日力量;他还认真研究红军开赴华北抗日前线的行军路线和作战区域,并致函电或派人同有关地区的国民党军政官员协商,以期取得他们的配合。在毛泽东的积极主持下,红军的改编和抗战准备工作得以有条不紊地进行,这为红军早日开赴抗日前线创造了条件。

7月23日,毛泽东发表《反对日本进攻的方针、办法和前途》一文,旗帜鲜明地提出坚决抗战,反对妥协退让的正确方针,以及实行全国军队总动员、全国人民总动员,改革政治机构、实行抗日的外交政策,改善人民生活、加强国防教育和实行抗日的财政经济政策,号召全中国人民、政府和军队团结起来，筑成民族统一战线的坚固长城等几项纲领。文章尖锐地提出在对日问题上的两种方针、两套办法、两个前途。毛泽东认为，实行全民族抗战的方针和路线，就一定争得一个驱逐日本帝国主义，实现中国自由解放的前途；而实行相反的方针和办法，就一定得到一个日本帝国主义占领中国、中国人民都做牛马奴隶的前途。8月2日，毛泽东在延安"八一"抗战动员大会上作讲演，再次号召："现在全国无论何处，都应该紧急动员起来。""我们现在只有一个方针，这个方针就是坚决打日本！立即动员全国民众，工农商学兵，各党各派各阶层，一致联合起来，与日本帝国主义作殊死的斗争！"8月4日，毛泽东又和张闻天打电报给参加国民党召集的国防会议的周恩来、朱德、叶剑英，提出关于国防的意见。电报指出：总的战略方针应是攻势防御，应给敌人以有力的反攻，决不能单纯防御；要正规战与游击战相配合，游击战以红军和其他适宜部队及人民武装担任之，在整个战略部署下，给予独立自主的指挥权；担任游击战之部队，原则上应分开使用，而不是集中使用，依现时情况，红军以一部兵力展开于冀、察、晋、绥四省交界地区，向着沿平绥铁路西进及沿平汉铁路南进之敌实施侧面的游击战。电报特别强调，发动人民的武装自卫战，是保证军队作战胜利的重要一环，对此方针犹豫是必败之道。8月11日，周恩来等将容纳了毛泽东上述思想基本内容的中共中央关于对日作战战略计划及作战原则案提交国防会议，引起与会者的重视。毛泽东关于采取持久战的基本方针等相当一部分建议，实际上被南京国民政府军事委员会所采纳。而他关于全民抗战的全面抗战路线更是深入人心，在伟大的民族抗战中起了重要的指导作用。

在毛泽东和中国共产党以及全国人民的推动下，并迫于日本侵略军的步步进逼，8月22日，南京国民政府军事委员会正式发布命令，将红军改编为国民革命军第八路军（10月至12月间，又将南方八省的红军游击队改编为新编第四军），下辖第一一五师、一二〇师和一二九师。9月22日，国民党终于公开发表中共中央于7月15日就已提交的《中国共产党为公布国共合作宣言》。9月23日,蒋介石发表了实际承认中国共产党合法地位的谈话。全国抗日民族统一战线正式形成。

8月22日至25日,中共中央在陕北洛川县北的冯家村召开政治局扩大会议。这是中国共产党在抗日战争全面爆发的历史转折关头举行的一次重要会议。毛泽东代表中央政治局在会上作关于军事问题和国共两党关系问题的报告。在军事问题的报告中,毛泽东深刻分析中日战争中敌强我弱的形势和当时敌人用兵的战略方向(以夺取华北为主),指出抗日战争将是一场艰苦的持久战。红军在国内革命战争中已经发展为能够进行运动战的正规军,但在新的形势下,在兵力使用和作战原则方面,必须有所改变。红军的基本任务是:创造根据地,牵制消灭敌人,配合友军作战(主要是战略配合),保存和扩大红军,争取共产党对民族革命战争的领导权。红军在抗日战争初期的作战地区主要是晋察冀三省边界地区。红军的作战方针是:独立自主的山地游击战争,包括在有利条件下集中兵力消灭敌人兵力以及向平原发展游击战争。独立自主是相对的,是在共同抗日的统一战略目标下独立自主的指挥。游击战的作战原则是,游与击的结合,打得赢就打,打不赢就走,分散发动群众,集中消灭敌人;着重于山地,是考虑便于创造根据地,建立起支持长期作战的战略支点。会议通过了由毛泽东起草的《中国共产党抗日救国十大纲领》,作为领导全国人民争取抗战胜利、反对蒋介石国民党片面抗战的指针。其要点是:一、打倒日本帝国主义;二、全国军事的总动员;三、全国人民的总动员;四、改革政治机构;五、实行抗日的外交政策;六、实行战时的财政经济政策;七、改良人民生活;八、实行抗日的教育政策;九、肃清汉奸卖国贼亲日派,巩固后方;十、建立抗日的民族团结。这个纲领全面地概括了中国共产党在抗日战争时期的基本政治主张,是实行全面抗战路线的纲领,它把实行抗日和争取民主紧密地结合起来,争取抗日民族解放战争朝着有利于人民胜利的方向发展。

会议根据战争形势的需要,为了加强中国共产党对军队的领导,决定进一步扩大中共中央革命军事委员会,由毛泽东、朱德、周恩来、彭德怀、任弼时、叶剑英、张浩、贺龙、刘伯承、徐向前、林彪11人组成。毛泽东为军委书记(实际称主席),朱德、周恩来为副书记(实际称副主席)。

8月下旬到9月初,八路军三个师的主力三万余人驰赴山西抗日前线。当时,中共中央军委决定八路军进入恒山山脉以之为战略依托,向燕山山脉展开,在山西北部、河北东部、察哈尔、热河、辽宁省南部发起广大的游击战争。9月17日,根据南口失守后,日军沿平汉、同蒲西路向国民党华北防线的恒山支点合围的情况,毛泽东向八路军前线指挥员发出指示:红军全部在恒山山脉创造游击根据地的计划,已根本上不适用了。如此时依原计划实行,将全部处于被动地位。"依上述情况及判断,为战略上展开于机动地位,即展开于敌之翼侧,钳制敌之进攻太原与继续南下,援助晋绥军使之不过于损失力量,为真正进行独立自主的山地游击战,为广泛发动群众,组织义勇军,创造游击根据地,支持华北游击战争,并为壮大红军本身起见",毛泽东变更部署,指示一二〇师向晋西北管涔山等地活动,一二九师寻机向吕梁山脉活动,一一五师即时迎着疯狂进攻的敌军进入恒山山脉[①]。9月25日,一一五师在平型关首战大捷,歼敌1000余人,击毁汽车100多辆,取得全国抗战以来在华北战场的第一个大胜仗,打破日军不可战胜的神话,极大地鼓舞了全国人民的抗日斗志。随后,一一五师即于现地活动,派出地方工作团发动群众抗日运动。一二〇师三五八旅进入管涔山区,分兵挺进雁北,在大同以西、以南展开,并派出地方工作团深入晋西北各县开展群众工作。三五九旅派出一部进入平山、井陉地区发动群众。一二九师进至正太路南侧地区待机。

10月初,忻口会战和娘子关战役相继进行。八路军遵照毛泽东"向北

[①] 《毛泽东军事文集》第2卷,军事科学出版社、中央文献出版社1993年版,第47—48页。

突击，掏其空虚后方"的指示，一一五师、一二〇师、一二九师分别破袭同蒲路，向繁峙—平型关全线攻击，夜袭阳明堡机场，突袭日本总兵站原平镇，雁门关设伏，围困代县，毙俘日军2300余人，焚毁飞机25架、汽车120多辆，断绝交通，使前线日军军需匮乏，各种兵器不能充分发挥效能，有力地支援了忻口会战。稍后，一二九师驰援娘子关，七亘村重叠设伏，黄崖底、广阳山两次伏击，歼敌2000余人，在娘子关迟滞了日军的进攻，使日军截击太原国民党军的计划破产。

在此期间，针对一些指战员的疑惑，毛泽东反复强调独立自主地开展敌后游击战争的重要性，指出："红军此时是支队性质，不起决战的决定作用。但如部署得当，能起在华北（主要在山西）支持游击战争的决定作用。"①"整个华北工作，应以游击战争为唯一方向。一切工作，例如兵运、统一战线等等，应环绕于游击战争。""要设想在敌整个占领华北后，我们能坚持广泛有力的游击战争。"②针对一些人希望集中兵力打大仗的心理，毛泽东在9月21日的电报中指出，八路军的任务，"以创造根据地发动群众为主，就要分散兵力，而不是以集中打仗为主。集中打仗则不能做群众工作，做群众工作则不能集中打仗，二者不能并举。然而，只有分散做群众工作，才是决定地制胜敌人、援助友军的唯一无二的办法"③。9月29日，毛泽东再次强调："根本方针是争取群众，组织群众的游击队，在这个总方针下实行有条件的集中作战。"④

在配合国民党军队作战的同时，八路军独立自主地执行自己的战略任务。10月10日，毛泽东预计到华北战场将发生急剧的变化，指示一一五师一部留在以五台山脉为依托的晋察冀边区，主力进入以吕梁山为依托的晋

---

① 《毛泽东军事文集》第2卷，军事科学出版社、中央文献出版社1993年版，第47页。
② 《毛泽东军事文集》第2卷，军事科学出版社、中央文献出版社1993年版，第57页。
③ 《毛泽东军事文集》第2卷，军事科学出版社、中央文献出版社1993年版，第53页。
④ 《毛泽东军事文集》第2卷，军事科学出版社、中央文献出版社1993年版，第66页。

西地区；八路军总部率一二九师主力进入以太行山脉为依托的晋冀豫边区，以实行战略展开并进行创建根据地的工作。迄止太原失守，八路军在敌后创建了以五台山（晋东北）、管涔山（晋西北）、太行山（晋东南）、吕梁山（晋西）为依托的四大战略支点。这是一个极具远见的游击战争的战略规划：五台山的游击战争，可以随时进击平汉、平绥、同蒲、正太四条铁路，还可东进冀中平原，相机出平北入冀东。太行山的游击战争，可随时进击正太、同蒲、平汉三条铁路，还可直入冀鲁豫大平原。吕梁山的游击战争，既为陕甘宁边区的（黄）河防前哨，又可钳制入侵晋南的敌军，同时又是晋西北游击战争的一翼。管涔山的游击战争，不但威胁北同蒲路和大同、太原两大敌军据点，而且还可北进绥远，扼制日军伸向大西北的触角（包头），又可与吕梁山的游击战争结成黄河河防，屏障陕甘宁边区和关中地区。

1937年11月8日太原失守后，毛泽东于9日和13日发出指示：华北正规战争结束，剩下的只是红军为主的游击战争了。因此，"红军任务在于发挥进一步的独立自主原则，坚持华北游击战争，同日寇力争山西全省的大多数乡村，使之化为游击根据地"[①]。他要求各部队发动民众，收编溃军壮大自己，自给自足，不依靠别人，多打小胜仗，兴奋士气，用以影响全国，促成国民党及其政府、军队的改造，实现全民族抗战的新局面。同时，要准备充分的力量，对付敌人向内线进攻。

遵照毛泽东的指示，八路军各师除留一定数量野战兵团作为战略机动外，即行转入创建根据地的斗争，同时分遣有力部分组成游击支队，实施战略推进。聂荣臻率一一五师独立团、骑兵营约2000人，开辟了晋察冀抗日根据地。1938年1月10日，晋察冀边区行政委员会成立，这是中国共产党领导下的第一个敌后抗日民主政权。刘伯承率一二九师主力于1938年初开创了以太行山为中心的晋冀豫抗日根据地。一二〇师贺龙部在大力

---

① 《毛泽东军事文集》第2卷，军事科学出版社、中央文献出版社1993年版，第114—117页。

开展晋西北群众工作的基础上，成立游击队和自卫军及各种群众组织，分散开展游击战争，创建了晋西北抗日根据地。

3月，一一五师林彪部开辟了晋西南抗日根据地。

八路军游击战一开始就紧紧缠住了日军。日军占领太原后被迫停止前进，出动7个师团中的3个师团，从1937年11月下旬起，对晋察冀、晋西北、晋冀豫等根据地的八路军展开围攻，遭到失败。在1938年2月至4月的晋东南作战中，一二〇师积极扰袭日军后方，迫日军山冈师团主力撤回太原防守；一一五师和一二九师联合作战，迭获胜利，一一五师歼敌2000余人，一二九师继长生口、神头岭、响堂铺歼敌2000多人后，在粉碎敌九路进攻和长乐村伏击战中又歼日军4000多人，收复县城18座，迫使晋东南日军全部退走。1938年4月15日前，日军在华北有9个半师团，其中八路军抗击5.7个师团，国民党军抗击3.8个师团。4月16日后，日军增至11.5个师团，八路军抗击5.35个师团，国民党军抗击6.15个师团，敌后游击战开始大显神威。

在山区游击战争蓬勃开展的同时，毛泽东又提出将游击战争扩展到平原地区、建立平原根据地的战略计划。徐州会战开始后，毛泽东致电八路军总部，指出，河北全境及山东境内乃至江苏北部，必甚空虚，因此考虑八路军进出河北，转入山东及安徽敌后作战。1938年4月21日，毛泽东与张闻天、刘少奇发出关于在河北、山东平原地区大量发展游击战争的指示。指出：在目前全国坚持抗战与正面深入群众工作两个条件之下，在河北、山东平原地区广泛地发展抗日游击战争，坚持平原地区的游击战也是可能的。在该地区应坚持采取尽量广泛发展游击战争的方针，尽量发动广大群众走上公开的武装抗日斗争。

根据这一指示，八路军各师先后派出部队挺进平原地区，协同地方党和当地人民武装，广泛开展游击战争，创建和发展平原根据地。晋西北一二〇师派出大青山支队挺进大青山，开辟了绥南、绥西和绥中区。晋察冀边区派出宋时轮、邓华纵队进入冀东，配合冀东人民大起义，开辟了冀东区。一二九师派出东进纵队、骑兵团和第七六九团等部进入南宫，开辟了冀南区。一一五师一部与一二九师一部进入以宁津、乐陵为中心的冀鲁边地区。

根据与国民党达成的协议，南方8省13个地区的红军游击队改编为国民革命军新编第四军，下辖4个支队。随后全军集中于皖南、皖中。经毛泽东与中共中央督促，项英于1938年4月28日派出粟裕率先遣支队向苏南敌后出动，进行战略侦察。5月12日，新四军四支队在安徽蒋家河口村伏击日军，取得首战胜利。鉴于日军正从南北两面合围徐州，毛泽东与中央军委于5月4日和14日连续发出关于新四军向华中敌后开展游击战争的指示，要求他们在侦察部队出去若干天后，主力就可准备跟进，要利用目前的有利时机，深入敌人后方，大力发动与组织群众，建立地方党，组织游击队，创造根据地。6月2日，复电项英指出："凡敌后一切无友军地区，我军均应派队活动，不但太湖以北吴淞江以西广大地区，即长江以北到将来力能顾及时，亦应准备派出一小支队"，"地区扩大，已不患无回旋余地……你们可放手在敌后活动。"[①] 六七月间，陈毅、张鼎丞率领第一、第二支队相继进入苏南敌后，积极开展游击战争，从9月到12月，先后粉碎日军大小20多次"扫荡"，创立以茅山为中心的苏南抗日根据地。第三支队在谭震林指挥下进入皖南前线，进行开辟皖南抗日根据地的斗争。第四支队挺进皖中、皖东敌后，开辟以安徽藕塘为中心的江北抗日根据地。彭雪枫、吴芝圃率新四军游击支队活动于豫东睢（县）杞（县）太（康）地区，初步开创了豫皖苏边区的抗日局面。

与此同时，遵照毛泽东和中共中央发动人民抗战、组织敌后游击战争的指示精神，中共山东省委于1937年12月和1938年1月，在全省范围内发动了二三十次抗日起义，在冀鲁边、鲁西、泰（山）西、鲁西北、胶

---

① 《毛泽东军事文集》第2卷，军事科学出版社、中央文献出版社1993年版，第351页。

东、清河、鲁中、鲁南、(微山)湖西等地区建立了抗日基地。山西青年抗日决死纵队开辟了太岳区。直南、鲁西南地方党组织了游击战。原国民党东北军团长、共产党员吕正操所部回师敌后，打开冀中抗战局面。中共河南省委在豫南、信阳地区组织了多支游击队。湖北省委在鄂东、鄂中、鄂北组织了几支游击队。安徽省工委利用省总动员委员会的合法形式，派出30多个工作团在各地恢复党组织，发动群众，还建立了凤阳游击大队。

　　针对日军的肆虐进攻，毛泽东连续指示八路军，为配合国民党正面战场，为缩小华北敌后占领地，为创造并巩固华北根据地，都有大举袭敌之必要。"我军均应在敌后配合友军坚决作战，有效地消灭和削弱敌人，发动广泛抗日运动。"各地人民武装与八路军相结合，形成坚强的抗日力量，敌人的后方变成了抗日的前线。七七事变一周年之际，八路军主力大规模破击日军铁路交通线，一夜之间，平汉、平绥、正太、同蒲四路沿线日军上百个据点、车站遭袭击，数百里铁道被破坏，日军铁路交通中断。日本华北方面军11个军团（占侵华日军总兵力的41%），除驻开封一带的骑兵集团外，全由八路军抗击。到1938年10月，八路军共作战1500余次，歼灭日伪军5万余人。中国共产党在敌后创建了晋西北和大青山、晋西区，晋察冀之北岳、冀中、冀东区，晋冀豫之太行、太岳、冀南区，冀鲁豫之直南、鲁西南区，山东之鲁西、湖西、冀鲁边、清河、鲁中、胶东区，华中之苏南、皖中区等抗日根据地。牵制、消耗大量日军，使其难以集中兵力于正面战场，后顾之忧严重，从而削弱、遏制了日军的战略进攻，对加速抗战相持阶段的到来起了重大作用。

　　随着抗战的全面展开和相持阶段的到来，在全国和中国共产党内部对抗战前途产生一些模糊和错误的认识。国民党内以汪精卫为代表的亲日派大肆宣扬"亡国论"。由于抗战初期国民党军队的连续溃败，这种"亡国论"影响了社会上某些阶层和部分劳动人民，使之对抗战前途产生悲观情绪。国民党内还有一种观点，认为"抗战不如参战，参战不如观战"，把抗战胜利前途寄托在外国的援助上，时刻幻想依靠英美或苏联的干涉，很快取得胜利。台儿庄战役胜利后，国民党中一些人认为徐州会战是"准决战"，"是敌人的最后挣扎"。于是，"速胜论"兴盛一时。在共产党内，"亡国论"一般是没有的，但有些人有一种骄傲轻敌的思想，他们过于看重国民党有200万正规军的力量，因而以为抗战能够速胜。另外在共产党内和党外都有人轻视抗日游击战争的战略地位，认为它起不了什么作用。当时，也有很多人认识到抗日战争将持久地进行，但对于持久战的具体发展过程将是怎样的，如何争取最后胜利，则没有明确的认识。

毛泽东代表中国共产党正确地回答和解决了这些问题。

持久战，是在抗战前毛泽东就高瞻远瞩地提出的战略思想。1935年12月，毛泽东在陕北瓦窑堡党的活动分子会议上，展望抗战前景，就指出："要打倒敌人必须准备作持久战"，"打倒日本帝国主义和中国反革命势力的事业，不是一天两天可以成功的，必须准备花费长久的时间"。1936年7月16日，在与美国记者斯诺的谈话中，毛泽东说，抗日战争要延长多长时间，要看中国抗日统一战线的实力和中日两国其他许多决定的因素如何而定。他预言抗日战争将是长期的、艰苦的，"日本在中国抗战的长期消耗下，它的经济行将崩溃；在无数战争的消磨中，它的士气行将颓靡。中国方面，则抗战的潜伏力一天一天地奔腾高涨，大批的民众不断地倾注到前线去，为自由而战斗"，经过长期作战，最后"驱逐日本侵略军出中国"[①]。

全民族抗战爆发后，毛泽东再三强调持久战的战略方针，把它确定为中国共产党在抗日战争时期基本的战略指导思想。1937年8月，在确定党在抗日战争时期方针、政策的洛川会议上，毛泽东明确提出：全国抗战的战略总方针是持久战，而不是速决战，持久战的结果是中国胜利。会议赞同毛泽东的论断。依据毛泽东的报告而形成的《关于目前形势与党的任务

---

① 蒋建农、曹志为：《走近毛泽东》，团结出版社1990年版，第28页。

的决定》指出，"由于国民党还不愿意发动全国人民参加抗战"，"由于当前的抗战还存在着严重的弱点"，因此，"应该看到这一抗战是艰苦的持久战"。同月，中国共产党提出全国抗战的战略方针及作战原则，指出："日本帝国主义本其大陆政策之预定方针，妄图使中国殖民地化……只有抗战，只有不顾一切牺牲，为领土完整奋斗到底，把日寇赶出中国去。"《决定》提出："中国抗战战略的基本方针是防御的持久战，在长期艰苦英勇牺牲的战争中求得胜利。"8月11日，周恩来、朱德、叶剑英等根据毛泽东和中共中央的指示，在南京国防会议上阐述了中国共产党的这一战略思想，指出持久战乃战胜日本的唯一途径，告诫国民党不可因外交谋略而动摇持久抗日思想。受到与会者的重视，产生了积极的影响。毛泽东关于采取持久战的基本方针等相当一部分建议，实际上被南京国民政府军事委员会所采纳。蒋介石当时一再强调的"以空间换时间"的提法，不难看到"持久战"的影响。

为了进一步有力地驳斥错误论调，阐明中国共产党关于抗日战争的正确军事路线，指导全党全军和全国人民更好地坚持抗战，毛泽东于1938年5月26日至6月3日，在延安抗日战争研究会上发表著名的演讲《论持久战》，完整、深刻地论述了持久战的思想。

毛泽东在《论持久战》中全面地分析了中日战争所处的时代，以及敌我双方的基本特点，深刻地揭示了抗日战争是持久战，最后胜利属于中国这一客观规律。毛泽东从中日战争的性质入手，指出："中日战争不是任何别的战争，乃是半殖民地半封建的中国和帝国主义的日本之间在二十世纪三十年代进行的一个决死的战争。全部问题的根据就在这里。"从这个总的根据出发，毛泽东指出战争双方互相矛盾的四个基本特点：

第一，日本是一个帝国主义的强国，它的军力、经济力和政治组织力在东方是第一等的；而中国是一个半殖民地半封建的弱国，军力、经济力和政治组织力各方面都不如敌人。

第二，日本发动的战争是侵略性的、退步的和野蛮的。日本虽是一个强国，但它已是一个趋于没落、灭亡的帝国主义国家；中国进行的战争是反侵略的正义战争，它必将唤起全国人民的觉悟和团结。更重要的是：这时的中国处于历史上进步的时代，它已经有了无产阶级，有了共产党，有了已经觉悟或正在觉悟的广大人民，有了政治上进步的军队，有了数十年革命的传统经验，特别是中国共产党成立以来17年的经验。

第三，日本是一个小国，先天不足，其人力、军力、财力、物力均感缺乏；中国是一个大国，地大、物博、人多、兵多。

第四，日本进行的侵略战争，遭受全世界爱好和平的人民的反对，它是失道寡助的；中国的反侵略战争得到全世界人民的同情和支援，是得道多助的。

中日战争互相矛盾着的这些基本特点，贯穿于中日双方一切大小问题和一切作战之中。这些特点在战争过程中将各依其本性发生变化，一切东西就都从这里发生出来。战争开始阶段敌我双方的力量强弱对比，决定了日本能够在中国有一定时期和一定程度的横行，得到一定程度的胜利，中国不可避免地要走一段艰难的路程，遭受一定程度的失败。但这只限于一定阶段内、一定程度上的胜与败，不能超过而至于全胜或全败。敌胜我败必然只限于一定阶段、一定程度，无法造成持久的局面。随着战争的继续发展，敌我力量将消长变化，只要我能运用正确的政治、军事策略，竭尽最善努力，战争将越来越使敌国军民厌战、兵源枯竭、军费困难，经济危机加深，国际上愈益孤立，由强而逐渐变弱，不断向下发展；战争越来越广泛地动员中国人民，军队日益壮大，敌人只能占领少数点与线，我则控制广大的面，兵源物资丰富等有利条件日益发挥其作用，而且国际上也愈来愈多助，逐渐由弱变强，不断向上发展。敌我双方力量变化到一定新的阶段，将发生强弱程度上和优劣形势上的大变化，而达到敌败我胜的结果。因此，抗日战争是长期的，最后胜利是属于中国的。因而，"亡国论"和"速胜论"都是错误的。

在《论持久战》中,毛泽东科学地预见了抗日战争将经历三个战略阶段。

第一阶段,"是敌之战略进攻,我之战略防御的时期"。但是,敌人在"此阶段的中期已不如初期,末期将更不如初期"。随着战争的进程,在这个阶段的末期,战争双方却有向下、向上两种不同的变化。日本方面:向下的变化,表现为人员的伤亡、武器弹药的消耗、士气的颓废、国内人心的不满、贸易的缩减、国际舆论的谴责等;向上的变化,主要是占领区、人口和资源的扩大。前一种变化会不断扩大,随着变化的量的增加,必将引起质的变化;而后一种变化是暂时的和局部的,主要表现在量上,不会引起质变。中国方面恰巧相反:向下的变化,是土地、人口、经济力量、军事力量和文化机构等的减缩;向上的变化,是战争的经验、军队的进步、政治的进步、人民的动员、文化的新方向的发展、游击战争的出现、国际援助的增长等。此前一种变化是旧的质和量的变化,主要表现在量上,这种量的减少是暂时的、局部的,更不足以引起质变;后一种变化,是一种新的量和质的变化,主要表现在质上,这些新质因素虽然弱小,但它却代表了新生力量,是不能战胜的。

第二阶段,是敌我战略相持阶段。在这个阶段,敌我双方力量的变化将继续发展,中国继续向上,日本继续向下。由于中国力量的增长,日本力量的减弱,敌我力量的对比将发生根本相反的变化,中国将脱出劣势,日本则脱出优势,双方先走到平衡的地位,再走到优劣相反的地位。中国将完成战略反攻的准备。第二阶段,是整个战争的过渡阶段。相持阶段的时间将相当长,遇到的困难也将最多,然而它是整个战争转变的枢纽。许多地方将遭到严重破坏,但抗日游击战争将广泛展开,并不断取得胜利。此时,整个敌人占领地将分为三种地区:第一种是敌人的根据地;第二种是抗日游击战争的根据地;第三种是敌我双方争夺的游击区。

广大的游击战争和人民抗日运动,将消耗和瓦解大量敌军。"中国将变成独立国,还是沦为殖民地,不决定于第一阶段大城市之是否丧失,而决定于第二阶段全民族努力的程度。如能坚持抗战，坚持统一战线和坚持持久战，中国将在此阶段中获得转弱为强的力量。"

第三阶段，是我之战略反攻阶段。中国方面经过第二阶段的长期艰苦斗争和准备，力量不断壮大，国际援助等有利因素更加增多，将使敌强我弱的形势发生根本变化，开始举行战略反攻，收复失地，"取得自己的彻底解放，建立独立的民主国家，同时也就是帮助世界的反法西斯运动"。

毛泽东指出："中国由劣势到平衡到优势，日本由优势到平衡到劣势，中国由防御到相持到反攻，日本由进攻到保守到退却——这就是中日战争的过程，中日战争的必然趋势。"所谓坚持抗战到底，就是要走完这个全程。

毛泽东根据三个阶段的敌我双方情况和战争特点，具体规定了三个不同阶段的作战形式：第一阶段以运动战为主，游击战、阵地战为辅；第二阶段以游击战为主，运动战、阵地战为辅；第三阶段以运动战为主，阵地战、游击战为辅。"第三阶段的运动战，已不全是由原来的正规军负担，而将由原来的游击军从游击战提高到运动战去担负其一部分，也许是相当重要的一部分。"

在《论持久战》中，毛泽东提出进行持久战的作战方针。他指出，由于敌强我弱的特点，"日本是采取战略进攻方针的，我们则属于战略防御地位。日本企图采取战略的速决战，我们应自觉地采取战略的持久战"。

毛泽东还着重指出，"兵民是胜利之本"，中国的抗日战争必须紧紧地依靠人民才能取得胜利。抗日战争只有成为真正的人民战争，才能取得最后胜利。"战争的伟力之最深厚的根源，存在于民众之中"，"动员了全国的老百姓，就造成了陷敌于灭顶之灾的汪洋大海，造成了弥补武器等等缺陷的补救条件，造成了克服一切战争困难的前提"。因此，就必须实行全国全民总动员，实施抗日民主政治，扩大和巩固抗日民族统一战线，并且把中国共产党的工作重心放在乡村，依靠乡村广大人民进行战争，同时，必须坚持反对国民党的片面抗战路线，坚持反对共产党内的右倾投降主义。

毛泽东系统地阐明并具体组织实施一条全面的抗战路线，这是实现持久战战略目标的根本保证。和国民党的单纯依靠政府和正规军的片面抗战路线相反，中共认为："今天争取抗战胜利的中心关键，在使已发动的抗战发展为全面的全民族的抗战。只有这种全面的全民族的抗战，才能使抗战得到最后的胜利。本党今天所提出的抗日救国的十大纲领，即是争取抗战最后胜利的具体的道路。"[1] 中共主张不仅要进行全国军事的总动员，还要进行全国人民的总动员，并具体地提出一系列开放党禁、开放言论、改造政府、驱逐亲日分子、实施民主政治和发展经济、改善民生、优待抗属、抚恤军烈、赈济灾荒、废除苛捐杂税、减租减息、惩治贪腐，以及实行有力出力、有钱出钱、有枪出枪、有知识出知识和联合各少数民族等共同抗战的政策主张。中共明确指出，"今天的抗战，中间包含着极大的危险性。这主要的是由于国民党还不愿意发动全国人民参加抗战。相反的，他们把抗战看成只是政府的事，处处惧怕和限制人民的参战运动，阻碍政府、军队和民众结合起来，不给人民以抗日救国的民主权利，不去彻底改革政治机构，使政府成为全民族的国防政府。这种抗战可能取得局部的胜利，然而决不能取得最后的胜利"[2]。

不仅如此，毛泽东和中共中央制定了一整套与持久战战略相配套的战略方针和战役战术原则，提出了抗日游击战战略和广泛开展的抗日游击战争，把持久战战略和全面抗战路线有机地融合为一，创造了以人民战争取得弱国战胜强国的光辉范例。

游击战争在抗日战争中占据着十分重要的地位，它是实行人民战争的重要形式。毛泽东在《论持久战》和1938年5月发表的《抗日游击战争的战略问题》中，着重阐述了游击战争的战略地位和作用。他指出：一般

---

[1] 《建党以来重要文献选编（1921—1949）》第14册，中央文献出版社2011年版，第473—474页。
[2] 《建党以来重要文献选编（1921—1949）》第14册，中央文献出版社2011年版，第474页。

说来，游击战争只是一种起辅助作用的作战形式，是个战术问题，它不担负战略任务。但是，在抗日战争中，抗日游击战争是有战略地位的。毛泽东强调：由于日本帝国主义是一个强国和小国侵略一个大国、弱国，在这种条件下，就出现了日本占领中国地方甚广而兵力又不足的现象，战争的长期性就发生了。这就使抗日游击战争主要地不是在内线配合正规军的战役作战，而是在外线单独作战，由于中国的进步，有共产党领导的军队和群众，抗日游击战争就不是小规模的，而是大规模的；由于战争的长期性和残酷性，于是根据地的问题，建立敌后抗日政权的问题也发生了。在长期的不断削弱敌人、壮大自己的斗争中，游击军和游击战必将向正规军和运动战发展，形成为最后战胜敌人的强大战斗力量。于是，游击战必须有自己一整套的防御和进攻的战略战术，"中国抗日战争，就从战术范围跑了出来向战略敲门，要求把游击战争的问题放在战略的观点加以考察"。毛泽东从主动地、灵活地、有计划地执行防御战中的进攻战，持久战中的速决战和内线作战中的外线作战；和正规战争相配合；建立根据地；战略防御和战略进攻；向运动战发展；正确的指挥关系这六个方面阐述了抗日游击战争的具体战略问题。他和中共中央指挥八路军、新四军等抗日武装，"敌进我进"，深入敌后，放手发动群众，采用主力军、地方武装和民兵三结合的武装力量体系，广泛开展独立自主的游击战争，开辟了广阔的敌后战场。在全面抗战路线指引下蓬勃开展的抗日游击战争，是完美演绎持久战总战略的核心和关键，是从中国实际出发在抗日战争条件下对农村包围城市革命道路的新实践和新发展。

1938年10月，广州、武汉失陷后，抗日战争进入相持阶段。

毛泽东和中共中央预见到了相持阶段的严峻形势。在中共六届六中全会上，毛泽东告诫全党：敌后战场要防备敌人用很大力量来进攻，准备进行艰苦的战斗，并指出："为了配合正面防御，使主力军得到休息、整理机会，为了生长力量准备战略反攻，必须用尽一切努力坚持保卫根据地的游击战争,在长期坚持中,把游击部队锻炼成为一个主力军,拖住敌人,协助正面"。六中全会明确指出党的工作重点是在敌占区和敌后农村,确定了"巩固华北""发展华中"的具体方针,要求各地"广泛地发展敌后游击战争,创立和巩固我之根据地,缩小敌之占领区,配合主力作战"。

1938年12月,毛泽东主持中央军委会议,决定八路军主力进一步向敌人占领的远后方展开,一一五师挺进山东,一二〇师主力挺进冀中,一二九师主力一部挺进冀鲁豫地区。全华北逐步展开了以游击战为主、运动战为辅的反"扫荡"和军民结合的"交通破击战"。一二〇师相继进行黄家庄、邢家庄战斗和齐会歼灭战等,作战160多次,歼灭日军4900余人,巩固了冀中根据地。一一五师一部在雁宿崖、黄土岭战斗中歼灭日军1500多人,击毙日军"山地战专家"阿部规秀中将(此为日本侵华以来毙命的第一个高级将领),打破日军对北岳区的冬季"扫荡"。一二九师在冀南连续作战百余次,歼敌3000余,粉碎了日军3万余人和5万余人的大规模"扫荡"。继而发动邯郸、白晋、武沙破袭战,有力地打击了敌人的"囚笼"政策。一一五师进入山东后,进行樊坎、陆房、梁山等著名战斗,1939年至1940年间粉碎日军千人以上"扫荡"25次,发展了抗日武装,扩大了山东抗日局面。

进入1940年,国际上德、意法西斯势力愈加猖獗。在中国,日军攻占襄樊、宜昌,加紧空袭重庆,胁迫法国和英国封闭了滇越、滇缅路,对蒋介石国民政府以军事进攻配合政治诱降。致使中国除去经新疆到兰州的国际通道外的所有对外联系通道都被封锁,而汪精卫集团也在日本的威胁利诱下公开叛变建立了与重庆对峙的南京汪伪政权,国内一时充满悲观情绪。八路军从8月20日开始,在华北发动规模浩大、震动国内外的百团大战。战役开始时八路军总部是想在局部地区破袭日军赖以"扫荡"抗日根据地的铁路交通线。战役开始后,多个根据地同时响应,参战部队由20个团逐渐增至105个团,以正太路为重点,向华北地面各主要铁路、公路交通线同时展开大破袭，攻克日军重要据点娘子关、井陉、涞源、东团堡、榆社等，断绝日军交通。从10月份起，连续作战，粉碎日军疯狂报复"扫荡"。作战历时3个半月，战斗1824次，毙伤日军20645人，消灭和俘虏伪军2.3万余人，拔除据点2993个，破坏铁路470公里、公路1500公里，重创日军。百团大战一扫失败悲观情绪，坚定与增强了全国军民抗战到底的信心，粉碎了国民党污蔑共产党武装力量"游而不击"的谰言，对稳定全国抗日局势起了重要的作用。在百团大战发动伊始，针对国内正面战场抗战低迷和国际上因法国关闭滇越铁路、英国封闭滇缅路，以及苏联为自保与日本密商《苏日和约》给中国造成的极大困难，9月10日中共中央发出《关于"击敌和友"军事行动总方针的指示》，提出应仿照华北百团战役先例，在山东及华中组织一次至几次有计划的大规模的对敌进攻行动。23日，毛泽东在延安杨家岭作题为《时局与边区问题》的报告，指出：百团大战是敌我相持阶段中一次更大规模的反"扫荡"的战役反攻。百团大战各地都要干，要继续下去，同时要有防备顽固分子背后进攻的部署。需要指出的是，百团大战是偶然中的必然，反映出进入相持阶段后敌后战场与正面战场在全国抗战中地位的转换。到1940年底，中国共产党已经在敌后建立起拥有近1亿人口的16块抗日民主根据地，以及50万正规军。据统计，侵华日军1938年为68万人，其中敌后战场抗击数为40万人，占58.8%；1939年为86万余人，敌后战场抗击数为54万人，占62%；1940年为80万人，敌后战场抗击数为47万人，占58%；1941年为61万人，敌后战场抗击数为46万人，占75%；1942年为55万人，敌后战场抗击数为33.2万人，占63%；1943年为60万人，敌后战场抗击数为35万人，占58%；1944年为73万人，敌后战场抗击数为46.8万人，占64%；1945年为108.85万人，敌后战场抗击数为75.87万人，占69%[①]。虽然各抗

---

① 刘庭华：《中国抗日战争与第二次世界大战系年要录·统计荟萃（1931—1945）》（修订本），海潮出版社1995年版，第313页。

日根据地存在许许多多的困难，毛泽东和中国共产党人以民族利益为重，在抗战艰难的时刻，毅然发动对日本侵略者的大规模反击，振奋了全国人民的斗志，表现出担当精神和中流砥柱作用。

在华北各抗日根据地不断得到巩固和发展的同时，毛泽东和中共中央加强了对华中抗日斗争的发动，成立了以刘少奇为首的中原局。1939年3月，中共中央派周恩来专程到皖南，和新四军领导人叶挺、项英确定了"向南巩固，向东作战，向北发展"的战略任务。1939年5月和11月，毛泽东和中共中央军委批准成立新四军江北指挥所和江南指挥所，相继成立第五、第六支队，并调华北八路军南下支援新四军。新四军第一、第二支队在连续袭击日军宁沪交通线和据点后，东进北上，开辟苏（州）常（熟）太（仓）、澄（江阴）锡（无锡）虞（虞山）游击根据地和江北仪征、扬州、泰州游击区。第四、第五、第六支队开辟淮南路东、半塔集地区和豫皖苏边游击区。第三支队坚守皖南，屡败日军。1940年2月10日，毛泽东代表中央军委明确指出，八路军、新四军的当前战略任务是在粉碎敌人"扫荡"、坚持游击战争的总的任务下，扫除一切投降派顽固派的进攻，将整个华北直至皖南江南打成一片，成为民主的抗日根据地，置于共产党进步势力管理之下，同时极大发展鄂中与鄂东，以便与全国工作相配合，坚持华北华中抗战，稳定全国统一战线，争取时局好转。5月，黄克诚率八路军第二纵队第三四四旅和新编第二旅主力南下进入豫皖苏根据地，一部与新四军第六支队合编为八路军第四纵队，由彭雪枫率领坚持当地斗争，一部编为八路军第五纵队，由黄克诚率领东渡运河，开辟淮海根据地。1940年10月，陈毅、粟裕指挥黄桥决战，击败韩德勤顽固派的进攻，为开辟苏北抗日根据地奠定了基础。李先念等于1939年组建的豫鄂挺进纵队，进行陈苍桥、繁昌等著名战斗，创立鄂豫边抗日根据地。1940年10月后，苏、浙、豫、皖、鄂游击战得到进一步发展，华北、华中敌后战场连成一片。

早在1938年5月，毛泽东就预见到东南沿海地区将变成战区或敌后，指示中共闽粤赣省委和浙闽边省委,派得力干部到这些地区指导工作,发展那里的游击战争,组织游击队与创立游击根据地。中共广东省委发动东江人民和一些港澳爱国青年组织了东江抗日游击武装,建立了东江抗日游击根据地。中共琼崖特委领导创建了琼崖抗日根据地。

敌后抗日战争的迅猛发展,使日本侵略者惊恐不安、不断增兵。到1939年末,全部侵华日军有34个师团、18个独立混成旅团和2个骑兵旅团。其中以16个师团和13个独立混成旅团(约占侵华日军62%)及14万伪军,对华北、华中和华南敌后军民作战。

值得特别关注的是进入相持阶段后的敌后战场,与正面战场常规作战的一次次战役不同,敌后游击战的重点是面而不是点,是持续发生时刻存在的而不是间歇性的,是整体而不是个别,是战略的而不是战役的,实质上是抗日战争中规模最大、持续最久的一场特殊的战略大会战。1941年和1942年,日军对华北敌后根据地进行了五次"治安强化运动"。1941年出动兵力千人以上的"扫荡"69次,万人到7万人的大"扫荡"9次,1942年日军出动千人以上的"扫荡"77次,万人至5万人的大"扫荡"15次。据十八集团军总司令部的初步统计,从1938年1月至1942年11月底,华北各敌后根据地遭受"扫荡"的时间合计为2430日,平均每两天有三块根据地遭受"扫荡",日军每次"扫荡"一块根据地投入兵力的总平均数为9800人[①]。单就双方投入的兵力而言,虽然这些"扫荡"和反"扫荡"每一次投入的兵力(敌后根据地军民投入反"扫荡"的人数没有统计),可能没有正面战场国民党军队进行的22次会战多,但就战争的强度、密度和艰苦性、残酷性,以及其辐射面、人员的伤亡、物资的损耗同战果、影响等的"性价比"来说,丝毫也不逊色于前者。1939年、1940年两年,

---

① 中国人民解放军国防大学党史党建政工教研室:《五年来敌扫荡华北的情况》(1941年12月),《中共党史教学参考资料》第17册。

华北敌后根据地军民粉碎日军千人以上至数万人兵力的"扫荡"百余次，作战8980多次，歼灭日军9.65万余人、伪军8.89万余人，收复华北5省敌占区375座县城中的198座。华中、华南敌后军民作战2500余次，消灭日伪军4.2万余人。敌后战场无论作战范围、作战次数还是作战激烈程度，都较战略防御阶段有了急剧的增加，敌后战场成为抗日的主要战场。战斗中，华北八路军发展到40万人，创建了晋察冀、晋冀豫、冀鲁豫、晋西北和大青山、山东等根据地；新四军发展到10万人，创建了苏南、皖中、皖东、皖东北、鄂豫皖边、苏北、淮海等根据地；华南抗日游击队创建了东江、珠江、琼崖游击根据地。人民抗日战争呈现出蓬勃发展的大好局面。

1941年起，敌后抗日战争进入最艰苦的阶段。日本帝国主义为了实行"南进"政策，急于从中国战场脱身，并把中国变成它进行太平洋战争的后方基地，"以战养战"，集中兵力对敌后抗日根据地实施军事、经济、文化、特务"总力战"。日酋冈村宁次提出所谓"铁壁合围、捕捉奇袭、纵横扫荡、反转电击、辗转剔抉"等办法，由以往短促突击式的进攻转为长期的"清剿""驻剿"，由长驱直入的进攻转为步步为营的纵深"扫荡"，对敌后抗日根据地实行毁灭性的打击。1941年至1942年，日军在华北连续推行了5次"治安强化运动"，使用兵力千人以上的"扫荡"达132次，万人以上至7万人的达27次，有时反复"扫荡"一个地区达三四个月之久，残酷实行烧光、杀光、抢光的"三光"政策，甚至施放毒气和进行细菌战，疯狂抢夺老百姓的粮食、牧畜，烧毁房屋，制造"无人区"。同时在华中进行了分时期分地区的"清乡运动"。在法西斯势力猖獗的形势下，国民党大批党政军要员特别是大批军队投降日本。自1941年至1943年8月，先后投敌的国民党中央委员有20人，高级将领有58人，军队达50万人（占伪军总数的62%），他们在日军指挥下进攻八路军、新四军和敌后抗日根据地。同时，国民党蒋介石以数十万大军包围、封锁陕甘宁边区和敌后抗日根据地,不断配合日军攻击共产党领导的抗日武装。在这种情况下,由于军事战斗频繁,八路军、新四军伤亡重,部队减员多,干部牺牲也大,到1942年,八路军、新四军由50万人减为约40万人,华北平原地区(产粮区)相继变成了游击区,一些抗日民主政权被摧毁。抗日根据地面积缩小了,总人口由1亿减少到5000万以下,生活遭到严重破坏,财政经济极端困难。毛泽东把各抗日民主根据地在相持阶段中这一最困难的阶段,称之为"黎明前的黑暗"。他指出,当前面临的困难是前进中的困难,是日益接近胜利的暂时的困难。他号召解放区军民战胜困难,坚持敌后长期抗战,巩固抗日根据地,冲破黎明前的黑暗。

针对敌后抗日战争的严重局面,毛泽东代表中共中央于1940年11月7日发出《关于反对投降挽救时局的指示》,指示"八路军、新四军的一切抗日根据地,必须坚持长期的独立自主与自力更生的抗日战争"。11月16日,又发出《关于今冬华北各部队任务的指示》,规定华北部队的任务是:(一)坚持抗战,与敌人的冬季"扫荡"作斗争;(二)进行一次冬季扩兵运动;(三)尽量争取时间,进行休息与整军;(四)强化政策工作;(五)加强干部之团结、党的团结。1941年,毛泽东代表党中央发出《论政策》《关于打退第二次反共高潮的总结》等一系列指示,部署各抗日根据地做好充分准备,战胜严重困难。

为了更加有效地粉碎日军频繁而残酷的"扫荡",毛泽东1941年11月7日代表中央军委发出《关于抗日根据地军事建设的指示》,指出抗日根据地对敌斗争进入了新的更激烈的阶段,我军人力、物力、财力及地区之消耗均很大。在这一新阶段中,我之方针应当是熬时间的长期斗争,分散的游击战争,采取一切斗争方式(从最激烈的武装方式到最和平的革命两面派的方式)与敌人周旋,节约和保存自己的实力(武装实力和民众实力),以待有利的时机。《指示》根据日军进攻的特点,规定每个根据地的军事机构均应包含三部分:主力军、地方军和民兵,"目前军事建设的中心注意力,应放在地方军及人民武装的扩大与巩固上"。在毛泽东为首的中共中央领导下,敌后抗日军民在斗争中总结和发明了有效的对敌斗争方式。当日军合击和反复"扫荡"时,主力部队"敌进我进",分散向四周边区及敌占区行动,主动地打击敌人空虚的据点、交通和后方要害区域,留小部队及地方部队、游击队与敌人周旋,待敌疲惫撤退或回援后方据点时,外出主力与根据地部队夹击之。根据地居民坚壁清野,创造出打击敌伪的有效组织形式——武工队,运用地雷战、地道战、麻雀战等多种斗争形式,使日军时刻处于人民战争的打击之中。

1941年2月初,毛泽东等在关于今后集中战略任务的指示中,要求新四军根据华中的形势以长江以南、津浦路以东为华中的基本根据地,击退国民党军的进攻,粉碎日伪军"扫荡",大力经营苏南,坚持皖南,准备于条件成熟时向西、向南发展。同时,毛泽东和中共中央还制定了与军事斗争相关联的政治、经济上的各项政策,巩固根据地,增强克服严重困难的力量。政治上实行一元化领导,使各种抗日组织和各方面工作更加密切配合,集中全力开展对敌斗争。1942年9月1日,毛泽东主持中共中央政治局会议作出《关于统一抗日根据地党的领导及调整各组织间关系的决定》,明确指出:"加强各抗日根据地领导的统一,是为了更顺利的进行反日寇的战争,'一切服从战争'是统一领导的最高原则。"

另外,还有著名的"十大政策"的提出和贯彻执行,对敌后抗战克服严重局面产生了巨大的作用。

1941年至1942年,八路军、新四军和游击队、民兵作战4.2万多次,毙伤俘日伪军33.1万余人,保卫了敌后抗日根据地,坚持了敌后抗战,并开辟了浙东、皖中、皖南和晋南等抗日游击根据地。经过反"扫荡"、反"清乡"、反"蚕食"的艰苦卓绝的斗争锻炼,根据地军民的政治思想觉悟和对敌斗争艺术,都得到了提高。解放区度过了抗日战争的最困难年代。

1943年元旦,毛泽东发出继续战斗的号召:1943年在前方敌后抗日根据地的任务是战斗、生产、学习。2月25日，在给彭德怀等的指示中，毛泽东再次指出：敌后各根据地的中心工作是战争、经济和教育三项。毛泽东殷切地期望敌后军民乃至全党，以整风运动和生产运动奠定胜利的基础，促使抗日战争的发展。他多次告诫八路军新四军指挥员，抗战尚需二至三年，必须努力奋斗。这一年7月30日，毛泽东在关于党的政策、任务问题致各中央局、分局、区党委的电报中，指示应加强对敌斗争（反"扫荡"，反"蚕食"），强调"在群众中普遍的经常的任务则是战争、生产、教育三项"。敌后军民英勇奋战，运用袭击、伏击、地雷战等形式，给日伪军以有力的打击。晋西北军民遵照毛泽东"把敌人挤出去"的方针，春季4个月内，摧毁827个村庄中敌人的"维持会"，晋察冀普遍组织了武工队，大部主力投入边沿区，开辟敌后战场。山东抗日军民实行"翻边战术"，敌人打到我这边，我打到敌人那边。胶东部队1月至5月间在烟（台）青（岛）路反封锁，平毁封锁沟440公里。苏北等地区粉碎了日伪军的春季"扫荡"，苏中等地区粉碎了日伪军的秋季"清乡"。淮北、鄂豫皖、苏北、苏中等地区先后粉碎了日伪军的"蚕食"。1943年7月，日军由于太平洋作战失利，在华北撤退了一些次要据点，收缩兵力，八路军乘机进行了攻势作战。到年底，晋察冀北岳区恢复并开辟了平汉路西3600个村庄；平西区抗日武装伸向察南，恢复与开辟了怀来、涿鹿、蔚县、宣化、阳原地区2000多个村庄；冀中区恢复到1942年"五一大扫荡"前的局面；冀东、平北开辟了察北、热南及辽宁西部大块地区。晋冀豫的冀南区恢复、发展了10余县；太岳区打开了高平、晋城、长子、沁水、曲沃、沁县等边沿区局面；冀鲁豫军区和太行军区于七八月间发起卫（河）南战役和林（县）南战役，歼灭日伪军1.2万人，开辟了卫南、豫北广大地区。晋西北已将敌人挤到主要交通线，恢复了根据地。山东根据地军民发动了夺取沂鲁山区和诸（城）日（照）莒（县）山区的战役，基本控制了上述地区，打通了鲁中、滨海、胶东解放区之间的联系。华北各敌后抗日根据地进入了恢复和再发展的阶段。华中新四军基本制止了日伪的"蚕食"和"清乡"。苏北的淮海、盐阜区基本恢复；苏中、苏南、浙东区经过长时间反"清乡"斗争，击退了敌人；淮北、淮南区恢复并开辟了部分地区；鄂豫边恢复了襄西，发展了襄南，开辟了洞庭湖滨。华南抗日纵队先后粉碎了日军对东莞、宝安沿海地区和海南岛地区的围攻、"扫荡"和"清乡"，巩固和扩大了东江、琼崖抗日根据地。这一年，八路军作战2.48万余次，毙伤日伪军13.6万余人，俘虏日伪5万余人，争取伪军反正、日军投降6600余人，攻克敌人据点740余处。新四军作战4500余次，粉碎日伪军千人以上"扫荡"30多次，毙伤俘日伪军3.6万余人，争取伪军反正9300多人，攻克敌人据点200余处，敌后战场出现了转折。日军屡遭打击，战斗力日益减弱，顾此失彼，被迫收缩战线，实施重点守备。1943年底，日本华北方面军被迫停止了对敌后抗日根据地的进攻。与日军颓萎现象形成鲜明的对比，敌后抗日力量进一步发展壮大。除陕甘宁边区外，敌后大的解放区有14个，即：华北的晋察冀边区、晋冀鲁豫边区、晋绥边区和山东区；华中的苏北区、苏中区、苏南区、淮北区、淮南区、皖中区、鄂豫皖等。根据地的人口又已上升到8000余万，军队又有了47万，民兵227万，党员发展到了90多万。敌后抗战的伟大历史作用充分显示出来，毛泽东适时向全党提出"我们要准备不论在何种情况下把日寇打出中国去"的任务，抗日战争的一个新阶段即将到来。

争夺统一战线领导权

中国抗日民族统一战线的阵容空前广泛和强大，但其成分也十分复杂。和西班牙、法国的"人民阵线"不同，它是名副其实的"民族统一战线"。抗日民族统一战线既包括中国共产党领导的工人阶级、农民阶级、小资产阶级，又包括民族资产阶级、开明士绅和地方实力派以及海外华侨中的爱国人士，更有国民党蒋介石集团的亲英美派大资产阶级。参加统一战线的阶级和阶层，既有合作抗日的共性，又有各自的个性，甚至是存在着根本的对立。中国共产党和中国国民党代表了抗日民族统一战线的两翼，他们对抗战的坚定性和彻底性，即是驱逐日本帝国主义出中国直至鸭绿江边，还是只恢复到卢沟桥事变前的局面；在实行什么样的抗战路线，即是全面的抗战路线，还是片面的抗战路线，以及在抗战的外交、抗战时期的政治改革和战时的经济政策等诸多方面，存在着严重的分歧。上述问题上的分歧及其实行后的结果将直接关系到抗日民族统一战线能否巩固与发展，决定着抗日战争的前途和中华民族的命运。毛泽东当时就深刻地认识到："中国能否由如此深重的民族危机和社会危机中解放出来，将决定于这个统一战线的发展状况。"[1] 他总结大革命失败的教训，旗帜鲜明地向全党提出争夺抗日民族统一战线领导权的任务。他说："使无产阶级跟随资产阶级呢，还是使资产阶级跟随无产阶级呢？这个中国革命领导责任的问题，乃是革命成败的关键。一九二四年至一九二七年的经验，表明了当资产阶级追随着无产阶级的政治领导的时候，革命是如何地前进了；及至无产阶级（由共产党负责）在政治上变成了资产阶级的尾巴的时候，革命又是如何地遭到了失败。这种历史不应当重复了。"[2]

和大革命时期相比，抗战时期中国共产党争夺抗日民族统一战线领导权的任务大大加重了。这是因为此时同无产阶级争夺领导权的，主要的已不再是昔日一道联手反帝反封建、后背叛了革命的民族资产阶级右翼，而是把持了全国的政权和军权，在形式上已经占据领导地位的亲英美派大地主大资产阶级。后者无论在政治经验上，还是实力上，都大大地强于前者。

---

[1] 蒋建农：《论毛泽东对抗日民族统一战线的独特贡献》，《史学月刊》1994年第1期。
[2] 《毛泽东选集》第1卷，人民出版社1991年版，第262页。

特别是抗战之初，蒋介石和国民党政府表现出相当的抗战积极性，以及对其他抗战力量的相对宽容，这在很大程度上掩藏了他们动摇、妥协和反人民的本质，蒙蔽了不少人的视听。就中国共产党来说，她较1927年大革命失败时，更加成熟、坚强，并且有了一支经过十年国内战争磨炼的人民武装。但是，随着抗日民族统一战线的形成，一些党员产生了松口气的思想，右的情绪开始滋长起来，表现在对国民党与我们合作抗日进步的一面估计过高，对它动摇妥协的一面认识不足，在思想上、行动上放松了警惕，在统一战线和群众运动中无原则地迁就国民党。特别是从苏联和共产国际回来的王明，无条件地执行共产国际为缓解苏联因受东西方法西斯两面进攻的压力而制定的政策。为密切同国民党、蒋介石的关系，王明否认统一战线中存在阶级和阶级斗争，抹杀国民党和共产党的原则区别，不讲斗争，只讲联合，在统一战线工作中，反对独立自主原则，主张"一切经过统一战线"，把阶级斗争和民族斗争完全对立起来，认为搞阶级斗争会破裂统一战线。在军事上，他强调统一听命于国民党，轻视党领导的敌后游击战争，重视国民党的正规战争，把抗战胜利的希望寄托于国民党军的正规战。

毛泽东在领导建立同国民党的统一战线的过程中，一开始就注意到党在统一战线中保持在思想上、政治上和组织上的独立性，坚持领导权问题的重要性。毛泽东在《论反对日本帝国主义的策略》中就指出：共产党和红军能在现在充当着抗日民族统一战线的发起人，而且在将来的抗日政府和抗日军队中必然要成为坚强的台柱子，要担负起"批评同盟者，揭破假革命，争取领导权的责任"。1937年3月12日，他在中共中央政治局常委会会议讨论同国民党谈判方针时又指出：谈判的方针，无疑是无产阶级政党与资产阶级政党的合作的方向，而不是无产阶级做资产阶级的尾巴。如果这样，我们便要失去信仰[1]。毛泽东告诫全党，在我们党和资产阶级分裂

---

[1] 中共中央政治局常委会会议记录。

的时候，容易发生"左"倾关门主义的错误，在和资产阶级合作的时候，容易发生右倾错误。他提醒全党注意，在肃清"左"倾关门主义影响的同时，防止右倾投降主义的蔓延。1937年5月，在苏区党的代表会议上，毛泽东针对党内同志因大地主、大资产阶级把持全国政权，共产党力量不居支配地位而产生的对争夺领导权问题的疑惑，提出了实现无产阶级政治领导的任务，以及四条具体的原则。即：根据历史发展进程提出基本的政治奋斗目标；共产党的组织和党员成为实现奋斗目标的模范；在不失掉确定的政治目标的原则上，与同盟者建立联盟；共产党队伍的发展、坚强和思想的统一。这样，就使保持和争取中国共产党对抗日民族统一战线领导权的目标具体化和理论化。卢沟桥事变后，毛泽东根据各阶级对抗战的态度，把抗日民族统一战线分为左、中、右三个集团。其中大地主、大资产阶级是右翼集团，"是民族投降主义的大本营"。他们一方面害怕战争对他们财产的破坏，另一方面，害怕民众起来，他们中间有些人之所以暂时地加入民族统一战线，是被迫的、勉强的。"我们的任务是坚决地反对民族投降主义，并且在这个斗争中，扩大和巩固左翼集团，争取中间集团的进步和转变。"[1]

在领导和发动全民族抗战的实际斗争中，在红军改编和苏区领导人选问题上，毛泽东为首的中共中央坚决拒绝了国民党缩编、分割和派人的要求，强调红军与苏区必须全权由中国共产党包办，绝不让步，领导机关人选不能让步，"国民党不准插入一人"。"陕甘宁边区（政府主席）坚持林（伯渠）正张（国焘）副，不要国民党任何人"。国民党曾派出高级参谋4人、副主任1人，并已到达西安，毛泽东果断决定："全部坚决拒绝，不许其踏入营门一步。"[2] 经过坚决斗争，蒋介石无隙可乘，被迫同意红军改

---

[1] 《毛泽东选集》第2卷，人民出版社1991年版，第396页。
[2] 1937年9月20日毛泽东、张闻天致博古、叶剑英等电。

编为八路军，辖3个师共4.5万人，上设总指挥部，不派参谋长、政训部主任和各级副职，军中一切职务均由中共自行派配。何鸣事件①发生后，毛泽东和张闻天致电正在南京与国民党谈判的周恩来、叶剑英、博古，要他们向国民党当局提出严正抗议，并使之责令制造事端的广东军阀余汉谋交还何鸣部队人枪。继而发出《关于南方各地游击队整编原则的指示》，告诫各地党组织和游击队提高警惕，严防国民党暗算，尤其是改编时"反对国民党插入任何人"。针对湘鄂赣游击队与武汉国民党行营谈判的情况，1937年9月毛泽东指示：停止谈判，更换代表，"否认旧谈判一切不利条件，重新提出有利条件"。毛泽东严肃地向他们指出：部队由我们包办，"国民党不得插入一个人"。在西北救国会解散后，中共中央电令中共陕西省委，必须同右倾投降主义作斗争，从此事件中汲取教训。同时，加强了党的政治思想工作。1937年10月，中共中央决定恢复八路军一度因国民党干扰而取消的政治委员制度，并任命聂荣臻、关向应、张浩（1938年1月由邓小平接任）分别为八路军三个师的政治委员，10月16日，又决定成立军委总政治部，任弼时为主任，并相继成立八路军前方军委分会（后改称"华北军分会"）、各师军政委员会，加强党对军队的政策教育和领导。

在作战问题上，毛泽东提出：八路军执行"独立自主的分散作战的游击战争，不是阵地战，也不是集中作战"②，"担任游击战之部队，依地形条件和战况之发展，适当使用其兵力……原则上应分开使用，而不是集中使用"，即进行独立自主的山地游击战③。经反复交涉和斗争，蒋介石被迫同意。据此，八路军在敌后战略展开，开展广泛的游击战，开辟了敌后战场，并

---

① 何鸣事件：1937年7月，闽粤边区红军游击队领导人何鸣，在与国民党谈判达成协议后，丧失警惕，轻信允诺，将游击队集中于闽南漳浦，致使历经三年游击战争考验的近千人的部队被背信弃义的国民党军包围缴械，造成惨重的损失。
② 1937年8月1日毛泽东、张闻天致周恩来、博古、林伯渠电。
③ 1937年8月4日毛泽东、张闻天致周恩来、朱德、叶剑英电。

使之成为抗日的主战场。斗争中，人民抗日武装不断发展和壮大。

对蒋介石"化多党为一党"的"溶共"政策，毛泽东也予以严厉批驳。他指出，一党主义都是没有根据的，都是做不到的，行不通的，违背一致团结抗日建国的大目标，有百害而无一利。中共中央明确告知蒋介石："两党为反对共同敌人与实现共同纲领而进行抗战建国之合作为一事，所谓两党合并，则纯为另一事。前者为现代中国之必然，后者则为原则所不许。共产党诚意的愿与国民党共同为实现民族独立、民权自由、民生幸福之三民主义新中国而奋斗，但共产党绝不放弃马克思主义信仰，绝不能将共产党的组织合并于任何政党。"①

从1937年底到1938年上半年，中共中央和毛泽东在发向各地党组织的指示中，反复强调要认清国民党与共产党争取领导权的严重性，在统一战线中必须放手扩大党的武装力量和民众运动。党在敌后的工作"应以发动游击战与建立根据地为中心"。毛泽东部署八路军在华北战略展开，广泛进行敌后游击战。到1938年6月，华北建成十个战略区：晋察冀边区、平西和冀东游击区、晋西北根据地、晋察绥游击区、晋冀豫根据地、冀南游击区、渤海游击区、豫北游击区、晋西（吕梁）根据地、山东游击区。1938年5月，毛泽东致电项英："在敌后进行游击战争虽然有些困难，但比在敌前同友军一道并受其指挥反会好些，方便些，放手些。"指示新四军在华中敌后展开。同时，毛泽东告诫前方的同志：注意对国民党的要求作具体分析，"蒋之命令是双关的，一面包含战略需要积极意义，一面又难免不包含恶意在内"②。须不断积极出击，"惟具体作战须全依敌我当前实际条件而定，不因人家议论而自乱步骤"③。

---

① 1939年1月22日毛泽东致周恩来电。
② 1938年4月17日《关于战略方针的指示》。
③ 1938年6月15日毛泽东致朱德、彭德怀、周恩来电。

毛泽东关于抗日民族统一战线的正确主张受到来自苏联和共产国际方面的严峻挑战。挑战者就是王明。王明和共产国际在1936年8月15日来电中对中共中央瓦窑堡会议决议关于"一切愿意为着共产党的主张而奋斗的人，不问他们的阶级出身如何，都可以加入共产党"的规定，进行了批评，强调"要有条不紊地做好征集党员的工作，特别是在国统区要加强这项工作，同时必须避免大规模地接受新党员的做法，只有那些优秀的经过考验的工人、农民和学生才能加入党的队伍"。来电还特别批评中共中央："允许有产阶级的代表参加苏区的政权管理是不正确的，因为他们有可能从内部破坏我们的政权机关。"[①] 共产国际负责人季米特洛夫认为：中国共产党过去领导红军为建立苏维埃而斗争，现在同是这些人，却要实行另一种新的政策。如果我们详细研究中国共产党的文件，"含有使党和党的干部堕落，从思想上解除武装的危险性，并可能导致某种涣散"。"我们从这里纠正的可能性十分有限。为达到这一目的，需要有对国际形势很有研究的新人来帮助中共中央。"[②] 于是，王明和康生奉命从莫斯科回国，于1937年11月29日飞抵延安。王明回国前受到斯大林的接见，斯大林指示他们："现在对于中国共产党来说，最基本的是融入全民族的浪潮并参与领导。"[③] 王明回国后，受到毛泽东等的真诚欢迎。为了听取共产国际的指示，中共中央政治局于12月9日至14日召开会议，王明作长篇发言，自称代表国际路线，是传达斯大林对于实施抗日民族统一战线的新策略和新见解。他指出："在全国政权与军事力量上，要承认国民党是领导的优势的力量"，"现在不能空喊资产阶级领导无产阶级或无产阶级领导资产阶级的问题，这是将来看力量的问题，没有力量，空喊

[①] 《共产国际、联共（布）与中国革命档案资料丛书》第15辑，中共党史出版社2007年版，第242页。
[②] 《共产国际、联共（布）与中国革命档案资料丛书》第18辑，中共党史出版社2012年版，第3页。
[③] 《共产国际、联共（布）与中国革命档案资料丛书》第18辑，中共党史出版社2012年版，第13页。

无产阶级领导不行的,空喊领导只有吓走同盟军"①。在他的影响下,十二月会议认为:"抗日民族统一战线中的各党派应该在共同的纲领下协同进行斗争,不应互相削弱,而相反应该互相帮助,共同领导和负责,虽然统一战线内部的矛盾无法消除但应尽量避免和缩小。"②这样,实际就是搁置或者说是模糊了领导权问题,至多说只是采用了斯大林提出的"参与领导"。王明的发言造成不少与会者转而检讨自己的所谓"错误",毛泽东后来说他当时非常孤立。关于这次会议对抗日民族统一战线问题上的冲击,在张闻天起草的关于这次会议情况给共产国际的报告中也可以得到反映:"此次政治局一致地接受了国际的指示,检查了过去统一战线工作中的一些经验教训,纠正了实际工作中的某些偏向,使统一战线政策有了新的发展。"③

王明的论调一出现,尽管声势吓人,颇为张扬,毛泽东还是敏锐地发现了问题,与之进行了坚决的抗争。在中央政治局会议上,毛泽东在《关于抗日统一战线策略问题》《关于红军在抗日战争时期作战方针问题》的讲话中,对独立自主和独立自主的山地游击战,国民党阵营左、中、右的不同倾向,国共两党谁吸引谁,群众运动中的迁就主义,统一战线中"和与争"的对立统一,改造国民党政府和改造国民党军队的必要性等问题,作了进一步的说明。他指出,抗日战争谁领导谁的问题是始终存在的,共产党如果没有自己的独立性,就会使自己降到国民党方面去。他强调只有实行洛川会议确定的方针和政策,才能战胜日本侵略者和国民党蒋介石"借刀杀人"的诡计。在1938年3月的中央政治局会议上,毛泽东指出抗日战争是一场持久战,再次强调说:坚持抗战和争取抗战的胜利,要以自力更生为主。为此,要在将来战争发展过程中创造许多抗日区域,如陕甘、绥远、山西、山东、鄂豫

---

① 转引自周国全、郭德宏原著,郭德宏增补:《王明传》(增订本),人民出版社2014年版,第272页。
② 《共产国际、联共(布)与中国革命档案资料丛书》第18辑,中共党史出版社2012年版,第55页。
③ 《中共中央文件选集》第10册,中共中央党校出版社1991年版,第450页。

皖、湘鄂赣、皖南等，形成敌我之间的包围和反包围。创造新军队，主要方向是从游击队创造出大兵团。实质上，毛泽东仍是在强调独立自主原则。毛泽东精辟独到的论述，是对王明右倾主张的有力回击。

十二月会议会后，王明率中共代表团到武汉同国民党谈判，公开发表一些不恰当的言论和文章。他从执行斯大林和共产国际关于缓解苏联因受东西方法西斯两面进攻压力的旨意出发，过于看重和强调国民党军队、蒋介石政权在抗战中的地位与作用。为密切同国民党、蒋介石的关系，他无视统一战线中存在阶级和阶级斗争，否认国民党和共产党的原则区别，反对毛泽东关于在统一战线中有左、中、右三种不同政治集团的划分，认为只有抗日与降日的区分。因此，他不讲斗争，只讲联合。在统一战线工作中，无视独立自主原则，无条件地贯彻共产国际"一切经过统一战线，一切服从统一战线"的主张。这种观点实际上就是脱离中国实际的"城市中心论"在抗日战争条件下的继续和发展。和王明不同，毛泽东始终把独立自主作为自己全部理论和实践的立足点与出发点。他在1936年7月16日会见美国记者斯诺时明确指出：抗日战争的最终胜利，主要依靠全体中国人民的联合作战。全民族抗战爆发后，他领导中国共产党制定了完全不同于国民党片面抗战路线的全面抗战路线，确定了持久战的总战略和抗日游击战的战略方针，着眼于中华民族的根本利益，采用"先奏后斩、先斩后奏、斩而不奏"等方式冲破国民党的军令、政令束缚，放手发动群众，壮大八路军、新四军等人民抗日武装，采用"敌进我进"的方针深入敌后，开展独立自主的大规模抗日游击战争。

因为忽视开辟敌后抗日根据地的重要意义和轻视敌后游击战争的作用，在国民党正面战场接连溃败、大片国土沦陷、国民党军抗战乏力、抗战进入相持阶段后，王明的幻想就破灭了，他的主张也彻底成为空谈。与之相反，由于坚定地执行持久战和抗日游击战战略，实行全面的抗战路线，在全民族抗战爆发的15个月间，毛泽东和中共中央领导发动了大规模的敌后游击战争，开辟了十几块抗日根据地，敌后战场逐渐成为抵抗日本侵略的主战场。在这种情况下，共产国际改变了他们的看法，转而肯定毛泽东和中共中央在抗战以来实行的路线是正确的，肯定和支持毛泽东在中共的实际领导地位，并要从苏联养伤归国的王稼祥向中共传达这一指示。

1938年9月29日至11月6日，中共扩大的六届六中全会在延安召开。在会议讨论统一战线问题时，毛泽东根据抗战初期统一战线的发展，以及党内在与国民党关系问题上出现的右倾迁就主义倾向，明确地批判了"一切经过统一战线""一切服从统一战线"的右倾投降主义口号，正确地论述了抗日战争中民族斗争与阶级斗争的关系。他指出：在民族斗争中，阶级斗争是以民族斗争的形式出现的。因此，在统一战线中保持党派和阶级的独立性，坚持党的独立自主原则，这才是发展和巩固统一战线的前提。否则就是将合作变成了混一，必然牺牲统一战线。我们正确的方针应该是，既统一又独立，又联合又斗争，必须要同国民党的"限共"政策作斗争，而不应用"一切经过统一战线""一切服从统一战线"的口号把自己的手脚束缚起来。在这次会议上，王稼祥传达了共产国际的指示。共产国际肯定了毛泽东和中国共产党关于建立抗日民族统一战线的政治路线是正确的，要求中共中央领导机关，要以毛泽东为首解决统一领导问题，中央领导机关要有亲密团结的空气。经过毛泽东和其他中央委员的努力，会议基本上克服了党内以王明为代表的右倾投降主义错误，增强了全党在政治上、思想上的统一，进一步巩固和确定了毛泽东对全党的正确领导。

打退反共高潮

毛泽东在领导发动全民族抗战的实践中，同蒋介石集团操纵和控制统一战线的企图进行了坚决的斗争，他努力把中国共产党的政治领导贯彻到抗日战争进程的每一阶段和主要方面。

抗战进入相持阶段后,1939年1月,依照蒋介石的意旨,国民党五届五中全会确定了"溶共""防共""限共"的方针,设立专门的"防共委员会"。随后,国民党中央向其各省高级长官发出密令:"对于共党应根本打破利用观念,并彻底扫除恐惧心理。"陆续制定和秘密发布了《限制异党活动办法》《异党问题处置办法》《处置异党实施方案》《沦陷区防范共产党活动办法草案》《陕甘两省防止异党活动联络办法》《运用保甲组织防止异党活动办法》等一系列反共文件。此后,国民党顽固派在各地不断挑起磨擦事件,制造了大大小小的无数次"流血惨案"。

毛泽东为首的中共中央敏锐地觉察蒋介石国民党政策重点的变化。1939年1月23日,发出《中国共产党对国民党防共限共政策的对策》的指示,明确告诉全党:我们对磨擦如逆来顺受,则将来磨擦逆流必更大,顽固气焰必更高,故我们应以冷静而严正的态度对待。已建立的政权,决不轻易放弃。中国共产党在领导敌后军民广泛开展抗日游击战争,保卫、巩固和发展敌后抗日根据地的同时,为保卫和扩大已得的抗日阵地,坚持抗战,坚持统一战线,领导全国人民与蒋介石国民党的投降、分裂、倒退活动进行了坚决的斗争。2月5日,毛泽东在中共中央党校作题为《反对投降主义》的讲话,强调中心任务仍然是巩固和扩大抗日民族统一战线。为此,就要进行两条战线的斗争,反对关门主义和投降主义。他指出:统一与斗争是统一战线的原则问题,统一是统一战线的第一个的基本原则;斗争是统一战线的不可缺少的原则,这是不能也不应当忘记的。针对国民党顽固派的挑衅,毛泽东旗帜鲜明地提出"人不犯我,我不犯人;人若犯我,我必犯人"的斗争原则。6月10日、13日,毛泽东在延安党的高级干部会议上作反对投降问题的报告,强调:不论何种情况,党的基本任务是巩固扩大抗日民族统一战线,坚持国共合作与三民主义,积极帮助蒋与督促蒋向好的一边走。同时他指出:国民党五中全会后,在河北、山东,特别是在陕甘宁边区所进行的磨擦,是必须给以坚决抵抗的,但必须严格站在自卫立场上,绝不能过此限度。统一不忘斗争,斗争不忘统一,二者不可偏废,但以统一为主,"磨而不裂"。25日、30日,毛泽东又连续发表《当前时局的最大危机》《反对投降活动》两篇文章,指出当前形势中投降是主要危险,反共即准备投降;反对投降和分裂是全国一切爱国党派、一切爱国同胞当前的紧急任务,号召全国人民"必须睁大眼睛注视那班投降派的活动……而用一切努力去反对投降和分裂"[①]。6月26日,中共中央公布八路军、新四军抗战两年的战绩,用无可辩驳的事实驳斥国民党顽固派对共产党和八路军、新四军的攻击和诬蔑。7月7日,中共中央在纪念抗日战争二周年宣言中,提出"坚持抗战,反对投降;坚持团结,反对分裂;坚持进步,反对倒退"三大政治号召,动员全国人民一致奋起,制止和粉碎蒋介石国民党的投降反共阴谋。10月10日,毛泽东在指示中再次向全党强调指出:"我党各级领导机关和全体同志,应该提高对当前时局的警觉性,用全力从思想上、政治上、组织上巩固我们的党、巩固我们党所领导的军队和政权,以准备对付可能的危害中国革命的突然事变,使党和革命在可能的突然事变中不致遭受意外的损失。"在毛泽东和中共中央领导下,各抗日根据地的军民都加强了反顽工作,严防突发事件。

然而,国民党蒋介石集团无视中国共产党的呼吁和警告,不但继续对共产党实行政治压迫和军事磨擦,而且变本加厉,愈演愈烈,进而发动大规模的武装进攻,掀起第一次反共高潮。

在这次反共高潮中,国民党军队的进攻主要集中在3个地区:中共中央所在地陕甘宁地区、晋西地区和八路军总部所在地太行山地区。1939年12月,蒋介石命令包围陕甘宁边区的胡宗南部向边区进犯,先后侵占八路军驻防的栒邑、淳化、正宁、宁县、镇原5座县城和边境的16个区、48个

---

① 《毛泽东选集》第2卷,人民出版社1991年版,第572—573页。

乡。国民党绥德专区专员何绍南也组织了绥德、清涧、吴堡3县"保安队",攻打八路军,煽动叛乱,迫害根据地军政干部和人民群众,扰乱陕甘宁边区。12月初,在蒋介石授意下,山西军阀阎锡山集中6个军的兵力,由陈长捷指挥,突然进攻驻防晋西隰县、孝义地区的中国共产党领导的抗日决死队第二纵队和八路军晋西独立支队,破坏永和、石楼、洪洞、蒲县等6个县抗日民主政权,残杀共产党干部和八路军伤病员数十人。接着,晋西北阎锡山的两个军在赵承绶指挥下进攻抗日决死队第四纵队,提出饿死、困死八路军,消灭彭八旅(即一二〇师彭绍辉任旅长的新三五八旅)。驻晋东南的阎军孙楚、金宪章部,也配合蒋介石军队由南北两面夹攻上党地区的抗日决死队第一、第三纵队及附近的八路军,摧毁阳城、晋城、浮山、高平、长治、陵川、沁水7个县的抗日民主政权和抗日救亡团体,屠杀、逮捕共产党员和进步人士近2000人。同年冬和1940年初,国民党九十七军朱怀冰部和六十九军石友三部向平汉路附近的八路军进攻。被打退后,朱怀冰配合庞炳勋、张荫梧等部,分三路大举进攻太行山区,矛头直指八路军总部。石友三部亦从冀南配合日军进攻八路军。国民党把反共战线从陕西伸到山东,长达2000里,势头凶猛,气焰十分嚣张。

胡宗南军队对陕甘宁边区发动进攻后,朱德、彭德怀等于1939年12月25日通电全国,反对枪口对内进攻边区。12月27日,毛泽东对延安《新中华报》记者发表谈话,警告国民党反共顽固派要"收敛一点,不要太横行霸道了"[①]。八路军总部根据中共中央军委"为了粉碎国民党的反共阴谋,巩固陕甘宁边区和加强河防,并准备应付突然事变,我之戒备兵力应有必要的调动"的指示,指派王震率八路军三五九旅从华北敌后回师陕甘宁边区,协同萧劲光、谭政领导的边区留守部队,给予进犯的国民党军以有力的还击。国民党虽曾侵占边区关中、陇东分区的5座县城,但八路军胜利

[①] 《新中华报》1939年12月27日。

地平息了绥德行政专员何绍南的叛乱，驱逐了绥德分区5县的国民党官吏，使绥德、米脂、佳县、吴堡、清涧一带的50万人民获得解放，陕甘宁边区和晋绥抗日根据地隔河相望，实际连成一片。

晋西事变发生后，毛泽东连续向八路军总部、一二〇师和中共晋西南区委发出指示，指出这将是牵动华北全局关系全党的重大斗争。晋西南、晋西北两区为华北与西北间的枢纽，若投降派掌握上述地区，是很危险的。因此，胜利地进行这一斗争，保持山西抗日根据地在我手中，保持华北与西北的联系，是目前的中心问题。毛泽东指出，我们的方针是：坚决反击阎的进攻，力争抗战派的胜利。并具体作出粉碎顽军进攻的军事部署。同时，电令罗贵波、彭绍辉率所属部队接应决死第二纵队和八路军晋西支队，命令一二〇师主力由冀中星夜赶回晋西北，支援反顽斗争。根据毛泽东和中央军委的指示，中国共产党领导的山西新军在"拥阎讨逆，打倒汉奸"的统一战线口号下，以防御姿态反击围攻的阎锡山旧军。晋西抗日决死第二纵队和八路军晋西支队苦战数旬，予进犯的阎军以重大打击，随后转移到晋西北抗日根据地。在八路军一二〇师主力协同下，决死第二、第四纵队全部肃清了晋西北国民党顽固派军队。而后，抗日决死第二、第四纵队经过整顿编入八路军。晋东南的抗日决死第一纵队，在陈赓率领的八路军一二九师三八六旅配合下，集中力量对国民党顽军中最反动的孙楚部，予以严重打击。决死第三纵队除被反动军官拉走二个团外，其他部队仍坚持斗争，而后打破阎军多次阻击，与决死第一纵队会合，正式编入八路军。至此，阎锡山发动的反共军事进攻被彻底粉碎。

在太行区，八路军冀中、冀南和冀鲁豫部共17个团，由宋任穷、程子华统一指挥，于2月9日发起冀南战役，反击通敌反共之石友三部，至18日，石部溃逃，共毙伤俘石部2800多人。3月4日至11日，又发起卫（河）东战役，毙伤俘石友三部3600多人，石军败退河南民权以东陇海路两侧，八路军完全控制了冀南地区。在平汉路西，3月5日，八路军一二九师和晋察冀部队13个团,在朱德、彭德怀和刘伯承、邓小平指挥下,发动磁(县)、武(安)、涉(县)、林(县)战役,反击屡次进犯、破坏抗战的朱怀冰部。战至8日,消灭朱怀冰部万余人,朱怀冰率残部2000人南逃。

这样,至1940年春,国民党第一次反共高潮被彻底打退。在领导全党回击国民党第一次反共高潮的过程中,毛泽东依然清醒地注意到中日间的民族矛盾是当时的主要矛盾这一基本情况。因此,他制定了同国民党顽固派"又联合又斗争""以斗争求团结"的基本策略,提出了"自卫原则""胜利原则""休战原则",即"有理、有利、有节"的原则。本着这些策略和原则,在给予来犯之敌沉重打击之后,毛泽东命令八路军和新四军"适可而止"。2月25日,毛泽东派萧劲光、王若飞带着他给阎锡山的亲笔信去秋林,同指挥所部进攻晋西北抗日根据地受挫的阎锡山谈判,主动作出一些让步,要求阎锡山一如既往,合作抗日。3月5日,毛泽东又致电蒋介石、程潜、胡宗南,重申停止内战、团结抗日主张。在军事进犯受挫的情况下,面对中国共产党和全国人民的正义主张,国民党顽固派不得不暂时有所收敛。

3月11日,毛泽东为及时总结打退第一次反共高潮的斗争策略和经验,在延安党的高级干部会议上作《目前抗日统一战线中的策略问题》的报告,重点论述"发展进步势力,争取中间势力,反对顽固势力"的策略思想。毛泽东指出:这是巩固抗日民族统一战线所必须采取的三个不可分离的基本环节。发展进步势力,就是发展无产阶级、农民阶级、城市小资产阶级的力量,就是独立自主地放手扩大党所领导的人民军队,就是广泛地建立抗日民主根据地建立人民政权,发展工、农、青、妇等革命群众团体,就是发展党的组织至全国,就是在国民党区域尽可能地发动各种抗日的民主运动,以及争取知识分子等。发展进步势力是一个严重的斗争过程,不仅要同日本侵略者、汉奸斗,而且要和国民党顽固派斗,不打破他们的阻挠和压迫,进步势力是无从发展的。争取中间势力,就是争取民族资产阶级和开明绅士,以及地方实力派。中间势力和工人阶级以及其他劳动人民有矛盾，但和当权的国民党也有矛盾。因此，毛泽东认为，争取中间势力，必须要有一定的条件。这就是，我们要有充足的力量，尊重他们的利益，并对顽固派作坚决的斗争，直至取得胜利。孤立顽固势力，就是孤立以蒋介石为代表的国民党顽固派，争取他们继续抗日，揭露他们的反共政策。毛泽东强调，对顽固派斗争，必须坚持利用矛盾、争取多数、反对少数、各个击破的原则，争取广泛的同盟者，打击最主要的敌人，并且，在每一个具体的斗争中，必须坚持有理、有利、有节的原则。只有坚持这些原则，才能使顽固派不敢轻易与我破裂，与敌妥协，才能巩固和扩大抗日民族统一战线。毛泽东的上述思想，从理论和实践的结合上解决了如何巩固和发展革命统一战线，使之走向胜利的重大课题，为中国共产党打退国民党的各种挑衅，巩固和扩大抗日民族统一战线提供了锐利武器。

抗日民族统一战线的巩固和发展是不平衡的。凡是贯彻和坚持了毛泽东关于独立自主原则和以斗争求团结等正确策略思想的地区，就能够在关键时刻击退国民党顽固派的进攻，促进抗日民族统一战线的巩固和发展。反之，就会在顽固派的进攻下使人民的武装力量遭受损失，使抗日民族统一战线受到削弱。

相对于八路军在全民族抗战初期的战略布局和迅速发展来说，新四军的发展壮大，就显得更为困难一些。一是因为他们活动于敌人统治的中心区，受到敌、伪、顽的三重包围、夹击；二是因为新四军是由南方八省的红军游击队改编的，其战斗力和组织严密程度等与由红军主力改编的八路军相比还有一定的差距；三是因为在全民族抗战爆发后，新四军自1937年10月改编成立不久，即是在中共中央长江局的领导之下，而长江局书记就是王明。因而受王明右倾投降主义错误的影响和干扰更甚。王明右倾投降主义错误被纠正之后，新四军得到迅速的发展。但其生存战斗的环境依然十分恶劣，其各支部队战略展开和发展的水平也不平衡。比如皖南地区的新四军及其主要负责人项英，就比较强调其特殊性。

毛泽东在1938年5月4日复电项英指出：在敌后进行游击战争虽有困难，但只要有广大群众活动地区，充分注意指挥的机动灵活，就能够克服这种困难。这是河北及山东方面的游击战争已经证明了的。并强调平原也是能发展游击战争的，现在条件与内战时候有很大不同。1939年4月12日，毛泽东基于他和中共中央关于进入相持阶段后确定的巩固华北、发展华中的战略方针，在中央书记处会议再次强调：现在全国共产党与游击战争的主要发展方向是华中。21日，中央书记处发出关于发展华中武装力量的指示，其中指出：新四军在江北指挥部应成为华中我武装力量之领导中心，除指挥我原有武装外，更有建立和发展新的队伍之任务。1940年1月28日，毛泽东在为中央书记处起草的一份电文中再次指出：现时能够发展武装的地区，主要的只有山东与华中。因此请你们严重注意此事，把发展武装力量作为一切工作的中心。5月4日，毛泽东在为中共中央书记处和中央军委起草的给东南局和新四军军分会的指示中十分严厉地指出："不论在华北、华中或华南……也不论是八路军、新四军或华南游击队，虽然各有特殊性，但均有同一性，即均有敌人，均在抗战。因此，我们均能够发展，均应该发展。这种发展的方针，中央曾多次给你们指出来了。所谓发展，就是不受国民党的限制……独立自主放手地扩大军队，坚决地建立根据地。"毛泽东还特别强调指出："在国民党反共顽固派坚决地执行其防共、限共、反共政策，并以此为投降日本的准备的时候，我们应强调斗争，不应强调统一，否则就会是绝大的错误。"[1]这些指示，并没有引起项英足够的重视。

1940年9月25日，蒋介石致电叶挺，命令新四军："在江北之部队速调江南执行作战任务。"同一天，蒋介石又令第三战区司令长官顾祝同：如江北新四军不"遵令南移"，即"以违抗命令，破坏抗战论罪"。国民政府军事委员会军令部向顾祝同发出"扫荡"长江南北新四军的命令。据此，

---

[1] 《毛泽东选集》第2卷，人民出版社1991年版，第753、754页。

第三战区制定了防堵皖南新四军北移计划。蒋介石批准了这一部署与计划，并下达各部队遵照执行。10月19日，蒋介石指使何应钦、白崇禧以国民政府军事委员会正副参谋长的名义，向八路军朱德总司令、彭德怀副总司令和新四军叶挺军长发出"皓电"，诬蔑八路军、新四军在敌后坚持游击战争是"自由行动""自由扩充""破坏行政系统""吞并友军"，并将"中央提示案"以最后决定的形式提出：限令大江南北坚持抗日的八路军、新四军"于电到一个月内"全部开赴旧黄河以北，集中到冀察两省和鲁冀晋一隅，受阎锡山指挥，不得越境和武装民众。并要求将50万八路军、新四军合并缩编为10万人。与此同时，国民党又作了围歼新四军的部署。面对国民党顽固派准备发动新的反共高潮的严重局面，毛泽东和中共中央迅速研究作出对策。11月1日，毛泽东在关于目前时局的指示中明确指出：蒋介石"用武力驱逐新四军八路军到老黄河以北而严密封锁之，这一计划是下了决心的，故我们有考虑应付办法之必要"。11月7日，中共中央发出《关于反对投降，挽救时局的指示》，明确指出：时局危机极端严重，全党必须动员起来，反对投降分裂，挽救时局危机，全党中心任务是反对投降与内战，我们过去对顽固派斗争的火力，现在主要的要转移到亲日派与内战挑拨者身上，以此为中心而痛击之；亲日派从拥护蒋之反共政策着手，极力助蒋反共，目前蒋还站在投降、加入英美集团或继续独立战争的交叉点上，还要争取他，以期延长抗日的时间，哪怕是最短的时间也好；加强反投降、反内战工作和统战工作，在抗日根据地，必须坚持长期的独立自主与自力更生的抗日战争，同时必须准备应付任何严重的反共战争；在白区，要有秩序地隐蔽起来，严防突然事变的袭击。这期间毛泽东连续发出指示，指示各地加紧粉碎蒋介石严重挑衅的准备；指示周恩来、李克农、项英等加强反对投降宣传，迅速动员各方面的舆论，呼吁停止内战。并要求：尤要向粤桂军队说明反共和投降是一回事，要他们不要上蒋介石的当；指示南方局做紧急布置，立即准备对付黑暗局面，要求博古、凯丰即回延安，全党应完全有秩序的退却下来；指示周恩来利用时机，向国民党各方奔走呼号，痛切陈词，告知他们"剿共"则亡党亡国，投降则必使中国四分五裂，必使蒋崩溃。对于如何答复何应钦等的"皓电"，毛泽东十分审慎，反复与周恩来等电报往复商量。他认为"此次决裂即有和大资产阶级永久决裂之可能，故政治措辞容易，军事部署困难"。他说，中央几次会议都觉此次反共与上次不同，如处理不慎，则影响前途甚大。故宣言与指示拟好又停。

经过多次反复磋商，11月9日，毛泽东起草以朱德、彭德怀、叶挺、项英的名义发出"佳电"。"佳电"驳斥了"皓电"对共产党和八路军、新四军的攻击与无理要求，揭露了亲日派的反共投降阴谋，但为顾全大局，坚持团结抗战，考虑到中间势力"希望中共取缓和和缓转的政策"的愿望，中国共产党采取了必要的退让，允许将新四军驻皖南部队开赴长江以北。这一决策，使共产党及其领导的军队处于有理的地位，有利于争取中间势力，孤立顽固势力，也有利于加强皖东，巩固苏北的人民抗日阵地。毛泽东11月9日致电周恩来，阐述了"佳电"采取的基本立场；"佳电""明确区分江南、江北部队，江南确定主力北移，以示让步。江北确定暂时请免调，说暂时乃给蒋以面子，说免调乃塞蒋之幻想"。"佳电""称肺腑之言，乃暗示彼方如进攻，我方必自卫，而以鹬蚌渔人之说出之，亦请对外宣扬，以期停止彼之进攻"[1]。11月30日，毛泽东又指出："我之方针是表面和缓，实际抵抗，有软有硬，针锋相对。缓和所以争取群众，抵抗所以保卫自己，软所以给他面子，硬所以给他以恐怖。"[2]

但是，蒋介石国民党的反共决心已下。12月8日，何应钦、白崇禧又发出"齐电"，宣称："调防"是"军令"，必须执行，要求八路军、新四军迅即"遵令"，将黄河以南部队全部调赴黄河以北。9日，蒋介石发出手令，

---

[1] 《毛泽东年谱（1893—1949）》中卷，人民出版社、中央文献出版社1993年版，第222页。
[2] 《毛泽东年谱（1893—1949）》中卷，人民出版社、中央文献出版社1993年版，第232页。

限长江以南的新四军12月31日前开到长江以北地区，黄河以南的八路军、新四军于翌年的1月30日前开到黄河以北地区。为了实现围歼新四军这一阴谋，蒋介石调集了七个师八万余众的兵力，调整了皖南指挥系统，选派上官云相为总指挥，统辖各军并作了严密部署。这些部队分别于1941年1月3日之前到达指定地点，修筑碉堡工事，形成了对皖南新四军的袋形包围夹击之势。

对处于危局的皖南新四军，毛泽东和中共中央十分关心。12月以后，皖南形势日益险恶。12月3日，毛泽东询问皖南新四军是否已做好应付突然事变的各项准备工作，并且要求项英回答下列各项问题："一、军部及皖南部队被某方袭击时，是否有冲出包围避免重大损失的办法，其办法以向南打游击为有利，还是以向东会合陈毅为有利，渡江向北是否已绝对不可能。二、党内干部是否已有应付某方可能袭击的精神上的充分准备。三、皖南、江南地区各友军中，是否有坚持抗日同情我党的高级中级进步军官与进步部队，有突然事变时，是否有掩护我军或与我军一致行动的可能，我在附近友军中统一战线工作如何。四、某方在第三战区的意向如何，顾祝同等中央军态度如何，黄绍竑态度如何，东南局领导下的地方党是否有保存干部、蓄积力量，应付突然事变的精神上和实际上准备。"[1] 12月16日，毛泽东电示刘少奇、陈毅等：皖南新四军务须迅速渡江。12月24日，毛泽东与朱德、王稼祥两次指示叶挺、项英，命令："（一）你们必须准备于十二月底全部开动完毕。（二）希夷（叶挺字——引者注）率一部分须立即出发。（三）一切问题须于二十天内处理完毕。立即开始分批移动。否则一有战斗发生，非战斗人员与资财势必被打散。"中共中央在12月26日给项英、周子昆、袁国平等的指示中指出："你们在困难面前屡次向中央请示方针，但中央远在一年前即将方针给了你们，即向北发展，你们却始终借

---

[1] 中央档案馆：《皖南事变》，中共中央党校出版社1982年版，第107页。

故不执行。""现在又提出拖或走的问题,究竟你们主张的是什么,主张拖还是主张走,似此毫无定见,毫无方向,将来你们要吃大亏的。"并一再告诫项英:"不要对国民党存任何幻想,不要靠国民党帮助你们任何东西,把可能帮助的东西只当作意外之事,你们要有决心有办法冲破最黑暗最不利的环境,达到北移之目的,如有这种决心办法,则虽受损失,基本骨干仍保存,发展前途仍是光明的。""在移动中如遇国民党向你们攻击,你们要有自卫的准备与决心。"[①] 12月28日,中共中央在给项英的电报中再次指出:若不迅速北移,必然遭到极大损失。皖南新四军北移,成为当时毛泽东特别关注的一件大事,他全力注视着皖南地区形势的变化,于12月29日、30日和1941年1月3日,连续就新四军北移的具体问题向南方局发出电报,探讨北移的行军方案。

在此期间,毛泽东还领导了为皖南新四军北移争取时间和条件的工作。12月18日,中共中央以朱德、彭德怀、叶挺、项英名义致电国民政府军政部次长刘为章,要求将皖南新四军北移的时间,"暂缓移动时间至明春二月半"。12月25日,毛泽东致电周恩来,指示与蒋介石交涉:皖南新四军北移"须有两个月时间";要求国民党军"不得包围,不得阻碍交通";北岸由张云逸派人接防,"掩护渡江"。

1941年1月4日,在毛泽东和党中央的一再督促下,叶挺、项英率领新四军军部、一个教导团、一个特务团和第一支队、第二支队、第三支队的各两个团,共9000余人,由泾县的云岭军部所在地出发。但这时国民党调集聚歼新四军的部署已经基本完成。新四军到达茂林地区时,1月6日,即遭到国民党军的包围和袭击。国民党军利用有利地形,布置重兵,计有新七师、四十师、十六师、五十二师、七十九师、一〇二师、八十三师、一四五师和临时从苏南调来的六十五师、从太平调来的川军一四四师,以

---

① 中央档案馆:《皖南事变》,中共中央党校出版社1982年版,第120页。

及从铜陵、繁昌调来的原为江防之用的两个炮兵旅，共8万余人。新四军被围后仓促应战，被迫自卫。

毛泽东时刻关注皖南新四军的情况，当获知新四军被围后，于1月7日即与朱德电示叶挺、项英：你们在茂林不宜久留，只要宣城、宁国一带情况明了后，即宜东进，乘国民党军布置未就，突过其包围线为有利。并将情况转告在重庆的周恩来，指示其向国民党提出严重抗议。1月11日，毛泽东电示刘少奇、叶挺：叶挺等的领导是完全正确的，望全党全军服从叶等指挥，执行北移任务。鉴于项英离队出走，12日，中共中央明确决定：新四军皖南部队一切军事、政治行动均由叶军长、饶漱石二人负总责，一切行动决心由叶军长下。毛泽东再次指示叶挺等，速谋突围东进或北进。1月13日，中共中央以朱德、彭德怀、叶挺、项英名义发表通电，抗议蒋介石包围皖南新四军的无耻行径。但是，由于已经丧失了坚定突围的战机，而蒋介石决心扩大反共内战，一面诡称已电顾祝同查询真相，一面密令国民党部队切实执行已定的"一网打尽，生擒叶项"的计划。新四军部队虽然英勇拼杀，奋战七昼夜，终因寡不敌众，弹尽粮绝。至14日，阵地完全被国民党军占领，除约2000人突围外，大部被俘、失散和牺牲。军长叶挺在依约前往和国民党谈判时被扣押，政治部主任袁国平牺牲，副军长项英、参谋长周子昆离队后不幸被叛徒杀害。

蒋介石在阴谋得逞后，得意忘形，于1月17日以国民政府军事委员会名义，宣布新四军为"叛军"，取消新四军番号，声称要将叶挺交付"军法审判"。同时，下令调集20万军队进攻新四军江北部队。国民党发动的第二次反共高潮达到顶峰。

皖南事变发生后，毛泽东和中共中央当即向国民党提出严重抗议，并动员全党和各地的人民武装做好防止国民党顽固派更大规模的进攻和从政治上、军事上反击国民党顽固派猖狂挑衅的充分准备。针对蒋介石1月17日宣布新四军为"叛军"、取消新四军番号的命令，毛泽东于1月20日以中共中央革命军事委员会的名义，发布重新建立新四军的命令。与此同时，按照毛泽东和中共中央的指示，周恩来等在重庆与国民党当局及蒋介石进行面对面的尖锐斗争，并利用各种方式揭露蒋介石的卖国反共行为，号召全国人民起来反对国民党的分裂、内战阴谋。这一切，使蒋介石成为众矢之的。

皖南事变将国共关系推向破裂的边缘。事变发生后，中国共产党内许多同志都认为，国共关系已经彻底破裂，要求全面发动军事攻势回击国民党。事实上，毛泽东在国民党发动皖南事变前，已经从种种迹象判明国民党即将发动大规模的反共战争，他当时提出"政治上进攻、军事上防御"和"政治与军事上同时进攻"两个反击方案，征询周恩来等同志的意见①。经过两天的深思熟虑，毛泽东比较明确地指示："在此次反共高潮中，甚至以后相当长时期内，我们与蒋介石并不表示决裂"，"唯你们一切部署，应放在反共军必出动之判断上，放在最黑暗的局面上，丝毫不能动摇，以免上蒋的当"②。皖南事变发生后，毛泽东极其愤慨，他连电各地军政首长，要他们做好反击国民党军的准备，但他始终没有下全面发动军事攻势回击蒋介石的命令。毛泽东认为，在中日矛盾仍然存在的前提下，还应力争不使统一战线破裂的前途。1941年1月15日，他在中共中央政治局会议上发言指出：对于皖南事件，我们要实行全面的政治反攻，左派主张我们马上与国民党大打起来，我们不能实行这种政策③。毛泽东最后确定，以他在事变前提出的第一方案，即"政治上取攻势，军事上取守势"作为中共中央对皖南事变的方针。他在2月14日给周恩来的复电中总结皖南事变一个多月来的国共斗争的状况时指出：目前的僵仅政治上僵（国共关系上僵），军事

---

① 1940年11月1日毛泽东为中共中央书记处起草的复周恩来等电。
② 1940年11月3日毛泽东致刘少奇电。
③ 1941年1月15日毛泽东在中央政治局会议上的发言。

上在我并不僵，因我并未去打他。只有军事攻势才会妨碍蒋之抗日，才是极错误政策。政治攻势反是，只会迫蒋抗日，不会妨蒋抗日，故军事守势、政治攻势八个字是完全正确的。鉴于日军趁蒋介石发动反共高潮在豫南和中条山发起进攻，毛泽东与朱德、王稼祥致电彭德怀、左权等，要他们"注意团结中条山、河南、湖北的友军，大大发展交朋友，共同打退日寇的进攻，良机难得，以德报怨"。在毛泽东的亲自带领下，中共中央及各分局利用各种方式揭露蒋介石集团的反共卖国行为，发动了一场声势浩大的政治攻势。

中国共产党的正义自卫立场，得到了各界人士、民主党派和全国人民的广泛支持。宋庆龄、柳亚子、何香凝、陈友仁等国民党左派，为皖南事变多次发起抗议活动。宋庆龄等分别致函致电蒋介石及国民党中央，谴责"剿共"内战，指出已"引起国人惶惑，招致友部疑虑"，要求他们"慎守总理遗训"，"撤销剿共部署，解决联共方案，发展各种抗日实力，保障各种抗日党派"。各民主党派对国民党的行动表示不满和愤慨。

中国共产党在政治上强有力的反击，国内外各界人士的呼声和压力，使国民党蒋介石陷于空前孤立的境地，不得不收敛反共活动。他们未敢发动进一步的反共战争。蒋介石被迫表示一切大小问题都可以通过谈判来解决。抗日民族统一战线的一次空前的危机得以缓解。国民党发动的第二次反共高潮最终被打退。

在毛泽东的领导下，中国共产党总结大革命和抗战时期正反两方面的经验教训，制定并坚持了巩固和发展抗日民族统一战线的正确的策略方针，从而使进步力量不断壮大，中间力量日益觉醒，顽固势力更加孤立。特别是1943年国民党掀起第三次反共高潮时，按照毛泽东的部署，中共中央采取了正确的策略方针，一方面陕甘宁边区军民在军事上严阵以待，同时又在政治上和舆论上对国民党顽固派的倒行逆施及时地予以揭露，使得第三次反共高潮还没有来得及全面发动，就被迅速制止。

在国共合作全民族抗战的八年间,毛泽东和中共中央一切以中华民族的根本利益为重,维护抗日民族统一战线巩固和发展。尽管矛盾和冲突不断,但是国共双方都把抗日救国摆在最重要的位置。中共方面始终恪守在致国民党五届二中全会电中提出的五项要求和四项保证,坚持不在国民党统治区发展游击战争和其他旨在推翻国民党统治的活动。毛泽东曾反复告诫全党,由于这次国共合作是对立阶级的合作,所以国共之间的斗争是严重的、是不可避免的,但也不能因斗争而放弃统一。他说:统一战线中统一是基本的原则,要贯彻到一切地方一切工作中,任何时候任何地方不能忘记统一①。统一是统一战线的第一个的基本的原则②。一定要坚持抗日民族统一战线,坚持国共长期合作,凡是可以多留一天的,我们就留他一天,能够争取半天一夜都是好的,甚至留他吃了早饭再去也是好的③。他提出"有理、有利、有节"的原则与"以斗争求团结"的原则相配合,以防止统一战线的破裂。在国民党方面,虽然反共和发动反共战争不断,但是在日本侵略者大敌当前的情况下,不得不有所收敛,像十年内战那种全国规模的反共战争始终未敢发动。国民党蒋介石集团先后掀起三次反共高潮,虽然危害严重,但三次相加时间不超过半年;抗战期间,国民党包围陕甘宁根据地的军队基本上是 30 万,动用兵力发动直接军事进攻人数最多的一次是皖南事变,动用军队 8 万,这在当时国民党几百万军队中也还是少数。需要强调的是,抗战期间的国共磨擦,国民党一直居于攻势,既有在政治上、军事上的挑衅,还有在经济上的封锁,1940 年 11 月还完全停止了本来就数量微小的军饷、弹药、被服等物资供应。处于守势的中国共产党,主要是通过原则性与灵活性相结合的斗争策略,揭露国民党的阴谋,并采用有

---

① 《毛泽东思想年编》(1921—1975),中央文献出版社 2011 年版,第 206 页。
② 《毛泽东思想年编》(1921—1975),中央文献出版社 2011 年版,第 221 页。
③ 1939 年 7 月 9 日毛泽东在陕北公学的讲话。

限的军事对抗以粉碎国民党顽固派的倒行逆施，从而保证了抗日民族统一战线始终没有破裂，使得国共两党绝大部分的军队在全民族抗战中一直是投入在抗日的战场上。这在根本上捍卫了中华民族的利益，使绝大多数的中国人都聚集在抗日民族统一战线的旗帜下，为驱逐日本帝国主义出中国、为争取中华民族的独立和尊严而战。

建设模范的抗日民主根据地

抗日民主根据地的建设，首先就是政权建设。1935年12月27日，毛泽东在《论反对日本帝国主义的策略》的演讲中，就针对全民族抗战这一新的历史形势，提出要把工农共和国改变为人民共和国。他指出：如果说，我们过去的政府是工人、农民和城市小资产阶级联盟的政府，那末，从现在起，应当改变为除了工人、农民和城市小资产阶级以外，还要加上一切其他阶级中愿意参加民族革命的分子。因此，这个政府的纲领，应当是以适合于反对日本帝国主义及其走狗这个基本任务为原则，据此以适当地修改我们过去的政策。1937年2月10日，中共中央致电国民党五届三中全会，提出五项要求和四项保证，其中就有"苏维埃政府改名为中华民国特区"，"特区实行普选的彻底民主制度"。7月，根据与国民党方面谈判的结果，中共中央正式建立了陕甘宁边区政府。这是抗战时期在全国最早建立的抗日民主政权。9月1日，毛泽东在中央一级积极分子会议上作关于《中日战争爆发后的形势与任务》的报告，其中指出：边区的任务是政治、军事与干部的策源地。在战争中建立工农资产阶级共和国，并准备过渡到社会主义。此后，随着各敌后根据地的开辟，相继建立起一批陕甘宁边区政府这样的抗日民主政权及其下属的县乡政权机构。

全民族抗战爆发后，蒋介石把持的国民政府仍实行所谓"训政"，只是设立了一个咨询性质的国民参政会粉饰其"民主"。中国共产党则在酝酿召开陕甘宁边区参议会。国民党方面得知后为避免其被动从重庆来电希望改为召开准备会,并不要向外宣传。在中央书记处讨论这一问题时,毛泽东明确地说:边区议会要开,国民党攻击我们立异,我们为实行民主制度必须立异,否则不能表示我们的进步。议会名称仍用参议会好。边区问题解决必须坚持边区事情由我们办,保证民主制度。在毛泽东的主导下,1939年1月15日,陕甘宁边区第一届第一次参议员大会如期召开,正式建立陕甘宁边区参议会,作为代议制机关。大会通过了《陕甘宁边区抗战时期施政纲领》《陕甘宁边区各级参议会组织条例》等文件,选举产生了边区参议会议长、常驻会议员和边区政府、法院的负责人。毛泽东在18日进行的会议上鲜明地提出:陕甘宁边区要成为抗战的堡垒,民主的模范。

为了使各抗日民主政权比内战时期的工农民主政权更具有群众性和代表性,毛泽东在全民族抗战爆发到1940年3月之间,陕甘宁边区特别是晋察冀边区政权建设经验的基础上,于3月6日为中共中央起草《抗日根据地的政权问题》的党内指示,指出我们所建立政权的性质,是民族统一战线的,这种政权是一切赞成抗日,又赞成民主的人民的政权,是几个革命阶级联合起来的,对于汉奸和反动派的联合专政。毛泽东提出著名的"三三制"原则,即"根据抗日民族统一战线政权的原则,在人员分配上,应规定为共产党员占三分之一,非党的左派进步分子占三分之一,不左不右的中间派占三分之一"[①]。抗日民主政权中实行"三三制",向全国人民表明共产党团结抗日的诚心和决心。实行"三三制",并不意味着减轻或放弃党的领导,相反,是为了"加强党的领导责任,要保障党的领导作用"。毛泽东强调,在"三三制"政权中,首先要保证共产党在政权中的领导地位。而"所谓领导权,不是一天到晚要当做口号高喊,也不是盛气凌人地要人家服

---

① 《毛泽东选集》第2卷,人民出版社1991年版,第742页。

从我们，而是以党的正确的政策和自己的模范工作，说服和教育党外人士，使他们愿意接受我们的建议"。为了加强党对"三三制"政权工作的领导，毛泽东主张派出优秀共产党员，以保证参加"三三制"政权工作的党员以在质量上的优越条件，发挥先锋模范作用，同时，加强政府中党组的工作，发挥参加政府工作的共产党员的集体力量和有组织的领导。

随后，毛泽东又具体阐明了统一战线政权的施政纲领。主要有四点：一、只要不反共并和共产党合作，任何人，不论有无党派，也不论是国民党还是别的党派，均有合法存在的权利。二、凡年满18岁的赞成抗日、赞成民主的中国人，均有选举权和被选举权。三、政权由民主选举产生，组织制度为民主集中制。四、统一战线政权要反对日本帝国主义，镇压汉奸和反动派，保护人民，调节各抗日阶层利益，改善工农生活。针对国民党几次掀起反共高潮的情况下，党内一些同志对"三三制"产生的疑虑，毛泽东一再强调，只要全民族抗战大局没有根本改变，"三三制"原则就必须坚持。他还具体地指明在抗战条件下，中等资产阶级和开明绅士，都是抗日统一战线中的中间势力。他特别解释：开明绅士是地主阶级的左翼，即一部分带有资产阶级色彩的地主，他们的政治态度同中等资产阶级大略相同。

在不断总结政权建设经验的基础上，毛泽东逐渐完善了关于"三三制"政权的思想。同年12月25日，毛泽东在为中共中央起草的《关于时局与政策的指示》（后收入《毛泽东选集》时改为《论政策》）中指出，实行"三三制"是为了扩大和巩固统一战线，调动一切力量，争取抗日的胜利，并不是机械地凑足数目。在苏北等处开始建立抗日民主政权的地方，在保证质量的前提下，党员的数量可以少于三分之一，以便于吸收广大非党人员参加政权。而在一些最下层的政权，如乡村政权中，中间分子的数量可以有所变通，以防止地主、豪绅钻进政权机关，把持政权。

至于在军队中，尤其是共产党军队的主力中，毛泽东指出，决不能实行"三三制"，要保持党对军队的绝对领导权。

在毛泽东和中共中央的正确领导下，到 1941 年，全国各地的抗日民主政权中普遍实行了"三三制"。这对抗日民主根据地和抗日民族统一战线的巩固与发展起了极大的推动作用。

精兵简政是在抗日战争进入相持阶段的最艰难时期，中国共产党在各抗日民主根据地实行的一项重要政策。1941 年 11 月，毛泽东在陕甘宁边区第二届第一次参议会上，热情地希望参议员们本着知无不言、言无不尽的精神，提供意见，为减轻群众负担，克服目前困难，坚持长期抗战，献计献策。聆听毛泽东这次演讲的参议员中，就有米脂县参议会议长李鼎铭。李鼎铭原是米脂县一位有名望的绅士，清朝末年，曾在米脂县办学，后又做过榆林中学的教员和小学校长，晚年以行医务农为主，为人耿直，同情农工，热爱祖国，拥护中国共产党团结抗日政策。毛泽东的演讲深深地打动了他。出于爱国热忱，他根据陕甘宁边区的实际情况，提出一个"精兵简政"的提案。要求"政府应彻底计划经济，实行精兵简政主义，避免入不敷出，经济紊乱之现象"。提案提出，"军事政治之建立，必须以经济力量为基础，在今日人民困苦、资源薄弱之状况下，欲求不因经济枯竭而限制军政发展，亦不因军政发展而伤害经济命脉，惟有政府彻底计划经济，实行精兵简政主义，量入为出，制定预算，以求得相依相助，平衡发展之效果"。这一提案引起毛泽东的高度重视，李鼎铭刚发完言，毛泽东就站起来，一边鼓掌，一边走到台前，对这一提案表示极为赞成。他说，在抗战初期，采取精兵主义自然是不对的，但现在情况不同了，全面抗战已经四五年了，人民经济遇到很大困难，而我们的大机关和不精干的部队，又不适合今天的战争。教条主义就是不管环境变了，还是死啃不合时宜的条文。我们的党是为人民服务的，不论谁提出的意见，只要有利于抗战，对人民有好处，我们就照办。17 日，毛泽东在他召集的中央政治局会议上指出：财政经济方针须实行两大原则：一、精兵简政，调整人员。二、扩大收支，发展事业。会议确定实行精兵简政的方针。翌日，李鼎铭关于精兵简政的提案以165票的多数在参议会获得通过。事后,毛泽东反复看这个提案,拿红笔把重要的段落圈了起来,又一字一句地抄在自己的本子上,旁边还加一段批语:"这个办法很好,恰恰是改进我们的机关主义、官僚主义、形式主义的对症药。"①

12月13日,中共中央向各抗日根据地发出"精兵简政,发展经济"的指示。延安的《解放日报》于1941年12月6日,1942年2月20日、4月9日、8月7日、8月23日先后发表题为《精兵简政》《再论精兵简政》《贯彻精兵简政》《彻底实行精兵简政政策》《精兵简政当前工作的中心环节》五篇社论,号召各地厉行精兵简政。

陕甘宁边区最早开始贯彻精兵简政,先后实行两次精简,为其他根据地提供了经验。尽管如此,边区的精简工作仍然存在一些问题,而就全国各根据地的情况看,还有若干根据地的同志没有理解精兵简政同当前形势和党的各项政策的关系,没把它当作一个极其重要的政策看待,因而也没有认真地进行。为此,1942年9月7日,毛泽东亲自为《解放日报》撰写题为《一个极其重要的政策》的社论。向全党分析目前我们面临的形势,阐明实行精兵简政的必要性、迫切性。毛泽东指出,在争取抗战胜利的最后阶段,还将遇到比目前更加严重的困难。除了政治上困难,还有经济上的困难。要取得抗战胜利,必须克服这些困难。我们的重要办法之一就是精兵简政。实行精兵简政之所以十分必要,十分迫切,是因为:第一,解放区"鱼大水小"矛盾突出。抗战全面爆发以后,为发展壮大抗战力量,我们建设了庞大的战争机构,那时的情况容许我们这么做,也应该这么做。但现在情况不同了,根据地已经缩小,在今后的一个时期内还可能再缩小,我们便决然不能像过去那样维持着庞大机构,必须克服战争机构和战争情况之间存在的矛盾,缩小自己的机构,使兵精政简。毛泽东还形象地把它比作"褪去冬衣,穿起夏

---

① 李维汉:《回忆与研究》(下),中共党史资料出版社1986年版,第502页。

服,以便轻轻快快地同敌人作斗争"①。第二,日伪对解放区实行"三光"政策,其目的正是企图扩大我们"鱼大水小"的矛盾,把我们困死。这也迫使我们必须是严格地、彻底地、普遍地,而不是敷衍地、不痛不痒地、局部地实行精兵简政。使我们的战争机构能适应战争情况,显得越发有力量,从而不但不会被敌人战胜,而且最终战胜敌人。年底,毛泽东又明确提出精兵简政所要达到的五项目的,即"精简、统一、效能、节约和反对官僚主义",通过精兵简政,达到健全机构、建立制度,调整干部,改变作风,加强领导,精通业务,厉行节约,改善各方面关系之目的。

在毛泽东和中共中央的大力倡导和正确领导下,陕甘宁边区和各解放区都普遍实行精兵简政,收到显著的效果。克服了根据地"鱼大水小"的矛盾,减轻了人民的负担,调动了广大群众的抗日积极性,增强了部队的战斗力,提高了机关效率,对度过抗日战争最艰苦时期,巩固根据地,坚持长期抗战,夺取最后胜利,起了重要的历史性作用。

减租减息是抗日战争时期中国共产党关于农民问题的一项基本政策。这一政策的提出与实行,不仅对凝聚抗战力量和稳定抗战后方具有重要意义,而且对抗日根据地的建设也起着重要的作用。毛泽东对这一政策的制定和完善作出重要贡献。毛泽东认为,在中日之间的民族矛盾上升为社会的主要矛盾之后,"中国土地属于日本人,还是属于中国人,这是首先待解决的问题"。因此,为了减少党在农村发动抗日的阻力,团结一般地主一致对外,同时又适当地调整农村中农民与地主的矛盾,以毛泽东为首的中共中央决定,改变没收地主土地的政策,将减租减息作为党在抗日战争时期关于农民问题的基本政策。1937年10月25日,毛泽东在和英国记者贝特兰的谈话中说,实行减租减息的政策,是抗战时期在"政治上军事上的必需的条件"之一。

---

① 《毛泽东选集》第3卷,人民出版社1991年版,第882页。

中国共产党由没收地主土地的政策，转变到实行减租减息政策，经历了一个发展、变化的过程。1937年2月10日，中共中央在致国民党五届三中全会电中，承诺在国共合作一致抗日之后，"停止没收地主土地之政策"。是年5月3日，毛泽东在延安召开的中国共产党全国代表会议上，分析了1935年华北事变以来国内的形势，提出了中国共产党在抗日战争时期的任务，指出，为了停止国内武装冲突，共产党愿意停止使用暴力没收地主土地的政策，而改"用立法和别的适当方式去解决土地问题"。8月1日，中共中央在《关于南方各游击区域工作的指示》中，提出利用减租、减息、减税等合法斗争方式，以求得群众生活的改善。8月25日，中共中央洛川政治局扩大会议，根据毛泽东的提议，通过了《抗日救国十大纲领》，正式规定以减租减息作为党在抗日战争期间解决农民土地问题的基本政策。

随后，毛泽东对这一政策的基本内容、性质、执行办法等作了完整的规定和具体说明。毛泽东在为中共中央写的对党内的指示中指出，减租减息政策应包括两个方面的内容，即一方面，"地主应该减租减息"，另一方面，"农民应该交租交息"。实行这项政策，是符合整个民族抗战利益的，也符合地主和农民双方利益。对地主来说，实行减租减息，虽然削弱了封建剥削，但并没有消灭封建剥削，土地的所有权仍然归地主，地主还可以得到一定的经济利益，这比亡国对他来说损失要小得多。实行减租减息是要使"地主也能过活"。因此，大多数地主是能够接受的。对农民来说，实行交租交息，这虽然还保留着封建剥削，但比原来的封建剥削已经减轻了，农民的生活可以得到改善，能够实现"农民有饭吃"，既可以使农民受惠，又能使地主得益。这样，既可以发动农民积极参加抗日战争，又可以让地主为抗日出力，减少党在农村发动群众的阻力，有利于维护抗日民族统一战线。

1942年后，敌后抗日战争进入最艰苦的年代，为了更好地贯彻减租减息土地政策，1942年1月28日颁发的《中共中央关于抗日根据地土地政策的决定》及三个附件，对减租减息的数额作了更详细、更具体的规定。这个文件把减租减息保证农民的人权、政权、地权、财权与减租减息之后实行交租交息保障地主的人权、政权、地权、财权,以及承认资本主义生产方式是中国现时比较进步的生产方式,对于富农则削弱其封建部分,奖励其资本主义部分的发展,这三条基本原则,成为中共抗日民族统一战线及其土地政策的出发点。

针对减租减息政策在执行过程中曾一度出现的两种偏向,即一方面,有些不明大义的地主,借故不实行减租;另一方面,有些农民不交租交息,甚至要求没收地主土地和废除债务。尤其是党内一些同志在国民党掀起第二次反共高潮后,出现"左"的倾向,在农村,便"过分打击地主",对地主采取过火行为的问题更为突出。中共中央政治局会议于2月4日讨论通过经毛泽东修改审定的《关于如何执行土地政策决定的指示》,规定"减租是减今后的,不是减过去的,减息是减过去的不是减今后的,大体上以抗战前后为界限"。不久,毛泽东向全党发出指示,要求各根据地的领导机关必须责成各级党政机关,检查减租减息政策的正确执行情况,将减租减息列为"克服困难,迎接光明"的十大政策之一。于是,从1943年起,各解放区普遍掀起减租减息的高潮。在深入开展减租减息的运动中,1944年至1945年间,各解放区还开展了"查减运动",对不法地主进行减租减息和保佃的斗争,也纠正了不交租交息的偏向。毛泽东认为减租减息是革命的三民主义的,它比"耕者有其田"的政策是后退了。但为了推动国民党抗战,又使解放区的地主减少其对于我们发动农民抗日的阻力,这个让步是必要的、正确的。"这是目前中国最革命的政策。"上述政策和措施的实行,既有力地调动了广大农民群众生产和抗战的积极性,又较好地调节了各抗日根据地内的阶级关系和生产关系,团结了各个阶级、阶层,对于抗日民族统一战线的巩固和抗日民主根据地的发展,产生了极为重要的作用。

为了战胜困难,坚持敌后抗战,冲破黎明前的黑暗,毛泽东和中共中央在相持阶段发展到最艰难的时刻，系统地提出巩固和发展抗日民主根据地的十大政策，即：对敌斗争，精兵简政，统一领导，拥政爱民，发展生产，整顿"三风"，审查干部，时事教育，"三三制"，减租减息。在兼顾其他问题的同时，毛泽东集中主要精力抓了生产和整风这两个中心环节。

军队进行生产，开始于陕甘宁边区的八路军留守兵团。1938年秋，他们开展了种菜、养猪、打柴、做鞋、缝衣等生产活动，改善了部队生活。毛泽东对此作了高度评价，指出："把生产和战斗结合起来，把抗日部队改造成为工农商学兵集合的部队，我们就一定能够打倒日本帝国主义。"1938年12月13日，在延安党政军及群众团体干部会议上，毛泽东在讲话中号召各机关要振奋精神，积极参加生产运动。鉴于抗战以来全国的爱国青年大量涌入陕甘宁边区造成的后勤供应压力和国民党的经济封锁与军事封锁带来的流通困难，1939年2月2日，中共中央在杨家岭召开延安党、政、军、学、群众团体生产动员大会。毛泽东在会上指出："饿死呢，解散呢，还是自己动手呢？饿死是没有一个人赞成的，解散也是没有一个人赞成的，还是自己动手吧——这就是我们的回答。"毛泽东强调指出，吃饭是第一个问题，自力更生，克服困难。2月4日，毛泽东在陕甘宁边区参议会第一次会议闭幕式上明确发出"边区人民开展生产运动"的伟大号召。

毛泽东强调说：不论职位高低，都要"一面工作，一面学习，一面生产"。他身体力行，在杨家岭住地的小河边上开垦出一亩多的菜地，种上了蔬菜，其中就有他最喜欢吃的辣椒。一早一晚他总是在地里锄草、施肥，蔬菜长得特别好。在他的号召下，中直机关成立了"总生产委员会"，成员由中央秘书处、马列学院等11个单位的领导组成，王首道任总会主任。他们坚持毛泽东制定的"不与民争利"的原则。中央办公厅机关开赴距延安45公里外的南泥湾，在荒无人烟的南泥湾，他们开辟出一个拥有300多亩地的农场。经过一年辛勤耕耘，他们收获粗粮244担，蔬菜2万斤。毛泽东为抗日军政大学题词："一面学习，一面生产，克服困难，敌人丧胆。"在毛泽东题词精神的激励下，他们在近两个月的时间里，共开荒地18967亩，播种12270亩，种菜270亩，植树17070棵。抗日军政大学的生产运动，受到毛泽东的高度评价，他在12月又为该校题词："现在一面学习，一面生产，将来一面作战，一面生产，这就是抗大的作风，是足以战胜任何敌人的。"6月10日，延安高级干部会议召开，毛泽东在会议上再次号召"一切可能地方，一切可能时机，一切可能种类，必须发展人民的与机关部队学校的农业、工业、合作社运动，用自己动手的方法解决吃饭、穿衣、住屋、用品问题之全部或一部，克服困难，以利抗战"。响应毛泽东的号召，这一年边区的生产运动取得令人欢欣鼓舞的成绩：开荒105.5万多亩。其中，中央机关、部队、边区一级机关、团体、学校，各县机关团体、学校开荒13.5万亩。

1940年11月，正积极筹备发动第二次反共高潮的国民党当局，完全停发了按全民族抗战初整编核定的人数供给八路军三个师和新四军的军饷。12月3日，陕甘宁边区中央局举行1941年生产动员大会，毛泽东和朱德等出席了大会。针对这一年机关学校的生产运动有所放松，粮食没有实现自给比例的问题，毛泽东在会上强调说：经济工作要适应当前的环境，要团结多方面的人，孤家寡人是什么也干不成的。不久，毛泽东向全党发出《论政策》的指示，号召抗日根据地要积极发展工农业生产，达到自给自足。

毛泽东不仅重视民众的生产，而且尤其注意调动军队的生产积极性。1941年5月，他发布《关于陕甘宁边区部队生产工作的指示》，指示部队的生产必须将"自给自足"的口号与抗战建国建设新民主主义经济基础的任务连接起来，使生产工作能够符合党的财政经济政策。他十分赞赏朱德提出的"屯田"建议，并立即部署边区部队开入南泥湾、槐树庄、大风川、葫芦河、清泉沟等地进行屯田大生产运动，三五九旅在南泥湾奋战两年，创造了"粮食堆满仓，稻谷翻金浪，猪牛羊肥壮，鱼鸭满池塘"的丰收景象，把荒无人烟的南泥湾改造成"陕北的江南"。其他部队也取得可喜的成绩，1942年，生产自给率达到82%。

为了使已经兴起的大生产运动能够继续健康稳步地发展，1941年8月13日，毛泽东主持召开中央政治局会议讨论陕甘宁边区财政经济工作的方针，他在会上指出：发展经济的原则，主要民营，部分公营。扩大国营企业不是新民主主义前期的事，而是新民主主义后期的事，只有在有了大工业时才能办到。他认为，能够解决发展经济与平衡出入口这两个问题，就能使边币稳定。1942年12月21日，毛泽东在西北高级干部会议上作《经济问题与财政问题》的报告，批判了那种离开发展经济而单纯在财政收支问题上打主意，不注意动员人民帮助人民发展生产渡过困难，而只注意向人民要东西的错误思想和作风。他说："有许多同志，片面地看重了财政，不懂得整个经济的重要性；他们的脑子终日只在单纯的财政收支问题上打圈子，打来打去，还是不能解决问题。"随后他又说："未有经济无基础而可以解决财政困难的，未有经济不发展而可以使财政充裕的。"毛泽东精辟地揭示了经济与财政的关系。据此，他向边区的党政军群众团体提出"发展经济，保障供给"的经济工作和财政工作的总方针。他强调说："如果不发展人民经济和公营经济，我们就只有束手待毙。……忘记发展经济，忘记开辟财源，而企图从收缩必不可少的财政开支去解决财政困难的保守观点，是不能解决任何问题的。"他认为，要发展经济就要解决好公私关系，只有这样才能调动广大群众的生产积极性。他说："在公私关系上，就是'公私兼顾'，或叫'军民兼顾'。"他要求各级领导机关、财政部门注意调动人民群众生产积极性，广开财源，增加收入。毛泽东并在1943年元旦向前方和后方的军民提出不同的战斗任务。他说，在前方敌后抗日根据地的任务是战斗、生产、学习；在后方陕甘宁边区的任务是生产、学习。他号召后方的干部和群众努力工作，发展生产和教育，援助前方，争取胜利。

遵照毛泽东"自己动手，丰衣足食"的指示，1943年1月8日，在延安召开边区经济工作会议，确定1943年各机关的中心任务是生产，生产目标是达到丰衣足食。随后,中共中央办公厅、中共中央西北局、留守兵团都积极部署了1943年的大生产任务,在陕甘宁边区掀起轰轰烈烈的生产劳动竞赛。形成劳动英雄与劳动英雄、村庄与村庄、军队与民众、军队与军队及各机关之间竞相开展生产竞赛的热烈场面。

同年11月29日,中共中央举行招待陕甘宁边区劳动英雄大会,毛泽东发表题为《组织起来》的讲话。他指出:"在农民群众方面,几千年来都是个体经济,一家一户就是一个生产单位,这种分散的个体生产,就是封建统治的经济基础,而使农民自己陷于永远的穷苦。克服这种状况的唯一办法,就是逐渐地集体化;而达到集体化的唯一道路,依据列宁所说,就是经过合作社"。毛泽东认为,"这是人民群众得到解放的必由之路,由穷苦变富裕的必由之路,也是抗战胜利的必由之路。每一个共产党员,必须学会组织群众的劳动"。

在毛泽东的领导下,经过边区军民的努力奋斗,边区的生产获得巨大发展。工厂工人由6300人壮大到12000人,粮食产量增加到200万石,更可喜的是,45%的边区人民都被组织起来了,而且许多农民达到"耕三余一"或"耕二余一"。边区各部门的基本生活用品实现了自给或大部分自给。大生产运动,不仅改善了解放区军民的生活,战胜了严重的财经困难,为争取抗日战争的胜利奠定了物质基础,而且增强了人们的劳动热情和革命纪律,进一步密切了解放区党政军民之间的关系,巩固了抗日根据地。

论新民主主义革命

对于抗战胜利后中国的政治走向,特别是建立一个什么样的国家的问题,毛泽东在全民族抗战爆发前倡导建立全民族抗日统一战线时已经有了初步的构想。他在《论反对日本帝国主义的策略》的报告中就强调:中国革命的现时阶段依然是资产阶级民主主义性质的革命，不是无产阶级社会主义性质的革命。他同时也阐述了革命转变的问题。他指出：在将来，民主主义的革命必然要转变为社会主义的革命。不到具备了政治上经济上一切应有的条件之时，不到转变对于全国最大多数人民有利而不是不利之时，不应当轻易谈转变。全民族抗战爆发后，虽然毛泽东的主要精力投入在巩固和发展抗日民族统一战线以及推行全面抗战路线方面，但他在应邀回答来访者提出的问题时，也曾谈及对抗战建国的设想。例如1938年7月2日他在会见世界学联代表团柯乐满时指出：抗战胜利后，中共的主要任务是建立一个自由平等的民主国家。在这个国家内有一个独立的民主的政府，有一个代表人民的国会，有一个适合人民要求的宪法。在这个国家的各个民族是平等的，经济是向上发展的，人民有言论、出版、集会、结社、信仰的完全自由。这样的国家，还不是社会主义的国家，这样的政府，也不是苏维埃政府，乃是实行彻底民主制度与不破坏私有财产原则下的国家与政府。

抗日战争进入相持阶段后，蒋介石调整了其对内政策，由联共抗日转变为积极反共。1939年1月召开的国民党五届五中全会，主要议题是"强化"国民党，"与共产党作积极之斗争"，会议确定的"防共""限共""溶共"的方针中，有一个鲜明的特色，即注重与共产党的政治思想斗争。毛泽东早就意识到蒋介石再度打起三民主义旗号的用意，意识到三民主义问题对于国共关系和国家命运的重要性。1938年10月，毛泽东在中共六届六中全会上指出：应该"好好研究三民主义，用马克思主义的眼光，研究三民主义的理论"。为驳斥顽固派，揭露国民党反共反人民的谬论，批判建立资产阶级专政的幻想，向全党和全国人民说明中国共产党对于中国革命和新中国建设的全部见解，揭示中国革命的特点、基本规律和必由之路，毛泽东进行了大量的理论研究工作，从1939年10月到1940年1月相继发表《〈共产党人〉发刊词》《中国革命和中国共产党》《新民主主义论》等重要著作。在这些著作中，毛泽东依据马列主义基本原理，分析中国国情、总结100多年来反帝反封建斗争，尤其是1921年中国共产党成立后进行革命斗争的经验，科学地论述了中国新民主主义革命的一系列重要问题。

"认清中国社会的性质，就是说，认清中国的国情，乃是认清一切革命问题的基本的根据。"毛泽东指出，"自周秦以来，中国是一个封建社会"。1840年"自外国资本主义侵略中国，中国社会又逐渐地生长了资本主义因素以来，中国已逐渐地变成了一个殖民地、半殖民地半封建的社会。现在的中国，在日本占领区，是殖民地社会；在国民党统治区，基本上也还是一个半殖民地社会；而不论在日本占领区和国民党统治区，都是封建半封建制度占优势的社会。这就是现时中国社会的性质，这就是现时中国的国情"。这种社会的性质和国情，决定现阶段中国革命必须分为两个步骤：第一步改变殖民地、半殖民地半封建的社会形态，使之变成一个独立的民主主义的社会，即进行资产阶级性质的民主主义革命，革命的对象是帝国主义和封建主义，革命的任务是反帝反封建；第二步使革命继续向前发展，建立一个社会主义社会。

毛泽东指出：这是两个性质不同的革命阶段，既互相区别又相互连接。"民主主义革命是社会主义革命的必要准备，社会主义革命是民主主义革命的必然趋势。"只有完成前一个革命才有可能去完成后一个革命。二者不可分割，亦不可混淆。革命必须分两步走，此即中国革命最基本的规律。

毛泽东创造性地提出新民主主义革命的科学概念。他指出，中国民主革命已经不是资产阶级领导的，以建立资本主义的社会和资产阶级专政的国家为目的的革命，而是无产阶级领导的，以在第一阶段建立新民主主义社会和各个革命阶级联合专政的国家为目的的新民主主义革命。"所谓新民主主义革命，就是在无产阶级领导之下的人民大众的反帝反封建的革命。"新民主主义革命已经包含有社会主义因素。这种革命属于世界无产阶级社会主义革命的一部分。

新民主主义革命与旧民主主义革命不同的主要标志是无产阶级的领导权。毛泽东指出：中国资产阶级具有两面性，一方面，受帝国主义的压迫，在一定时期和一定程度上保持着反对帝国主义和反对本国官僚军阀政府的革命性；另一方面，在政治上和经济上异常软弱，对于革命的敌人具有妥协性，不但不愿和不能彻底推翻封建主义，而且更加不愿和不能彻底推翻帝国主义，对于民主革命的反帝反封建的两大基本任务，都不能解决，因而不能成为中国民主革命的领导者。这个领导责任，只能历史地落到无产阶级的肩上。中国的无产阶级是中国社会中最进步、最有前途、最富有战斗性的阶级。它已经变成一个觉悟的独立的政治力量。凭着它的组织纪律性，同农民的天然联系，特别是它的先锋队——中国共产党的领导，完全有能力并且在实践中已经担负起领导中国民主革命的责任。所以，"在五四运动以后，虽然中国民族资产阶级继续参加了革命，但中国资产阶级民主革命的政治指导者，已经不是属于中国资产阶级，而是属于中国无产阶级了"，只有无产阶级能够领导中国革命彻底完成反帝反封建的任务。无产阶级（通过共产党）的领导，是决定中国新民主主义革命性质的基本因素，是中国新民主主义革命取得胜利和向社会主义前进的根本保证。

实现无产阶级领导的中心问题是领导农民的问题。农民问题是"中国革命的基本问题，农民力量，是中国革命的主要力量"。农民阶级中分为富农、中农和贫雇农。毛泽东指出："富农一般地在农民群众反对帝国主义的斗争中可能参加一部分力量，在反对地主的土地革命斗争中也可能保持中立。""中农不但能够参加反帝国主义革命和土地革命，并且能够接受社会主义。因此，全部中农都可以成为无产阶级的可靠的同盟者。"贫雇农约占全国农村人口的70%，他们是中国革命最广大的动力，是无产阶级天然和最可靠的同盟者，"是中国革命队伍的主力军"。农民只有在无产阶级领导下，才能得到解放；无产阶级也只有同农民结成坚固的联盟，才能领导革命达到胜利。

小资产阶级也是无产阶级的主要同盟军。毛泽东特别对知识分子和青年学生进行了分析,认为在"中国已经出现了一个很大的知识分子群和青年学生群","他们有很大的革命性",毛泽东高度评价他们在中国革命中的作用,指出"他们在现阶段的中国革命中常常起着先锋和桥梁的作用"。小资产阶级是革命很好的同盟者。但是,这个阶级容易接受资产阶级的影响。因此,要对这个阶级进行宣传工作和组织工作。

民族资产阶级是能够参加反帝反封建革命的,是革命的动力之一。但这个阶级是一个具有革命性和妥协性的阶级。在历史上,这个阶级曾有过跟随大资产阶级,附和反革命的行为。因此,对待民族资产阶级要采取十分慎重的政策。无产阶级应该同他们建立统一战线,并尽可能地保持之。中国带买办性的大资产阶级,虽然是革命的对象,但由于他们的各个集团分别依附于不同的帝国主义,在各个帝国主义之间矛盾尖锐化的时候,在革命的锋芒主要是反对某一帝国主义的时候,属于别的帝国主义系统的大资产阶级集团也可能在一定程度上和一定时间内参加反对某一帝国主义的斗争。在这种特殊条件下,中国无产阶级为了削弱敌人和加强自己的后备力量,可以同这样的大资产阶级集团建立可能的统一战线,并在有利于革命的一定条件下尽可能地保持之。对于从地主阶级中分化出来的一部分开明士绅,则要团结他们,引导他们参加反帝反封建的斗争。

毛泽东在分析了中国革命所处时代、中国社会性质、革命对象、革命动力和领导阶级之后,对新民主主义革命作了精辟的概括,指出:"所谓新民主主义的革命,就是在无产阶级领导下的人民大众的反帝反封建的革命。"这就是中国共产党在新民主主义革命时期的总路线。

新民主主义革命的基本纲领是:在政治上,要建立"在无产阶级领导下的一切反帝反封建的人们联合专政的民主共和国,这就是新民主主义共和国。新民主主义国家的政权机关,采取各级人民代表大会制,选举政府,实行民主集中制",在经济上,要使一切"大银行、大工业、大商业归这个共和国的国家所有";"这个共和国并不没收其他资本主义的私有财产,并不禁止'不能操纵国民生计'的资本主义生产的发展";"这个共和国将采取某种必要的方法,没收地主的土地,分配给无地和少地的农民",扫除农村中的封建关系,容许富农经济存在,在"耕者有其田"的基础上发展具有社会主义因素的各种合作经济。在文化上,要挣脱帝国主义、封建主义文化思想的奴役,实行人民大众的反帝反封建的文化,即"民族的科学的大众的文化"。这些新民主主义的基本纲领既不同于旧的资产阶级民主革命的纲领,又区别于社会主义。

中国无产阶级怎样实现自己的领导呢?毛泽东在《〈共产党人〉发刊词》中总结了党的实践经验,指出:"统一战线问题,武装斗争问题,党的建设问题是我们党在中国革命中的三个基本问题。正确地理解了这三个问题及其相互关系,就等于正确地领导了全部中国革命。"

因此,毛泽东称:"统一战线,武装斗争,党的建设,是中国共产党在中国革命中战胜敌人的三个法宝,三个主要的法宝。"

毛泽东科学地阐述了三大法宝之间的关系,指出:"统一战线和武装斗争,是战胜敌人的两个基本武器。统一战线,是实行武装斗争的统一路线。而党的组织,则是掌握统一战线和武装斗争这两个武器以实行对敌冲锋陷阵的英勇战士。"

中国共产党是中国革命的组织者和领导者。"没有中国共产党的努力,没有中国共产党做中国人民的中流砥柱,中国的独立和解放是不可能的。中国的工业化和农业近代化也是不可能的。"毛泽东指出,"为了建设这样一个政党,必须进行思想建设、组织建设和作风建设。而特别要注意思想建设,经常注意以无产阶级思想改造和克服各种非无产阶级思想,通过开展批评与自我批评,进行马克思列宁主义思想教育,树立好作风,不断地提高共产党员的觉悟"。

中国共产党虽然在二大上已经认识到现阶段的中国革命要完成反帝反

封建的民主革命的任务，社会主义革命是下一阶段的任务，但并没有说明达到这个目标的具体途径。毛泽东明确地回答了这个十分重要的中国社会发展的前途问题。他指出，抗日战争的胜利应当使中国摆脱半殖民地半封建的地位，但中国既不可能成为资本主义国家，也还不可能立即进入社会主义社会。而只能是新民主主义社会。他提出并论证了建立新民主主义制度的必要性与可能性，指明新民主主义社会是走向社会主义前途的过渡阶段，指出了实现党的领导的途径。这就为党纠正和防止右的和"左"的错误，执行一系列正确政策奠定了理论基础。同时，也就解答了一些人的疑虑。

毛泽东有力地驳斥了"承认三民主义就要收起共产主义"的谬论。他指出，共产主义是"收起"不得的，一收起，中国就会亡国。共产主义体系关于社会制度问题有最低纲领和最高纲领两部分。即在现在，实行新民主主义，在将来，实行社会主义。这个最低纲领与三民主义的政治原则基本上相同，"民族独立、民权自由与民生幸福，正是共产党在民族民主革命阶段要求实现的总目标，也是全国人民要求实现的总目标"[①]。所以我们才承认三民主义为抗日统一战线的政治基础，但这并不能成为可能取消共产主义的理由。毛泽东分析指出，三民主义有两种，一种是旧的过时的三民主义，一种是新的三民主义，即联俄联共扶助农工的三民主义。新三民主义与共产主义相比，有相同的部分，即两个主义在中国资产阶级民主革命阶段的基本政纲相同，但是两者在现阶段的某些政策不完全相同，革命的彻底性不同，革命的前景也不一样。共产主义在新民主主义革命完成后，还有一个建立社会主义和共产主义社会制度的最高纲领，三民主义则没有。通过以上比较，证明共产主义比新三民主义更科学、更先进、更正确，只有共产主义，才能指导中国民主革命以及社会主义革命的胜利。忽视共产

---

① 毛泽东：《论新阶段》（1938年10月）。

主义与三民主义的这种差别是错误的。毛泽东表示，共产党人将始终同一切真诚的三民主义者实行长期合作，决不抛弃任何友人。

毛泽东从批判国民党顽固派的反共谬论中立论，从中国的历史状况和社会状况出发，深刻地揭示了中国革命的基本规律和中国革命的对象、任务、性质、动力、领导、前途等一系列问题，发展了马克思列宁主义关于无产阶级在民主革命中的领导权思想，创立了无产阶级领导的，工农联盟为基础的，人民大众的，反对帝国主义、封建主义和官僚资本主义的新民主主义革命理论。毛泽东关于新民主主义的革命理论，是共产主义思想体系的一个重要组成部分，是对马克思列宁主义的丰富和发展。这一理论使中国共产党和中国人民清楚地看到中国革命的发展规律和前景，统一了全党的思想，武装了全国人民，极大地鼓舞了他们坚持抗战、争取胜利的信心，有力地指导和促进了抗日战争和中国革命的胜利发展。

延安整风

与领导开展大生产运动同步，毛泽东当时集中主要精力抓的另一项工作，是整顿党的作风。

中国共产党是马克思列宁主义与中国工人运动相结合的必然产物。中国共产党一经建立就使中国革命的面貌焕然一新。但是，在建党前，马克思主义在中国传播的时间还很短；建党后，因忙于领导轰轰烈烈的革命，在理论上和思想上建党的工作开展得不充分，许多党员的马克思列宁主义理论水平不高。因此，在党内曾出现过几次"左"、右倾机会主义错误，特别是土地革命后期，形成了以教条主义为主要特征的王明"左"倾错误。究其根本是主观与客观的脱节，在全党，特别是在党的中高级领导干部中尚未形成自觉地把马克思主义与中国革命的实际相结合的风气，致使教条主义与经验主义的错误不时出现。再者，抗战以来，中国共产党的党员人数迅速增长，由1937年的4万人发展到1940年的80万人。他们中间大多数出身于农民和其他小资产阶级，有高度的革命热情，可是不免或多或少地受到一些非无产阶级思想的影响。

毛泽东一贯身体力行地认真学习马列经典著作，并努力运用马列主义指导中国革命的实践。遵义会议后，毛泽东把很大一部分精力从军事路线、组织路线和党的民主集中制建设等方面转到纠正党内的"左"倾教条主义错误。1935年12月，他在瓦窑堡会议上的发言和会后他发表的《论反对日本帝国主义的策略》，从政治上清算"左"倾教条主义错误，提出建立抗日民族统一战线的政治路线。1936年10月至12月，他在红军大学系统地讲述《中国革命战争的战略问题》，进一步从军事上清算"左"倾教条主义错误，提出适合中国国情的战略学理论。1937年7月、8月，他写出著名的《实践论》和《矛盾论》，从哲学的高度，指出"左"、右倾错误在认识论上的错误根源，以马克思主义活的灵魂"具体问题具体分析"（列宁语）为指导，树立一切从实际出发的思想路线，发展了辩证唯物主义。9月7日，他撰写发表《论反对自由主义》，强调开展正确的党内思想斗争，增强党性。全民族抗战爆发以后，毛泽东结合指导抗战，又写出大量的具有重大现实意义和理论意义的著作，在指导全民抗战、持久抗战和巩固与发展抗日民族统一战线的同时，总结阐述了一系列具有很强的操作性的思想理论原则。

毛泽东深刻地指出："指导一个伟大的革命运动的政党，如果没有革命理论，没有历史知识，没有对于实际运动的深刻的了解，要取得胜利是不可能的。"他认为，"普遍地深入地研究马克思列宁主义的理论的任务，对于我们，是一个亟待解决并须着重地致力才能解决的大问题"。毛泽东提出"马克思主义的中国化"这个历史性命题，号召"来一个全党的学习竞赛"。他坚信："如果我们党有一百至二百个系统地而不是零碎地、实际地而不是空洞地学会了马克思列宁主义的同志，就会大大地提高我们党的战斗力量，并加速我们战胜日本帝国主义的工作。"

1939年10月4日毛泽东撰写的《〈共产党人〉发刊词》，鲜明地指出党的建设是一项"伟大的工程"，根据马克思列宁主义的理论和中国革命的实践之统一的理解，集中18年的经验和当前的新鲜经验传达到全党，使党铁一样地巩固起来，而避免历史上曾经犯过的错误——这就是我们的任务。他郑重向全党提出"建设一个全国范围的、广大群众性的、思想上政治上组织上完全巩固的布尔什维克化的中国共产党"的伟大任务。同年12月，毛泽东和他人合作撰写《中国革命和中国共产党》。翌年1月9日，毛泽东在陕甘宁边区文化协会第一次代表大会上作题为《新民主主义的政治与新民主主义的文化》的讲演（后来收入《毛泽东选集》改名为《新民主主义论》），全面系统地总结了中国革命的主要经验，创造性地提出新民主主义的理论和纲领。毛泽东的上述著作，为彻底纠正党内的非无产阶级思想，为整顿党风，做了重要的理论准备。

至1941年，开展整风运动的条件已经具备。党内已形成以毛泽东为核心的中央领导集体的正确领导，历史已经证明了毛泽东的正确；已经有了一批比较了解党的历史上多次"左"、右倾错误经验教训的骨干；敌后斗争虽然处于困难阶段，但总的斗争形势变化较小，特别是中共中央所在地陕甘宁边区的形势比较稳定，于是，毛泽东领导发动了全党性的整风学习运动。

3月17日，毛泽东为自己出版的《农村调查》一书撰写序言，该书汇集了他1927—1934年农村调查的材料。他在序言中重申1930年5月在《反对本本主义》（原名《调查工作》）中关于"没有调查就没有发言权"的观点，指出对于担负指导工作的人来说，有计划地抓住几个单位，用马克思主义的基本观点，即阶级分析的方法，做几次周密的调查，是了解情况的最基本的方法，这样才能获得关于社会问题的最基础的知识。实际工作者须随时去了解变化着的情况，这是任何国家的共产党也不能依靠别人预备的。"一切实际工作者，必然向下作调查。对于只懂得理论而不懂得实际情况的人,这种调查工作尤有必要,否则他们就不能将理论和实际相联系。"4月19日,他在校读该书后撰写的"跋"中进一步提出:要正确地处理保持共产党员的共产主义纯洁性同实行现行社会经济政策的关系;阐述了共产党的策略路线在不同时期的原则区别;要求每个共产党员和革命干部必须锻炼自己成为懂得马克思主义策略的战士;指出片面地简单地看问题,是无法使革命胜利的。

5月19日,毛泽东在延安高级干部会议上作《改造我们的学习》的报告,从此开始了党的高级领导干部的整风学习。报告严肃地批判了不注重调查研究,理论脱离实际的主观主义学风,着重阐明马列主义关于理论联系实际的基本原则,给全党的整风学习指明了方向。对于当时党内危害最大的主观主义和教条主义,毛泽东指出:"许多同志学习马克思列宁主义似乎并不是为了革命实践的需要,而是为单纯的学习。……只会片面地引用马克思、恩格斯、列宁、斯大林的个别词句,而不会运用他们的立场、观点和方法,来具体地研究中国的现状和中国的历史,具体地分析中国革命问题和解决中国革命问题。这种对待马克思列宁主义的态度是非常有害的,特别是对于中级以上的干部,害处更大。"他们"仅仅根据一知半解,根据'想当然',就在那里发号施令"。"这种反科学的反马克思列宁主义的主观主义的方法,是共产党的大敌,是工人阶级的大敌,是人民的大敌,是民族的大敌,是党性不纯的一种表现。……只有打倒了主观主义,马克思列宁主义的真理才会抬头,党性才会巩固,革命才会胜利。""没有科学的态度,即没有马克思列宁主义的理论和实践统一的态度,就叫做没有党性,或叫做党性不完全。"报告特别阐述了"实事求是"的思想,指出:"实事"就是客观存在的一切事物,"是"就是客观事物的内部联系,即规律性,"求"就是我们去研究。我们要从国内外、省内外、县内外、区内外的实际情况出发,从其中引出其固有的而不是臆造的规律性,即找出周围事变的内部联系,作为我们行动的向导。这种态度,就是党性的表现,就是理论和实际统一的马克思列宁主义的作风。这是一个共产党员起码应该具备的态度。

《改造我们的学习》发表后，并未引起多数同志足够的重视，《解放日报》也只是作了一般性的报道。7月1日，中共中央政治局通过《关于增强党性的决定》，要求全党党员和党的各个组成部分都在统一意志、统一行动和统一纪律下面，团结起来，成为有组织的整体。8月1日，中共中央发布由毛泽东起草的《关于调查研究的决定》，认为20年来，粗枝大叶、不求甚解、自以为是、主观主义、形式主义的作风，仍然在党内严重地存在着。号召全党"必须力戒空疏，力戒肤浅，扫除主观主义作风，采取具体办法，加重对于历史，对于环境，对于国内外、省内外、县内外具体情况的调查与研究，方能有效地组织革命力量，推翻日本帝国主义及其走狗的统治"。《决定》还规定了开展调查研究的措施和具体方法，并在中央设立由毛泽东牵头的调查研究局。

为了加强对全党高级干部整风学习的领导，8月27日，中央政治局会议决定，在七大召开前，由在延安的中央政治局委员毛泽东、任弼时、王稼祥、陈绍禹（王明）、张闻天、陈云、何克全7人组成中央书记处工作会议，以增强中央工作效能。毛泽东在会上指出：首先应当承认我们党缺乏关于中国革命实际的理论，才能真正实行中央关于调查研究的决定，我们要培养行动的理论家。随后，中央政治局举行扩大会议，讨论十年内战后期的领导路线问题（即九月会议），毛泽东作关于反对主观主义和宗派主义的报告。他提出克服主观主义和宗派主义等不正之风的16条办法。会议决定在高级干部中开展整风，成立中央学习研究组，毛泽东任组长，王稼祥为副组长，组织在延安的高级干部学习马克思列宁主义理论，总结党的历史经验。10月中旬，毛泽东向中央书记处会议提交了关于六届四中全会以来领导路线问题的结论草案，指出这条中央领导路线的性质是"左"倾教条主义的，而在形态的完备上，在时间的长久上，在结果的严重上，则超过了陈独秀、李立三两次的错误路线。

同年12月,由毛泽东主持编辑的《六大以来》正式出版。它包括从1928年6月党的六大至1941年11月的519个文件。据胡乔木回忆,起初收集党的六大以来的历史文献,只是为了给预定于1941年上半年召开的党的七大准备材料,并没有汇编成书的打算。在审核这些历史文献的过程中,毛泽东读到许多过去没有看到过的材料,这使他对党的历史有了一个系统的了解和认识,特别是对十年内战后期打倒一切的"左"倾错误路线的形成及其给中国革命造成的严重损失,有了更加深刻的感受。长征途中召开的遵义会议,纠正了红军在军事上的错误,但并没有来得及系统总结那段历史,也没有讲是路线错误。因此在当时,即使在党的高级干部中,也还有人对这条"左"倾错误路线缺乏正确的认识,甚至根本否认有过这么一条错误路线。毛泽东认为,不弄清这个问题,要成功地召开七大是不可能的。因而他认为有必要首先在党的高级干部中开展一个学习和研究党的历史的活动,以提高党的高级干部的路线觉悟,统一认识。于是,在1941年8月、9月的一次中央会议上,毛泽东建议把这些历史文献汇编成册,用作党的高级干部学习与研究党的历史的材料。这部书是整风准备阶段高级干部学习的主要读物,在未编辑出版以前,已根据毛泽东的意见以活页形式印发给在延安的高级干部学习。《六大以来》编辑出版后,对统一党的思想,特别是提高高级干部的思想觉悟产生了很大的影响。胡乔木回忆说:"当时没有人提出过四中全会后的中央存在着一条'左'倾路线。现在把这些文件编出来,说那时中央一些领导人存在主观主义、教条主义就有了可靠的根据。有的人就哑口无言了。毛主席怎么同'左'倾路线斗争,两种领导前后一对比,就清楚看到毛主席确实代表了正确路线,从而更加确定了他在党内的领导地位。"1942年3月,毛泽东在中央高级学习组讲话时也说,《六大以来》的发表,对同志们认识六大以来党的历史"发生了启发思想的作用","同志们读了之后恍然大悟",明白苏维埃运动后期党的领导机关向全党发表过如此多的"左"的训令、决议等,认识到苏维埃运动后期党的领导机关确实存在一条错误的路线。个别原先不承认犯了错误的同志,也放弃了自己的观点,承认了错误。

1942年2月1日,中央党校举行开学典礼。毛泽东作《整顿党的作风》的演说,明确提出整顿三风的任务。他说:"我们的学风还有些不正的地方,我们的党风还有些不正的地方,我们的文风也有些不正的地方。所谓学风有些不正,就是说有主观主义的毛病。所谓党风有些不正,就是说有宗派主义的毛病。所谓文风有些不正,就是说有党八股的毛病。"毛泽东向全党发出号召:"反对主观主义以整顿学风,反对宗派主义以整顿党风,反对党八股以整顿文风,这就是我们的任务。"我们要完成打倒敌人的任务,必须完成这个整顿党的作风的任务。他强调,"不应当把马克思主义的理论当成死的教条。对于马克思主义的理论,要能够精通它、应用它,精通的目的全在于应用"。在演说的最后,毛泽东指出整风运动宗旨是"惩前毖后,治病救人"。对以前的错误一定要揭发,不讲情面,要以科学的态度来分析批判过去的坏东西,以便使后来的工作慎重些,做得好些。这就是"惩前毖后"的意思。但是,我们揭发错误"批评缺点的目的,好像医生治病一样,完全是为了救人,而不是为了把人整死。对待思想上的毛病和政治上的毛病,决不能采取鲁莽的态度,必须采取'治病救人'的态度,才是正确有效的方法"。在毛泽东号召下,全党很快掀起一个按照马克思列宁主义原则整顿党的作风的高潮。

2月8日,毛泽东出席中共中央宣传部召开的干部会议,发表《反对党八股》的演说,要求全党对主观主义、宗派主义和党八股的最后残余加以彻底肃清,以便使党的各方面达到更健全的地步。他说:"洋八股或党八股,是五四运动本来性质的反动。""我们反对主观主义和宗派主义,如果不连党八股也给以清算,那么它们就还有一个藏身的地方,它们还可以躲起来。如果我们连党八股也打倒了,那就算对于主观主义和宗派主义最后地'将一军'，弄得这两个怪物原形毕露，'老鼠过街，人人喊打'，这两个怪物也就容易消灭了。"他最后旗帜鲜明地指出："洋八股必须废止，空洞抽象的调头必须少唱，教条主义必须休息，而代之以新鲜活泼的、为中国老百姓所喜闻乐见的中国作风和中国气派。"

两个月的思想发动，为全党整风的开展打下了基础。毛泽东和党中央及时地研究思想发动阶段出现的问题，于4月3日作出《中央宣传部关于在延安讨论中央决定及毛泽东同志整顿三风报告的决定》，即"四三决定"，对整风的性质、目的、要求、方法、方针和步骤都作了明确的规定。7日，"四三决定"在《解放日报》公开发表，自此整风从思想发动转入学风党风学习。20日，毛泽东在中央学习组作关于整顿三风的报告，进一步阐述整风的意义是在"做一件建设党的事，使我们党的工作更完善更健全"。他说：这次我们要搞出些名堂，使全党的面目为之一新，达到改变思想方法，改变作风，团结干部，团结全党的目的。总之，这次整顿三风搞得好不好，对目前，对将来，对领导整个革命，关系很大。

5月2日至23日，毛泽东主持延安文艺座谈会。会上，毛泽东分别发表题为《引言》和《结论》的两次讲话，阐明革命文艺为人民大众，特别是为工农兵服务的根本方向，扫除了关于文艺问题上的许多错误和混乱，不仅对文艺界的整风运动起了积极的推动作用，而且极大地促进了广大党员和干部改造世界观的自觉性。

5月21日，中共中央政治局会议决定成立中央总学习委员会，毛泽东为主任。在毛泽东亲自领导下，中央总学习委员会每周或每两周召集一次延安高级干部的学习会，讨论学习问题。在中央总学习委员会直接领导下，中央直属机关系统分区学习委员会、军委直属系统分区学习委员会、陕甘的高干成立中心学习组（甲组），自己把文件学好来领导其他干部学习。此外，还有中级（乙组）和普通（丙组）学习组。延安共有10098人参加了整风学习。28日，毛泽东在高级干部学习组作报告，结合他在延安文艺座谈会上的讲话，进一步阐述他1939年5月在《青年运动的方向》中提出的知识分子与工农群众相结合的问题，认为如何结合需要做两方面人的工作，一方面文艺界的同志必须克服资产阶级、小资产阶级思想的影响，转变为无产阶级思想，这样才能够在思想上与无产阶级、与工农大众相结合；另一方面，要求干部对文化人、知识分子采取欢迎的态度，懂得他们的重要性，没有这部分人就不能成事。

12月，毛泽东在经过一个月的调查研究，搜集了大量的历史和现实材料的基础上，为大会作了长达十余万字的《经济问题与财政问题》的报告，从理论和实际的结合上解决了抗日根据地最重要的财政经济问题，从而为全党树立了一个运用理论解决实际问题的榜样。毛泽东的两个报告推动了西北高干会从检讨历史问题，进到检讨现时党内思想倾向的问题，同时创造了以整风运动同总结党的历史经验、解决实际问题相结合的新经验。与此同时，整风运动在各个抗日民主根据地全面铺开。为了指导各地的整风运动，除以中共中央的名义发布各项指示和组织各地的部分军政领导骨干回延安参加整风学习外，毛泽东还针对各地的实际直接发电指导，比如1943年1月25日，他在给彭德怀的复电中指出：整风，主要是整高级干部（犯思想病最严重的也是这些干部中的人），其次是中级干部，再次才是下级干部。如果在今明两年（抗战胜利前），经过整风与审查，将多数高级及中级干部的思想打通，又能保存党与军的骨干，那我们就算是胜利了。

1943年3月20日，中央政治局召开会议讨论精简与调整中央领导机构，以及加强中央的统一领导等问题。会议决定：毛泽东为中央政治局主席和中央书记处主席；毛泽东、刘少奇、任弼时组成中央书记处，根据政治局决定的方针处理日常工作，中央书记处讨论的问题，主席有最后决定权。这是毛泽东自遵义会议开始确立在全党的领导地位后，正式担任党的最高领导职务。

6月6日，毛泽东致电北方局代理书记彭德怀指出：整风前一阶段注重学风是正确的，但后一阶段便应注重党风。因学风是思想方法问题，党风是实践问题,只有在后一时期(今年下半年)注重党风,才能将思想方法应用于党性的实践,克服党性不纯现象。在党风学习中,自我批评应更发展,应着重提出反对自由主义错误,从思想上纠正党内自由主义。

1943年夏秋之间,国民党发动第三次反共高潮,延安发现特务,于是开始审干运动。7月1日,毛泽东写信给康生,提出防奸工作的九条方针:"首长负责,自己动手,领导骨干与广大群众相结合,一般号召与个别指导相结合,调查研究,分清是非轻重,争取失足者,培养干部,教育群众。"① 毛泽东指出,这是一条正确路线,而错误路线则是:"逼、供、信"。我们应该执行正确路线,反对错误路线。并建议在《防奸杂志》第6期登载以上数语,以让全党知晓。但是,7月15日,康生在中央直属机关干部大会上作报告,掀起了所谓"抢救失足者运动",大搞"逼、供、信",一度发生反特扩大化的严重错误。鉴于"抢救运动"大搞"逼、供、信"的过火斗争,十多天内搞出大批所谓"特务",造成许多冤假错案。8月15日,毛泽东在为中共中央起草的《关于审查干部的决定》中,重申审查干部的九条方针。并指出这一次我党审查干部,不称为肃反,不采取一切特务分子和可疑分子交保卫机关处理的方法。此后,情况虽然稍稍缓和了一些,但事态并未彻底扭转过来。到1943年9月末,"抢救运动"已无法再搞下去,"抢救"和被"抢救"的双方到了极度对立的程度。10月起,延安受审查的人越来越多,许多案件是非颠倒。10月9日,毛泽东发出"一个不杀,大部不抓,是此次反特斗争中必须坚持的政策"的指示。这一指示,对纠正审干和肃奸中的错误起了很大的作用,使反特扩大化的严重错误及时得到纠正。1944年1月24日,中共中央书记处发出甄别工作,分清是非,平反在"抢救失足者运动"中发生的冤假错案。毛泽东主动作了自我批评,并指出:"抢救失足者的基本错误是缺乏调查研究及区别对待这两点。"自此,

---

① 《毛泽东年谱(1893—1949)》中卷,人民出版社、中央文献出版社1993年版,第448页。

审干转入彻底纠正"逼、供、信"和进行甄别工作。毛泽东亲自负责这项工作，及时补救，拨正了运动方向。

1944年春，毛泽东领导整风运动开始进入总结党的历史经验的阶段。4月12日，毛泽东在延安高级干部讨论党的历史问题会议上作《学习和时局》的报告，在报告中，毛泽东详细地阐述了这一次总结党的历史经验的目的和方法。对1931年初到1934年底党的历史上若干重要问题作了结论，规定了正确处理历史问题的重要原则。报告最后向全党发出号召："为了争取新的胜利，要在党的干部中间提倡放下包袱和开动机器。""有许多东西，只要我们对它们陷入盲目性，缺乏自觉性，就可能成为我们的包袱，成为我们的负担。""要去掉我们党内浓厚的盲目性，必须提倡思索，学会分析事物的方法，养成分析的习惯。这种习惯，在我们党内是太不够了。如果我们既放下了包袱，又开动了机器，既是轻装，又会思索，那么我们就会胜利。"毛泽东的这个报告，为中国共产党六届七中全会和第七次全国代表大会的召开，做了重要的思想准备。

4月20日，中共扩大的六届七中全会第一次会议，一致通过毛泽东主持起草并多次精心修改的《关于若干历史问题的决议》。在《决议》中，对毛泽东运用马克思列宁主义的理论方法解决中国革命问题给予极高的评价，指出在全党确立毛泽东领导地位的重大意义，对于党在历史上的若干问题，特别是对王明"左"倾教条主义错误作了全面的系统的批判，本着实事求是的原则，作出了正确总结，对历史上犯错误的同志以"惩前毖前，治病救人""既要弄清思想又要团结同志"的方针进行了诚恳的批评。毛泽东在讨论《决议》时特别谦虚地指出：《决议》把许多好事都挂在我的账上，我的错误缺点没有挂上，不是我没有而是没有挂，为了党的利益没有写上，这是大家要认识清楚的，首先是我。《决议》体现了整风运动的胜利成果，使全党对党的历史有了统一的认识，为全党的团结奠定了牢固的思想基础，为党的第七次全国代表大会的胜利召开和抗日战争的伟大胜利做了充分准备。

主持中共七大

中国共产党第七次全国代表大会是在中国人民抗日战争胜利的前夜召开的，抗日战争的胜利是中华民族由衰落走向复兴的伟大转折点；七大又是在中国人民面临两种道路、两种命运抉择的关键时刻召开的，它不仅确定了彻底驱逐日本帝国主义出中国和建设一个独立、自由、民主、统一和富强的新中国的路线，而且描绘了建立社会主义中国的宏伟蓝图。

中国共产党第七次全国代表大会，酝酿的时间很长。1937年12月，中共中央政治局会议就作出决定，在近期适当时机召开七大，并成立了中共七大筹备委员会，毛泽东为筹备委员会主席。继而推迟到1942年，后又决定在1943年底，结果又延期。七大之所以一而再、再而三地推迟召开，达7年之久，一方面是由于战争关系，时间紧张、工作繁忙，而且交通阻隔，高级领导干部难以集中；另一方面主要是全党，特别是党的高级干部对于党在历史上的一些重大是非问题，认识存在分歧，思想还不统一。到1945年，中国共产党从1928年六大起，中间经过土地革命战争和抗日战争17年的漫长历程，已经从一个幼年的党变成一个成熟的、强大的党了，拥有党员121万，军队近百万，根据地人口近1亿，成为抗击日本侵略者的中坚力量，成为全国人民抗日救国和民主建国的希望所在。尤其是经过整风运动，全党受到一次深刻的马克思主义教育，党内把马克思主义教条化、把共产国际决议和苏联经验神圣化的错误倾向得到根本的破除，实事求是、马克思主义与中国革命具体实践相结合的思想，深入人心。这些情况，为中共七大的召开奠定了思想基础。

1944年5月21日至1945年4月20日，中共中央召开扩大的六届七中全会，主要为召开党的七大做准备。在第一次会议上，毛泽东与朱德、刘少奇、任弼时、周恩来五人被选为全会主席团，毛泽东为主席团主席，领导全会和中央日常工作（中央政治局和书记处停止开会）。第一次会议就讨论了召集七大的准备工作，通过《召开党的七大的决议》，决定毛泽东代表中央政治局作政治报告，成立了关于政治报告、军事报告、修改党章报告和党的历史问题决议等委员会起草文件。

1945年4月21日，召开七大预备会议。毛泽东在会上作《关于"七大"工作方针》的讲话，提出七大的工作方针是"团结一致，争取胜利"。他说，胜利是我们的目标，团结是指我们的队伍。我们要有一个团结的队伍去打倒我们的敌人，争取胜利；而队伍中间最主要的、起领导作用的，是我们的党。没有共产党，中国人民要胜利是不可能的。他从历史与现实结合的角度，集中阐述了党在中国人民独立和解放事业中的领导核心地位。毛泽东不无自豪地指出："大会的眼睛要向前看，而不是向后看，不然就要影响大会的成功。大会的眼睛要看着四万万人，以组织我们的队伍"，"我们要有一个团结的队伍去打倒我们的敌人，争取胜利，而队伍中间最主要的、起领导作用的，是我们的党。没有我们的党，中国人民要胜利是不可能的"[①]。

他强调：我们现在还没有胜利，前面还有困难，所以我们必须谨慎谦虚，不要骄傲急躁。

毛泽东再次作自我批评，指出，我们大家都是半殖民地半封建社会出来的人，只有这样多的一点知识，这样大的一点本领。说我毫无本领，一点也不懂马列，那我也不同意。说我马列主义成了堆，那也不是。但总要引出一个任务来，即还要前进。毛泽东号召全党要有自我批评的精神，全

---

① 《中国共产党第七次全国代表大会的工作方针》，《毛泽东在七大的报告和讲话集》，中央文献出版社1995年版，第1页。

党团结得像一个和睦的家庭一样,为全国胜利而奋斗,不达胜利誓不休!①

会议选出毛泽东等15人组成主席团。

4月23日,中国共产党第七次全国代表大会,在毛泽东主持下,在延安杨家岭中央大礼堂隆重召开。出席正式代表544名,候补代表208名,代表121万名党员。毛泽东作题为《两个中国之命运》的开幕词。他指出,我们这次大会是一次关系全中国四亿五千万人民命运的大会,是一个打败日本侵略者、建设新中国的大会,是一个团结中国人民和全世界人民、争取最后胜利的大会。毛泽东响亮地向全党提出:我们的任务"就是放手发动群众,壮大人民力量,团结全国一切可能团结的力量,在我们党领导之下,为着打败日本侵略者,建设一个光明的新中国,建设一个独立的、自由的、民主的、统一的、富强的新中国而奋斗。我们应当用全力去争取光明的前途和光明的命运,反对另外一种黑暗的前途和黑暗的命运"。毛泽东分析说,实现这个任务的条件已经具备,即有一个强大的中国共产党和解放区,有全国广大人民和国际人民的援助。只要我们有正确的政策,只要我们一致努力,我们的任务是必能完成的。

4月24日,大会印发了毛泽东代表中共中央向大会作的《论联合政府》的政治报告,毛泽东并就这一报告作长篇口头报告。他主要讲三个问题:(一)形势与路线;(二)关于政策方面的几个问题;(三)关于党的几个问题。经过大会的广泛讨论,5月31日,毛泽东又作总结报告,对国际国内形势、若干思想、政策问题及讨论中提出的问题作了说明。在这三个报告中,毛泽东科学地分析了当时的国内外形势,全面总结中国共产党领导中国民主革命24年中曲折发展的历史经验,尤其是总结8年全民族抗战的经验,具体地提出党在当前阶段的任务和为完成这些任务而必须实行的路线及各项具体政策。

---

① 《毛泽东在七大的报告和讲话集》,中央文献出版社1995年版,第1—16页。

毛泽东指出，世界上有两种势力在斗争，一方面是人民的势力，一方面是反动的势力。在中国人民面前存在着两个前途、两个中国之命运。一个是黑暗的前途，黑暗的中国之命运，这就是"继续法西斯独裁统治，不许民主改革；不是将重点放在反对日本侵略者方面，而是放在反对人民方面"，将中国拖回到痛苦重重的不独立、不自由、不民主、不统一、不富强的老状态里去[①]。另一个是光明的前途，光明的中国之命运，"这就是克服一切困难，团结全国人民，废止国民党的法西斯独裁统治，实行民主改革，巩固和扩大抗日力量，彻底打败日本侵略者，将中国建设成为一个独立、自由、民主、统一、富强的新国家"。

在这种情况下，中国共产党的任务，就是要竭尽全力去争取光明的前途和光明的命运，反对黑暗的前途和黑暗的命运。"如果我们能够团结全国人民，努力奋斗，并能以适当的指导，我们就能够胜利。"这也就是七大的任务。

毛泽东在报告中阐明党的政治路线，即放手发动群众，壮大人民力量，在我党的领导下，打败日本侵略者，解放全国人民，建立一个新民主主义的中国。这条政治路线，包含四项内容：（1）中国共产党应该担负起革命斗争的领导责任；（2）中国共产党必须放手发动群众，壮大人民力量，组织浩浩荡荡的革命队伍；（3）打倒中国人民的大敌日本帝国主义及其走狗；（4）斗争的目标是夺取抗战的最后胜利和建设一个新民主主义的中国，即新中国既不应是大地主大资产阶级专政的国家，也不应是民族资产阶级统治的旧民主主义的国家，也还不能是社会主义国家，而应当是在工人阶级领导下各革命民主联盟的国家，即新民主主义的国家。

为了正确贯彻执行中国共产党的政治路线，毛泽东在报告中着重阐述了以下几个基本问题。

---

① 《毛泽东选集》第3卷，人民出版社1991年版，第1052页。

第一，废止国民党一党专政，建立民主联合政府。毛泽东从中国人民革命斗争的实践，阐明中国建立新民主主义政治制度的必要性和可能性；从抗战中国共两党两条路线斗争的历史，阐明废止国民党一党专政、建立联合政府的必要性。他指出：只有废除国民党的一党专政，建立民主联合政府，才能达到彻底地打败侵略者，建设新中国的目的，民主联合政府是抗日民族统一战线在政权上的最高形式，是全国人民的呼声和要求。毛泽东具体指出结束国民党一党专政的两个步骤："第一个步骤，目前时期，经过各党各派和无党无派代表人物的协议，成立临时的联合政府；第二个步骤，将来时期，经过自由的无拘束的选举，召开国民大会，成立正式的联合政府。"这就是说，必须"在彻底地打败日本侵略者之后，建立一个以全国绝对大多数人民为基础而在工人阶级领导之下的统一战线的民主联盟的国家制度"①。毛泽东对这种国家制度（即新民主主义国家）在政治、经济、文化各方面的纲领，作了全面的说明。

毛泽东在报告中还提醒全党，要警惕内战危险，准备应付内战。中国共产党必须把各方面困难都估计到，要有发生内战和应付内战的精神准备，有了准备，就好办事。毛泽东还指出，我们要用各种方法，防止内战，揭露内战，使内战愈推迟愈好，对于蒋介石，还是要求他洗脸改造，假若他不洗脸，内战发生了，那我们就看情势，号召群众起来打倒他。

第二，放手发动群众，壮大人民力量。这是中国共产党政治路线的中心环节。毛泽东指出，"放手发动群众，壮大人民力量"就是组织队伍，队伍即人民大众。而人民大众主要的部分是农民，其次是小资产阶级，再次才是其他民主分子。发动群众即是发动农民群众、小资产阶级和其他民主分子的力量。而在各种力量中，最重要的是农民的力量。两党的争论，就其社会性质说来，实质上是在农村关系的问题上。在抗战中关于如何对待

---

① 《毛泽东选集》第3卷，人民出版社1991年版，第1068—1069、1056页。

农民的问题上，国共两党的路线是根本对立的"两条路线：或者坚决反对中国农民解决民主民生问题，而使自己腐败无能，无力抗日；或者坚决赞助中国农民解决民主民生问题，而使自己获得占全国人口百分之八十的最伟大的同盟军，借以组织雄厚的战斗力量。前者就是国民党政府的路线，后者就是中国解放区的路线"。

为了打败日本侵略者，建设新中国，毛泽东又指出，在放手发动农民群众的同时，必须注意工人的工作和城市工作，必须注意发展工业。毛泽东要求全党及时注意加强在城市中首先是在工人阶级中的工作，将沦陷区的工作提到和解放区的工作同等重要的地位上来。

毛泽东在报告中还指出，"放手发动群众，壮大人民力量"的方针，就是要求猛烈地发展人民的武装。应该扩大自己的军队——八路军、新四军及其他人民军队，并在一切敌人所到之处，广泛地自动地发展抗日武装，扩大解放区。收复一切失地，决不要单纯地依靠国民党。毛泽东在报告中具体地规定了中国共产党在国民党统治区、沦陷区和解放区的不同斗争任务。在国统区，要积极发展一切被压迫的阶层、党派和集团的民主运动，把分散的力量逐渐统一起来。在沦陷区，要组织各种群众团体，组织地下军，准备武装起义，一俟时机成熟，即配合从外部进攻的军队，里应外合消灭日本侵略者。在解放区，要从各方面发展和巩固抗日力量，十分爱惜人力物力，为最后打败日本侵略者准备充分的力量。

第三，加强党的领导，发扬党的优良作风。毛泽东总结中国共产党建设的经验，提出必须保持和进一步发扬党的优良作风，这主要是理论和实践相结合的作风，和人民群众紧密联系在一起的作风和批评与自我批评的作风。这种作风是马克思列宁主义的作风，是共产党人区别于其他任何政党的显著标志。这种作风的党，乃是领导中国革命直到最后胜利的最重要的保证。

为了提高中国共产党的战斗力，毛泽东强调必须坚持民主集中制的原则。他指出,我们要实行放手的民主和高度的集中,既要提倡党性,也要发展个性。党性即普遍性,个性即差别性,普遍性建筑在差别性上。凡是党员所做的工作,均有党性,有个性。毛泽东说,不能设想120万党员,变成120万块木头,我们会有什么党性? 只要服从党,在此范围内就应尽量发展各人的长处,不要只喜欢那些纸糊泥造的人,毛泽东说,有两种个性:创造性的个性和破坏性的个性,前者是党性和个性的完全统一,后者是小资产阶级性的,错误的。

毛泽东和中共中央在七大制定的政治路线既是对抗战以来党的方针政策和理论思想的系统总结[①],又根据当时的国际国内形势对抗战胜利后的历史发展趋势作出科学的预见,勾勒了建立独立、自由、民主、统一和富强新国家的宏伟蓝图。这里着重谈谈七大关于新中国的建国方略。

第一,关于国体和政体。他认为目前要建立的这个联合政府是由共产党领导的,联合一切民主阶级(包括工人、农民、城市小资产阶级和民族资产阶级)的统一战线政治制度,其政权组织采用民主集中制,"由各级人民代表大会决定大政方针,选举政府"。这种制度,要充分体现人民民主,保障广大人民群众的权力主体地位。他说,"我们主张的新民主主义的政治,就是推翻外来的民族压迫,废止国内的封建主义和法西斯主义的压迫",建立一个"以全国绝大多数人民为基础而在工人阶级领导下的统一战线的民主联盟的国家制度,我们把这样的国家制度称之为新民主主义的国家制度"[②]。

第二,关于现阶段实行新民主主义经济。毛泽东指出:首先是推翻封建地主土地所有制,使广大农民"耕者有其田";其次,现阶段的经济是由国家经营、私人经营和合作社经营三者组成的,但是这里的所谓"国

[①] 毛泽东说:"这个纲领以前大部分是有的,现在加以综合及发挥。"引自《对〈论联合政府〉的说明》,《毛泽东在七大的报告和讲话集》,中央文献出版社1995年版,第97页。
[②] 《论联合政府》,《毛泽东在七大的报告和讲话集》,中央文献出版社1995年版,第50—51页。

家"，"一定要是在无产阶级领导下而'为一般平民所共有'的新民主主义国家"；再次，鼓励发展不是"操纵国民生计"的私人资本主义经济。此外，毛泽东在《论联合政府》中通过引用孙中山所说："凡本国人及外国人之企业，或有独占的性质，或规模过大为私人之力所不能办者，如银行、铁路、航路之属，由国家经营管理之"，实际提出了没收帝国主义在华资产和大资产阶级官僚资本的政策。

第三，关于工作重点和工作方针准备转变的战略思想。围绕彻底打败日本侵略者和建立新中国的总任务，七大主张"城市工作要提到与根据地工作同等重要的地位"。毛泽东强调要转变思想，"由农村转变到城市，由游击战转变到正规战，由减租减息转变到耕者有其田"，要一批一批地派干部到城市去，"需要用很大的力量转到城市，准备夺取大城市，准备到城市做工作，掌握大的铁路、工厂、银行"。他提出要夺取北平、天津这样的中心城市。准备转变的战略思想适应了抗日战争进入大反攻阶段的形势，预见到抗战胜利后历史发展的趋势，是农村包围城市革命道路发展的必要步骤，是准备夺取全国胜利和创建新中国的重要战略举措。

第四，毛泽东把推动和发展生产力作为判别执政党执政优劣的标准，并发出把落后的农业国变成先进的工业国的伟大号召，擂响了中国实现工业化和农业近代化的战鼓。他指出："中国一切政党的政策及其实践在中国人民中所表现的作用的好坏、大小，归根结底，看它对于中国人民的生产力的发展是否有帮助及其帮助之大小，看它是束缚生产力的，还是解放生产力的。"他认为，"消灭日本侵略者，实行土地改革，解放农民，发展现代工业，建立独立、自由、民主、统一和富强的新中国，只有这一切，才能使中国社会生产力获得解放，才是中国人民所欢迎的"[①]。毛泽东还初步分析了新民主主义条件下的阶级关系，他认为工人阶级是政治上最觉悟

---

① 《论联合政府》，《毛泽东在七大的报告和讲话集》，中央文献出版社1995年版，第75—76页。

而具有领导整个革命运动的资格的阶级,"中国工人阶级的任务,不但是为着建立新民主主义的国家而斗争,而且是为着中国的工业化和农业近代化而斗争"。关于农民,他指出:农民是中国工业市场的主体。只有他们能够供给最丰富的粮食和原料,并吸收最大量的工业品;农民还是中国工人的前身,"将来还要有几千万农民进入城市,进入工厂。如果中国需要建设强大的民族工业,建设很多的近代的大城市,就要有一个变农村人口为城市人口的长过程"①。他指出:我们党内有些人相当长的时间里搞不清楚为什么要广泛地发展资本主义,存在一种民粹派的思想。这种思想在农民出身的党员占多数的党内是会长期存在的。"所谓民粹主义,就是要直接由封建经济发展到社会主义经济,中间不经过发展资本主义的阶段。"②为了同民粹主义区别开来,七大《论联合政府》的报告着重强调:"只有经过民主主义,才能达到社会主义,这是马克思主义的天经地义。"③

此外,七大分别指出了党在沦陷区、国统区和解放区的方针、任务;制定了准备夺取东北的发展战略,认为东北是极其重要的区域,那里有许多工业设备,有大工厂、大城市,从中国革命最近将来的前途看,即使我们把现有的一切根据地都丢了,只要有了东北,那么中国革命就有了坚固的基础④;七大在深入分析国际国内形势的基础上,还提出17条可能面临的困难和危险,要全党从最困难处着眼争取最光明的前景。

5月31日,大会通过《关于政治报告的决议案》,完全同意毛泽东的政治报告,认为必须将报告所提出的任务,在全党的实际工作中予以实现。

---

① 《论联合政府》,《毛泽东在七大的报告和讲话集》,中央文献出版社1995年版,第74页。
② 《在中国共产党第七次全国代表大会上的口头政治报告》,《毛泽东在七大的报告和讲话集》,中央文献出版社1995年版,第126页。
③ 《对〈论联合政府〉的说明》,《毛泽东在七大的报告和讲话集》,中央文献出版社1995年版,第101页。
④ 《在中国共产党第七次全国代表大会上的结论》,《毛泽东在七大的报告和讲话集》,中央文献出版社1995年版,第219页。

4月25日，朱德向大会作《论解放区战场》的军事报告。报告根据毛泽东的军事学说，总结了中国共产党17年来领导军事斗争的经验，特别是总结了解放区抗战的经验，系统地阐明中国共产党的军事路线的完整体系，明确指出中国共产党的建军原则和作战原则，并提出八路军、新四军当前的中心任务。

5月14日、15日，刘少奇作《关于修改党章的报告》。他强调指出，中国共产党要以毛泽东思想作为一切工作的指针。开始，毛泽东不同意七大党章中"毛泽东思想"的提法，他明确说："决议案上把好事都挂在我的账上，所以我对此要发表点意见。写成代表，那还可以，如果只有我一个人，那就不成其为党了。"经过全党的酝酿讨论和修改，他才接受了全党的意见和建议，同意用"毛泽东思想"这个概念来为中国化的马列主义理论体系命名和以毛泽东思想作为全党指导思想的规定。毛泽东思想是马克思列宁主义在中国的创造性运用和发展，是被实践证明了的关于中国革命和建设的正确的理论原则和经验总结，是马克思主义中国化的第一次历史性飞跃。毛泽东思想的活的灵魂是贯穿于各个组成部分的立场、观点、方法，体现为实事求是、群众路线、独立自主三个基本方面，为党和人民事业发展提供了科学指引。

周恩来在《论统一战线》的发言中，系统地叙述了以第二次国共合作为基础的抗日民族统一战线的发展过程，总结了党的统一战线工作的经验。

大会经过详尽的讨论，通过了军事决议案和新的党章，同意周恩来的重要发言。彭德怀、陈毅、高岗、张闻天、康生、秦邦宪（博古）、彭真、聂荣臻、杨尚昆、陈云、陆定一、刘伯承、傅钟、叶剑英等也在大会上发言。

5月24日，毛泽东代表主席团在大会上作关于选举方针的报告，指出选举的标准是：要能够保证实行大会路线的同志组织新的中央委员会。对于过去犯过路线错误的同志只要承认错误，并决心改正错误，大会还可以选，要善于同犯过错误的同志合作。选举要尽可能地照顾各个方面，各个部分，各个山头，要从组织成分上反映各方面的革命力量。

在酝酿提出中央委员候选名单的讨论中，对"山头"问题出现应该照顾和应该取消的两种意见。毛泽东针对"山头"问题指出：我们要反对、要消灭的只是"山头主义"的错误倾向。我们之所以要反对它、消灭它，是因为它是妨害我们党的团结与统一；至于"山头"，它是一个客观存在着的东西，不能简单地宣布取消了事；我们的原则应该是承认山头，削弱山头，最后再消灭山头。

大会根据选举方针和选举条例，充分发扬民主。中央委员会的候选人名单先由各代表小组提出，经过反复酝酿后进行预选，再提出正式候选人名单，最后举行无记名投票选举。6月9日，选举中央委员会。毛泽东曾提议把王明等几位犯过严重错误的同志选进中央委员会。代表投票后，大会宣布唱票，可以自由活动。毛泽东在主席台上没有动，一直等到唱票快要结束，看到王明的选票过了半数，才起身离去。这样，大会选举了以毛泽东为首、包括王明在内的44人为中央委员。后来，毛泽东曾说，如果王明选不上，大家心中都会不安的。一人向隅，满座为之不欢。① 当时，王稼祥患病未能参加大会。他给毛泽东写了两封信，检讨自己过去所犯的错误，表示坚决拥护大会的各项决议。有人认为他写得太简单，产生看法。所以，选举中央委员会时他只得了204票，没过半数而落选。6月10日，大会选候补中央委员时，毛泽东站出来为王稼祥说话。他说，王稼祥同志是犯过错误，但是他是有功劳的。我认为他是能够执行大会路线的，而且从过去看，在四中全会后第三次"左"倾路线正在高涨时，在遵义会议时，在六中全会时，也都可以证明这一点。昨天选举正式中央委员，他没有当选，所以主席团把他作为候补中央委员的第一名候选人，希望大家选他。②

---

① 薄一波：《回忆片断——记毛泽东同志二三事》，《难忘的回忆》，中国青年出版社1985年版。
② 《毛泽东在七大的报告和讲话集》，中央文献出版社1995年版，第232页。

因此，王稼祥以第二名当选为共33人的候补中央委员。

6月11日，毛泽东致题为《愚公移山》的闭幕词，指出，我们开了一个很好的大会，胜利的大会，团结的大会。这次大会是团结的模范，是自我批评的模范，又是党内民主的模范。今后的任务是领导全党实现党的路线。毛泽东号召全党和全国人民以愚公移山的革命精神，挖掉压在中国人民头上的帝国主义、封建主义两座大山，"下定决心，不怕牺牲，排除万难，去争取胜利"。

七大闭幕后，6月19日召开中共七届一中全会，选举毛泽东、朱德、刘少奇、周恩来、任弼时、陈云、康生、高岗、彭真、董必武、林伯渠、张闻天、彭德怀13人为中共中央政治局委员；选举毛泽东、朱德、刘少奇、周恩来、任弼时为中央书记处书记；选举毛泽东为中央委员会主席。根据党章关于"中央委员会主席即为中央政治局主席与中央书记处主席"的规定，毛泽东又是中央政治局主席与中央书记处主席。

在毛泽东主持下，中国共产党第七次全国代表大会圆满结束。

指挥解放区战场大反攻

在世界反法西斯战争取得节节胜利的过程中，毛泽东领导敌后抗日军民战胜了严重的困难。1943年，华北、华中和华南敌后军民连续作战，粉碎了日伪军的"扫荡""清乡"，大量消灭了敌人，扭转了不利局势。部分根据地在夏季开始局部反攻，解放区得到恢复和扩大，人民抗日力量发展了，根据地人口由5000万上升到8000余万，军队又有了47万，民兵发展到220万，共产党员发展到90多万，前后共建立了19块抗日根据地，处于有利的战略态势。整风运动、大生产运动的开展和党的一系列方针政策的贯彻，极大地调动了各根据地人民的抗日积极性，艰苦的斗争锻炼了人民抗日武装。

在临近胜利的时期,毛泽东要求各抗日根据地积极准备,大力作战,迎接反攻阶段的到来。毛泽东和中共中央确定1944年的斗争方针是:继续团结国民党共同抗日,集中力量打击日伪军,巩固和扩大抗日根据地。

1944年4月12日,在延安党的高级干部会议上,毛泽东明确指出:"现在的任务是要准备担负比较过去更为重大的责任。我们要准备不论在何种情况下把日寇打出中国去。"继而,他郑重地向全党发出"要以我为主准备反攻"的伟大号召,指示八路军前线指挥员,准备坚持今后更艰苦的斗争。据此,八路军总部命令各解放区:在适当之时出击日伪据点,消灭其有生力量。敌后军民普遍开始了局部反攻。除去老解放区得到恢复和发展外,还开辟了大片的新根据地,1944年5月至7月,毛泽东和中共中央连续电示华中局、北方局、冀鲁豫分局和鄂豫皖边区党委,指出河南地处中原,具有十分重要的战略意义,在河南组织抗日游击队和人民武装,建立抗日根据地,即可使华中、华北和陕北连成一片,使敌后抗日游击战争立于不败之地。根据毛泽东开辟河南、控制中原的战略部署,7月,八路军冀鲁豫军区派兵南下,恢复新黄河以东的水东根据地,开辟水西根据地,在14个县建立抗日政权,扩大了豫东根据地。新四军第五师自7月起先后派出5批部队开辟豫南,挺进豫中,在汝南、竹沟、信阳、舞阳等地建立了东西长达70多公里、南北近百公里的根据地。9月,新四军第四师进入肖县、永城、宿县地区,恢复了豫皖苏根据地。9月起,中共中央从太行、太岳、晋绥和陕甘宁边区抽调部队由王树声、皮定钧、徐子荣等率领进入豫西,建立了以嵩山为中心的豫西根据地。

1944年7月,毛泽东和中共中央军委又制定了向南和向东南发展的战略方针,提出在新的沦陷区建立人民抗日武装,扩大对日军战略反攻的前进阵地。9月27日,中央军委指示新四军:发展东南敌后,控制苏浙皖边区,以便而后"破敌、收京(按:指南京)、入沪"时处于有利的战略地位。11月14日,中共中央指示东江纵队,要特别注意西江,迅速向桂林、柳州发展,以使能与南进部队取得联系,琼崖纵队要派得力干部向南路发展和东江纵队取得联系,并占领整个琼崖。遵照毛泽东和中央的部署,1944年11月,王震和王首道率三五九旅主力4000余人,配备党政军民干部900余人,组成南下支队,由延安出发,两次渡过黄河,穿越同蒲路、陇海路,转战鄂南、湘北、湘南,在通城、崇阳、彬县、宜章地区,开辟了南北130多公里、东西180余公里的湘鄂赣根据地。12月,粟裕率新四军第一师主力南渡长江,挺进苏浙边,创建了以天目山为中心的苏浙抗日根据地。同时,东江抗日纵队派部队北上,开辟了粤中和粤北抗日根据地。

敌后抗日军民在1944年的局部反攻中,共作战1.1万余次,消灭日伪军近20万人,攻克县城20多座,摧毁和逼退敌人据点2500多个,解放人口1700多万,扩大了抗日根据地,为下一步的反攻作战创造了有利的条件。

在部署敌后军民展开局部反攻的同时,1944年,毛泽东领导全党积极为大规模反攻作战进行准备。毛泽东代表中央要求各根据地:加强部队政治工作,整顿思想,进一步改善群众关系,注意发展生产和节约民间物力,"在军事教育方针上要养成部队白刃战、夜战、进攻战的最高度的勇敢性与熟练、结实的技能"。1944年4月12日,毛泽东向党的高级干部提出:我们要承担起把日寇打出中国去的任务,"就要注意大城市和交通要道的工作,要把城市工作和根据地工作提到同等重要的地位"。6月5日,中共中央发出《关于城市工作的指示》,指出:城市工作极为重要,不占领大城市与交通要道,就不能驱逐日帝出中国。因此,各局各委必须把城市工作与根据地工作作为同等重要的两大任务,担负起准备夺取所属一切大中小城市与交通要道的责任。7月1日,中共中央发出关于整训部队的指示,指出:为了最后驱逐日军出大城市和交通要道,并对付可能的突发事变,一定要在一年之内,加紧整训现有军队,在现在的物质基础上与战斗、生产间隙中,把我军的军事训练与政治工作极大地提高一步,准备将来使我军发展一倍至数倍的条件。9月1日,毛泽东在中共六届七中全会主席团会议上指出:形势真正起变化估计是明年春夏之交,我看决定因素靠我们力量是否壮大。我们的弱点是在华南没有多少发展。因此派王震等部队去南方创建湘鄂赣根据地的同时,还要派一批干部去,由李先念支配。4日,中共中央分别对晋察冀分局和山东分局发出指示:满洲工作之开展,不但关系中国未来局面至巨,而且已成刻不容缓之紧急任务。你们两分局及冀中区党委、冀热区党委、胶东区党委各成立以满洲工作委员会,负责动员和领导一切可能的力量开展满洲工作。5日,中共中央指示各地建立城市工作部,"地委以上各级党委须立即建立城市工作部,在党委与上级城市工作部领导下,专门负责管理城市和要道工作,不兼其他任务。其负责干部,应根据城市工作与根据地工作是同等重要的两大任务的原则来配备,要能负担起发动和组织群众,瓦解伪军伪警,准备武装起义的艰巨工作"。毛泽东已经预见到开辟东北的重要性。10月7日,毛泽东主持召开六届七中全会主席团会议,他指出:这几个月我们的作战,特别是山东有很大发展。今后主要发展方向是南方、江南、湖南、河南;同时要注意东北,还要准备苏联打日本。战略反攻须有一系列配套工作,毛泽东和中共中央的适时部署,为反攻作战提供了充足的准备。

1944年12月15日,毛泽东在《一九四五年的任务》的演讲中,明确向全党指出:1945年唯一的任务是配合同盟国打倒日本侵略者。继而,他代表中共中央进一步提出"扩大解放区,缩小沦陷区"的号召,要求各抗日根据地军民,必须把敌人一切守备薄弱的和在我现有条件下能攻克的沦陷区全部化为解放区,迫使敌人处于极端狭窄的城市与交通要道之中,被我包围得紧紧的,等待战略反攻阶段到来,就将敌寇全部消灭或驱逐出去。

遵照毛泽东的指示,敌后军民在1945年初发起春季攻势。晋察冀部队进行任(丘)河(间)战役、文(安)新(镇)战役、饶(阳)平(安)战役;晋冀鲁豫部队发起道清战役、豫北战役、南乐战役等;晋绥部队对离（石）岚（县）公路、忻（县）静（乐）公路、五（寨）三（岔）公路沿线敌人据点发动攻势；山东部队进行胶东战役、渤海战役、莒县战役和蒙阴战役。在华中，苏北部队钳制了东（海）淮（阴）公路和盐城；淮南部队袭入金钩、黎城；淮北部队破击了津浦路西和路东；苏中部队控制了苏浙皖边10个县的广大地区。华南人民抗日力量也在继续发展。到1945年春，全国已有19个解放区，即陕甘宁边区、晋察冀区、晋冀豫区、冀鲁豫区、山东区、晋绥区、冀热辽区、苏北区、苏中区、苏浙鄂区、浙东区、淮北区、淮南区、皖中区、河南区、鄂豫皖区、湘鄂区、东江区、琼崖区。建有行政公署24个，专员公署104个，县政府678个。根据地总面积95万平方公里，人口9950余万，八路军、新四军和其他人民抗日武装发展到91万人，民兵220万人。北平、天津、太原及全国大多数中心城市、交通要道和大部分海岸线都处于中国共产党领导的人民军队的包围之中，解放区已成为最后打败侵略者的基本力量。

在党的七大胜利召开的鼓舞下，遵照中共中央"削弱日伪，发展我军，缩小敌战区，扩大解放区"的指导方针，八路军、新四军于1945年5月起，发动夏季攻势。

晋察冀军民进行察南战役、雁北战役、子牙河战役、大清河战役，消灭日伪军2万余，将敌人压缩到铁路沿线和主要城市。晋冀鲁豫军民进行东平战役、安阳战役、阳谷战役和一些攻城战斗，收复16座县城，消灭大量日伪军。山东军民进行临（沂）费（县）边、郯（城）码（头）等十几个战役，消灭日伪军3万余人，解放县城9座。晋绥军民连续作战，将敌人挤到铁路沿线和少数12条公路线附近。新四军进行宿南战役、睢宁战役等，摧毁敌人许多据点，解放人口20万，扩大抗日民主根据地。夏季攻势打通了许多解放区的联系，对敌人占据的点线包围越来越紧，八路军新四军逐渐取得作战中的主动地位。

这时，世界形势发生巨大变化。1945年春，苏、英盟军猛烈进攻德、意法西斯。4月意大利北部人民起义,游击队逮捕了墨索里尼并将之处死。5月2日,苏联红军攻克柏林,希特勒自杀,德国最高统帅部代表于5月8日宣布无条件投降。德、意法西斯的覆灭,使日本法西斯陷于完全孤立的境地。7月26日,中、美、英三国发表波茨坦公告,促令日本无条件投降。8月6日和9日,美国先后在日本广岛和长崎各投下一颗原子弹,对日本产生了一定的震慑作用。8月8日,苏联对日本宣战。9日起,苏联红军从东、西、北三面沿1200里战线向日本关东军大举进攻。10日,蒙古人民共和国也对日本宣战。苏军对日作战,加速了日本法西斯的灭亡。

在世界反法西斯同盟国集中力量打击日本法西斯的形势下,中国的大反攻来到了。8月8日,毛泽东发表《对日寇的最后一战》,号召:"八路军、新四军及其他人民军队,应在一切可能条件下,对于一切不愿投降的侵略者及其走狗实行广泛的进攻,歼灭这些敌人的力量,夺取其武器和资财,猛烈地扩大解放区,缩小沦陷区。"11日,中共中央发出由毛泽东起草的《关于苏联参战后准备进占城市及交通要道的指示》,要求各中央局、中央分局及各区党委立即布置动员一切力量,向日伪军进行广泛的进攻,准备迅速占领所有被解放区包围的和力所能及的大小城市和交通要道。8月10日至11日,朱德代表延安总部连续发布关于受降和对日伪展开全面反攻的七道命令。按照毛泽东和军委总部的命令,解放区军民迅猛地在华北、华中、华南等地展开攻势凌厉的大反攻,横扫当面之敌,解除大量日伪军的武装。

在晋察冀解放区,冀晋军区部队分别向同蒲路北段东侧、平汉路石家庄以北路段西侧地区进攻,攻夺大同、集宁、商都、丰镇等城;冀察边区攻夺张家口、张北、多伦、沽源;冀中军区向平汉路石家庄到北平段东侧及天津附近进攻,攻夺天津、塘沽、石家庄、保定;冀热辽军区向北宁路唐山至山海关段进攻,攻夺唐山、秦皇岛、葫芦岛等地,并向吉林、辽宁挺进。

晋绥解放区，分南北两线反攻。北线指挥部指挥雁门军区和绥蒙军区向平绥路及其两侧地区进攻，攻夺归绥；南线指挥部指挥吕梁军区部队向同蒲路北段两侧和汾（阳）离（石）公路两侧地区进攻，攻夺太原。晋绥解放区其他部队互相配合，攻击当面日伪据点。

晋冀鲁豫解放区，太行军区主力分别向同蒲路南段东侧地区和平汉路石家庄至邯郸段西侧地区推进；另一主力向新秀至博爱铁路沿线进攻。太岳军区向同蒲路南段和黄河北岸平遥、介休地区进攻，切断介休至临汾段交通。冀南军区向平汉路邯郸至石家庄段东侧进攻，消灭了运河以东伪军，攻占临清城。冀鲁豫军区向平汉路邯郸至新乡段东侧及陇海路开封至徐州间进攻，相机攻夺开封、新乡、安阳、邯郸，并配合山东解放区攻夺济南。

山东军区主力与基干部队编成山东野战兵团，动员十万民兵组成数十个临时脱离生产的"子弟兵团"，配合主力作战。鲁中部队向济南至兖州沿线进攻，逼近济南近郊。滨海部队分别配合胶东部队和新四军进攻青岛、连云港。胶东部队向青岛外围及胶东半岛沿海各城市进攻；渤海部队向济南、沧州沿线进攻。鲁南部队向津浦路徐州至兖州段及徐州北地区进攻。

华中新四军各部分别向长江两岸、津浦路南段、陇海路东段及沪宁路等地区大反攻。江南部队（包括浙江军区、第五师兼鄂豫皖湘赣军区、第七师兼皖江军区、第二师兼淮南军区、第三师兼苏北军区、第四师兼淮北边区）向抗日根据地周围日伪进攻，使苏中、苏北、淮南、淮北连成一片。

在华南，从8月14日起，东江纵队、琼崖纵队等集中主力，分别向广九路沿线、东江西岸、雷州半岛日伪据点猛烈进攻，扩大了解放区，直逼广州、汕头、海口等地。

此外，中共中央还从晋察冀、晋绥、晋冀鲁豫、山东、华中和陕甘宁解放区抽调大批部队和干部，向东北地区的辽宁、吉林、黑龙江三省进军，收复失地并收缴日伪武装。

解放区军民的大反攻，沉重地打击了日本帝国主义。从8月11日至9

月2日，敌后军民收复张家口、烟台、邯郸、威海、泰兴等县以上城市146座，摧毁日伪据点747处，消灭日伪军5.7万人，破袭和切断了平汉、津浦、正太、同蒲、平绥（东段）、北宁等铁路线，使各解放区基本连成一片。

日本法西斯在苏联红军及美英盟军的打击下，在解放区军民和正面战场的全面反攻下，迅速土崩瓦解。8月14日，日本政府照会美、英、苏、中四国政府，宣布接受波茨坦公告。15日，日本天皇裕仁以广播《终战诏书》形式，公开宣布无条件投降。9月2日，日本外相和日军参谋长代表天皇、日本政府和日本帝国大本营在投降书上签字。至此，中国人民抗日民族解放战争胜利结束。

中国人民抗日战争长达14年，以毛泽东为领袖的中国共产党和八路军、新四军和其他人民抗日武装在敌后广泛发动和组织各阶层群众，大规模开展游击战争，作战12.5万余次，消灭日伪军171.4万人（其中日军52.7万余人）。抗战14年间，中国总共有275万多平方公里国土沦陷，而中共在日本投降前已经在敌后开辟了100万平方公里的抗日根据地（其中陕甘宁边区的13万平方公里不是从日本侵占区收复的），除去东北128万平方公里外，中共收复的国土面积占关内沦陷国土面积的一半以上。需要特别指出的是，在指挥八路军、新四军和其他人民武装进行艰苦卓绝的8年全民族抗日战争中，毛泽东和中国共产党还不得不以很大的精力和极大的耐心与克制，对统一战线内的大地主大资产阶级的挑衅进行了坚决、适度的斗争，起到了保证中国抗战胜利前途的决定作用。这首先是保护了统一战线内的进步势力，使他们在顽固派的进攻下减免损失，并继续发展壮大，其次是促使中间阶级的觉醒和转化，加强了抗日进步力量，实际就是巩固了中共对统一战线的领导。更重要的是，有效地阻止了抗日阵营内大地主大资产阶级的动摇妥协倾向，挫败了日寇汉奸的诱降，捍卫和巩固了抗日民族统一战线，使蒋介石集团始终留在抗日阵营之内。在整个抗日战争时期，中国人民付出了巨大的民族牺牲，据不完全统计，在抗日战争中，中国军民伤亡3500万人以上；按1937年的比值计算，直接经济损失1000亿美元，间接经济损失5000亿美元。中国军民在5000公里的正面战线和200万平方公里的敌后地区，以正规军500万，民兵200余万，在2亿人民的直接和间接参战下，浴血奋战3000多个日日夜夜，与日军进行大小作战20万次，歼灭日军150余万人，歼灭伪军118万，战争结束时，接受投降日军128万（不含由苏军受降的关东军数和苏军的歼敌数），投降伪军146万。这是近代以来中国人民反抗外敌入侵第一次取得完全胜利的民族解放斗争，也是世界反法西斯战争胜利的重要组成部分。党实行正确的抗日民族统一战线政策，坚持全面抗战路线，提出和实施持久战的战略总方针和一整套人民战争的战略战术，开辟广大敌后战场和抗日根据地，领导八路军、新四军、东北抗日联军和其他人民抗日武装英勇作战，成为全民族抗战的中流砥柱，直到取得中国人民抗日战争最后胜利。

第八章
CHAPTER EIGHT

为了光明的中国

争取国内和平

在抗日战争胜利前夕，毛泽东就明确地指出，战胜日本帝国主义之后，摆在中国人民面前的将会是两种前途的中国，一个是独立、自由、统一、富强的中国，也就是光明的中国，中国人民得到解放的新中国；或者是另一个中国，半殖民地半封建的、分裂的、贫弱的中国，也就是黑暗的中国、一个旧中国。他号召全党和全国人民为争取一个光明的中国而奋斗。

1945年8月13日，毛泽东在延安干部会议上作《抗日战争胜利后的时局和我们的方针》的讲演，深刻分析战后中国的政治形势，阐述了中国共产党在新的历史时期正确的战略方针和斗争策略。他指出：抗日战争当作一个历史阶段已经过去。现在新的情况和任务是国内斗争。今后就是建什么国的斗争。是建立一个无产阶级领导的人民大众的新民主主义的国家呢，还是建立一个大地主大资产阶级专政的半殖民地半封建的国家？毛泽东告诫全党，独裁、内战和卖国三位一体，是蒋介石方针的基本点。必须清醒地看到，内战危险是十分严重的。毛泽东表示，只要有一线希望，我们就要以极大的努力和耐心领导人民制止内战，争取和平民主。争取和平民主的关键在于自力更生地发展和壮大人民自己的力量。"我们的方针是针锋相对，寸土必争。"反动派以军事镇压和政治欺骗的反革命的两手来消灭革命力量，我们就必须以革命的两手去反对反革命的两手，即一方面以主要精力准备用革命战争来消灭反革命战争，另一方面要揭露国民党假和平的阴谋，为争取真正的和平民主而斗争。

为此，毛泽东领导全党和解放区军民同国民党蒋介石集团篡夺人民胜利果实的行动进行了坚决的斗争。1945年8月11日，他为中共中央拟定《关于日本投降后我党任务的决定》。《决定》指出："国民党积极向我解放区收复失地，夺取抗日胜利果实，这一争夺战将是极猛烈的。"8月13日，他为新华社写了《蒋介石在挑动内战》的评论，并起草朱德总司令和彭德怀副总司令致蒋介石电，坚决拒绝蒋介石8月11日要八路军、新四军"原地驻防"的命令。8月16日，新华社发表毛泽东写的《评蒋介石发言人谈话》，指出：8月15日蒋介石发言人在重庆记者招待会上的谈话，是蒋介石公开发出的全面内战的信号。毛泽东在电报中还重申中国共产党关于废止国民党一党专政，召开各党派会议，成立民主的联合政府，承认各党派的合法地位等政治主张。毛泽东不顾国民党的阻挠和恐吓，和中共中央军委指挥各战略区部队收复敌伪占领的大片地区，搜缴了大量武器，并加紧整顿练兵，做好以自卫战争制止蒋介石发起内战、争取国内和平的准备。毛泽东还以战略家的敏锐眼光看到东北地区在未来国内局势发展中的重要战略地位，对东北地区予以特别的关注。他于8月10日、12日、18日，三次致电中共中央山东分局，要他们组织下辖的原东北军万毅部开赴东北。8月20日，毛泽东又以中央军委的名义致电山东分局、平原分局、冀鲁豫分局和冀察晋分局，指出：中央决定除李运昌率三个大团深入辽宁和冀东、冀察两区各有一部深入热河外，再从各战略区抽调九个整团（含干部团）由吕正操、林枫率领开赴东三省，与国民党争夺东北。

此时，蒋介石为争取调兵到各解放区发动内战而准备时间，为了在政治上将挑起内战的罪名嫁祸于共产党，连着发了三封电报给毛泽东，邀请毛泽东去重庆进行和平谈判。为揭露蒋介石的阴谋，也为了尽一切可能争取国内和平，毛泽东毅然决定亲赴重庆与国民党进行谈判。

8月23日，毛泽东主持召开中央政治局扩大会议。他在会上进一步分析了国际和国内的形势，提出我们现在的口号是：和平、民主、团结（过去是抗战、团结、进步）。他一方面指出，和平是有可能取得的，因为中国人民需要和平，苏美英也需要和平，不赞成中国打内战。国民党也不能下决心打内战,因为它的摊子还没有摆好,兵力分散,内部矛盾很多,再加上解放区的存在,共产党不易被消灭,人民与国际反对内战,因此内战是可以避免和必须避免的。另一方面要懂得,蒋介石消灭共产党的方针不会改变,他之所以可能采取暂时的和平是由于上述各种条件的存在,他还需要医好自己的创伤,壮大自己的力量,以便将来消灭我们。他在会议作结论时指出:今年不会有内战。我们要准备有所让步以取得合法地位,利用国会讲坛去进攻,我们很需要利用这样一个时期来教育全国人民,来锻炼我们自己。毛泽东提议在他去重庆期间由刘少奇代理中央主席职务,另外增补彭真和陈云为书记处候补书记,以便万一他和周恩来在重庆被扣押后,中央领导集体能够继续开展工作。24日,毛泽东致电新四军主要将领指出:江南、江北我军主力各就现地集结整训,恢复疲劳,养精蓄锐,准备于顽军进攻时,坚决彻底干净全部消灭之(不要轻打,打则必胜,每次消灭其一部,各个击破之)。26日,毛泽东主持召开中央政治局会议再次讨论去重庆谈判问题,他指出:要充分估计到蒋介石逼我作城下之盟的可能性,但签字之手在我。必须做一定的让步,在不伤害双方根本利益的条件下才能达到妥协。我们让步的第一批是广东至湖南的根据地,第二批是江南的根据地,第三批是江北的根据地,要看谈判的情况。在有利条件下是可以考虑让步的。陇海路以北迄外蒙一定要由我们占优势,东北也要占优势。如果这些还不行,那末城下就不盟,准备坐班房。我去了重庆,领导核心还在延安,延安不要轻易搬家。同日,毛泽东为中共中央起草的《关于同国民党进行和平谈判的通知》下达全党。《通知》阐明中央关于和平谈判的方针:准备在不伤害人民根本利益的前提下作出必要的让步,以此换得和平的局面,取得政治上的主动地位;在我党作出必要的让步之后,如果国民党还要打内战,它就在全国人民面前输了理,我们就有理由采取自卫战争,粉碎它的进攻。毛泽东在《通知》中还分析了谈判可能出现的两种情况,并提出相应的对策,即:如果出现和平发展的阶段,我们应努力学会合法斗争的一切方法；如果国民党发动军事进攻，我们就坚决消灭来犯之敌。《通知》提醒全党，绝对不要依靠谈判，必须依靠自己手里的力量，出路在于坚决依靠人民。

8月28日，毛泽东率中共和谈代表团飞抵重庆，受到重庆各界人民群众的热烈欢迎。毛泽东在机场发表谈话指出："国内政治上军事上所存在的各项迫切问题，应在和平、民主、团结的基础上加以合理解决，以期实现全国统一，建立独立、自由与富强的新中国。"当晚，毛泽东赴蒋介石官邸，出席蒋介石举行的欢迎宴会。

在重庆期间，毛泽东先后拜访和会见了蒋介石、孙科、邵力子、张治中、张群、王世杰、宋子文、孔祥熙、何应钦、白崇禧、陈诚等国民党高级军政官员与宋庆龄、黄炎培、张澜、章乃器、沈钧儒、郭沫若、柳亚子等国民党左派和爱国进步民主人士，以及苏、美、英、法驻华大使、新闻记者和国际友人，同他们就争取国内和平，建立民主联合政府等问题广泛地交换了意见；毛泽东还出席和举行了一系列的欢迎会、招待会、宴会、庆祝会和座谈会，在会上向各界人士宣传中国共产党关于和平、民主、团结的建国方针；毛泽东和周恩来、王若飞等同国民党方面进行了多次艰苦的谈判，提出许多建设性的原则和意见，始终掌握着谈判的主动权。为了使谈判顺利地进行和向全国人民表示中国共产党争取和平的诚意，毛泽东在谈判中作了一些必要让步。但是，对原则问题，例如人民的武装问题，毛泽东始终坚持一支枪、一粒子弹，都要保存，决不能交给蒋介石。在谈判最艰难的时刻，毛泽东致电延安的中共中央，分析了谈判的前途：一种是谈判成功，我胜利回到延安；另一种，若谈判破裂，我可能留在重庆，则只好向柳亚子、章乃器他们请教政治经济学；党中央仍由刘少奇同志全面负责，请将此意见向全党、全军传达。[1]谈判期间，蒋介石为了获得他

---

[1] 赵继：《在南方局工作的七年》，《重庆党史研究资料》1982年第12期。

在谈判桌上无法得到的东西,指使其部队大举进攻解放区。毛泽东在重庆得讯即驰电前方,只有坚决打垮、消灭敌人,我的安全才有保障,才能顺利回延安。按照毛泽东的部署,在9月、10月两个月晋冀鲁豫解放区的军队在刘伯承、邓小平的指挥下连续取得上党等战役的重大胜利,歼敌3万多人。

这样,经过43天的谈判,终于在1945年10月10日,国共双方签订《会谈纪要》(即"双十协定")。10月11日,毛泽东胜利回到延安。

17日,毛泽东在延安干部会上作《关于重庆谈判》的报告。他指出:这次谈判是有收获的。国民党承认了和平团结的方针和人民的某些民主权利,承认了避免内战、两党和平合作建设新中国。这是达成了协议的,还有没有达成协议的。解放区的问题没有解决,军队的问题实际上也没有解决。已经达成协议,还只是纸上的东西,纸上的东西并不等于现实的东西,事实证明,要把它变成现实的东西,还要经过很大的努力。签订《双十协定》以后,我们的任务就是坚持这个协定,要国民党兑现,继续争取和平。如果他们要打,就把他们彻底消灭。

重庆谈判回到延安后,毛泽东在经过前一段高度紧张的生活后,身体不适,失眠严重,头晕目眩,中央政治局建议他离职休养,继续由刘少奇主持中央日常工作。但毛泽东努力克服身心疲惫,仍忘我地投入争取和平建国的斗争。他继续立足于发展人民力量来防备国民党挑起内战,争取和平,并坚决回击蒋介石军队的进犯。10月17日,毛泽东为中共中央起草致晋冀鲁豫中央局电,针对国民党军第十一战区军队对我邯郸等地的进攻指出:为着争取和平局面的出现,这个战役的胜负,关系全局极为重大。"务望鼓励军民,团结一致,不失时机,以上党战役的精神,争取平汉战役的胜利。"11月2日,平汉战役(亦称邯郸战役)胜利结束,我军歼敌3万余人,其中国民党第十一战区副司令兼新八军军长高树勋率1万余人战场起义,成为第三次国内战争时期第一支投诚起义的国民党军队。12月

15日，毛泽东在为中共中央起草的党内指示《一九四六年解放区工作的方针》中，提出开展"高树勋运动"，在全国产生重大影响。

10月20日，毛泽东为中共中央起草致各中央局、区党委、各兵团首长电，指出：目前开始的六个月左右的期间的斗争是为抗日阶段转变至和平建设阶段的过渡期间。今后六个月的斗争，是我们在将来整个和平阶段中的政治地位的决定关键。我党在一切解放区，是组织强大的野战军，有计划地歼灭向我进攻的顽军，歼灭的愈多愈干净愈彻底愈好。我党必须认识清楚，必须坚持又团结又斗争，以斗争之手段达到团结之目的这一方针。

为了贯彻中共中央"向北发展、向南防御"的战略方针和履行《双十协定》，并收缩兵力，防止敌人分割包围，毛泽东指挥广东、浙江、皖南、皖中、湖南、湖北等八个解放区的部队，按照部署有条不紊地撤到长江以北。11月1日，毛泽东为中共中央和中央军委起草致各战略区电，电报指出：我党任务是夺取东北、巩固华北华中，而11月开始之主要作战方向已转至东北方面，第二个作战方向则是华北、华中。这一"巩固华北、争取东北、坚持华中"的战略思想，发展和完善了他在重庆期间刘少奇代表中共中央提示的"向北发展、向南防御"的战略方针。为此，他调集山东、河北的主力部队和陕甘宁等根据地的大批干部进入东北；任命林彪为东北人民自治军（不久改为东北民主联军）总司令、彭真为第一政治委员、罗荣桓为第二政治委员；并要求其他各解放区部队开展交通作战，阻挡和迟滞蒋军从陆路进入东北，以利于人民军队在东北的全面展开。根据东北地区敌我力量和国内的形势，中共中央指示东北民主联军"让开大路，占领两厢"。12月28日，毛泽东为中共中央起草给东北局的指示，明确指出："我党现时在东北的任务，是建立根据地，是在东满、北满、西满建立巩固的军事政治的根据地。""建立这种根据地的地区，现在应确定不是在国民党已占或将占的大城市和交通干线"，而是"距离国民党占领中心较远的城市和广大乡村"。毛泽东指出:"在确定建立巩固根据地的地区和部署力量之后,又在我军数量上已有广大发展之后,我党在东北的工作重心是群众工作。"毛泽东要求,人人都必须下定决心,从事最艰苦的工作,迅速发动群众,建立革命根据地,"干部中一切不经过自己艰苦奋斗、流血流汗,而依靠意外便利、侥幸取胜的心理,必须扫除干净"①。

毛泽东的这些部署和指示,使各解放区人民军队及时地完成战略调整,在行将爆发的全面内战中处于极其有利的地位。特别是他关于建立巩固的东北根据地的重要决策,对于改变解放区长期被包围的不利形势,对于后来夺取全国解放战争的胜利伏下极为重要的一着棋。

除去做军事上的战略调整和部署外,毛泽东把减租、生产和练兵,作为1946年各解放区的中心任务提了出来。1945年11月7日,毛泽东为中共中央起草《减租和生产是保卫解放区的两件大事》的指示,要求各地"要使整个解放区,特别是广大的新解放区,在最近几个月内(冬春两季)发动一次大的减租运动,普遍地实行减租,以发动大多数农民群众的革命热情"。按照毛泽东的指示,各根据地迅速兴起大规模的减租减息斗争,并很快发展成没收地主土地的土地改革运动。土地改革运动的开展,赢得了广大农民的热烈拥护,这使得中国共产党获得了最广大最可靠的农民群众的衷心支持。与此同时,毛泽东领导各解放区人民开展了生产运动。他强调"发展大规模的生产运动,增加粮食和日用必需品的生产,改善人民的生活,救济饥民、难民,供给军队的需要,成为非常迫切的任务"。12月15日,毛泽东又在《一九四六年解放区工作的方针》一文中,进一步号召"各地立即准备一切,务使一九四六年我全解放区的公私生产超过以前任何一年的规模和成绩"。于是,各地开展起空前规模的生产运动,并取得丰硕的成果。这为粉碎蒋介石的进攻和支持长期的解放战争奠

---

① 《毛泽东选集》第4卷,人民出版社1991年版,第1181页。

定了物质基础。在领导地方开展减租和生产运动的同时，毛泽东还要求各野战军、地方军和民兵，应利用作战间隙着重练兵。练兵项目仍以提高射击、刺杀、投弹等项技术程度为主，提高战术程度为辅，特别着重于练习夜战。练兵方法，应开展官教兵、兵教官、兵教兵的群众练兵运动。他强调练兵是"决定胜负的关键之一"①。遵照这些指示，各部队广泛开展起严格的军政教育和群众性大练兵运动，增强了斗志，提高了军事技术和战备水平。

这样，在毛泽东的领导下，中国共产党和解放区军民在争取国内和平的斗争中，从各个方面做好了防范和打退国民党发动全面内战的充分准备，揭露蒋介石假和平真内战的阴谋，迫使其继续在谈判桌上与中共和谈。1946年1月10日，中共中央主席毛泽东与国民政府主席蒋介石同时下达停战命令。毛泽东在停战令中指出：本党代表与国民政府代表对于停止国内军事冲突之办法、命令及声明，业已成立协议，并于本日公布在案。中国和平民主新阶段，即将从此开始。

粉碎国民党军的全面进攻

毛泽东和中共中央热诚期望和平民主的真正实现。2月9日，毛泽东在同美联社记者谈话时指出：政治协商会议成绩圆满，令人兴奋。总的方面，中国走上民主舞台的步骤，已经部署完成。各党当前的任务，最主要的是履行政治协商会议的各项决议，组织立宪政府，实行经济复兴。共产党于此准备出力拥护，对于政治的即经济的民主活动，将无保留，出面参加。3月6日，毛泽东为中共中央起草致华东局、晋冀鲁豫局、华中分局

---

① 1946年5月1日毛泽东为中共中央起草的《关于练兵问题的指示》。

电,指出:你们三处兵额最大,负担极重,如何实行精简,应速决定方针。我们意见,第一期精简三分之一,并于三个月内外完成。第一期完成后,取得经验,第二期再精简三分之一。

但是,蒋介石集团由其阶级立场所决定,不能够容忍中共的存在,不能够容忍中共倡导的和平民主建国方针,3月17日结束的国民党六届二中全会全面推翻政治协商会议的各项决议,战争的阴云重新笼罩,国民党军队对各解放区发起挑衅,特别是在东北发动全面进攻,一时出现"关内小打,关外大打"的局面。同日,毛泽东致电与国民党谈判的中共代表团指出:国民党六届二中全会决议很坏,我们应展开批评攻势,针锋相对,寸土必争,如果仅仅是坚决要修改宪法原则,我们便须考虑是否参加政府及是否参加国大(国民大会)的问题。此后,中共不再提实行和平民主新阶段的政策。5月1日,毛泽东为中共中央起草致各中央局、分局电,再次告诫全党:国民党反动派除在东北扩大内战外,现正准备发动全面内战,因此,我党必须有充分准备,能够于国民党发动内战时坚决彻底粉碎之。针对急转直下的形势,4日,在中共中央讨论土地问题的会议上,毛泽东发言阐述了解决农民土地问题的现实意义,他指出:现在类似大革命时期,农民伸出手来要土地,共产党是否批准,今天必须表明态度。不要怕农民得到土地,不要怕自由资产阶级动摇。只要我们实行了土地改革,农民得到土地,我们的力量就更强大,则更能巩固地团结他们。这次会议讨论通过了"五四指示",决定将抗日战争时期的减租减息政策,改变为实行"耕者有其田"的政策。

尽管积极做出应战的准备,但毛泽东仍然不放弃争取和平的期望。15日,他在为中共中央起草的致各中央局、分局及周恩来的电报中指出:我党的方针是力争东北停战及制止全国内战,至少也要推迟全国内战的时间。为此,他强调:坚守自卫立场,不向彼方主动进攻;在国共及美国三方的军事调停中,无论美方如何偏袒国方,我除据理力争外,只要美国未恢复赫尔利政策,策动全国内战,我即应尽可能争取美国人。在判断蒋介石准备大打恐难挽回的情况下,6月19日毛泽东在致各解放区负责人的电报中仍强调:我大打必须在蒋大打之后,以示衅由彼启。甚至到全面内战爆发的前夜——6月25日,毛泽东在为中共中央起草的致林彪的电报中一方面指出:国民党一切布置是打,暂时无和平希望;谈判破裂,全国大打,不限于东北,全靠自力更生;同时仍表示:我党在南京谈判中当尽最后努力,付出最大让步,以求妥协,但你们不要幻想。胡乔木晚年回忆,在他追随毛泽东身边做秘书的20多年间,毛泽东大小决策无数,但是使他最费心思、最踌躇反复的只有两次,一次抗美援朝时是否出兵,另一次就是这次面对蒋介石发动的内战是否应战。毛泽东深知饱受战争苦难的中国人民对和平生活的热切期盼,自抗战胜利的近一年间,一直为争取和平殚精竭虑,不放弃任何可能,不敢有丝毫的懈怠。

但是,国民党蒋介石集团在美帝国主义援助下完成了挑起内战的准备,悍然撕毁国共双方签署的停战协定和各党派政治协商会议的决议,以6月26日大举围攻中原解放区为起点,气势汹汹地向各解放区发动全面进攻。为了捍卫人民的胜利果实,为争得中华民族的彻底独立和中国人民的彻底解放,毛泽东率领解放区军民奋起还击,揭开波澜壮阔的人民解放战争的序幕。

战争初期的形势是极其严峻的。国民党在军事力量和经济力量方面都占优势。它拥有430万人的陆、海、空军;把持着国家中央政权,在国际上据有合法地位;控制着大部分省区和大中城市及交通要道,有雄厚的人力物力资源;又接收了投降的日军100多万人的大量武器装备和美国价值数十亿美元的援助。而中国共产党只有武装力量127万(野战军61万),在其他方面也都处于劣势。蒋介石依仗军事、经济力量和政治上的优势,公开扬言要在三个月至六个月内完全消灭"共军"。一时间,内战代替了和平,黑暗笼罩着光明。国内外的进步力量和善良的人们,无不为中国和中国共产党的命运担忧。

毛泽东没有被国民党的嚣张气焰所迷惑和吓倒，他清醒地分析了国内外形势，科学地估计了敌我力量对比和发展趋势，以无产阶级革命家的胆略和气魄豪迈地指出：我们不但必须打败蒋介石，而且能够打败蒋介石。他认为，我们必须打败蒋介石，因为蒋介石发动的战争，是反对民族独立和人民解放的反革命战争，如果我们不坚决地起来用革命战争反对反革命战争，中国就会变成黑暗世界。只有用自卫战争打败蒋介石，才能取得真正的和平。我们能够打败蒋介石，因为蒋介石的优势只是临时起作用的因素。"蒋介石虽有美国援助，但是人心不顺，士气不高，经济困难。我们虽无外国援助，但是人心归向，士气高涨，经济亦有办法。因此，我们是能够战胜蒋介石的。全党对此应当有充分的信心。"① 1946 年 8 月 6 日，毛泽东在同美国记者安娜·路易斯·斯特朗的谈话中，进一步提出帝国主义和一切反动派都是纸老虎的著名论断。他指出，要在战略上藐视敌人，从本质上看，从长远上看，从战略上看，必须如实地把一切反动派看成纸老虎，从这点上建立我们的战略思想。要敢于同貌似强大的敌人进行斗争，敢于取得胜利。因为反动派逆历史潮流而动，脱离人民，终归要灭亡；而新生的革命力量，代表历史发展方向，势必取得胜利。真正强大的力量不是属于反动派，而是属于人民。同时，要在战术上重视敌人，把反动派看成真老虎，这点上建立我们的战术思想。要善于斗争，善于取得胜利。毛泽东的这篇谈话，战略上藐视敌人和战术上重视敌人的指导思想，武装了全党和全国人民，坚定了胜利的信心②。

为了制定战胜蒋介石的政治方针和军事原则，毛泽东先后为中共中央

---

① 《毛泽东选集》第 4 卷，人民出版社 1991 年版，第 1187 页。
② 1947 年 2 月 10 日，毛泽东再次与斯特朗谈及原子弹问题。他说：原子弹的诞生，也就结束了它的生命。原子弹在战争中已不能再度使用。它在广岛上空的大爆炸已炸毁了它自己。因为全世界的人民都反对它，它的收效也就是它的死亡。

起草并发出《以自卫战争粉碎蒋介石的进攻》和《集中优势兵力，各个歼灭敌人》等党内指示。毛泽东指出，在政治上，我们必须结成广泛的统一战线，争取一切可能争取的人，彻底孤立蒋介石。在农村中要紧紧依靠雇农、贫农，团结中农，坚定地解决土地问题，有步骤地消灭封建势力，发动农民支援自卫战争。在城市中，除团结工人阶级、小资产阶级和一切进步分子外，应注意团结一切中间分子，孤立反动派。在国民党军队中，应争取一切反对内战的人们，孤立好战分子。在经济上，我们必须作持久打算。依靠自力更生，努力生产，力戒浪费。要艰苦奋斗，军民兼顾；既要满足战争的物质需要，又要使人民生活有所改善。在军事上，我们应采取集中优势兵力、各个歼灭敌人的作战原则。在战役战斗的部署上，要集中六倍、五倍、四倍，至少也要有三倍于敌的绝对优势兵力，务求达到全歼敌人的目的。采取这种方针，可以使我军由全局上、战略上的劣势转化为在局部上、战役上的绝对优势，取得速决战、全歼战的效果。作战的基本形式，以集中兵力打运动战为主，分散兵力打游击战为辅。大踏步前进，大踏步后退，抛出空间，争取时间；以退为进，先退后进；摆脱被动，争取主动，寻找有利战机，不计一城一地的得失，以歼灭敌人的有生力量为主要目标。贯彻这些作战原则，可以使我军在每次作战中取得胜利，随着战争的胜利发展和时间的推移，积小胜为大胜，我军必将由局部优势转变为全局优势，根本扭转战局，粉碎国民党军进攻，"以战争的胜利去取得和平"。

依据上述方针和原则，解放区军民对国民党军队的全面进攻，进行了英勇的抗击，大致经历了两个阶段。第一阶段，从1946年6月26日到10月，是国民党军队全面进攻的高潮，解放区军民相继展开自卫作战。

由中原解放区所处的重要战略地位所决定，早在抗战胜利后，国民党就调集20多个师，包围"蚕食"中原解放区，到1946年6月，中原解放区仅剩下以宣化店为中心、方圆不足百里、面积不及原来的十分之一的狭小地区。蒋介石认为彻底消灭中原我军的时机已经成熟,又调集8个整编师又2个旅,企图围歼中原解放军。

鉴于中原解放军处于敌人重兵包围之下,势孤力薄,难于长期坚持,1946年5月初,毛泽东就指示中原军区,在情况紧急时准备一部分兵力坚持原地区斗争,一部分兵力向东突围,主力向西突围,转移到豫西、鄂西、陕南、川东地区活动。当国民党军队开始对中原解放区大举进攻时,毛泽东于6月23日又指示中原军区:"立即突围,愈快愈好,不要有任何顾虑。生存第一,胜利第一。"

中原解放军主力分南北两路向西突围,北路军约1.5万人,由军区司令员李先念、政治委员郑位三率领,会同王震率领的八路军南下纵队(即第三五九旅)于26日晚由宣化店向西北方向移动。29日晚,在信阳以南的李家寨及柳林车站间突破敌人的封锁线,越过平汉线。然后,翻越桐柏山,穿过豫西南,打开荆紫关,恶战南化塘,历经艰险,终于冲破敌人的重重追堵合围,于7月下旬进入陕南,创立豫鄂陕游击根据地。随后,第三五九旅则由王震率领北进,多次冲破敌军的追击、堵截。于8月底胜利到达陕甘宁边区,受到毛泽东等领导人的亲自接见和边区人民的热烈欢迎。

南路军1万余人,在军区副司令员兼第一纵队司令员王树声的率领下,于26日晚由光山县的泼陂河向西移动,7月1日越过平汉路,横越大别山,强渡襄河,于7月下旬抵达武当山区,创建鄂西北游击根据地。与此同时,为了迷惑与牵制敌人,掩护主力西进,由张体学率鄂东军区部队伪装主力,在大别山坚持斗争;派皮定钧率第一纵队第一旅,声东击西,掩护主力向西突围后,转而向东突进,于7月下旬进入苏皖解放区。

在华东,国民党于7月中旬集中58个旅,即占其进攻解放区总兵力三分之一的兵力,采取由南向北、由西向东逐步压缩的方针,在来安至南通400公里战线上,大举进攻苏皖解放区。华中野战军遵循毛泽东与中央军委关于先在内线打几仗,然后转至外线的指示,在陈毅、粟裕、谭震林的指挥下，发起苏中战役，从7月13日至8月31日，先后在泰兴、如皋、海安等地，七战七捷，歼敌5万余人，挫败了敌人的进攻锐气。

在晋冀鲁豫解放区，国民党以两个整编师的兵力位于开封至商丘之线，企图阻止我军南下支援中原解放军突围。毛泽东与中央军委于8月9日指示晋冀鲁豫野战军，占领陇海路徐（徐州）汴（开封）段和路南10余县，配合苏皖我军作战，并吸引围追中原我军之敌增援陇海路。刘伯承、邓小平率领晋冀鲁豫野战军第三、第六、第七纵队乘敌之虚，于8月10日夜通过敌防御间隙，突然向陇海路开封至徐州段沿线之敌发起攻击。至21日先后占领砀山、兰封等城镇、车站10余座，歼敌1.6万余人，控制铁路190公里，打乱了国民党南线进攻的计划。

根据敌军新的部署，中央军委和毛泽东指示晋冀鲁豫野战军：凡无把握之仗不要打，打则必胜；凡与敌正规军作战，每战必须以优势兵力加于敌人，其比例最好是四比一，至少是三比一，歼其一部，再打另一部，再打第三部，各个击破之。晋冀鲁豫野战军遵照这一指示，对敌情进行周密的分析，决定集中主力首先歼灭敌整编第三师于定陶西南地区，打开局面，而后视情况再歼整编第四十七师大部或一部，粉碎敌人的进攻。8月29日，中央军委和毛泽东电告刘伯承、邓小平，指出："孙震令第三师（两个旅）、四十七师（两个旅）先肃清定陶以南之张庄等地，而后再攻定陶。……望令我主力在 星期内休整完毕，俟第二师两个旅进至适当位置时，集中全力歼灭其一个旅，而后相机再歼其一个旅。该师系中央军，如能歼灭影响必大。"根据这一精神，晋冀鲁豫野战军以主力4个纵队集结于定陶西南地区；以第六纵队两个团诱敌北进。9月3日下午，整编第三师进入我预设埋伏圈，整编第四十七师被阻于桃源、长乐集以南。当夜，我军主力对整编第三师发起攻击，激战至6日全歼该师。7日又歼灭第四十七师，此役共歼敌4个旅共约1.7万人，俘整编第三师师长赵锡田。

在晋察冀解放区，国民党集中第十一、第十二战区主力对我解放区首府——张家口实行东西夹击。鉴于张家口两面受敌的不利情况,晋察冀军区首长于9月17日向毛泽东和中央军委建议主动撤离张家口,以争取以后战局的主动。毛泽东和中央军委于翌日复电同意这一建议,并强调指出:应"以歼灭敌有生力量为主,不以保守个别地方为主,使主力行动自如,主动地寻找好打之敌作战"。10月1日,又指示"防御是为着集结主力,消灭敌人",应以小部兵力抗击敌之进攻,集中主力机动歼敌。军区首长根据上述指示,决定以歼灭由康庄、怀柔西犯之敌为目的,进行张家口保卫战。从9月29日至10月12日,我军以一部出击平汉路北段,收复徐水、望都等10余座县城,控制铁路120多公里;我军主力则在怀来及其以东地区进行顽强阻击,共歼敌2.2万余人。然后,我军主动撤出张家口,转入冀西山区继续作战。10月11日,国民党军攻占张家口,达到它向解放区全面进攻的顶点。蒋介石为表面的胜利冲昏头脑,当即悍然下令召开由国民党一党包办的"中华民国国民大会",追随他的只有从中国民主同盟中先后分裂出去的青年党、民社党两个小党派。这个一党包办的"国民大会"于11月15日至12月25日举行,制定了《中华民国宪法》。11月18日,毛泽东为中共中央起草给各中央局的电报指出:中国人民坚决反对蒋介石一手包办的分裂的"国民大会",此会闭幕之日,即蒋介石集团开始自取灭亡之时。针对蒋介石准备组织进攻延安,毛泽东指出:蒋军即使用突袭的方法占领延安,亦无损于人民解放战争胜利的大局,挽救不了蒋介石灭亡的前途。在这个指示电中,第一次将"自卫战争"改为"人民解放战争"。

除此之外,各解放区军民同来犯之敌进行过诸多的战斗,总之,在这4个月中,毛泽东领导解放区军民,经过大小80余次战役战斗,歼敌正规军折合32个旅,连同非正规军在内,共计29.8万余人,平均每月歼敌8个旅。在此期间,我虽主动放弃张家口、承德、淮阴等105座城市,但歼灭了大量敌人,取得了依托解放区实行内线作战的初步经验,坚定了胜利信心。毛泽东于10月1日为中共中央起草了《三个月总结》的党内指示，全面总结全面内战爆发以来3个月战争的一系列基本经验，指出，集中优势兵力，各个歼灭敌人，是唯一正确的作战方法。不论在战役上、战术上，都须如此。并且明确提出，今后数月的关键仍然是大量歼灭敌人的有生力量，再歼敌军约25个旅。如果这个任务完成了，即可能停止国民党军的进攻，并可能部分地收复失地。

第二阶段从1946年11月至1947年2月。

1946年11月2日、3日，毛泽东与中央军委指示晋冀鲁豫野战军：在11月份打两三个大仗，打孙震、刘汝明两集团，收复大块失地，并拖住邱清泉的第五军和胡琏的整编第十一师。根据这一指示，晋冀鲁豫野战军主力机动作战，于11月18日发起滑县战役，歼敌1.2万人。接着，晋冀鲁豫野战军主力在豫北与敌周旋20余天，未捕捉到战机。12月18日，毛泽东与中央军委又指示："如果你们西面之敌不好打，似以南下寻歼八十八师，恢复嘉（祥）、巨（野）、金（乡）、鱼（台）、城（武）、单（县）各地，调动邱清泉东进而歼灭之较为有利"。晋冀鲁豫野战军于是改变战略，置向我腹地进攻之敌于不顾，主力大踏步挺进，威逼徐州，于12月22日至次年1月16日，发起巨金鱼战役，歼敌1.6万余人，收复县城9座，粉碎了敌打通平汉路的计划。

1946年12月，国民党为挽救其军事上的败局，又以25个半旅的兵力，组成4个集团，分路向苏北、鲁南发动新的攻势。山东野战军和华中野战军决定集中两军主力，歼灭由宿迁向沭阳、新安镇（今新沂）进攻的敌整编第十一、第六十九师。12月15日至19日，在宿迁以北纵横不到20里的狭窄地区内，全歼整编第六十九师师部及3个半旅共2万余人，师长戴之奇自杀。

宿北战役结束前夕，12月18日，毛泽东与中央军委指示华东我军："集中主力歼灭鲁南之敌，并相机收复枣（庄）、峄（县）、台（儿庄），使鲁南获得巩固,然后无顾虑地向南发展,逐步收复苏北、苏中一切失地。"山东、华中野战军首长依据这一指示,决定主力回师鲁南。毛泽东和中央军委于12月25日批准这个方案,并指出:"鲁南战役关系全局。此战胜利,即使苏北各城全失,亦有办法恢复。"经过对敌情的认真分析,野战军首先决定以山东野战军主力和华中野战军一部共27个团的兵力,首先歼灭敌整编第二十六师及第一快速纵队,而后续歼敌第三十三军或整编第五十一师。1947年1月2日至20日,我军发起鲁南战役,分割歼灭敌两个整编师和1个快速纵队共5.3万余人,俘获师长马励武、周毓英,缴获坦克、汽车、火炮等大批物资。

鲁南战役后,我军在临沂地区进行休整和整编,将山东、华中野战军合并为华东野战军。敌统帅部错误地认为我军"伤亡惨重,续战能力不强"。又侦悉我军主力集结在临沂地区,判断我军将固守临沂。于是,制定了"鲁南会战"计划,调集31万余人的重兵,企图与我军主力在临沂附近决战。

南线敌人于1月31日首先向我发动进攻,为防止被我各个歼灭,敌采取"集中兵力,稳扎稳打,齐头并进,避免突出"的战法,推进速度每日平均不到十公里,占一地巩固一地,然后再同时进击。针对这种情况,毛泽东当即电示华野:"我军方针,似宜诱敌深入,不但不先打陇海路,即敌至郯马地区,是否就打,亦值得考虑。""诱敌深入,敌不动我不打,敌不进到有利于我、不利于敌之地点我亦不打,完全立于主动地位。""目前敌人策略是诱我早日出击,将我扭打消耗后再稳固地进抵临沂,你们切不可上当,必须等待敌进至郯城、临沂之中间地带(比较接近临沂),然后打第一仗方为上策。"华野首长坚决执行这些指示,决定诱敌北进到郯城、临沂地区再进行歼击。

2月10日,华野首长根据当时情况,决定集中53个团的兵力,彻底解决北线问题。毛泽东同意这一决定,并在华野主力北移后指示:"为彻底解决北面（敌）3个军23个团之众，我韦国清纵队及八师似宜北上参战。"于是，我军除以两个纵队伪装主力，在南线继续阻击和迷惑敌人外，主力5个纵队迅速放弃临沂连夜隐蔽挥师北上，于2月20日对敌第七十七师开始攻击，当晚发起全线进攻，至23日，全歼北线敌军共5.6万余人，生俘李仙洲。接着，我军又乘胜攻占胶济线西段及其两侧10余座城镇，控制铁路线200余里，取得了莱芜战役的胜利。

在这4个月中，各解放区军民经过80多次作战，歼灭敌正规军折合34个旅，连同非正规军共41万余人。在此期间，我虽主动放弃87座城市，但同时又收复和解放城市87座，得失相当。

1946年6月至1947年2月，毛泽东领导各解放区军民，经过8个月的艰苦奋战，共歼敌67个旅约71万人，成功地粉碎了国民党军队的全面进攻。

转战陕北

1947年2月1日，毛泽东召开中共中央政治局扩大会议，讨论并发出由他起草的《迎接中国革命的新高潮》的指示。毛泽东指出：人民解放军作战的有利和蒋管区人民运动的发展，预示着中国革命的新高潮即将到来。这个指示指出：目前各方面情况显示，中国时局将要发展到一个新的阶段。这个新的阶段，即是全国范围的反帝反封建斗争发展到新的人民大革命的阶段。现在是它的前夜。毛泽东在会上解释"高潮"：20年前，1927年的北伐，是有共产党以来的第一次高潮。10年前，1937年的抗日战争，是第二次革命高潮。现在1947年，将要出现第三次革命高潮。[①] 由于美蒋反

---

① 《胡乔木回忆毛泽东》（增订本），人民出版社2014年版，第476页。

动派的政策,"迫使中国各阶层人民处于团结自救的地位。这里包括工人、农民、城市小资产阶级、民族资产阶级、开明绅士、其他爱国分子、少数民族和海外华侨在内。这是一个极其广泛的全民族的统一战线","全党同志必须为这个统一战线的巩固和发展而奋斗"。毛泽东指出:"为了彻底粉碎蒋军的进攻,必须在今后几个月内再歼蒋军四十至五十个旅,这是决定一切的关键。"为此,毛泽东要求,在军事建设方面,必须用一切努力加强炮兵和工兵的建设;在巩固解放区方面,必须大力发展农业和工业生产,厉行节约,继续进行土地改革。

当毛泽东对下一阶段的人民解放战争作具体规划的时候,蒋介石则由于战线延长和大量有生力量被歼灭,被迫调整其部署。他集中94个旅的兵力,开始发动对陕北和山东两解放区的重点进攻,而在其他战场则取守势。其中,由胡宗南指挥25万人的兵力,进攻陕北,直扑延安,企图一举摧毁中共中央和人民解放军总部。

毛泽东经过全面分析,果断地作出主动撤出延安、诱敌深入,在运动中消灭敌人的决策。3月2日,当得知胡宗南一部进袭庄阳地区时,毛泽东指示陕甘宁野战军集中力量,全歼其一个旅。3月5日,在得知歼敌四十八旅大部,击毙其旅长时,他立即传令嘉奖。

3月16日,他以中共中央军委主席名义,向陕甘宁边区的部队发布关于保卫延安部署的命令。命令决定组成西北野战兵团(后改称西北野战军),由彭德怀任司令员兼政治委员,习仲勋为副政治委员,统一指挥边区一切部队。3月18日,当国民党军兵临城下时,毛泽东才同周恩来、刘少奇、朱德、任弼时等率中共中央机关和人民解放军总部,从容地离开延安,踏上转战陕北的征途。离开延安前,毛泽东接见参加保卫延安的人民解放军部分领导干部说:敌人要来了,我们准备给他们打扫房子。我军打仗,不在一城一地的得失,而在于消灭敌人有生力量。存人失地,人地皆存;存地失人,人地皆失。他用生动形象的比喻解释了撤离延安的谋略:

敌人进延安是握着拳头的，他到了延安，就要把指头伸开，这样就便于我们一个一个地切断它。毛泽东还向大家预言：少则一年，多则两年，我们还要回到延安来的。

转战陕北的征途是极其艰险的。敌我力量悬殊，撇开武器装备不讲，单兵力言，西北野战军总共才26000人，只及蒋介石进犯陕北兵力的十分之一。但是，毛泽东不顾同志们的劝阻，坚持要留在陕北，指挥西北和全国的解放战争。他多次说：留在陕北可牵制胡宗南二三十万大军，也就是对其他战场的最好支援。不仅如此，毛泽东为了使西北野战军能轻装机动地歼敌，坚持不和西野总部一起行动，而率领中央机关和人民解放军总部组成中央纵队（代号"昆仑"，又曾以"亚洲部""三支队""九支队"等为代号），在四个半连警卫部队的护卫下独立行动。他对中央纵队司令员任弼时和政治委员陆定一、参谋长叶子龙、政治部主任廖志高说：你们四人负责组织一个"政府"，管理我们800人这个"国家"，你们必须把这个"国家"办好。为了预防不测，3月29日，毛泽东在陕北清涧县枣林沟村召开会议，决定成立中央前委和中央工作委员会；由毛泽东、周恩来、任弼时率领前委，代表中央，坚持在陕北指挥全国的解放战争；由刘少奇、朱德率领工委，前往华北，进行中央委托的工作，并在万一前委遇到意外情况时，代替前委行使中央领导职权。从此中共中央踏上了转战陕北的征途。

从1937年1月13日随中共中央入驻延安起，毛泽东在整整10年的时间里，除参加重庆谈判外，足迹仅及延安周边，生活虽然不算宽裕，但十分稳定，并且人到中年，身体也已发胖。离开枣林沟村时，他乘坐的吉普车被国民党飞机炸坏，他不得不徒步或骑马行进。他的警卫人员后来回忆，第一天骑马，虽然只走了三四十里，但毛泽东仍感到浑身酸疼。他坚决不肯坐担架，坚持徒步或骑马。这样一直到1948年3月23日吴堡东渡黄河为止，他在陕北的高原沟壑转战了一年。在转战陕北的日子里，毛泽东和战士们一起，跋山涉水，栉风沐雨，先后宿营在延安、延川、清涧、子长、安塞、靖边、横山、子洲、绥德、葭县、米脂、吴堡12县中37个镇的农家村落。负责警卫的四个半连，经常担负着抗击敌军几个旅尾随尾追的艰巨任务。危急时，望得见敌人烧起的火堆，听得到敌人的马嘶。最危急时，与敌人追兵相距不过十几里，并且又遇山洪暴发，过河不得。毛泽东和周恩来、任弼时等从容自若，率领中央纵队或深夜淋着大雨，或白昼冒着敌机轰炸扫射，徒步上下于高山深谷和敌人的层层包围中间，牵制了大量的敌军，行程1000多公里，历时一年零五天。随同毛泽东和中央前委转战陕北的新华社负责人范长江感叹："历史上从来没有已经掌握了一亿多人口的中央政权，拥有一百多万正规军的总部，在中国这样大国已居于领导地位的党的中央，而又在全国规模的大战正在进行的时候，这样大胆地进行工作的。"

就在这艰险的行军中，毛泽东酝酿着伟大的人民解放战争的战略计划。一到宿营地，或者是临时休息，毛泽东马上要报务人员架起电台，接通中央和各地的联系。接着，就是彻夜地工作。

1947年3月23日，毛泽东复电批准彭德怀等关于以5个旅兵力在青化砭设伏的计划。25日，西北野战军在中共中央撤出延安一周后，于青化砭地区全歼敌三十一旅。毛泽东随即致电祝贺，"此战意义甚大，望对全体指战员传信嘉奖"，4月2日，毛泽东再电彭德怀、习仲勋，指出"我军歼击敌军，必须采取正面及两翼三面埋伏之部署方能有效"，指示他们"数日内仍以隐蔽待机为宜"。4月11日，毛泽东抓住敌一三五旅换防之机，指示彭德怀等侦察，"乘该旅移动途中伏歼之"。根据这一指示，4月14日，西北野战军在羊马河一带设伏，全歼敌一三五旅。翌日，毛泽东在总结西北野战军前段作战经验的基础上，发出《关于西北战场的作战方针》的指示，指出："我之方针是继续过去办法，同敌在现地区再周旋一时期（一个月左右），目的在使敌达到十分疲劳和十分缺粮之程度，然后寻机歼击之。……这种办法叫'蘑菇'战术，将敌磨得精疲力竭，然后消灭之。"

根据毛泽东的这一指示和每一次战役前的具体战术指导，西北野战军又先后发动蟠龙、陇东、榆林、沙家店等战役，从1947年3月到8月，共歼敌31000人，彻底粉碎了国民党对陕北的重点进攻。

在此同时，毛泽东部署和指挥了山东战场以及全国其他战场的人民解放战争。其中，他特别关注国民党重点进攻的主战场——山东战场的变化，认为山东战场已成为扭转全国战局的主战场。他要求陈毅、粟裕等每天或每两天把他们正面的敌情变化向他和中央军委报告。他向他们一再告诫一是不要分兵、不要急躁、耐心寻找战机，将主力放在可以应对两种可能性的位置，但又不轻易直接进行指挥；二是放手让前线指挥员机动处置军情。如5月12日毛泽东在电报中告知他们："敌五军十一师，七十四师均已前进，你们须聚精会神选择比较好打之一路、不失时机发起歼击，究打何路最好，由你们当机决策，立付实行施行，我们不遥制。"14日、15日，毛泽东又连电陈毅、粟裕，充分肯定他们以四个纵队歼击七十四师的行动"极为正确"，要他们考虑集中七八个纵队于一个战场作战，连续打两三个大仗，完成中间突破。在他的密切关注和前线首长的具体指挥下，陈粟部队取得孟良崮战役的全胜，歼敌3.2万余人，赢得山东战场的主动权。从1947年3月至6月的4个月作战中，各战场的人民解放军共歼敌正规军折合31个半旅，同非正规军共40.7万人，挫败了国民党的重点进攻，使战略主动权逐步转入人民解放军方面。

毛泽东根据敌我力量消长的变化，适时地提出战略反攻的计划。陕北战场和山东战场大量牵制并沉重打击了国民党军，就使得中原地区的国民党军兵力相对减弱，犹如其"胸膛坦露"。毛泽东开始思索组织晋冀鲁豫野战军（刘邓大军）战略挺进中原腹地。早在1947年1月，毛泽东在一份电报中就指出："我们已令刘、邓缩短内线作战时间至四月底止，准备五月开始（包括休整时间在内）向中原出动，转变为外线作战。华东方面亦请按此作战计划办理，努力争取于五一以前在内线解决蒋军主力，并完成外线作战的一切准备条件（弹药、新兵、干部、经费等）。"①从那个时候起，关于战略反攻的想法一直萦绕在毛泽东脑际。在4月13日至6月7日，毛泽东在安塞县王家湾村宿营时，关于晋冀鲁豫和华东两大野战军相互配合、大举出击外线的战略构想趋于成熟。4月17日，毛泽东在修改新华社社论《战局的转折点》时加写的一段话中进一步预言："四月开始的两三个月内，蒋军将由攻势变成守势，人民解放军将由守势转变成为攻势。"5月4日，毛泽东在为中共中央起草的致晋冀鲁豫野战军和华东野战军负责人的电报中，又对整个南线的进攻力量作了通盘的规划，指示刘伯承、邓小平准备于"六月一日后，独立经冀鲁豫出中原，以豫皖苏边区及冀鲁豫边区为根据地，以长江以北，黄河以南，潼关、南阳之线以东，津浦路以西为机动地区，或打郑汉，或打汴徐，或打伏牛山，或打大别山，均可因时制宜，往来机动，并与陈粟密切配合"。6月8日，毛泽东和中共中央军委决定立即组织指挥中国人民解放军的主力转入战略进攻，以敌人兵力薄弱的中原地区为主要突击方向，实施中央突破。随后，又对战略反攻计划做了些修正，决定晋冀鲁豫野战军主力，在刘伯承、邓小平指挥下，于6月底强渡黄河，先在鲁西南地区求歼敌人，而后逐步向豫皖苏边区和大别山地区进击，在长江以北的鄂豫皖边地区实施战略展开。7月19日，毛泽东决定以原拟用于陕北战场的晋冀鲁豫野战军太岳部队以及第三十八军和新组成的第九纵队，由陈赓、谢富治统一指挥，改自晋南强渡黄河，在豫陕鄂边区实施战略展开。7月21日至23日，毛泽东在靖边县小河村召开中央前委扩大会议，进一步讨论了战略反攻计划，要求西北野战军继续吸引、牵制和逐步歼灭胡宗南集团，配合逐鹿中原的战略行动。在这次会议上，毛泽东根据第一年的作战战果，首次提出对蒋介石的斗争计划用

---

① 1947年1月24日毛泽东为中共中央起草的致陈毅、饶漱石及中央华东局并告刘伯承、邓小平电。

5年（从1946年7月算起）来解决的设想。8月上旬，毛泽东和中央军委又指示陈毅、粟裕指挥华东野战军的6个纵队组成华东野战军西线兵团，并指挥晋冀鲁豫野战军第十一纵队，在豫皖苏边地区实施战略展开。同时，以华东野战军4个纵队组成东线兵团，由许世友、谭震林指挥继续在山东地区寻机歼敌，作战略配合。这样，毛泽东关于"中央突破、三军配合、两翼牵制、逐鹿中原"的雄伟战略逐步地提出和完善。要知道，这一战略构想的酝酿形成并成功地指挥实施，毛泽东是在前有黄河阻遏、后有敌军围追的艰难转战中完成的。尤其是7月、8月、9月3个月，毛泽东和中央前委及其警卫部队七八百人，一度在敌人4个半旅的包围之中，多次遇险，已经听得到敌军的枪声马鸣，甚至是后卫部队已经与敌人接火。但毛泽东、周恩来、任弼时他们就是这样，在群山沟壑之间辗转腾挪，在一次次摆脱险境的同时，在最小的农村指挥部里，用电波指挥着世界上规模最大的人民解放战争。据统计，在1947年7月、8月、9月3个月，毛泽东为中央军委起草的给各个战场的电报就有200多份，占他全年起草的全部电报稿的三分之一。在他本人身处最危险境地的8月，他不顾刘戡部队使用美国最先进的电讯测试仪的监控，利用行军间隙起草并发出电报近90份，平均每天有3份。①

按照毛泽东和中共中央军委的部署，6月30日，刘伯承、邓小平率领晋冀鲁豫野战军4个纵队在鲁西南地区强渡黄河，突破敌人的黄河防线，揭开战略进攻的序幕。8月上旬，刘邓大军越过陇海路，千里跃进大别山。与此同时，陈赓、谢富治兵团由晋南强渡黄河，挺进豫西；9月初，华东野战军外线兵团在陈毅、粟裕指挥下挺进豫皖苏地区。三路大军以"品"字形阵势，互为犄角，纵马中原，驰骋于江淮河汉之间，调动并吸引了国民党军90个旅的兵力，歼灭了大量的敌人，打乱了蒋介石的战略部署；

---

① 《胡乔木回忆毛泽东》（增订本），人民出版社2014年版，第501页。

使开封、郑州、洛阳等城市陷于孤立，武汉、南京等直接受到威胁。

处于内线的各野战部队也按照毛泽东和中央军委的统一部署，先后展开全面反攻。西北野战军于沙家店战役后，转入反攻；华东野战军山东兵团，于9月初在胶东地区发起攻势作战；东北野战军在9月中旬发起秋季攻势，歼敌69000人；晋察冀野战军从9月初起，先后进行了大清河北、清风店和石门战役，共歼敌46000人，并解放了石家庄，使晋冀鲁豫和晋察冀两大解放区连成一片。

中国人民解放军在外线和内线各个战场的攻势作战，构成了全国规模战略进攻的总形势，国民党军队被迫由战略进攻转为"全面防御"。毛泽东在2月1日预期中国革命的新高潮将在今年、明年或后年出现，经过他的精心筹措指挥和前方将士的浴血奋战，只用半年多的时间就促成新高潮的到来。在这种形势下，10月10日，毛泽东向全国人民发出"打倒蒋介石，解放全中国"的伟大号召。12月，毛泽东在杨家沟会议上欣慰地指出："这是一个历史的转折点。这是蒋介石的二十年反革命统治由发展到消灭的转折点。这是一百多年以来帝国主义在中国的统治由发展到消灭的转折点。这是一个伟大的事变。这个事变所以带着伟大性，是因为这个事变发生在一个拥有四亿七千五百万人口的国家内，这个事变一经发生，它就将必然地走向全国的胜利。"①

决战前夜

当中国革命进入新的高潮时，毛泽东在陕北米脂县杨家沟主持召开"十二月会议"。12月25日毛泽东在会上作题为《目前形势和我们的任务》

---

① 《毛泽东选集》第4卷，人民出版社1991年版，第1244页。

的报告。报告深刻地分析了中国革命的极其有利的国际国内形势，高度评价解放战争转入战略进攻的伟大历史意义；系统地总结中国共产党领导人民革命，特别是解放战争的基本经验，提出著名的十大军事原则；规定了彻底打败蒋介石、夺取全国胜利的基本任务和基本政策；针对当时党内外存在的错误倾向，从理论上、思想上及时地做了纠正。毛泽东的这篇报告成为指导中国共产党在新的形势下夺取全国胜利的纲领性文件。

为了夺取中国革命的彻底胜利，这个时期，毛泽东在指挥中国人民解放军继续进行战略反攻的同时，领导全党开展了各方面的斗争，特别是致力于各种政策的制定和贯彻工作。毛泽东在他为中共中央起草的一个党内指示中尖锐地指出："全党同志须知，现在敌人已经彻底孤立了，但是敌人的孤立并不就等于我们的胜利。我们如果在政策上犯了错误，还是不能取得胜利。"①

土地改革政策是毛泽东特别关注的问题之一。1947年9月，在刘少奇主持下，中共中央召开全国土地会议，继1946年中共中央发出《五四指示》，开始改变减租减息的政策为没收地主土地分配给农民的政策之后，制定了《中国土地法大纲》，使解放区的土地改革运动迅速全面地开展起来。在酝酿制定《中国土地法大纲》时，刘少奇于9月5日起草向中共中央的请示报告，报告在对实行彻底平分土地政策的优缺点进行比较后认为，彻底平分土地利多害少。翌日，毛泽东复电赞同刘少奇的意见，但是针对土地革命时期王明"左"倾教条主义者执行"富农分坏田，地主不分田"的危害，他特意提醒"地主、富农所得的土地财产不超过也不低于农民所得"。于是，9月13日全国土地会议通过的《中国土地法大纲》规定：乡村中一切地主的土地及公地，由乡村农会接收，连同乡村中其他一切土地，按乡村全部人口，不分男女老幼，统一平均分配。这条规定实际存在侵犯

---

① 《毛泽东选集》第4卷，人民出版社1991年版，第1286页。

中农利益的问题。与此相关，在贯彻《中国土地法大纲》的过程中，出现"挖地财""查三代""贫雇农打江山坐江山"以及在整党中歧视地主富农出身党员干部等政策性错误，各地程度不同地出现一些"左"的错误。毛泽东和中共中央很快地发现了实际工作中的"左"倾偏向。11月，中共中央向全党发出指示，重新印发毛泽东1933年在苏区查田运动中主持制定的《怎样分析农村阶级》和《关于土地斗争中一些问题的决定》，重申关于划分阶级成分的正确规定。毛泽东在此前审阅这个指示时加写了一段话，强调：此项文件发至各地，决不应成为妨碍群众斗争的借口，而应在放手发动农民群众彻底平分土地的坚决斗争中，适当地纠正业已发生与业已妨碍群众利益的过左行动，以利团结雇农、贫农，坚决保护中农（这是确定不移的政策），正确地执行土地法大纲，消灭封建半封建制度。12月，毛泽东在《目前形势和我们的任务》的报告中，对土地改革的基本方针和路线作了详细的说明，提出土地改革的总路线，即依靠贫农，巩固地联合中农，消灭地主阶级和旧式富农的封建的和半封建的剥削制度。1948年1月15日，毛泽东在西北野战军前委扩大会议上讲话指出：蒋介石确实孤立，但是蒋介石孤立并不等于我们胜利。如果我们的政策不正确，比如侵犯了中农、中等资产阶级、小资产阶级、民主人士、开明绅士、知识分子，对俘虏处置不当，对地主、富农处置不当，在统一战线问题上犯了错误，那就还是不能胜利。18日，毛泽东为中共中央起草关于目前党的政策中几个重要问题的决定草案，指出：必须避免对中农、中小工商业者、知识分子采取任何冒险政策。对于那些同我党共过患难确有相当贡献的开明绅士，在不妨碍土地改革的条件下，必须分别情况，予以照顾。必须将新富农和旧富农加以区别。他强调：土地改革的中心是平分封建阶级的土地及其粮食、牲畜、农具等财产（富农只拿出其多余部分），不应过分强调斗地财；在乡村，是雇农、贫农、中农和其他劳动人民联合一道，在共产党领导下打江山坐江山，而不是单独贫雇农打江山坐江山。24日，毛泽东又对这个草案进行补充，提出：为了稳定中农之目的，老区新富农照富裕中农待遇，即不得本人同意不能平分。3月，毛泽东向全党批转任弼时的《土地改革中几个问题》的报告，旨在纠正土改中一些"左"倾错误。3月23日，在西北战场大局已定之后，毛泽东率中共中央机关离开陕北，经晋绥解放区赴河北平山县与中共中央工委会合。沿途，毛泽东就土地改革问题做了大量的调查研究，发现和纠正一些"左"的错误。为了指导土地改革运动健康地发展，毛泽东先后起草并发表《关于目前党的政策中的几个重要问题》《在不同地区实施土地法的不同策略》《纠正土地改革宣传中的"左"倾错误》《新解放区土地改革要点》《在晋绥干部会议上的讲话》《新解放区农村工作的策略问题》《一九四八年的土地改革工作和整党工作》等文件与讲话。在这些文件和讲话中，毛泽东充分肯定这个时期各解放区土地改革的巨大胜利，并总结将近一年来土地改革运动中反对右的和"左"的倾向的经验，全面地阐明中国共产党在新民主主义革命时期土地改革工作中的总路线和总政策——依靠贫农，团结中农，有步骤地、有分别地消灭封建剥削制度，发展农业生产。还相应地提出和制定了一些具体的政策和原则。他特别批评了绝对平均主义的倾向，指出："我们赞助农民平分土地的要求，是为了便于发动广大的农民群众迅速地消灭封建地主阶级的土地所有制度，并非提倡绝对平均主义，谁要是提倡绝对平均主义，那就是错误的。现在农村中流行的一种破坏工商业，在分配土地问题上主张绝对平均主义的思想，是一种农业社会主义的思想。这种思想的性质是反动的，落后的，倒退的，我们必须批判这种思想。"① 他明确指出："发展农业生产，是土地改革的直接目的。只有消灭封建制度，才能取得发展农业生产的条件。在任何地区，一经消灭了封建制度，完成了土地改革任务，党和民主政府就

---

① 《在晋绥干部会议上的讲话》（1948年4月1日），《政策汇编》，中共中央华北局1949年6月印，第35页。其中关于"农业社会主义"一语，在新中国成立后出版的《毛泽东选集》刊印此文时没有收录。

必须立即提出恢复和发展农业生产的任务,将农村中的一切可能的力量转移到恢复和发展农业生产的方面去。"他强调,"消灭封建制度,发展农业生产,就给发展工业生产,变农业国为工业国的任务奠定了基础,这就是新民主主义革命的最后目的"。这样,在毛泽东和中共中央的正确领导下,土地改革运动稳步健康地开展起来,并取得极其伟大的成果。据1949年6月统计,在全国拥有2.7亿人口的解放区中,已有1.5亿多人口的地区完成土地改革。在此基础上,解放区的农业生产也有了极大的发展。翻了身的农民在"保田参军"的口号下,踊跃参军支援前线;而农业生产的发展,也为支援解放战争提供了可靠的物质基础。这使我们"获得了足以战胜一切敌人的最基本的条件"[①]。

新区和城市政策问题是毛泽东当时十分关注的另一个问题。人民解放军转入全面的战略进攻后,收复和解放了大片新的地区以及一些重要城市。毛泽东及时地指示全党,要认真和正确执行关于新解放地区的农村和城市的政策。他强调:"必须教育干部善于分析具体情况,从不同地区、不同历史条件的具体情况出发,决定当地当时的工作任务和工作方法。必须区别城市和农村的不同,必须区别老区、半老区、接敌区和新区的不同,否则就要犯错误。"[②]毛泽东带头研究新区和城市工作,并逐步提出一整套的方针和政策。他指出,凡是一切能够巩固的占领的新解放地区和城市,其首要的任务是迅速安定社会秩序,建立人民的统治,避免过渡时期的混乱和脱节。为此,一方面必须坚决消灭一切反动武装力量,解散一切反革命组织,逮捕一切持枪抵抗的敌人、破坏分子和罪大恶极的反革命罪魁;一方面又必须切实保护一切社会公共财产(包括由民主政府没收的官僚资本)、一切守法的工商业者及守法的文化宗教团体

---

① 《毛泽东选集》第4卷,人民出版社1991年版,第1252页。
② 《毛泽东选集》第4卷,人民出版社1991年版,第1331页。

等，使其不受侵害，尽量留用国民党政府经济文教机关中可以留用的人员。只有采取上述措施以后，才能依据群众的觉悟程度和组织程度，逐步地进行必要的社会改革工作。毛泽东根据新解放区农村的实际情况，提出：新解放区的农村"应当充分利用抗日时期的经验，实行减租减息和酌量调剂种子食粮的社会政策和合理负担的财政政策，以便联合或中立一切可能联合或中立的社会力量，帮助人民解放军消灭一切国民党武装力量和打击政治上最反动的恶霸分子"。他强调，"在这类地区，既不要分土地，也不要分浮财，因为这些都是在新区和接敌区的条件之下，不利于联合或中立一切可能联合或中立的社会力量、完成消灭国民党反动力量这一基本任务的"[①]。

关于城市工作，毛泽东提出：城市被解放后，必须尽快恢复和发展生产，发挥城市的作用以支援解放战争和繁荣解放区的经济。必须维护和巩固人民民主政权对城市的统治，而不允许对它有丝毫的损害和削弱。毛泽东认真总结抗日战争胜利后党在城市工作中的经验和教训，及时地指出"城市已经属于人民，一切应该以城市由人民自己负责管理的精神为出发点。如果运用对待国民党管理城市的政策和策略，来对待人民自己管理的城市，那就是完全错误的"。为此，"严禁破坏任何公私生产资料和浪费生活资料"。他依据他在十二月会议上阐述的新民主主义革命的三大经济纲领，即"没收封建地主阶级的土地归农民所有，没收蒋介石、宋子文、孔祥熙、陈立夫为首的垄断资本归新民主主义的国家所有，保护民族工商业"的精神，强调：城市中的生产资料，属于民族工商业的部分，严禁侵犯；属于官僚资本的部分，应该归民主政府接管经营，一律不得分散，并尽一切力量保证其继续生产。在入城之初，"不要忙于组织城市人民进行民主改革和生活改善的斗争"，"不要轻易提出增加工资

[①] 《毛泽东选集》第4卷，人民出版社1991年版，第1330页。

减少工时的口号",也"不要提'开仓济贫'的口号"。对于这类问题,"要等市政管理有了头绪,人心已经安定,经过周密调查,弄清情况和筹有妥善解决办法的时候,才可以按情况酌量处理"①。毛泽东告诫全党:"必须将城市工作和农村工作,将工业生产任务和农业生产任务,放在各中央局、分局、区党委、省委、地委和市委的领导工作的适当位置。即是说,不要因为领导土地改革工作和农业生产工作,而忽视或放松对于城市工作和工业生产工作的领导。我们现在已经有了许多大中小城市和广大的工矿交通企业,如果各有关领导机关忽视或放松这一方面的工作,我们就要犯错误。"② 1949年1月26日,毛泽东在人民解放军即将全面接收北平前夕致电林彪、罗荣桓、谭政并告有关部门,指出:"乡村中的土地改革办法,决不能施行于大城市附近。在大城市工作的作风,决不能搬用在乡村工作的作风。在大城市,凡事均须从新仔细考虑,一举一动都要合乎城市的情况。"2月8日,他在给邓小平、陈毅并有关部门和负责人的电报中再次强调:"今后将一反过去二十年先乡村后城市的方式,而改变为先城市后乡村的方式。军队不但是一个战斗队,而且主要地是一个工作队。军队干部应当全体学会接收城市和管理城市。"毛泽东关于城市工作的上述政策的提出和贯彻,不仅是对党的新民主主义经济纲领的具体化和发展,而且对保护城市经济、支援解放战争,对指导全党的工作重心逐步由乡村向城市转移起了重要的作用。

在制定和领导全党执行党的各项政策的同时,毛泽东和中共中央又狠抓中国共产党和人民解放军自身的建设,领导开展整党和新式整军运动。

随着革命形势的蓬勃发展,中国共产党党员数量由抗战结束时的120万,骤增至270万。在尖锐复杂的对敌斗争的条件下,基层党组织,特别

---

① 《毛泽东选集》第4卷,人民出版社1991年版,第1324页。
② 《毛泽东选集》第4卷,人民出版社1991年版,第1333页。

是农村党组织中，存在着某些成分不纯和作风不纯的问题。毛泽东认为："解决这个党内不纯的问题，整编党的队伍，使党能够和最广大的劳动群众完全站在一个方向，并领导他们前进，是解决土地问题和支援长期战争的一个决定性的环节。"[①] 整党工作主要是由在西柏坡担任中央工作委员会书记的刘少奇主持下进行的。毛泽东是在陕北和整个解放区战场出现根本转变后，才比较多地投入这一工作。在整党过程中，毛泽东一方面着力解决党的基层组织不纯的问题，并特别注重纠正整党中出现的"左"的偏差。其中关于知识分子问题，他在1948年5月21日给周恩来、胡乔木的信中指出，正在讨论修改的如何划分阶级的文件关于知识分子部分说得不完全，是不妥的。信中指出：原件是地主出身者是地主，富农出身者是富农，中农出身者是中农，这是说社会出身，这是对的。但必须补充说，根据知识分子所从事的职业，例如参加军队者是军人，参加政府工作者是政府职员，参加生产企业者是工人、职员、技师或工程师，参加文化工作者是教员、记者、文艺家等，并将着重点不放在社会出身方面，而放在社会职业方面，方可避免唯成分论的偏向。

毛泽东特别注重抓加强党的组织性和纪律性的问题。1947年10月10日，中国人民解放军总部发布毛泽东起草的《关于重行颁布三大纪律八项注意的训令》，要求全军"以此为准，深入教育，严格执行"。1948年1月7日，毛泽东为中共中央起草《关于建立报告制度》的指示，指出："为了及时反映情况，使中央有可能在事先或事后帮助各地不犯或少犯错误，争取革命战争更加伟大的胜利起见"，"全党各级领导机关，必须改正对上级事前不请示，事后不报告的不良习惯"。指示中规定："各中央局和分局，由书记负责（自己动手，不要秘书代劳），每两个月，向中央和中央主席作一次综合报告。""各野战军首长和军区首长，除作战

---

① 《毛泽东选集》第4卷，人民出版社1991年版，第1253页。

方针必须随时报告和请示，……每两个月要作一次政策性的综合报告和请示。"①5月，毛泽东在《一九四八年的土地改革工作和整党工作》的指示中，再次强调："必须坚决地克服许多地方存在着的某些无纪律状态或无政府状态，即擅自修改中央的或上级党委的政策和策略，执行他们自以为是的违背统一意志和统一纪律的极端有害的政策和策略；在工作繁忙的借口之下，采取事前不请示事后不报告的错误态度，将自己管理的地方，看成好像一个独立国。"他要求各地加强上下级之间的互相联系，"以便掌握运动的动态，随时互通情报，交流经验，及时纠正错误，发扬成绩"。为了使全党从政治上思想上深刻认识到加强党的组织性和纪律性的重要性，毛泽东还指示全党干部学习和研究列宁《共产主义运动中的"左派"幼稚病》一书的第二章，强调：如果我们不能实现全党的统一意志、统一行动和统一纪律，那么，我们就不能实现对于全国人民的统一领导，就不能克服革命阵营内部的各种动摇，就不能战胜敌人的各种反抗，就不能把四亿五千万人民的中国团结成为统一的国家。6月25日，毛泽东为中共中央起草给各中央局、分局、前委的指示，具体规定了18项工作内容必须事先或事后向中央报告，包括税收政策、工资政策、每年的财政预算、全区脱产人员数量与人口数量的比例、全区每年土改工作范围与政策及干部配备、全区生产计划、货币政策及发行计划、外交政策，等等。与此同时，毛泽东还非常注意健全党的民主生活制度。9月20日，他为中共中央起草《关于健全党委制》的决定，指出："党委制是保证集体领导、防止个人包办的党的重要制度。"在这个决定中，毛泽东还提出"集体领导和个人负责，二者不可偏废"的重要思想。毛泽东在整党中提出的上述思想及其在整党中的贯彻和执行，纯洁了党的组织，增强了党的团结和纪律性，提高了党的凝聚力和战斗力。

---

① 《毛泽东选集》第4卷，人民出版社1991年版，第1264—1266页。

新式整军运动也是适应人民解放战争胜利发展的需要开展起来的。自1946年7月至1948年6月，人民解放军除吸收大量翻身农民参军外，还融化了大约80万被俘的国民党军队士兵。为了适应艰巨的作战任务和协助地方进行土改的工作任务，必须进行教育和整顿。为此，1948年1月30日，毛泽东为中央军委起草关于开展《军队内部的民主运动》的指示，要求在部队内部放手发动士兵、群众、指挥员和一切工作人员，发扬人民军队政治、经济、军事三大民主的优良传统，开展"集中领导下的民主运动"。用"诉苦"（诉旧社会和反动派所给予劳动人民之苦）、"三查"（查阶级、查工作、查斗志）、"三整"（整顿组织、整顿思想、整顿作风）的方法，在全军普遍地开展新式整军运动，以"达到政治上高度团结、生活上获得改善、军事上提高技术和战术的三大目的"。新式整军运动与在部队恢复和健全党委制、实行三大民主、加紧俘虏教育、加强军事训练，以及开展立功运动等相配合，在全军普遍开展后，收到极好的效果。"大大提高了全军指战员为解放被剥削的劳动大众，为全国的土地改革，为消灭人民公敌蒋介石匪帮而战的觉悟性；同时就大大加强了全体指战员在共产党领导之下的团结。""这样就使部队万众一心，大家想办法，大家出力量，不怕牺牲，克服物质条件的困难，群威群胆，英勇杀敌。这样的军队，将是无敌于天下的。"①

　　随着人民解放军战略反攻的节节胜利，随着解放区土地改革的基本完成，随着整党和新式整军运动的顺利开展，以及在新的历史条件下党的各项工作方针政策的提出与深入人心，人民解放战争进入了一个新的历史转折点，中国人民与帝国主义及其走狗国民党反动派进行大决战的时机成熟了。

---

① 《毛泽东选集》第4卷，人民出版社1991年版，第1294页。

两种命运的大决战

毛泽东从1947年底,就开始酝酿同国民党的战略决战问题。1948年1月下旬,他决定华东野战军第一、第四、第六纵队调回黄河以北之濮阳地区休整,编成一个兵团,由华东野战军副司令员粟裕率领,拟准备用于挺进江南,开辟东南各省。毛泽东将这个设想电告粟裕,要他"熟筹见复"。4月11日,毛泽东率中共中央机关由陕北辗转抵达河北阜平县城南庄晋察冀军区机关驻地。4月30日,在分别行动一年后重新聚集起来的中共中央书记处,在城南庄召集会议,听取粟裕关于3个纵队暂不渡江南进、集中兵力在中原黄淮地区大量歼敌的方案。经过研究,毛泽东批准了这一方案。9月8日至13日,毛泽东在河北建屏县(今属平山县)西柏坡村主持召开中央政治局扩大会议(即九月会议)。毛泽东在会议开始时指出:我们的战略方针是打倒国民党,战略任务是军队向前进,加强纪律性,由游击战争过渡到正规战争,建军500万,歼敌正规军500个旅,5年左右(从解放战争全面爆发时计算,最后实际只用了3年多)从根本上打倒国民党。会议重申和完善了城南庄会议的计划,规定在战争的第三年,人民解放军仍然全部在长江以北和华北、东北作战。毛泽东解释说:我们一时打不到江南去,不能很快向珠江流域进攻,也不要紧,如果在长江以北歼灭敌人兵力达80%,则5年左右还是一样能够根本打倒国民党。

根据毛泽东和中央军委的指示,人民解放军各路野战军先后在东北、华东、华北、中原、西北战场上,发起规模空前的秋季攻势。9月11日,毛泽东就发起济南战役的作战方针电示华东野战军首长,指出:"此次作战目的,主要是夺取济南,其次才是歼灭一部援敌。"遵照这一指示,9月16日至24日,华东野战军攻克济南,歼敌104000人,使华北、华东两大解放区完全连成一片，揭开了战略决战的序幕。

毛泽东把战略决战的方向首先选定在东北战场。一方面是因为，东北战场上的形势对人民解放军最为有利。从兵力对比上看，东北野战军占绝对优势，正规军70万人，地方军30万人，总兵力达100万人，而且拥有炮兵纵队和铁道兵纵队。在各战场中是唯一的解放军数量超过国民党军的。为了适应"大兵团、正规化、攻坚战"的需要，东北野战军进行了整编，提高了广大指战员的军政素质。当时敌人的正规军为48万人，非正规军7万人，共55万人，被迫收缩在长春、沈阳、锦州3个孤立的地区，不能互相呼应，态势突出，所占地区狭小，补给非常困难，而且长春被围困，无法救援。另一方面，首战东北，可促进全国战局的发展，人民解放军歼灭东北敌军，可粉碎敌人战略收缩的阴谋，使东北野战军挥师入关，有利于华北、华东战场的决战，并以东北雄厚的工业基础支援全国，同时可使人民解放军获得巩固的后方。如果把战略决战的方向首先指向华北战场，就会受敌东北、华北集团的夹击而陷于被动，首先指向华东战场则又会使东北敌军迅速撤退，实现其"战略收缩，加强华中"的战略目的，因此，首先打败东北战场上的敌人就成了全国战局发展的关键。

对于在东北与敌决战的首要突击方向，毛泽东早在1948年2月7日就提出："对我军战略利益来说，是以封闭蒋军在东北加以各个歼灭为有利。"[1]

9月7日，他更明确地向东北野战军首长指出："你们如果能在九十两月或再多一点时间内歼灭锦州至唐山一线之敌，并攻克锦州、榆关、唐山诸点，就可以达到歼敌十八个旅左右之目的。为了歼灭这些敌人，你们现在就应该准备使用主力于该线，而置长春、沈阳两敌于不顾，并准备在打锦州时歼灭可能由长、沈援锦之敌。因为锦、榆、唐三点及其附近之敌互

---

[1] 《毛泽东年谱（1893—1949）》下卷，人民出版社、中央文献出版社1993年版，第278页。

相孤立，攻歼取胜比较确实可靠，攻锦打援亦较有希望。""如果在你们进行锦、榆、唐战役（第一个大战役）期间，长、沈之敌倾巢援锦（因为你们主力不是位于新民而是位于锦州附近，卫立煌才敢于来援），则你们便可以不离开锦、榆、唐线连续大举歼灭援敌，争取将卫立煌全军就地歼灭。这是最理想的情况。于此，你们应当注意：（一）确立攻占锦、榆、唐三点并全部控制该线的决心。（二）确立打你们前所未有的大歼灭战的决心，即在卫立煌全军来援的时候敢于同他作战。（三）为适应上述两项决心，重新考虑作战计划并筹办全军军需（粮食、弹药、新兵等）和处理俘虏事宜。"① 9月12日，辽沈战役打响，东北野战军按照毛泽东的部署，在北宁线义县至唐山段展开大规模的攻击。至10月1日，东北野战军相继攻占昌黎、滦县、北戴河、义县、绥中等地，控制了从山海关到义县的几乎整个辽西走廊，孤立、包围了锦西、山海关和锦州。在此形势下，究竟先打哪部分敌人呢？毛泽东认真分析了敌我态势，作出了先打锦州之敌的作战部署。9月27日毛泽东电示林彪等："如能同时打锦州山海关两处，则应同时打两处。如不能同时打两处，则先打山海关还是先打锦州值得考虑。"如先打山海关，然后以打山海关之兵力回打锦州则劳师费时，给沈阳之敌以增援的时间。"如先打锦州，则沈阳之敌很可能来不及增援，继续陷于麻痹状态（目前已是麻痹状态）。"林彪等根据敌人的态势及兵力部署，决定先打锦州而后进攻锦西，并预计锦州战役可能演变成全东北之决战。毛泽东复电林彪等，指出，"先打锦州后打锦西，计划甚好"②。

锦州被围困后，蒋介石极为恐慌，飞临北平、沈阳亲自部署作战，决定以锦西、葫芦岛的4个师及从华北、山东抽调的7个师，由锦西向北增援锦州，由侯镜如统一指挥；以沈阳地区的11个师、3个骑兵旅组成"西

---

① 《毛泽东选集》第4卷，人民出版社1991年版，第1335—1336页。
② 《毛泽东军事文集》第5卷，军事科学出版社、中央文献出版社1993年版，第22、28页。

进兵团",进占彰武,企图威胁东北野战军的后方,由廖耀湘统一指挥。当林彪获悉葫芦岛又增敌兵的情报时,感到敌情严重,给中央军委提出回师攻打长春的建议。毛泽东接到电报后,于10月3日连续发出两封电报,重申攻打锦州的方针,分析了回师打长春的种种不利因素,认为东北野战军不应该动摇既定方针,丢下锦州不打,打长春将不利于整个战局的发展,要求东北野战军集中精力,力争于10天内外攻取锦州,指出只要打下锦州就可以获得战役上的主动权。在罗荣桓、刘亚楼等人的说服下,林彪坚定了攻打锦州的决心,并重新调整了作战部署。

10月9日,东北野战军开始了锦州外围战,次日,毛泽东致电林彪等,要求东北野战军坚决攻击锦州,指出:"从你们开始攻击锦州之日起,一个时期内是你们战局紧张期间","这一时期的战局,很有可能如你们曾经说过的那样,发展成为极有利的形势,即不但能歼灭锦州守敌,而且能歼灭葫、锦援敌之一部,而且歼灭长春逃敌之一部或大部。如果沈阳援敌进至大凌河以北地区,恰当你们业已攻克锦州、使你们有可能转移兵力将该敌加以包围的话,那就也可能歼灭沈阳援敌。这一切的关键是争取在一星期内外攻克锦州","你们的中心注意力必须放在锦州作战方面,求得尽可能迅速地攻克该城","只要攻克了锦州,你们就有了主动权,就是一个伟大的胜利"。[①] 遵照毛泽东的指示,东北野战军经过五昼夜激战,将锦州外围敌人据点扫清,10月14日对锦州发起总攻,经过31小时激战,攻克锦州城,生俘东北"剿总"副司令范汉杰等10万余人。与此同时,东北野战军在塔山地区的阻击战也取得决定性胜利,使得敌"东进兵团"未能达到增援锦州的目的,而西进的廖耀湘兵团则被钳制在彰武、新立屯一带,有力地配合了东北野战军在锦州的行动。长春守敌在东北野战军的声势震慑和政治攻势下,敌第六十军军长曾泽生于10月17日率部起义,东

---

① 《毛泽东选集》第4卷,人民出版社1991年版,第1336—1337页。

北"剿总"副司令郑洞国于19日率部投诚,长春宣告解放。

锦州、长春解放后,蒋介石梦想夺回锦州,令廖耀湘兵团与葫芦岛的敌军东西对进,企图打通关内外的联络;同时命令沈阳的五十二军抢占营口,企图取得海上的退路。东北野战军分析了敌我形势,提出全歼廖耀湘兵团的作战计划。毛泽东接到电报后,更改了原来拟先打锦西、葫芦岛的设想,指出,"如果你们在长春事件之后,蒋、卫仍不变更锦葫沈阳两路向你们寻战的方针,那就是很有利的。在此种情形下,你们采取诱敌深入打大歼灭战的方针甚为正确"。并命令,"只要此着成功,敌无逃路,你们就在战略上胜利了"。[①]

根据毛泽东的指示,林彪等于20日制定了围歼廖耀湘兵团的具体作战计划。东北野战军一部在黑山、大虎山以北阻击敌人,主力则迅速秘密地向东北方向回师,于26日将廖耀湘兵团包围在黑山、大虎山、新立屯地区,经过两天一夜的激战,28日全歼该敌十余万人,生俘廖耀湘等。

为了将敌军全歼在东北,毛泽东27日电示林彪等:"当面敌人解决后,望以有力兵团(不少于三个纵队)星夜兼程东进,渡辽河,歼灭营口、牛庄、海城一带之敌,阻塞敌人向海上的逃路","如果在目前数日内,沈阳一带敌军已经或正在向营口逃跑,则你们全军须迅速向营口、海城方向进击"。[②] 东北野战军乘胜猛追,分多路向沈阳、营口方向疾进,11月2日解放沈阳、营口,歼敌14.9万人。11月8日,锦西、葫芦岛之敌逃跑。至此,东北全境解放。

辽沈战役历时52天,歼敌共47万人。它的巨大胜利,完全证明了毛泽东制定的作战方针是正确的;使中国军事形势到达一个新的转折点,敌我力量对比发生根本变化,国民党军队下降到290万人左右,人民解放军

[①] 《毛泽东军事文集》第5卷,军事科学出版社、中央文献出版社1993年版,第103、105页。
[②] 《毛泽东军事文集》第5卷,军事科学出版社、中央文献出版社1993年版,第137页。

则增到 300 余万人，人民解放军不但在质量上而且在数量上取得了优势。同时，东北全境的解放，使人民解放军获得巩固的后方，为解放平津和华北奠定了基础，这就加速了解放战争的胜利进程。1948 年 11 月 14 日，毛泽东满怀胜利信心地说："现在看来，只需从现时起，再有一年左右的时间，就可能将国民党反动政府从根本上打倒了。"①

正当辽沈战役激烈进行之时，毛泽东又抓住有利时机，部署了淮海战役。先是华东野战军副司令员粟裕提出进行淮海战役的设想，9 月 25 日，毛泽东复电指出甚为必要。10 月下旬，中原人民解放军攻克开封、郑州，控制平汉路和陇海路。国民党军队迅速收缩兵力，对徐州是守是撤举棋不定。为此，毛泽东决定扩大原设想的作战规模。当时中原野战军和华东野战军共有 60 余万人，在数量上和装备上都劣于敌人，国民党军在徐州地区集结有 80 万兵力。为了加强对淮海战役的领导，毛泽东指定由刘伯承、邓小平、陈毅、粟裕、谭震林组成总前委，邓小平任总前委书记。

毛泽东对敌我态势做了认真的研究，在吸收前方指挥员意见的基础上，于 10 月 11 日制定淮海战役的作战方针："本战役第一阶段的重心，是集中兵力歼灭黄百韬兵团，完成中间突破，占领新安镇、运河车站、曹八集、峄县、枣庄、临城、韩庄、沭阳、邳县、郯城、台儿庄、临沂等地"，"要用一半以上兵力，牵制、阻击和歼敌一部，以对付邱李两兵团，才能达到歼灭黄兵团三个师的目的"。"第一阶段，力争在战役开始后两星期至二星期内结束"；"第二阶段，以大约五个纵队，攻歼海州、新浦、连云港、灌云地区之敌，并占领各城"，"该地区连原有一个师将共有三个师，故我须用五个纵队担任攻击，而以其余兵力（主力）担任钳制邱李两兵团，仍然是九月间攻济打援部署的那个原则。此阶段亦须争取于两个至三个星期内完结"；"第三阶段，可设想在两淮方面作战。那时敌将增加一个师左右的

---

① 《毛泽东选集》第 4 卷，人民出版社 1991 年版，第 1361 页。

兵力（整八师正由烟台南运），故亦须准备以五个纵队左右的兵力去担任攻击，而以其余主力担任打援和钳制。此阶段，大约亦须有两个至三个星期"。①

中原野战军和华东野战军根据毛泽东的战略部署，发起规模空前的淮海战役。该战役分三个阶段。第一阶段从1948年11月6日开始，到11月22日结束。战役开始后，华野与中野以迅雷不及掩耳的速度从徐州的东、西、南、北几个方面同时发起攻击。华野从山东等地分三路南下，横扫陇海路北侧150公里宽广大地区的敌军阵地。东路军攻克郯城，中路军在国民党军第三"绥靖"区副司令官何基沣、张克侠一起率第五十九军全部和第七十七军大部共2万多人于11月8日清晨在贾汪、台儿庄地区临阵投向中共一方后，迅速通过该部的防地，进至徐州东侧。山东兵团直取台儿庄等地，切断黄百韬兵团与徐州的联系。苏北兵团经新安镇以东迅速迂回到黄百韬兵团南侧，与山东兵团南北钳合，并阻击徐州的援敌。华野以10个纵队向新安镇发起猛攻。9日黄百韬率4个军向徐州撤退，在运河两岸遭到猛烈打击。10日华野部队攻占曹八集，切断黄兵团向徐州的退路。11日，华野将黄兵团包围在碾庄地区。为挽救黄兵团失败的命运，蒋介石在令其固守待援之后，令刘峙火速增援黄兵团。邱清泉、李弥两兵团在飞机、大炮、坦克的掩护下，沿陇海路增援，孙元良兵团增防徐州。黄维兵团沿平汉路东援徐州，向蒙城、宿县进攻。蒋介石还调派东北战场上的败将杜聿明任徐州"剿总"副总司令，企图与人民解放军决一死战。

在蒋介石调整部署的同时，毛泽东根据敌我态势的变化，作出一系列重要指示。11月13日，他指示邓子恢和李先念率中野二纵、六纵昼夜兼程，务必于14日，至迟15日赶到黄维兵团的前头，由正面阻止该兵团向亳县、涡阳、永城前进，并要求豫皖苏军区配合行动，迅速破坏黄维兵团

---

① 《毛泽东选集》第4卷，人民出版社1991年版，第1351—1352页。

通道上的桥梁、道路，迟滞黄维兵团的行动。14日，毛泽东又电示刘伯承等，指出他们的首要任务是阻击邱、李兵团，歼灭黄百韬兵团；在攻战宿县后，迅速南进，歼灭刘汝明部。

华野和中野根据毛泽东的部署，攻击碾庄的战斗从11日正式开始，经过12天艰苦的运动战和攻坚战，至22日歼灭黄百韬兵团10个师约10万人，黄百韬被击毙。同时，他们根据毛泽东的指示，在徐州以东、以南地区进行阻援和打援。邱、李兵团共5个军沿陇海路增援黄百韬兵团，企图与其会师，山东兵团和苏北兵团顽强阻击，敌人虽付出了3万人的代价，仍被阻止在距碾庄25公里以外，眼看着黄百韬兵团被歼灭而束手无策。中野则迅速攻克宿县，切断了徐蚌线，完成了对徐州敌人的包围，并将黄维兵团阻击于宿县西南浍河上游地区。刘汝明、李延年兵团也受到阻击。至此，淮海战役第一阶段胜利结束，共歼敌17.8万人，完全孤立徐州，解放徐州附近的广大地区，为争取淮海战役的最后胜利创造了极为有利的条件。

第二阶段从11月23日开始到12月15日结束。经过第一阶段的作战，敌人被分割为徐州、蚌埠、双堆集三个地区。徐州守敌迅速将邱清泉、李弥、孙元良兵团收缩，加强防御。南线李延年兵团遭到沉重打击，迟迟不敢北进。这时黄维兵团已进入中野的"口袋"中。淮海战役第一线的指挥员刘伯承、邓小平、陈毅等根据形势的变化，认为攻打强大的邱、李兵团没有把握，建议先打孤立、疲惫的黄维兵团，只要黄维兵团全部或大部被歼，较之歼灭邱、李兵团更属有利，并认为"歼灭黄维兵团之时甚好"。毛泽东极为尊重第一线指挥员的意见，经过认真研究，采纳了刘伯承等的建议，决定先打黄维，24日电示刘伯承等："（一）完全同意先打黄维；（二）望粟陈张遵刘陈邓部署派必要兵力参加打黄维；（三）情况紧急时机，一切由刘陈邓临机处置，不要请示。"[1]为了防止黄维兵团被围后，徐州之

---

[1] 《毛泽东军事文集》第5卷，军事科学出版社、中央文献出版社1993年版，第269页。

敌南逃，毛泽东重申将敌人主力歼灭于长江以北的方针，并要求总前委对此作出妥善的部署。

11月25日，黄维兵团被中原野战军包围在宿县西南双堆集地区。27日，廖运周率一〇一师起义。为敦促黄维等投降，毛泽东于同日为中国人民解放军总部起草广播讲话，命令黄维等放下武器，掉转枪口，和人民解放军一起打到南京去。但黄维执迷不悟，依恃兵多、武器精良，仍反复突围，遭到沉重打击，被压缩到方圆五公里的地区以内，不得不固守待援。在此情况下，毛泽东要求中野"集中火力，各个分割歼灭敌人"。为此，中野进行了大量的迫近作业，做了周密的攻坚准备。

蒋介石为援救黄维兵团，命令邱清泉、李弥、孙元良兵团自徐州南下，刘汝明、李延年兵团由蚌埠北上，企图南北对进，尔后南下，以便保存力量，但均遭到人民解放军的阻击。蒋介石又决定徐州之敌从徐州西南绕道南下，避开人民解放军津浦路防御正面，同时令刘峙到蚌埠督促刘汝明、李延年兵团再次北进。

12月1日，杜聿明率邱、李、孙三兵团共27万人弃守徐州南下。杜聿明弃守徐州的计划，毛泽东早已料到，他于次日电令华东野战军：敌向西逃，你们应以两个纵队侧翼兼程西进，赶至敌人先头堵住，方能围击，不要单靠尾追。经过3天的追击，将敌人包围在永城东北的陈官庄地区，孙元良兵团被全歼。刘汝明、李延年兵团也遭到沉重打击。毛泽东分析了此态势，认为不能与敌人长期相持，必须加速战役进程，决心采取集中兵力围歼黄维兵团，困住杜聿明集团，阻击李延年、刘汝明兵团的方针。为此，12月6日对黄维兵团发起了猛烈攻击，采取了沟壕战术，同时发起了强大的政治攻势。12日，刘伯承、陈毅发出《促黄维投降书》，但黄维拒不投降，遂于13日晚发起总攻，经过1天的激战，全歼黄维兵团，生俘黄维。刘汝明、李延年兵团也被迫撤至淮河以南，杜聿明集团更加孤立。从而加速了淮海战役的进程。

第三阶段，从1948年12月16日开始到1949年1月10日结束。当黄维兵团被歼、杜聿明集团被围时，平津战役已经开始。傅作义所指挥的60万国民党军队为东北野战军解放全东北的胜利所震慑，急忙收缩兵力，企图由海上南逃或西窜绥远。蒋介石要求傅作义"万不得已时撤回江南"。为了配合华北战场上人民解放军"隔而不围""围而不打"，争取和平解放平津的战略行动，毛泽东决定让淮海战场上的人民解放军进行休整，对敌人进行防御。这样就可以麻痹敌人，使傅作义暂不海运平津诸敌南下，实现将国民党军队主力歼灭于长江以北的战略设想，同时可使中野和华野获得休整，使两个战场互相配合，钳制敌人。为此，毛泽东命令在歼灭黄维兵团后，留下杜聿明指挥的邱清泉兵团等余部，两星期内不作最后歼灭之部署，22日又电示粟裕：你们集中华野全军并多休整数日，养精蓄锐，然后一举歼灭杜聿明。只要杜部不大举突围，就休整至下月初，约于1月5日左右开始攻击较为适宜。根据毛泽东的部署，淮海战场上的人民解放军进行休整，同时对敌人展开强大的政治攻势。17日毛泽东为中野、华野司令部写了《敦促杜聿明投降书》，指出他们已到了山穷水尽的地步，突围的希望是彻底破灭了，应立即放下武器，停止抵抗。结果，在20多天里，就有1.4万多人投诚，但杜聿明仍拒绝投降。1949年初，华北野战军和东北野战军完成了对平津之敌的分割包围，平津诸敌已无路可逃。毛泽东随即命令在淮海战场上对敌人发起总攻。1月6日对杜聿明部发起猛攻，经过4天激战，歼灭了邱、李二兵团，击毙邱清泉，生俘杜聿明，至此淮海战役胜利结束。淮海战役历时65天，人民解放军共歼敌55万余人，解放了广大地区，将中原、山东、苏北等解放区连成一片，直接威胁了南京、上海和武汉。

当淮海战役鏖战正酣之际，毛泽东又部署了三大战役中最后一个战役——平津战役。平津战役之前，国民党在战略上可以使用的机动兵力只剩下华北傅作义集团，约60万人。在华北人民解放军的沉重打击和辽沈、淮海战役的震慑下，傅作义集团已成惊弓之鸟，陷于孤立无援的困境。为了挽回败局，蒋介石一方面企图利用傅作义集团固守平津，迟滞解放军南下，使其获得时间，加强长江防线，另一方面又企图将傅作义集团经塘沽海运至江南，增援华东战场，或扼守长江，防卫南京、上海地区。而傅作义集团则企图西撤至其发家之地绥远，以保存实力。经过激烈的讨价还价，蒋介石和傅作义才确定了"暂守天津，保持海口，扩充实力，以观时变"的方针。傅作义错误地认为东北野战军在短期内不会入关，因此他根据上述方针，将部队收缩在以北平、天津为中心，东起唐山，西至张家口的长达500余公里的铁路线上。

毛泽东认真地研究了敌我态势，认为敌人南窜或西撤，都会对战局产生极不利的影响。因此，稳住华北敌军，不使其南窜或西撤，不让敌人收缩，就成为平津战役的关键。为此，毛泽东作出稳住敌人，不使逃跑，分割包围，就地全歼的战略计划。11月18日毛泽东命令林彪等，要东北野战军在辽沈战役结束后，不待休整，立即迅速隐蔽入关，力求就地将敌人歼灭。20日又指示新华社及东北各广播电台，在两星期内，多发沈阳、新民、营口、锦州各地主力部队庆功祝捷、练兵、开会的消息，迷惑敌人。27日令东北野战军先遣兵团与华北野战军第二兵团的三纵、四纵等切断平绥线。东北野战军在林彪等率领下，不畏疲劳，11月23日挥师南下，从喜峰口等地入关，至12月20日，80万军队全部抵达平津前线。为加强对平津战役的领导，毛泽东指定由林彪、罗荣桓、聂荣臻组成总前委。平津战役分三个阶段进行。

第一阶段从1948年11月29日开始，到12月20日结束。为了阻止傅作义集团西撤，必须控制平绥路。为此，毛泽东于11月22日、24日命令华北野战军第三兵团迅速进至军事重镇张家口附近，并切断张家口和宣化的联系。11月29日，第三兵团猛攻张家口，傅作义不得不派其主力部队三十五军增援张家口，以控制西撤的通道。12月8日，三十五军被包围在新保安。至此，傅作义的主力部队被包围在张家口、新保安地区，平绥路东段被切断，使敌人西撤的图谋破产。12月2日，华北野战军第三兵团又割断宣化、怀来间的联系，东北野战军先遣兵团则割断北平、怀来间的联系。毛泽东根据敌我态势，于12月11日起草《关于平津战役的作战方针》指出，"张家口、新保安、怀来和整个北平、天津、塘沽、唐山诸敌，除某几个部队例如三十五军、六十二军、九十四军中的若干个别的师，在依靠工事保守时尚有较强的战斗力外，攻击精神都是很差的，都已成惊弓之鸟"，"切不可过分估计敌人的战斗力"；同意东北野战军"以五纵立即去南口附近，从东北面威胁北平、南口、怀柔诸敌"，"三纵决不要去南口，该纵可按我们九日电开至北平以东、通县以南地区，从东南威胁北平，同四纵、十一纵、五纵形成对北平的包围"，"我们的真正目的不是首先包围北平，而是首先包围天津、塘沽、芦台、唐山诸点"。建议东北野战军"12月20日至12月25日数日内即取神速动作，以三纵（由北平东郊东调）、六纵、七纵、八纵、九纵、十纵等六个纵队包围天津、塘沽、芦台、唐山诸点之敌，如果诸点之敌那时大体仍如现时状态的话"，"东面则应依情况，力争先歼塘沽之敌，控制海口。只要塘沽（最重要）、新保安两点攻克，就全局皆活了"。命令"从本日起的两星期内（12月11日至12月25日）基本原则是围而不打（例如对张家口、新保安），有些则是隔而不围（即只作战略包围，隔断诸敌联系，而不作战役包围，例如对平、津、通州），以待部署完成之后各个歼敌。尤其不可将张家口、新保安、南口诸敌都打掉，这将迫使南口以东诸敌迅速决策狂跑"[①]，并令刘伯承等在歼灭黄维兵团后对杜聿明集团两星期内不作最后歼灭的部署，等等。根据毛泽东的战略部署，东北野战军和华北野战军迅速完成对北平、天津、塘沽的战略包围。至此，傅作义集团被分割在新保安、张家口、北平、天津、塘沽五个孤立的据点，斩断傅作义的"一字长蛇阵"，达到毛泽东提出的稳住敌军

---

① 《毛泽东选集》第4卷，人民出版社1991年版，第1363—1365页。

的目的,为以后从容地各个歼灭敌人创造了条件。

第二阶段从1948年12月21日开始,到1949年1月15日结束。经过第一阶段的作战,人民解放军将敌人分割包围,使其处于收不拢、逃无路的境地。为了全歼张家口、新保安等地的敌人,毛泽东于12月9日拟定作战计划:东北野战军第四纵队到达张家口并部署完毕后,华北野战军第二兵团即对新保安敌三十五军发起攻击,准备5天左右结束战斗,之后就地休整10天左右,在此期间,华北野战军第三兵团及东北野战军第四纵队不要攻击张家口,但须防止敌人突围逃跑。如敌逃跑,则歼灭之,如不逃跑,则继续围攻之,等等。华北野战军第二兵团12月22日发起攻击,从四面实行突击,经过11个小时的激战,全歼傅作义的命根子三十五军1.6万余人,三十五军军长郭景云自杀。新保安失守后,张家口的敌人已无固守的信心,向西南和东北方向突围,华北野战军第三兵团和东北野战军第四纵队密切配合,24日解放张家口,歼敌5.4万余人,至此,傅作义的嫡系部队基本上被歼灭了。

人民解放军攻克新保安、张家口后,敌人西撤的道路被切断。为了控制海口,切断敌人的海上退路,进一步孤立北平之敌,毛泽东命令东北野战军以三个纵队迅速插入天津、塘沽间,歼灭天津、塘沽线上之敌,控制该线,割断津、塘间的联系,然后歼灭塘沽之敌。由于塘沽背面靠海,地势开阔,盐田较多,不利作战,林彪等向中央军委建议,首先攻取天津。12月29日,毛泽东批准了这一建议,认为完全正确。同时将华北野战军第二、第三兵团及东北野战军第四纵队调到北平附近,防止北平敌人突围。

1949年1月7日,东北野战军决定用5个纵队歼灭天津守敌,由刘亚楼统一指挥。1月6日,林彪、罗荣桓致函天津警备司令陈长捷,要他效仿长春郑洞国,令守军自动放下武器。但陈长捷提出"只放下重武器,全部人马和轻武器撤往江南"的要求,拒不答复和平条件。14日人民解放军发起攻击,经过29小时的激战,攻克天津,歼敌13万人,活捉陈长捷。

16日塘沽敌人乘船南逃，东北野战军第十二纵队歼其掩护部队3000余人，17日解放塘沽。

第三阶段从1949年1月16日开始，到21日结束，天津、塘沽、新保安、张家口解放后，百万解放军云集北平，北平敌1个"剿匪"总部、2个兵团部、8个军、25个师20余万人已成囊中之物。北平是文化古都，为了保护文化遗产和人民的生命财产安全，毛泽东决定在对其进行军事打击的同时，开展政治攻势，使其放下武器，归向人民。

人民解放军在同傅作义进行谈判的同时，遵照毛泽东的指示积极做攻城准备。1月14日，毛泽东发表关于时局的声明，提出为了实现真正的和平，减少人民痛苦，中国共产党愿意和南京国民党反动政府及其他任何国民党地方政府和军事集团进行谈判，但须在八项条件（惩办战争罪犯、依据民主原则改编一切反动军队等）的基础之上；对于任何敢于反抗的反动派，必须坚决、彻底、干净、全部地歼灭之。1月21日，傅作义接受毛泽东1月14日声明的八项条件，同意接受和平改编。22日傅作义向北平守军作出《关于全部守城部队开出城外听候改编的通告》，31日人民解放军入城接防。同日，北平军管会和北平市人民政府宣告成立。2月3日，人民解放军举行隆重的入城式，古老的城市北平回到了人民的怀抱，平津战役胜利结束。平津战役历时64天，歼灭和改编国民党军队52万人。

辽沈、淮海、平津三大战役胜利之速，规模之大，歼敌之多，不仅在中国战争史上是空前的，在世界战争史上也是罕见的。三大战役共歼敌154万人，国民党赖以发动内战的精锐主力部队几乎丧失殆尽，全国已处在革命胜利的前夜。

三大战役后，国民党在军事上、政治上、经济上已陷入严重的危机之中，国民党政府的崩溃已成定局。为了垂死挣扎，他们企图利用现存的国民党政府来进行"和平"谈判，以此保存国民党的残余力量，阻止人民解放军向长江以南进军，从而取得喘息时间，重整旗鼓，然后进行反扑。美帝国主义看到蒋介石已失人心，其彻底失败的命运已无法挽救，企图以李宗仁代替蒋介石。蒋介石为获得喘息，也表态宣布"引退"，由李宗仁出任代总统同中共"和谈"。与此同时，一些民族资产阶级的右翼分子害怕革命进一步发展将会触犯自己的利益，积极配合美蒋反动派的"和平攻势"，向中国共产党"呼吁和平"；一些"自由主义者"也出面"调和"，企图建立"第三势力"；甚至，苏联方面也劝中国共产党与国民党"划江而治"，以免美国出兵干涉而引起第三次世界大战；中国革命阵营内部也有人顾虑过长江会因受美国出兵干涉而遭致革命功败垂成。

在这关键时刻，毛泽东审时度势，提出绝不允许"南北朝"的历史在中国重演。他向全国人民发出"将革命进行到底"的伟大号召。毛泽东在为新华社写的1949年新年献词中，用古希腊一则寓言《农夫与蛇》的寓意告诫全国人民，敌人是不会自行消灭的。无论是中国的反动派，或是美帝国主义在中国的侵略势力，都不会自行退出历史舞台。他号召中国人民为防止那些感受到冬天的威胁，但还没有冻僵的，无论是露出毒牙或化装成美女的蛇还阳复苏，就必须"用革命的方法，坚决彻底干净全部地消灭一切反动势力，不动摇地坚持打倒帝国主义，打倒封建主义，打倒官僚资本主义，在全国范围内推翻国民党的反动统治，在全国范围内建立无产阶级领导的以工农联盟为主体的人民民主专政的共和国"[①]。

为了揭露国民党的"和谈"阴谋，教育那些对国民党仍存幻想的"民主主义者"，鼓舞全国人民的斗志，毛泽东又接连发表《评战犯求和》《关于时局的声明》《中共发言人评南京行政院的决议》《四分五裂的反动派为什么还要空喊"全面和平"？》《国民党反动派由"呼吁和平"变为"呼吁战争"》《评国民党对战争责任问题的几种答案》和《南京政府向何处去？》等战斗檄文，彻底戳穿国民党假和平的嘴脸。为了减少人民痛苦，教育广

---

① 《毛泽东选集》第4卷，人民出版社1991年版，第1375页。

大人民，中国共产党在加紧准备渡江作战的同时，于3月26日正式通知同南京国民党政府谈判，提出谈判从4月1日开始，地点为北平。国民党政府派出由张治中、邵力子、黄绍竑、章士钊、刘斐等组成的国民党政府代表团，4月1日抵达北平。经过半个多月的谈判，国共双方拟定《国内和平协定(最后修正案)》，但是4月20日南京政府拒绝签字。4月21日，在国民党政府拒绝在《国内和平协定(最后修正案)》上签字的第二天，毛泽东和朱德向人民解放军全体指战员发布《向全国进军的命令》，并指挥人民解放军百万大军发动渡江战役，一举突破国民党精心布置数月的千里长江防线。4月23日，国民党的统治中心南京解放。在中国人民解放军的凯歌行进声中，毛泽东写下那首"风雨下钟山"的著名诗篇，抒发他"天翻地覆慨而慷"的豪迈情怀。

第九章
CHAPTER NINE

开国立业

为新中国奠基

在人民解放战争胜利进军的隆隆炮声中，毛泽东开始逐步地把主要精力转向创建人民共和国。

1948年4月30日，中共中央发布经毛泽东修改审定的纪念"五一"国际劳动节口号，号召各民主党派、各人民团体、各社会贤达迅速召开政治协商会议，讨论并实现召集人民代表大会，成立民主联合政府。翌日，毛泽东致电中国国民党革命委员会主席李济深和在香港主持民盟盟务的中国民主同盟常委沈钧儒（在大陆的民盟组织已经被国民党政府强令取缔解散）提出：立即着手召开新政治协商会议，讨论成立民主联合政府，希望民革、民盟同中共共策进行。毛泽东的这一主张，立即得到各民主党派、人民团体和无党派人士的热烈响应。5月5日，中国国民党革命委员会、中国民主同盟、中国民主促进会、中国致公党、中国农工民主党、中国人民救国会、中国国民党民主促进会、三民主义同志联合会等民主党派与无党派民主人士，联合发表通电致毛泽东，拥护召开新政治协商会议，指出成立民主联合政府，是"适合人民时势之要求，尤符同人等之本旨，曷胜钦企"[1]。由于交通信息阻隔，毛泽东于8月1日收到电文，当即回电，对各民主党派、各人民团体及无党派人士赞同召开新的政治协商会议，讨论并实现召开人民代表大会，建立民主联合政府的主张，并热心促其实现，表示钦佩。同时，提出开会的时机、地点、何人召集、参加会议者的范围以及会议应讨论的问题等项事宜，希望共同研讨。

自1948年8月起，各民主党派和民主人士代表人物，由香港等地分

---

[1] 《五星红旗从这里升起》，文史资料出版社1984年版，第149、216页。

批陆续到达东北和华北解放区。10月3日,毛泽东、朱德、周恩来致电第一批抵达哈尔滨的民主人士沈钧儒、谭平山、章伯钧、蔡廷锴等,表示慰问。1949年1月22日,李济深、沈钧儒等55名抵达解放区的民主人士,联名发表《我们对时局的意见》,表示"愿在中共领导下,献其绵薄,共策进行,以期中国人民民主革命之迅速成功,独立、自由、和平、幸福的新中国之早日实现"。

1949年3月5日至13日,中国共产党在河北省平山县西柏坡召开具有重要历史意义的七届二中全会。毛泽东在会上作工作报告。在经过22年的艰苦转战之后,毛泽东不无自豪地宣布:"从现在起,开始了由城市到乡村并由城市领导乡村的时期。党的工作重心由乡村移到了城市。"毛泽东在报告中还阐述了胜利之后国内外的基本矛盾和党在各方面的政策,提出必须使中国稳步地由农业国转变为工业国,把中国建设成一个伟大的社会主义国家的奋斗目标。他还特别告诫全党,夺取全国胜利这只是万里长征走完了第一步。今后的工作更伟大,斗争更艰苦。务必使同志们继续地保持谦虚、谨慎、不骄、不躁的作风,务必使同志们继续地保持艰苦奋斗的作风。

七届二中全会后,3月23日,毛泽东率领中央机关告别最后一个农村指挥部——西柏坡,前往北平。在那里,他继续指挥人民解放军去夺取全国胜利,同时致力于领导新中国及中央人民政府的筹建工作。6月15日至19日,新政治协商会议筹备会第一次全体会议在北平中南海勤政殿举行。会议由中国共产党和民主党派、人民团体、无党派民主人士等23个单位和个人代表共134人组成。毛泽东主持会议并作了讲话,他指出,筹备会的任务是:"完成各项必要的准备工作,迅速召开新的政治协商会议,成立民主联合政府,以便领导全国人民,以最快的速度肃清国民党反动派的残余力量,统一全中国,有系统地和有步骤地在全国范围内进行政治的、经济的、文化的和国防的建设工作。"并且明确宣布,只有召开政治协商会议，"宣告中华人民共和国的成立，并选举代表这个共和国的民主联合政府，才能使我们伟大的祖国脱离半殖民地的和半封建的命运，走上独立、自由、和平、统一和强盛的道路"。经过讨论，会议通过了《新政协筹备会组织条例》，选出毛泽东等21人组成新政协筹备会常务委员会，毛泽东为主任，周恩来、李济深、沈钧儒、郭沫若、陈叔通为副主任，并在常委会下设6个小组，分别负责起草共同纲领，拟定政府方案和国旗国徽国歌方案等，全面展开筹建新政权的工作。

为了统一全国人民对新的国家政权性质的认识，毛泽东于6月30日发表《论人民民主专政》一文，系统地阐明即将成立的中华人民共和国的性质、各阶级在国家政权中的地位以及新中国内政外交的基本政策。文章明确指出，中国民主革命胜利以后，只能建立工人阶级（经过共产党）领导的，以工农联盟为基础的人民民主专政的人民共和国，而不是资产阶级专政的共和国。这个人民共和国的前途，必将是社会主义和共产主义。这一观点进一步奠定了人民民主专政的理论基石。毛泽东在文章中还告诫全党各级干部：严重的经济建设任务正摆在我们面前，"我们必须克服困难，我们必须学会自己不懂的东西。我们必须向一切内行的人们（不管什么人）学经济工作"。

毛泽东的这篇文章和他在七届二中全会上的报告，为新政协的召开和新中国的诞生做了理论上和政策上的准备。依据这两篇文章的精神，新政协筹备会《共同纲领》起草组，在周恩来主持下起草《共同纲领》。毛泽东非常关心《共同纲领》的起草工作，他多次审阅文稿，并认真修改。在毛泽东和周恩来等的辛勤努力下，具有宪法意义的《共同纲领》日臻完善，得到参加新政治协商会议的各民主党派、各人民团体及全体代表的一致赞同，成为名副其实的"共同纲领"。

9月17日，筹备会召开第二次全体会议，决定将"新政治协商会议"改称"中国人民政治协商会议"。会议审议并基本通过《中国人民政治协商会议组织法（草案）》《中华人民共和国中央人民政府组织法（草案）》，并授权常委会提交中国人民政治协商会议第一届全体会议研究商讨。

经过筹备会3个多月的充分准备，9月21日，中国人民政治协商会议第一届全体会议在北平中南海怀仁堂隆重举行。出席会议的有中国共产党、各民主党派、人民团体、人民解放军、各地区、各民族和国外华侨的代表以及特邀人士共662人。毛泽东主持会议并致开幕词，他豪迈地宣告："占人类总数四分之一的中国人从此站立起来了。""我们团结起来，以人民解放战争和人民大革命打倒了内外压迫者，宣布中华人民共和国成立了。我们的民族将从此列入爱好和平自由的世界各民族的大家庭，以勇敢而勤劳的姿态工作着，创造自己的文明和幸福，同时也促进世界的和平和自由。我们的民族将再也不是一个被人侮辱的民族了，我们已经站起来了。"

会议经过充分讨论，一致通过《中国人民政治协商会议共同纲领》。《共同纲领》分为7章60条，确定了中华人民共和国的国家性质和政权制度，规定全国各族人民的各项民主自由权利，以及政治、经济、民族、文化教育、外交等基本政策。其中，关于国体和政体，《共同纲领》规定，"中华人民共和国为新民主主义即人民民主主义的国家，实行工人阶级领导的、以工农联盟为基础的、团结各民主阶级和国内各民族的人民民主专政"。"人民行使国家政权的机关为各级人民代表大会和各级人民政府"；"各级政权机关一律实行民主集中制。"这个《共同纲领》成为中国人民的大宪章，它在一个时期内起着临时宪法的作用。会议通过了《中华人民共和国中央人民政府组织法》，规定与人民民主专政的国家性质相适应的政权组织形式，实行民主集中制原则和人民代表大会制。会议选举产生中央人民政府委员会。毛泽东当选为中央人民政府主席，朱德、刘少奇、宋庆龄、李济深、张澜、高岗为副主席。选举周恩来、陈毅等56人为中央人民政府委员。会议还决定，北平为中华人民共和国首都，并将北平改名为北京；采用公元纪年；以《义勇军进行曲》为代国歌；国旗为五星红旗，象征中国革命人民的大团结。9月30日，毛泽东受会议委托起草了《中国人民政治协商会议第一届全体会议宣言》，明确向全国同胞和全世界宣布："中华人民共和国现已宣告成立，中国人民业已有了自己的中央政府。这个政府将遵照共同纲领在全中国境内实施人民民主专政。"当日下午，会议闭幕后，毛泽东率全体代表到天安门广场，为人民英雄纪念碑隆重奠基，以此告慰1840年以来为中华民族的独立和解放而英勇献身的千百万民族先驱。

10月1日下午2时，中央人民政府委员会在中南海勤政殿举行第一次会议，毛泽东率各位副主席及全体委员宣布就职，中央人民政府宣告成立。会议推选林伯渠为中央人民政府委员会秘书长，任命周恩来为中央人民政府政务院总理兼外交部长，毛泽东为中央人民政府革命军事委员会主席，朱德为中国人民解放军总司令，沈钧儒为中央人民政府最高法院院长，罗荣桓为中央人民政府最高检察署检察长，并责成他们从速组成政府机关，进行各项工作。会后，毛泽东率中央人民政府全体委员到天安门城楼参加开国大典。

下午3时，首都北京30万军民齐集天安门广场，隆重举行开国大典。中央人民政府委员会秘书长林伯渠宣布典礼开始，乐队高奏《义勇军进行曲》，54门礼炮齐鸣28响，象征着中国共产党带领亿万中国人民走过的28年奋斗历程。在庄严雄壮的国歌声中，毛泽东按动电钮，亲手升起中华人民共和国第一面国旗——五星红旗。接着，毛泽东宣读《中华人民共和国中央人民政府公告》，向全世界庄严宣告：中华人民共和国成立了！中央人民政府为代表中华人民共和国全国人民的唯一合法政府。凡遵守平等、互利及互相尊重领土主权等项原则的任何外国政府，本政府均愿与之建立外交关系。

中华人民共和国的成立，开辟了中国历史的新纪元。它标志着100多年来殖民主义、帝国主义同封建统治者勾结起来奴役中国人民的历史和内外战乱频仍、国家四分五裂的历史从此结束,中国由人民无权的国家变成人民民主的国家。中国人民从此站立起来了,成为新国家、新社会的主人。

随着中央人民政府直属的各机构陆续健全和正式办公,新中国的政治秩序社会秩序逐步得以确立和稳固,毛泽东领导的中央人民政府开始着手建立和健全地方各级人民政府,巩固人民民主专政。

毛泽东和中共中央从中国的实际出发,秉承民主集中制的原则,一方面针对旧中国长期分裂的历史而实行中央集权制,各区域和各省政府服从中央政府,中央政府有权力批准及撤换各区域及各省选举的政府负责人;同时,又给予地方政府较大的自治权。在刘少奇代表中共中央给联共(布)中央斯大林的报告中对此有精辟的阐释,即"中国的人民民主专政,将实现中国的统一,这是中国的一种伟大的进步,这是在无产阶级的领导之下实现的。但是由于中国的落后,交通不便,过去帝国主义的势力范围与封建势力的割据,全国统一的经济体系尚未形成,所以在目前还不能不给地方政府以较大的自治权,以便发挥地方的积极性。在目前,实行过分的中央集权制,我们认为是不正确的和有害的"[1]。不仅如此,在新中国开国大典的礼炮声响起的时候,华南、西南和西藏,以及海南岛和沿海的许多岛屿,还没有解放;已经解放的大片国土也因解放的早晚和土地改革、政权建设等是否进行而分为老解放区、半老区、新区。各个地区面临的主要任务和相应的政策,差距很大。因此,毛泽东极为关注地方各级人民政府的建设问题,以很大精力抓各地各界人民代表会议这一中心环节,以求充分实现各族人民当家做主人的权力。从1949年8月至12月间,他先后起草和发表了关于召开各地人民代表会议的指示文件近20件,提出一系列的方针、政策,指导各地的民主政权建设。为实现国家的统一,维护中央人民政府的权威,毛泽东从着力加强中共中央号令的集中统一和健全中共的

---

[1] 《建国以来刘少奇文稿》第1册,中央文献出版社2005年版,第7—8页。

各级组织为切入点与主要抓手,与建立党的中央委员会到各中央局(分局)、省委、区党委、地委(市委)、县委、区委、支部这样一个从上到下的系统相配套,建立形成了中央人民政府下辖西北、西南、中南、华东4个军政委员会和华北、东北2个大区人民政府,6个大行政区政权再辖若干省级人民政府,省政府下辖若干行政公署和专署(市),以及县、区、村这样一整套高效有序的政权领导体系,从而在最短的时间内彻底改变了旧中国那种各行其是、一盘散沙的混乱政局。

由于中国革命走的是一条以农村包围城市的独特道路,首先是取得一部分地区的胜利,然后夺取全国的胜利,所以,到新中国成立之际,已有约占全国面积三分之一、包括一亿多人口的地区成为实行新民主主义的解放区。随着人民解放战争的胜利推进,这些解放区连成一片,并将那里实行的新民主主义政治、经济制度渐次推向全国。于是建立一个统一、完整的新民主主义社会,成为新中国民主政治建设的首要任务。

为了使各级地方政府具有广泛的群众基础,使人民民主专政从一开始就成为统一战线的政权,毛泽东依据《共同纲领》的规定,坚持"中国人民民主专政的中国工人阶级、农民阶级、小资产阶级、民族资产阶级及其他爱国民主分子的人民民主统一战线的政权"的基本精神,在保证工人阶级领导的前提下,注意大量吸收民主人士参加地方各级政权的领导机构。他在给叶剑英、陈毅、彭德怀等大区和省的领导人的电报和信函中,一再强调要组成中共占比较多数同时团结各方面民主人士在内的地方政权。他和周恩来等还将一些地方政权的组成人员名单就商于各民主党派的领导人,征询他们的意见。在毛泽东的亲自倡导下,继一批民主人士担任中央政权的领导职务后,又有一大批非中共人士在各级地方政权中担任了重要职务。1949年12月,毛泽东主持中央人民政府委员会第四次会议,制定和通过《省各界人民代表会议组织通则》《市各界人民代表会议组织通则》《县各界人民代表会议组织通则》。通则规定了省、市、县各界人民代表会议的具体职责。省市县各级人民代表会议，负责听取与审查各级相应人民政府的工作报告，决定与之相应各级人民政府的施政方针和政策，审查与通过相应的各级人民政府的有关重大事宜；选举省人民政府主席、副主席、市长、副市长、县长、副县长和与之相适应的各级人民政府的委员，组成各级人民政府。各级人民代表会议制度，是人民民主专政的重要组成部分，在还没有条件召开人民代表大会的情况下作为一种过渡形式起着人民代表大会的作用，代行人民代表大会的职权。它的代表亦非民主选举，而是由各群众团体推派和由政府特邀。随着各方面条件的具备和经验的积累，逐渐过渡到人民代表大会制度。1950年1月6日，政务院第十四次会议通过《省人民政府组织通则》《市人民政府组织通则》《县人民政府组织通则》。同年12月8日，政务院第六十二次会议又通过《区人民政府及区公所组织通则》《乡（行政村）人民政府组织通则》。这些通则，对省、市、县、区、乡各级地方政权的隶属关系、组成、职权、机构作了详尽而明确的规定，为各级地方政权的建立制定了法规，推动了各级地方政权的建立和完善。在毛泽东和中央人民政府的指导下，各地政权遵照省、市、县各界人民代表会议组织通则和省、市、县各级人民政府组织通则的精神，相继成立了各级人民政府，召开各界人民代表会议。到1951年9月，在全国建立了1个大行政区人民政府，4个大行政区的军政委员会，28个省人民政府，1个自治区人民政府，9个相当于省级的行政区人民行政公署，12个中央和大行政区直属的市人民政府，67个省辖市人民政府，2087个县人民政府，以及数万个乡人民政府。到1952年底，全国所有的省、市、县、区、乡都召开了人民代表会议，省、市、县人民代表会议代行人民代表大会职权的已分别增至19个、85个和436个，绝大部分乡的人民政府委员会已由乡人民代表会议选举产生。经过新中国成立后3年的努力，新中国从中央到地方的各级政权全部建立，并且日臻完善和加强。

与此同时，毛泽东和中共中央对于新中国究竟是像苏联那样成为联邦制国家,还是建设单一制国家结构,也进行了反复的考量。中国是一个统一的多民族的国家,究竟是实行单一制还是联邦制国家结构,中共在历史上曾经效法苏联也主张建立联邦制国家。毛泽东本人在加入中共之初也曾一度主张门罗主义,提倡湖南自治。抗日战争时期因为要团结一致驱逐日本侵略者出中国,中共在作出停止推翻国民政府行动的承诺后,民族自治的口号很少再提及。1947年春在酝酿成立内蒙古自治区时,中共中央就内蒙古民族自治政府与中国的关系问题明确指示:"内蒙古自治政府非独立政府,它承认内蒙古自治区仍属中国版图,并愿为中国真正民主联合政府之一部分"①。在新中国成立前夕,毛泽东又就这一问题征求中央统战部部长李维汉的意见。李维汉他们研究后认为中国的情况不同于苏联,苏联少数民族占总人口的47%,而中国只占6%,并且汉族与少数民族、几个少数民族之间往往是杂居或交错聚居,他们认为中国应实行单一制国家结构,同时推行民族区域自治以利于民族平等。毛泽东和中共中央赞同李维汉的意见,周恩来专门在新政治协商会议期间就新中国为什么不实行联邦制问题作了说明。当时曾发生西藏地方当局受英、美、印等国策动驱逐汉族群众和国民党政府驻藏人员事件,中共中央以新华社社论形式发文指出:"西藏是中国的领土,绝不容许任何外国侵略;西藏人民是中国人民的一个不可分离的组成部分,绝不容许任何外国分割。这是中国人民、中国共产党和中国人民解放军的坚定不移的方针。"②这表明了中国共产党维护国家和中华民族团结统一的坚定决心,也成为毛泽东和中共中央确定实行单一制国家结构的一个重要背景。这样,由中共中央提出(毛泽东曾多次修改),经新政治协商会议反复讨论通过,具有宪法意义的《中国人民政治协商会议共同纲领》明确规定:"中华人民共和国境内各民族一律平等,实行团

---

① 《中共中央文件选集》第16册,中共中央党校出版社1992年版,第431页。
② 《建国以来毛泽东文稿》第1册,中央文献出版社1987年版,第290页。

结互助，反对帝国主义和各民族内部的人民公敌，使中华人民共和国成为各民族友爱合作的大家庭。反对大民族主义和狭隘民族主义，禁止民族间的歧视、压迫和分裂各民族团结的行为"，"各少数民族聚居的地区，应实行民族区域自治"[①]。新中国的性质也被明确为"中华人民共和国是工人阶级领导的，以工农联盟为基础的，团结各民主阶级和国内各民族的人民民主专政的国家"[②]。单一制国家结构和民族区域自治制度并行，既贯彻了毛泽东和中共一贯的民族平等的思想，又维护了国家的统一和各民族的团结，是民主与集中相结合的典范。

新中国成立之初，国内外事务繁杂，百废待举。担任党、军队、国家和政协最高职务的毛泽东，肩负着领导全国各族人民建立和巩固人民民主专政以及恢复国民经济、制定新中国基本国策等多种重任。胜利的喜悦，使他几乎忘记了工作的疲劳，他凭借多年斗争实践中积累起来的经验和知识，审慎地观察与研究领导一个几亿人口的大国所面临的新问题。他和战友们一起，为新中国制定了一系列的国策，使各项工作有条不紊地开展起来。

在外交方面，为彻底改变旧中国历届政府在履新之初无不宣告要"外崇国信"，被迫承认过去遗留下来的各种不平等条约，以换取外国政府的承认和支持。毛泽东为新中国制定了"另起炉灶"和"打扫干净屋子再请客"这些体现独立自主精神的外交方针，彻底废除了一切不平等条约和外国列强在华的一切特权，使新中国在开国之初就获得完全自主的地位。他针对一些帝国主义国家对新中国的敌视态度，尤其是美国政府的封锁政策和它为其侵华行径的狡辩，毛泽东在新中国成立前夕，连续为新华社写了《丢掉幻想，准备斗争》《别了，司徒雷登》《为什么要讨论白皮书？》《"友谊"，还是"侵略"？》《唯心历史观的破产》五篇评论，系统地揭露和批

---

① 《中共中央文件选集》第18册，中共中央党校出版社1992年版，第594—595页。
② 《中共中央文件选集》第18册，中共中央党校出版社1992年版，第570页。

驳了美国政府对华政策的帝国主义本质；同时，他在《论人民民主专政》一文中对采用"一边倒"的方针作了深刻的论述，他指出"一边倒，是孙中山的四十年经验和共产党的二十八年经验教给我们的，深知欲达到胜利和巩固胜利，必须一边倒。积四十年和二十八年的经验，中国人不是倒向帝国主义一边，就是倒向社会主义一边，绝无例外"。作为政治方针的"一边倒"，由新中国当时所处的国际环境所决定，也被贯彻于外交工作中，即将发展同苏联和各人民民主国家的外交关系放在了首要位置。根据这个精神，中国人民政治协商会议在制定《共同纲领》时，规定的外交原则是：保障本国独立、自由和领土主权的完整，拥护国际的持久和平和各国人民之间的友好合作，反对帝国主义的侵略政策和战争政策。外交方针为：联合世界上一切爱好和平、自由的国家和人民，首先是联合苏联、各人民民主国家和各被压迫民族，站在国际和平民主阵营方面，共同反对帝国主义侵略，以保障世界和平。这一外交原则、方针，博得了世界各国一切爱好和平的人民的赞扬和同情。因此，新中国一成立，立刻就得到苏联、保加利亚、罗马尼亚、匈牙利、朝鲜民主主义人民共和国、捷克斯洛伐克、波兰、蒙古、阿尔巴尼亚、越南民主共和国和德意志民主共和国的承认，并相继建立了外交关系。由于我国把同社会主义国家建立和发展友好关系作为新中国外交的首要任务，因此同这些国家尤其是同社会主义苏联的外交关系发展得很快。

1949年10月2日，中华人民共和国成立的第二天，苏联政府就决定中苏建交并互派大使，成为承认中华人民共和国的第一个友好国家。20日，毛泽东致电斯大林，介绍王稼祥出任驻苏大使，同时以中共中央代表资格接洽两党事务。刚刚诞生的人民共和国面临着打破帝国主义封锁的严重斗争，因此巩固和发展中苏两个大国、大党的友谊和合作，显得格外重要。12月16日，毛泽东率代表团抵达莫斯科，受到苏联党和政府的盛大欢迎。1950年1月20日，周恩来和李富春等人抵达莫斯科，23日，毛泽东、周恩来同斯大林、莫洛托夫谈判。在毛泽东主持下，由周恩来起草了中苏友好同盟互助条约草案。2月14日，《中苏友好同盟互助条约》《关于中国长春铁路、旅顺口及大连的协定》《关于贷款给中华人民共和国的协定》在莫斯科签字，同时，还签订了由苏联帮助中国建设与改造50个企业的协定。其中规定：苏联政府将共同管理中国长春铁路的一切权利以及属于该路的全部财产无偿地移交中国，将大连市苏联临时代管或租用的财产，苏联经济机关在东北从日本侵略者手中获得的财产，以及过去在北京的兵营的全部财产，无偿地移交中国。毛泽东访苏获得了巨大成功。

《中苏友好同盟互助条约》和其他协定的缔结，打破了第二次世界大战结束前美、英、苏雅尔塔协定对远东和太平洋地区势力范围的划分，维护了中国主权，对保障中苏双方的安全，维护远东和世界和平，加强中苏人民的友谊和促进两国的建设事业，都具有重大的历史作用。特别是对刚刚新生的中国来说"使得我们有了一个可靠的同盟国，这样就便利我们放手进行国内的建设工作和共同对付可能的帝国主义侵略，争取世界的和平"[1]，同时也有利于打破帝国主义国家的对华禁运和封锁，有利于使各国无条件承认新中国，提高其在世界的地位，有助于新中国经济的迅速恢复和发展。

毛泽东在注重发展同社会主义国家"一边倒"外交关系的同时，也积极主张同对新中国持友好态度的国家发展外交关系。通过谈判，印度、缅甸、瑞典、瑞士等国家确认同国民党政府断绝外交关系而同新中国建交。英国很早承认新中国，但它在同国民党政府断交和支持恢复中华人民共和国在联合国的合法席位问题上采取暧昧态度，建交谈判只好搁浅。对敌视新中国的美帝国主义及其追随者，新中国则采取不承认其同国民党政府建立的旧外交关系，而要在新的基础上同各国另建立新的外交关系，即采取毛泽东所说的"另起炉灶"和"打扫干净屋子再请客"的外交政策。毛泽

---

[1] 《建国以来毛泽东文稿》第1册，中央文献出版社1987年版，第290页。

东和中央人民政府以独立自主的外交方针为核心，以互相尊重主权和平等互利为原则，针对不同的国家，分别实行"一边倒""睦邻友好""民间外交"等灵活的外交政策，奠定了新中国外交工作的基石。

在经济方面，中国共产党从国民党手里接收的是一个在一百多年中饱受中外反动势力剥削、掠夺和压榨，又连续遭受几十年战争的破坏，有4.75亿人口的大国、穷国。如何恢复千疮百孔的国民经济，对毛泽东和他的战友们来说是一个大难题，而且是一个从来没有遇到过的大难题。资产阶级怀疑我们的建设能力，帝国主义者估计我们终究会要向他们乞讨才能活下去。但是，毛泽东坚信："中国的命运一经操在人民自己的手里，中国就将如太阳升起在东方那样，以自己的辉煌的光焰普照大地，迅速地荡涤反动政府留下来的污泥浊水，治好战争的创伤，建设起一个崭新的强盛的名副其实的人民共和国。"[①] 毛泽东反复地告诫全党和全军："党和军队的工作重心必须放在城市，必须用极大的努力去学会管理城市和建设城市"，"只有将城市的生产恢复起来和发展起来了，将消费的城市变成生产的城市了，人民政府才能巩固起来"。城市中其他的工作"都是围绕着生产建设这一个中心工作，并为这个中心工作服务的"。在这里，毛泽东提出全党工作重心由农村转向城市，而城市工作又要以生产建设为中心的重要思想。同时，毛泽东认为：城市工作"必须全心全意地依靠工人阶级，团结其他劳动群众，争取知识分子，争取尽可能多的能够同我们合作的民族资产阶级分子及其代表人物站在我们方面，或者使他们保持中立，以便向帝国主义者、国民党、官僚资产阶级作坚决的斗争，一步一步地去战胜这些敌人"[②]。

当时，中央人民政府面临着一个极其严重的社会问题，即连续12年来并日益加重的市场不稳，物价飞涨，通货膨胀，严重影响着社会秩序和

---

① 《毛泽东选集》第4卷，人民出版社1991年版，第1467页。
② 《毛泽东选集》第4卷，人民出版社1991年版，第1427—1428页。

人民政权的巩固。从1949年10月开始，上海物价出现疯涨势头，进入11月，涨势更加凶猛，至11月24日，比10月上旬上涨了26%。从1949年4月到1950年2月，在不足一年时间里，就出现4次全国性的涨价高潮。

为了制止由于投机资本操纵而加剧的市场混乱，稳定物价，毛泽东领导党和人民政府，依靠国营经济的力量和老区人民的支持，果断采取有力的经济措施和必要的行政手段，在政务院副总理兼中财委主任陈云的具体领导下，相继组织了同投机资本作斗争的两次大的"战役"。首先是"银元之战"。各大城市军管部门和人民政府，按照毛泽东和中央政府的指示，明令严禁金条、银元、外币在市场上自由流通，一律由人民银行挂牌收兑，规定人民币为唯一合法货币。投机商对此置若罔闻，继续扰乱金融市场。在上海，他们甚至扬言：解放军进得了上海，人民币进不了上海。1949年6月10日，上海市人民政府出动军警查封了金银投机大本营"证券大楼"，逮捕法办首要投机分子238名，沉重打击了破坏金融的非法活动，巩固了人民币的地位，对稳定市场起到了重要作用。

"银元之战"之后，投机资本家并不甘心认输，他们认为"银元之战"是人民政府靠政治力量取胜的，就又将投机目标转向粮食、棉纱、棉布、煤炭市场。在他们的哄抬下，全国物价一日三涨，上海涨价尤甚。这时国民党特务叫嚣："只要控制了'两白一黑'（大米、棉纱、煤炭），就能置上海于死地。"

面对投机商人的猖獗活动，毛泽东和中央人民政府高度重视平抑物价的工作，经过周密的调查研究，指示以陈云为首的中财委，依靠刚刚建立起来的强大的社会主义国营经济，在全国范围内调运和集中足够的粮食、棉纱、棉布等重要物资，选择适当时机集中抛售，给投机商人以毁灭性的打击。中央人民政府从11月5日至30日，每日从东北调运1000万至1200万斤粮食入关，加紧华中棉花东运，把陇海路沿线积压的纱布运至西安。在此期间，天津、上海、西安等大城市都准备了足够抛售的粮食、棉布、棉纱等物品。经过周密布置和充分准备之后选择市场物价达到高峰之机，于11月25日在全国各大城市统一行动，集中抛售。大量物资涌入市场，使投机资本家措手不及，他们先是拼命收购，但不久就吞食不下，26日市场物价立即下降。连续抛售10天后，粮、棉等商品价格猛跌30%—40%。投机商人哄抬物价的阴谋破产，竞相抛售存货，但是市场已经饱和，愈抛愈贱，愈是不易脱手。不少投机商是借高利贷抢购囤积的，结果不仅所囤货物亏本，而且还要付出很高的利息，两面挨耳光，其中许多投机商因亏损过多不得不宣告破产。许多私营钱庄也因贷给投机商人的款项无法收回，宣告倒闭。这次"米棉之战"后，投机商人一蹶不振。

在以毛泽东为首的中央人民政府的精心指导和全国人民大力支持下，打击投机资本、平稳物价的斗争取得了全胜，从1950年3月开始，全国物价逐渐向下浮动，并日趋稳定，一举结束了在中国延续十多年的物价恶性上涨、市场混乱的局面，并使新生政权在市场上取得了领导地位。为保证工农业生产的正常进行，促进国民经济的恢复和发展，创造了一个良好的社会环境和先决条件。平抑物价斗争的胜利，也给资产阶级以深刻教育，使他们对人民政府不依靠政治力量能在短期内稳住物价表示折服。毛泽东高度评估这次斗争的意义，说它"不下于淮海战役"。

为了争取国民经济的根本好转，1950年6月6日至9日，中共中央在北京召开新中国成立后第一次全体会议——七届三中全会。毛泽东在会上作了题为《为争取国家财政经济状况的基本好转而斗争》的报告。毛泽东指出，当前全党全国人民所面临的中心任务，是争取在三年内实现国家财政状况的根本好转，为开始有计划的经济建设创造条件。其他一切工作必须服从和服务于这个中心。他指出，为了实现这个目标，需要三个条件，即（一）土地改革的完成；（二）现有工商业的合理调整；（三）国家机构所需经费的大量节减。为了实现这三个条件，毛泽东在报告中提出八项工作任务，这就是：（一）有步骤有秩序地进行土地改革工作；（二）巩固财政经济工作的统一管理和统一领导，巩固财政收支的平衡和物价的稳定，调整税收和合理地调整现有工商业；（三）在巩固国防，加强人民民主专政，提高国家机关工作效率的条件下，整编行政系统，复员一部分军队；（四）有步骤地谨慎地进行旧有教育事业的改革，争取一切爱国的知识分子为人民服务；（五）认真地进行对失业工人、失业知识分子和灾民的救济工作，有步骤地帮助失业者就业；（六）认真团结各界民主人士，开好各界人民代表大会；（七）坚决肃清一切危害人民的土匪、特务、恶霸及其他反革命分子；（八）巩固和发展党的组织，加强党和人民群众的联系，开展批评与自我批评，进行全党的整风运动。毛泽东的这个报告成为国民经济恢复时期具有纲领性的文件。

针对当时中国共产党党内一部分人看不到继续完成民主革命任务的重要性，在工作中存在急于消灭资本主义的"左"的做法和急躁情绪，毛泽东还在全会上作了题为《不要四面出击》的讲话，对党在争取国家财政经济状况基本好转的斗争中在政治上所应采取的战略策略方针作了透彻的说明。他指出：我们当前总的方针就是"肃清国民党残余、特务、土匪，推翻地主阶级，解放台湾、西藏，跟帝国主义斗争到底"。"我们不要四面出击。四面出击，全国紧张，很不好。我们绝不可树敌太多，必须在一个方面有所让步，有所缓和，集中力量向另一方面进攻"。毛泽东所阐明的这个战略策略方针，就是要在工人阶级领导下，以工农联盟为基础，把小资产阶级、民族资产阶级团结起来，最大限度地孤立和打击国民党残余、地主阶级和帝国主义。为了实现上述目的，毛泽东提出：（一）要合理调整工商业，要调整税收，要使工厂开工，以改善和缓和同资产阶级的关系。（二）要解决失业问题，要拿出20亿斤粮食解决失业工人的吃饭问题。（三）要实行减租减息、剿匪反霸、土地改革，使广大农民拥护我们。（四）要给小手工业者找出路，维持他们的生活。（五）对知识分子，要办各种训练班，办军政大学、革命大学，要使用他们。改造知识分子不能性急,观念形态的东西不是用大炮打得进去的。(六)在少数民族地区,条件不成熟,不要进行改革。一个条件成熟了,其他条件不成熟,也不要进行重大改革。不要四面出击的方针,对新中国成立初期争取国民经济的根本好转具有十分重要的意义。

他特别强调在大力发展国营经济的同时,要鼓励发展有利于国计民生的私人经济。他指出:国营经济与私人经济,应当在地位上有所不同,在待遇上一视同仁。所谓不同是就领导地位来说,社会主义国营经济是进步的应当取得领导地位;所谓一视同仁,是指一般的待遇,在原料供应、劳资关系、市场、价格、内外交流等方面,除了军事工业带点垄断性,其余都一视同仁。这样才能长久。

在领导全党和全国人民为恢复国民经济斗争的过程中,毛泽东逐步酝酿提出"三年准备,十年建设"的经济发展战略思想。1950年6月,在中共七届三中全会上,毛泽东提出要用三年或者还要多一点的时间争取财政经济状况的根本好转,为有计划地进行经济建设准备条件。1951年2月18日在中共中央政治局扩大会议上,他更明确地指出:"'三年准备,十年建设'的思想,要使省市级以上干部都明白。准备时间,现在起,还有二十二个月,必须从各方面加紧进行工作。"[①]毛泽东认为,十年建设之后,经济发展了,才可以考虑到社会主义的问题。"三年准备,十年建设",都是为工业国有化和农业集体化做准备。"三年准备,十年建设"的思想,把有计划的经济建设任务更确切地提到高级干部面前,是对全党工作重心由革命转入建设的进一步部署,而这一部署也是为将来向社会主义转变准备条件。

到1952年下半年,在毛泽东和中央人民政府的领导下,经过全党全国人民的团结奋斗,在短短的3年时间里,迅速地恢复和发展了国家的工

---

① 《建国以来毛泽东文稿》第2册,中央文献出版社1987年版,第126页。

农业生产、交通运输、水利建设、内外贸易、文化教育等事业。国家财政收支平衡，物价稳定，人民的物质生活得到改善。这一切标志着我国财政经济状况的根本好转和恢复国民经济任务的胜利完成。是年，工农业总产值为810亿元，比1949年的466.1亿元增长了74%，比旧中国历史上最高年产值的1936年增长了20%。其中，工业总产值349亿元，比1949年的140.2亿元增长了149%，比历史上最高年产值增长了22%，平均年递增34.8%；重工业产值为124亿元，比1949年的37亿元增长了235%；农业产值为461亿元，比1949年的325.9亿元增长了41.4%。陈云自豪地指出：新中国用3年时间走过了旧中国22年走过的路。伴随着工农业生产的恢复和发展，国民经济结构也发生了重大变化。首先，是社会主义国营经济有了较快的发展，巩固和建立了在国民经济中的领导地位。其次，是现代化工业在国民经济中的比重有了相当的提高。1952年，全国工业总产值在工农业总产值中的比重由1949年的30.1%增长到41.5%，增长了11.4%。其中，现代工业在工农业总产值中所占比重由1949年的17%增长到26.7%，增加了9.7%。所有这些，都为新中国进行大规模的有计划的经济建设和在全国进行社会主义改造，奠定了稳固的基础。

在军事方面，毛泽东继续指挥人民解放军向全国进军。针对当时国民党军队的溃败之势，毛泽东提出"远距离包围迂回的"作战方针，即远距离穿插至敌之后方，堵住退路，全歼残敌于内陆。人民解放军坚决执行毛泽东的这一战略方针，发扬不怕牺牲、连续作战的精神，以摧枯拉朽之势，分别在三个战场上向蒋介石残余军事力量发动了猛烈的追击。

在中南战场上，人民解放军在夏季作战中解放湖南、江西以后，经月余休整，于1949年9月，第二、第四野战军兵分三路对白崇禧部在衡阳、宝庆地区发动攻击。至10月11日将白部主力第七、第四十八军大部4.7万人围歼于祁阳以北地区，解放了衡阳、宝庆等地。在随后进行的广东战役中，歼灭余汉谋部6.2万人，10月14日，广州解放。从南京迁至广州不久的国民党政府被迫逃往重庆。

为了不使敌人获得喘息之机，人民解放军在稍事休整后，按照毛泽东的部署，于11月6日发动了解放广西的战役，由湖南省西南部分三路直插广西。西路军迂回百色、果德，断敌入滇退路；南路军西进郁林（玉林）、博白之线，阻敌经雷州半岛入海；中路军沿湘桂边南下。22日解放广西当时的省会桂林，25日解放柳州、梧州，12月4日解放南宁，11日占领镇南关（今友谊关）。广西战役中，除少数敌人逃入越南外，其余全部被歼，共计17.2万人，实现了毛泽东7月16日即明示的"应把白部10万人引入广西桂林、南宁、柳州等处而歼灭之"的预定设想。1950年4月16日，海南岛战役开始。17日，解放军主力部队一举突破国民党反动派吹嘘的所谓主体防线——伯陵防线，在坚持斗争23年红旗不倒的海南琼崖纵队的协助下胜利登上海南岛，随即向纵深发展。经半月作战，人民解放军日夜兼程前进，连克万宁、陵水、榆林、三亚、八所、北黎，于5月1日解放海南岛全境，共歼敌3.3万人。随后，人民解放军又相继解放广东沿海的担杆岛、万山群岛、南澳岛、南澎岛等岛屿。至此，人民解放军在中南战场先后进行了6次较大规模的战役，歼灭了白崇禧集团和余汉谋部等共43万人，除西沙、中沙、南沙诸岛外，中南全境宣告解放。

在华东战场，1949年9月初人民解放军攻占福州之后，乘敌惊魂未定之际，沿福厦公路向厦门进逼，发动了漳厦战役，至9月25日，人民解放军先后攻占同安、长泰、南靖、漳州及马尾、澳头、集美等地。10月15日，人民解放军在强大炮火掩护下渡海强行登上厦门岛，全歼守敌汤恩伯部2.7万人。1950年5月，人民解放军在一切工作就绪后，对盘踞在舟山群岛的国民党军队发动攻势，19日全部占领舟山群岛。在此期间，人民解放军还解放了渤海湾的长山列岛和闽南的东山岛。至此，除台湾和澎湖、金门、马祖等岛屿外，华东地区全部解放。

在西南战场，毛泽东决定，以第二野战军主力配属第十八兵团及第一、第四野战军各一部,由刘伯承、贺龙、邓小平统一指挥,向西南进军。11月1日,人民解放军在北起巴东、南至天柱的千里战线上,向国民党军发起多路进攻。解放军首先从两翼突破了宋希濂集团,攻占了秀山、恩施、彭水、酉阳等地,直逼乌江东岸。另一路则从湘西挺进贵州,于15日解放贵阳、思南。至此,国民党军大西南防线被拦腰切断。胡宗南部急忙由汉中向成都方向南撤,宋希濂部则布防于南川及其以东地区。人民解放军一部强渡乌江,合击南川,并于24日攻占南川,至28日,将宋希濂部主力第十五、第二十兵团大部歼灭于南川以北地区。30日,解放重庆。此时,解放军另一路由贵阳、思南向宜宾、泸州方向迂回,相继解放自贡、泸州、宜宾等地。为了聚歼国民党军于成都地区,人民解放军分路疾进,第三、第五兵团先后攻占简阳、仁寿、乐山、眉山、蒲江、邛崃、大邑等地,将胡宗南部及四川境内国民党军数十万人,全部包围于成都地区。12月9日,西康省主席刘文辉和西南军政长官公署副长官邓锡侯、潘文华等起义。当天,刘文辉、邓锡侯、潘文华通过中共在雅安的秘密电台致电毛泽东和朱德,宣布川西、西康起义。起义通电发出不久,毛泽东、朱德便复电,对刘、邓、潘率部起义表示欢迎,并指示他们通令所属,遵守中国人民解放军总部的"约法八章"和第二野战军的"四项号召",改善军民关系和官兵关系,为协助中国人民解放军和中央人民政府肃清反动残余,建立革命新秩序而奋斗。至此,西康省获得和平解放。10日,蒋介石从成都乘飞机逃往台湾。26日,解放军各部开始全线进攻,被围之敌除少数逃往西昌外,大部被歼,俘敌5万余人。27日,国民党第十八兵团一部在成都以东地区起义,成都解放。西南战役消灭了国民党在大陆的最后一支基干部队。共歼敌70万人,四川、贵州两省全部解放。

西南战役进行期间,云南省主席卢汉于12月9日深夜,也通过广播电台正式宣布起义,并发出通电报告中央政府、中央军委、解放军总部。12月11日,毛泽东、朱德复电卢汉,指出:卢汉起义"加速西南解放战争之进展，必为全国人民所欢迎"，要求卢汉接受第二野战军刘、邓的指挥，并指示："一、准备迎接解放军进驻云南，并配合我军消灭一切敢于抵抗的反动军队；二、执行人民解放军今年4月22日布告与今年11月21日刘、邓两将军四项号召，保护一切国家财产，维护地方秩序，听候接收；三、逮捕反革命分子，镇压反革命活动；四、保护人民革命活动，并与云南人民革命武装建立联系"。1950年2月20日人民解放军进驻昆明。

西南战役的胜利，将解放西藏的问题提到日程上来。毛泽东作出和平解放西藏的决策，但西藏地方政府却被图谋"西藏独立"的上层反动分子所控制。对此，中央人民政府根据毛泽东的决策，一面命令人民解放军积极准备进军西藏，一面通知西藏地方政府派代表来北京谈判。1949年11月19日，西藏官员会议决定：派僧俗官员，争取英美等国的支持和援助。与此同时，西藏地方政府采取政治军事手段，自称用"文武"两手，同中央人民政府对抗。然而，西藏人民是希望团结和解放的，1949年10月1日，在青海的班禅额尔德尼·确吉坚赞致电中央人民政府，希望早日解放西藏。为粉碎反动分子策划的"西藏独立"阴谋，完成祖国统一大业，1950年1月初，毛泽东根据路况和地理、民情等综合因素，调整了原来由第一野战军为主解放西藏的部署，决定：以中共中央西南局和第二野战军主力为主，在中共中央西北局和第一野战军的配合下，准备进军西藏，解放西藏。

1950年10月，人民解放军第十八军西渡金沙江，取得昌都战役的胜利，消灭了藏军主力，解放昌都广大地区，打开了进军西藏的咽喉要道，促使西藏地方统治集团迅速分化。

1951年1月，经多方工作，达赖喇嘛同意进行谈判。1951年4月29日，在首都北京正式开始和平解放西藏的谈判。经过6轮谈判，双方达成《中央人民政府和西藏地方政府关于和平解放西藏办法的协议》。5月23日，在中南海勤政殿举行隆重的签字仪式。第二天，毛泽东在"和平解放西藏协议"签订庆祝会上的致词中指示："几百年来，中国各民族之间是不团结的，特别是汉民族与西藏民族之间是不团结的，西藏民族内部也不团结。这是反动的清朝政府和蒋介石政府统治的结果，也是帝国主义挑拨离间的结果。现在，达赖喇嘛所领导的力量与班禅额尔德尼所领导的力量与中央人民政府之间都团结起来了。这种团结是兄弟般的团结，不是一方面压迫另一方面。这种团结是各方面共同努力的结果。今后，在这一团结基础上，我们各民族之间，将在各方面，将在政治、经济、文化等一切方面，得到发展和进步。"[①]

根据《中央人民政府和西藏地方政府关于和平解放西藏办法的协议》，中国人民解放军于1951年7月，分多路向拉萨进发，先遣部队于9月9日到达拉萨。10月26日，主力部队抵达拉萨。随后，中国人民解放军进驻黑河、日喀则、江孜、隆子、亚东等重要边镇和边防要地。

从1946年7月到1950年6月，人民解放军共消灭国民党军807万（包括投诚起义和和平改编）。除台湾、澎湖、金门、马祖等岛屿，以及香港、澳门外，伟大祖国的领土已经全部解放，彻底结束了一百多年来中华版图实际上的分崩离析状态。

随着人民解放战争的胜利结束，毛泽东逐渐把军队建设的重点转向国防建设。他为组建新的军兵种进行筹划，提出：为了巩固国防、消灭残敌、打击敢于来犯之敌，我们一定要建立强大的海军和空军。在他的直接领导下，先后组建起海军、空军、装甲兵等新军、兵种，实现了人民解放军由单一的陆军向多兵种的合成军的转化。鉴于战争已经基本结束的新形势，毛泽东适时地抓了大规模的部队参加生产的工作，指出：人民解放军不仅是一支国防军，而且是一支生产军，协同全国人民克服长期战争遗留下来的困难，加速新民主主义的经济建设，并具体筹划了人民解放军大幅度削减兵额，转入地方进行生产建设等事宜。毛泽东十分重视人民解放军的文

---

① 《建国以来毛泽东文稿》第2册，中央文献出版社1987年版，第328页。

化建设。他亲自提议或批准设立了一大批军事院校。1950年8月1日，他以军委主席的名义发布《关于在军队中实施文化教育的指示》，指出："为了要完成伟大的新任务，就必须提高全体指挥员战斗员的文化科学与技术水平，并从军队中培养大批的工农出身的知识分子。因此，中央决定，全军除执行规定的作战任务和生产任务外，必须在今后一个相当时期内着重学习文化，以提高文化为首要任务，使军队形成为一个巨大的学校，组织广大指挥员和战斗员，尤其是文化水平低的干部参加文化学习。"他还就文化学习和时间安排、学习形式、应达到的标准等具体问题作了细致的规定。在毛泽东的直接领导下，人民解放军在取得国内革命战争的胜利之后，逐步地向正规化、现代化发展。

在三大运动中

新中国成立之初，毛泽东面临的一项重要工作，就是领导全国人民彻底完成民主革命的遗留任务。这主要是土地改革、镇压反革命和抗美援朝三大运动。

土地改革的目的是要推翻整个地主阶级，消灭封建剥削的土地所有制，解放农村生产力，为国家工业化开辟道路。这是中国新民主主义革命的基本任务。新中国成立时，已有1.45亿多农业人口的老解放区在人民解放战争的进程中实行了土地改革，但还有2.64亿多农业人口的广大新解放区尚需进行土地改革。新中国成立后，党中央和毛泽东就开始有准备、有步骤、有秩序地领导新解放区的广大农民开展轰轰烈烈的土地改革运动。

1949年冬季，党中央首先在条件成熟的华北城郊若干地区，在河南的一半地区，即总共约有2600万农业人口的地区，即当时所谓"半老区"，进行了土地改革。在其他的新解放区，则开展了轰轰烈烈的清剿土匪、民主反霸和减租减息运动。1950年6月6日至9日，中国共产党举行七届三中全会。土地改革是这次会议讨论的重要问题之一。毛泽东在报告中向全党全国人民提出了八大任务，其中第一项就是要进行土地改革，并把它列为取得财政经济状况根本好转的首要条件。刘少奇就土地改革问题作了专门报告。紧接着1950年6月14日至23日，中国人民政治协商会议第一届全国委员会举行第二次会议，主要讨论改革封建土地制度的问题。毛泽东在向大会所致的闭幕词中指出：战争和土改是在新民主主义的历史时期考验全中国一切人们、一切党派的两个"关"。他号召大家像过好战争关一样过好土改关，做一个完全的革命派。这次会议通过中共中央起草的土地改革法草案。6月28日，中央人民政府通过《中华人民共和国土地改革法》。6月30日，毛泽东主席发布命令公布施行。

《中华人民共和国土地改革法》明确规定废除地主阶级封建剥削的土地所有制，实行农民的土地所有制。规定必须有步骤、有分别地消灭剥削制度。对地主由过去没收其一切财产改变为没收土地、耕畜、农具、多余的粮食及房屋，其他财产不予没收，保护民族工商业等。新的土地改革法的基本精神和1947年制定的《中国土地法大纲》是一致的，但对半封建性质富农的政策发生了变化。《中国土地法大纲》根据当时形势的需要和战争的要求，规定了征收旧式富农多余的土地财产的政策。全国解放后，国内形势发生很大变化，毛泽东等清醒地看到恢复和发展经济是全国人民的首要任务，决定对旧式富农采取新的政策。1950年3月，毛泽东给中共中央中南局并华东局、华南分局、西南局、西北局发出通知，征询各地领导同志对富农策略问题的意见。他在通知中提出暂时不动半封建富农的建议，并说明它的理由：第一是土改规模空前伟大，容易发生过左偏向，如果我们只动地主不动富农，则更能孤立地主，保护中农，并防止乱打乱杀，否则很难防止；第二是过去北方土改是在战争中进行的，战争空气掩盖了土改空气，现在基本上已无战争，土改就显得特别突出，给予社会的震动显得特别重大,地主叫唤的声音显得特别尖锐,如果我们暂时不动半封建富农,待到几年之后去动他们,则将显得我们更加有理由,即是说更加有政治上的主动权;第三是我们和民族资产阶级的统一战线,现在已经在政治上、经济上和组织上都形成了,而民族资产阶级是与土地问题密切联系的,为了稳定民族资产阶级起见,暂时不动半封建富农似较妥当的。党的七届三中全会批准毛泽东的提议,决定实行暂时保存半封建富农经济的新政策,并写进《中华人民共和国土地改革法》。这一政策使土地改革的打击面从以往占农村户数的8%左右缩小到3%至4%,地主阶级陷于彻底的孤立,富农中立了,中农生产积极性有所提高,土地改革的阻力和困难减少了,"左"的偏向也在很大程度上得以防止。同时,富农经济(指实行资本主义经营方式那部分)在当时对恢复生产具有一定的积极效用,保存它对发展农业生产能起一定的积极作用,也有利于克服当时所面临的财政经济方面的困难。

从1950年冬季开始,一个不仅是中国历史上,而且是世界历史上规模最大的全国土地改革运动在广大新解放区先后展开后,以毛泽东为首的中国共产党人为领导这场全面彻底的土地改革运动进行了艰苦的工作。

为加强对土地改革的领导,中央设立中央土改问题委员会,负责指导全国的土改工作。在地方,县以上人民政府都设立了土地改革委员会,负责具体领导当地的土地改革。为了帮助农民和封建势力斗争,党和政府派遣和组织了大批土改工作队(每年在30万人以上)深入各地农村。各地还颁布了有关惩治地主破坏活动的条例,充分发挥人民法庭的震慑作用,及时严厉地制裁不法地主破坏土地改革的罪行。

为了防止土改中急躁冒进的错误倾向,毛泽东在1951年2月18日拟定的《中共中央政治局扩大会议决议要点》中指出:土地改革要"积极地创造条件。凡条件不成熟者,无论何时何地都不要勉强去做"。根据这一指示,各地党政领导机关都十分重视土地改革的准备工作,坚持从本地区的实际情况出发，通过典型试验，取得经验，然后逐步铺开，而不是一哄而起。凡是土改的三个条件（即环境、群众、干部三个方面的情况）尚不成熟的地区，就不仓促进行，而是先实行减租减息，积极创造条件。对条件业已成熟的地区，则集中力量放手发动群众，及时地进行土地改革，并尽可能迅速地予以完成。同时注意掌握动向，及时发现和纠正"左"、右偏差，使土地改革运动沿着正确的轨道前进。

在毛泽东和中共中央领导下，全国的土地改革运动，首先在华北、华东、中南等条件成熟的地区展开。各市、县以上的领导机关在开展土地改革运动前，选择了少数地区进行试验，在方法上则采取以点带面，点面结合。在总结经验的基础上，训练干部，根据不同地区具体情况，再分期分批地进行。每一期土改一般都经过发动群众、划分阶级，没收和分配土地，复查总结等步骤。在土地改革中，还坚持了领导和群众相结合的方针。划分阶级成分时，采取自报公议办法，即由乡村农民代表大会在乡村人民政府的领导下进行民主评议，并允许个人申辩，由群众评定，最后报人民政府批准。清算地主阶级罪行时，放手发动农民群众，迫使地主阶级在农民面前低头认罪。对于罪大恶极为广大人民群众所痛恨并要求惩办的恶霸分子和违抗、破坏土地法令的罪犯，则由人民法庭依法予以公判惩办。

由于党中央和毛泽东领导新解放区土地改革运动的路线、方针、政策是正确的，步骤是稳妥的，时机是恰当的，因而广大新解放区的土地改革运动进展极为顺利。到1953年春，除新疆、西藏等少数民族聚居地区和台湾省外，土地改革在全国基本完成。这样，连同老区在内，全国约有3亿多无地、少地的农民分得7亿亩土地和其他生产资料，免除了他们过去每年向地主缴纳的700亿公斤粮食的苛重地租。土地改革运动的全面展开和伟大胜利，彻底消灭了几千年来的封建土地制度，打倒了地主阶级，摧毁了帝国主义和国民党蒋介石集团赖以实现复辟的社会基础，极大地提高了广大农民的政治觉悟，翻身农民真正成为农村的主人，从而巩固了工农联盟，加强了工人阶级领导的、以工农联盟为基础的人民民主专政的政权。土地改革运动的伟大胜利，解放了农村生产力，极大地激发了农民的生产积极性，使农业生产获得迅速的恢复和发展，并为工业发展提供了原料和广阔的市场，全国粮食产量由1949年的11318万吨提高到1952年的16392万吨，增长44.83%，有力地促进了整个国民经济的恢复，为即将开始的社会主义改造和有计划的大规模的发展社会主义经济准备了条件。

镇压反革命运动，是新中国成立初党中央和毛泽东发动领导广大人民同旧社会的反动残余势力进行的一场轰轰烈烈的阶级斗争，是新生的人民共和国为巩固自己的政权而采取的一项重要的强力措施。

这一运动是从剿匪反霸运动拉开序幕的。1949年11月14日，毛泽东在致彭德怀、西北局的信中指出："据青海省委迭次反映，马匪余党，在许多地方煽动群众，组织反抗。此次兰州会议上请予以严重注视。除大力剿匪，省委地委县委集中注意力做艰苦的群众工作，在一切工作中坚持民族平等和民族团结的政策外，各级政权机关均应按各民族人口多少，分配名额，大量吸收回族及其他少数民族能够和我们合作的人参加政府工作。"针对土匪、恶霸势力的猖獗，毛泽东在1950年3月14日给刘撰一的信中指出："匪祸必剿，首恶必办，是为定则；惟剿办须有策略步骤，以期迅速解决，安定全境"。[①]

朝鲜战争爆发后，国内外的形势更加复杂，国内的反动势力残余大为猖狂，剿匪反霸斗争任务愈加繁重。1950年10月毛泽东和中共中央及时发出的《关于镇压反革命活动的指示》强调指出，对罪大恶极、怙恶不悛的匪首、惯匪、恶霸、特务和反动会道门头子，必须坚决镇压，依法惩办。镇压反革命运动进入全面发动阶段。中共中央和毛泽东提出军事进剿、政治瓦解和发动群众武装自卫相结合的方针，规定"镇压与宽大相结合"和

---

① 《毛泽东书信选集》，人民出版社1983年版，第349页。

"首恶者必办，胁从者不问，立功者受奖"的政策。作为党和国家的主要领导人，毛泽东自始至终领导着这场运动。据比较粗略的统计，仅运动开展的第一年，他起草的有关镇反的文件、指示（不包括他审阅、批改的）就近两百件。

针对镇反运动中一些地区一度出现过分宽大的偏向，毛泽东认为，原因之一就是对斗争的根本目的和意义认识不足。因此运动开展起来后，他经常反复地提醒和教育广大干部，要从巩固政权的高度去认识镇反。例如1951年2月8日，他在一份批件中指出：山东分局在此电中所述恶霸匪首会道门特务活动猖獗情形，在华北东北有同样情形的地区务须给以同样的处理，应杀者均杀之，应判徒刑者均判徒刑，应管制者均给以管制，务使反动势力彻底肃清，民气伸张，政权巩固。同月17日，毛泽东在送给黄炎培参阅两份镇反材料时写了一封信，用广东、广西因"宽大无边"给政府工作和人民生活带来了严重后果的典型事例，解释和阐明"对匪首、恶霸、特务（重要的）必须采取坚决镇压的政策，群众才能翻身，人民政权才能巩固"的道理。3月24日，毛泽东在向各中央局、各大军区等转发邓小平报告的批语中，明确指出："镇反是一场伟大的斗争，这件事做好了，政权才能巩固。"毛泽东非常重视各级党委和政府对镇反运动的领导，他规定，中央局和分局、省级单位必须在30天和40天内分别向上级作工作报告，以后每月定期报告一次。1951年上半年，他多次要求各地党和军队的领导向上级作报告，对未按时完成任务或迟迟不作报告的单位提出批评，并追究其责任。在毛泽东的严格督促下，绝大多数领导部门都按时把每一步的镇反计划和总结向中央或中央局作报告，少数执行不力的单位经过批评也得到改正。毛泽东还把定期报告工作作为制度写进第三次全国公安会议决议稿，使其经常化、制度化。

在检查各地工作中，毛泽东注意抓典型，表扬先进，批评后进。他先后多次批转西南局的报告，肯定邓小平关于开展镇反斗争的正确意见；总结推广山西等地取缔一贯道的经验,北京召集各界人民代表会议的经验和杭州、无锡关于吸收党外人士参加"反革命案卷审查委员会"的做法;表扬司法部长史良发表的《坚决正确镇压一切反革命活动》的文章;等等。同时,他对上海、南京等地在运动初期措施不力的现象,进行批评和帮助。通过抓两种典型使各地找到工作差距和努力方向,从而促进了运动的发展。除督促检查下级向上级作报告外,毛泽东还提倡派干部或工作组下去指导。1951年3月23日,他在向各地转发罗瑞卿的镇反考察报告时指出:当此镇反工作紧张时期,上级派出负责同志或工作组去各地检查和帮助工作有很大的作用,请你们尽可能派人出去为要。4月7日,他对派工作组下去的任务做了说明:各省都应当注意,即由省级机关组织几个有训练有能力的工作组,分往各专区直到县级去巡视,有偏差者帮助纠正,积案太多者帮助清理,不敢放手者帮助开展工作,发动群众不足者,告知发动参加的办法。这样的工作组,对于坚决而正确地开展镇反工作具有很大的帮助。

　　镇反斗争是错综复杂的,稍不注意就会出现偏差。毛泽东认真总结以往的经验教训,制定和阐明一系列镇反政策。其中最基本的、影响最大的有三条:第一,稳、准、狠地镇压反革命。1950年12月19日,毛泽东在给湖南省委书记黄克诚的电报中首次作出这样的表述:"对镇压反革命分子,请注意打得稳,打得准,打得狠。"以后他又在实践中加以具体阐述,指出:"稳,就是要讲究策略,处决反革命分子要有计划,不要统统集中在一起;宣传上要抓住重大典型案例,不要主次不分,造成社会上的恐慌。准,就是不要捕错杀错,对可捕可不捕的,坚决不捕,可杀可不杀的,坚决不杀。他特别强调,镇反中草草从事比劲头不足更有危险,因此一定要谨慎,实行严格控制。狠,就是对罪大恶极的反革命分子,坚决杀,决不心慈手软。"第二,"首恶必办,胁从不问,立功受奖"。这是毛泽东在1950年6月党的七届三中全会报告中提出,后来在镇反运动中经常加以阐述的重要政策。这条政策,把镇压与宽大结合起来,在实践中起到了分化瓦解反革命势力，集中打击首恶分子的作用。第三，"死缓"政策。当运动即将进入清理积案的阶段时，毛泽东提出对于没有血债、民愤不大和虽然严重损害国家利益但尚未达到最严重的程度，而又罪该死者，应当实行判处死刑，缓期二年执行，强迫劳动，以观后效的政策。他认为，这样做意义很大，可以避免犯错误，获得广大社会人士的同情，彻底消灭反革命，保存大批劳动力，利于国家的建设事业。上述政策对于镇反运动的健康发展起了重要的指导作用。1952年底，镇反运动基本结束。

1950年6月25日爆发的朝鲜战争，开始是朝鲜的内战。6月27日，美国操纵联合国通过称北朝鲜为"侵略者"的决议案。同日，杜鲁门发表声明公开宣布美国武装干涉朝鲜，随后又纠合英、法等15个国家的军队组成"联合国军"，连同南朝鲜的军队统归远东美军司令麦克阿瑟指挥。美国武装干涉朝鲜内政使朝鲜战争性质迅速发生变化。杜鲁门在宣布出兵朝鲜的同时，公然声称："我已命令第七舰队阻止对台湾的任何进攻。"在使台湾"中立化"的借口下，美国海军开进并控制了台湾海峡。

美国的侵略行为，证明毛泽东关于中国人民与美帝国主义之间的较量不可避免的预见是非常英明的。1950年6月28日，在杜鲁门宣布出兵朝鲜和中国台湾的第二天，毛泽东在中央人民政府委员会第八次会议上发表讲话指出："各国的事情由各国人民来管，而不应该由美国来管"；号召"全国和全世界的人民团结起来，进行充分的准备，打败美帝国主义者的任何挑衅"。中国政府一方面连续致电联合国，谴责美国对朝鲜和对中国台湾的侵略行为，要求其撤军。与此同时，开始做被迫卷入战争的准备。早在1950年7月，根据毛泽东的提议，中革军委召开会议，讨论加强东北边防的军事部署问题，作出《关于保卫东北边防的决定》，决定立即抽调战略预备队，并配属地面炮兵、高射炮兵及工程兵部队，集结于东北地区，组成东北边防军，抓紧进行整训工作。这就完成了保卫东北边防和必要时援助朝鲜人民的第一步部署。8月下旬，中革军委和毛泽东决定再调两个兵团的实力,部署于山海关内机动地区作为第二线兵力,以策应东北边防军。为适应形势的需要,中革军委和毛泽东还极为重视加速特种兵的建设,决定从苏联购置装备,扩编空军、装甲兵、地面炮兵、高射炮兵。同时,加强沿海地区及东北地区重点城市的防空力量。这些富有远见的战略应变措施,为保障国家的安全和援助朝鲜人民进行反侵略战争,创造了有利条件,争得战略上的主动。

1950年9月中旬,朝鲜战局发生急剧变化。美军在仁川登陆,9月28日占领汉城,朝鲜人民军主力被截断在朝鲜南方,以美国为首的"联合国军"即将越过"三八线"。同时,美国空军不断侵袭中国领空,轰炸、扫射安东(丹东)等地,美国海军在公海炮击中国商船。全国人民对美国武装侵略朝鲜群情激愤,纷纷要求同朝鲜人民共同抗击美国侵略者。美国当局不顾中国政府的再三抗议和警告,于10月1日起,南朝鲜军队和美军先后越过三八线,占领平壤,进而向中朝边境进犯。朝鲜民主主义人民共和国处境危急,新中国的安全也受到严重威胁。10月1日,朝鲜劳动党和政府致电毛泽东主席请求中国出兵援助。10月3日,朝鲜劳动党中央常委、内务相朴一禹带着金日成、朴宪永联名签署的求援信到北京面见毛泽东。10月2日,在毛泽东的主持下,中共中央召开会议讨论朝鲜问题,初步作出出兵抗美援朝的决定。毛泽东在为中共中央起草的致斯大林的电报中表示:"我们决定用志愿军名义派一部分军队至朝鲜境内和美国及其走狗李承晚的军队作战,援助朝鲜同志。我们认为这样做是必要的。因为如果让整个朝鲜被美国人占去了,朝鲜革命力量遭到根本失败,则美国侵略者将更为猖獗,于整个东方都是不利的。"10月3日以后,中共中央继续开会讨论是否出兵问题,在大家尽量摆出出兵的困难后,毛泽东表示:你们说的都有理由,但是别人危急,我们站在旁边看,怎么说,心里也难受。10月4日,中国人民解放军副总司令兼西北军区司令员彭德怀赶到北京,在5日的会上他坚决支持毛泽东关于出兵的意见,并接受了指挥志愿军的任务。

10月7日，联合国大会在美国的操纵下通过了"统一"朝鲜的决议（苏联代表缺席），这充分表明了美国一意孤行，不听警告的态度。10月8日，中国人民革命军事委员会主席毛泽东发出组织中国人民志愿军赴朝参战的命令："为了援助朝鲜人民解放战争，反对美帝国主义及其走狗的进攻，借以保卫朝鲜人民、中国人民及东方各国人民的利益，命令中国人民志愿军迅即向朝鲜境内出动，协同朝鲜同志向侵略者作战并争取光荣的胜利。"10月10日，因苏联改变向入朝志愿军提供空中掩护的允诺，中共中央政治局再度召开会议，重新慎重考虑同美军交战问题。经过全面深入地分析当时的形势，充分估计面临的困难，从挽救朝鲜危局，保卫新中国安全和维护世界和平、促进人类进步事业这一根本立场出发，毛泽东毅然作出抗美援朝、保家卫国的战略决策。10月13日，毛泽东致电已在苏联的周恩来说："与政治局同志商量结果，一致认为我军还是出动到朝鲜为有利。""我们采取上述积极政策，对中国，对朝鲜，对东方，对世界都极为有利；而我们不出兵，让敌人压至鸭绿江边，国内国际反动气焰增高，对各方都不利，首先是对东北更不利，整个东北边防军将被吸住，南满电力将被控制。总之，我们认为应当参战，必须参战，参战利益极大，不参战损害极大。"

用什么名义出国作战，也是毛泽东反复考虑的一个问题。毛泽东为首的中共中央在作出出兵决策时，已下定不惜打烂了重新建设的决心，做好美国公开向中国宣战的准备。在立足于最困难的情况的同时，中共中央也力争使"朝鲜战争局部化"，使其不至于成为中美两国之间乃至世界性的全面战争。因此，以毛泽东为首的中共中央坚持"有理、有利、有节"的原则，考虑到国际法和公认的国际惯例，力求在军事行动的范围和名义上有所节制，减少侵略者的口实，使自己在国际斗争中处于有利地位。在反复征求各方意见后，毛泽东采纳了政务院副总理黄炎培的意见，用中国人民志愿军的名义支援朝鲜战争。

1950年10月19日，中国人民志愿军分三路秘密入朝。志愿军入朝前，毛泽东考虑我军初次出国作战，情况不明，又要以劣势装备对付现代化优势装备之敌的进攻，因此，设想入朝第一阶段在元山、平壤线以北山区建立根据地，并在该线以南的德川、宁远公路线以南地区构筑两道至三道防线。第一个时期只打防御战，待条件具备后进行反攻。但是，入朝后战场情况发生了重大变化。敌人没有料到中国会真的出兵参战，因而在占领平壤后，毫无顾忌地分兵多路向中朝边境疯狂冒进，妄图在感恩节（11月3日）前占领全朝鲜。中央军委和毛泽东根据这一新情况，及时改变了原定的防御作战计划，决心利用敌人判断错误和兵力分散的弱点，突然发起进攻，击敌于轻举冒进之中。于是，改以运动战为主与部分阵地战、游击战相结合的战略指导方针，采取集中优势兵力，各个歼灭敌人的做法。

10月25日，志愿军发起第一次战役，东线以两个师钳制敌人，西线集中16个师的优势兵力，在运动中歼灭敌人。经过13个昼夜的连续作战，歼灭敌人1.5万余人，赢得初战胜利，把进犯之敌从鸭绿江边打退到清川江以南，初步稳定了朝鲜战局。这一天后来被确定为中国人民志愿军出兵抗美援朝纪念日。美军在遭受迎头痛击后仍判断中国只是"象征性出兵"，又发动了所谓结束朝鲜战争的总攻势。在此情况下，毛泽东指示志愿军将士采取集中优势兵力诱敌深入围而歼之的方针，发动第二次战役再歼敌3.6万余人，追敌退回三八线附近及以南地区。后为不给敌以喘息机会，志愿军于12月31日紧接着又发起第三次战役，占领汉城后，采取稳进方针，粉碎敌人诱我深入登陆夹击的圈套，使敌人由战略进攻逐步转入战略防御。

为了制止敌人在全线发起的进攻，志愿军从1951年1月25日起组织第四次战役，进行长达85天的防御作战。第一阶段西顶东反。西线则让敌深入，集中主力对运动中态势突出之敌实施反击，全歼南朝鲜军第八师3个团。第二阶段是运动防御，设置多道纵深防御阵地，顽强抗击敌人一个半月，以空间换时间，掩护战略预备队的集结，为发动第五次战役准备了条件。第五次战役，中朝军队投入15个军的兵力，以运动战为主，取得了歼敌8.2万余人的胜利，迫使敌人转入战略防御。在五次战役中，志愿军虽多次对敌重兵集团形成包围，但大都未能达成彻底的歼灭战，特别是没有像国内战争歼灭俘虏国民党军那样整建制地大量歼灭美军的有生力量。毛泽东及时针对这一新的情况，总结了志愿军五次运动战的经验，提出打小歼灭战的方针。1951年5月26日，毛泽东致电彭德怀司令员指出："历次战役证明我军实行战略或战役性的大迂回，一次包围美军几个师、或一个整师，甚至一个整团，都难达到歼灭任务。""似宜每次作战野心不要太大，只要求我军每一个军在一次作战中，歼灭美、英、土军一个整营，至多两个整营，也就够了。""打美、英军和打伪军不同，打伪军可以实行战略或战役的大包围，打美、英军则在几个月内还不要实行这种大包围，只实行战术的小包围。"后来，志愿军在阵地战时期，贯彻这一方针，积小胜为大胜，大量歼灭敌人的有生力量。

美国为首的联合国军由于在战场上连遭重创，被迫接受1951年6月23日苏联政府提出的关于朝鲜停战谈判的建议。7月10日，中国人民志愿军和朝鲜人民军代表团同联合国军代表团在三八线以南的开城举行停战谈判。早在停战谈判之前，党中央和毛泽东就指示志愿军：我国政府的立场是朝鲜问题应当用和平手段予以解决，只要美国政府愿意在公平合理的基础上解决问题，我们愿意同美方谈判。但是，不要对谈判有依赖和侥幸心理，必须加紧作战准备。如果敌人大举进攻，我们必须大举反攻，必须明确持久作战的方针，能打几番激烈的战斗，给敌人以更大的损失和更大的教训，也许敌人会知难而停。为此毛泽东提出边打边谈，以打促谈的方针。

谈判伊始，美军提出要占领1.2万平方公里的土地作为它"海空军优势的补偿"的无理要求，在其无理要求遭到拒绝后，叫嚣着"让飞机大炮去辩论吧"，从1951年8月18日发动了东线的"夏季攻势"，西线和中线的"秋季攻势"。与此同时，为配合其夏、秋攻势，美帝国主义依仗其空中优势，对朝鲜北方的工厂、矿山、农田、水库以及运输补给线实行了史无前例的大规模日夜轮番狂轰滥炸，即所谓的"绞杀战"。这使得志愿军前线的后勤供应和弹药补给出现严重困难。在全中国人民的大力支持下，中朝两国军队英勇顽强地给予了坚决的回击，粉碎了美帝国主义的夏季、秋季攻势和绞杀战。美帝国主义不甘心失败，接着又发动了新一轮细菌战；后来，在国际国内强大的声讨下不得不停止，重回到谈判桌上来。之后，美帝国主义又利用战俘问题破坏已经取得实质性进展的谈判，片面宣告停战谈判无限期休会。1952年10月，美帝国主义又发动了金化攻势。在43天的争夺上甘岭的战役中，付出近200万发炮弹以及2.5万人的代价，却未能前进一步。为实现毛泽东、党中央提出的"消灭敌人，配合谈判"的方针，从1953年5月下旬到7月下旬，志愿军发动了强大的夏季攻势，先后进行了3次反击作战，给敌人以重大的杀伤，扩大阵地238平方公里，歼敌12.3万余人。1953年7月27日，美国侵略军在连续遭到沉重打击后，被迫在停战协定上签了字。

中朝人民终于赢得最终的胜利。"联合国军"总司令官克拉克后来在回忆录中无奈地说：我成了历史上第一位签订没有胜利的协约的美军陆军司令官。抗美援朝战争将美国操纵的"联合国军"从鸭绿江边打回到三八线以南，保卫了中国东北地区的安全，促进了远东和太平洋地区的和平，树立起新中国在国际上的大国地位，赢得了全世界人民的尊重。在国内，志愿军出兵朝鲜成为声势浩大的抗美援朝运动，掀起增产节约爱国生产的热潮。志愿军在前线的阶级胜利，极大地振奋了全国人民的斗志，彻底消除了一些人的"亲美、崇美、恐美"心理。由于采取毛泽东提示的"边打、边稳、边建"的战略方针，中国的国民经济在抗美援朝的战火中得以迅速恢复和发展，全国人民在中国共产党的领导下达到空前的团结，人民民主专政的新中国在战火中得到巩固。

改造旧制度　武装新思想

新中国成立之初，毛泽东在致力于领导经济建设事业的同时，十分重视文化教育事业的建设，十分重视对旧有文化教育事业的改造。开国大典的礼炮余音未消，毛泽东就提出文教工作要协助中心工作并为其服务的思想。1949年10月15日，他在给其当年的同学、时任湖南第一师范校长周世钊的信中说，恢复人民经济，完成土地制度的改革，提高人民政治觉悟水平，这些任务均有待于文教工作的协助。

1949年12月召开的第一次全国教育工作会议贯彻毛泽东的上述思想，明确了逐步改革旧教育的方针、步骤，提出发展新教育的方向，即教育必须为国家建设服务、学校必须向工农兵开门的总方针。1950年4月，应教育部部长马叙伦的请求，毛泽东为《人民教育》杂志创刊号题词："恢复和发展人民教育是当前的重要任务之一"。在6月召开的党的七届三中全会上，毛泽东提出要有步骤地谨慎地进行旧有学校教育事业和旧有社会文化事业的改革工作，争取一切爱国的知识分子为人民服务。他要求既反对拖延时间不愿改革的思想，也反对过于性急，企图用粗暴方法进行改革的思想。在同月召开的第一次全国高等教育会议上，毛泽东、周恩来接见了代表。周恩来按照毛泽东的思想，就新民主主义的教育方针、理论与实际相一致、团结与改革等问题作了指示。毛泽东还非常重视学校教育中学生的德智体全面发展问题。1950年6月，他在看到反映学生健康水平下降的材料后，写信给教育部长马叙伦，要求各校注意健康第一、学习第二的方针，他认为学习与开会的时间宜大减。1951年1月，他再次给马叙伦写信，重申此问题深值注意，提议采取行政步骤，具体地解决此问题，从而实际上提出缩短学制、课程改革的问题。

为了使教育事业进一步适应国家建设的需要，贯彻理论与实际一致、为人民服务、为生产与建设服务的方针，中央人民政府按照毛泽东的指示，作出一系列决定，加深对旧有教育事业的改革。1950年8月公布了关于实施高等学校课程改革的决定，并批准教育部制定的高等学校暂行规程、专科学校暂行规程；10月发出关于举办工农速成中学和工农干部文化补习学校的指示；1951年10月又公布关于改革学制的决定；11月教育部拟定工科院校调整方案；1952年7月拟定农林院校调整方案和专业设置方案；等等。鉴于旧中国80%以上的人口是文盲的严重状况，中央人民政府在全国开展了规模巨大的"扫盲"和普及小学教育活动，各种各样和时限不一的文化扫盲班遍及全国城乡，特别是伴随着土改运动的完成和农村互助合作化的广泛开展得到持续的发展而达到高潮。亿万工农子弟世世代代被挡在校门外的现象得到根本改观。通过以上改革，从根本上改变了旧中国遗留下来的半殖民地半封建的教育制度，逐步消除了帝国主义、封建买办势力在教育领域中的影响，使整个国家的教育机关和各级各类学校成为为人民服务、为新中国新民主主义建设服务的力量，奠定了新中国教育事业的基础。

除了从制度上进行改革外，毛泽东还十分关注文化思想战线的动向和知识分子的思想改造问题。他在全国解放前夕，对那时旧中国知识分子的政治状况就有一个基本的估计，即：帝国主义及其走狗中国的反动政府"只能控制其中的极少数人"，"其他都不能控制了，他们走到了它的反面"[①]。同时，毛泽东也估计到旧社会、旧教育对知识分子的影响，不是一下子就能消除的。

全国解放前夕，在评论美国"白皮书"时，他就号召少数对帝国主义尚存幻想，企图走中间路线的知识分子，"丢掉幻想"，"站到人民大众方面来"。朝鲜战争爆发后，毛泽东进一步号召广大知识分子克服"亲美、

---

① 《毛泽东选集》第4卷，人民出版社1991年版，第1485页。

崇美、恐美"思想，激发反美爱国热情，投身抗美援朝爱国运动。

1950年底到1951年春，报刊上发表了一些对电影《武训传》和"武训精神"的赞扬文章，这引起毛泽东的重视。1951年5月20日，《人民日报》以社论形式发表毛泽东写的《应当重视电影〈武训传〉的讨论》，对武训和电影《武训传》进行了严厉的批评。他指出："《武训传》所提出的问题带有根本的性质。像武训那样的人，处在清朝末年中国人民反对外国侵略者和反对国内的反动封建统治者的伟大斗争的时代，根本不去触动封建经济基础及其上层建筑的一根毫毛，反而狂热地宣传封建文化，并为了取得自己所没有的宣传封建文化的地位，就对反动的封建统治者竭尽奴颜婢膝的能事，这种丑恶的行为，难道是我们所应当歌颂的吗？向着人民群众歌颂这种丑恶的行为，甚至打出'为人民服务'的革命旗号来歌颂，甚至用革命的农民斗争的失败作为反衬来歌颂，这难道是我们所能够容忍的吗？"由此，在全国进行了持续半年之久的对武训和《武训传》的批判，形成新中国成立后文化思想战线上的第一次批判运动。这场文化批判的核心问题在于，是坚持历史唯物主义还是宣传资产阶级唯心论。毛泽东当时就明确地讲：武训本人是不重要的，他已经死了几十年了；武训办的义学也不重要，它已经几经变迁，现在成了人民的学校。重要的是我们共产党人怎么看待这件事——对武训的改良主义道路是应该歌颂，还是应该反对？

发动对《武训传》的讨论和批判，是毛泽东引导全国知识分子进行思想改造运动的开端。毛泽东用马克思列宁主义的立场、观点、方法，把武训的行乞兴学摆在中国历史发展的具体环境中来重新考察，并提出新见解，这对于宣传历史唯物主义，对于促进知识分子的思想改造，产生了积极的影响。但是，毛泽东对武训和《武训传》的批判，在政治上上纲过高，语气也过于尖锐，把它作为政治问题来对待，在思想文化战线开了用政治批判解决学术争论的先例。

1951年9月，北京大学校长马寅初写信给周恩来，讲北京大学有12名教授发起北大教员政治学习运动，想聘请毛泽东等中央领导同志为教师。毛泽东阅信后批示："这种学习很好，可请几个同志去讲演"。根据毛泽东的意见，9月29日，周恩来在北京、天津高等学校教师学习会上作了《关于知识分子的改造问题》的报告。由此，开始兴起一场知识分子思想改造运动。

毛泽东及时肯定了这一运动。他指出："在我国的文化教育战线和各种知识分子中，根据中央人民政府的方针，广泛地开展了一个自我教育和自我改造的运动，这同样是我国值得庆贺的新气象。"他认为："思想改造，首先是各种知识分子的思想改造，是我国在各方面实现民主改革和逐步实行工业化的重要条件之一[①]"。为了推进知识分子思想改造运动的全面开展，11月30日，毛泽东签发了经他审改的《中共中央关于在学校中进行思想改造和组织清理工作的指示》，要求在大中小学校的教职员和高中以上的学生中普遍地开展思想改造的学习运动。1952年1月，在毛泽东的主持下，全国政协常委会通过《关于开展各界人士思想改造的学习运动的决定》。于是，形成一场全国规模的知识分子思想改造学习运动。

知识分子思想改造运动从1951年秋持续到1952年冬。由于贯彻了毛泽东提出的自我教育和自我改造的方针，采用批评和自我批评的方法，各界知识分子结合参加土地改革、抗美援朝、"三反""五反"、镇压反革命运动等社会实践，以及学习社会发展史、中国革命史、马列主义和毛泽东思想，世界观发生很大的变化。知识分子思想改造运动收到较好的效果。

1954年秋，开始了对俞平伯《红楼梦研究》的批判，接着又对胡适及其资产阶级唯心主义进行了批判。这是毛泽东对知识分子进行思想改造的又一个重要步骤。

1954年10月16日，毛泽东针对两个青年发表批评俞平伯研究《红楼梦》的观点和方法的文章受阻一事，给中共中央政治局及其他有关同志写

[①] 《建国以来毛泽东文稿》第2册，中央文献出版社1987年版，第482—483页。

了《关于红楼梦研究问题的信》。他在信中指出:"这是三十多年来向所谓红楼梦研究权威作家的错误观点的第一次认真的开火";"看样子,这个反对在古典文学领域毒害青年三十余年的胡适派资产阶级唯心论的斗争,也许可以开展起来了"。毛泽东指责文艺界领导对青年的压制,他说:"事情是两个'小人物'做起来的,而'大人物'往往不注意,并往往加以阻拦,他们同资产阶级作家在唯心论方面讲统一战线,甘心做资产阶级的俘虏。"

此后,在全国报刊上发表了一批文章,形成对俞平伯的政治围攻,并全盘否定他对《红楼梦》的研究成果。从毛泽东来说,这次批判主要是为了同资产阶级唯心主义作斗争。因而,他试图将学术批评和政治批判区别开来。他说:"俞平伯这一类资产阶级知识分子,当然是应当对他们采取团结态度的,但应当批判他们的毒害青年的错误思想,不应当对他们投降。"[①] 后来,毛泽东在同陆定一、周扬谈话时进一步指出:各家意见都可以暴露,特别是我们都缺少学问,红楼梦问题不要急于作结论。学术问题要开学术会议来解决,不能由中宣部来做。要在各学术部门清除唯心论。"对俞平伯的斗争应该停止了,应转到批判胡适的思想。特别是借此向全国人民宣传唯物论思想。"

这样,就由文学艺术界开展对俞平伯《红楼梦研究》的批评,拓展成"清除五四以来胡适派资产阶级思想在整个学术界和思想界的流毒"的斗争。这场文化思想批判运动,前后持续了两年,在一定程度上,收到了批判资产阶级唯心主义、宣传唯物主义、促进知识分子思想改造的效果。但在批判资产阶级唯心主义思想代表人物的过程中,也伤害了一批知识分子,给科学文化事业的发展带来一些消极的影响。

在开展对俞平伯《红楼梦研究》的批评中,毛泽东比较注意将学术争论和政治问题区别开来。但是,1955年5月,在对所谓"胡风反革命集团"

---

① 《建国以来毛泽东文稿》第4册,中央文献出版社1990年版,第575页。

的斗争中，毛泽东就忽略了这个问题。虽然他对一些问题的批评，不能说全无道理，不能说在客观上毫无教育作用，但是，由于他根据一些片面的材料，混淆了敌我矛盾，把文学上属于人民内部不同流派的分歧和争论，上纲为敌我斗争，使对胡风文艺思想的批判，演变成"肃清胡风反革命集团"的运动，造成一桩错案。

总之，新中国成立初期，毛泽东领导开展的知识分子思想改造运动和对资产阶级唯心主义的批判，是必要的。一场翻天覆地的人民革命，并且是由民主革命不停顿地转变到社会主义革命，需要人们在思想上能够适应革命的需要，顺应社会的发展潮流。中国的知识分子虽然大多数是爱国的，许多人同情或参加了革命，但在思想上，或多或少地仍有旧时代、旧思想的影响。因此，引导他们学习马列主义，开展自我教育和自我改造，是必要的。实践证明，毛泽东这样做也是很有成效的。如果没有新中国成立初期知识分子思想改造运动，没有知识分子在参加社会实践中的锻炼和自我教育，以及随之而来的世界观的转变，就不可能有新中国成立初期革命和建设事业的顺利发展。毛泽东和中共中央也不可能在1956年作出"知识分子的绝大多数已经成为工人阶级一部分"的结论。但是，转变人的思想，不能用简单、粗暴的方法。在此问题上，毛泽东未能将他提出的"自我教育和自我改造"的方针贯彻始终，主要是要求过高过急，有时混淆了思想问题和政治问题的界限。

开展"三反""五反"运动

在党的七届二中全会上，毛泽东就提出关于防止旧社会污泥浊水侵蚀的方针，告诫全党在执政以后要警惕资产阶级"糖衣炮弹"的袭击，拒腐防变。新中国成立后，广大的共产党员和国家机关的干部、工作人员以为人民服务为宗旨,他们廉洁奉公、艰苦奋斗的工作作风,赢得广大人民的信任。但是,当时一方面由于全国刚解放不久,旧社会的种种恶习还未得到彻底的扫除,资产阶级中的不法分子为了非法牟利,利用金钱、美女、享乐等种种手段,腐蚀党和国家机关、企业厂矿的工作人员;另一方面,革命队伍中的少数意志薄弱者,经不起资产阶级"糖衣炮弹"的袭击,开始利用权力谋取私利,贪图享受,腐化堕落。相当一部分从旧社会留用的公职人员也恶习未改,贪污腐化。某些部门和领导中滋生了贪污、浪费和官僚主义现象。

1951年11月,中共中央东北局向中央报告,随着东北地区增产节约运动的开展,揭露出一些干部的严重贪污、浪费和官僚主义的问题。一叶知秋,毛泽东敏锐地意识到东北出现的问题绝不是孤立的,可能带有相当的普遍性。资产阶级对党和国家政权肌体的侵蚀已见端倪,不能等闲视之。20日,毛泽东根据东北局报告的情况,起草转发东北局报告的批语,并果断地代表党中央向全党宣布,要"在此次全国规模的增产节约运动中进行坚决的反贪污、反浪费、反官僚主义的斗争"[①]。这是毛泽东第一次向全党提出反贪污、反浪费、反官僚主义的问题。毛泽东首先是从正面阐述了实行"增产节约"方针的意义,他在12月1日指出:"它是既保证朝鲜战争能够胜利又保证国内物价继续稳定的方针,它是积累资金、取得经验、加速国家经济建设的方针,它又是整肃党纪、提高工作效率和转移社会风气的方针,总而言之,它是带动我们国家在政治、军事、经济、文化各方面的全局都将迅速进步,并奠定将来伟大建设基础的方针。"[②]

进而,他在经过考察和认真地分析后,又深刻地揭示了进行"三反"斗争的实质。他认为,贪污、浪费、官僚主义,都属于旧社会遗留下来的

[①] 《建国以来毛泽东文稿》第2册,中央文献出版社1987年版,第513页。
[②] 《毛泽东文集》第6卷,人民出版社1999年版,第208页。

污毒。"利用职权实行贪污和实行浪费,都是严重的犯罪行为。"而官僚主义作风则是贪污和浪费现象所以存在和发展的根本原因,凡是官僚主义严重的地方,多半是贪污浪费的重灾区,这就要求在反对贪污、浪费的斗争中,同时展开一个反对官僚主义的斗争。所以,在全国范围内进行一场"三反"斗争,意义十分重大,它是关系执政党命运和前途的斗争,"是全党一件大事"。必须"来一次全党的大清理",才能停止许多党员被资产阶级所腐蚀的极大危险现象,才能贯彻二中全会就早已料到的这种情况,并实现二中全会防止腐蚀的方针①。据此,为了打退资产阶级的猖狂进攻,保卫公共财产,保障经济建设的顺利进行,在毛泽东的指导下,中共中央于1951年12月1日作出了《关于实行精兵简政、增产节约,反对贪污、反对浪费和反对官僚主义的决定》,要求全党采取自上而下和自下而上相结合的方法,检查与清除贪污、浪费、官僚主义现象,以此作为贯彻精兵简政、增产节约这一中心任务的重大措施。

"三反"运动开始后,毛泽东为全党制定了"首长负责,亲自动手"的方针,要求各级党政主要领导同志以身作则,站在运动前列,向群众反复宣传"三反"斗争的重大意义和党的方针政策,主动公开检查领导上的官僚主义、铺张浪费错误和其他某些不干净的行为,并且采取多种措施,发扬民主,启发和鼓励群众向领导展开批评。从1951年11月下旬至年底一个多月的时间里,毛泽东为"三反"斗争亲自批转的报告,写的指示、批语和书信就有50多件。他在这些指示中明确指出:"彻底揭露一切大中小贪污事件,而着重打击大贪污犯,对中小贪污犯则取教育改造不使重犯的方针,才能停止很多党员被资产阶级所腐蚀的极大危害现象。"他强调"应把反贪污、反浪费、反官僚主义的斗争看作如同镇压反革命的斗争一样的重要,一样的发动广大群众包括民主党派及社会各界人士去进行,一

---

① 《建国以来毛泽东文稿》第2册,中央文献出版社1987年版,第524页。

样的大张旗鼓去进行，一样的首长负责，亲自动手，号召坦白和检举，轻者批评教育，重者撤职、惩办、判处徒刑（劳动改造），直至枪毙一大批最严重的贪污犯"。要"把三反斗争当作一场无产阶级和资产阶级之间的大战争，务必取得胜利"。在斗争的过程中，毛泽东充分肯定了西南军区司令员贺龙亲自掌握运动，宣传政策，为群众撑腰，鼓励群众起来斗争的做法，号召"各级领导同志都要学习贺龙同志那样亲自'上前线'"。同时，毛泽东指示全党上下都要一致行动，限期开展斗争，注重督促检查。指令县委以上各级党委，中央、大区、省市三级一切工作部门和军队系统的领导，均须将开展"三反"斗争的情况限期向中央作出报告，"以便中央有所比较"，看出各级领导对这场斗争"哪些是积极努力的，哪些是消极怠工的，以便实行奖励和处分"。"不作报告者以违纪论"[1]。"违者不是官僚主义分子，就是贪污分子，不管什么人，一律撤职查办"[2]。

后来在运动中自上而下压指标，且有层层加码之势，一些地方甚至用逼供信的办法打出了一些假"老虎"。毛泽东一发现这个问题，立即提出：严禁逼供信，纠正错误。

在运动中，毛泽东非常注意抓像刘青山、张子善一类的典型案件，希望通过严厉处置这类严重的腐败案件，振聋发聩，催人猛醒。刘、张二人都是20世纪30年代初期参加革命的，是经历了长期战争考验的高级干部。但是，新中国成立以后，在两年多的和平环境中，经不起剥削阶级思想和旧社会恶习的侵袭，逐渐蜕化变质，堕落成不可饶恕的犯罪分子。毛泽东接到华北局关于天津地委负责人严重贪污浪费情况的报告后，非常重视，迅即批转全党，要求全党"严重注意干部被资产阶级腐蚀发生严重贪污行为这一事实，注意发现、揭露和惩处，并须当作一场大斗争来处理"[3]。当

---

[1] 《建国以来毛泽东文稿》第2册，中央文献出版社1987年版，第646、653页。
[2] 《建国以来毛泽东文稿》第3册，中央文献出版社1989年版，第12页。
[3] 《建国以来毛泽东文稿》第2册，中央文献出版社1987年版，第528页。

时有不少干部，甚至是高级干部出面为刘、张说情，毛泽东认为他们二人的罪行不杀不足平民愤，而杀他二人的目的，并不是为了泄愤，主要是为了挽救和警戒20个、200个，甚至2000个他们这样的干部。刘、张二人被公判执行死刑后，毛泽东组织《人民日报》大张旗鼓地宣传此案，公开刘、张罪行和对他们的处理结果，发表河北省党代会和该省主要领导人总结经验教训的消息和文章，以引起全党的警惕和社会的注意。

1952年3月，"三反"运动经历发动群众和打击贪污分子阶段后，进入第二阶段，即定案处理阶段。正确定案和处理并不意味着"三反"运动的结束。毛泽东始终认为开展"三反"是加强执政党建设的需要，其斗争成果应该落实到党的建设上。1952年6月，当"三反"运动的定案处理阶段告一段落时，中共中央及时发出《关于争取胜利结束"三反"运动中的若干问题的指示》，部署思想、组织和制度建设方面的任务。思想建设主要是针对资产阶级思想在各个部门的具体的特殊表现，引导群众进行深入细致的批判，划清工人阶级和资产阶级的思想界限，确立无产阶级思想在党和国家机关内部的领导地位；组织建设则以整编为中心内容，确立编制，精简机构，提高工作效率。鉴于"三害"现象所以严重发生，而又未及时克服的"主要原因是缺乏党章所规定的应有的民主生活"，"许多领导干部……得不到群众的教育和监督"[1]。因而规定"制度建设的中心是民主制度"[2]。关键在于建立和健全党和政府内部的民主生活。各级党委认真贯彻中央指示，致力于党和国家机构的全面建设，收到显著的效果。10月，党中央批转安子文关于结束"三反"运动的报告，"三反"斗争胜利结束。

"五反"运动是随着"三反"运动的不断深入，又揭发出许多资产阶级不法分子同党和国家机关中的贪污分子密切勾结，共同盗窃国家财产的严

---

[1] 薄一波：《为巩固三反五反运动的伟大胜利而斗争》（1952年7月1日）。
[2] 《中共中央关于争取胜利结束"三反"运动中的若干问题的指示》（1952年6月15日）。

重违法行为，引起中央的重视后而开展起来的。1951年12月31日，中央财政经济委员会副主任、中央节约检查委员会（负责领导增产节约和"三反"运动的机构）主任薄一波向毛泽东汇报"三反"运动情况，特别谈到不法资本家经常用给回扣等行贿手法收买拉拢我们国家工作人员。毛泽东指出：这件事不仅要在机关检查，而且应在商人中进行工作。过去土地改革中，我们是保护工商业的，现在应该有所区别，对于不法商人要斗争。1952年1月5日，毛泽东在北京市委《关于三反运动开展情况和继续开展这一运动的意见的报告》上作了批示。同日，中共中央根据毛泽东的批示发出《关于在"三反"斗争中惩办犯法的私人工商业者和坚决击退资产阶级猖狂进攻的指示》。中央指出：一定要使一切与公家发生关系而有贪污、行贿、偷税、盗窃等犯法行为的私人工商业者，坦白或检举其一切犯法行为，借此给资产阶级三年以来在此问题上对于我党的猖狂进攻（这种进攻比战争还要危险和严重）以一个坚决的反攻，给以重大的打击，争取在两个月至三个月内基本上完成此项任务。请各级党委对于此事进行严密的部署，将此项斗争当作一场大规模的阶级斗争看待。在这个斗争中，对民主党派和各界民主人士应酌予照顾，注意组织"三反"斗争的统一战线。

1月26日，毛泽东为中共中央起草《关于在城市中限期展开大规模的坚决彻底的"五反"斗争的指示》，决定从1952年2月上旬起在全国大、中城市开始"五反"运动，并规定了"五反"运动的范围、斗争的方针和任务。

毛泽东在谈到中央要采取"五反"政策时指出：资产阶级在调整工商业时又嚣张起来了，特别是在抗美援朝时加工订货中赚了一大笔，政治上也有了一定地位，因而盛气凌人，向我们猖狂进攻起来。现在已到时候了，要抓住资产阶级的"小辫子"，把它的气焰整下去。同时，毛泽东一再强调掌握政策界限，就是违法不违法。民族资产阶级在《共同纲领》范围内的发展，是合法的；离开了这个范围，就是不合法。6月6日，毛泽东在审改《关于民主党派工作的决定（草稿）》时批示，"在打倒地主阶级和官僚资产阶级以后，中国内部的主要矛盾，即是工人阶级与民族资产阶级的矛盾，故不应再将民族资产阶级称为中间阶级"①。

"五反"运动也一度造成资本家惊惶不安，私营企业生产下降，市场冷清，税收减少，基建项目推迟等。这些现象引起毛泽东的重视，他及时调整部署，采取措施，既打击不法资本家，又保护民族资产阶级合法权益，维持经济正常运转。

"五反"运动中，查出不少资本家都不同程度地存在着"五毒"行为。许多党员、干部基于义愤主张一举消灭私营经济，而工商界人士情绪低落。毛泽东注意到这一情况，及时提出处理工商户的五条基本原则，即："过去从宽，今后从严；多数从宽，少数从严；坦白从宽，抗拒从严；工业从宽，商业从严；普通商业从宽，投机商业从严。"并强调：无论"三反""五反"，都"不得妨碍春耕和经济活动"②。为了调动工商界人士的积极性，鼓舞他们振作起来搞好生产，在"五反"运动的末期，毛泽东劝民主建国会负责人黄炎培出面发表一次讲话。他还亲自对黄炎培的讲稿作了一些修改，把讲稿中的"资本家应充分接受工人阶级思想"改为"资本家应充分接受工人阶级和国营经济的领导"；把讲稿中的用"工人阶级思想"改为用"爱国主义的思想，共同纲领的思想"教育改造资本家；把帮助资本家"改造思想"，改为帮助资本家"改造那些坏思想，那些不合乎爱国主义和共同纲领的思想。即所谓'五毒'思想"。在讲稿中"资产阶级分子有坏的，也有好的"一句之后，毛泽东加写了"就资产阶级的大多数人来说，一个人的思想中有坏的方面，也有好的方面"；在讲稿的最后一段，毛泽东又加写了一段话："我们在现阶段对于资产阶级的多数人的要求是如此。但在中国的

---

① 《毛泽东文集》第6卷，人民出版社1999年版，第23页。
② 《建国以来毛泽东文稿》第3册，中央文献出版社1989年版，第308、311页。

条件下，资产阶级的少数人，那些有远见的人们，可能超过上述要求，而接受工人阶级的基本思想，即社会主义思想，而对社会主义事业发生兴趣。他们一面开工厂，并不要求马上变更自己的成分和事业；一面看到社会主义事业对于人类的伟大贡献，想在将来做一个社会主义者，这种人是可能有的，我们应该表示欢迎。"经毛泽东修改的这篇讲稿发表后，在全国收到很好的效果，工商界人士大受鼓舞。经过"五反"运动，进一步规范了生产经营秩序，1953年私营工商业生产有了较大的发展。

在毛泽东的领导下，"三反""五反"运动稳步健康地发展，达到预期的目的。到1952年10月，"三反""五反"运动胜利结束。"三反"运动的胜利，有力地抵制了资产阶级对革命队伍的腐蚀，加强了执政党和国家机关的建设。"五反"运动的胜利，打退了资产阶级的进攻，充分揭露了私营工商业消极和落后的一面，为把资本主义工商业进一步纳入国家资本主义的轨道创造了良好的条件。

确立社会主义制度

中国革命分两步走，是党的二大通过的最高纲领和最低纲领就已提出的问题。毛泽东在抗日战争时期从理论上详细地论述了其基本内容。

毛泽东认为，新民主主义社会不是一个稳定的社会形态，过渡性是其重要特征之一。从某种意义上讲，创建新民主主义社会的过程，就是为社会主义社会的诞生做准备的过程。1949年新中国的诞生，标志着新民主主义革命的胜利，同时也意味着社会主义革命开始列入议事日程。但是，社会主义革命的实际步骤究竟应从什么时候开始，用什么方式进行，当时并不明朗，这主要是根据国内经济政治形势的发展情况，逐步明确起来的。对此，毛泽东在思想上也有一个发展变化的过程。

在中共七届二中全会的报告中,毛泽东根据中国生产力发展水平低下和民族资产阶级具有两面性等特点指出:在全国革命胜利以后的一定时期内,"还需要尽可能地利用城乡私人资本主义的积极性,以利于国内经济的向前发展"。"但是中国资本主义的存在和发展,不是如同资本主义国家那样不受限制任其泛滥的。"一方面容许有利于国计民生的资本主义工商业存在和发展;另一方面对它采取恰如其分的限制政策。这就是毛泽东那时对资本主义经济的基本方针。当时只提利用和限制,还没有提改造。基于这种认识,新中国成立前夕在协商制定《共同纲领》时,并未把中国社会的发展必须导向社会主义这个前途明确地规定出来,而是着重通过这个纲领中有关新民主主义经济的各项规定,在实际上保证国家和社会向着社会主义前途发展。

1950年4月,当有人提出把民族资产阶级当作主要的斗争对象,对私营工商业实行排挤等观点时,毛泽东对之进行了批评。他重申中国共产党对民族资产阶级采取又团结又斗争,以达到团结他们共同发展国民经济的目的。在1950年6月召开的全国政协一届二次会议上,毛泽东还认为,实行私营工业国有化和农业社会化,即在全国范围内实行社会主义改造,是要在"很远的将来"。

新中国诞生后,中国共产党和中央人民政府并没有马上进行社会主义革命,而是继续致力于全面完成新民主主义革命的遗留任务,并逐步把新民主主义的社会制度推向全国。同时,在这个过程中继续为向社会主义制度的过渡准备着条件。这主要表现在:其一,是通过没收官僚资本和清理帝国主义在华资产,为社会主义性质的国有经济打下了坚实的基础,使国有经济在工商行业中居于主体地位。在新中国成立之初,国有经济已经拥有全国电力产量的58%,原煤产量的68%,生铁产量的92%,钢产量的97%,水泥产量的68%,棉纱产量的53%。其二,医治了战争创伤,使长期在帝、官、封统治下受到严重摧残的国民经济,得到迅速恢复,并在工业化的道路上大大地迈进了一步。1952年全国工业和手工业总产值不仅较1949年增长近一倍半，而且超过战前最高水平1936年的22.3%。农业总产值较1949年增加了48.8%，比战前最高水平1936年增长18.5%。与此同时，国民经济结构也发生了变化，现代工业在工农业总产值中的比重已由1949年的17%增长至26.7%。其三，生产关系发生了巨大变化。一是社会主义国营经济在国民经济中的领导地位得到进一步的加强，国营工业资产总值由1949年的68.9亿元增加至108.4亿元。国营商业销售额比1950年增加了3倍。其中在商品批发总额中的比重由23.2%增为60.5%。二是彻底废除了延续两千年的封建土地所有制，使几亿农民真正实现了"耕者有其田"。三是在党的利用和限制政策下，经过调整工商业与民主改革，特别是经过"三反""五反"，资本主义经济结构与经营管理都发生了重要变化。原来具有半殖民地半封建特性的资本主义工商业，已经初步成为人民民主专政国家管理下的、社会主义性质的国营经济领导的、工人群众监督的资本主义工商业了。

基于以上毛泽东逐步改变关于向社会主义过渡问题的看法，即：不再是到"很远的将来"实行社会主义，而是从现在起就开始向社会主义过渡。1952年9月，他在中共中央书记处会议上讲：10年到15年基本上完成社会主义，不是10年以后才过渡到社会主义。1953年2月，他又讲：在10年到15年或者还多一些的时间内，基本上完成国家工业化及对农业、手工业、资本主义工商业的社会主义改造。6月15日，毛泽东在中共中央政治局会议上第一次对党在过渡时期的总路线和总任务的内容作了比较完整的表述，他说："党在过渡时期的总路线和总任务，是要在十年到十五年或者更多一些时间内，基本上完成国家工业化和对农业、手工业、资本主义工商业的社会主义改造。这条总路线是照耀我们各项工作的灯塔。不要脱离这条总路线，脱离了就要发生'左'倾或右倾的错误。"随后，毛泽东又进一步指出，中华人民共和国的成立，就标志着社会主义革命阶段的开始,"从中华人民共和国的成立,到社会主义改造基本完成,这是一个过渡时期"。1953年9月发布的庆祝国庆4周年纪念口号,正式向全党和全国人民公布了党在过渡时期的总路线。

毛泽东推行过渡时期总路线,在政治方面的重要举措,就是建立人民代表大会制度和制定宪法。

1952年12月,中共中央向全国政协常委会提出召开全国人民代表大会的提议。

1953年1月13日,中央人民政府委员会举行第二十次会议,讨论关于召开全国人民代表大会问题。毛泽东说,就全国范围来讲,召开全国人民代表大会及地方各级人民代表大会的条件已经成熟;人民代表大会制的政府,仍将是全国各民族、各民主阶级、各民主党派和各人民团体统一战线的政府。会议对召开普选的地方各级人民代表大会,并在此基础上召开全国人民代表大会,制定宪法,批准国家五年建设计划纲要和选举新的中央人民政府等项工作内容做了深入的研究。会议决定分别成立以毛泽东为主席,朱德、宋庆龄等32人为委员的中华人民共和国宪法起草委员会;以周恩来为主席,由23人组成的中华人民共和国选举法起草委员会,领导进行宪法和选举法的起草工作。根据1953年2月通过的选举法,全国各地经过一年多的紧张工作,在21万余个基层选举单位,3.23亿登记选民中进行了基层选举,共选出基层人民代表大会的代表566万余名。接着,县、市、省相继召开人民代表大会,选举产生1226名全国人民代表大会代表。

1954年9月15日,第一届全国人民代表大会在北京隆重开幕。毛泽东致开幕词,他说,这次会议是标志着我国人民从1949年以来的新胜利和新发展的里程碑。我们的总任务是,团结全国人民,争取一切国际朋友的支援,为了建设一个伟大的社会主义国家而奋斗,为了保卫国际和平和发展人类进步事业而奋斗。他强调:"领导我们事业的核心力量是中国共产党。指导我们思想的理论基础是马克思列宁主义。"他号召全国人民，应当努力工作，准备在几个五年计划之内，将我们现在这样一个经济上文化上落后的国家，建设成为一个工业化的具有高度文化程度的伟大的国家。毛泽东在开幕词结束时豪迈地指出："我们正在做我们的前人从来没有做过的极其光荣伟大的事业。我们的目的一定要达到。我们的目的一定能够达到。"

刘少奇作《关于中华人民共和国宪法草案的报告》，周恩来作《政府工作报告》。大会经过充分讨论，通过了《中华人民共和国宪法》《中华人民共和国全国人民代表大会组织法》《中华人民共和国国务院组织法》，中华人民共和国人民法院、人民检察院、地方各级人民代表大会和地方各级人民委员会组织法。代表们在讨论发言中对五年来的政府工作表示满意，大会批准了政府工作报告。

一届全国人大一次会议通过的《中华人民共和国宪法》，是在毛泽东亲自主持下起草的。宪法起草委员会先后7次举行会议，对宪法草案初稿进行研究讨论。同时，北京和全国各大城市组织各方面代表人物8000多人，用2个月的时间讨论宪法初稿，共提出5900余条修改意见，给予起草工作以重大帮助。6月14日，中央人民政府委员会举行会议通过了宪法草案，并决议交付全国人民代表大会讨论。毛泽东讲话说，这个宪法草案，是一部比较好的、比较完全的宪法草案。说它好，主要有两条：一条是总结了历史经验，一条是结合了原则性和灵活性。原则基本上是两个：民主原则和社会主义原则。他说：一个团体要有一个章程，一个国家也要有一个章程，宪法就是一个总章程，是根本大法。用宪法这样一个根本大法的形式，把人民民主和社会主义原则固定下来。使全国人民有一条清楚的轨道，使全国人民感到有一条明确的和正确的道路可走，就可以提高全国人民的积极性。此后，全国有1.5亿多人参加讨论，对宪法草案表示热烈拥护，同时提出很多修改和补充的意见。提交大会的宪法草案，就是在广大人民群众深入讨论的基础上形成的。

《中华人民共和国宪法》既是一百多年来中国人民的英勇斗争的经验总结，又是中国共产党领导的新民主主义革命的历史经验的总结，也是中华人民共和国成立以来新的历史经验的总结。宪法用法律的形式把中国共产党提出的过渡时期总路线，作为全国人民在过渡时期的总任务确定下来。宪法明确规定："中华人民共和国依靠国家机关和社会力量，通过社会主义工业化和社会主义改造，保证逐步消灭剥削制度，建立社会主义社会。"

在第一届全国人大上，毛泽东当选为中华人民共和国主席。第一届全国人大的召开和宪法的产生，奠定了新中国基本政治制度的基础，也为社会主义制度在中国的确立提供了强有力的政治保证。

党在过渡时期总路线的基本内容是"一化三改"，以实现社会主义工业化为主体，以对农业、手工业和资本主义工商业的社会主义改造为两翼，体现了发展生产力和变革生产关系的统一，是一条社会主义建设和社会主义改造同时并举的总路线。毛泽东创造性地运用列宁关于过渡时期的学说，从中国实际情况出发，把民主革命胜利后建立的新民主主义社会同过渡时期统一起来，明确提出适合中国特点的逐步过渡的路线，从而形成具有中国特色的过渡理论，这是对马克思列宁主义理论宝库的一个卓越贡献。

在领导贯彻实行过渡时期总路线的过程中，毛泽东和中央人民政府，从1953年初开始实施旨在逐步达到国家工业化目标的发展国民经济的第一个五年计划，同时开始进行三大改造。对于这两方面的工作，毛泽东都很重视，但是他的精力更多的是放在社会主义改造方面。这种情况同他的这个观点是有联系的，即："党在过渡时期的总路线的实质，就是使生产资料的社会主义所有制成为我们国家和社会的唯一经济基础。"

三大改造，首先是从对农业的社会主义改造开始的。中国农业的社会主义改造，是通过走合作化的道路实现的。

在中国共产党人领导土地革命的斗争中，苏联农业集体化的发展模式，曾有深刻的影响。苏联的集体化道路是先搞农业机械化，再搞集体化，依靠政权力量，强制消灭富农经济，一举实现全盘集体化。新中国成立后，毛泽东从中国的实际出发，创造性地提出中国农业社会主义改造的新路子。1951年9月，中共中央召开第一次农业互助合作会议。会议通过由毛泽东主持起草的《中共中央关于农业生产互助合作的决议（草案）》。这是指导农业合作化运动的第一个纲领性文件。文件于同年12月15日印发到各级党委试行，毛泽东为印发这个决议草案专门起草了一个党内通知。通知要求决议草案"在一切完成了土地改革的地区都要解释和实行的"，号召各级党委要把农业互助合作运动"当作一件大事去做"。决议草案汲取农民作家赵树理的意见，提出农民在土改后存在的两种生产积极性：一是个体经济的积极性，一是互助合作的积极性。认为发展个体经济的积极性是农民小私有者的特点，党不能忽视和挫伤这种积极性。同时，对农民互助合作的积极性，党必须按照自愿和互利的原则，充分地将其发挥起来。要教育广大农民，使他们逐步懂得劳动互助和生产合作比起孤立的个体经济有极大的优越性，启发他们由个体经济逐步地过渡到集体经济。草案也总结了当时农业生产互助合作运动的三种主要形式：第一种是临时性的或季节性的互助组，这是大量的；第二种是常年互助组；第三种是以土地农具大牲畜等生产资料入股为特点的农业生产合作社，即初级社。草案还指出，对于农业互助合作运动，必须克服两种错误的倾向：一是对农村经济的发展采取放任自流的消极态度，看不见农民由个体经济逐步走向集体经济的必然性；二是采取急躁的态度，用强迫命令的方法组织互助合作，违反自愿和互利的原则，使运动轰轰烈烈一阵后不能得到巩固。为加强中共中央对农业合作化的领导，1953年2月15日经中共中央修改的《关于农业生产互助合作的决议》正式通过，发给全党试行。决议推动了农业互助合作运动的发展，全国的初级农业生产合作社成倍地增长。1953年1月到4月，由3600多个发展到1.4万多个。但在发展中出现了急躁冒进的倾向，一些地区实行强迫编组、强迫入社,耕牛、家具一律作价归公,一些同志盲目追求公共财产,重社轻组,追求高级形式,认为越大越好。发展合作社只求数量,不顾质量。结果引起中农的恐慌,出现卖地、卖牲口、杀猪宰牛、砍伐树木等破坏生产的情况。3月17日,毛泽东批准发布中央《关于布置农村工作应照顾小农经济特点的指示》,指出:"应教育广大干部,使他们深刻认识,在向农村布置任务的时候,在农村进行工作的时候,在领导农业生产的时候,时刻记住并且照顾到小农经济的特点,多强调自下而上的集中群众要求,因地制宜,而不可强调自上而下的布置任务,强求一致完成"。中央指示各地对互助合作组织普遍进行一次整顿,凡不具备条件、用强迫方法组成初级社的,一律转为互助组。4月3日,中共中央农村工作部召开第一次全国农村工作会议,会议传达了毛泽东关于农村工作的基本任务就是在10年到15年或更长一点时间在全国基本完成农业社会主义改造的指示,并按照这一指示重新安排了第一个五年计划期间互助合作运动的发展计划,适当压缩了原来规定的老区和新区发展互助合作的速度。

中央农村工作部根据党中央和毛泽东的上述指示,对农业生产合作社进行了两次整顿,收到良好效果。到6月初,全国纠正农业合作化的冒进偏向,收缩了一些不具备条件的合作社,全国有一万多个社得到巩固。但是,在纠正急躁冒进的过程中,也存在着一些缺点,产生过放任自流的现象。

为了总结一年来农村工作的经验教训,推动农业合作化运动继续前进,1953年10月26日至11月5日,中共中央召开第三次农业互助合作会议。毛泽东在会前的10月15日和会议期间的11月4日同中央农村工作部负责人两次谈话。毛泽东说,办好农业生产合作社,可以带动互助组的大发展。各级农村工作部要把互助合作这件事看作极为重要的事。目前农产品的供求矛盾极大,这是所有制与生产力的矛盾,只有将个体过渡到集体所有制,才能促进生产力的发展,解决农产品的供求矛盾。对于农村的阵地,社会主义如果不去占领,资本主义就必然去占领,难道可以既不走资本主义的道路，又不走社会主义的道路吗？农业合作化运动是农村一切工作的纲，是农村工作的主题。在谈到1953年发展农业互助合作时，毛泽东说，这大半年，缩了一下，稳定而不前进，这不大妥当。但是，也有好处。比如打仗，打了一仗，休整一下，再展开第二个战役。他又说，鉴于今年大半年互助合作运动缩小了一下，这次农业互助合作会议要积极一些，既要办多，又要办好。他建议1953年冬到1954年春，新区每县要建立1—3个农业合作社，老区要翻一番、一番半或两番。到1954年秋收前，农业合作社要发展到3.2万个，即增加2倍多。

　　毛泽东的谈话对会议产生重要作用，会议讨论制定了《关于发展农业生产合作社的决议》，中共中央于12月16日通过了这个决议，并于1954年1月向全国公布。决议对于合作化运动进一步发展的方针和方法作了系统的说明。它明确提出中国共产党所规定的对农业逐步实行社会主义改造的道路，即经过带有社会主义萌芽性质的劳动互助组，发展到半社会主义性质的农业生产合作社，再发展到完全社会主义性质的更高级的农业生产合作社。决议还明确提出"积极领导，稳步前进"的正确方针。就是说，党的领导既不应当落后于群众的要求和国家建设的需要，也不应当超过群众的觉悟程度和不顾可能与条件。决议公布后，从1953年冬到1954年春，广大农村掀起办社的热潮，全国农业生产合作社由1.4万多个发展到10万个，增加到原来的7倍。1954年4月2日至18日，中共中央召开第二次全国农村工作会议。会议检查了各地对中央第三次农业互助合作会议决议和毛泽东指示的执行情况，着重研究合作社大发展后如何巩固的问题。会议认为已有的10万个社能否办好，对以后合作化运动的发展关系极大。会议要求各级党委积极努力把已有的10万个社切实办好，为迎接行将到来的合作化大发展的新时期做好准备。1954年10月，中共中央召开第四次农业互助合作会议，会议总结1年来发展农业生产合作社的经验和研究今后发展计划，决定到1955年春，全国农业生产合作社由10万个发展到

60万个，达到老区村村有社，新区区区有社。

1954年冬，各地按照第四次农业互助合作会议布置的任务，积极发展合作社，到1955年1月，全国农业生产合作社已达48万个，到4月，就已达67万个。老解放区的部分农村出现农业合作化高潮。但是，由于发展过猛，出现了强迫命令和侵犯中农利益的现象，又赶上全国搞统购统销，政府多征购了70亿斤粮食，引起部分农民对合作化的抵触和顾虑，一些地方农民闹退社，他们宰杀牲畜，变卖家具等。

中共中央和毛泽东十分重视各地发生的急躁冒进的偏向，采取一系列措施，加以纠正。1955年1月10日，中共中央发出《关于整顿巩固农业生产合作社的通知》。通知要求按照不同地区采取如下措施：（1）停止发展，全力巩固；（2）适当发展；（3）进行整顿。3月26日，毛泽东找邓子恢等谈话。他说，生产关系要适应生产力发展的要求，否则生产力会起来暴动，当前农民杀猪宰羊就是生产力暴动。他把当时对农业合作社问题的工作方针概括为：停、缩、发。

各地遵循中央和毛泽东的上述指示及农村工作会议的精神，对合作社进行整顿和收缩工作。通过整社工作，大多数的合作社巩固下来，全国收缩了2万多个社，主要是浙江、河北、山东等省。其他省基本没有收缩，工作重点是整顿和巩固。到6月，全国合作社已收缩到65万个，并贯彻了自愿、互利原则，合作化走上了稳定发展的道路，使一度紧张的农村形势开始缓和。

1955年5月下旬，中共中央召开15个省市委书记会议，毛泽东在会上说，在合作化的问题上，有种消极情绪，我看必须改变。再不改变，就会犯大错误。他虽然重申"停、缩、发"的方针，但着重强调要"发"。会上还向各省分配了发展合作社的数字。会议提出1956年春要发展到100万个合作社的意见。

会后不久，在合作社的发展速度上，党内产生意见分歧。邓子恢和其他一些同志，认为合作社的发展速度不宜过快。他们向中央政治局提出报告，主张还是按100万个的计划为好，即在原有的65万个基础上翻半番。毛泽东认为，目前农业合作社的发展不是快，而是落在群众的后面，应当有个大发展，才能跟上客观形势和群众的要求。他强调农业合作化的高潮在有的地区已经到来，在全国也即将到来。6月下旬，毛泽东外出视察归来，约邓子恢谈话，对1956年春发展100万个合作社的计划提出批评。他建议，到1956年春，合作社不是翻半番，而是翻一番，即从65万个发展到130万个。毛泽东说，目前形势，新区应大发展，老区应再发展。

1955年7月31日至8月1日，中共中央召开各省、市、自治区党委书记会议。毛泽东在会上作《关于农业合作化问题》的长篇报告。报告一方面根据我国实际情况，深刻地阐述农业合作化运动中产生的理论和政策问题，提出在农业合作化运动中应当采取的正确的原则、方针、步骤、方法，这对于农业合作化运动的发展起了积极的作用；另一方面，毛泽东把党内一些同志坚持稳步前进的方针和采取边巩固边发展合作社的步骤都批评为"右倾保守"倾向，不点名地批评邓子恢和有关同志。毛泽东认为全国农村中合作化的社会改革的高潮就要到来，群众走在领导的前头，领导赶不上运动，因此，要克服"右"的错误，加快合作化的步伐。从这种估计出发，毛泽东提出"全面规划，加强领导"的方针，要有全国的、全省的、全专区的、全县的、全区的、全乡的关于合作化分期实行的规划。会后，各地根据省、市、自治区党委书记会议精神和毛泽东的报告，重新研究农业合作化的规划，加快农业合作社的发展速度。从1955年6月至10月底，新增合作社64万多个，比原有的合作社总数增加一倍。

为了促进农业合作化运动高潮的到来，中共中央于1955年10月4日至11日召开了七届六中全会。会议集中讨论农业合作化问题，根据毛泽东在省、市、自治区党委书记会议上报告的精神，通过《关于农业合作化问题的决议》。毛泽东为会议作题为《农业合作化的一场辩论和当前的阶级斗争》的总结。这次全会标志着全国农业合作社大发展的开始。在会议通过的《关于农业合作化问题的决议》中说，现在农村中正经历着一场深刻的社会主义改造运动，农业合作化的高潮即将到来。党面临的任务就是要大胆地有计划地领导运动前进。但是我们有些同志对合作化运动作了悲观主义的估计，认为对几十万个小型合作社都难于巩固，大发展更不敢设想。只有彻底地批判这种"右"倾观点，才能促进党的农村工作的根本转变，这个转变是保证农业合作化运动继续前进和取得完全胜利的最重要的条件。同时决议还提出合作化运动的规划，认为合作化运动比较先进的地方，1957年春以前，70%到80%的农户参加合作社，即基本上实现半社会主义的合作化。全国大多数地区，在1958年春以前，基本上实现半社会主义合作化。在边疆地区实现合作化需要更多的时间。

党的七届六中全会后，一个汹涌澎湃的农业合作化运动在全国各地迅猛展开。仅几个月的时间内，就有5000多万农户加入了合作社。毛泽东认为，这是一件了不起的大事。它告诉我们，只需要1956年的1个年头，就可以基本上完成农业的半社会主义的合作化。那么，再有3—4年，就可以基本上完成合作社由半社会主义到社会主义的转变。1955年底，初级社增加到190万个，入社农户达7500多万户，占全国总农户的63%；农业集体的耕地面积达10亿亩以上，占全国耕地总面积的64%左右。

为了进一步推动全国农业合作化运动高潮的到来，在这个时期，毛泽东亲自主持编辑了约有90万字的《中国农村的社会主义高潮》一书，收集了176篇反映全国各地区农业合作化的文章和报告。1955年9月25日和12月27日，毛泽东为这本书写了2篇序言，并为其中104篇文章写了按语。序言和按语进一步阐述中国农业合作化到来的必然性，农业合作社的优越性，农业合作化与工业化的关系，只有发展合作化才能巩固工农联盟，中国必须先实现农业合作化后实现机械化等问题，同时在书中也批判了所谓"右倾保守"的思想。在反"右倾"的巨大政治压力下，在群众运动大发动的情况下，农业合作社迅猛发展，甚至一味求快，以致带来一些始料未及的问题。

随着初级社高潮的到来，高级形式的农业生产合作社也大批地发展起来。1955年12月，毛泽东在向各地征询对"农业十七条"意见的通知中表示，希望全国在1956年上半年基本上完成初级形式的建社工作，并进一步提出合作社的高级形式要争取于1960年基本完成，如若缩短一年，则争取于1959年基本上完成。1956年1月23日，中共中央政治局正式提出《一九五六年到一九六七年全国农业发展纲要（草案）》，要求各省、市、自治区在1956年基本上达到85%的农户加入初级社；要求合作化基础好的地区在1957年基本上完成高级农业生产合作社。《纲要（草案）》强调："对于一切条件成熟了的初级社，应当分批分期地使它们转为高级社。不升级就将妨碍生产力的发展。"1956年春夏，全国农村又掀起以发展高级社为中心内容的全国农业合作化运动的第二个高潮。各地的初级社纷纷转为高级社。1956年5月，全国加入农业合作社的农户已达11013万多户，占全国总农户的91.2%，其中加入高级社的农户有7472万多户，占总农户数的61.9%。

同年6月30日，一届全国人大三次会议通过了《高级农业生产合作社示范章程》，统一办高级社的方针、政策和办法。高级社化的高潮进一步席卷全国，到1956年底，全国的农业合作化运动跨过了三大步：一、入社农户占全国总农户的96%，全国农民基本都加入了合作社；二、基本上完成了初级社向高级社的转变，参加高级社的农户占全国总农户的87.8%；三、普遍地扩大了合作社的规模，将20—30户的初级社合并为200—300户的高级社。也就是说，到1956年，对农业的社会主义改造在全国已基本完成。

毛泽东领导农业合作化的基本出发点是想通过变小农经济为集体经济，加快农业发展，改善农民生活，为工业化提供充分的原料和广阔的市场。因此，他既强调发展农业合作化的速度和合作社的数量，同时更注重合作社的质量。他多次强调，标准只有一个，就是看其能否比单干户、互助组有更高的粮食产量。否则就是失败了。

毛泽东在领导农业合作化运动的过程中，始终把农业生产能否增产，作为检验农村合作社成败的关键。在农村生产关系迅速变革的7年间，始终保持了农业生产连续7年增长，即便是农村生产关系巨变的1955—1956年，农业总产值仍从555亿元增至583亿元，粮食产量从18394万吨增至19275万吨。事实证明，中共中央和毛泽东领导的农业社会主义改造在基本没有引起大的社会动荡、没有造成生产力破坏的前提下，完成了生产资料所有制的社会变革，这是国际共产主义运动史上的伟大创举。它的胜利，使全国广大农民彻底摆脱小块土地私有制的束缚，走上合作经济的广阔发展道路，开创了建设社会主义农村的新时代。它的胜利也为实现国家工业化和推进对资本主义工商业及手工业的社会主义改造，创造了有利的条件。

对个体手工业的社会主义改造，是"一化三改"中的重要一环。由于中国现代工业起步较晚，技术水平落后，规模很小，手工业生产在全国经济中占有相当大的比重。在中共七届二中全会上，毛泽东就曾说过："占国民经济总产值90%的分散的个体农业经济和手工业经济，是有可能和必须谨慎地、逐步而又积极地引导它们向着现代化和集体化的方向发展的。"新中国成立后，按照他在七届二中全会上的提法，中共中央逐步制定了对手工业进行社会主义改造的政策。1950年7月，中财委召开的中华全国合作社工作者第一次代表会议通过《中华人民共和国合作社（草案）》，明确规定，组织手工业生产合作社的目的，是"联合起来，凑合股金，建立自己商业的和生产的组织，去推销自己的手工业产品，并购买原料和其它生产资料，避免受商人的中间剥削，提高产品的数量和质量"。当时虽然没有提手工业的生产经营问题和社会主义改造这些字眼，但实际上走的就是集体化和社会主义改造这条路子。1954年11月，国务院成立手工业管理局。12月召开的第四次全国手工业生产合作会议,确定1955年手工业实行社会主义改造的中心任务是:继续摸清主要行业的基本情况,整顿、巩固、提高现有合作组织,在此基础上,从供销入手适当发展新社。1955年5月,征得毛泽东的同意,中央确定以"统筹兼顾,全面安排,积极领导,稳步前进"作为手工业社会主义改造的方针。这些方针措施实施的结果,1955年上半年,全国手工业合作组织发展到近5万个,人数近150万人。1955年9月、12月毛泽东分别发表的2篇《中国农村的社会主义高潮》的序言,其中提出加快手工业改造速度问题。他说,我们"只需要1956年1个年头,就可以基本上完成了农业方面的半社会主义的合作化。……中国的手工业和资本主义工商业的社会主义改造,也应当争取提早一些时候去完成,才能适应农业发展的需要"。他认为,现在的问题是经过努力本可以做的事情,却有很多人认为做不到。因此,不断地批判那些确实存在的"右倾保守"思想,就有完全的必要了。12月5日,在中央召开的座谈会上,刘少奇传达毛泽东的指示,要求各条战线批判"右倾保守"思想,他认为对手工业社会主义改造"不积极,太慢了",要求手工业合作化到1957年达到70%到80%。在这种形势下,12月21日至28日,手工业管理局和中华全国手工业合作总社召开了第五次全国手工业生产合作会议,着重批判怕背供销包袱而不敢加快手工业合作化步伐的"右倾保守"思想。

　　1956年3月4日,国务院手工业管理局向毛泽东汇报手工业的生产经营问题和社会主义改造问题。在听取毛泽东要加快对手工业的改造速度的意见之后,手工业管理局的同志还向毛泽东汇报了当时在手工业改造中出现的一些问题,例如集中过多、撤点过多给人民群众生活带来的不便等问题。毛泽东插话:这就糟糕了,现在怎么办?天下大势,分久必合,合久必分嘛。他还说,手工业中有许多好东西,不要搞掉了。王麻子、张小泉的剪刀一万年也不要搞掉。我们民族一切好的东西,搞掉的,一定都要来一个大恢复,而且要恢复得更好一些。

1956年3月31日到4月25日，手工业管理局召开社会主义改造座谈会，会议提出，经省市自治区批准，选个别有条件的手工业合作社进行试点，向全民所有制过渡。

就这样，在紧接农业和资本主义工商业改造的高潮之后，又掀起手工业改造的高潮。到1956年6月底，全国参加合作社（组）的手工业者已占手工业者总数的90%。年底，全国组织起来的手工业合作社（组）经过调整为9.91万个，社（组）人员达到509.1万人，占全部手工业从业人员的92%。至此，手工业由个体经济到集体经济的转变基本完成。新成立的手工业合作社，绝大部分是在改造高潮中直接组织起来的。

对资本主义工商业的社会主义改造，是从接收大城市之日起就拉开序幕了，当时没收官僚资本企业，并将私营企业中的战犯、汉奸、官僚股收归国有，实行公私合营。在国民经济恢复时期，国家通过加工、订货、统购包销、经销代销等初级形式，开始把资本主义工商业纳入国家资本主义的轨道。党的过渡时期总路线提出以后，国家对资本主义工商业的改造工作就全面地有计划地展开了。

1953年4月，中共中央统战部部长李维汉率领调查组，通过对上海、武汉等几个城市资本主义公私关系的调查，向中央作了《关于利用、限制、改造资本主义工商业的若干问题的报告》，认为公私合营的国家资本主义办法是改造资本主义私有制的最适当的方式，并提出进一步做好利用、限制、改造资本主义工商业工作的具体方针政策。毛泽东十分重视这个报告的意见。中央政治局批准了这个报告，并进一步指出，党对资本主义工商业的方针是："利用、限制、改造"，对资本主义工商业者的方针是："团结、教育、改造"。在全国财经工作会议期间，毛泽东召开关于国家资本主义问题的座谈会。他指出，国家资本主义对我们已经不是理论问题，而是一个实践问题。要求中央财经各部门、各中央局、分局、省市委都要讨论这个问题。他又指出，资产阶级不走国家资本主义，没有路走，大势所趋，非走这条路不可，我们不走国家资本主义，也没有别的路，因为我们根本不能没收他们的财产，而且需要它。他认为，实行国家资本主义的条件已经成熟了，资产阶级已经完全孤立起来了。他还具体指出，改造要分两步走，第一步变私营企业为国家资本主义，第二步使其由国家资本主义变成社会主义。毛泽东的指示，通过全国财经会议的讨论，使全党进一步明确了国家资本主义是对资本主义工商业进行改造的最适当的形式。

毛泽东还具体说明了这项改造的一系列政策：在形式上，采取公私合营、加工订货和收购等形式。在利润分配上，实行"四马分肥"的政策，即所得税占34.5%，福利费占15%，公积金占30%，资方红利占20.5%。在时间上，用3年到5年的时间，将全国私营工商业基本上引上国家资本主义轨道，要"稳步前进，不能太急"①。在工作方法上，通过他们去说服大部分资本家自愿地接受改造，不能像对待地主那样，实行强迫。毛泽东的这次谈话大大地推动了对工商业的社会主义改造的进程。

1955年10月4日至11日，中共七届六中全会在北京举行，会议重要议题之一是讨论农业合作化问题。就在这次全会的结论中，毛泽东表达了他关于加快资本主义工商业改造步伐的设想。七届六中全会一结束，毛泽东立即部署加快对资本主义工商业的社会主义改造。10月29日，毛泽东邀请工商联第一届全国执委会的全体委员召开座谈会，并发表谈话指出：资本主义工商业的改造即将走向一个新阶段，工商业者应该认清社会发展的规律，只要接受社会主义改造，走社会主义道路，就有前途。只有把自己的前途和国家的前途结合起来，才可以掌握自己的命运。毛泽东还指出：党和国家将对接受改造的工商界人士给以政治上和工作上的适当安排，继续贯彻"赎买"政策，鼓励他们把自己从剥削者改造成为自食其力的劳动者。凡是现在对工商业的改造有贡献的，社会和国家都不会忘记他们的贡献。

---

① 《建国以来毛泽东文稿》第4册，中央文献出版社1990年版，第324页。

11月16日至24日，中央政治局召集各省、市、自治区党委和市委的代表，举行关于改造资本主义工商业问题的会议，讨论毛泽东主持起草的《关于资本主义工商业改造问题的决议（草案）》。毛泽东在最后一天参加会议并讲话。他说，帝国主义眼前还不敢发动战争，我们要趁着这个机会，加快社会主义改造，加快我国的发展。在批评那种认为民族资产阶级不能接受社会主义这一错误思想时，他说："现在它是一只半脚踏进社会主义，人家现在快要变为工人阶级，人家已经是半社会主义者了"，"它只有四分之一没有进来了"[1]。会议充分分析当时的形势，提出实行全行业公私合营的规划，通过了《关于资本主义工商业改造问题的决议（草案）》。决议草案提出："我们现在已经有了充分有利的条件和完全的必要把对资本主义工商业的改造工作推进到一个新的阶段，即从原来在私营企业中所实行的由国家加工订货、为国家经销代销和个别地区实行公私合营的阶段，推进到在一切重要的行业中分别在各地区实行全部或大部公私合营的阶段，从原来主要的是国家资本主义的初级形式推进到主要的是国家资本主义的高级形式。"

各级党委和政府，按照中共中央和毛泽东的部署，进行了紧张的准备工作，制定了改造资本主义工商业的全面规划。这样，继农业合作化高潮的兴起，一个以全行业公私合营为中心的资本主义工商业社会主义改造高潮，在全国大小城市开展起来了。

1956年1月1日，首都北京的私营工商业者首先提出全行业公私合营的申请。这种申请已经不是一户一户进行，而是由一个行业一个行业进行的。1月10日，北京市召开公私合营大会，宣布全市35个私营工业行业的3990家工厂和42个私营商业行业的13973家商店，共17963户全部批准实行公私合营。1月15日，首都各界20万人举行庆祝社会主义改造胜利大会。

---

[1] 薄一波：《若干重大决策与事件的回顾》上卷，中共中央党校出版社1993年版，第408页。

毛泽东等出席大会。彭真市长宣布："我们首都已进入社会主义社会。"

在北京私营工商业改造首先实现公私合营的影响下，全行业公私合营的高潮迅速推广到全国。到1956年1月底，私营工商业集中的上海、天津、广州、武汉、西安、重庆、沈阳等大城市，以及50多个中等城市，相继实现了全行业公私合营。随后，全行业公私合营的浪潮席卷全国各城市，到1956年第一季度末，除西藏等少数民族地区外，全国各地基本上实现全行业公私合营，标志着全国对资本主义工商业的社会主义改造基本完成。同农业社会主义改造一样，资本主义工商业社会主义改造，特别是后期，也受到"左"的思想影响，急于求成，搞得过于粗糙，在实行合营中，把一些小手工业者、小商贩一起带进合营企业，混淆了剥削者与劳动者的区别，也造成产品质量下降，人民生活不便等问题。

全行业公私合营后，为了巩固这一伟大的成果，还有大量的政策性很强的工作要紧跟着进行，这主要是国家对资本家在经济和政治上进行定股、定息和人事安排等。

国家对私营企业的资产和负债，根据"公平合理，实事求是"原则，进行清理和估价，核定私股股额。截至1956年底，全国公私合营的私股共有24亿元，其中工业17亿元，商业、饮食业和服务业6亿元，交通运输业1亿元。国家根据核定的私股股额，发给私股股东以固定息率（年息5%）的定息。当时资本家心存顾虑，不知定息能拿几年。为此，1956年12月5日、7日和8日，毛泽东三次召见全国工商联代表人士谈话，他说：定息到底多少时间，中共中央谈过，认为时间太短不好，赎买就要真正赎买，不是欺骗的，发不了多少钱。有人问究竟还有多少年？大家很关心。我们以7年为期——今年、明年、第二个五年计划共计7年。毛泽东又说：还可以拖一个尾巴（7年过后，国务院又宣布，从1963年起，延长3年，到期再议。1966年9月，停止了支付定息）。1956年底统计，领取定息的私股股东共有114万人，国家共为定息支付1.2亿元。"出这么一点钱，就买了这样一个阶级。"对原企业的资方在职人员和资方代理人，国家采取"包下来"的方针，进行全面的人事安排。在安排过程中，贯彻了"量才使用，适当照顾"的原则，结果安排直接参加生产经营的约占60%到65%，安排为企业管理人员的约占35%到40%，对部分资产阶级代表人物，还在国家机关、国营经济业务部门安排了行政职位。对于他们原有的高工薪，作为赎买的一部分，也都保留下来，不予变动。到1956年7月底，全国基本上妥善解决了公私合营高潮后所产生的政策调整和相关的遗留问题。

这样，在1956年内，基本上实现了对农业、手工业和资本主义工商业的社会主义改造，在中国历史上建立了崭新的社会主义制度。

三大改造进行之顺利，特别是对私营工商业的社会主义改造完成之快，出乎毛泽东的意料。1955年10月29日，毛泽东在私营工商业社会主义改造问题座谈会上，还针对工商界一些人士要立即全面实行公私合营的提法指出：那样搞太厉害了，要求太急了，要瓜熟蒂落，水到渠成，要有秩序有步骤地来，不要搞乱了。不曾想两个多月后，私营工商业的社会主义改造就全面完成。对此，毛泽东感到由衷的高兴。

在中国这样一个大国里，率领人民通过非暴力的和平方式实行社会主义革命，顺利地建立起社会主义制度，这是毛泽东对科学社会主义的一个重大贡献；是中国人民继夺取民主革命胜利之后获得的又一个划时代的胜利。毛泽东把列宁关于过渡时期的学说同中国的具体实际相结合，提出了一整套的理论和方法，对社会主义改造的每一个步骤都做了周密的安排，在他和中共中央的领导下，这场涉及几亿人的社会大变革，得以顺利完成。并且，在变革中不仅没有使社会生产力下降，相反还促进了整个国民经济的发展，使发展国民经济的第一个五年计划提前一年，在1956年同社会主义改造同时完成。到1957年，国内生产总值达到创纪录的1388亿元，其中工业为784亿元，农业为604亿元，工业产值首次超过农业。这不能不说是一个创举。尽管在三大改造后期，毛泽东有急于求成的情绪，存在要求过急、工作过粗等问题，但是领导中国这样一个大国消灭了持续几千年的剥削制度，建立起社会主义公有制，毫无疑义，这是毛泽东对中国革命事业的又一个伟大贡献。

第十章
CHAPTER TEN

探索中国式建设道路

伟大的开端

社会主义公有制的顺利确立，使毛泽东产生了抑制不住的喜悦。同时他又清醒地看到国家工业化的目标还远远没有达到。他及时地向全党和全国人民指出："社会主义革命的目的是为了解放生产力"，"我国人民应该有一个远大的规划，要在几十年内，努力改变我国在经济上和科学文化上的落后状况，迅速达到世界上的先进水平"[①]。

此后，毛泽东把工作的重点逐渐转移到如何领导全国人民开展大规模的经济建设上来，特别是思索着探寻一条与苏联不完全相同的适合于中国情况的社会主义建设道路。

中国共产党人对如何建设社会主义的理论探讨和准备，由来已久。如前所述，党的二大就提出中国革命的最低纲领和最高纲领；党的四大论证了新民主主义革命的基本内容，初步酝酿了向社会主义过渡的思想；抗战时期，毛泽东系统地阐述新民主主义革命理论，描述了中国革命分为两步走的具体步骤；1948年的九月会议和1949年的七届二中全会，以及毛泽东发表的《论人民民主专政》，细致地勾画了新中国的建国方案；1952年提出的过渡时期总路线正式把建设社会主义问题提上议事日程。除了理论准备之外，在实践上，中国共产党从创立革命根据地之初就开始积累根据地政权建设和经济建设的经验；新中国成立后，在三年恢复时期，虽然主要任务是完成民主革命的遗留任务，但同时进行的就有社会主义革命性质的工作。进入过渡时期后，更是社会主义革命和建设并重，即所谓"一化三改"。这些重要的理论摸索和实践积累，无疑为毛泽东在社会主义制度

---

① 《毛泽东著作选读》下册，人民出版社1986年版，第717—718页。

建立之后，全面地探索中国式社会主义建设道路，提供了直接的宝贵经验。毛泽东对中国式社会主义建设道路的全面探索，是从对农业的社会主义改造即将完成之时，制定全国农业发展纲要开始的。

1955年11月间，毛泽东先后同15个省、区的党委书记就全国农业发展问题交换意见，共同商定了"农业十七条"。12月21日，中共中央将"农业十七条"发至各地征询意见。当天夜里，毛泽东即乘火车离开北京，先后到保定、邢台、郑州、武汉、长沙、南昌、杭州、上海、南京，找沿途的地方干部谈话，调查对"农业十七条"的意见，直到1956年1月12日回到北京。在此期间，毛泽东对"农业十七条"作了反复的修改。其中1月4日的改稿增加为22条，1月7日前又增至36条。在1月7日的铅印件上，根据毛泽东前一次批注意见，增加了有关青年的一条，以及有关农业科研和技术指导的一条，共38条。在1月8日的铅印件上，又增加了关于勤俭办社和工农联盟两条，共40条。接着，中共中央邀请在北京的工业、农业、医药卫生、社会科学等各方面的科学家和各民主党派、各人民团体、文化教育界人士1375人对草案进行讨论，并做了修改。1月23日，中共中央政治局通过了这个纲要草案的修改稿。随即，毛泽东又召集最高国务会议进行讨论，他在会上指出：从1955年夏季以来，社会主义改造，也就是社会主义革命以极广阔的规模和极深刻的程度展开起来，社会主义革命的目的是为了解放生产力。我们进行社会主义革命所用的方法是和平的方法。毛泽东还特别强调指出：目前我们国家的政治形势已经起了根本变化。我国的第一个五年计划有可能提前完成或者超额完成。1956年到1967年的全国农业发展纲要的任务，就是在这个社会主义改造和社会主义建设的高潮的基础上，给农业生产和农村工作的发展指出一个远景，作为全国农民和农业工作者的奋斗目标。我国人民应该有一个远大的规划，要在几十年内，努力改变我国在经济上和科学文化上的落后状况，迅速达到世界上的先进水平。

《一九五六年到一九六七年全国农业发展纲要（草案）》于 1956 年 1 月 26 日在《人民日报》公开发表。《纲要（草案）》分前言和正文两部分。其中正文共 40 条，主要内容规定：从 1956 年开始，在 12 年内，粮食每亩平均产量，秦岭、黄河（青海境内）以北地区，由 1955 年的 150 多斤增加到 400 斤，黄河以南、淮河以北地区，由 208 斤增加到 500 斤，淮河、秦岭、白龙江以南地区，由 400 斤增加到 800 斤。棉花（皮棉）每亩平均产量按照各地情况，由 1955 年的 35 斤（全国平均数）分别增加 60 斤、80 斤和 100 斤。《一九五六年到一九六七年全国农业发展纲要（草案）》一经公布，就极大地调动了广大农民的生产积极性，出现"跨黄河！过长江！"的热潮。《纲要（草案）》，体现了毛泽东发展农业的一系列思想，如农业是国民经济基础，粮食是基础的基础；依靠提高农业技术发展农业生产；水利是农业的命脉；全党大办农业等，这些思想体现了毛泽东对中国式的社会主义农业发展道路的最初探索。

在一个经济文化非常落后的大国如何进行社会主义建设，这不仅是摆在中国共产党人面前的一个重大问题，而且也是当时国际共产主义运动尚未解决好的一个重要课题。当时东欧的各人民民主国家，所进行的社会主义革命和建设，大都搬用苏联经济模式，即走一条以钢铁为中心，优先发展重工业的建设道路，因而出现工农业生产严重脱节，农民负担过重的问题。同时，又由于只强调中央指令性计划，而忽略发挥地方工业积极性的问题，因而又造成中央与地方的矛盾。在这种情况下，如何以苏联为借鉴，总结中国自己的经验，走出一条适合中国国情的社会主义建设道路来，就自然成为毛泽东所深思的一个问题。

继 1955 年冬至 1956 年 1 月，毛泽东围绕制定《一九五六年到一九六七年全国农业发展纲要（草案）》所进行的大规模的调查研究之后，1956 年 2 月 14 日到 4 月 24 日，毛泽东又用一个半月的时间集中听取工业、农业、商业、财政等 34 个部门的工作汇报。这期间，他曾连续 6 天每天下午用一两个小时或三四个小时参观机械工业展览，并在讲解员讲解的基础上，找一些相关的图书资料认真研读，对中国经济建设的情况和问题进行系统的调查研究。中央政治局又进行了多次讨论，集体总结经验。在此基础上，4月25日，毛泽东在中央政治局扩大会议上作《论十大关系》的讲话，接着又在5月2日最高国务会议上作进一步的阐述。他在讲话中初步总结了中国社会主义建设的经验，提出探索适合中国国情的社会主义建设道路的任务。

毛泽东提出《论十大关系》的基本方针，就是要把国内外的一切积极因素都调动起来，为社会主义建设事业服务。

《论十大关系》中所提出的问题，都是关于中国社会主义革命和建设的根本性问题，因而对中国的社会主义革命与建设事业产生了深远的影响。这主要是：第一，明确了以经济建设为中心工作的思想。毛泽东对工作重点转移问题的思考由来已久，在七届二中全会上他就明确讲：城市中的各项工作，"都是围绕着生产建设这一个中心工作并为这个中心工作服务的"。1956年1月25日，毛泽东在最高国务会议上也明确指出："社会主义革命的目的是为了解放生产力。"①《论十大关系》所论述的十个问题的内容，主要是谈中国工业化道路、经济发展战略和经济体制改革等方面的问题，即使是谈社会主义政治建设方面内容的，如民族关系、党派关系和革命与反革命的关系，也都是围绕着如何调动积极因素为建设事业服务展开的。关于这个问题，毛泽东在八大召开前夕的一次讲话中讲得更为明确，他说：八大会议的重点是两个，一个是社会主义改造，一个是经济建设。这两个重点中，主要的还是建设②。至于1957年毛泽东在《关于正确处理人民内部矛盾的问题》中所说的"大规模的急风暴雨式的群众阶级斗争基本结束"的论断，则更是众所熟知的了。

---

① 《毛泽东著作选读》下册，人民出版社1986年版，第717页。
② 1956年8月22日毛泽东在中共七届七中全会上的讲话。

第二，在《论十大关系》的前三条，毛泽东集中论述了中国工业化的道路。把中国由落后的农业国变为先进的工业国，是毛泽东在《论联合政府》中就已经提出的奋斗目标，这也是一个世纪以来先进的中国人矢志以求的愿望。但是究竟应该怎样实现中国的工业化呢？鉴于苏联和东欧一些国家的教训，毛泽东提出在坚持重工业为国家建设重点的同时，还要加重对农业、轻工业的投资比例，多发展些农业和轻工业。这一观点是一个创造性的贡献，是一条有别于苏东国家片面发展重工业而实现工业化的道路。尽管后来在实践中坚持得并不尽如人意，但是，毛泽东的这一观点和后来他所提出的农轻重为序的观点，以及工业为主导、农业为基础的思想，实际勾勒出以工农业并举实现国家工业化道路的轮廓。与此相关，毛泽东在《论十大关系》中关于沿海与内地工业、经济建设与国防建设的关系方面的观点，也都是具有创造性的真知灼见。但是由于当时国际形势等因素的制约，这些观点未能在实践中得到充分的贯彻。

第三，提出对高度中央集权的计划管理体制进行改革的某些尝试。这些观点主要是：兼顾国家、集体和生产者个人的利益问题，中央简政放权、克服官僚主义和命令主义的问题（他建议"党政机构大精简，砍掉它三分之二"），企业要扩大自主权，成为公开的、合法的"独立王国"[①]的问题，在少数民族地区实行特殊的经济管理体制和财政体制的问题，等等。这些观点虽然都是初步的，并没有充分展开，但却展示了毛泽东在社会主义改造即将完成之时，要求进一步调整生产关系与生产力、上层建筑与经济基础的关系，使之更相适应的强烈愿望。更重要的是，这些观点的提出，对全党上下全面探索中国式建设道路起了表率和号召作用。

第四，提出或在新形势下重申了社会主义政治建设的一系列重要原则。如在民族问题上，既要反对大汉族主义，又要反对地方民族主义，而重点

---

① 1956年4月28日毛泽东在中央政治局扩大会议上的讲话。

在反对大汉族主义的思想；在党派关系上，长期共存、互相监督的方针；在肃反问题上，大部不抓、一个不杀的原则；在是非问题上，分清是非、教育同志和惩前毖后、治病救人的方针等。这些至今仍是我们政治生活坚持实行的方针和原则。

第五，系统地论述了向外国学习问题。毛泽东从辩证唯物主义的观点出发，认为：每个民族都有它的长处，每个民族也都有它的短处。因而都存在着向外国学习的必要性；即使是社会主义国家也不能例外。而且，向外国学习是长期性的。"不但在第一个五年计划期间要向人家学习，就是在几十个五年计划之后，还应当向人家学习。一万年都要学习嘛！"毛泽东针对新中国成立初期一度存在的只注重学习苏联经验的偏向指出："我们的方针是，一切民族、一切国家的长处都要学，政治、经济、科学、技术、文学、艺术的一切真正好的东西都要学。"当时，毛泽东虽然还没有作出对外开放的政策，也没有使用"开放"的字样，但已经很全面地阐述了向外国学习的必要性和长期性，以及向外国学习的方针、方法、内容和目的，展示出他走向世界的博大胸怀和强烈愿望。

上述问题涉及政治、经济、文化、军事、外交等各个领域，都是我国社会主义革命和建设事业中一些带有根本性的问题。毛泽东在社会主义制度确立伊始就比较全面地提出这些问题，无疑是个开拓性的重要贡献。

需要强调的是，毛泽东和他的战友们在社会主义制度建立伊始就注意到了公有制形式单一和片面追求公有制高级形式的倾向，同当时生产力发展水平仍然比较低下的矛盾。为解决这一矛盾，陈云提出以国家和集体经营的工商业为主体，以个体经营为补充；以计划生产为工农业生产的主体，以自由生产为补充；以国家市场为主体，以自由市场为补充。在此前后，毛泽东和刘少奇则提出可以允许发展个体经济与私营经济的思想。毛泽东在 1956 年 12 月上旬三次接见各地工商联和民主建国会的负责人时指出：全行业公私合营，谁也没有料到这样快，下一步的国有化就不要这样快了。

快了，对国家对民族都不利。我怀疑俄国新经济政策结束得早了，只搞两年，退却就转为进攻，到现在社会物资还不足。针对三大改造后出现的地下工厂等问题，他明确表示："还可以考虑，只要社会需要，地下工厂还可以增加。可以开私营大厂，订个条约，十年、二十年不没收。华侨投资的，二十年、一百年不要没收。可以开投资公司，还本付息。可以搞国营，也可以搞私营。可以消灭了资本主义，又搞资本主义。"[①]他们的这些设想，是在社会主义基本经济制度确立以后，探讨了在中国要建设一个什么样的所有制结构、什么样的经济运行机制和什么样的市场结构的问题，实际开了探索中国式社会主义建设道路的先声。

以《论十大关系》提出的基本观点为指导，中国共产党酝酿召开第八次全国代表大会。1956年八九月间，中共中央相继召开七届七中全会和八大的预备会议。毛泽东在会上作了两次重要讲话，他指出八大召开的目的和宗旨是：总结七大以来的经验，团结全党，团结国内外一切可以团结的力量，为建设伟大的社会主义中国而奋斗。他号召全党要继续发扬优良的传统，反对主观主义、宗派主义和官僚主义，在今后的社会主义建设中，不要犯长期的路线错误。

在经过充分的准备之后，中国共产党第八次全国代表大会于9月15日举行。会议由毛泽东致开幕词。刘少奇作政治报告，邓小平作关于修改党章的报告，周恩来作关于发展国民经济的第二个五年计划的建议报告。朱德、陈云、董必武等在大会上作了重要发言。全体代表一致通过《关于政治报告的决议》《中国共产党章程》和《关于发展国民经济的第二个五年计划（1958—1962年）的建议》。大会选出97位中央委员和73位候补中央委员，组成新的中央委员会。9月28日，中国共产党第八届中央委员会举行第一次全体会议。会议选举毛泽东为中央委员会主席。刘少奇、周

[①] 《毛泽东文集》第7卷，人民出版社1999年版，第170页。

恩来、朱德、陈云为中央委员会副主席。邓小平为党的总书记。选举出中央政治局以及中央书记处和中央监察委员会。

由毛泽东主持召开的中国共产党第八次全国代表大会，遵循马克思列宁主义普遍真理与中国革命和建设的具体实际相结合的原则，科学地总结中国革命和建设的基本经验。根据我国社会主义改造基本完成后的形势，提出国内主要矛盾已经不再是工人阶级和资产阶级的矛盾，而是人民对于经济文化迅速发展的需要同当前经济文化不能满足人民需要的状况之间的矛盾，全国人民的主要任务是集中力量发展社会生产力，实现国家工业化，逐步满足人民日益增长的物质和文化需要。党提出努力把我国逐步建设成为一个具有现代农业、现代工业、现代国防和现代科学技术的社会主义强国，领导人民开展全面的大规模的社会主义建设。它为社会主义事业的发展和党的建设指明了方向，为探索适合我国国情的社会主义建设道路作出了重要贡献。

毛泽东当时探索社会主义道路问题的一个基本思路是为了调动一切积极因素，迅速发展我国的经济、科学和文化。鉴于我国科学文化事业的落后状况，毛泽东特别强调发挥知识分子的重要作用。按照他的意见，1956年1月14日至20日，中共中央召开关于知识分子问题的会议。周恩来在会上作《关于知识分子问题的报告》。这个经过毛泽东审改批准的报告指出，为了实现社会主义工业化，必须依靠体力劳动和脑力劳动的密切合作，依靠工人、农民、知识分子的兄弟联盟。1月20日，毛泽东在会上指出：现在我们是革什么命呢？是革技术的命，叫技术革命，叫文化革命，要革愚蠢同无知的命。他号召全党要努力学习科学知识，同党外知识分子团结一致，为迅速赶上世界科学先进水平而奋斗。随后，毛泽东在4月28日的中共中央政治局扩大会议上进一步指出：艺术问题上的"百花齐放"，学术问题上的"百家争鸣"，应该成为我国发展科学、繁荣文学艺术的方针。他还认为，讲学术，这种学术可以，那种学术也可以，不要拿一种学术压倒一切。你如果是真理，信的人势必就会越多。中共中央赞同毛泽东的意见，确定"百花齐放，百家争鸣"为党的科学和文化工作的方针。

5月2日，毛泽东又在最高国务会议第七次会议上说：现在春天来了嘛，一百种花都让它开放，不要只让几种花开放，还有几种花不让开放，这就叫百花齐放。毛泽东还说：百家争鸣是诸子百家，春秋战国时代，二千年前那个时候，有许多学说，大家自由争论，现在我们也需要这个。他认为：在中华人民共和国宪法范围之内，各种学术思想，正确的、错误的，让他们去说，不去干涉他们。李森科、非李森科，我们也搞不清，有那么多的学说，那么多的自然科学，就是社会科学，这一派，那一派，让他们去说，在刊物上，报纸上可以说各种意见。9月10日，毛泽东在八大预备会议上更加明确地指出：我们要造就知识分子。我们要在三个五年计划之内造就100万到150万高级知识分子，以适应社会主义建设的需要。他希望在不久的将来，中央委员会里有许多工程师和科学家。

"百花齐放，百家争鸣"方针的提出和对这个方针的系统阐述，在文艺界和科学界引起强烈的反响。广大知识分子的眼界开阔了，思想活泼起来了。学术文化的各部门都比过去表现得活跃，显示出生气勃勃的景象，全国出现"向科学进军"的热潮。当然，在兴旺、活跃和自由讨论风气浓厚的同时，有某些资产阶级、小资产阶级思想在学术文化领域内表现出来。

3月12日，毛泽东在全国宣传工作会议上，在宣布全党要在年内开始整风的同时，再次强调提出，"百花齐放，百家争鸣"是一个基本性的同时也是一个长期的方针，不是一个暂时性的方针，不能收，只能放。他特别指出：现在有五百万知识分子，他们是我们国家的财产。没有这五百万知识分子，就一样事情也做不好。他说，国家只存在三部分人，就是工人、农民、知识分子。知识分子的性质就是为工人、农民服务的。他们是脑力劳动的工人，是用脑子的工人。他认为这些知识分子不是已经改造好了，还是要改造的。他们的大多数人是愿意学习的。但是要在他自己意愿的基础上，有别人的好心帮助，而不是强制地学习。在这个时期，毛泽东设想，要在三个五年计划之内，使整个知识分子在学习马克思主义、跟工人农民结合的问题上进一步。其中大概要有三分之一的知识分子或者入了党，或者成为党外积极分子。然后再进一步，争取其余的知识分子。我们要这样分步骤地改变知识界的状况，改变他们的世界观。

毛泽东提出的"百花齐放，百家争鸣"的方针，吸取了中国历史上学术、文化发展的经验，总结了中国共产党领导科学文化的经验和教训，也观察和借鉴了外国党领导科学文化的经验和教训。它完全符合社会主义的科学文化发展客观规律，尤其是对于广大知识分子解放思想、全心投入社会主义建设事业具有深远的历史意义。

毛泽东当年在探索中国式社会主义道路时的另一个重要理论贡献，是提出并阐述了严格区分和正确处理两类不同性质矛盾的理论。关于两类矛盾的思想，毛泽东在发表《论十大关系》讲话时已经有所孕育，他当时说的是非关系和革命与反革命关系两个问题中，就有两类矛盾思想的萌芽。同年12月4日，他在给黄炎培的复信中第一次正面地论述这个问题。他写道："社会总是充满着矛盾。即使社会主义和共产主义社会也是如此，不过矛盾的性质和阶级社会有所不同罢了。既有矛盾就要求揭露和解决。有两种揭露和解决的方法：一种是对敌（这说的是特务破坏分子）我之间的，一种是对人民内部的（包括党派内部的，党派与党派之间的）。前者用镇压的方法，后者用说服的方法，即批评的方法。"他认为，"我们国家内部的阶级矛盾已经基本上解决了。但是人民内部的问题仍将层出不穷，解决的方法，就是从团结出发，经过批评与自我批评，达到团结这样一种方法"[①]。毛泽东的上述观点在同日召开的中央政治局扩大会议上得到进一步的阐述，并被吸收在《人民日报》12月29日发表的《再论无产阶级专

[①] 《毛泽东书信选集》，人民出版社1983年版，第514—515页。

政的历史经验》一文中。

在总结国际、国内关于矛盾斗争的经验教训和吸取全党关于矛盾分析研究成果的基础上，1957年2月27日，毛泽东在最高国务会议第十一次扩大会议上，作《如何处理人民内部的矛盾》的讲话，提出在社会主义条件下，正确处理人民内部矛盾的基本理论。

毛泽东的讲话共12部分：（一）两类性质的矛盾；（二）肃反问题；（三）农业合作化；（四）资本主义工商业改造；（五）知识分子和青年学生；（六）增产节约，反对铺张浪费；（七）统筹兼顾，适当安排；（八）百花齐放百家争鸣，长期共存互相监督；（九）如何处理罢工罢课游行示威等问题；（十）人民闹事出乱子是好事还是坏事；（十一）少数民族与大汉族的关系问题；（十二）中国有可能在三四个五年计划内根本改变面貌。

此讲话于1957年3月、4月、5月间曾在广大干部和知识分子中间传达，产生了广泛的影响。同年6月19日，《人民日报》以《关于正确处理人民内部矛盾的问题》为题正式发表毛泽东这个讲话的修改、补充稿，即定稿。在这篇著作中，毛泽东首先全面地分析了社会主义社会的矛盾。他指出，在社会主义社会中，充满着矛盾，这些矛盾推动着社会主义社会向前发展。在这些矛盾中，基本的矛盾仍然是生产关系和生产力之间的矛盾，上层建筑和经济基础之间的矛盾。但社会主义社会的基本矛盾同旧社会的基本矛盾具有根本不同的性质和情况。在旧社会，这些矛盾表现为剧烈的对抗和冲突，表现为激烈的阶级斗争，只有通过社会革命才能加以解决。而社会主义社会的基本矛盾，是在人民利益根本一致的基础上产生的矛盾，一般不表现为对抗的性质，可以依靠社会主义制度本身不断地进行调整和解决。在正确处理和解决这些矛盾的过程中，将会使社会主义社会内部的团结和统一日益巩固，从而推动社会主义社会不断地向前发展。毛泽东认为，在社会主义社会，存在着两类不同性质的矛盾，这就是敌我矛盾和人民内部矛盾。敌我矛盾通常是指存在根本利害冲突和敌对阶级之间的矛盾，而人民内部矛盾一般说来是指根本利益一致基础上的矛盾。这两类矛盾的性质不同，所应采取的解决方法也就各不相同。一般说来，敌我矛盾要用专政的方法去解决，人民内部矛盾要用民主的办法去解决。我们在处理各种矛盾时，首先要区别它们的不同性质，其次要采取不同的处理办法。只有做到正确区分，才能实现正确处理。毛泽东还特别强调指出，为了正确区分两类不同性质的矛盾，首先弄清楚什么是人民，什么是敌人。"在现阶段，建设社会主义时期，一切赞成、拥护和参加社会主义建设事业的阶级、阶层和社会集团，都属于人民的范围；一切反抗社会主义革命和敌视、破坏社会主义建设的社会势力和社会集团，都是人民的敌人。"毛泽东分析了生产资料私有制的社会主义改造基本完成以后，中国的社会矛盾和阶级关系发生的巨大变化，指出："革命时期的大规模的急风暴雨式的群众性阶级斗争基本结束"，"还有反革命，但是不多了"，大量的突出的是人民内部矛盾。因此，正确处理人民内部矛盾应该成为国家政治生活的主题。他还指出划分两类不同性质的矛盾，强调正确处理人民内部矛盾的目的是为了团结全国各族人民，调动一切积极因素，以便进行一场新的战争——向自然界开战，发展我们的经济和文化，建设社会主义的新国家。毛泽东指出，正确处理人民内部矛盾，总起来说，就是要用民主的原则。分开来说，就是要在政治思想上采取"团结——批评——团结"的原则；经济上采取对城乡各个阶层人民"统筹兼顾，适当安排"和兼顾国家、集体、个人三者利益的方针；在共产党和各民主党派的关系上，采取"长期共存，互相监督"的方针；在科学文化方面，采取"百花齐放，百家争鸣"的方针；在肃反问题上，坚持"有反必肃，有错必纠"的原则；在中国工业化的道路问题上，要坚持正确处理好重工业、轻工业和农业的关系；等等。毛泽东还针对当时的情况，强调必须加强思想政治工作，既要反对脱离实际的教条主义，也要反对鼓吹极端民主、绝对自由的资产阶级倾向。

　　毛泽东关于正确处理人民内部矛盾的理论，运用马克思主义的对立统一规律和阶级分析方法分析社会主义社会，在国际共产主义运动史上第一次比较系统地论述了社会主义社会矛盾的规律（这是俄国从十月革命一直到苏联解体都未能解决的问题），第一次提出把社会主义社会的矛盾分为两类，把正确处理人民内部矛盾规定为国家政治生活的主题，并对中国当时面临的各种矛盾作了深刻的分析，提出一系列正确的方针、政策，坚持和发展了中共八大的路线，丰富了马克思列宁主义理论宝库。这对于调动一切积极因素，团结一切可以团结的力量，建设现代化社会主义国家，具有重大的指导意义。

3月12日，毛泽东在有党外人士参加的党的宣传工作会议上，宣布了中共中央关于从今年开始在党内进行整风的决定。这次整风主要是批评几种错误的思想作风和工作作风，即主观主义、官僚主义和宗派主义。中共中央和毛泽东想采用党内整风并让党外群众提意见的方式，改进党的领导，改善党群关系，正确处理和解决存在于人民内部的各种矛盾，以便广泛地调动人民群众的积极性。

3月18日和19日，毛泽东连续在济南、南京和上海三地的党员干部会议上讲话，具体阐述整风的任务、方针和必要性。他强调，要分清两类不同性质的矛盾，第一类矛盾（敌我矛盾）还存在，右的观点要防止，但不要夸大。不能用解决第一类矛盾的方法去解决第二类矛盾。毛泽东号召全体党员干部"要保持革命战争时期那么一股劲，那么一股革命热情，那么一种拼命精神，把革命工作做到底"。他告诫全党不要靠官，不要靠职位高，不要靠老资格吃饭，要靠解决问题正确吃饭，要密切联系群众。4月30日，毛泽东召集包括各民主党派负责人参加的最高国务会议第十二次会议，请民主党派和无党派民主人士帮助共产党整风。他认为，革命时期的大规模的急风暴雨式的群众阶级斗争已经基本结束，但是阶级斗争以后还会有的，如同帝国主义战争，同资本主义国家办外交，都是阶级斗争性质的。不过，现在是新时代和新的任务，向自然界宣战。他号召共产党员努力学习自己不懂的东西，学自然科学，学计划经济，积累经验；同时，他希望民主人士揭露教育、卫生等部门的官僚主义。毛泽东在讲话中甚至表示：教授治校恐怕有道理。是否分两个组织，一个校务委员会管行政，一个教授会议管教学。他责成专人就民主人士的职权问题、学校管理体制问题等，专门开会进一步征求意见。翌日，《人民日报》发表根据毛泽东几次讲话的精神起草并经他审改的中共中央《关于整风运动的指示》。整风运动迅速全面展开。

中共中央和毛泽东是真心实意地希望并鼓励党外人士给共产党提意见，一起反对官僚主义，消除党与非党人士之间存在的某些隔阂，共同把国家的事情办好。整风运动收到了一定的效果。毛泽东在5月4日为中共中央起草的《关于请党外人士帮助整风的指示》中指出：党外人士参加我党整风座谈会和整风小组，是请他们向我们提意见，作批评，而不是要他们批评他们自己。他认为，"只要我党整风成功，我党就会取得完全的主动，那时就可以推动社会各界整风了（这里首先是指知识界）"。但在整风运动中出现了极少数人借机向共产党和社会主义制度进攻的现象，他们要求"大鸣大放""轮流坐桩"，一时形成相当紧张的气氛。这个情况对于毛泽东触动很大，也是他始料未及的。他领导全党对极少数右派分子的进攻，进行了必要的回击。但是由于对当时的阶级斗争形势作了过于严重的估计，致使反右派斗争严重扩大化，把一大批知识分子、爱国人士和党员干部错划为"右派分子"，留下沉痛的教训。反右运动扩大化之后，毛泽东对中国阶级和阶级斗争形势的判断，逐渐出现严重的偏差。

毛泽东熟知马克思列宁主义关于阶级和阶级斗争理论的精髓，并运用这一理论领导中国共产党和中国人民取得了民主革命和社会主义革命的伟大胜利。在领导中国革命的长期实践中，他对这一理论有重大的发展和创新，丰富了马克思列宁主义的理论宝库。三大改造完成后，他继续对这一理论进行探索，特别是提出严格区分、正确处理敌我矛盾和人民内部矛盾的学说，至今对我们现实的政治生活，具有重要的指导意义。但是，自1957年反右派斗争严重扩大化开始，毛泽东放弃了自己在生产资料社会主义改造完成后不久提出的"革命时期的大规模的急风暴雨式的群众阶级斗争基本结束"的正确论断，过度强调阶级斗争的严重性和尖锐性，逐渐造成他在社会主义社会阶级斗争理论上和实践上的失误。

当1956年下半年国内出现少数人闹事，国际上发生波匈事件，以及中国国内有极少数人同国际上的反共逆流相呼应，攻击社会主义制度时，毛泽东的头脑是十分冷静的。直到1957年春天，他对形势的估计还是比较客观的。他认为中国只是发生一些小波动，"风乍起，吹皱一池春水"，不是七级台风。他主张通过开展党的整风运动，来带动党和国家政治制度上、作风建设上的改革和完善，促进全国人民社会主义觉悟的提高，团结各方面的积极因素和力量，搞好经济建设。

整风运动开始后，极少数右派分子向党向社会主义制度进行猖狂的进攻，这引起毛泽东的高度警觉，也使他感到很不安。这时，他对形势作了过分严重的估计。认为"整个春季，中国天空上突然黑云乱翻"，出现"黑云压城城欲摧"和"惊涛骇浪"的局面。他领导发动了全国规模的反击右派运动。他认为，"这是一场大战（战场既在党内，又在党外），不打胜这一仗，社会主义是建不成的，并且有出'匈牙利事件'的某些危险"[①]。

极少数右派分子的进攻很快被打退，但是，却出现了反右派斗争的严重扩大化。经过反右派斗争，毛泽东对社会主义社会的阶级斗争问题重新作出理论上的概括。在1957年6月19日正式发表的《关于正确处理人民内部矛盾的问题》中，毛泽东就加进阶级斗争仍然很激烈、社会主义和资本主义谁战胜谁的问题，还没有真正解决的论述。7月，在青岛召开的省市委书记会议上，毛泽东提出：单有1956年在经济战线上（在生产资料

---

① 《建国以来毛泽东文稿》第6册，中央文献出版社1992年版，第497、530—531页。

所有制上）的社会主义革命，是不够的，并且是不巩固的。必须还有一个政治战线上和思想战线上的彻底的社会主义革命。10月9日，毛泽东在中共八届三中全会上作结论时指出："无产阶级和资产阶级的矛盾，社会主义道路和资本主义道路的矛盾，毫无疑问，这是当前我国社会的主要矛盾。"这样，就正式改变了八大关于中国社会主义社会主要矛盾的正确论断。1958年5月召开的中共八大二次会议，正式接受了毛泽东关于阶级斗争仍是主要矛盾的观点，使之逐渐成为全党工作的指导思想。

在"大跃进"年代

　　随着国民经济的顺利恢复，随着发展国民经济第一个五年计划的提前完成和一批工业基地的陆续建立，特别是1956年生产资料所有制社会主义改造的伟大胜利，在中国破天荒地建立起社会主义制度，毛泽东认为随之而来的一定是生产力的大解放。这使得他不满足于现有的、已经是相当快的经济发展速度了。一百年来中国落后挨打的沉痛历史，新中国成立后帝国主义的封锁和蒋介石集团"反攻大陆"的叫嚣等外来压力，以及强烈的民族自豪感，使毛泽东一直有一种"时不我待"和"只争朝夕"的急切心情。他开始酝酿制定建设社会主义的总路线。1955年12月6日，毛泽东在一次主题为反右倾保守的讲话中提出，要利用休战加快建设，做到提早完成过渡时期的总任务，各项工作均又快、又多、又好，更多、更好、更快地进入到社会主义。12月27日，毛泽东又在《中国农村的社会主义高潮》的序言中，更明确指出，几个月中（1955年下半年），"五千几百万农户加入了合作社"，"这件事告诉我们，中国的手工业和资本主义工商业的社会主义改造，也应当争取提早一些时候去完成，才能适应农业发展的需要。这件事告诉我们，中国的工业化的规模和速度，已经不能完全按照原来所想的那个样子去做了。这些都应当适当地扩大和加快"。毛泽东当时注意力的中心,已由社会主义改造的速度问题开始转到经济建设的规模和速度上来了。他认为:"现在提到全党和全国人民面前的问题,已经不是农业、手工业和资本主义工商业改造速度的问题,而是批判其他方面的右倾保守思想的问题。"这里有农业的生产,工业(包括国营、公私合营和合作社)和手工业的生产,工业和交通运输的基本建设的规模和速度,商业同其他经济部门的配合,科学、文化、教育、卫生等项工作同各种经济事业的配合等方面。

1956年元旦,《人民日报》发表题为《为全面地提早完成和超额完成五年计划而奋斗》的社论,正式提出"又多、又快、又好、又省"的社会主义建设方针。1月14日,周恩来在中共中央召开的关于知识分子问题会议上的报告中,也指出:我们目前的任务,就是加快社会主义建设,把各项工作进行得又多、又快、又好、又省。1月20日,毛泽东在同一会议上的讲话中再次强调速度问题。他说:有两种方法,一种是使事业进行得慢一些、差一些的方法;另一种是使事业进行得快一些、好一些的办法。

1957年少数右派分子的进攻和随之而来的反右派斗争及严重扩大化,对毛泽东产生很大的影响。一方面使他改变了对国内主要矛盾问题的正确判断;另一方面进一步促进了他加速进行经济建设的思想。毛泽东认为,同资产阶级的较量,"这个斗争,从现在起,可能还要延长十年至十五年之久。做得好,可能缩短时间"[1]。他所以得出这个判断,是基于这样的认识,即:"在我国建立一个现代化的工业基础和现代化的农业基础,从现在起,还要十年至十五年。只有经过十年至十五年社会生产力的比较充分的发展,我国社会主义的经济制度和政治制度,才算获得了自己的比较充分的物质基础(现在,这个物质基础还很不充分)。我们的国家(上层建

---

[1] 《建国以来毛泽东文稿》第6册,中央文献出版社1992年版,第548—549页。

筑）才算充分巩固，社会主义社会才算从根本上建成了。"他还进一步强调："十年至十五年以后的任务，则是进一步发展生产力，进一步扩大工人阶级知识分子的队伍，准备着逐步地由社会主义过渡到共产主义的必要条件，准备以八至十个五年计划在经济上赶上并超过美国。"[1]

可见，以经济建设为中心，大力发展生产力的思想仍然是十分明确的。毛泽东把生产力是否充分发展，看作是社会主义制度能否巩固的关键，这无疑是一个非常英明的正确观点，但问题是究竟需要多长时间，需要多么大的努力，才能达到这个目的。显然，毛泽东当时对实现这一目标的长期性和艰巨性估计不足。1957年10月9日，在中共八届三中全会上，毛泽东对周恩来、陈云等就1956年经济过热进行的反冒进提出批评。他说：1956年经济文化事业有了一个很大的跃进，可是有些同志低估了成绩，夸大了缺点，说冒进了。吹起一股风，把多快好省、农业纲要四十条、"促进会"几个东西吹掉了，影响了今年经济建设特别是农业的进展，给群众泼了凉水。他强调：多快好省、四十条、"促进会"必须恢复。他还谈到探索我国自己的建设道路问题，明确提出："我们是不是可以把苏联走过的弯路避开，比苏联搞得速度更快一点，比苏联的质量更好一点？"[2] 同年11月，毛泽东在第二次访问苏联期间，第一次提出15年内中国要在钢铁等主要工业品的产量方面赶上和超过英国的奋斗目标。

11月13日，《人民日报》发表题为《发动全民，讨论四十条纲要，掀起农业生产的高潮》的社论，号召批判右倾保守思想，"在生产战线上来一个大跃进"。后来，毛泽东对这篇社论中用"跃进"一词代替"冒进"，表示赞赏。1958年元旦，《人民日报》发表《乘风破浪》的社论，号召"鼓足干劲，力争上游，充分发挥革命的积极性创造性，扫除消极保守的暮

---

[1] 《建国以来毛泽东文稿》第6册，中央文献出版社1992年版，第550页。
[2] 《毛泽东著作专题摘编》（上），中央文献出版社2003年版，第948页。

气"。毛泽东在审读这篇社论时，特别赞扬了"鼓足干劲，力争上游"的提法，表示：这两句话很好，将来要把它写到总路线中去。毛泽东认为：我们的革命是一个接一个的。1956年基本完成了生产资料所有制方面的社会主义革命，1957年又进行了政治战线和思想战线上的社会主义革命（指整风和反右派斗争）。从1958年7月以后，要来一个技术革命，以便在15年或者更多一点时间内赶上和超过英国。要把党的工作重点放到技术革命上去。接着，毛泽东在1958年1月召开的杭州会议、南宁会议，2月在北京中央及一些部门负责人会议和3月的成都会议上，继续对纠正1956年经济过热的反冒进，进行了较以前更为严厉的批评。他指出：反冒进是政治问题。反冒进，6亿人民泄了气。右派一攻，把一些同志抛到离右派只有50米远了。他甚至认为1956年国内发生的"打击群众积极性的'反冒进'事件"，"给右派猖狂进攻以相当的影响"。毛泽东号召全党和全国人民，要破除迷信解放思想，发扬独创精神。1958年5月，在中共八大二次会议上，毛泽东又对一些不同意在经济计划中搞高指标的同志进行批评，说现在从中央到地方都还有一部分"观潮派""秋后算账派"。他要求各个山头、村落，各个机关、部队、工厂、合作社，都要"插红旗、拔白旗"。在毛泽东的倡议下，加上党内同志普遍存在的不同程度的盲目乐观情绪和急于求成的心理，中共八大二次会议正式通过"鼓足干劲，为争上游，多快好省地建设社会主义"的总路线。从此，开始掀起"大跃进"运动的高潮。

刘少奇在八大二次会议上，按照毛泽东在这一时期对相关问题的阐述，对这条总路线的基本点进行了概括，即：调动一切积极因素，正确处理人民内部矛盾；巩固和发展社会主义的全民所有制和集体所有制，巩固无产阶级专政和无产阶级的国际团结；在继续完成经济战线、政治战线和思想战线上的社会主义革命的同时，逐步实现技术革命和文化革命；在重工业优先发展的条件下，工业和农业同时并举；在集中领导、全面规划、分工协作的条件下，中央工业和地方工业同时并举，大型企业和中小型企业同时并举。通过这些，尽快地把我国建设成为一个具有现代化农业和现代科学文化的伟大的社会主义国家。这条总路线及其基本点，既反映了广大人民群众迫切要求改变中国经济文化落后状况的普遍愿望，并鼓舞和调动了人民群众的积极性，但是，其忽视客观经济规律的一面，也随着"大跃进"运动的全面展开而逐渐显露出来。

毛泽东在很长一段时间里，对"大跃进"运动中不按客观经济规律办事和超越客观条件的一些做法，没有充分的认识。他深深地为亿万人民战天斗地的革命热情和艰苦奋斗的精神所感染。在这个时期毛泽东的诗词和言行中洋溢着旺盛的斗志和浪漫主义的激情。他说："'让高山低头，要河水让路'，这句话很好。高山嘛，我们要你低头，你还敢不低头！河水嘛，我们要你让路，你还敢不让路！"① 有人说我们好大喜功，"我们好六万万人之大，喜社会主义之功。"② "红雨随心翻作浪，青山着意化为桥。天连五岭银锄落，地动三河铁臂摇。"……1958年这一年，从年初开始，毛泽东一直在全国各地考察。从北京到浙江杭州，再到广西南宁、四川成都、上海、湖北武汉、河北、河南、山东、天津、河北北戴河、安徽、广东广州。他来回奔波，深入到工矿、农村，亲自搞调查访问，检查工作，研究问题，部署任务，不辞辛劳。在各地考察期间，毛泽东特别注意发现新事物、推广新事物。"大跃进"高潮中出现的人民公社化运动，即是一例。

早在农业合作化运动时，毛泽东就指出："现在办的半社会主义的合作社，为了易于办成，为了使干部和群众迅速取得经验，二三十户的小社为多。但是小社人少地少资金少，不能进行大规模的经营，不能使用机器。这种小社仍然束缚生产力的发展，不能停留太久，应当逐步合并。有些地方可以一乡为一个社，少数地方可以有几乡为一个社，当然有些地方可以

---

① 1958年5月8日毛泽东在中共八大二次会议上的讲话。
② 1958年1月28日毛泽东在最高国务会议上的讲话。

一乡有几个社的。不但平原地区可以办大社，山区也可以办大社。"① 在农业合作化运动的后期，有些地方组织过一些大社，但都效果不佳。1957年冬到1958年春，全国农村大搞农田水利建设。毛泽东根据当时以大兴水利为特点的农业生产建设发展的需要，在1958年3月召开的成都会议上，又提出关于把小型的农业生产合作社有计划地适当合并为大型社的建议。此后，随着农业生产浮夸风的愈演愈烈，造成农业生产力已有极大提高的假象，一些人便误认为合作社的规模和公有程度已经很不够了，远不能符合早日向共产主义过渡的需要。在这种情况下，8月6日，毛泽东视察7月才成立的河南省新乡县七里营人民公社。他在视察中指出：人民公社这个名字好。包括工农兵学商，管理生产、管理生活、管理政权。公社的特点是"一曰大，二曰公"。三天后，毛泽东在山东省历城视察时，当地负责同志请示大社叫什么名字好，毛泽东说："还是叫人民公社好，它可以把工、农、兵、学、商合在一起，便于领导。"8月12日，《人民日报》发表了这段话，人民公社便很快风靡全国。

8月17日，中共中央在北戴河召开政治局扩大会议，提出1958年实现钢铁产量翻一番的奋斗目标。会议根据毛泽东的倡议，通过了《中共中央关于在农村建立人民公社问题的决议》。《决议》认为，建立农林牧副渔全面发展、工农商学兵互相结合的人民公社，是"指导农民加速社会主义建设，提前建成社会主义并逐步过渡到共产主义所必须采取的基本方针"。

北戴河会议后，为了解各地人民公社化运动的情况和指导工作，从9月9日到29日，毛泽东先后视察了湖北、安徽、江苏、上海等地。在安徽视察时，他听说该省舒茶人民公社实现了吃饭不要钱时说，既然一个社能办到，其他有条件的社也能办到。既然吃饭可以不要钱，将来穿衣服也就可以不要钱了。他还认为，人民公社实行工资制、供给制，工资发给每

---

① 《中国农村的社会主义高潮》中册，人民出版社1956年版，第611页。

个人，而不发给家长，妇女、青年一定很高兴，这样就破除了家长制，破除了资产阶级法权思想。毛泽东认为应当提倡。据此，10月25日，《人民日报》发表题为《办好公共食堂》的社论。社论认为，办好公共食堂，是人民公社实现组织军事化、行动战斗化和生活集体化的有效措施，是培养农民集体生活习惯和集体主义、共产主义思想觉悟的一个关键问题。社论还认为，公共食堂要在全国农村和城市普遍建立起来，使之成为人民的新的生活方式。此后，各地城乡纷纷成立公共食堂。公共食堂作为毛泽东改造中国农民生活的一种方式，也是人民公社化运动的一项重要内容。

在毛泽东亲自倡导和指示下，人民公社化运动从7月开始发展，在8月北戴河会议精神的发动下，普遍规划试办，9月全国进入高潮，到10月底，全国就实现了公社化，参加人民公社的有1.2亿多农户，占全国总农户的99%以上。农村人民公社化运动是在"大跃进"的形势下出现的，再加上农业生产上出现的高指标、瞎指挥和浮夸风以及相应的"共产风"，造成许多乱子。特别是与这年秋冬季兴起的大炼钢铁运动并举，出的问题就更多、更严重了。

1958年8月北戴河会议期间，毛泽东基于对农业生产形势的过高估计，要求把工作重心从农业转到工业方面来。会议为了保证毛泽东提出的用15年左右的时间超过英国口号的完成，指出：工业的生产和建设必须首先保证重点。工业的中心问题是钢铁的生产和机械的生产，而机械的生产发展又决定于钢铁生产的发展。为此，根据各地和一些钢铁企业纷纷保证要完成的钢铁产量，会议在毛泽东的决断下，正式决定和公开宣布1958年钢的产量要比1957年翻一番，即要达到1070万吨。为了实现这一任务，会后立即掀起了一个空前规模的全民大炼钢铁运动。

1958年9月，毛泽东在湖北、安徽、江苏、上海视察。在视察过程中，毛泽东谈到钢铁生产问题。他认为发展钢铁工业一定要搞群众运动，什么工作都要搞群众运动，没有群众运动是不行的。毛泽东从上海回到北京后，

9月29日对新华社记者发表谈话。他对那种认为工业方面搞大规模群众运动是不正规、农村习气和游击作风的意见进行了批评。为了贯彻毛泽东的这一精神，为了实现钢铁指标，从中央到地方的相关领导号召大搞小（小型企业）、土（办法）、群（群众运动），以保证钢铁元帅升帐。10月掀起声势浩大的全党全民大炼钢铁的高潮。成千上万的群众，不分男女老幼，各行各业一起上前线。7月底，用在钢铁战线的劳动力才几十万人，8月底增至几百万人，9月底猛增到5000万人，10月底增加到6000万人，年底达到9000万人。土高炉遍地开花。经过全国人民三个半月的奋战，12月19日，党中央宣布："1958年我国人民夺取1070万吨钢的大战已经告捷。"但在实际上，其中有300万吨是土钢，基本上不能使用，1958年合格的钢产量只有800万吨。1958年大炼钢铁运动，完全违背了国民经济有计划、按比例发展的规律，造成严重的损失。不仅如此，大炼钢铁运动还进一步推动了农村的浮夸风和高指标、瞎指挥的泛滥，同时还大量地挤占了农村的劳动力，有些地区甚至出现稻谷成熟无人收割，烂在地里的丰产不丰收的现象。

毛泽东最早发现了经济方面的一些超越实际能力、不按客观规律办事等严重问题。10月间，毛泽东到天津、河北、河南农村搞调查。在天津杨村由他召集的一个座谈会上，河北徐水县县委书记汇报徐水县建立共产主义新村，实行全面供给制的情况。毛泽东听后立即表示：这样一来，劳动力强的吃亏，劳动力弱的就占了便宜。劳动力强的贡献大，得到的报酬反而少。这种供给制不会给我们的生产带来好处，反之会带来坏处。针对这类问题，毛泽东随即主持召开第一次郑州会议，带头纠正急于过渡，否定商品生产等错误做法。会议期间，毛泽东给县以上各级党委委员写信，建议认真阅读斯大林《苏联社会主义经济问题》和《马克思恩格斯列宁斯大林论共产主义社会》以及苏联《政治经济学教科书》三本书，并先后在会上五次发表讲话，批评急于向全民所有制过渡和急于向共产主义过渡的错误倾向。毛泽东在肯定总路线、"大跃进"和人民公社化运动的前提下指出:"现在的人民公社仍然是集体所有制,还不是全民所有制。我国现阶段仍然是社会主义社会,而不是共产主义社会。即使将来全国实现全民所有制,也不等于实行共产主义。"他认为,区别两种所有制和两个过渡的关键在于生产力的高度发展,社会产品的极大丰富,要达到这个目标,需要较长的时间。他还强调集体所有制的人力物力都不能调拨,并批驳了陈伯达为代表的废除商品和货币的观点。他认为只要存在两种所有制——全民所有制和集体所有制,商品生产就必然存在,并且极其有用。所谓商品,不光包括个人消费品,而且包括一部分生产资料。有些人一提商品生产,就觉得是资本主义的东西,这是没有区别社会主义与资本主义商品的本质差别,没有懂得利用其作用的重要性。商品生产和商品交换,是农民唯一可以接受的形式,只有通过这一形式才能引导农民发展生产,进入全民所有制。毛泽东特别指出,我们的商品生产制度,不是为了利润,而是为了发展生产,为了巩固工农联盟。如果废除商业,实行调拨,那就是剥夺农民。他还认为,中国是商品生产很不发达的一个国家,商品生产不是要消灭,而是要大大发展。毛泽东在论述商品生产的必要性时,第一次使用了"初期阶段"的提法。除此之外,针对张春桥关于取消资产阶级法权,实行供给制的主张,毛泽东指出,有一些资产阶级法权必须破除,如等级森严、脱离群众、不平等待人、靠权力和资格吃饭等,但有一部分则是应该保留的,如保留适当的工资制和一些必要的差别,坚持按劳分配的原则等。这就明确地批判了有些人打着破除资产阶级法权的旗号,公开否定按劳分配原则的思想。会议还研究了生产建设问题,强调工业要抓主要矛盾,要以钢为纲。毛泽东重申了他9月初在最高国务会议上曾经提出的关于"三大元帅,两个先行"的意见。他说:一为粮,二为钢,加上机器,叫三大元帅。三大元帅升帐,就有胜利的希望。还有两个先行官,一个是铁路,一个是电力。毛泽东认为,人民公社找到一种建设社会主义的形式,便于由集体所有制过渡到全民所有制,也便于由社会主义过渡到共产主义的全民所有制。第一个过渡要多少年？他在建立人民公社的决议中设想：快的地方三四年，慢的地方，五六年或更长一些时间。他说："有时觉得长了，有时又耽心短了，我耽心短的时候多。""河南说四年，可能短了，加一倍，八年。"① 第二个过渡要多少年？毛泽东当时设想是15年。但在建立人民公社的过程中，许多地方急切得恨不能今天实行全民所有制，明天就进入共产主义。鉴于这种情况，毛泽东及时指出：北戴河会议关于公社化的文件有个缺点，就是年限快了一点，是受河南的影响，我以为北方少者三四年，南方多者五六年可以过渡到全民所有制，但办不到，要改一下。现在就是太快，我有点恐慌，怕犯什么冒险主义错误。②

郑州会议对刹住急于过渡风起了重要作用。随后，毛泽东又在武昌召开中央政治局扩大会议（11月21日至27日）。他在会议上指出：这次会议要唱个低调，把空气压缩一下。他强调："破除迷信不要把科学当迷信破了。凡迷信一定要破除，凡真理一定要保护。干部作风，要反对浮夸，要老老实实，不要去争虚荣，如扫除文盲，半年一年扫光，谁会相信。"毛泽东认为，今年钢产量1070万吨是个冒险的计划，明年的生产指标要低些。他还指出，北戴河会议规定的过渡年限快了一点，过渡还是长一点好，商品生产的时期也搞久一点好。毛泽东的这些正确意见，成为会议的指导思想。但他在讲话中又提出划分阶级有两个标准的观点，即经济标准和政治思想标准。强调作为经济上的剥削阶级消灭了，但作为政治思想上的剥削阶级，还没有消灭。

在郑州会议和武昌会议的基础上，11月28日至12月10日，毛泽东主持召开中共八届六中全会，会议肯定了郑州会议以来纠正"左"倾错误方面取得的积极成果，讨论通过《关于人民公社若干问题的决议》。《决议》

---

① 1958年11月6日毛泽东在第一次郑州会议上的讲话。
② 1958年11月21日毛泽东在武昌会议上的讲话。

指出，现阶段的人民公社是社会主义集体所有制。从集体所有制过渡到全民所有制，要经过一段相当长的时间，从社会主义过渡到共产主义，需要经过更长得多的时间。实现两个过渡，必须以一定程度的生产力发展为基础，不应当无根据地宣布人民公社立即实行全民所有制，甚至立即进入共产主义。那样做，将大大降低共产主义在人民心目中的标准，使共产主义伟大理想受到歪曲和庸俗化，助长小资产阶级的平均主义倾向，不利于社会主义建设的发展。《决议》强调指出，在今后一个历史时期内，人民公社仍应保留按劳分配制度，人民公社的商品生产和商品交换，必须有一个很大的发展。过早地取消商品生产和商品交换，过早地否定按劳分配原则，企图在条件不成熟的时候勉强进入共产主义，这无疑是一个不可能成功的空想。《决议》明确宣布：社员个人所有的房屋、农具、家具等生活资料和存款，仍归社员所有，而且永远归社员所有。社员可以保留住宅旁的零星树木、小农具、小家畜和家禽等，也可以继续经营一些家庭小副业。

中共八届六中全会后，各地按照毛泽东的要求和中央的决议精神，对人民公社进行整顿。在整顿过程中，毛泽东进一步发现公社内部管理规模偏大和平均主义等问题。这些问题突出地表现在社员和基层干部瞒产私分与上面搞反瞒产的矛盾。毛泽东经过调查研究，于1959年2月21日在同河南新乡、洛阳、许昌、信阳四个地委负责干部座谈时，提出反对平调和不赞成反瞒产的意见，并指出在积累上光搞国家和公社的积累不行，积累上真正的一盘棋第一是农民，第二是公社，第三是国家。为了解决这些问题，毛泽东于2月27日至3月5日，在郑州主持召开政治局扩大会议（即第二次郑州会议）。

在这次会议上，毛泽东批评了"一平二调"的"共产风"，指出"共产风"是目前我们同农民关系紧张的一个根本原因。他认为，人民公社必须以生产队所有制为基础。"目前公社所有制除了有公社直接所有的部分以外，还存在着生产大队（管理区）所有制和生产队所有制。而生产队所有制，在几年内，还是整个所有制的基础。"他又指出："六中全会的决议写明了集体所有制过渡到全民所有制和社会主义过渡到共产主义所必须经过的发展阶段，但是没有写明公社的集体所有制也需要有一个发展过程，这是一个缺点。因为那时我们还不认识这个问题。这样，下面的同志也就把公社、生产大队、生产队三级所有制之间的区别模糊了，实际上否认了目前还存在于公社中并且具有极大重要性的生产队（或者生产大队，大体上相当于原来的高级社）的所有制，而这就不可避免地要引起广大农民的不满和反对。"毛泽东认为应该纠正平均主义和过分集中两种倾向，农村人民公社在分配中必须承认合理差别，"共产风""实际上造成了一部分无偿占有别人的劳动成果的情况"。他要求队与队、队与社、社与国家之间必须遵守等价交换的原则。

会议根据毛泽东的意见，规定了整顿和健全人民公社的方针，即"统一领导，队为基础；分级管理，权力下放；三级核算，各计盈亏；分配计划，由社决定；适当积累，合理调剂；物资劳力，等价交换；按劳分配，承认差别"。毛泽东的这些观点，触及公社化错误的一些实质问题。由于毛泽东率先纠正党内（包括毛泽东自己）前一时期的一些错误和模糊的认识，并且做了有理有据的说服工作，使党内许多同志开始从前一段一些"左"的思想框框中解脱出来。会议还根据毛泽东的意见起草了《关于人民公社管理体制的若干规定（草案）》。3月，毛泽东在批转山西省一份材料时，根据各地整社中群众普遍提出的清算旧账（即清算公社化和大炼钢铁中平调生产队的物资、劳力等项账目）的要求，提出"旧账一般要算"，"算账才能实行那个客观存在的价值法则"。4月3日，他再次强调："旧账一定要算，即使倾家荡产也要退赔。"这就改变了第二次郑州会议关于旧账一般不算的规定。

第二次郑州会议后，按照毛泽东的要求，为了在春耕前就把中央精神传达给群众，全国各省、市、自治区立即召开各自的五级或六级干部会议，传达和贯彻会议精神及其所规定的方针、政策。毛泽东直接掌握和指导了这一工作的进行，以党内通信的方式随时提出指导性的意见，解决各地提出的重要问题。

在3月17日的一封通信中，毛泽东特别告诉基层党组织的同志："一定要每日每时关心群众利益。时刻想到自己的政策措施一定要适合当前群众的觉悟和当前群众的迫切要求，凡是违背这两条的，一定行不通，一定要失败。"3月30日，他在一个批文中写道：价值法则"是一个伟大的学校，只有利用它，才有可能教会我们的几千万干部和几万万人民，才有可能建设我们的社会主义和共产主义。否则一切都不可能"。

3月25日至4月1日，中共中央在上海召开中央政治局扩大会议。会议根据毛泽东的指示，检查八届六中全会以来人民公社的整顿工作，讨论公社整顿中提出的若干问题，并对人民公社管理体制问题作了若干原则规定。会议对1959年的国民经济计划的指标也进行了一些调整，对外，钢的计划指标1800万吨，但内部要好钢1650万吨。毛泽东认为目标仍然偏高，委托陈云进一步落实。这次会议为八届七中全会的召开做了准备。

紧接着，4月2日至5日，中共八届七中全会在上海举行。全会讨论通过《1959年国民经济计划草案》，对中共八届六中全会拟定的计划指标进行调整，原指标再次被压缩。会议还通过3月下旬政治局上海扩大会议作出的《关于人民公社的十八个问题》的会议纪要。毛泽东在讲话中说服坚持高指标的同志，不能每天高潮，要波浪式前进。1957年不搞"马鞍形"是不行的，"马鞍形"将来还会有，做计划要留有余地。他肯定了陈云关于这方面的正确意见，表示赞成调整生产指标。毛泽东还作了关于工作方法问题的讲话，提出要多谋善断，要多听人家的不同意见，善于观察形势，当机立断，在党内要造成有话就讲，有缺点就改进的空气。他强调权力要集中在政治局常委、中央书记处，由他挂帅。毛泽东还提出，不怕警告、撤职、降级、开除党籍，不怕离婚、杀头，要敢于坚持真理。

会后，毛泽东针对农业生产中普遍存在的浮夸作风，向全国生产小队以上干部写了《党内通信》。他指出:"包产能包多少,就讲能包多少","要讲真话,不讲假话"。他认为"有许多假话是上面压出来的。上面'一吹二压三许愿',使下面很难办。因此,干劲一定要有,假话一定不可讲"①。这些意见切中时弊,表达了广大干部群众的心愿。接着,中央又对恢复自留地、允许社员搞家庭副业等问题作了具体规定,并布告于农,以便认真执行。在工业方面,陈云受毛泽东的委托,对落实钢铁指标问题进行了周密的研究。毛泽东同意陈云将1959年的钢产量指标再降为1300万吨,原煤产量指标降为3.4亿吨,其他工业品指标也大幅度降低的意见。

6月13日,毛泽东又召集有少数中央领导参加的会议。他在会上说,一些指标定得那么高,使我们每天处于被动地位。工业也好,农业也好,指标都是我们同意了的,都有一部分主观主义,对客观必然性不认识。讲了多少年有计划按比例发展,就是不注意,就是不讲综合平衡。工业各部门的联系,工业与农业的联系,重、轻、农的联系,都没有兼顾到。毛泽东的这些认识是非常难能可贵的,对于重新恢复被搞乱了的国民经济比例关系起了重要的作用。

为了能更集中精力研究一些重大理论问题,为了保持政策的连续性和国家的长治久安,毛泽东从高岗饶漱石反党事件后,就开始从体制上考虑接班人问题,提出搞一线、二线,并在中央内部提出过他要辞去国家主席职务的问题。1956年的八大,正式形成以中央书记处为一线,以政治局为二线的格局。1957年4月30日,毛泽东在天安门城楼邀集各民主党派负责人座谈帮助共产党整风时又讲到此问题。会后,陈叔通和黄炎培联名给刘少奇、周恩来写信,力陈不赞成毛泽东辞去国家主席职务。毛泽东把该信批转给中央政治局传阅,并在批语中说,他要从1958年起摆脱国家主席职务,以便集中精力研究一些重要问题。5月8日,中共中央政治局专

---

① 《建国以来毛泽东文稿》第8册,中央文献出版社1993年版,第237页。

门召开会议讨论，大家一致同意毛泽东的请求。此后经过党内的充分酝酿，在1958年12月召开的八届六中全会上才作出《同意毛泽东同志提出的关于他不作下届中华人民共和国主席候选人的建议的决定》，认为这样"可以使他更能够集中精力来处理党和国家的方针、政策、路线的问题，也有可能使他腾出较多的时间，从事马克思列宁主义的理论工作，而并不妨碍他对于国家工作继续发挥领导作用"。1959年4月，第二届全国人民代表大会第一次会议同意毛泽东不再担任国家主席的职务，由刘少奇继任。这是毛泽东为完善国家政治体制作出的一项重要决策。不任国家主席后，毛泽东在中国的政治生活中仍然起着主要的领导作用。

总之，从1958年11月到1959年7月，毛泽东领导的纠"左"，不仅初步地纠正了"大跃进"和人民公社化运动中的"左"的错误，而且是他探索中国式社会主义道路的继续和深入。和1956年初到1957年夏的那次最初的探索相比，这次探索是在遭遇曲折之后的探索，因而提出的问题也就更具针对性更为切合实际，更为具体、更加深入，使我们党在所有制问题、建设速度问题、经营管理体制问题、国民经济的比例关系问题和按劳分配问题等方面积累了大量宝贵的经验。1960年6月，毛泽东写了《十年总结》一文，简要回顾了新中国成立以来经济建设的发展过程。他强调指出："对于我国的社会主义革命和建设，我们已经有了十年的经验了，已经懂得了不少东西了。但是我们对于社会主义时期的革命和建设，还有一个很大的盲目性，还有一个很大的未被认识的必然王国。我们还不曾深刻地认识它。我们要以第二个十年时间去调查它，去研究它，从其中找出它固有的规律，以便利用这些规律为社会主义革命和建设服务。"但是，由于毛泽东在阶级斗争问题上的失误和在指导经济建设中的急于求成的情绪没有得到根本的解决，致使他对中国式社会主义建设道路的第二次探索出现严重曲折。

大兴调查研究之风

1959年7月2日，毛泽东在庐山主持召开中共中央政治局扩大会议，试图进一步纠正"左"的错误。会议开始时，毛泽东提出19个问题请大家讨论。围绕这19个问题，毛泽东提出许多重要的思想，如要综合平衡；按农、轻、重为序安排国民经济；要认识客观规律，按客观规律办事；人民的衣、食、住、行、用，是关系到6.5亿人安定的大问题，必须安排好等。毛泽东的这些观点，对指导全党总结经验教训，进一步纠正"左"的错误，搞好后来的经济调整与建设起了一定的作用。但是，毛泽东不容许从根本上否定"大跃进"、总路线和人民公社。7月10日，他在组长会议上讲话时，对1958年"大跃进"以来的工作作了估计，认为成绩是主要的，是九个指头的问题。总路线根本不会错。高级合作社也好，人民公社也好，与苏联不同，都能促进农业增产而不是减产。缺点只是一个指头的问题。毛泽东批评党内一些同志议论"大跃进"是"得不偿失"的观点，一再坚持要办公共食堂和保留社员分配中的部分供给制，对高指标也仍有保留。基于这种思想，当7月14日彭德怀写信给他要求彻底清理"左"倾错误时，毛泽东就错误地发动了对彭德怀的批判，使庐山会议由纠"左"转向反右。8月2日，中共八届八中全会开幕。毛泽东说：我们反了九个月"左"倾，现在基本上不是这一方面的问题，而是反右的问题。因为右倾机会主义向着党、向着党的领导机关猖狂进攻，向着6亿人民轰轰烈烈的社会主义事业进攻。毛泽东的这个讲话和会议期间他的其他一些批语，为八届八中全会错误地进行"路线斗争"定了调子。8月16日，全会通过《关于以彭德怀同志为首的反党集团的错误的决议》和《为保卫党的总路线，反对右倾机会主义而斗争》等文件。

毛泽东发动的"反右倾"斗争，在客观上严重地冲击了经济战线正在进行的纠"左"进程。

毛泽东当时并没有认识到这一点，他仍在努力摸索中国式社会主义建设道路。继第一次郑州会议之后，他在庐山会议上再一次建议全党结合中国的实际，读苏联《政治经济学教科书》。1959年12月10日到1960年2月9日，毛泽东集中两个月时间带领陈伯达、胡绳、邓力群、田家英等一起研读该书。他边读边议，阐述了许多重要思想，大大丰富了他关于中国式建设道路的认识。比如他首次提社会主义发展阶段论。他说："社会主义这个阶段，又可分为两个阶段，第一阶段是不发达的社会主义，第二阶段是比较发达的社会主义，后一阶段可能比前一阶段需要更长的时间。"这表明毛泽东对建设社会主义的长期性和艰巨性有了更充分、更客观清醒的认识。

但是整个国家政治经济工作的运行轨迹已经开始偏左运行。

庐山会议后，为了贯彻会议"反右倾"的指示精神，研究新的生产计划，1959年10月16日至29日，全国工业生产、交通运输会议在北京举行。会议主要讨论如何超额完成1959年的工业生产、交通运输计划和为1960年第一季度的生产做好准备工作的问题。会议认为，六七月份各地在计划落实工作中，降低了一些偏高的指标，减少某些方面的生产，主要是由于有些"右倾机会主义分子"吹冷风，使人们泄了气、松了劲，因而出现了一个"小小马鞍形"。会议提出：当前工交战线的任务，就是要把右倾反透，把干劲鼓足，使已经掀起的增产节约群众运动的新高潮巩固起来，并且持续不断地发展下去。紧接着，1959年10月25日至11月26日，中央又召开第八次全国计划会议。会议着重讨论发展国民经济的方针和任务。会议提出，在1958年和1959年连续跃进的基础上，要争取1960年国民经济的继续跃进，并提出要继续贯彻执行以粮为纲，发展农业，以钢为纲，优先发展重工业的方针。随着全国"反右倾"斗争的发展，1960年

1月7日至17日，中共中央政治局在上海举行扩大会议，会议确定1960年国民经济计划，讨论了今后3年至8年的工作设想。会议认为1960年还将是一个"大跃进"，可能比1959年更好。会议规定，1960年的钢产量为1840万吨，粮食产量为6000亿斤。会议设想8年完成人民公社从基本队有制过渡到基本社有制。会后，各省响应号召，纷纷大办县、社工业、大办水利、大办养猪场等，为继续"大跃进"、为提前实现过渡创造条件，从而使"共产风"更严重地泛滥起来。

在"反右倾"斗争过程中，1959年11月27日，经毛泽东和中共中央批准的军委总政治部提出的《关于划分右倾机会主义分子的标准和处理办法》下发全国，并要求各地参照执行。这个"标准"规定：公开散布系统性的右倾言论、从多方面攻击总路线、"大跃进"和人民公社的；公开为彭德怀等所谓"右倾机会主义反党集团"辩护、攻击党中央和毛主席的；历史上多次犯错误、对党心怀不满、1958年以来又有严重右倾言论和行动的，均划为"右倾机会主义分子"。根据这个"标准"，各地均错划了一批"右倾分子"，在这场斗争中，有一大批党员干部，特别是老党员、老干部受到错误的批判和处分。据1962年甄别平反时的统计，被作为重点批判对象或划为"右倾机会主义分子"的党员干部有365万人，群众也有300多万人。

庐山会议以正确开始，以错误结束。它中断了在经济工作中纠"左"的进程，开展了全党规模的"反右倾"斗争。在政治上、经济上给党和国家带来严重的后果。在前一段时间里受到批评的"左"的口号、政策、措施，又被重新肯定下来。这使得以高指标、瞎指挥、浮夸风和"共产风"为主要标志的"左"倾错误在1959年秋到1960年中得以恶性发展。加上连续三年的自然灾害和苏联突然单方面中止经济援建合同，我国的经济建设事业遭受严重挫折。到1960年底，国民经济陷入严重的比例失调，全国人民的吃饭、穿衣都成了大问题，不少地区发生了浮肿病、人口外流、非正常死亡等严重情况。这种实际状况逐步透过"左"倾思想的封锁反映到中央,反映到毛泽东那里。对此,毛泽东忧心如焚。

据他身边的工作人员回忆,毛泽东一连多少天吃不下饭、睡不着觉。当他听说全国城镇居民的粮食和副食品削减定量供应时,也马上宣布要实行"三不",即不吃肉、不吃蛋、吃粮不超定量。他曾连续七个月没有吃一口肉。当时毛泽东的心情是十分沉重的,多次做自我批评。1960年11月28日,他在为中共中央起草的一个发给全党的文件的批语中,以中央的语气写道:"毛泽东同志对这个报告看了两遍,他还想看一遍,以便从中吸取教训和经验。他自己说,他是同一切愿意改正错误的同志同命运、共呼吸的。他说,他自己也曾犯了错误,一定要改正。"①

在深刻反省自己的同时,毛泽东领导全党开始纠正错误,调整和恢复经济。1960年11月3日,中共中央发出由周恩来主持制定的《关于农村人民公社当前政策问题的紧急指示信》("十二条")。15日,毛泽东为中共中央起草《关于彻底纠正"五风"问题的指示》,《指示》彻底纠正十分错误的"共产风"、浮夸风、命令风、干部特殊风和生产瞎指挥风,而以纠正"共产风"为重点,带动其余四项歪风的纠正。《指示》还强调:"一定要走群众路线,充分发动群众自己起来纠正干部的'五风'不正。"这个文件的下达,对纠正"共产风",扭转农村局势,起了积极的作用。

1960年12月24日至1961年1月13日,中共中央在北京召开工作会议。1月13日,毛泽东在会上讲话指出:我们有实事求是的传统,就是把马克思列宁主义的普遍真理同中国的实际相结合。过去抗日战争时期、解放战争时期,从实际出发,实事求是,做调查研究,比较认真一些。但是,解放以来,特别是最近几年,我们调查研究做得少了,不大摸底了,大概是官做大了。我这个人就是官做大了,从前在江西那样的调查研究,现在

---

① 《建国以来毛泽东文稿》第9册,中央文献出版社1996年版,第364页。

做得少了。调查研究极为重要。请同志们回去大兴调查研究之风,一切从实际出发。今年要搞个实事求是年。1月14日至18日,中共八届九中全会召开,会议正式通过调整经济的"调整、巩固、充实、提高"八字方针。毛泽东在会上的发言中再次强调:过去我们吃了亏,就是不注意调查研究,只讲普遍真理。1961年要成为调查研究年。

会后,毛泽东直接组织和领导三个调查组,分赴浙江、湖南、广东农村进行调查研究。1月下旬,他亲自到河北、山东、江苏进行调查,着重了解当地农村整风整社中发现的问题。2月上旬,他又到浙江、湖南搞调查,考察人民公社问题和整风整社工作。2月下旬,毛泽东领导的各调查组汇集广州,同部分地方负责同志一起,着手起草农村人民公社工作条例。在广州,毛泽东初步反省庐山会议"反右倾"斗争的失误。他虽然仍认为反右不得不反,但认识到在群众中反右,这就坏了。庐山会议反右这股风把我们原来的反"左"割断了。3月10日至13日,毛泽东在广州召集中南、西南、华东3个地区的中央局和省、市、区党委负责人会议(简称"三南"会议),讨论和制定《农村人民公社工作条例(草案)》(即"六十条")。毛泽东根据自己的调查和对浙江、湖南、广东三个调查组的大量调查材料的分析研究,概括出反对两个平均主义的思想。3月13日,他在"三南会议"上宣读了他写给当时正在北京参加会议(有东北、华北、西北三个大区的中央局和省、市、区党委负责人参加的会议,即"三北"会议)的中央同志的一封信,建议中央的同志到县、社、队进行调查。毛泽东在信中说:"大队内部生产队与生产队之间的平均主义问题,生产队(过去是小队)内部人与人之间的平均主义问题,是两个极端严重的大问题,希望在北京会议上讨论一下,以便各人回去后,自己并指导各级第一书记认真切实调查一下。不亲自调查是不会懂得的,是不能解决这两个重大问题的(别的问题也一样),是不能真正地全部地调动群众的积极性的。"信中希望中央领导同志下去同社员、小队级、大队级、公社级、县级分开

（不要各级集合）调查研究一下，使自己心中有数，好做指导工作。毛泽东还指出，对上述两个平均主义问题，中央的同志，省、地、县的第一书记，至今还是不甚了了。

为了更好地推动全党开展调查研究工作，毛泽东将他一度丢失、新近重新发现的一篇重要著作《调查工作》（后改称《反对本本主义》）印发给一些领导同志阅读。他还几次在"三南"会议和广州会议上，详细介绍1930年5月他在寻乌搞调查的基础上写成的这篇文章的内容，再一次重申调查研究的重要性。毛泽东这篇深为他喜爱的文章的重新发现，正值他在新的形势下提倡大兴调查研究之风的时候，于是成为推动全党搞调查研究，转变思想作风的有力武器。

3月14日至23日，"三南"会议与"三北"会议合并，在广州召开中央工作会议，继续进行《农村人民公社工作条例（草案）》的制订工作。这是人民公社成立以来第一次系统地解决农村工作问题的会议。条例草案总结了开展人民公社化运动三年来的经验教训，对于纠正社、队规模偏大，公社对下级管得太死，民主制度和经营管理制度不健全等方面的问题，都作了比较系统的规定。会后，中共中央又将《农村人民公社工作条例（草案）》印发全国农村讨论，并在部分地区试行。响应毛泽东的号召，刘少奇、周恩来、朱德、邓小平等中央领导人进一步深入农村调查研究，听取讨论意见，先后向中央提出关于不硬性坚持公共食堂和供给制，妥善处理粮食征购和余粮分配问题，搞好"三包一奖、评工记分"等建议，并着手解决各项实际工作中存在的问题。

在各地组织讨论和试行的基础上，中共中央在五六月间召开的北京会议上，就毛泽东提出的调查研究、群众路线、退赔、平反与处分四个问题进行讨论，对《农村人民公社工作条例（草案）》又做了一些重大修改，作为"修正草案"予以通过。《农村人民公社工作条例（修正草案）》的基本精神是继1960年11月3日发出的《关于农村人民公社当前政策问题的紧急指示信》之后，进一步解决农村人民公社的"平调"问题，主要是解决平均主义的问题。关于公共食堂，《条例（修正草案）》规定，生产队办不办公共食堂，完全由社员讨论决定，"实行自愿参加、自由结合、自己管理、自负开销和自由退出的原则"；对不参加食堂的社员，"不能有任何歧视"。关于分配制度，《条例（修正草案）》取消了供给制，规定"生产队对社员的劳动应该按照劳动的质量和数量付给合理的报酬，避免社员和社员之间在计算劳动报酬上的平均主义"；对生活没有依靠的老、弱、孤、寡、残等社员，经过社员大会的讨论和通过，实行供给或给予补助，从公益金中开支。6月15日，中央发出指示，要求全国农村讨论和实行《农村人民公社工作条例（修正草案）》。

在此前后，全党开展了更大规模的调查研究工作。毛泽东主要是继续调查研究农业问题。7月，毛泽东到河北邯郸地区作调查。在那里，他召集山东、河北的部分省、地委书记，基层干部和群众座谈，讨论人民公社的基本核算单位问题。9月29日，他写信给中央政治局常委及有关同志，指出：我们对农村方面的严重平均主义，至今还没有完全解决，还留下一个问题，即生产权在小队，分配权却在大队。毛泽东明确提出："'三级所有、队为基础'，即基本核算单位是生产队而不是大队。"毛泽东的这个决策，是对人民公社体制的重大调整，是对"六十条"的重要补充和突破。10月7日，中共中央根据毛泽东的建议，发出《关于农村基本核算单位问题给各中央局，各省、市、区党委的指示》，要求各地认真研究基本核算单位以生产大队好还是以生产队好的问题。全国各地随即普遍进行关于这个问题的调查研究和试点工作。调查和试点的结果表示，以生产队为基本核算单位，符合广大农民和基层干部的要求，得到他们的拥护和欢迎。1962年8月，中共中央在北戴河召开工作会议，根据一年多来的调查研究和试点情况，进一步修改了《农村人民公社工作条例（修正草案）》，主要是将人民公社的基本核算单位由生产大队改为生产小队。此后，在1962

年9月下旬召开的中共中央八届十中全会上,修改后的《农村人民公社工作条例(修正草案)》正式通过。在毛泽东的带动和倡导下,大部分的中央领导同志和各中央局,各省、市、自治区党委负责人纷纷深入农村、工厂、学校进行调查研究,发现了许多政策上的问题。他们将发现的问题及时地向中共中央和毛泽东作了汇报,并提出一些很好的建议。毛泽东认真阅读了汇总来的调查报告和信件,并加写许多批语。继"农业六十条"之后,中共中央又陆续制定有关工业、商业、教育、科学、文艺等方面的工作条例草案,全面地贯彻了"调整、巩固、充实、提高"的方针,使经济形势逐步地得以好转。

为了总结过去12年来特别是"大跃进"以来的经验教训,统一全党思想,坚决贯彻执行"八字方针",战胜经济困难,1962年1月11日至2月7日,中共中央在北京举行扩大的工作会议。参加会议的有中央、各中央局、各省市自治区党委及地委、县委、重要厂矿企业和部队的负责干部7000多人,因此又称七千人大会。这次会议由毛泽东亲自主持。会议原定的议题主要是讨论和修改刘少奇代表中共中央准备向大会作出的书面报告,后来在会议的进行过程中又增加了发扬民主、开展批评和自我批评等项内容。

1月30日,毛泽东在大会上讲话,比较系统地阐述实行民主集中制和在党内、党外发扬民主的问题。毛泽东首先就这次开会的方法进行了说明。他说,在这次会议开始的时候,几位同志准备了一个报告稿子。这个稿子,还没有经过中央政治局讨论,我就向他们建议,不要先开中央政治局会议讨论了,立即发给参加大会的同志们,请大家评论,提意见。应当说,报告第二稿是中央集中了7000多人讨论的结果。他认为,如此开会的方法,是一个民主集中制的办法,是一个群众路线的方法。"先民主,后集中,从群众中来,到群众中去,领导同群众相结合。"这是值得提倡的一种方法。接着毛泽东着重阐述了民主集中制问题,他认为,现在我们有些同志,对于马克思、列宁所说的民主集中制,还不理解。他们害怕群众,怕群众讲话,怕群众批评。这怎么行呢?我们的正确态度应当是:坚持真理,随时修正错误。他还认为,我们工作中的是和非问题,正确和错误的问题,这是属于人民内部矛盾问题,而解决人民内部矛盾,不能用咒骂,也不能用拳头,更不能用刀枪,只能用讨论的方法,说理的方法,批评和自我批评的方法,一句话,只能用民主的方法,让群众讲话的方法。他强调指出:不论党内党外,都要有充分的民主生活,都要认真实行民主集中制。我们既然是干革命的,"如果真正犯了错误,这种错误是不利于党的事业,不利于人民的事业的,就应当征求人民群众和同志们的意见,并且自己作检讨"。"批评和自我批评是一种方法,是解决人民内部矛盾的方法,而且是唯一的方法。"但是,如果没有充分的民主生活,没有真正实行民主集中制,就不可能实行批评和自我批评的这种方法。他要求全体领导干部,要认识到:不依靠群众,不发动群众和干部的积极性,就不可能克服当前的困难。他还指出,没有民主,就不可能有正确的集中,"我们的集中制,是建立在民主基础上的集中制。无产阶级的集中,是在广泛民主基础上的集中"。毛泽东在讲话中还对几年来工作中发生的缺点、错误承担了责任。他说:"凡是中央犯的错误,直接的归我负责,间接的我也有份,因为我是中央主席。我不是要别人推卸责任,其他一些同志也有责任,但是第一个负责的应是我。""我们这几年工作中的缺点、错误,第一笔账,首先是中央负责,中央又是我首先负责;第二笔账,是省委、市委、自治区党委的;第三笔账,是地委一级的;第四笔账,是县委一级的;第五笔账,就算到企业党委、公社党委了。总之,各有各的账。"毛泽东还阐述了关于认识客观世界的问题。其中,他着重阐述了对于社会主义建设规律的认识。毛泽东说:"对于建设社会主义的规律的认识,必须有一个过程。必须从实践出发,从没有经验到有经验,从有较少的经验,到有较多的经验,从建设社会主义这个未被认识的必然王国,到逐步地克服盲目性、认识客观规律，从而获得自由，在认识上出现一个飞跃，到达自由王国。"他承认，"对于社会主义建设，我们还缺乏经验"。"在社会主义建设上，我们还有很大的盲目性。社会主义经济，对于我们来说，还有许多未被认识的必然王国。""我注意得较多的是制度方面的问题，生产关系方面的问题。至于生产力方面，我的知识很少。社会主义建设，从我们全党来说，知识都非常不够。"毛泽东要求全党，在今后一段时间内，应积累经验，努力学习，在实践中间逐步地加深对它的认识，弄清楚它的规律。他鲜明地提出必须把马克思列宁主义的普遍真理同中国社会主义建设的具体实践相结合的重要思想。

毛泽东在讲话中特别提示："有了总路线还不够，还必须在总路线的指导之下，在工、农、商、学、兵、政、党各个方面，有一整套适合情况的具体的方针、政策和办法，才有可能说服群众和干部，并且把这些当作教材去教育他们，使他们有一个统一的认识和统一的行动，然后才有可能取得革命事业和建设事业的胜利，否则是不可能的。"这时他认识到，"要赶上和超过世界最先进的资本主义国家没有一百多年的时间，我看是不行的"。毛泽东指出："从现在起，五十年内外到一百年内外，是世界上社会制度彻底变化的伟大时代，是一个翻天覆地的时代，是过去任何一个历史时代都不能比拟的。处在这样一个时代，我们必须准备进行同过去时代的斗争形式有着许多不同特点的伟大的斗争。为了这个事业，我们必须把马克思列宁主义的普遍真理同中国社会主义建设的具体实际，并且同今后世界革命的具体实际，尽可能好一些地结合起来，从实践中一步一步地认识斗争的客观规律。要准备着由于盲目性而遭受到许多的失败和挫折，从而取得经验，取得最后的胜利。由这点出发，把时间设想得长一点，是有许多好处的，设想得短了反而有害。"①

---

① 《毛泽东文集》第8卷，人民出版社1999年版，第302页。

毛泽东的讲话，受到与会者的热烈欢迎，对动员与会者充分发扬民主，开展批评与自我批评，起到巨大的推动作用。在毛泽东的带动下，中央其他负责同志和一些省市委负责人也纷纷作自我检讨，提出许多宝贵意见，态度诚恳坦率，调动各级干部的积极性。

从1960年冬到七千人大会，毛泽东为纠正"大跃进"和"反右倾"斗争所造成的严重困难而采取的一系列措施，及其对"左"倾错误的深刻反省和就工作中的问题所进行的大规模的调查研究，构成他探索中国式社会主义建设道路的第三个阶级。和第二阶段一样，这一阶段的探索也是着眼于解决实践中的失误因而也具有针对性和操作性比较强的特点。所不同的是，在这一阶段，毛泽东除去个人的探索外，还特别注意发挥和调动全党同志的智慧，大兴调查研究之风。这一阶段探索的重要成果有四：一是毛泽东本人经过反复的调查研究，主持制定了以"三级所有、队为基础"为核心的《农村人民公社工作条例》（简称六十条）；二是他在七千人大会上进一步阐述健全民主集中制，充分发扬党内民主作风的重要思想；三是号召全党大兴调查研究之风，在总结成功与失败的经验的基础上，中共中央相继制定出"工业七十条""商业四十条""手工业三十五条""高教六十条""科研十四条""文艺八条"等一系列工作条例，使建设社会主义的总路线更加完善和具体化、使各行各业的工作有章可循；四是在他的带领下，全党上下更加自觉地贯彻实事求是的思想路线，开始努力把马克思主义与中国社会主义建设的实际相结合，从而在更深刻、更广泛的意义上，对中国式社会主义建设道路进行了新的探索。

第十一章
CHAPTER ELEVEN

伟人暮年

国际反霸

毛泽东是作为政治家、军事家、战略家活跃于世界外交舞台的。朝鲜战争结束后，1954年7月7日，他在中央政治局扩大会议上对国际局势进行分析，认为美国愈加孤立，资本主义世界四分五裂，很不统一。不同制度的国家可以和平共处，应该把思想体系上的分歧和政治上的合作分别开来。中国的外交工作除了要继续加强同苏联和东欧民主主义国家之间的合作之外，要把交朋友的重点放在亚、非、拉三大洲的国家。即使是对美国也要采取灵活的斗争策略，即在原则问题上寸土不让，坚持斗争；但同时也要争取主动，公开主张与他们和平共处，解决台湾问题。按照他的战略构想：新中国同苏联和各社会主义国家实行"一边倒"的外交政策；对周边国家实行睦邻友好的外交政策；对美国及其他仍在敌视和封锁新中国的国家，则采取民间外交策略，促进双边人民之间的往来和友谊。同时，加大对亚非拉殖民地、半殖民地国家反对殖民霸权主义斗争的支持。于是，新中国的国际地位迅速提高，与中国建交的国家越来越多。

毛泽东在处理国际事务中，一贯主张各国之间的平等互利和互不干涉内政，反对任何形式的霸权主义。他是维护国家主权和民族尊严的典范。

在新中国成立之初，毛泽东领导全国军民顶住美国当局的经济封锁和核战争恐吓，取得了抗美援朝战争的伟大胜利。朝鲜停战协定签字后，美国于1953年9月同台湾蒋介石集团签订所谓"军事协调谅解协定"，进一步插手台湾事务。为了防止台湾问题固定化，毛泽东和中国政府决定加强解放台湾的政治攻势和军事准备。1954年7月25日，毛泽东致电出席日内瓦会议的周恩来，指出："在朝鲜停战后没有及时提出'解放台湾'的任务是不妥的，现在若还是不进行此项工作，我们将犯严重的政治错误。"

以后，除发动政治上的宣传攻势外，9月3日，中国人民解放军奉命炮击国民党军盘踞的金门，表明中国人民一定要解放台湾的立场决心。美国和蒋介石集团加紧谈判，于同年12月2日签订所谓"共同防御条约"，想以此来威吓中国共产党。中国人民解放军随即于1955年1月18日解放浙江沿海的一江山岛，进一步表明中国政府不承认美蒋条约的原则立场。美国政府便调遣更多的军事力量到台湾，其国会众参两院批准了其总统艾森豪威尔"必要时动用军队干预"的紧急动议。

1月28日，毛泽东在接受芬兰首任驻华大使递交国书时严正指出："今天，世界战争的危险和对中国的威胁主要来自美国的好战分子。他们侵占中国的台湾和台湾海峡，还想发动原子战争。我们有两条：第一，我们不要战争；第二，如果有人来侵略我们，我们就予以坚决回击。我们对共产党员和全国人民就是这样进行教育的。美国的原子论调，吓不倒中国人民。"美国政府见其威胁政策没有奏效，反而招致中国人民和世界人民的强烈反对，遂于2月5日宣布"协助"蒋介石军队从浙江沿海的大陈岛等岛屿撤退。随后，美国迫于国际舆论压力，不得不于同年7月13日通过英国向中国提出中美双方互派大使级代表在日内瓦举行会谈。从1955年8月至1970年2月的15年间，中美的大使级会谈136次。虽然没有取得实质性的成果，但它毕竟为中美两个大国在互不承认的敌对状态下，保留了一个相互沟通和联系的渠道。

1958年夏季，由于美国武装入侵黎巴嫩，并继续支持蒋介石在台湾海峡进行战争挑衅，国际局势再度紧张起来。为了配合中东人民反对美国侵略的正义斗争，反对美国侵占台湾的阴谋，在赫鲁晓夫结束他7月31日到8月3日中国之行不久，毛泽东亲自部署和指挥了著名的"八二三"金门炮战。炮击金门、马祖，不仅使美国海军被迫部分地撤走驻地中海的舰队，以加强台湾海峡的兵力，支持了中东人民；而且在炮战中，毛泽东巧妙地利用美国和蒋介石集团的矛盾，使海峡两岸实际形成某种默契，共同抵制美国企图在台湾海峡划线,使台湾与大陆隔绝的计划。在这次炮战中,毛泽东决定暂时维持金、马现状,把解放金、马同解放台湾作为一个整体加以考虑,不让蒋介石集团从金、马脱身。这样,不仅又一次挫败了美国企图制造两个中国的阴谋,并且使美国干涉中国内政的行为更加清楚地暴露在世界人民面前。1958年9月8日,毛泽东在第十五次最高国务会议上指出:"美帝国主义九年来侵占了我国领土台湾,不久以前又派遣它的武装部队侵占了黎巴嫩。美国在全世界许多国家建立了几百个军事基地。中国领土台湾、黎巴嫩以及所有美国在外国的军事基地,都是套在美帝国主义脖子上的绞索。不是别人而是美国人自己制造这种绞索,并把它套在自己的脖子上,而把绞索的另一端交给了中国人民、阿拉伯各国人民和全世界一切爱和平反侵略的人民。美国侵略者在这些地方停留得越久,套在头上的绞索就将越紧。"[1]

  毛泽东在领导中国人民同美帝国主义的侵略扩张行径和称霸世界的政策进行不懈的斗争的同时,从20世纪50年代后期起,又对苏联的一些大国沙文主义的行为进行了坚决的抵制和斗争。苏共二十大以后,中苏两党在国际共运、社会主义国家关系等原则问题上逐渐出现严重分歧。赫鲁晓夫上台后,力图与美国和平共处,共同主宰世界,推行大国沙文主义政策,公开挑起中苏论战,把意识形态分歧扩大到国家关系上,企图使中国外交政策服从于苏联全球战略的需要。中苏之间控制与反控制的斗争日趋激烈。1958年4月,苏联国防部长马利诺夫斯基致函中国国防部长彭德怀,提出为便于指挥苏联在太平洋地区活动的潜艇,希望在中国选一地点,由苏中共同建设一座大功率的长波电台,苏方出资7000万卢布,中国出3000万卢布。毛泽东对此非常警觉。他亲自召集有关人员研究,认为这里有个主权归属问题。6月,彭德怀答复苏方:同意建设长波电台,欢迎苏方在技

---

[1] 《毛泽东同志国际问题言论集选录》,世界知识出版社1959年版,第279页。

术上给予帮助，一切费用由中国全部承担，可共同使用，但所有权归中国。苏联方面对中国要求拥有电台的全部所有权这一原则性立场不予重视，要求电台作为中苏共有。这遭到中国方面的拒绝。事后，毛泽东在会见苏联驻华大使尤金时强调：在军事上搞"合作社"是不适当的。

7月，苏联驻华大使尤金拜见毛泽东时，转达苏联领导人赫鲁晓夫希望同中国商议建设一支共同的潜艇舰队的建议。毛泽东当即表示：首先要明确方针，是我们办，你们帮助，还是只能合办，不合办，你们就不给帮助。不久，毛泽东再次会见尤金大使，更明确地告诉苏方：中国决定撤销过去提出的希望苏联为中国新型的海军舰艇提供技术援助的要求。他认为，如同合资建设长波电台一样，建立共同潜艇舰队也是一个涉及主权的政治问题。他尖锐地对尤金指出："要讲政治条件，连半个指头都不行"，"你们把俄国的民族主义扩大到了中国的海岸"。毛泽东严正拒绝了苏联这一要控制中国海岸、损害中国独立主权的要求。此后，随着中苏两党在意识形态领域的分歧逐步演化为公开的论战，中苏两国之间的关系也开始逐渐恶化。

1959年9月底，赫鲁晓夫赴美访问后，转道北京参加中华人民共和国成立十周年庆祝活动。10月2日，他在同毛泽东等中国领导人进行长达七小时的会谈中，不但埋怨中国1958年炮击金门给苏联造成了困难，而且对中国在整个台湾问题上的政策表示不满。他的无理意见和要求被毛泽东等当场驳回。1960年，苏联政府单方面决定撤退专家，撕毁合同，给中国经济造成重大损失。1961年苏联又逼迫中国偿还债务，主要是抗美援朝战争的军火债。1962年，苏联在中国新疆地区进行颠覆活动，策动和胁迫六万多名中国公民逃至苏联。1964年勃列日涅夫上台后，不顾中国共产党的反对，于1965年3月召开制造分裂的共产党工人党会议，两党关系彻底破裂。此后，苏联除在意识形态和对外政策上反对中国外，还在中苏边界、中蒙边界陈兵百万，对中国施加军事压力，使得中苏边境形势十分紧张，成为对中国安全的主要威胁。两国关系也更进一步恶化。

与此同时,美国也继续加强推行反华政策。1958年夏季,在台湾海峡地区公开进行战争挑衅,唆使蒋介石集团进行骚扰活动,叫嚣"反攻大陆",在中印边界冲突中,支持印度政府与中国作战。1964年8月,美国制造北部湾事件,轰炸越南北方,扩大侵越战争,并把它作为遏制中国的一个组成部分,公开把中国当作美国对外政策的主要对手。

在这个时期,国际形势还出现了另一种趋向。这就是西欧国家为抗衡美国的控制和霸权政策,维护自身的经济政治利益,组成欧洲共同体,西方阵营也出现新的分化和组合。而亚非拉国家兴起不结盟运动,主张独立自主与和平,中立于两大集团之间,反对军备竞赛。整个世界处在大动荡、大分化、大改组中,逐渐向多种政治力量转化和重新组合。这给以毛泽东为首的中国共产党人提出一个严峻的课题。1956年7月,埃及发生苏伊士运河事件。毛泽东就这一事件发表评论指出:英国资产阶级历来老奸巨猾,是最善于在适当的时候作出妥协的一个阶级。现在把中东搞到美国人手里去了。这个错误可大啦!这样的错误,在它历史上数得出多少呀?这一回为什么冲昏头脑犯这个错误呢?因为美国压得太凶,它沉不住气,想把中东夺回去,阻止美国。英国的矛头主要是对埃及的吗?不是,英国的文章是对付美国的,美国是对付英国的。毛泽东进而指出:"从这个事件可以看出当前世界斗争的重点。当然,帝国主义国家跟社会主义国家的矛盾是厉害的矛盾,但是,他们现在是假借反共产主义之名来争地盘。争什么地盘呢?争亚洲非洲十亿人口的地盘。目前他们的争夺集中在中东这个具有重大战略意义的地区,特别是埃及苏伊士运河地区。在那里冲突的,有两类矛盾和三种力量。两类矛盾,一类是帝国主义跟帝国主义之间的矛盾,一类是帝国主义跟被压迫民族之间的矛盾。三种力量,第一种是最大的帝国主义美国,第二种是二等帝国主义英、法,第三种就是被压迫民族。"[①]

---

① 1957年1月27日毛泽东在省市自治区党委会议上的讲话。

由此，毛泽东主张，对社会主义各国，继续加强同它们的团结和合作；对被压迫民族解放运动和争得独立的民族国家，积极支援它们并且大力发展同它们的友好关系；对美国以外的资本主义国家，它们也属于社会主义国家和美国之间的中间地带，因而也要争取同它们发展关系；对美国，认为一方面要坚决反对它对中国的武装侵略和威胁，一方面仍然要争取同它和平共处，通过和平协商的方法解决两国之间的争端。

随着历史的发展，如前所述，国际形势出现新的变化，中苏之间公开分裂。社会主义阵营到20世纪60年代中期已不复存在，毛泽东对国际形势和国际政治力量的认识也愈加深入。

1962年1月3日，毛泽东在与日本客人安井郁的谈话中指出：中间地带国家的性质也各不相同；英、法、比、荷这些国家有殖民地；有些国家被剥夺了殖民地但仍有强大的垄断资本，如西德、日本；有些是取得了真正独立国家，如几内亚、阿联、马里、加纳，还有一些取得了名义上的独立，实际上仍是附属国家的国家，如法属非洲和英属非洲的一些国家，拉丁美洲许多国家名义上独立，实际上是美国的附属国。

从1963年起，毛泽东又进一步把这四类国家概括成两个"中间地带"。1964年7月10日，他在会见佐佐木更三等日本社会党人士的谈话中明确指出：整个亚洲、非洲、拉丁美洲的人民都反对美帝国主义。欧洲、北美、大洋洲也有许多人反对帝国主义。帝国主义者也反对帝国主义。戴高乐反对美国就是证明。我们现在提出这么一个看法，就是有两个中间地带。亚洲、非洲、拉丁美洲是第一个中间地带。欧洲、北美、大洋洲是第二个中间地带。日本的垄断资本主义也属于第二个中间地带。基于上述认识，从20世纪60年代初开始毛泽东放弃了在外交上的"一边倒"政策，转而实行既反帝又"反修"的战略方针。一方面，反对美帝国主义的战争政策和侵略政策，努力倡导建立广泛的反帝统一战线，支持世界各国人民反对帝国主义、殖民主义的正义斗争，特别是全力支持越南人民抗美救国战争。

另一方面，揭露和抵制苏联的霸权主义，捍卫国家独立、主权与领土完整，抗击苏联的武装入侵。与此同时，毛泽东非常重视加强和发展同亚非拉各国的关系，全力支持亚非拉各国人民革命斗争和民族解放斗争。除全力支持印度支那三国人民抗美救国斗争之外，从1963年到1966年间，毛泽东还派刘少奇和周恩来先后访问了近30个亚非国家，提出发展中国同非洲和阿拉伯国家相互关系的五项原则，不仅发展了中国同这些国家的友谊，而且从政治上和经济上给予这些国家以大力支持。从1960年5月起，毛泽东接见亚非拉各洲来访的朋友和各种组织的代表十分频繁，多次发表重要讲话。他曾对来访的朋友们指出："我们共同的敌人是美帝国主义，我们大家都站在了一条战线上，大家需要互相团结互相支持"，"全世界人民包括美国人民都是我们的朋友"[①]。他还表示中国人民对"整个亚洲、非洲、拉丁美洲人民目前所进行的民族民主运动的坚决支持"；"对于非洲人民反对帝国主义、殖民主义的英勇斗争，表示完全同情和完全支持"。除此之外，毛泽东还专门发表《关于支持美国黑人反对美帝国主义种族歧视的正义斗争的声明》（1963年8月8日）、《关于反对美国——吴庭艳集团侵略和屠杀越南南方人民的声明》（1963年8月29日）、《关于支持刚果（利）人民反对美国侵略的声明》（1964年11月28日）和《关于支持多米尼加人民反对美国武装侵略的声明》（1965年5月12日）。可以说，支持亚非拉的民族解放运动是毛泽东在这个时期对外政策的一个主要内容，他把支持亚非拉的民族解放运动当成反对霸权主义的最主要行动。正由于此，中国也得到了这些国家的大力支持和拥护。

除去支持亚、非、拉人民的正义斗争，加强同"第一中间地带"国家的团结合作外，毛泽东和中国政府还加强了同"第二中间地带"国家的联系和合作。毛泽东当时有一个重要思想，即"第二中间地带"国家，可以

---

① 《人民日报》1960年5月4日。

作为我们间接的同盟军。在这一思想指导下，1964年1月，中国和法国排除障碍，正式宣布建立外交关系，这是西方大国中第一个同中国建立正式外交关系的国家。在这之后，中国又先后同意大利和奥地利达成了互设贸易机构的协议。

毛泽东关于"两个中间地带"的理论，为中国进一步加强同亚、非、拉国家的友谊，尤其是改善和发展同美国之外的西方资本主义国家的关系奠定了理论基础和政策基础。这对改变中苏关系破裂后，中国在国际上的孤立地位，对打破美国的遏制和封锁，对树立中国的国际形象和地位，具有重要意义。

"不断革命"

伴随着国际上美帝国主义对中国封锁、挑衅的加剧和苏联大国沙文主义，以及印度扩张主义利用我国的暂时困难进行颠覆、扩张活动，盘踞台湾的国民党蒋介石集团也趁大陆经济上的困难之机，加紧进行战争动员和军事部署，叫嚣"反攻大陆"。在国内，一定范围内存在的阶级斗争，在国家的困难形势下也有新的表现。特别是在刚刚渡过的困难时期，在农村的一些地方，那里有些基层干部说假话、搞浮夸、吊打农民甚至摧残人命等无法无天的行为，给毛泽东留下深刻的印象。他认为这不只是干部作风和个人品质问题，而是有20%左右的基层干部已经蜕化变质，要么就是那里的民主革命进行得不彻底。

在这样的国内外形势下，毛泽东于1962年8月主持召开北戴河工作会议，为召开党的八届十中全会准备文件。会议原定的主要议题是讨论农业、财贸、城市和其他方面的问题。8月6日，毛泽东在大会上讲话，提出阶级（即社会主义社会究竟存在不存在阶级）、形势（即国内形势是不是一片黑暗，还是有点光明）、矛盾（即社会主义社会是不是就没有矛盾了，有些什么矛盾）三个问题。此后，他又多次在小组会议上讲话，阐明阶级还存在，有阶级就有阶级矛盾和阶级斗争，就有社会主义和资本主义两条道路的斗争，这种斗争要贯彻到整个社会主义历史时期。毛泽东把在一线主持经济调整工作的同志对经济形势"尚未到谷底"，其好转要"争取快、准备慢"的估计，批评为"黑暗风"；把一些农村的"包产到户"做法和刘少奇、陈云、邓小平和邓子恢等对这种做法的支持，批评为"单干风"；把彭德怀等要求对自己历史重新审查，去掉不实之词，批判为"翻案风"。按毛泽东的讲话精神，这些问题在会上都被认为是阶级斗争的表现。毛泽东还借鉴苏联自苏共二十大以来所发生的变化，他提出：右倾机会主义就是修正主义，党内有人搞修正主义。会议以较大的精力讨论了毛泽东的讲话，并以其讲话精神为指导，为八届十中全会准备文件。

1962年9月24日至27日，中共八届十中全会在北京举行。毛泽东在会上再一次批判所谓"单干风""翻案风""黑暗风"。

毛泽东还在会议上作"关于阶级、形势、矛盾和党内团结问题"的讲话，提出以下论断："社会主义社会是一个相当长的历史阶段。在社会主义这个历史阶段中，还存在着阶级、阶级矛盾和阶级斗争，存在着社会主义同资本主义两条道路的斗争，存在着资本主义复辟的危险性……我们从现在起，必须年年讲，月月讲，天天讲，使我们对这个问题，有比较清醒的认识，有一条马克思列宁主义的路线。"他尖锐地提出防止资本主义复辟和党内产生修正主义的问题，防止有人搞独立王国和阴谋小集团的问题。全会接受毛泽东讲话的精神，并在全会的公报中指出："在无产阶级革命和无产阶级专政的整个历史时期，在由资本主义过渡到共产主义的整个历史时期（这个时期需要几十年，甚至更多的时间）存在着无产阶级和资产阶级之间的阶级斗争，存在着社会主义和资本主义这两条道路的斗争。被推翻的反动统治阶级不甘心于灭亡，他们总是企图复辟。同时，社会上还存在资产阶级的影响和旧社会的习惯势力，存在着一部分小生产者的自发的资本主义倾向。因此，在人民中，还有一些没有受到社会主义改造的人，他们人数不多，只占人口的百分之几，但一有机会，就企图离开社会主义道路，走资本主义道路。在这种情况下，阶级斗争是不可避免的。这是马克思列宁主义早就阐明了的一条历史规律，我们千万不要忘记。这种阶级斗争是错综复杂的、曲折的、时起时伏的，有时甚至是很激烈的。这种阶级斗争，不可避免地要反映到党内来，国外帝国主义的压力和国内资产阶级影响的存在，是党内产生修正主义思想的社会根源。在同国内外阶级敌人进行斗争的同时，我们必须及时警惕和坚持反对党内各种机会主义的思想倾向。"毛泽东在全会上的讲话和插话的核心思想，是认为在整个社会主义历史阶段，资产阶级都将存在和企图复辟，并成为党内产生修正主义的根源。这样，就发展了他在1957年反右派斗争以来关于阶级和阶级斗争形势的错误判断，把我国社会在一定时期和一定范围内存在的阶级斗争进一步扩大化、绝对化了。后来，中共中央把毛泽东的讲话概括为：更加完整地提出了中国共产党在整个社会主义历史阶段的基本路线，即"社会主义是一个相当长的历史阶段。在社会主义这个历史阶段中，还存在着阶级、阶级矛盾和阶级斗争，存在着社会主义同资本主义两条道路的斗争，存在着资本主义复辟的危险性。要认识这种斗争的长期性和复杂性。要提高警惕。要进行社会主义教育。要正确理解和处理敌我矛盾和人民内部矛盾。不然的话，我们这样的社会主义国家，就会走向反面，就会变质，就会出现复辟。我们从现在起，必须年年讲，月月讲，天天讲，使我们对这个问题，有比较清醒的认识，有一条马克思列宁主义的路线"。毛泽东的讲话，一方面充分估计了国际修正主义的危害和影响，另一方面则是把国内在一定范围存在的阶级斗争和资本主义复辟的因素扩大化和绝对化，这对党和国家的政治生活产生了愈来愈大的错误影响。值得注意的是，毛泽东虽然对国内的阶级斗争形势做了过于严重的估计，但是他接受庐山会议后因为错误批判彭德怀的所谓右倾机会主义而干扰经济建设方面急躁冒进错误的教训，他接受刘少奇的建议，同意全会的精神只传达到行政17级以上干部，并强调不要因注重阶级斗争问题而影响正在进行的经济调整工作。

党的八届十中全会后，在毛泽东提出的阶级斗争错误理论指导下，从1963年至1965年间，全国部分农村和部分城市基层单位，开展了社会主义教育运动。

1962年冬至1963年春，一些地区，如湖南、河北等地结合传达贯彻八届十中全会精神，向干部和群众进行社会主义教育，并抓了农村的阶级斗争。河北保定地区结合本地实际情况和当年分配，进行了以清理账目、清理仓库、清理财务、清理工分（简称"四清"）为主要内容的整风整社。这些活动虽然对于克服管理混乱、纠正部分基层干部铺张浪费、多吃多占、贪污盗窃等行为，兑现年终分配与调动社员生产积极性，有一定的积极作用，但在"左"的思想指导下，开了以阶级斗争的观点进行"四清"的先例。

1963年2月22日至28日，中共中央在北京召开工作会议。会上，毛泽东推荐了湖南和河北保定地区抓阶级斗争，清理账目、清理仓库、清理财务、清理工分，开展社会主义教育运动的做法和经验，提出："阶级斗争，一抓就灵。"并确定在全国农村应普遍进行一次社会主义教育运动，同时在城市开展"五反"运动。3月1日，中共中央发出的《关于厉行节约和反对贪污盗窃，反对投机倒把，反对铺张浪费，反对分散主义，反对官僚主义运动的指示》，要求在县团级以下党政军机关、国营企事业单位、物资部门和文教单位（不包括县以下中小学）进行"五反"运动。从此，"五反"运动在全国部分城市的基层逐步展开，农村的社会主义教育运动也开始试点。

1963年5月2日至6日，毛泽东在杭州召集有部分中央政治局委员和大区书记参加的小型会议，讨论农村社会主义教育运动问题。会议制定了

《关于目前农村工作中若干问题的决定（草案）》，即"前十条"，作为社会主义教育运动的指导性文件。"前十条"对我国阶级斗争形势作了"左"的估计，偏离了党的八大的正确判断，认为"当前中国出现了严重尖锐的阶级斗争情况"，如果不抓阶级斗争，让地富反坏、牛鬼蛇神一齐跑了出来，而我们的干部则不闻不问，"那就不要很多时间，少则几年、十几年，多则几十年，就不可避免地要出现全国性的反革命复辟，马列主义的党就一定会变成修正主义的党，变成法西斯党，整个中国就要改变颜色了"。根据这种不符合实际情况的估计，"前十条"最后引证毛泽东的指示说："这次社会主义教育运动是一次伟大的革命运动"，要求"重新组织革命的阶级队伍"，开展大规模的群众阶级斗争，打退资本主义和封建主义的进攻，并确认"四清"运动的性质是"关于社会主义和资本主义谁战胜谁的问题，是马克思列宁主义和修正主义谁战胜谁的问题"，是"一次伟大的革命运动"。

会后，各地重新训练干部，进行试点，为大规模地开展农村社会主义教育运动做准备。根据各地在试点中提出的问题，9月，中共中央又按照毛泽东的指示，制定了《关于农村社会主义教育运动中一些具体政策的规定（草案）》，即"后十条"。"后十条"对社教运动的基本方针、内容以及关于团结百分之九十五以上的群众和农村干部，关于对地富反坏分子的处理及正确对待地富子女等一系列问题，作了具体的政策规定；强调运动应该和生产相结合，运动应该促进生产。这些规定对指导运动起了一定的作用。1963年11月14日，中共中央发出《关于印发和宣传农村社会主义教育问题的两个文件的通知》，决定将"双十条"同时下发到全国城乡。通知下达后，中央和地方各级机关分别派出大批工作队，在试点的基础上，在部分县、社展开大规模的社会主义教育运动。运动开展起来后，一些地方党委在给中央的报告中夸大了敌情，混淆了两类不同性质的矛盾。再加上当时中苏论战的影响，使毛泽东把开展城乡社教运动提到反修防修的战略高度，想通过社教运动，在国内"铲掉发生修正主义的社会基础"。在这种国内形势下，1964年5月

15日至6月17日，中共中央在北京举行工作会议，会议讨论社会主义教育运动问题时认为，全国基层有三分之一的领导权不在我们手里。根据这样的分析，毛泽东指出，农村、城市的社会主义教育运动，要搞四五年，不要急急忙忙。会议期间，鉴于"五反""四清"运动中忽视抓生产的情况，毛泽东在会前听取国家计委关于"三五"计划初步设想时提出把"增产，还是减产"作为搞好"四清"运动的标准之一。中共中央发出指示，强调在抓紧"五反""四清"的同时，必须抓紧生产工作。

会后，刘少奇根据中央工作会议精神，对农村社教运动的部署作了调整，要求各省市以地区为单位，采取"大兵团作战"的方法，集中工作队于重点县，上下左右同时清理。毛泽东和中共中央批转了王光美的"桃园经验"作为"四清"运动的指导。8月下旬，刘少奇又在北京主持有部分中央领导人和各中央局第一书记参加的会议，讨论修改"后十条"。"后十条"修正草案，对形势作了更加严重的估计，社教运动也越来越"左"。

1964年12月15日至1965年1月14日，中共中央政治局在北京召开中央工作会议，主要讨论农村社会主义教育运动问题。会上，毛泽东批评了刘少奇关于运动的性质是"四清"和"四不清"的矛盾以及党内外矛盾的交叉、敌我矛盾和人民内部矛盾的交叉等提法，提出运动的性质是社会主义和资本主义的矛盾。同时，毛泽东主持制定了《农村社会主义教育运动中目前提出的一些问题》，简称"二十三条"。"二十三条"规定，城市和乡村的社会主义教育运动，今后一律简称"四清"，即清政治、清经济、清组织、清思想。"二十三条"对1964年下半年以来的"四清"运动中某些"左"的偏向作了纠正，指出对待干部要一分为二，干部中好的和比较好的是多数，要逐步做到依靠干部和群众的大多数，实行群众、干部、工作队三结合；提出不许用任何借口去反对社员群众，反对搞神秘化和繁琐哲学，严禁打人和其他形式的体罚，防止"逼、供、信"。在工作方法上，要求实行群众、干部、工作队三结合，把政策交给群众，不要在少数人中活动，不要搞神秘化。此外，"二十三条"强调："四清"要在建设上面，要使生产、建设、科学、文化、教育、卫生、公安、民兵工作，都有所前进；在运动中始终要抓生产，同时要注意当年分配（生活问题），如果不抓生产和分配问题，势必脱离群众，势必给我们的事业带来损害。但是，"二十三条"同时又明确规定运动的性质是解决社会主义和资本主义的矛盾，认为两个阶级、两条道路的斗争是十几年来我们党的基本理论和基本实践，提出"这次运动的重点，是整党内那些走资本主义道路的当权派"，这些当权派有在幕前的，有在幕后的。支持这些当权派的，有在下面的地富反坏分子，有在上面社、区、县、地甚至有在省和中央部门工作的一些反对搞社会主义的人。

毛泽东领导和发动的城乡社会主义教育运动，对于解决干部作风和经济管理等方面的问题起了一定作用。但是，社会主义教育运动是八届十中全会关于阶级斗争的错误理论在相当大范围内的一次实践，深受阶级斗争扩大化和绝对化错误的影响。在1964年五六月份的中央工作会议上，毛泽东估计，全国基层有三分之一的领导权不在我们手里。到1964年底则讲一步认为，领导权不在我们手里已经是"不止三分之一的问题了"。不仅大批基层干部正在"和平演变"之中，就是在中央领导中也面临着出现修正主义的危险。毛泽东不止一次地呼吁警惕出修正主义，说中央出了修正主义，各省要顶住；可以独立，学蔡锷。他对各级干部所谓问题的性质也越看越重，由地富反坏的"代理人和保护人"，进而说成是"官僚主义者阶级"，是"与工人阶级和贫下中农尖锐对立的阶级"，是"已经变成或者正在变成吸工人血的资产阶级分子"，是"走资本主义道路的当权派"，是运动要打击的"重点"。

在开展城乡社会主义教育试图消除修正主义的社会思想条件的过程中，毛泽东还特别号召全党要发扬党在民主革命时期创造的思想政治工作的优良传统，调动全国人民的积极性。在1960年到1966年间，毛泽东在全社会掀起一个树立共产主义道德风尚的活动。党和国家各级部门树立先进、宣传典型人物的先进事迹，引导教育群众，激发起群众的革命热情。这其中，宣传雷锋的先进事迹，为中国人民树立了一个具有坚定的无产阶级立场和高尚的共产主义思想品德的榜样；宣传焦裕禄的先进事迹，为广大干部树立起光辉的榜样；宣传王进喜的先进事迹，号召广大工人阶级更好地发挥主人翁作用。与此同时，他针对美国对社会主义国家实行的"和平演变"战略，对培养革命事业接班人的问题予以高度重视。从1963年开始，他就多次强调这一问题。他把这一问题与反修防修联系起来。1964年6月，毛泽东在中央工作会议上提出"如果中国出了赫鲁晓夫修正主义的中央怎么办？"的问题。他强调"要特别警惕像赫鲁晓夫那样的个人野心家和阴谋家，防止这样的坏人篡夺党和国家的各级领导"。毛泽东从防止"出赫鲁晓夫"的角度出发，提出培养革命事业接班人的问题。他指出，为了保证我们党和国家不改变颜色，我们需要培养和造就千百万无产阶级革命事业的接班人。这从根本上来说，就是将来党和国家的领导权能不能继续掌握在无产阶级革命家手中的问题，就是子孙后代能不能沿着马克思列宁主义的正确道路继续前进的问题，也就是能不能胜利地防止赫鲁晓夫修正主义在中国重演的问题。这是关系党和国家命运的生死存亡的极其重大的问题，是百年大计、千年大计、万年大计。他强调，要使帝国主义预言家把"和平演变"的希望寄托在中国第三代或第四代身上的预言彻底破产，一定要从上到下地、普遍地、经常不断地注意培养和造就革命事业的接班人。毛泽东提出培养革命事业接班人的五项条件：（一）要懂得一些马列主义，懂得多一些更好。"就是说，要搞马列主义，不搞修正主义。"（二）要为大多数人谋利益。为中国人民大多数谋利益，为世界人民大多数谋利益，不是为少数人，不是为剥削阶级，不是为资产阶级。（三）能够团结大多数人，包括从前反对自己反对错了的人。（四）有事要跟同志们商量，要充分酝酿，要听取各种意见，反对的意见也可以让讲出来，要讲民主、不要"一言堂"。（五）自己有了错误，要作自我批评。①

紧接着，毛泽东在看了《人民日报》刊登的北京怀柔县北宅公社一渡河大队党支部提拔新生力量的报道后，于7月4日写给吴冷西的批语中指示：要广泛采访、转载各省提拔新生力量的做法，在几年内做到每县、每社、每个工厂、学校、机关都有报道。但报道的做法必须是真实的、典型的。对故步自封的反面材料也要登一点。他要求《人民日报》、新华社这样做，各省、市、自治区也要这样做。

在毛泽东关于培养革命事业接班人、防止"赫鲁晓夫"式人物篡权的思想影响下，党中央把培养、提拔新生力量的工作提上了议事日程。1963年下半年，中央组织部向中央提出《加强地委以上领导核心，大力培养第一把手接班人》的报告，全面分析了全国地委以上干部的状况，报告指出，如果我们现在不注意培养第一把手的接班人，将来就会有脱节的危险。因此，从现在起就应该有意识、有计划地注意培养第一把手的接班人的问题。经毛泽东指示，中央书记处在邓小平主持下多次讨论这一问题，认为报告是正确的，干部更新问题是当前党的建设的一个带根本性的问题，要求中央组织部提出具体执行的办法和意见。1964年二三月间，中央组织部按照毛泽东的"反修防修"精神，召开各中央局组织部长座谈会，研究贯彻执行中央指示精神，提出培养提拔新生力量的8条具体措施。1965年8月，中央组织部又向中央提出《关于培养提拔新生力量参加县、地、省领导工作的报告》，指出对新生力量要大力培养，大胆提拔，特别优秀的可以破格提拔。要反对重资格、排辈数、论级别不强调注意党和革命事业长远利益的保守思想和习惯势力。同年11月17日，经毛泽东同意中央批转这一报告，认为培养提拔新生力量是目前党的建设方面的重大和迫切需要解决

---

① 《建国以来毛泽东文稿》第11册，中央文献出版社1996年版，第85—87页。

的问题，是关系全局和革命长远利益的战略问题，要求各级党委订出具体的规划和办法，认真贯彻执行。根据毛泽东和中央的指示精神，1965年全国提拔了400多名地委以上干部，其中省部级干部达几十名之多。此外，还挑选了一批优秀大学毕业生到基层锻炼，以培养年轻后备干部。

毛泽东在注意培养提拔新生力量的同时，还十分重视发展新党员的工作。1965年11月7日，在毛泽东的指示下，中央批转中央组织部《关于目前党员的情况和今后6年接收党员意见的报告》，要求改变由于这几年基本上停止接收党员造成的青年党员过少、第一线党员过少、高等学校学生中党员更少的状况。在今后六年中，在坚持高标准的前提下，积极地、较多地接收一些新党员。根据这一精神，1965年全国新发展党员94.3万人，1966年发展319万人，充实了一批新生力量。

毛泽东倡导的培养提拔新生力量和发展接收新党员是十分必要的，并且也取得了一定的成绩。但是，由于这一工作是在"反修防修"的背景下与社会主义教育运动中的整党和重新登记党员等工作结合在一起进行的，其主要目的是防止中国"出赫鲁晓夫"，因此，它不能不受到阶级斗争扩大化错误的严重影响，给党的组织建设带来一些消极的后果。

三线建设

1960年冬以来，由于坚持贯彻调整经济的方针，社会主义建设事业开始摆脱"大跃进"和"反右倾"所造成的困境。到1962年底，农业、轻工业、重工业生产逐渐出现转机，国家财政扭转了前四年出现大量赤字的被动局面，实现收支平衡。国民经济最困难的时期已经过去。如何进一步把国民经济搞上去，尽快摆脱落后状况，是毛泽东在这一时期非常关注的问题之一。尽管自1962年8月北戴河中央工作会议开始，毛泽东注意力转向抓阶级斗争问题，但即使是在那次会议上，他在别的同志发言的插话中也仍然强调：我们各方面政策的出发点和着眼点是发展生产，促进生产，对生产有利。他吸取庐山会议后"反右倾"干扰经济工作的教训，在1962年9月中共八届十中全会上提出：要把做好当前的经济调整工作放在第一位，不要因为阶级斗争干扰了这项工作。会后，尽管毛泽东在政治和思想文化方面的"左"的错误日趋严重，但全党和全国人民的主要注意力仍然集中在经济工作方面。

根据毛泽东的不要因为阶级斗争而干扰了经济工作的指示，1963年2月，中共中央召开工作会议，提出在前两年调整的基础上，再用3年时间对国民经济进行调整，党内对此看法不一。7月30日，邓小平在工业问题座谈会上传达毛泽东的指示：还要进行3年调整，重点是巩固、充实、提高。9月，中央再次召开工作会议，冷静分析了国民经济形势，排除了形势有好转就急于"大上"的"左"倾思想的干扰，再次确定从1963年起坚持继续调整3年，作为第二个五年计划（1958—1962年）到第三个五年计划（1966—1970年）之间的过渡阶段。这一过渡阶段的任务和目标是：农业生产达到或超过1957年的水平，工业生产在1957年的基础上提高50%，国民经济各部门力争取得基本协调，经营管理走上正常轨道，工业各部门搞好配套、协作，等等。为了实现这一目标，必须贯彻以农业为基础、以工业为主导的总方针，按照解决吃穿用，加强基础工业，兼顾国防和突破尖端的次序来安排经济计划。

遵照中央工作会议精神，从1963年起，中共中央、国务院继续进行国民经济的调整工作，对企业管理、劳动制度等经济体制实行了初步的改革。第一，在工业方面，1963年3月，中央决定逐步改进企业管理体制，试办托拉斯，以此来改变用行政办法管理企业的弊病。共试办了盐业公司等11个托拉斯，在国家统一计划管理下，进行独立经济核算，这不仅促进了生产，而且改善了企业的经营管理。第二，在劳动制度方面，逐步实行刘少奇提倡的全日制和半工半读两种教育制度以及固定工人和亦工亦农两种劳动制度。这两种劳动制度在1964年的中央工作会议上受到毛泽东的称赞与肯定，并且中央于5月正式决定在全国范围内逐步推行两种劳动制度和两种教育制度。实践证明，这些半工半读、亦工亦农的新型制度，不仅减轻了国家负担，增加了劳动收入，而且也提高了劳动生产率。第三，在价格体系方面，对一些不合理的商品价格进行了必要的调整，设立国家物资管理总局和全国物价委员会，加强对物资和物价的管理，发挥价值规律对经济的促进作用。第四，在企业管理方面，开始建立和健全岗位责任制，加强企业管理，把思想政治工作，革命干劲和科学管理密切结合起来，相应扩大企业的自主权。第五，在基本建设方面，中央决定将农林水利、文教卫生等19个非工业部门的建设划给地方管理，由中央拿出一笔资金交地方统筹安排，适当调整中央与地方的关系，发挥地方积极性。

1964年5月15日至6月17日，中共中央在北京举行工作会议，其中主要议题是讨论国家计委的"三五"计划初步设想。5月11日和6月6日，毛泽东在会前听汇报和会上发言时指出：农业是一个拳头，国防工业是一个拳头，"要使拳头有劲，屁股就要坐稳"。"屁股"就是基础工业。过去我们制定计划的方法基本上是学苏联的，先定下多少钢，然后计算要多少煤、电、运力等，根据这些再计算增加多少城市人口、多少生活福利，是摇计算机的办法。钢的产量一变少，别的一律跟着削减。这种方法不实用，行不通要改变。我们的方针是，以农业为基础，以工业为主导。按照这个方针，制定计划时先看可能生产多少粮食、棉花和其他经济作物，再看需要多少化肥、农药、机械、钢铁，可能搞多少工业，还要考虑打仗。

毛泽东的这段谈话，虽然是针对制定"三五"计划谈的，但却反映了他对经济建设的战略指导思想。但是不久，这一指导思想就发生了重大变化。

1964年8月5日，美国在越南的侵略战争严重升级，越界轰炸北方越南民主共和国，将战火迫近到中国的南大门。这样，加上以前在东南沿海地区，蒋介石集团在"反攻大陆"旗号下不断袭扰；在西部，中印边境地区印军的袭扰和入侵不时发生；在西北，中苏边境的纠纷和苏联驻军增加；在东北方向，美国驻兵南朝鲜和日本，对中国也构成威胁。这使得中国处于外国军事力量的战略包围之中，毛泽东对可能发生的战争不能不有所准备。

8月17日、20日，毛泽东在中央书记处会议上两次指出：要准备帝国主义可能发动的侵略战争。现在工厂都集中在大城市和沿海地区不利于备战。工厂可以一分为二，要抢时间搬到内地去。各省都要建立自己的二、三线，不仅工业交通部门要搬家，而且学校、科学院、设计院都要搬家，成昆、川黔、滇黔这三条铁路要抓紧修好。会议决定，首先集中力量建设三线，在人力、物力、财力上给予保证。第一线能搬迁的项目要搬，明后年有能见效的项目一律缩小规模。这个决定标志着国民经济建设指导思想的根本转变，即由解决"吃穿用"改向以战备为中心。

同年，毛泽东还提出"农业学大寨，工业学大庆，全国人民学习解放军"的号召，大寨、大庆和人民解放军，都是自力更生、艰苦奋斗的典型，号召全国学习，开展比、学、赶、帮，曾经对各方面的工作起了一定程度的积极作用。可是，毛泽东倡导的以阶级斗争为中心的"五反""四清"等运动，其结果必然也会对国民经济的调整工作造成一定的干扰。

尽管如此，由于全党和全国各族人民的共同努力，国民经济的继续调整工作进展还是比较顺利的。1963年工农业生产开始回升。1964年全面好转。在1964年底召开的第三届全国人民代表大会上，周恩来代表中央和国务院正式宣布：调整国民经济的任务已经基本完成，工农业生产已经全面高涨，整个国民经济已经全面好转，并将要进入一个新的发展时期。

在三届人大一次会议上，周恩来还根据毛泽东的意见，提出实现四个现代化的历史任务，即"在不太长的历史时期内，把我国建设成为一个具有现代农业、现代工业、现代国防和现代科学技术的社会主义强国"。"四个现代化"作为中国经济和社会发展的奋斗目标,它的提出,有一个逐步完善的过程。毛泽东早在七大的《论联合政府》报告中,就提出要把中国由落后的农业国变为先进的工业国。此后实现工业化成为经常涉及的口号。1957年2月,毛泽东在《如何处理人民内部的矛盾》讲话中,提出要把中国建设成一个"具有现代工业、现代农业和现代科学文化的社会主义国家"。1960年初,毛泽东在读苏联《政治经济学教科书》时进一步提出:"建设社会主义,原来要求是工业现代化、农业现代化、科学文化现代化,现在要加上国防现代化。"[1]这个口号的变化过程,反映了毛泽东和中国共产党人对建设社会主义强国奋斗目标的认识过程。这一目标一经在三届人大上正式提出,就成为动员全国人民大干社会主义事业的奋斗目标。

这个时期,毛泽东为经济的迅速发展和国家的强盛而处心积虑、奔波忙碌。1963年,河北发生百年一遇的水灾,毛泽东及时发出"根治海河"的号召,并亲自到邯郸听取河北省水利建设规划;对大西南的钢铁基地攀枝花的选址和建设,毛泽东也十分关注。1964年6月6日,他在中央工作会议上说,攀枝花搞不起来,睡不着觉。在领导三线建设中,他既从战备的需要出发,同时也考虑到建设内地的长远战略要求。毛泽东在视察天津时询问:"大三线建设,小三线建设,会不会是浪费?会不会化为水?"地方负责同志回答:"不会的,就是敌人不来,从经济建设上说,也是有用的。"毛泽东听了很满意。他指出:"要争取快一点把后方建设起来,三五年内要把这件事搞好。后方建设起来,敌人如果不来,也没有什么浪费。"他认为:三线是一个阵地,一、二线是一个阵地,以一、二线的生产来支援三线建设,也就是沿海工业支援内地工业,使内地工业逐步赶上沿海工业的发展水平。针对党内有些人认为大规模的战争打不起来的看法,他说:

---

[1] 参见国防大学党史政工教研室:《中共党史教学参考资料》,第412页。

"他们的看法也是有些道理的，我们本来就是做两手准备。"① 1965年6月16日，毛泽东在听取修改"三五"计划、加紧三线建设的汇报时，仍一再强调照顾人民的利益，他认为，第一是老百姓，不能丧失民心；第二是打仗；第三是灾荒。他强调制定"三五"计划，要根据客观可能办事，绝不能超过客观可能。按客观可能不要留有余地。留有余地要大，不要太小。要留有余地在老百姓那里，对老百姓不能搞得太紧。1966年3月，他在给刘少奇的信中，将此概括为"备战备荒为人民"。特别需要提出的是，在这个时期，毛泽东不仅自己仍然苦心孤诣地思索着怎样建设社会主义的问题，而且基本上支持了中央第一线同志为领导经济建设所做的种种努力。正因为如此，经过全国人民的艰苦奋斗，这个时期的经济建设取得巨大的成就，成为新中国成立以来建设成效最突出的时期之一。

点燃"文化大革命"之火

在中共八届十中全会上，毛泽东曾提出"凡是要推翻一个政权，总要先造成舆论，总要先搞意识形态方面的工作。无论革命也好，反革命也好，他先要搞意识形态"。会后，文学艺术界便开始根据这一观点检查工作。1963年5月，《文汇报》发表江青等组织撰写的《驳"有鬼无害"论》，公开点名批判昆剧《李慧娘》和廖沫沙的《有鬼无害论》，开始了文艺界的批判运动。

1963年12月12日，毛泽东在一个批示中指出："各种艺术形式——戏剧、曲艺、音乐、美术、舞蹈、电影、诗和文学等等，问题不少，人数很多，社会主义改造在许多部门中，至今收效甚微。许多部门至今还是'死人'统治着"，"许多共产党人热心提倡封建主义和资本主义的艺术，却不热心提倡

---

① 毛泽东：《在打仗问题上要有两手准备》，《党的文献》1995年第3期。

社会主义的艺术,岂非咄咄怪事"。1964年6月27日,毛泽东在另一份报告上批示,进一步指出:"这些协会和他们所掌握的刊物的大多数(据说有少数几个好的),15年来,基本上(不是一切人)不执行党的政策,做官当老爷,不去接近工农兵、不去反映社会主义的革命和建设。最近几年,竟然跌到了修正主义边缘。如不认真改造,势必在将来的某一天,要变成像匈牙利裴多菲俱乐部那样的团体。"毛泽东两次批示对文艺工作的指责与批评,是不符合文艺界的实际情况的。两个批示的下达,对文艺界震动很大。根据毛泽东的两个批示,成立了彭真为组长的中央文化革命五人小组,在文化部及文艺界各协会和文化部直属的文艺单位进行整风,对文化部副部长齐燕铭、夏衍、徐光霄、徐平羽、陈荒煤,作协党组书记邵荃麟,全国文联副主席阳翰笙,全国剧协主席田汉等一批文艺代表人物,进行了错误的、过火的批判。并改组了文化部党组和各协会的领导班子。在文艺理论方面,许多本来完全可以自由讨论的学术观点,被当作资产阶级或修正主义的文艺思想来加以反对。与此同时,中宣部根据康生的指令,向中央书记处写了《关于公开放映和批判〈北国江南〉、〈早春二月〉的请示报告》,得到毛泽东的批准。从此以后,全国各大报刊开始对《刘志丹》《李慧娘》《谢瑶环》《早春二月》《舞台姐妹》等一大批比较优秀或并无大错的文艺作品进行政治批判。

　　文艺界的批判运动迅速波及哲学、经济学、历史学以及教育界等各个学术领域。在这些"左"的批判中,康生、江青等人推波助澜,使这一意识形态领域错误的、过火的政治批判运动日趋扩大化。在"文化大革命"以前,这种批判主要是在报刊上和有关的文化团体、机关内进行,还没有形成社会性的群众运动。但这种批判,很快就蔓延到其他行业和部门。

　　1964年2月,毛泽东批评中共中央联络部有人主张"三和一少";中央统战部有人不讲阶级斗争;中央农村工作部有人主张"三自一包",目的是要解散社会主义农村集体经济、要搞垮社会主义制度。毛泽东说"三和一少"是他们的国际纲领,"三自一包"是他们的国内纲领。4月,他在接见一个外国代表团时提出,如果中国出赫鲁晓夫,搞资本主义路线,你们怎么办? 12月,他批评"北京有两个独立王国"(指邓小平和中央书记处、李富春和国家计划委员会)。1965年10月,他同各大区第一书记谈话时说,中央出了修正主义,你们怎么办? 如果中央出了修正主义,你们就造反。

正是在这种"山雨欲来风满楼"的政治气氛中,姚文元的《评新编历史剧〈海瑞罢官〉》出笼了。

1959年4月,毛泽东在上海主持中共八届七中全会时,要求党内干部为党的事业要敢于讲真话,不要怕这怕那。同时对广泛存在的不敢讲真话的恶劣作风,提出尖锐的批评。他认为,有很多假话是上面压出来的,并说应当提倡魏征精神和海瑞精神,海瑞敢站起来说真话。当时毛泽东曾对胡乔木说,建议找一位研究历史的人写写这方面的文章。当时身为北京市副市长的明史专家吴晗接受胡乔木的建议,积极响应毛泽东的号召,写了《海瑞骂皇帝》《论海瑞》等文章,后来他又应京剧表演艺术家马连良之邀,写了新编历史剧《海瑞罢官》。

1962年,在党内除有毛泽东秘书头衔外没有其他职务的江青找中宣部、文化部四位正副部长谈话说:在舞台上、银幕上表现出来的东西,大量的是资产阶级、封建主义的东西。但当她提出要批《海瑞罢官》时,却没有得到响应。

江青一心要打开批判的突破口,但她看出在彭真担任第一书记的北京,是攻不下《海瑞罢官》的,于是她秘密来到上海,找到上海市委书记处候补书记、市委宣传部部长张春桥合作,借上海攻北京。1965年初,由张春桥组织上海《解放日报》编委姚文元执笔写作批《海瑞罢官》的文章。文章定稿前,毛泽东不止一次地亲自审改过。

1965的11月10日,上海《文汇报》发表姚文元的《评新编历史剧〈海瑞罢官〉》。这是引发"文化大革命"的导火索。这篇文章的写作和发表是江青秘密策划的。文章毫无根据地把吴晗1960年写的《海瑞罢官》一剧中描述的明朝海瑞所进行的"退田""平冤狱"硬是同1962年受到指责的"单干风""翻案风"联系起来,证明《海瑞罢官》一剧影射现实,对它作了猛烈的攻击。文章发表后,《人民日报》和北京各报在十多天内没有转载。毛泽东批评北京市委是"针插不进,水泼不入",说《海瑞罢官》的"要害的问题是'罢官'。嘉靖皇帝罢了海瑞的官,1959年我们罢了彭德怀的官,彭德怀也是'海瑞'"。这些话,更进一步加重了批判《海瑞罢官》的力度。

1966年2月3日,彭真作为1964年成立的文化革命小组组长,召集小组开会,拟定《关于当前学术讨论的汇报提纲》(后被称为《二月提纲》)。提纲的主旨是试图就这场学术批判运动的性质、方针、要求等方面作出规定,对已经出现的极左倾向加以适当约束,把运动置于党的领导下和学术讨论的范围内,不赞成把它变成严重的政治批判。这个提纲,经在京的政治局常委审阅同意,2月8日,彭真率五个小组成员到武汉向毛泽东汇报。毛泽东对提纲没有表示不同意见。2月12日,这个提纲由中共中央转发到全党。根据这个提纲的精神,中央宣传部没有同意发表关锋、戚本禹批判《海瑞罢官》的所谓"要害"的文章。而姚文元的文章这一炮没有打响,拥护者不多,连《文汇报》在发表一组相关文章时的编者按中也不得不承认这一事实。江青看到对《海瑞罢官》的批判受到抵制,就请出"一尊神"来开辟另一条战线,直接配合姚文元的进攻。在取得林彪的支持后,江青于2月2日在上海召开部队文艺工作座谈会。她既不在中央工作,又不在军委工作,也没有受到中央军委的委托,却要开部队文艺工作座谈会。这个座谈会所议的也不是部队文艺工作,而是整个文艺工作。陈伯达、张春桥等参与了座谈会纪要的整理,毛泽东亲自修改,并在标题上加写了"林彪同志委托江青同志召开"字样。座谈会纪要全盘否定新中国成立以来党领导的革命文艺的巨大成绩,诬蔑新中国成立以来党领导的革命文艺是一条反党反社会主义的黑线专了我们的政,号召要"坚决进行一场文化战线上的社会主义大革命"。这个座谈会纪要经毛泽东审阅修改后,由他建议以中央军委名义报送中央批准,于4月10日转发全党。

4月9日至12日，中共中央书记处召开会议。会上康生传达了毛泽东3月底的几次谈话内容，并罗列批判彭真从批判吴晗以来所犯的"一系列错误"。16日至20日，毛泽东亲自主持中央政治局常委扩大会议，对彭真的"反党罪行"进行批判并决定撤销《汇报提纲》，撤销文化革命五人小组，重新建立文化革命小组。"文化大革命"之火，以批判《海瑞罢官》为引线已经燃烧起来了。

　　1965年，毛泽东在不同的场合多次提出：中央出了修正主义，你们怎么办？他认为：很可能出，这是最危险的。① 他断言：一大批资产阶级的代表人物、反革命的修正主义分子，已经混进党里、政府里、军队里和文化领域的各界里。如何杜绝和解决各级领导部门已经出现的所谓修正主义问题呢？毛泽东认为：这需要一种形式、一种方式，公开地、全面地、由下而上地发动广大群众来揭发我们的黑暗面②，这就是"文化大革命"。

　　1966年5月，中共中央政治局扩大会议在北京举行。会议由刘少奇主持，毛泽东在杭州未出席会议。16日，会议通过根据毛泽东会前几次讲话精神起草并经毛泽东多处修改的《中国共产党中央委员会通知》（即"五一六通知"）。其中毛泽东亲笔写道："高举无产阶级文化大革命的大旗，彻底揭露那批反党反社会主义的所谓学术权威的资产阶级反动立场，彻底批判学术界、教育界、新闻界、文艺界、出版界的资产阶级反动思想，夺取在这些文化领域中的领导权。而要做到这一点，必须同时批判混进党里、政府里、军队里和文化领域的各界里的资产阶级代表人物，清洗这些人，有些则要调动他们的职务。"因为，他们"是一批反革命的修正主义分子，一旦时机成熟，他们就会要夺取政权，由无产阶级专政变为资产阶级专政"。这就指明了"文化大革命"的基本任务。这次会议还根据毛泽东的意见，对所谓"彭

---

① 1965年9月毛泽东在中共中央政治局扩大会议上的讲话。
② 1967年2月3日毛泽东会见卡博·巴卢库时的谈话。

真、罗瑞卿、陆定一、杨尚昆反党集团"进行错误的组织处理,并决定撤销原来的文化革命五人小组及其办事机构,重新设立文化革命小组,隶属于政治局常委之下。这在组织上使江青、康生、陈伯达等把持的中央文革小组得以掌握"文化大革命"的领导权,并逐渐替代中共中央书记处和中共中央政治局。"五一六通知"发布后,"文化大革命"正式全面展开。

6月1日,陈伯达率工作组接管后的《人民日报》发表题为《横扫一切牛鬼蛇神》的社论。第二天,又发表由毛泽东批示在全国广播的北京大学聂元梓等人攻击北大党委和北京市委的大字报,同时刊登欢呼这张大字报的评论员文章。一时间,各城市大中学校学生纷纷响应号召,很快就掀起以学校校长、教师为对象的所谓"斗黑帮"的浪潮。各种乱揪乱斗的混乱现象不断发生,许多学校的党组织和行政领导陷于被动以至瘫痪。

党中央在刘少奇、邓小平等领导人主持下作出决定,派工作组到大、中学校协助领导运动,力图使局势稳定下来。各地工作组在领导运动的过程中,得到多数群众的支持,却加剧了同造反派的对立。在如何对待运动的问题上,刘少奇、邓小平等领导人同中央文革小组之间的分歧日趋尖锐。工作组被指责为"实际上是站在资产阶级立场上,反对无产阶级革命"。中央决定撤销工作组。毛泽东明确指出:不要工作组,要由革命师生自己闹革命。

8月1日,毛泽东主持召开中共八届十一中全会。7日,他向全会印发他在5日写的《炮打司令部——我的一张大字报》,不点名地"炮打"刘少奇为首的所谓资产阶级司令部。8日,全会通过《关于无产阶级文化大革命的决定》(简称"十六条"),对运动的对象、依靠力量、方法等根本性问题作了有严重错误的规定。全会改组了中央领导机构。

在中共八届十一中全会召开的当天,毛泽东复信给清华大学附属中学红卫兵,这是他看到江青转交的清华附中红卫兵写的《论无产阶级革命造反精神万岁》《再论无产阶级革命造反精神万岁》后的回信。毛泽东对红卫兵的造反精神表示热烈支持,说:"不论在北京,在全国,在文化大革命运动中,凡是同你们采取同样革命态度的人们，我们一律给予热情的支持。"这封信作为中共八届十一中全会文件印发，并传遍全国，于是红卫兵运动在全国勃然兴起。

经过中央文革小组的精心谋划，8月18日，在天安门广场举行大规模的"庆祝文化大革命大会"。毛泽东身穿绿军装与林彪和其他党和国家领导人登上天安门城楼。中央文革小组组长陈伯达主持大会，他在致辞中给毛泽东冠以"伟大的领袖""伟大的导师""伟大的舵手"这样三个定语。大会结束后，毛泽东在天安门城楼检阅了首都上百万人的游行队伍。北师大附中一位学生将红卫兵袖章佩戴在毛泽东的手臂上。毛泽东欣然默认了"红司令"这一红卫兵总司令的称号。

此后，红卫兵首先在北京继而在全国搞起"破四旧"运动。他们走上街头，张贴大字报，散发传单，发表演说，号召群众起来砸烂所谓封、资、修的东西，掀起一股打、砸、抢、抄的浪潮。

9月5日，中共中央、国务院发出《关于组织外地高等学校革命学生、中等学校革命学生代表和革命教职工代表来北京参观文化大革命运动的通知》。在国家提供交通费和生活补助费的情况下，身穿绿军装、臂戴红袖章、肩挎绿军包、手持语录本的红卫兵们，"北上""南下""东征""西进"，开展了全国大串连，把学生造反行动带向全国，带入各个行业。以后，毛泽东又先后7次接见全国各地来京的1000多万师生和红卫兵。

红卫兵运动对社会秩序和民主法制的破坏，引起各地党组织和许多干部群众的不满和抵制。但是，这种不满和抵制当时却被认为是执行了"资产阶级反动路线"。

1966年10月，中央工作会议着重指责刘少奇、邓小平执行了一条"压制群众、打击革命积极分子的错误路线"，说这是"反对让群众自己解放自己的资产阶级反动路线"。陈伯达在会议的"批判"讲话中，对红卫兵的破坏行动竭力加以吹捧，却指责人们对社会乱的担心和防范是什么害怕群众、怕革命，甚至是镇压群众和反对革命。在江青等的煽动下，会后，一场声势浩大的批判"资产阶级反动路线"的风暴便在全国掀起。此时，在1966年9月间成立的"首都大专院校红卫兵革命小组"的煽动下，公然喊出"打倒刘少奇"的口号。聂元梓等人在大字报中提出："我国党内头号走资本主义道路的当权派是刘少奇，二号人物就是邓小平。"在全国各省、市、自治区，一场彻底批判"资产阶级反动路线"的狂澜铺天盖地而来，各省、市、自治区的党政领导机关很快陷于瘫痪或濒于瘫痪。

"斗、批、改"

1967年1月1日，《人民日报》、《红旗》杂志发表题为《把无产阶级文化大革命进行到底》的元旦社论，指出："1967年，将是全国全面展开阶级斗争的一年。1967年，将是无产阶级联合其他革命群众，向党内一小撮走资本主义道路的当权派和社会上的牛鬼蛇神展开总攻击的一年。1967年，将是更加深入地批判资产阶级反动路线，清除它的影响的一年。1967年，将是一斗、二批、三改取得决定性的胜利的一年。"这篇社论实际是阐述了1966年12月26日毛泽东对"文化大革命"在下一阶段走向所提出的要求。

1月6日，在张春桥、姚文元操纵下，上海市32个造反派组织联合起来，夺了上海市的党政大权，刮起一月风暴（时称"一月革命"）。这场夺权斗争得到了充分肯定。在上海造反夺权的影响下和毛泽东以及中央文革小组的支持下，各地的夺权风暴席卷全国。

夺权以后，新生的政权采取什么样的组织形式呢？这是当时迫切需要解决的问题。上海夺权以后，张春桥授意于2月5日成立所谓"上海人民公社"这一地方政权机构。但毛泽东否定了这一名称。2月12日，毛泽东为此事专门召见张春桥、姚文元说：原想建立北京人民公社，但考虑到国家体制改变的问题很复杂（国家体制的改变，又牵扯到外国是否承认的问题）。因此，还是叫革命委员会好一些。在毛泽东和中央指示下，2月24日，"上海人民公社"易名"上海市革命委员会"。以后的其他各省在夺权后就全部以"革命委员会"来命名新的政权机构。

"革命委员会"的产生，既是"文化大革命"特定历史条件下收拾时局、填补政权和各级领导班子空缺的不得已之举；也反映出毛泽东变革中国政治体制以防止官僚主义和产生特权阶层的政治思考。

为稳定日益动荡的局势，毛泽东多次批示修改旨在稳定军队、不准冲击军事机关的"军委八条"。1967年1月23日，中共中央、国务院、中央军委、中央文革小组发出《关于人民解放军坚决支持革命左派群众的决定》。此后，解放军陆续对一些要紧机关、部门和领域，以及派性武斗严重的地区实行军管。这对控制全国的局势一度产生重大的作用，但也带来不小的副作用。1967年7月中旬至9月下旬，毛泽东视察华北、中南和华东三个大区，调查河北、河南、湖南、湖北、江西、浙江、上海等省市"文化大革命"的情况，作出一系列重要指示。

毛泽东的这次视察，是在"文化大革命"陷入极度混乱的局面下进行的。7月中旬离京后，毛泽东沿途找来各地党政军负责人汇报情况，了解和考察运动开展情况，并发表谈话。面对极度混乱的局面，毛泽东希望使其得到一定程度的控制。7月15日、16日，毛泽东在武汉召集周恩来、汪东兴、杨成武、谢富治、王力等人开会。毛泽东指示要放掉被抓起来的"工人总部"的头头朱鸿霞等人。同时指出"百万雄师"也是群众组织，军区对两派都要支持，要求谢富治、王力派人做工作。但是，谢富治、王力歪曲毛泽东有关指示精神，也不执行周恩来关于中央代表团不要支一派压一派的指示，而是按照江青等人的意图，发表讲话，宣称军区支左大方向错了，要为"工人总部"平反，"百万雄师"是保守组织，不能依靠等，最终造成轰动一时的武汉"七二〇事件"。

毛泽东力图在肯定"文化大革命"的前提下，在某些具体问题上纠正"左"的错误。针对"打倒一切"的现象，他指出："绝大多数的干部都是好的，不好的只是极少数。对党内走资本主义道路的当权派，是要整的，但是，他们是一小撮。""要团结干部的大多数"，"要允许干部犯错误，允许干部改正错误。""要扩大教育面，缩小打击面。"毛泽东提出："要解放一批干部，让干部站出来。""干部问题，要从教育着手，扩大教育面。""中央、各大区、各省、市都要办学习班，分期分批地轮训。"

对于干部问题，毛泽东还作了一些具体指示。毛泽东虽然批准撤销陈再道、钟汉华的职务，但对他们是否真的反对自己持有怀疑。毛泽东对随行的杨成武说：我想，陈再道不会反对我。他要反对我，我们就从武汉出不来了。毛泽东特意指示杨成武告诉周总理，要保护陈再道的安全。"八一"建军节前夕，毛泽东指示杨成武回京参加建军节招待会。当杨成武报告有人要以9月9日毛泽东领导的湘赣边界秋收起义日为建军节时，毛泽东明确回答："这是错误的，'八一'南昌起义嘛！秋收起义是9月9日，一个在先，一个在后嘛！""'八一'南昌起义是中国人民在中国共产党的领导下向国民党反动派打响的第一枪。""1933年，中央苏维埃作过决议。他们不晓得历史。南昌起义是全国性的，秋收起义是地区性的。"当杨成武汇报说北京现在比较乱，老帅也受到了冲击时，毛泽东分别对几位老帅作了评价，他说："朱毛朱毛，没有朱哪有毛，有人说朱德是黑司令，我说朱德是红司令"。"剑英在关键时刻是立了大功的。诸葛一生唯谨慎，吕端大事不糊涂。""陈毅是个好同志。""荣臻可是个厚道人。""徐老总四方面军的事情不能搞。那是张国焘的事情。""贺龙是二方面军的旗子。"……杨成武受命回到北京，及时向周恩来传达了毛泽东的指示。

视察中，毛泽东强调说："七、八、九三个月，形势发展很快。全国的无产阶级文化大革命形势大好，不是小好。整个形势比以往任何时候都好。形势大好的重要标志是人民群众充分发动起来了。从来的群众运动都没有像这次发动得这么广泛，这么深入。"甚至还说"有些地方前一段好像很乱，其实那是乱了敌人，锻炼了群众"。毛泽东预言："再有几个月的时间，整个形势都将会变得更好。"林彪、江青等人利用毛泽东对"文化大革命"的根本肯定，利用毛泽东对"天下大乱"的肯定，继续煽动作乱，从而使得混乱局面无法得到安定。

对全国范围内的武斗局势和混乱状态，毛泽东在8月底9月初采取了一些具体措施。根据毛泽东的指示，中共中央于8月底对煽动乱军和夺外交部权的中央文革小组成员王力、关锋实行隔离审查，其后戚本禹也被审查。8月25日，中共中央、国务院、中央军委、中央文革小组发出《关于开展拥军爱民运动的号召》。9月5日，又发出《关于不准抢夺人民解放军武器、装备和各种军用物资的命令》。9月13日，再次发出《关于严禁抢夺国家物资商品，冲击仓库，确保国家财产安全的通知》。这些措施虽然起了一定积极作用，但不可能从根本上改变"文化大革命"所带来的内乱局面。

1968年夏，随着全国夺权斗争进入尾声，毛泽东就开始反复提出两个问题，一是"斗、批、改"。8月21日，《人民日报》《解放军报》的社论《团结起来，共同对敌》中传达毛泽东的指示："要认真搞好斗、批、改。"8月25日，姚文元在《工人阶级必须领导一切》一文中，又公布了毛泽东关于"斗、批、改"具体任务的指示，即："建立三结合的革命委员会，大批判，清理阶级队伍，整党，精简机构，改革不合理的规章制度，下放科室人员，工厂里的斗、批、改，大体经历这么几个阶段。"毛泽东在这里说的是"工厂"，实际是针对全国而言的。二是落实政策。"斗、批、改"的提法，最初见于1966年颁布的"十六条"，是作为"文化大革命"的目的提出的。比较而言，这时的"斗、批、改"的内容已发生很大变化，这时的"斗、批、改"已成为更宏大的任务。它的提出，反映了毛泽东试图通过"斗、批、改"以达到"天下大治"的理想和结束"文化大革命"的意图。正如他在八届十二中全会上所说的："这场文化大革命要搞到底。什么叫底？……到底就是大批判，清理阶级队伍，整党，精简机构，改革不合理的规章制度。"

正因为"斗、批、改"运动如此重要，所以毛泽东非常重视。运动之初，他亲自抓了"六厂二校"（是北京针织总厂、北京新华印刷厂、北京化工三厂、北京北郊木材厂、北京二七机车车辆厂、北京南口机车车辆机械厂、清华大学、北京大学）军管会或工宣队的经验，以为指导。

1968年5月13日，姚文元向毛泽东上报《北京新华印刷厂军管会发动群众开展对敌斗争的经验》，其中总结该基本经验是："放手发动群众，严格区分两类不同性质的矛盾，牢牢掌握斗争大方向，团结一切可以团结的人，调动一切积极因素，最大限度地孤立和狠狠打击一小撮阶级敌人。"毛泽东阅后，于5月19日批示："建议此件批转全国。……在我看过的同类材料中，此件是写得最好的。"经他批准，中共中央、中央文革小组于5月25日转发这一总结。此后，又陆续转发了《北京新华印刷厂革委会在对敌斗争中坚决执行党的"给出路"政策的经验》，驻清华大学毛泽东思想宣传队的《坚决贯彻执行对知识分子"再教育""给出路"的政策》《北京市北郊木材厂认真落实党对民族资产阶级和小资产阶级的各项政策》，北京大学工宣队的《发动群众总结经验，团结起来落实政策》《关于清理和改造阶级敌人的情况报告》《整党建党的情况报告》，以及《北京二七机车车辆工厂整党建党情况报告》和《上海国棉十七厂关于整党建党情况的报告》。同时，报刊上也发表了大量介绍这些经验的文章，加以推广。

"六厂二校"经验体现了毛泽东落实政策要求释放、解放干部的一面，特别是在"清理阶级队伍"的过程中。八届十二中全会以来，毛泽东在许多讲话中都从路线的高度要求释放、解放干部，在"清队"中要"缩小打击面"，注意一个"准"字。他在《北京新华印刷厂革委会在对敌斗争中坚决执行党的"给出路"政策的经验》一文上批示道："对反革命分子和犯错误的人，必须注意政策，打击面要小，教育面要宽，要重证据，重调查研究，严禁逼供信。"在1968年12月26日中共中央和中央文革小组发出的《关于对敌斗争中应注意掌握政策的通知》中，毛泽东还特意加上三段重要内容，一是"在犯过走资派错误的人们中，死不改悔的是少数，可以接受教育，改正错误的是多数，不要一提'走资派'，就认为都是坏人"；二是"对犯错误的好人，要多做教育工作，在他们有了觉悟的时候，及时解放他们"；三是"即使是反革命分子的子女和死不改悔的走资派的子女，也不要称他们为'黑帮子女'，而要说他们是属于多数或大多数可以教育好的那些人中间的一部分（简称'可以教育好的子女'），以示他们与其家庭有所区别。实践的结果，会有少数人坚持顽固态度，但多数是肯定可以争取的"。这三段话，把"犯过走资派错误"同"死不改悔的走资派"区别开来，又创造了一个"可以教育好的子女"的新名词与其家庭有所区别。这样一来，"走资派"不应再被看成是"坏人""敌人""专政对象"，大批被当作"走资派"而打倒的领导干部，在他们"承认"犯了"走资派"错误之后，可以得到解放或重新走上领导工作岗位。虽然是在肯定"犯了严重错误"的前提下的"解放"，但相对于在"文化大革命"发动之初将"走资派"都作为敌我矛盾而"全面打倒"的极左做法也要好得多。像这样一些经验的推广，在当时条件下是有益的，它对很多单位和地区在清队中乱揪乱斗、违反政策的现象起了一定程度的抑制作用。但是，"六厂二校"经验总的看是"左"倾的。

　　由于极左思潮的笼罩，在推广"六厂二校"经验的过程中（实际上"六厂二校"自身在总结经验的过程中），特别是"清理阶级队伍"的过程中，又制造了大量的冤假错案。

　　全国范围的"斗、批、改"运动，并未严格按照毛泽东所言分三个阶段进行，而是交叉进行的。除毛泽东所规定的内容之外，在实践过程中，又增加了"对知识分子'给出路'和'再教育'""教育革命""上山下乡"等项内容。

　　大批判。"革命大批判"贯穿"文化大革命"始终，起着"开路先锋"的作用。在"斗、批、改"中，同样强调"大批判引路"，这是"六厂二校"

的共同经验之一。这次"大批判"始于八届十二中全会以后。1968年5月17日,《人民日报》、《红旗》杂志、《解放军报》编辑部的文章《划时代的文献》中写道:"革命的大批判,使无产阶级革命派在思想上取得统治地位,使无产阶级革命派不仅在组织上打倒党内一小撮走资派,而且在政治上、思想上、理论上把他们彻底打倒,从而巩固了在政治上、经济上取得的统治地位。"当八届十二中全会上,刘少奇已从政治上、组织上被打倒后,毛泽东提出以"反革命的修正主义路线"为靶子的"大批判",意在配合八届十二中全会精神的传达,从思想上、理论上和政治上把刘少奇及其影响批倒,并给"斗、批、改"开路。为了达到这样一个错误的目的,同以往的"大批判"一样,仍然采用了以引证代替论证、断章取义、歪曲事实、颠倒是非的错误手法,给刘少奇及其所谓的各级代理人罗织了许多的罪名而加以批判。当时报刊上着重批判了所谓"黑六论"及历史上的"罪行""人性论""唯生产力论"等问题。

"清理阶级队伍"。"清理阶级队伍"是"斗、批、改"中的重要活动。它要求把混入革命队伍的叛徒、特务、"走资派"、地主、富农、资产阶级、反动分子、坏分子以及右派分子等都清理出来,做到阶级阵线分明。在阶级斗争扩大化思想的指导下,在没有法律约束和党的有关政策被弃之不顾的背景下,"清理阶级队伍"带有强烈的主观随意性,往往成为派性争斗、挟嫌报私、排除异己、打击报复的堂皇理由。1968年下半年至1970年,"清理阶级队伍"在全国范围内达到高潮,许多人被无中生有、捕风捉影地诬为"阶级敌人",被"群众专政"的人数迅速增加,又一次造成大批冤案。

"整党建党"。早在1967年10月27日,中共中央、中央文革小组就作出《关于已经成立了革命委员会的单位恢复党的组织生活的批示》。1968年1月1日,《人民日报》、《红旗》杂志、《解放军报》在元旦社论《迎接无产阶级文化大革命的全面胜利》中公布了毛泽东提出的整党建党纲领,即:"党组织应是无产阶级先进分子所组成,应是能领导无产阶级和革命群众对于阶级敌人进行战斗的朝气蓬勃的先锋队组织。"10月13日《人民日报》转载的《红旗》杂志第4期社论《吸收无产阶级的新鲜血液》中，又发表毛泽东另一指示："一个人要有动脉、静脉，通过心脏进行血液循环，还要通过肺部进行呼吸，呼出二氧化碳，吸进新鲜空气，这就是吐故纳新。一个无产阶级政党也要吐故纳新，才能朝气蓬勃。不清除废料，不吸收新鲜血液，党就没有朝气。""整党建党"的指导思想就是贯彻这"五十字建党纲领"，就是实行"吐故纳新"。这次"整党建党"的结果，从形式上讲，到1971年8月，全国各省、市、自治区一级都进行了整党，产生新的省委、市委和自治区党委。其后，下面也按"六厂二校"的经验进行整党，全国逐渐恢复了各级党组织生活，改变了前一个时期以革命委员会包办党组织，"以政代党"的状况。但在实质上，由于在党内推行"左"倾思想，不但进一步打击迫害了许多党员干部，而且也使一批投机分子、野心分子和阴谋分子混入党内，使党在政治上、思想上以及组织上遭受严重的损害。

精简机构，下放干部。在"斗、批、改"中进行的精简机构，主要是按照毛泽东的主观设想，自上而下地精简下放。如原国务院所属部委经过精简、裁并，由原来的79个减至32个，其中还包括划分归军委办事组、总参、空军、海军和中央文革小组管辖的13个部、委、局，实际由国务院直属领导的部门仅19个。原机关工作人员53748人，减到只有9710人的编制。精简规模相当大，这对改变原来高度集中的管理体制具有一定的积极意义，但却进一步强化了行政干涉经济的趋势，并在以后很快造成宏观失控和再度膨胀。大批机关、事业单位的干部、高等院校教师、医疗卫生人员和文艺、体育工作者被下放到农村，或在各种"五七"干校从事体力劳动。他们虽然经受了劳动锻炼、增加了对农村的了解，但是长时期被排除在各项业务工作和科学文化研究之外，使他们不能用所学专业为社会主义建设贡献力量。

知识青年上山下乡。"上山下乡"一词特指知识青年参加农业生产。最早从20世纪50年代起，中共中央就一再号召城镇知识青年"除了能够在城市升学、就业的以外，应当积极响应国家号召，上山下乡参加农业生产，参加社会主义建设的伟大事业"。"广阔天地，大有作为"，毛泽东1958年为河南省郏县一人民公社的题词，鼓舞、激励了许多有志青年，如以侯隽、邢燕子、董加耕为代表的一大批青年等奔赴农村、边疆，为社会主义建设事业作出了贡献。但是到"斗、批、改"运动时，知识青年上山下乡，作为"文化大革命"一个组成部分，发展成一场大规模的、影响深远的政治运动。当时，甘肃省会宁县部分城镇居民，提出"我们也有一双手，不在城里吃闲饭"的口号，到农村去安家落户。1968年12月22日，《人民日报》以《"我们也有两只手，不在城里吃闲饭！"》为题，对此进行报道，并在编者按中传达了毛泽东的最高指示："知识青年到农村去，接受贫下中农再教育，很有必要。要说服城里的干部和其他人，把自己初中、高中、大学毕业的子女，送到乡下去，来一个动员。各地农村的同志应当欢迎他们去。"当晚，北京四中的学生就打起背包走向农村。这是一个起点。轰轰烈烈的知识青年上山下乡运动从此发端，直到1977年才告结束。

与"文化大革命"前的"上山下乡"相比，这时的"上山下乡"运动是"文化大革命"中由乱到治、解决大量中学生毕业后就业出路问题的一项应急措施。"文化大革命"开始后的一段时间里，由于大学不招生，工厂不招工，商业服务行业处于停滞状态，城镇初、高中毕业生既不能升学，也无法就业，成为一个严重的社会问题。在这种形势下，"上山下乡"接受"再教育"就成为知识青年们的主要出路，也是试图使"文化大革命"由"乱"到"治"的一个重要措施。这个运动被宣传为具有"返修防修""缩小三大差别"的重大政治意义。

"文化大革命"期间，"上山下乡"的知识青年总人数达1600万人之多。他们通过这一实践受到意志、品质等方面有益的磨炼，加深了对中国农村社会的了解。其中绝大多数人把自己一生中最宝贵的青春年华献给了农村、边疆，在那里洒下辛勤的汗水，在客观上也推动农村和边疆地区的文化普及和城乡之间的交流。但是，"上山下乡"运动的实践，并未产生如毛泽东所设想的效果，却带来严重的后果，给我国历史造成深远的影响。它加重了"文化大革命"造成的"人才断代"现象。为了安置"上山下乡"的知识青年，造成国家和各企业事业单位经济上的严重损失。同时，把大批青年以政治运动的方式，不区分地区、不区分具体情况地推向农村，给部分地区的农民和广大知识青年家长也带来沉重的经济负担。在本已人多地少的农村，知识青年的到来，导致与农民争土地、争工分和口粮的情况，增加了农民的负担。

"教育革命"。毛泽东早在1966年的"五七指示"中就已号召："学制要缩短，教育要革命，资产阶级统治我们学校的现象再也不能继续下去了。""十六条"中则把"教育革命"规定为"这是无产阶级文化大革命的一个极其重要的任务"。"教育革命"的提出，源于毛泽东对学校教育状况的认识，即"资产阶级统治我们学校的现象"再也不能继续下去。"教育革命"最主要的内容是对"旧"的教育制度等进行大刀阔斧的改革。1968年7月21日，毛泽东在《人民日报》关于《从上海机床厂看培养工程技术人员的道路（调查报告）》的编者按清样中加了一段话："大学还是要办的，我这里主要说的是理工科大学还要办，但学制要缩短，教育要革命，要无产阶级政治挂帅，走上海机床厂从工人中培养技术人员的道路，要从有实践经验的工人农民中间选拔学生，到学校学几年以后，又回到生产实践中去。"这一段话后来被称为"七二一指示"。1970年6月，党中央决定在部分高等学校进行恢复招生的试点。招生废除历来实行的统一考试、择优录取的办法，改为"群众推荐、领导批准和学校复审相结合的办法"，学制缩短为二年至三年，学生被称为工农兵学员。以后，又确定他们学习期间的任务是"上大学，管大学，用毛泽东思想改造大学"。这种"教育革命"带来的恶果是：学校的课程设置、教育内容和教学方法均以阶级斗争为主线；教师被置于受改造的地位，正常的师生关系和教学秩序被打乱；学员入学时很大一部分文化程度过低，教学质量难以保证。

"斗、批、改"作为"继续革命"的错误理论和"文化大革命""左"的方针下的产物,是为继续"文化大革命"一整套错误服务的。因此,这一运动的进行,并未消除和缓解"文化大革命"的动乱,反而制造出新的动乱因素。通过"斗、批、改",使"左"倾思想进一步渗透到各行各业各方面中去,加深了"左"倾思想对人们的控制和影响,因而也就不能达到胜利地结束"文化大革命"的目的。

1969年4月1日,毛泽东主持召开中共九大,他虽然希望"我们的大会,能够开得好,能够开成一个团结的大会,胜利的大会"①。但事实上,九大只是使"文化大革命"的错误理论和实践进一步合法化,并且使林彪、江青两个反革命集团的主要成员进入中央政治局,为他们下一步的反党乱军活动,创造了组织上的条件。

中共九大期间,毛泽东在接见九大大组召集人时指出,落实政策还要一年左右。按这个预计,"文化大革命"在1970年4月结束或基本结束。但这一时间安排,后来由于林彪一伙加紧反党篡权活动而被打乱。

林彪一伙所以能攫取党和国家的重要权力,除去他们的政治欺骗外,主要是得到毛泽东的信任和支持。这是毛泽东晚年的重大失误之一。随着"文化大革命"的深入和发展,毛泽东对林彪等人的活动逐渐有所警觉。特别是在中共九届二中全会及其以后,毛泽东对他们有了本质的认识。

粉碎林彪集团

中共九大通过的新党章中,把林彪作为接班人明确地写入党章。在紧接着召开的九届一中全会上,林彪又被选为唯一的中央委员会副主席,加

---

① 毛泽东在中共九大开幕式上的讲话。

上由黄永胜、吴法宪、叶群、李作鹏、邱会作等控制的军委办事组对军权的掌控（这几个人在九大上均成为政治局委员），特别是解放军奉命"支左"以来，军队在各地和各部门居于举足轻重的地位，这一切使林彪集团的势力发展到了顶峰。随着权势的增长，其野心更加膨胀起来。林彪集团把四届全国人大视为一个"和平夺权"的最好时机。

1970年3月8日，毛泽东提出召开四届全国人大和修改宪法的意见，同时提出关于改变国家体制、不设国家主席的建议。3月9日，中央政治局遵照毛泽东的意见，开始了修改宪法的准备工作。在苏州的林彪听取叶群对相关情况的汇报后，要叶群电话转告他的意见，仍主张设置国家主席。

4月11日，林彪更郑重地提出要设国家主席，国家主席仍由毛泽东兼任。他说：这样对党内、党外、国内、国外人民的心理合适，否则，不适合人民的心理状态。这样，在中央政治局会议上，同意毛泽东任国家主席的人也占多数。4月12日，毛泽东在中央政治局关于林彪的意见的报告上作如下批示："我不能再作此事，此议不妥。"4月下旬，毛泽东在中央政治局会议上第三次提出他不当国家主席，不设国家主席，并用三国故事，再次阐明观点。他说：孙权劝曹操当皇帝，曹操说，孙权是要把他放在炉火上烤。我劝你们不要把我当曹操，你们也不要做孙权。林彪对此没有善罢甘休。5月中旬，他对吴法宪说，要设国家主席，不设国家主席，国家没有一个头，名不正，言不顺，并指使吴法宪和李作鹏在宪法工作小组会上，提出写上"国家主席"一章。7月中旬，在中央修改宪法起草委员会开会期间，毛泽东第四次提出不设国家主席。他说，设国家主席，那是形式，不要因人设事。面对毛泽东的坚决态度，叶群一伙心急火燎。叶群私下对吴法宪说："如果不设国家主席，林彪怎么办？往哪里摆？""林彪的意见还是要坚持设国家主席，你们应在宪法工作小组提议写上这一章。"8月13日下午，吴法宪按照叶群的旨意，在宪法工作小组会议上放炮："有人利用伟大领袖毛主席的伟大谦虚贬低毛泽东思想。"事后，林彪赞许地说："吴胖子放炮放得好。"8月13日和14日下午，叶群分别给陈伯达、黄永胜二人打电话，让他们马上准备关于天才方面和"四个伟大"的语录，企图通过称颂毛泽东为"天才"的方法，借以宣传林彪的"天才"，为抢班夺权制造舆论。

8月23日，中共九届二中全会在江西庐山召开。在会议召开的前一天，毛泽东召集中央政治局常委开会，他提出：要把这次会议开成一个团结的会、胜利的会，不要开成分裂的会、失败的会。九届二中全会的主要议程有三项：（一）讨论修改宪法问题；（二）讨论国民经济计划问题；（三）讨论战备问题。在事先没有告知毛泽东讲话内容的情况下，林彪临时动议要在23日的开幕会上发表讲话（22日在政治局常委会上，他还表示不发言）。他在大会上讲："这次我研究了这个宪法，表现出这样的一种情况的特点，一个是毛泽东的伟大领袖、国家元首、最高统帅的这种地位，毛泽东思想作为全国人民的指导思想，这一点非常重要，非常重要。"他还影射攻击不同意设国家主席的人说："我们说毛主席是天才的，我还是坚持这个观点"，"毛主席的这种领导可以说是我们胜利的各种因素中间的决定因素。这个领导地位，就成为国内国外极端的反革命分子以外，不能不承认的"。"我们的工作前进或后退，是胜利或者是失败，都取决于毛主席对中央领导地位的巩固还是不巩固"。林彪在开幕式上的讲话，为其同伙定了调，发了动员令。吴法宪紧跟着就在当天晚上的中央政治局讨论国民经济计划的会议上提出要全会改变第二天的会议议程，播放林彪讲话录音，学习林彪的讲话，并得到政治局的同意。当天吴法宪曾打电话给还在北京主持军委工作的黄永胜，传达林彪在开幕会上的讲话。黄永胜则按照林彪讲话的口径，草拟了书面讲话要点：（一）拥护林彪的讲话；（二）要指出有人反对在新宪法中写上以毛泽东思想为指针，有人说称"天才"是"讽刺"，这是反八届十一中全会公报的；（三）长期以来我们党内有很多情况不正常。陈伯达则在当天夜里搜集整理出一份恩格斯、列宁、毛泽东论述天才问题的材料，第二天中午即打印出来分送军委办事组除李德生、黄永胜之外的成员。

8月24日，陈伯达、吴法宪、叶群、李作鹏、邱会作分别在华北组、中南组、西南组、西北组发言，宣讲"称天才"的材料。陈伯达在华北组说："林副主席说：这次宪法中肯定毛主席的伟大领袖、国家元首、最高统帅的地位，肯定毛泽东思想作为全国人民的指导思想。这一点非常重要，非常重要。写上这一条是经过很多斗争的，可以说是斗争的结果。"现在竟然有人胡说，"毛泽东同志天才地全面地继承、捍卫和发展了马克思列宁主义，把马克思列宁主义提高到一个崭新的阶段，这些话是一种讽刺"。"有人利用毛主席的谦虚，妄图贬低毛泽东思想。""文化大革命取得了伟大胜利以后，有的人居然怀疑十一中全会关于无产阶级文化大革命的公报，这是不是想搞历史的翻案。"吴法宪在小组发言中特别引用林彪为《毛主席语录》撰写的"再版前言"中"毛泽东同志是当代最伟大的马克思列宁主义者。毛泽东同志天才地、创造性地、全面地继承、捍卫和发展了马克思列宁主义，把马克思列宁主义提高到一个崭新的阶段"。他强调毛泽东的这一历史地位，是写进九届一中全会公报和林彪"再版前言"的。在陈伯达等别有用心的煽动下，华北组通过决议，坚决要求设国家主席，并把矛头指向表示不同意称赞毛泽东为"天才"的张春桥。或许他们有所不知的是，毛泽东在此前多个文件中多次删去关于称他为"四个伟大"和"天才"的赞誉。

8月24日晚，华北组第2号简报经组长签发后，作为大会的第6号简报于25日晨分发各组。简报的内容是："大家热烈拥护林副主席昨天发表的非常重要、非常好、语重心长的讲话。认为林副主席讲话，对这次九届二中全会具有极大的指导意义。""大家听了陈伯达同志在小组会上的发言，感到对林副主席讲话的理解大大加深了。特别是知道了我们党内，竟有人妄图否认伟大领袖毛主席是当代最伟大的天才，表示了最大、最强烈的愤慨,认为在经过了四年文化革命的今天,党内有这种反动思想的人,这种情况是很严重的,这种人就是野心家、阴谋家,是极端的反动分子,是地地道道的反革命修正主义分子,是没有刘少奇的刘少奇的代理人,是帝修反的走狗,是坏蛋,是反革命分子,应该揪出来示众,应该开除党籍,应该斗倒批臭,应该千刀万剐,全党共诛之,全国共讨之。"简报上还提出"大家衷心赞成小组会上有人提出的'在宪法上,第二条中增加毛主席是国家主席,林副主席是国家副主席'和'宪法要恢复国家主席一章'的建议"。华北组的2号简报,火药味十足,一时气氛相当紧张。毛泽东察觉到是有人在里面捣鬼。25日当天,毛泽东召集有各组组长参加的政治局常委扩大会,决定立即休会,停止讨论林彪的讲话;收回华北组第2号简报;不要揪人,要按九大精神团结起来,指出陈伯达的发言违背九大方针,设国家主席的问题不要再提了。

8月26日、27日,周恩来、康生连续同吴法宪、李作鹏、邱会作谈话,要吴做检讨。8月31日,毛泽东写了《我的一点意见》在全会印发,点名批判陈伯达。他写道:"这个材料(指陈伯达编的关于'天才'问题的领袖语录——引者注)是陈伯达同志搞的,欺骗了不少同志。第一,这里没有马克思的话。第二,只找了恩格斯的一句话,而《路易·波拿巴政变记》这部书不是马克思的主要著作。第三,找了列宁的有五条,其中第五条说,要有经过考验、受过专门训练和长期教育,并且彼此能够很好地互相配合的领袖,这里列举了四个条件。别个且不论,就我们中央委员会的同志来说,够条件的不很多。例如,我跟陈伯达这位天才理论家之间,共事三十多年,在一些重大问题上就从来没有配合过,更不去说很好地配合。仅举三次庐山会议为例。第一次,他跑到彭德怀那里去了。第二次,讨论工业七十条,据他自己说,上山几天就下山了,也不知道他为了什么原因下山,下山之后跑到什么地方去了。这一次,他可配合得很好了,采取突然袭击煽风点火,唯恐天下不乱,大有炸平庐山,停止地球转动之势。

我这些话，无非是形容我们的天才理论家的心（是什么心我不知道，大概是良心吧，可决不是野心）的广大而已。至于无产阶级的天下是否会乱，庐山能否炸平，地球是否停转，我看大概不会吧。上过庐山的一位古人说：'杞国无事忧天倾'，我们不要学那位杞国人。最后关于我的话，肯定帮不了他多少忙。我是说主要的不是由于人们的天才，而是由于人们的社会实践。我同林彪同志交换过意见，我们两人一致认为，这个历史家和哲学史家争论不休的问题，即通常所说的，是英雄创造历史，还是奴隶们创造历史，人的知识（才能也属于知识范畴）是先天就有的，还是后天才有的，是唯心论的先验论，还是唯物论的反映论，我们只能站在马、列主义的立场上，而决不能跟陈伯达的谣言和诡辩混在一起。同时我们两人还认为，这个马克思主义的认识论问题，我们自己还要继续研究，并不认为事情已经研究完结。希望同志们同我们一道采取这种态度，团结起来，争取更大的胜利，不要上号称懂得马克思，而实际上根本不懂马克思那样一些人的当。"毛泽东有意识将林彪与陈伯达区别开来，实际上他已经洞悉林彪是这场风波的主谋。

全会同意毛泽东的意见，揭发和批判了陈伯达。在分组会议上发表错误言论的吴法宪等人，在全会上也受到批评。

9月6日，九届二中全会闭幕。在闭幕会议上，毛泽东就党的路线教育问题、高级干部的学习问题、党内外团结问题，发表重要讲话。毛泽东在讲到高级干部读马、列几本书的问题时说："现在不读马、列的书了，不读好了，人家（指陈伯达）就搬出什么第三版（指陈伯达编的《恩格斯、列宁、毛泽东关于称天才的几段语录》中收了恩格斯为马克思《路易·波拿巴政变记》德文第三版写的序言中的话）呀，就照着吹呀，那么，你读过没有？没有读过，就上这些黑秀才的当。有些是红秀才哟。我劝同志们，有阅读能力的读十几本。基本开始嘛，不妨碍工作。"在讲到庐山会议这场斗争时，毛泽东说："庐山是炸不平的，地球还是照样转，极而言之，无非是有那个味道。我说你把庐山炸平了，我也不听你的。你就代表人民？我是十几年前就不代表人民了。因为他们认为，代表人民的标志就要当国家主席。我在十几年以前就不当了嘛，岂不是十几年以来就都不代表人民了吗？我说谁想代表人民，你去当嘛，我是不干。你把庐山炸平了，我也不干。你有啥办法呀？"最后，毛泽东在讲到党内外团结问题时说："不讲团结不好，不讲团结得不到全党的同意，群众也不高兴。""所谓讲团结是什么呢？当然是马克思列宁主义基础上的团结，不是无原则的团结。提出团结的口号，总是好一些嘛，人多一点嘛。包括我们在座的有一些同志，历来历史上闹别扭的，现在还要闹，我说还可以允许。……你晓得，世界上有这些人，你有啥办法？一定要搞得那么干干净净，就舒服了，就睡得着觉了？我看也不一定。到那时候又是一分为二。党内党外都要团结大多数，事情才干得好。"

九届二中全会以后，毛泽东进一步采取一些措施，以解决林彪集团的问题。首先在党的领导机关开展"批陈整风"运动。这个运动是毛泽东在庐山会议上洞察林彪等人的企图之后，而采取的一项重要措施。1970年12月6日，中共中央作出《关于成立中央组织宣传小组的决定》。由康生任组长，江青、张春桥、姚文元、纪登奎、李德生任组员。其目的在于削弱林彪集团在党内的力量。12月18日，毛泽东在接见美国友人斯诺时说"四个伟大"讨嫌！"四个伟大"是陈伯达和林彪共同提出来的，这显然也是在批评林彪。

1971年1月24日，周恩来根据毛泽东的指示，在为肃清陈伯达流毒的华北会议上宣布：中央决定李德生任北京军区司令员，谢富治任北京军区第一政委兼军区党委第一书记、纪登奎为第二政委（因当时误认为北京军区的政委李雪峰、司令员郑维山是林彪集团的人）。3月中旬，毛泽东几次在军委办事组一些成员的检讨报告上批示："你们几个同志，在批陈问题上为什么老是被动。不推一下就动不起来？这个问题要好好想一想，采取步骤，变被动为主动。"针对他们对自己错误的狡辩，他批驳道："思想上政治上的路线正确与否是决定一切的。"毛泽东对黄、吴、叶、李、邱（均为中央军委办事组成员）盯得很紧。4月15日，中央召开批陈整风汇报会。周恩来代表中共中央在会上作总结发言时指出：黄、吴、叶、李、邱在政治上犯了方向路线错误，组织上犯了宗派主义错误，站到陈伯达的反九大路线上去了，希望他们按照毛泽东的指示，实现自己的申明，认真改正错误。后来，毛泽东在1971年8月14日至9月12日的南巡讲话中谈道："庐山会议以后，我采取了三项办法，一个是甩石头，一个是掺沙子，一个是挖墙角。""甩石头"就是在一些文件、材料上加上批语；"掺沙子"即在林彪集团控制的军委办事组中增加成员（继李德生之后又增加了纪登奎和张才千）；"挖墙角"即改组北京军区。

当时，毛泽东采取稳住林彪的策略，没有直接触及林彪，但林彪心里非常清楚，批陈，实质上就是批林。因此，林彪集团决定改变夺权的方式，变文夺为武夺，搞武装政变。1970年10月，林彪之子林立果，把空军的一些帮派骨干分子组成所谓的"联合舰队"，作为发动武装政变的骨干力量。1971年3月21日，林立果、周宇驰、于新野、李伟信在上海的秘密据点密谋。他们分析了形势，认为林彪的"接班"有三种可能：一是林彪"和平接班"，二是林彪"被人抢班"，三是林彪"提前接班"。面对三种可能，可有以下两个办法：一是把张春桥一伙搞掉，保持"首长"地位不变，再和平过渡；二是直接谋害毛泽东。林立果要他们按"提前接班"的办法办。3月22日，林彪集团武装政变的纲领制定出来了。它的代号是"571工程"（武装起义的谐音）。

当时有两件事使林彪集团坐立不安，促使其决定对毛泽东采取暗杀手段。一是中共中央决定1971年"十一"前后召开九届三中全会，然后召开四届全国人大，林彪一伙惶恐不安，担心九届三中全会将要提出他们的问题，端出他们来。二是毛泽东8月14日离开北京去南方各地巡视。巡视途中，毛泽东先后同河南、湖北、湖南、广东、广西、江苏、江西、福建等地党政军负责人，进行了多次谈话。在这些谈话中，毛泽东提出"要搞马列主义，不要搞修正主义；要团结，不要分裂；要光明正大，不要搞阴谋诡计"三项基本原则。毛泽东着重谈了1970年8月庐山会议上的斗争，指名批评林彪和陈伯达、吴法宪、叶群、李作鹏、邱会作等人在庐山会议上搞突然袭击。毛泽东说："庐山这件事还没完，还没有解决"，"陈伯达后面还有人"，他们是"有计划、有组织、有纲领的"，"纲领就是设国家主席，就是'天才'，就是反对九大路线，推翻九届二中全会的三项议程"。他们"心里有鬼"，"有人急于想当国家主席，急于夺权"。"林彪同志那个讲话，没有同我商量，也没给我看。""庐山这一次的斗争，他当然要负一些责任。""我同林彪同志谈过，他有些话说得不妥嘛。——什么'大树特树'。名曰树我，不知树谁人，说穿了是树他自己。还有什么人民解放军是我缔造和领导的，林亲自指挥的，缔造的就不能指挥呀！缔造的也不是我一个人嘛。"毛泽东说："这次庐山会议，又是两个司令部的斗争。"9月5日、6日，林彪、叶群通过其在外地的死党了解到毛泽东谈话内容，十分惊慌。9月7日，林彪在北戴河下达手令："盼照立果、宇驰同志传达的命令办。"林立果带着林彪的手令到达北京，9月8日深夜到9日凌晨，在"联合舰队"中密谋谋害毛泽东的反革命计策，策划攻打钓鱼台。林立果、周宇驰、江腾蛟等人估计毛泽东在9月25日以前不会离开杭州，决定在外地动手，初步确定用火焰喷射器和四○火箭筒打火车以及在毛泽东专列通过的路段埋设炸药等办法谋害毛泽东。

虽然毛泽东并不知道林彪一伙的全部阴谋活动，但凭着他异常敏锐的观察力和一个政治家、战略家的丰富经验，并通过南巡途中所了解到的异常情况，已经有所警觉。于是突然改变行程，提前结束南巡，于9月12日安全回到北京，打乱了林彪反革命集团的部署。

林彪一伙在策划谋害毛泽东的同时，布置胡萍（空军司令部副参谋长）

安排飞机，准备在政变失败后南逃广州，另立中央，或叛国外逃。

9月12日晚，周恩来在人民大会堂接到中央办公厅负责同志转来驻北戴河部队一负责人的电话，转达林彪之女林立衡的报告：叶群、林立果要带林彪坐飞机逃跑，北戴河住处出现一些不正常的情况。不久，周恩来又接到第二个报告：有一架三叉戟飞机在山海关机场，是下午林立果坐着来的。周恩来当即追查飞机的情况并指示李作鹏：这架飞机要有周恩来、黄永胜、吴法宪、李作鹏四人一起下命令才能起飞。林彪、叶群、林立果得知周恩来查问飞机，非常惊慌，认为南逃广州的阴谋已为中共中央所觉察。

9月13日零时左右，林彪、叶群、林立果等不顾警卫部队的阻拦，乘车从北戴河逃到山海关机场，强行登机起飞。周恩来接到报告后，立即向毛泽东报告。在林彪乘坐的飞机强行起飞后不久，毛泽东、周恩来断然发出全国禁空令，即任何飞机都不准来北京，没有毛泽东、周恩来、黄永胜、吴法宪、李作鹏的联合命令，任何飞机都不准起飞。当雷达发现林彪所乘飞机向蒙古边境方向飞行，周恩来请示毛泽东要不要拦截，毛泽东说："天要下雨，娘要嫁人，让他去吧！" 9月14日，周恩来得到外交部转来我驻蒙使馆的报告：9月13日凌晨3时，在蒙古温都尔汗附近肯特省贝尔赫矿区南十公里处，中国民航一架三叉戟坠毁。乘员九人，八男一女，全部死亡。9月18日，经毛泽东批准，中共中央发出关于林彪叛国出逃的通知。通知说："中共中央正式通知：林彪于1971年9月13日仓皇出逃，狼狈投敌，叛党叛国，自取灭亡。" 9月24日，中共中央宣布林彪反革命集团的主要成员黄永胜、吴法宪、李作鹏、邱会作离职反省。10月3日，中共中央撤销军委办事组，成立军委办公会议，由军委副主席叶剑英主持工作，夺回被林彪反革命集团篡夺的那一部分领导权。这一天，中央成立了由周恩来负责的审查林彪、陈伯达反党集团问题的专案组。至此，林彪反革命集团被彻底粉碎。

林彪集团发动的武装政变，是"文化大革命"推翻党的一系列基本原则造成的恶果。从"九一三"这一惊心动魄的事件中,人们清楚地看到,鼓吹个人崇拜最积极的,高呼"四个伟大"最响亮的,由党章规定为毛泽东接班人的林彪竟然谋害毛泽东叛国出逃;而新擢升的六名中央政治局委员也参加了这一反革命活动。人们不得不进行严肃的思考:"文化大革命"到底正确与否?"文化大革命"是给党、国家、人民带来灾难,还是稳定?九一三事件的发生,客观上宣告"文化大革命"的理论和实践的破产。

林彪事件的发生,对毛泽东精神上打击很大,身体一下子衰弱了许多。不久,他就得了一场大病。在病中,他以惊人的毅力,领导了对林彪集团的揭批查工作。同时,他对"文化大革命"进行反省,在一些具体问题上纠正了"左"的错误。特别是他支持主持中央日常工作的周恩来为使政治安定和经济好转所做的种种努力。在这个过程中,他本人着重抓了为一大批被错误批判和迫害的老干部恢复名誉,重新安排工作这件事。

1971年11月14日,在接见参加成都地区座谈会的同志时,毛泽东指着叶剑英说:"你们再不要讲他'二月逆流'了。'二月逆流'是什么性质?是他们对付林彪、陈伯达、王关戚的。那个王、关、戚,'五一六'要打倒一切,包括总理、老帅。老帅有气嘛,发点牢骚。他们是在党的会议上,公开的,大闹怀仁堂嘛!缺点是有的。你们和他们吵了下也是可以的。同我来讲就好了。那时候我也搞不清楚。……问题搞清楚了,是林彪支持的,搞了个什么'五一六',打倒一切。"后来,毛泽东指示叶剑英将他为所谓"二月逆流"平反的话,转告生命垂危的陈毅。1972年1月6日,陈毅在北京去世,追悼会定于1月10日召开。当时追悼会的规格定得很低,规模也很小。由中央军委出面组织,人数为500人,政治局委员不一定出席。毛泽东是在1月8日签发中央送审的有关陈毅追悼会文件时,把悼词中"有功有过"四个字划掉便签发了。1月10日午饭后,他突然决定去参加陈毅的追悼会。毛泽东要亲自参加陈毅追悼会的电话打到了西花厅。周恩来又立即拨通中央办公厅电话,请办公厅的同志通知在京政治局委员、候补委员务必出席追悼会；通知宋庆龄副主席和人大、政协、国防委员会，凡是提出参加追悼会要求的，都能去参加。并请转告西哈努克亲王，如果他愿意，也请他出席。并由周恩来替代叶剑英致悼词。追悼会的规格由于毛泽东的参加而大大提高了。追悼会前，毛泽东见到了陈毅夫人张茜，不禁也凄然泪下，他握着张茜的手，请她坐在自己的身边，说："陈毅同志是一个好人，是一个好同志，陈毅同志是立了功劳的。他为中国、世界革命做出了贡献，这已经作了结论嘛。他跟项英不同。新四军九千人在皖南搞垮了。当然啰，后来又发展到九万人。陈毅同志是执行中央路线的。陈毅同志是团结的人。"他还说："要是林彪的阴谋搞成了，是要把我们这些老人都搞掉的。"这时，周恩来、邓颖超、朱德、康克清、宋庆龄、叶剑英以及刚刚赶到的西哈努克亲王夫妇都在座。毛泽东在向西哈努克亲王通报林彪事件后，又说："我就一个'亲密战友'，还要暗害我，阴谋暴露后，他自己摔死了。难道你们在座的不是我的亲密战友吗？""陈毅跟我吵过架，但我们在几十年的相处中，一直合作得很好。"他还谈到"二月逆流"，是陈老总他们对付林彪、陈伯达、王、关、戚的。毛泽东不顾张茜的劝阻，坚持参加了追悼会。会场里，毛泽东站在追悼行列的最前面，静静地倾听周恩来缓慢沉重地宣读悼词。最后，他又向党旗覆盖下的陈毅骨灰盒深深地三鞠躬。追悼会结束后，再一次握着张茜的手告别时，毛泽东的手久久没有松开。当他准备上车离开时，几次用力迈步都登不上汽车，双腿明显无力。6月8日，毛泽东在会见斯里兰卡总理班达拉奈克夫人时说："我们的'左'派是什么一些人呢？就是火烧英国代办处的那些人。今天要打倒总理，明天要打倒陈毅，后天要打倒叶剑英。这些所谓'左'派现在都在班房里头。""这些'左'派，其实就是反革命。"毛泽东的种种言行，在当时产生了良好而广泛的影响，给了许许多多老干部以"解放"、复出、重新工作的希望。在这种情况下，周恩来因势利导，遵照毛泽东的指示，将落实党的干部政策、解放老干部列为纠正"左"倾错误的主要工作之一。

1972年4月，国务院第八机械部部长陈正人和内务部长曾山两位老同志，因救治不力，在一周内相继病发去世，这件事在老干部中引起很大震动。周恩来抓住这件事，指示卫生部对疏散在各地的副部级以上干部普遍进行体检，改善医疗条件。据此，卫生部组织北京十大医院在不到1个月的时间里为近500名副部级以上老干部做了体检，其中不少人是从外地"五七"干校赶回来参加体检的，实际上在这个名义下获得"解放"，并逐步被重新安排工作。此后，不少老同志在周恩来的亲自干预下，获得了自由，住院检查身体，并重新走上了领导岗位。

　　8月1日，为庆祝建军45周年，国防部举行盛大招待会。在周恩来安排下，经毛泽东批准，陈云、王震、滕代远等一批被迫害的老干部出席，这是自"文化大革命"开始以来老干部出席并见报人数最多的一次建军节招待会。会后，这批高级干部恢复了名誉，并陆续出来工作。特别是对邓小平同志的"解放"。当时的邓小平与刘少奇齐名而被称作"党内第二号走资派"，正在江西省新建县拖拉机制造厂参加劳动。经毛泽东建议，保留党籍，1972年1月，毛泽东在参加陈毅追悼会时曾表示，邓小平的性质是属于人民内部矛盾。在场的周恩来暗示陈毅的子女们想办法把这个意思传出去。8月3日，邓小平写信给毛泽东，揭发批判林彪，同时，作了当时条件下不能不作的自我检查。8月14日，毛泽东对这封信作了批语，主要意思是：（一）邓小平在中央苏区是挨整的，即邓、毛、谢、古（按即邓小平、毛泽覃、谢唯俊、古柏）四个罪人之一，是所谓毛派的头子。整他的材料见两条路线、六大以来两书。（二）他没有历史问题。即没有投降过敌人。（三）他协助刘伯承同志打仗是得力的，是有战功的。除此之外，进城以后，也不是一件好事都没有做的，例如率领代表团到莫斯科谈判，他没有屈服于苏修。"这些事我过去讲过多次，现在再说一遍。"这段不足200字的批语对邓小平作出肯定的评价。尽管这种肯定还远远算不上是充分的肯定，但这毕竟是等于"解放"了邓小平。周恩来立即把毛泽东的批示和邓小平的信印成若干份送中央政治局委员传阅，15日又主持政治局会议传达了这一批示。他还以中央名义通知江西省委，宣布对邓小平立即解除监督劳动，恢复党组织生活，做一些调查研究工作，并指示将一些原来的公务员、秘书调回邓小平身边帮助工作。12月18日，周恩来根据毛泽东的提议，致信主管中央组织工作的纪登奎以及汪东兴，让他们考虑邓小平重新出来工作的问题，并约他们面谈此事。之后，纪登奎、汪东兴根据谈话精神，拟出让邓小平仍然担任副总理的建议信。周恩来看过后，又经毛泽东同意，终于在1973年3月10日，以中共中央的名义发出《关于恢复邓小平同志党的组织生活和国务院副总理的职务的决定》。

1972年10月1日，《人民日报》、《红旗》杂志、《解放军报》联合发表社论《夺取新的胜利》，提出要"继续落实毛主席的干部政策、知识分子政策、经济政策等各项无产阶级政策"。这一时期，毛泽东因在年初心脏病严重发作，身体很弱，批阅审改的文件很少。但他仍然批转了陈云、杨成武、廖汉生、林枫等一批老同志或是其亲属要求为其解决就医和工作问题的信件，并直接向身边工作人员交办了一些类似问题，推动了老干部的解放。

12月，原铁道部副部长刘建章的夫人写信给毛泽东，反映刘建章无辜被捕及在狱中受到迫害的情况。毛泽东批示："请总理办。这种法西斯式的审查方式，是谁人规定的？应一律废除的。"周恩来抓住这个有利契机，立即于18日给公安部写信说："请你们联合起来办三件事。一、将刘建章保外就医。按他身体病状，或送阜外医院，或送工农兵医院，并通知其妻李淑清及其子女家属去看望刘。二、将刘建章全案结论抽出送国务院先念、登奎同志批。三、请公安部会同卫戍区将我在国务院提出过的要清查北京监狱待遇问题，再在年内做一次彻底清查。凡属毛主席指出的'这种法西斯式的审查方式'和虐待、殴打都需列出来，再一次宣布废除，并当着在押犯人公布。如有犯者，当依法惩治，更容许犯人控诉。"在此后的清查中，又一批无辜被关押的老干部获释，监狱管理也有了一定的改善。同月，毛泽东又关心地问及谭震林的近况。周恩来又立即写信给有关负责人，说谭震林是好同志，"当时大闹怀仁堂是故意造成打倒一大批老同志的局势所激成的"，"应该让他回来"。在他的督促下，谭震林不久就回到了北京。1973年春，身患癌症的周恩来大量便血，需要手术治疗。术前，他专门给毛泽东写信，建议抓紧解放老干部和平反冤假错案的工作；提出先易后难方案，送政治局讨论。中组部提出一个300多人的名单后，周恩来抱病连续主持政治局开会讨论，逐个研究。

"解放"老干部的工作是在"四人帮"的干扰下进行的。江青、张春桥等人对这项工作百般阻挠，设置种种障碍。在毛泽东的支持下，周恩来随机应变，不断排除干扰，使一些中央领导同志恢复了名誉，一大批下放劳动及靠边站的负责人被重新安排到领导岗位上。限于客观情况一时还不可能平反的，在周恩来的推动及后来邓小平等人的支持下，中共中央作出决定，除与林彪集团有关的审查对象和其他少数人外，对绝大多数关押受审者均予以解放。"打倒"老干部，关押老干部，这是毛泽东错误发动"文化大革命"所带来的错误后果。没有"文化大革命"就根本不存在"解放"的问题。九一三事件后，毛泽东提倡的解放老干部工作，虽然并不彻底，但总起来说，这项工作是很有意义的。它为日后各方面工作的转机创造了组织条件。

毛泽东虽然重病缠身，但他在部分地反省和纠正"文化大革命"错误，为一大批老干部平反的同时，全力支持主持中央日常工作的周恩来为使政治安定和经济好转而做的种种努力。特别是在精心领导打开外交工作新局面的过程中，1972年2月经他审阅批准国家计委《关于进口成套化纤、化肥技术设备的报告》，成为当时引进外国先进生产设备的突破口，即"四三方案"。此后，中国先后引进了总价值51亿美元的先进设备，而且基本上是从西方国家引进的，成为新中国成立以来引进国外先进技术设备规模最大的一次，开了对外开放的先河，在新时期仍产生重要效用。

1973年8月，毛泽东主持召开中共十大。这是他最后一次出席党的全国代表大会。会前，毛泽东于5月25日在中央政治局会议上发表讲话，具体讲述召开十大的指导方针。关于政治路线和组织路线方面，毛泽东说，只注意生产，不注意上层建筑、路线，不对；要认真看书学习，包括中央委员和候补委员在内，要懂得历史，学点哲学，要批判尊孔思想。根据他的建议，在会上宣布："解放"李井泉、李葆华、王稼祥、秦基伟、李成芳、方强、廖承志、曾希圣等13名老干部。后来他们中的多数人都参加了十大，曾希圣已去世。毛泽东说，曾希圣虽有错误，但功大于过，现在他死了，应当全面地历史地看，给他恢复名誉。这次会议上，还宣布一项由毛泽东提议、政治局通过的决定：王洪文由上海调到中央工作，与华国锋、吴德一起列席政治局会议。

实际上，王洪文自1972年9月起就被留在中央工作了。林彪事件后，毛泽东在解放老干部的同时，多次谈到要从工人、农民中找年轻一些的同志来中央担任负责职务。此后一批来自工农和基层的同志，如陈永贵、吴桂贤、倪志福、李素文等陆续担任党和国家的领导职务。

5月召开的中央工作会议，着重讨论了十大代表产生的办法和修改党章的原则两个问题。会议通过的《关于党的"十大"代表产生办法的决定》体现了毛泽东的上述指示精神：代表既要有"坚决贯彻执行毛泽东的无产阶级革命路线，特别是在第十次路线斗争中经过考验锻炼，表现好的，为群众信任的'新干部'"，"也要包括一部分犯了严重错误，作了检讨，愿意改正，并取得群众谅解的老干部"。关于党章修改原则，在《中央政治局关于修改党章问题的请示》中提出这次修改的重点是总纲部分，关于林彪的一段话要删去；要求按照毛泽东多次提出的现在还是帝国主义和无产阶级革命的时代进行修改，不赞成"三个里程碑"的提法；增加毛泽东近年来的若干新指示和所谓第十次路线斗争的经验等内容。由于毛泽东"左"的指导思想没改变，也由于"四人帮"的干扰破坏，十大的召开不仅没有收到纠正"左"倾错误、结束"文化大革命"的效果，反而进一步发展了"左"倾错误，从而使"文化大革命"又延长了数年之久。

十大之后，毛泽东在思想和行动上日益陷于一种矛盾状态。他一方面主观上希望全国政治安定、经济发展，同时又不愿从根本上否定"文化大革命"。1973年12月12日，毛泽东召集中央政治局会议。随后又分别召见北京、沈阳、济南、武汉军区负责人。在这几次会见和谈话中，毛泽东建议全国八大军区司令员实行对调；提议邓小平参加军委工作，任总参谋长；他还诚恳地作了自我批评。毛泽东对朱德讲，你是红司令啊！又说：我看对贺龙同志搞错了，我要负责呢。要翻案呢，不然少了贺龙不好呢。杨、余、傅也要翻案呢。都是林彪搞的，我是听了林彪一面之词，所以我犯了错误。小平讲，在上海的时候，对于罗瑞卿搞突然袭击，他不满意。也是听了林彪的话，整了罗瑞卿呢。有几次听一面之词，就是不好呢，向同志们作点自我批评呢。但在谈话中，毛泽东又特别要大家注意中国出修正主义的问题。他说：如果中国出了修正主义，大家要注意啊！他还严肃地警告道，准备打仗，内外战都来，我还可以打几仗。一打起仗来就可以分清，谁是真正愿意打的，谁是勾结外国人，希望自己做皇帝的。这些讲话又反映了毛泽东对怀疑和否定"文化大革命"状况的忧虑。

九一三事件后，江青等人在林彪家中找到一些林彪摘录的孔子及儒家著作的语录卡片和条幅，其中有林彪"书赠叶群同志"的"悠悠万事，唯此唯大，克己复礼"等内容。这些东西被江青上报给毛泽东。与此同时，江青指使迟群、谢静宜组织北大、清华的一些人编写《林彪与孔孟之道》的材料，其中把林彪摘录的孔孟言论以及林彪本人有关言论，与孔孟言论对比排列，以说明林彪是"孔老二的信徒"，他"把孔孟之道作为阴谋篡党夺权，复辟资本主义的反动思想武器"。1974年1月12日，王洪文、江青给毛泽东写信，说这份材料"对当前继续深入批林、批孔会有很大帮助。各地也迫切需要这种简明扼要的材料"，要求将它转发全国。毛泽东在信上批示："同意转发。"1月18日，中共中央就把这份由北大、清华"大批判组"汇编的《林彪与孔孟之道》（材料之一）作为当年第一号文件下发全党，"供批林、批孔时参考"。以此为标志，"批林批孔"作为一场政治运动开始在全国大规模展开。

事实上，此前在党的十大召开前后，毛泽东就在多个场合几次对中国历史上儒家与法家的分歧和斗争进行过评点，他对法先人，还是法后人，即是厚古薄今，还是主张向前看，发表了自己的观点。他反对倒退，主张前进。这实际反映出毛泽东对当时否定"文化大革命"，要求恢复"文化大革命"前一些做法的忧虑。

由于毛泽东指导思想上的错误，更由于"四人帮"对其错误的利用，"批林批孔"运动的开展，带来严重的后果。"左"倾错误比以往任何一个时期都更广泛地影响到中国社会的各系统、各领域中去，无论是在政治上、思想上、理论上以及经济上都造成了严重的混乱。与以往的政治运动一样，这场运动并非严肃的思想批判，更非科学的历史文化反思，只不过是为达到某种政治目的对历史的实用主义歪曲。"影射史学"的发明与盛行，使几千年的中国社会发展历史被歪曲篡改为简单的"儒法斗争史"。不加批判地赞扬封建专制主义、任意夸大某些封建帝王将相的"历史功绩"，导致了人们历史观和政治思想的混乱。提出"反师道尊严""反潮流"，实际上提倡的是"好斗"哲学，培养的是"好斗"精神。学校中是师生对着干，社会上是群众与领导、群众与群众对着干，加之"四人帮"号召的"第二次夺权"，致使学校和企事业单位刚刚恢复起来的正常的学习、工作和生产秩序又陷入瘫痪，混乱局势仿佛又是"文化大革命"初期情形的重演。不仅如此，它继"文化大革命"之初的冲击波之后，进一步使社会主义社会中人与人的关系准则受到更大的冲击。中国几千年来优秀的伦理道德传统和新中国成立以来20多年中建立起来的新型伦理道德规范，经过"批林批孔"几近荡然无存，素有礼仪之邦的中国伦理道德水平大大下降。经济上的后果也极为严重。"批林批孔"运动开始以来,伴随着人们思想上的混乱和政治局势的动乱,国民经济建设再度出现新的逆转而陷入半瘫痪状态。

和"四人帮"不同,毛泽东批准发动"批林批孔"运动,绝不是希望再度出现动乱局面,而"文化大革命"带来的长期社会动乱,国民经济的严重破坏和人民的强烈不满,本来就违背他"大乱导致大治"的初衷。这时再度出现的严重混乱局势,自然会使他深感不安。毛泽东对周恩来的"纠左"不满,有意见,但又绝非有要就此打倒周恩来的意思。"批林批孔"中"四人帮"以"反周"为目的进行的种种活动,导致毛泽东对江青等人逐渐不满起来。因此,在继续信任、使用江青等人的同时,毛泽东又对他们的一些言行不断地给予严厉的批评和不同程度的制止。早在1973年11月,毛泽东听信别人的反映误认为周恩来在与美国国务卿基辛格的会谈中犯了右的错误。根据他的意见,中央政治局开会批评周恩来。江青在会上"慷慨激昂"地说:"这是第十一次路线斗争",并当面指责周恩来"是迫不及待"。姚文元也随声附和。但毛泽东并没有无条件地支持江青。12月9日,在同周恩来、王洪文等人的谈话中,他一方面肯定了这次会议,认为"这次会开得好",另一方面又表示对江青批评周恩来的提法的不满:"有人讲错了两句话,一个是讲十一次路线斗争,不应该那么讲,实际上也不是。一个是讲总理迫不及待,他(指周恩来)不是迫不及待,她自己(指江青)才是迫不及待。"

1974年1月25日"批林批孔"动员大会后,江青等人把他们在大会上的讲话制成录音带,准备下发全国。江青等人还在讲话中故意混淆两类不同性质的矛盾,大批"走后门"。2月15日,毛泽东在叶剑英写来反映情况的信上批道:"此事甚大,从支部到北京牵涉几百万人。开后门来的也有好人,从前门来的也有坏人。现在,形而上学猖獗,片面性。批林批孔,又夹着走后门,有可能冲淡批林批孔。小谢、迟群讲话有缺点,不宜向下发"。根据这一意见,2月20日,中共中央发出通知:"当前,批林批孔刚刚开展，又夹着走后门，有可能冲淡批林批孔。"因此，对不少单位提出的领导干部"走后门"送子女参军、入学等问题，"应进行调查研究，确定政策，放在运动后期妥善解决"。

3月20日，毛泽东在江青伸手要钱、要求见面的信上批道："不见还好些。过去多年同你谈的，你有好些不执行，多见何益？有马列书在，有我的书在，你就是不研究。我重病在身，八十一了，也不体谅。你有特权，我死了，看你怎么办？你也是大事不讨论，小事天天送的人。请你考虑。"当时正是江青等人在军队中到处送材料，"放火烧荒"越演越烈的时候，毛泽东的这一批示使他们顿时慌了手脚。第二天，在中央政治局内，当着部分政治局委员的面，由王洪文、张春桥带着陈亚丁，演出了一幕丢卒保帅的丑剧：让陈亚丁承认是自己领会错了江青的意思，乱说乱传，并做了检查，把江青的行为隐蔽下来。

同一时期，中国政府准备派邓小平率中国代表团出席联合国第六次特别会议，但江青表示反对。3月27日，毛泽东给江青写信，说："邓小平同志出国是我的意见，你不要反对为好。小心谨慎，不要反对我的提议。"他还亲自批准了邓小平在大会的发言稿。4月10日，邓小平在联大特别会议上发言，全面阐述毛泽东有关三个世界的外交战略，引起强烈反响，为中国在国际政治舞台上赢得了声誉。

江青等对毛泽东的批评置若罔闻，继续到各地送材料、宣讲，组织串连。针对"四人帮"煽动动乱的行为，4月10日，中共中央发出通知，规定"批林批孔"运动进行的方式："在党委统一领导下进行，不要成立战斗队一类群众组织，也不要搞跨行业、跨地区一类的串联"，这当然也是毛泽东的意思。7月1日，经毛泽东批准中共中央又发出《关于抓革命、促生产的通知》，重申："我们的干部，绝大多数是好的和比较好的"，要求"擅离职守的领导干部"，"必须返回工作岗位"。《通知》中还批评了所谓"反潮流"的歪风，指出"那种不作阶级分析，笼统地讲什么'只要造领导的反就是反潮流'的说法,是错误的。有人不批林、不批孔、不上班、不劳动……继续搞跨地区、跨行业的串联,拉山头,打内战,还把这种行为说成是'反潮流'的革命行动,这是对反潮流的严重歪曲。还有的人散布什么'不为错误路线生产'的谬论,公然煽动停工停产。对于这些错误言论,必须加以批驳。对于幕后操纵者,要发动群众揭发批判"。

7月17日,毛泽东在中央政治局会议上更严厉地批评江青等人。当着中央政治局委员的面,他告诫江青说:"江青同志,你要注意呢!别人对你有意见,又不好当面对讲,你也不知道。不要设两个工厂,一个叫钢铁工厂,一个叫帽子工厂,动不动就给人戴大帽子,不好呢,要注意呢。""你那个工厂不要了吧。"江青极不情愿地回答说:"不要了,钢铁工厂送给邓小平同志吧!"并表示:"说了算","不大好的就改"。毛泽东说:"你也是难改呢。""此人(指江青)一触即跳。"他当着全体政治局委员宣布:"她并不代表我,她代表她自己。""总而言之,她代表她自己。"最后,他又对大家说:"她(江青)算上海帮呢!""你们要注意呢,不要搞成四人小宗派呢!"这是毛泽东第一次提出"上海帮""四人帮"的问题。

提出三个世界理论

"文化大革命"的发生、发展严重干扰了中国的外交工作,这引起毛泽东的重视。自1967年3月起,他多次在有关外事活动的文件上批示,批评一些"左"的做法。如反对给外宾赠送毛主席像章,反对在援外物资上粉刷毛主席语录,反对把中国的革命经验强加于人,等等。在处理国际事务中,毛泽东一贯主张和坚持各国间的平等互利和互不干涉内政,反对任何形式的霸权主义。他领导中国人民为亚非拉国家的反殖、反霸斗争树立了一面旗帜,受到广大亚非拉国家人民的尊敬,也大大拓展了中国和亚非拉国家的外交关系。第二次世界大战以后，特别是20世纪60年代民族解放运动的蓬勃发展，产生了许多新独立的国家，它们纷纷加入联合国。1971年10月25日，阿尔巴尼亚、阿尔及利亚等23国再次向联合国大会提出恢复中华人民共和国在联合国的一切合法权利、立即把蒋介石集团的代表从联合国及其所属的一切机构中驱逐出去的提案。大会以76票赞成、35票反对、17票弃权的压倒多数通过该提案。新中国在联合国长期被非法剥夺的权利得到恢复，从而结束了美国操纵联合国敌视、孤立和封锁中国人民的历史。

据毛泽东的机要秘书张玉凤回忆，毛泽东收看到了恢复中国在联合国合法席位的电视新闻。当他观看到五星红旗在联合国大厦冉冉升起时，激动得热泪盈眶。随后他指示立即组团参加联合国大会，并要所有在京的中央政治局委员到首都机场，为以乔冠华为团长的中国代表团送行。毛泽东针对当时有人就是否组团参加大会的顾虑，形象地说：为什么不去呢？是黑人兄弟把我们抬进联合国的，我们当然要去。

针对20世纪60年代末中苏关系的急剧恶化和苏联在中苏边境的武装挑衅，毛泽东领导中国人民坚决回击了苏联的挑衅，重申"人不犯我，我不犯人；人若犯我，我必犯人"的原则；同时，他思索着如何进一步改善中国在国际上的孤立地位。1969年，美国共和党人尼克松上台执政，客观审视美政府面临的国内外形势，开始改变对华政策。上台伊始，尼克松就要求其国家安全事务助理基辛格试探重新与中国人接触的可能性。他还通过巴基斯坦总统叶海亚·汗和罗马尼亚总统齐奥塞斯库传递信息给中国政府，表示想结束中美之间的敌视状态。毛泽东、周恩来立即抓住这一时机，积极开展对美外交。珍宝岛事件后，1969年4月至10月，毛泽东委托陈毅、徐向前、聂荣臻、叶剑英四位老帅全面深入地研究国际形势，为打开外交工作的新局面提出战略性意见和建议。10月26日，尼克松在欢迎罗马尼亚总统齐奥塞斯库的酒会上，第一次有意使用"中华人民共和国"的称呼。12月9日,周恩来通过叶海亚传话给尼克松,表示欢迎尼克松来中国访问。12月18日,毛泽东同正在中国访问的美国朋友斯诺谈话,重点谈中美关系。毛泽东说:"目前中美两国间的问题,要跟尼克松解决。我愿意跟他谈,谈得成也行,谈不成也行。"1971年4月,毛泽东又亲自批准邀请在日本参加世界乒乓球锦标赛的美国乒乓球队访问中国。这成为中美关系的一个突破口,也称"乒乓外交"。四五月间,在毛泽东的直接关注和周恩来的具体主持下,中美外交迅速取得进展。5月31日,经毛泽东批准,中共中央转发《毛泽东会见美国友好人士斯诺的谈话纪要》,公开了其中表示欢迎尼克松来华访问的内容。7月9日至11日,美国总统安全事务助理基辛格对中国进行代号为"波罗"的秘密访问。周恩来同基辛格进行开诚布公的会谈,并共同发表尼克松总统将于1972年春访华的消息,震动了全世界。

1972年2月21日至28日,尼克松总统访华。21日下午,大病初愈的毛泽东就会见了尼克松。双方认真、坦率地交换了意见。2月28日,双方发表著名的《中美联合公报》,即上海公报。公报根据毛泽东的意见,明确地摆出双方的观点。公报说:中美双方认为有机会互相介绍彼此对各种问题的观点是有益的。两国社会制度和对外政策有着本质的区别。但是,双方同意,各国不论社会制度如何,都应根据尊重各国主权和领土完整、不侵犯别国、不干涉别国内政、平等互利、和平共处的原则来处理国与国之间的关系。中美两国关系走向正常化是符合所有国家的利益的。"中国方面重申自己的立场:台湾问题是阻碍中美两国关系正常化的关键问题;中华人民共和国政府是中国的唯一的合法政府;台湾是中国的一个省,早已归还祖国;解放台湾是中国内政,别国无权干涉;全部美国武装力量和军事设施必须从台湾撤走。""美国方面声明:美国认识到,在台湾海峡两边的所有中国人都认为只有一个中国,台湾是中国的一部分。美国政府对这一立场不提异议。它重申对由中国人自己和平解决台湾问题的关心。考虑到这一前景,它确认从台湾撤出全部美国武装力量和军事设施的最终目标。"双方声明反对任何国家在亚洲——太平洋地区谋求霸权。双方还讨论了扩大两国人民在经济、科学、文化等方面的交流问题。尼克松访华和《中美联合公报》的发表在美国国内和全世界都产生巨大反响。它标志着中美两国20多年敌对状态的结束,从此,开始中美关系正常化的进程。

继中美关系开始走向正常化后,中日关系也有很大的进展。第二次世界大战后,从日本吉田茂内阁直到1972年6月佐藤内阁,历届政府一贯采取敌视中国的政策,追随着美帝国主义参与策划制造"两个中国"的阴谋。中华人民共和国成立后,虽然中日两国仍处于邦交不正常的状态,但两国人民为实现邦交正常化和发展友好关系,一直进行着不懈的努力。两国民间的来往、经济和文化的交流不断发展扩大,为恢复中日邦交打下了良好的基础。1961年10月7日,毛泽东在接见来华访问的日本朋友时指出:"日本人民同中国人民是好朋友。"为推动中日关系的发展,从1955年到1974年,毛泽东接见过37批日本外宾。周恩来也提出:"中日两国人民要世世代代友好下去。"根据毛泽东、周恩来的意见,中国政府还提出中日邦交正常化三原则:中华人民共和国政府是代表中国的唯一合法政府;台湾是中国领土不可分割的一部分;"日台条约"是非法的、无效的,应予废除。三原则在日本国内得到广泛的赞同和支持,日本朝野有识之士都为促进中日邦交正常化尽心努力。

尼克松访华和《中美联合公报》的发布,给日本政坛产生很大的冲击,佐藤内阁垮台。1972年7月,日本组成以田中角荣为总理大臣、大平正芳为外务大臣的新内阁。新内阁把实现中日邦交正常化作为首要任务。9月25日至30日,田中首相和大平外相应周恩来总理邀请访问中国。毛泽东于27日会见田中,双方进行了认真、友好的谈话。周恩来也同田中举行多次会谈。9月29日双方发表《中日两国政府联合声明》,宣布建立外交关系;日本政府承认上述中国政府提出的三原则;中日政府同意在互相尊重主权和领土完整、互不侵犯、互不干涉内政、平等互利、和平共处各项原则的基础上，建立两国持久的和平友好关系。

总之，20世纪60年代末70年代初，在中苏关系极度恶化的情况下，毛泽东运筹帷幄，全面分析新的国际形势，果断地作出了一些重大的外交决策，打开了中国外交工作的新局面。1970年10月到1972年12月，中国先后同41个国家建立或恢复邦交，特别是同美国、日本、联邦德国、意大利、加拿大等西方国家的关系开始走上正常化，加上中国在联合国和安理会合法席位被重新恢复，中国的国际地位得到空前的提高。

中国外交工作新局面的打开，一方面是基于中国综合实力的不断增强，同时也同毛泽东对不断变化的国际形势的科学分析，以及他提出的从"两个中间地带"到"三个世界"的外交战略思想的指导分不开。

20世纪60年代以前，世界形势的基本特征是：以苏联为首的社会主义阵营与以美国为首的帝国主义阵营的对峙。从20世纪50年代后期起，世界形势开始发生重大变化。1965年，毛泽东将其概括为"大动荡、大分化、大改组"。整个世界在大动荡、大分化、大改组过程中改变着面貌，世界各种政治力量经过长期的较量和斗争，发生急剧的变化和改组。进入20世纪70年代，形成了新的国际关系格局。两个阵营的对峙已经演变为美苏两国争霸的局面。同时，摆脱了殖民统治、获得民族独立的广大亚非拉国家，不断兴起壮大，在国际事务中起着愈来愈大的作用。"国家要独立，民族要解放，人民要革命"已成为不可抗拒的历史潮流。在对世界形势发展科学分析的基础上，20世纪70年代前期，毛泽东提出独具特色的"三个世界"的战略理论。

"三个世界"的理论是毛泽东关于国际上有"两个中间地带"和"三种力量"思想的发展。虽然这一理论的基本观点早已被毛泽东运用于中国的外交工作，但对其系统的表述，是在中国外交工作新局面出现之后。1973年6月22日，毛泽东在会见马里国家元首特拉奥雷时说："我们都是叫做第三世界，就是叫做发展中国家。"1974年2月22日，在会见赞比亚总统卡翁达时，毛泽东说："我看美国、苏联是第一世界。日本、欧洲、加拿大是第二世界。咱们是第三世界。""第三世界人口众多。亚洲除了日本都是第三世界。整个非洲是第三世界，拉丁美洲是第三世界。"同年4月，邓小平率中国代表团出席联合国大会第六次特别会议，在联合国的讲坛上，邓小平向全世界就"三个世界"的理论作了全面阐述。

"三个世界"理论具有丰富的内容。根据当代世界各种基本矛盾的发展变化，毛泽东首先把处在不同的政治、经济地位上的国家区分为既互相联系又互相矛盾着的三个方面。美国、苏联两个超级大国是第一世界。"什么叫超级大国？超级大国就是到处对别国进行侵略、干涉、控制、颠覆掠夺，谋求世界霸权的帝国主义国家。"美苏两国"用不同的方式都想把亚非拉的发展中国家置于它们各自的控制之下，同时还要欺负那些实力不如它们的发达国家"。自从两个阵营解体后，美苏两个大国加紧了争夺世界霸权的斗争。"它们两国都拥有大量的核武器。它们进行激烈的军备竞赛，在国外派驻重兵，到处搞军事基地，威胁着所有国家的独立和安全。它们都不断对其他国家进行控制、颠覆、干涉和侵略。它们都对别的国家进行经济剥削，掠夺别国的财富，攫取别国的资源。"因此，"两个超级大国是当代最大的国际剥削者和压迫者，是新的世界战争的策源地"[①]。第二世界是处于两个超级大国和发展中国家之间的发达国家。这些国家的情况是复杂的，其中不少是老牌资本主义国家。"它们当中的一些国家，至今还对第三世界国家保持着不同形态的殖民主义关系"。"同时，所有这些发达国家，都在不同程度上受着这个或那个超级大国的控制、威胁和欺负，其中有些国家在所谓'大家庭'的幌子下，实际上被超级大国置于附庸的地位。这些国家都在不同程度上具有摆脱超级大国的奴役或控制、维护国家独立或主权完整的要求。"广大的亚非拉发展中国家构成了第三世界，"这些国

[①] 《人民日报》1974年4月11日。

家地域辽阔，人口众多，资源丰富"，面积占世界总面积的三分之二，人口占世界人口的四分之三。它们"长期遭受殖民主义、帝国主义的压迫和剥削"，有着相似的苦难经历，也面临着共同的任务和问题。"他们取得了政治上的独立，但都还面临着肃清殖民主义残余势力，发展民族经济，巩固民族独立的历史任务。这些国家受的压迫最深，反对压迫、谋求解放和发展的要求最为强烈。它们在争取民族解放和国家独立的斗争中，显示了无比巨大的威力，不断取得了辉煌的胜利。它们是推动世界历史车轮前进的革命动力，是反对殖民主义、帝国主义，特别是超级大国的主要力量。"[1] 毛泽东对三个世界的划分，以各国政治和经济发展程度，在国际事务中的状况以及国家利益为划分标准，意味着最终抛弃了两大阵营对峙的基本观点和传统理论中以社会制度和意识形态定亲疏的思维方式。

其次，毛泽东"三个世界"理论的主旨，是联合一切可能联合的力量，建立广泛的反对美苏霸权的国际统一战线。20世纪50年代，适应两个阵营对峙的格局，中国的口号是笼统地反对一切帝国主义。20世纪60年代以后"反帝反修"口号的提出，使中国处于"两个拳头打人"的状况，这和国内的政治运动是一致的。进入20世纪70年代，由于两个超级大国已成为造成世界动荡不安的主要根源和新的世界战争策源地，反对霸权主义的斗争成为世界各国人民，包括中国人民的共同任务和共同目标。"两个超级大国既然要争夺世界的霸权，就存在着不可调和的矛盾，不是你压倒我，就是我压倒你。它们之间的妥协和勾结，只能是局部的，暂时的，相对的，而它们之间的争夺则是全面的，长期的，绝对的……超级大国的争夺遍及全球。……它们争夺到哪里，哪里就出现动乱。只要帝国主义和社会帝国主义存在一天，这个世界就决不安宁，就决不会有什么持久和平，不是它们相互之间打起来，就是人民起来革命。"

---

[1] 《人民日报》1974年4月11日。

在反对霸权主义的斗争中，以反对苏联霸权主义为重点。在此以前，中国一直以美帝国主义为斗争的主要目标。1970年，毛泽东在著名的"五二〇"声明中还提出了"全世界人民团结起来，打败美国侵略者及其一切走狗"的口号。之所以从主要反对美帝转向主要反对苏联的霸权主义，这是毛泽东分析了全球战略态势和中国周边安全之后的决策结果。20世纪60年代以后，美苏力量对比发生了较大变化。苏联利用美国霸权地位的衰落和"全球战略"的漏洞，加紧对外扩张，与美国争夺霸权。勃列日涅夫集团趁美国经济危机和在越南战争中的困境，极力缩小与美国经济实力的差距，加紧军备竞赛，向美国展开全球攻势，使苏联在军事力量上接近甚至在某些方面超过了美国，显示出咄咄逼人的势头。"在欺负人方面，打着社会主义旗号的超级大国尤为恶劣。它出兵占领了自己的'盟国'捷克斯洛伐克，它策动战争，肢解巴基斯坦，它说了话不算数，毫无信义，唯利是图，不择手段。"①对中国而言，进入20世纪70年代后，苏联变本加厉地反华，发展成为直接的军事对抗。这种情况下，中苏分歧再也不只是意识形态的分歧，而是反对苏联"社会帝国主义"的斗争。这对世界和中国都构成比美国要强烈得多的威胁，因此必须成为世界反霸斗争的重要目标。

反对霸权主义斗争的主要力量是广大的第三世界国家。"两个超级大国为自己设置了对立面。它们以大欺小、以强凌弱、以富压贫，激起了第三世界人民和全世界人民的强烈反抗。"②第二次世界大战结束后，毛泽东曾指出：在两个大国即美国和苏联中间隔着一个极其辽阔的地带，这个中间地带"有欧、亚、非三洲的许多资本主义国家和殖民地、半殖民地国家"。尽管那时这个"中间地带"中的许多国家还依附于帝国主义宗主国，远未成为独立的政治力量，但毛泽东以他非凡的洞察力看到殖民地半殖民

---

① 《人民日报》1974年4月11日。
② 《人民日报》1974年4月11日。

地国家已经或将要起到的巨大历史作用,从而打破了战后初期世人对大国的迷信和对小国的歧视。1961年9月,"不结盟运动"确定了不结盟的、独立自主的原则和反帝反殖的立场,成为独立于美苏之外的第三种政治力量。此后,第三世界国家越来越多地在国际事务中采取既不依附于美国也不从属于苏联的独立自主的外交路线,使战后美苏两极对峙的世界基本政治格局大为改观,注入了南北矛盾的新因素。毛泽东密切注视着这一变化,1966年他指出:"亚洲、非洲、拉丁美洲的革命风暴,定将给整个的旧世界以决定性的摧毁性的打击。"① 这较之"中间地带"理论,对他们在国际政治中的作用又前进了一步。到了20世纪70年代,第三世界驾驭国际事务的能力达到了新的高度。毛泽东看到了第三世界人民中潜藏着巨大的能量,既是对"大国主宰论"的否定,又是对世界人民力量的热情肯定。第二世界的发达国家所处的特殊地位,决定了它们的两面性,即对第一世界和第三世界的国家既有矛盾的一面,又有联系的一面。对两个超级大国,既受到其欺负和控制剥削,又有千丝万缕的联系,对广大发展中国家,也有进行压迫剥削的一面,但又能与它们一起进行反对超级大国的斗争。第二世界的发达国家是第三世界国家反对超级大国斗争中的同盟军,是可以争取或联合的力量。

在世界反对霸权主义斗争中,毛泽东认为"中国属于第三世界。因此政治、经济各方面,中国不能跟富国、大国相比,只能跟一些比较穷的国家在一起"②。作为一个社会主义国家,又是发展中国家,中国属于第三世界。"坚决支持一切被压迫人民和被压迫民族争取和维护民族独立,发展民族经济,反对殖民主义、帝国主义、霸权主义的斗争,这是我们应尽的国际主义义务。"③ 20世纪70年代,中国外交政策的重点是发展和扩大与

---

① 《人民日报》1966年11月4日。
② 《人民日报》1977年11月1日。
③ 《人民日报》1974年4月11日。

第三世界的关系。"文化大革命"期间，中国除了一如既往地继续在政治上和道义上坚定地站在第三世界一边，支持他们的反霸斗争之外，尽管自己的经济十分困难，但仍为第三世界国家提供了相当数量的援助。

毛泽东关于"三个世界"的战略理论虽然也存在对东欧国家在国际反霸斗争中的作用分析认识不足等缺憾，但总的看，这是一个正确的理论。它揭示了新的历史时期世界政治的基本格局和国际斗争的战略态势，不仅成为当时及以后一个时期中国外交工作的重要指导方针，而且也为建立国际反霸斗争最广泛的统一战线奠定了格局，提供了思想武器。正如邓小平指出的：毛泽东同志关于"三个世界"划分的战略思想，给我们开辟了道路。同时，在国际上，它的提出也引起了广泛的反响。既得到广大的第三世界国家政府和人民的重视和赞同，也得到第二世界国家政府的承认。"三个世界"外交战略的提出和实施，有力地推动着中国的外交工作，进一步提升了新中国的国际地位。

对此，邓小平多次予以高度评价。他说："毛泽东在他晚年为我们制定的关于划分三个世界的战略，关于中国站在第三世界一边，加强同第三世界国家的团结，争取第二世界共同反霸，并且同美国、日本建立正常外交关系的决策，是多么英明，多么富有远见。"他认为："我们能在今天的国际环境中着手进行四个现代化建设，不能不铭记毛泽东同志的功绩。"

"要把国民经济搞上去"

1974年10月11日，中共中央发出通知，决定在近期内召开四届全国人大。通知中还传达了毛泽东的指示："无产阶级文化大革命，已经八年。现在，以安定为好。全党全军要团结。"毛泽东希望能够通过召开四届全国人大、安排好新的国家领导机构，从此国家走上正轨，胜利地结束"文化大革命"。然而，与前几次想结束"文化大革命"一样，这一次仍然是欲罢不能。

"四人帮"认为召开四届全国人大是一次权力再分配的机会，江青希望由他们出面"组阁"，以使他们在党的十大上加强了在中央政治局内的势力和地位之后，再获取国家机构的领导权。随着开会日期的临近，他们加紧活动，除了继续为自己涂脂抹粉、树碑立传，为"临朝登基"大造舆论外，还上演了一出更为激烈的"反周组阁"闹剧。但是，在由谁"组阁"问题上毛泽东另有想法。周恩来重病在身，四届全国人大必须要解决能够接替周恩来主持国务院工作的人选。毛泽东对邓小平有着较全面的了解，他尤其称赞其治国的才能。"文化大革命"初期，他就坚持对邓小平"应与刘少奇加以区别"。1973年3月以后，邓小平已恢复了党的组织生活、国务院副总理职务，并在中共十大上当选为中央委员，开始协助周恩来治理和恢复国民经济的工作。1973年12月12日的政治局会议上，毛泽东批评政治局不议政，军委不议军、不议政。会后，周恩来召集政治局成员继续开会，决定邓小平参加政治局工作，作为政治局成员，将来由十届二中全会追认。翌日，毛泽东又召集部分政治局成员谈话，他说："现在，请了一个军师，叫邓小平。发了通知，当政治局委员、军委委员。""我们现在请了一位总参谋长（当时尚未决定邓小平兼任总参谋长，仍是指'军师'的意思——引者注）。他呢，有些人怕他，他是办事比较果断。他一生大概是三七开。你们的老上司，我请回来了。政治局请回来的，不是我一个人请回来的。"此后，邓小平又开始参与党政军的中央核心决策。1974年10月4日，毛泽东提议邓小平任国务院第一副总理。显然，这是毛泽东为周恩来之后的国务院总理的人选作了安排。对此，"四人帮"极不甘心。从1974年10月起，他们利用所谓"风庆轮事件"，进而在中央政治局内突然发难，矛头直指周恩来和邓小平。风庆轮是中国自行设计，全部用国产设备制造的万吨级远洋货轮。我国有数十年制造万吨轮的历史，早在20世纪50年代，就已制造出了万吨级货轮。但总的说来，中国远洋运输事业还比较落后，远洋主要靠租借外国轮船。为了尽快发展中国的远洋运输事业，周恩来在1964年曾提出过造船和买船同时并举的意见，得到毛泽东的赞同。1970年，周恩来又指示，把立足点放在国内造船上，但当国内造船一时还不能适应需要时，可以适当地买进一些船舶，以掌握远洋运输事业的主动权。造船和买船并进，这是自力更生发展中国远洋运输事业的正确政策。风庆轮也正是这种指导思想的产物。但是，"四人帮"为了攻击周恩来，就在买船问题上大作文章。1974年初，风庆轮组装完毕，开始试航。江青等人就开始有意借题发挥批判"洋奴哲学""崇洋媚外"。

根据姚文元的批示，10月14日的新华社《国内动态清样》发表题为《发生在风庆轮远航途中的尖锐斗争》一文。10月17日晚，在中央政治局会议上，他们有预谋地利用"风庆轮事件"向邓小平进行突然挑衅。江青质问邓小平："你对这个问题是什么态度？是支持呢？还是反对呢？还是站在中间立场呢？"邓小平严正地回答："我要调查。""四人帮"就一哄而上，大吵大闹，使会议无法再开下去。邓小平忍无可忍，说："政治局讨论问题要平等么，不能用这种态度待人。"之后他离开了会场。这时，张春桥阴险地说："我早就知道邓小平要跳出来，果然跳出来了。"当晚，江青等四人齐集在北京钓鱼台十七号楼紧急策划对策。他们未能制服邓小平，认定周恩来是他的后台。第二天，即10月18日，丹麦首相哈特林要求会见毛泽东，毛泽东正在长沙疗养，哈特林应邀去长沙。而中国方面出面接待他的正是邓小平，邓小平当然要陪同哈特林一起去见毛泽东。在那里，毛泽东肯定要和邓小平一起研究四届全国人大的人事安排。"四人帮"紧急磋商的结果是，派王洪文抢在邓小平之前，于第二天飞往长沙，向毛泽东告邓小平的状。

10月18日下午，毛泽东在长沙接见王洪文。王洪文危言耸听地说：

"我这次来湖南没有告诉总理和政治局的其他同志……我是冒着危险来的"，"北京现在大有庐山会议的味道"。王洪文诬告说："在政治局会议上，为了这件事，江青同邓小平同志发生争吵，吵得很厉害。""邓有那样大的情绪，是与最近在酝酿总参谋长人选一事有关。总理现在虽然有病，住在医院，还忙着找人谈话到深夜。几乎每天都有人去。经常去总理那里的有小平、剑英、先念等同志。他们这些人在这时来往这么频繁，和四届人大的人事安排有关。"1980年6月27日，王洪文在受审时就此事所作的笔供中承认，长沙告状是"恶人先告状，目的就是在毛主席面前搞臭邓小平同志，使他不能工作，当然更不想让他当第一副总理了"。但是，他的希望落空了。毛泽东当即批评他，并告诫说：有意见当面谈，这么不好。要跟小平同志搞好团结。你回去要多找总理和剑英同志谈，不要跟江青搞在一起，你要注意她。王洪文被迫作了自我批评，并表示一定要按主席的指示办。

同一天，江青在北京找外交部的王海容、唐闻生谈话。她们二人原是外交部的翻译，后来，担任了外交部副部长和新闻司司长的职务。王海容和毛泽东还有着亲戚关系，是毛泽东的表兄王季范的孙女。毛泽东晚年体弱多病，深居简出，能到他身边汇报情况的人很少，而王海容、唐闻生却能在毛泽东接见外宾时见到他。江青找她们来是要利用她们陪哈特林去长沙的机会向毛泽东报告："17日晚在政治局讨论风庆轮问题的会上，小平同志和她发生争吵后扬长而去，致使政治局会议无法开下去。国务院的领导同志经常借谈工作搞串联，总理在医院也很忙，并不是在养病。小平和总理、叶帅都是一起的，总理是后台。"当天晚上，江青、张春桥、姚文元以及刚刚返京的王洪文一起又把王海容、唐闻生二人找到钓鱼台十七号楼，进一步介绍情况。张春桥把"批林批孔"后国家财政困难说成是国务院领导"崇洋媚外"造成的。他还把17日政治局会议比作又一次"二月逆流"。由于事关重要，第二天，王海容、唐闻生先到医院向总理汇报了江青找她们谈话的情况。总理说，他已知道政治局会议的情况，是他们四个事先计划好要整小平同志,他们已多次搞过小平同志,小平同志已忍了他们很久。10月20日,毛泽东在长沙接见外宾以后,王海容、唐闻生就此作了汇报。毛泽东听后很生气,并要她们回京转告周恩来和王洪文:总理还是我们的总理,四届全国人大的筹备工作和人事安排问题要总理和王洪文一起管。他建议邓小平任第一副总理兼总参谋长。总之,方针要团结,要安定。毛泽东的这种表态给了"四人帮"当头一棒。

11月12日,毛泽东在长沙会见外宾后同邓小平谈话,他以满意和赞赏的口气对邓小平说:"你开了一个钢铁公司!"邓小平回答说:"我实在忍不住了!不止一次了。她在政治局搞了七八次了。"毛泽东当即表示:"我赞成你!"但"四人帮"并没有善罢甘休。同一天,江青在给毛泽东的一封信中,提出一份名单:谢静宜任全国人大常委会副委员长,迟群当教育部部长,乔冠华当副总理,毛远新、迟群、谢静宜、金祖敏列席政治局会议,作为"接班人"加以培养。公开地向毛泽东伸手要官,引起了毛泽东极大不满和警觉。当天,他在信中批示:"不要多露面,不要批文件,不要由你组阁(当后台老板)。你积怨甚多,要团结多数,至嘱。人贵有自知之明。又及。"19日江青回信,先作一番"自我批评":"我愧对主席的期望,因为我缺乏自知之明,自我欣赏,头脑昏昏,对客观事实不能唯物的正确对待,对自己也就不能恰当的一分为二地分析。"然后,再次伸手要官:"一些咄咄怪事,触目惊心,使我悚然惊悟","自九大以后,我基本上是个闲人,没有分配我什么工作,目前更甚"。20日,毛泽东在江青的信上批示:"江青,可读李固给黄琼书。就思想文章而论,都是一篇好文章。你的职务就是研究国内外动态,这已经是大任务了。此事我对你说了多次,不要说没有工作。至嘱。"李固、黄琼是东汉人。李固素来仰慕黄琼,曾勉励其出仕。当黄琼被招聘入朝后,却途中称病不肯前往,经朝廷敦促,才继续向京城出发。在他到达洛阳近郊时,李固写了一封信给他,即毛泽东说的"李固给黄琼书"。这封信从两个方面针对当时名士专靠声名而其实不符，以致容易被人攻击的特点，对黄琼进行了规劝告诫。毛泽东很欣赏李固此文，希望江青能有所领悟。可是，几乎同一时期，江青又让王海容、唐闻生向毛泽东转达她的意见，建议王洪文任副委员长，排在朱德、董必武之后。毛泽东听后，立即尖锐地指出："江青有野心。她是想叫王洪文做委员长，她自己做党的主席。"

为四届全国人大的人事安排问题，1974年12月23日，周恩来以重病之躯远行千里，飞到长沙向毛泽东汇报四届全国人大的筹备工作。王洪文乘另一架飞机也随同到达。23日、24日、25日和27日，毛泽东和他们二人共进行了四次谈话。对"四人帮"，毛泽东仍然提出批评。他对王洪文说："四人帮不要搞了，要团结。""不要搞宗派，搞宗派是要摔跤的。"又说："江青有野心，你们看有没有？我看是有。"对江青"当然要一分为二，她在批刘、林的问题上是对的，说总理的错误是十一次路线错误就不好了"。毛泽东还说："批林批孔，批走后门，成了三个主题，搞乱了。搞乱了，也不告诉我。"他还称赞邓小平"政治思想强，人才难得"，他还采纳周恩来的建议，在四届全国人大召开前召开的十届二中全会上补选邓小平为中央政治局常委、副主席。他要他们在长沙多住几天，让邓小平在北京管事，表示了对邓小平的高度信任。26日，毛泽东与周恩来单独长谈。除进一步交换对党和国家领导人员的任职意见外，毛泽东还特别提出：要安定团结，要把国民经济搞上去①。12月29日，周恩来在政治局会上传达了毛泽东的上述谈话要点。毛泽东对"四人帮"的批评和对周恩来、邓小平工作的支持，对于挫败"四人帮"的"组阁"阴谋，保证四届全国人大顺利召开，起了决定性作用。

在上述背景之下，经过周恩来、邓小平等人的紧张工作，终于完成了四届全国人大的筹备工作。1975年1月1日，周恩来主持中央政治局会议，

---

① 《周恩来年谱（1949—1976）》下卷，中央文献出版社1997年版，第687页。

通过了邓小平起草的关于国务院部委设置和各部部长、委员会主任、最高人民法院院长人选的报告。4日，周恩来和王洪文联名向毛泽东报告会议情况，其中提出把在"文化大革命"中被撤销的文化、教育两部恢复起来，由国务院秘书长周荣鑫担任教育部部长。当时，江青、张春桥等竭力争取把他们的亲信安排到国务院各部委的领导岗位上。周恩来与李先念等人交换意见，感到教育部部长关系重大，确定以周荣鑫掌管为宜。这一建议和其他一些人选得到了毛泽东的认可，因而否定了"四人帮"提名的迟群。1月5日，中共中央发出1975年第1号文件任命邓小平为中央军委副主席兼中国人民解放军总参谋长，张春桥为总政治部主任。1月8日至10日，在周恩来主持下，十届二中全会在北京召开。会议讨论了四届全国人大的人事安排，决定将《中华人民共和国宪法修改草案》《关于修改宪法的报告》《政府工作报告》和人大常委会、国务院成员的候选人名单，提请全国人民代表大会讨论，会议选举邓小平为中共中央副主席、中央政治局常委；批准了李德生关于免除他所担任的中央副主席、政治局常委的请求。会议闭幕前，周恩来请示毛泽东有什么话要说，毛泽东再一次提出：还是安定团结为好。

1975年1月13日至18日，四届全国人大一次会议在北京举行。周恩来抱病出席，代表国务院作了《政府工作报告》，重申了1965年初三届全国人大提出的"在本世纪内，全面实现农业、工业、国防和科学技术的现代化，使我国的国民经济走在世界的前列"的宏伟目标，重申了党和毛泽东关于以农业为基础、工业为主导等一系列经济建设方针。大会通过了修改后的宪法，批准了《政府工作报告》。选举朱德继续担任人大常委会委员长，任命周恩来继续担任国务院总理，任命邓小平、张春桥、李先念、陈锡联、纪登奎、华国锋、陈永贵、吴桂贤、王震、余秋里、谷牧、宋健为国务院副总理。会后，因周恩来病重，经毛泽东同意，决定由邓小平主持国务院工作。

四届全国人大以后,邓小平紧紧抓住毛泽东提出的"安定团结"和"要把国民经济搞上去"两项方针,开始对各方面的工作进行全面整顿。根据毛泽东关于尽快结束专案审查、把人放出来的意见,在周恩来、邓小平的推动下,中央于1975年4月底作出决定:除与林彪集团有关的审查对象和其他极少数人外,对绝大多数被关押受审查者予以释放。其中属于敌我问题的,有劳动能力的分配工作或劳动,丧失劳动能力的养起来,有病的安排医院治疗。属于人民内部矛盾的,妥善安置,补发工资,分配适当工作,党员恢复组织生活。搞错了的进行平反,对尚不能作结论的,问题在内部挂起来,分别由有关机关再作结论。待工作结束后,中央专案组自行撤销。根据这一决定,长期被关押的300余名高级干部被释放,其中一部分被陆续分配了工作。5月17日,毛泽东在军委关于贺诚的任职报告上作了指示:"贺诚无罪,当然应予分配工作,过去一切污蔑不实之词,应予推倒。""傅连暲被迫死,亟应予以昭雪。"这一批示,表现出毛泽东对解放干部问题的重视和肯定。

毛泽东还直接关心文艺工作的调整。1975年5月3日,毛泽东最后一次召集中央政治局开会,在谈话时指出:"教育界、科学界、文艺界、新闻界、医学界、知识分子成堆的地方,其中也有好的,有点马列的。"针对"文化大革命"中把知识分子说成是"臭老九",毛泽东借用"样板戏"中的一句话说:"老九不能走。"7月初,毛泽东同邓小平谈话时又指出:"样板戏太少,而且稍微有点差错就挨批。百花齐放都没有了。别人不能提意见,不好。"7月14日,毛泽东进一步指示:"党的文艺政策应该调整一下,一年、两年、三年,逐步扩大文艺节目。缺少诗歌,缺少小说,缺少散文,缺少文艺评论。"针对江青等人对电影《创业》的指责批判,毛泽东于7月24日批示:"此片无大错,建议通过发行。不要求全责备,而且罪名有十条之多,太过分了,不利于调整党的文艺政策。"文艺工作开始出现一些新的生机。

在教育战线，当时发表一批文章和评论，提出要使青少年"努力学习社会主义革命和建设所需要的科学文化知识"，批评了那种认为坚持以学为主的原则、努力学习社会主义文化科学知识、重视基础理论教学、保证教学时间和质量便是搞智育第一，便是走回头路的错误认识，批判了"以干代学"的实用主义错误。

在军队内部，遵照毛泽东提出的"军队要统一""军队要整顿"的方针，叶剑英和邓小平对军队各大单位的领导班子迅速做了调整。把一批追随"四人帮"、坚持派性的人调了下去；提醒军队的负责同志要警惕"四人帮"，要稳定部队。这些措施，对于抵制"四人帮"插手军队起了重要作用。

1975年是第四个五年计划的最后一年。经济上的整顿首先从铁路运输入手。3月5日，邓小平提出："怎样才能把国民经济搞上去？分析的结果，当前薄弱环节是铁路。铁路运输的问题不解决，整个部署统统打乱，整个计划都会落空。所以中央下决心要解决这个问题。"同日，中央作出《关于加强铁路工作的决定》。文件强调指出要改进铁路管理体制，建立健全必要的规章制度，确保运输的安全正点。经过1个多月的整顿，铁路运输形势明显好转。到4月，严重堵塞地段全部疏通，问题最为严重的徐州铁路分局，曾经21个月没有完成国家计划，到4月提前3天完成了国家计划。全国20个路局除南昌外均超额完成国家计划，全国铁路平均日装车数创历史最高水平，列车正点率也大大提高。

1975年5月21日，邓小平又在国务院会议上对钢铁工业整顿发表重要意见，提出整顿的具体办法。6月4日，中央作出《关于努力完成今年钢铁生产计划的指示》，并批转冶金部核心小组《关于迅速把钢铁工业搞上去的报告》。经过近一个月的整顿，钢铁生产的形势开始好转，全国钢的平均月产量超过了全年计划平均月水平。

国防工业的生产，经过整顿，情况也全面好转。

1975年9月15日至19日，国务院先后在山西省昔阳县和北京召开全国农业学大寨会议,参加会议的各方面代表达 3700 人。这次大会在肯定和宣传大寨所谓"大批促大干"等"经验"方面不可避免地具有消极影响,但积极的方面是加强了党和政府对农业生产的重视,由此掀起了一个大抓农业的高潮。

通过贯彻毛泽东的有关指示,进行全面整顿,国民经济的停滞、下降迅速转向回升。1975 年全国工农业总产值比上年增长 11.9%。其中工业总产值增长 15.1%,农业总产值增长 4.6%,钢产量增长 13.2%,原煤产量增长 16.7%,原油产量增长 18.8%,发电量增长 16%,基建投资总额增长 17.7%,铁路货运量增长 12.9%,粮食产量增长 3.4%,社会商品零售额增长 9.2%,国家财政赤字降至 5.3 亿元。全面整顿取得显著成效。

但是,全面整顿并没有能够也不可能从根本上扭转"文化大革命"的错误和"四人帮"的干扰破坏。这与毛泽东思想上和行动上的矛盾状态是分不开的。

1975 年上半年,在全面整顿的同时,又在全国开展了学习"无产阶级专政理论"的运动。这一运动源于毛泽东的两次谈话。1974 年 10 月 20 日,毛泽东会见丹麦首相保罗·哈特林时曾说:"总而言之,中国属于社会主义国家。解放前跟资本主义差不多。现在还实行八级工资制,按劳分配,货币交换,这些跟旧社会没有多少差别,所不同的是所有制变更了。"同年 12 月 26 日,毛泽东在听取了关于四届全国人大筹备工作的汇报后,对周恩来说,列宁为什么说对资产阶级专政,要写文章。要告诉春桥、文元把列宁著作中好几处提到这个问题的找出来,印大字本送我。大家选读,然后写文章。要春桥写这类文章。这个问题不搞清楚,就会变修正主义。要使全国知道。"我同丹麦首相谈过社会主义制度。我国现实行的是商品制度,工资制度也不平等,有八级工资制,等等。这只能在无产阶级专政下加以限制。""所以林彪一类如上台,搞资本主义制度很容易。因此,要多看点马列主义的书。""列宁说,'小生产是经常地、每日每时地、自发地和大批地产生着资本主义和资产阶级的。'工人阶级一部分,党员一部分,也有这种情况。""无产阶级中,机关工作人员中,都有发生资产阶级生活作风的。"

从上述谈话中可以看出,毛泽东发动"文化大革命"的初衷这时仍未改变。实际上,毛泽东对马克思关于"资产阶级法权"的论述和列宁关于小生产的论述理解有误。因为在中国当时的社会条件下,全民所有制和集体所有制程度很高,个体经济微不足道,这和列宁所说的"小生产"情况已经完全不同了。毛泽东不仅未能突破以往对社会主义制度模式的僵化认识,而且对当时我国社会主义制度的分析也是不符合实际的。他把一些社会主义制度也应当具有的机制如商品经济与资本主义制度混在一起,因而担心会出现"修正主义"。毛泽东提出学习"无产阶级专政理论",正是从维护"文化大革命"出发的,反映了他对否定"文化大革命"的担忧。当然,毛泽东决不是为了维护他个人的名誉,他始终认为这些"左"倾理论观点是符合马克思列宁主义的,是有利于人民根本利益的。

1975年2月9日,《人民日报》发表社论《学好无产阶级专政的理论》。2月18日,中共中央发出《关于学习毛主席关于理论问题的重要指示的通知》。《通知》指出:"毛主席的指示极为重要,弄清楚这个问题,对于反修防修,巩固无产阶级专政,防止资本主义复辟,坚定地执行党的基本路线,坚持无产阶级专政下的继续革命,具有极其重要的现实意义和深远的历史意义。"毛泽东的有关谈话内容发至基层党支部,要求口头传达到群众。随后经中央政治局讨论由毛泽东批发的《马克思、恩格斯、列宁论无产阶级专政》(简称"三十三条"),姚文元署名、经中央政治局讨论、毛泽东批发的《论林彪反党集团的社会的基础》,张春桥署名、同样经中央政治局讨论、毛泽东批发的《论对资产阶级的全面专政》相继推出,一场学习"无产阶级专政理论"的运动迅速在全国展开。

4月23日,新华社《关于报道学习无产阶级专政理论问题的请示报告》

经姚文元审阅修改后报送毛泽东。报告中提出把反经验主义作为学习专政理论的一项内容。反经验主义是江青、张春桥等在学习无产阶级专政理论运动中加入的私货，旨在攻击周恩来等代表的老干部。此前，邓小平也曾就这一问题向毛泽东请教。毛泽东在报告上批示："提法似应提反对修正主义，包括反对经验主义和教条主义，二者都是修正马列主义的，不要只提一项，放过另一项。""我党真懂得马列的人不多，有些人自以为懂了，其实不大懂，自以为是，动不动就训人。这也是不懂马列的一种表现。""此问题请政治局一议。"4月27日，中央政治局开会，批评了江青等人的"反经验主义"。5月3日，毛泽东召集在京中央政治局委员谈话。他反复强调要安定团结，要坚持"三要三不要"。毛泽东对江青等人再次批评："不要搞四人帮，你们不要搞了，为什么照样搞呀？为什么不和200多个中央委员搞团结，搞少数人不好，历来不好。""我看批经验主义的人，自己就是经验主义，马列主义不多。""我看江青就是一个小小的经验主义者。"毛泽东告诫江青："不要随便，要有纪律，要谨慎，不要个人自作主张，要跟政治局讨论，有意见要在政治局讨论，印成文件发下去，要以中央的名义，不要以个人的名义，比如也不要以我的名义，我是从来不送什么材料的。"毛泽东又说："我看问题不大，不要小题大作，但有问题要讲明白，上半年解决不了，下半年解决；今年解决不了，明年解决；明年解决不了，后年解决。"这是毛泽东最后一次主持中央政治局会议。会后根据毛泽东的意见，政治局于5月27日、6月3日两次召开会议，邓小平、叶剑英、李先念等人对江青等人进行了批评。江青、王洪文被迫作了检讨。对这两次会议，毛泽东予以肯定。他在6月7日会见外宾后同邓小平谈话："我看有成绩，把问题摆开了。"他说：现在政治局的风向快要转了，要邓小平"要把工作干起来"。迫于毛泽东的批评，江青不得已于6月28日向毛泽东和中央政治局作了一个书面检查。王洪文、张春桥、姚文元也不得不在表面上承认了错误。7月1日，毛泽东在叶剑英建议邓小平主持中央政治局会议的来信上批示："同意"。这样，邓小平开始全面主持中央的日常工作。

动荡中交班

"四人帮"不肯就此罢休，于1975年8月开始在全国兴起一次评《水浒》运动。评《水浒》源于毛泽东的有关谈话。1973年12月21日，毛泽东接见参加中央军委会议的同志，在讲话中谈道："如果中国出了修正主义，大家要注意啊！""《水浒》不反皇帝，专门反贪官。后来接受了招安。"毛泽东将《水浒》中宋江等人被招安投降与"修正主义"联系在一起。可看出毛泽东的一种担忧。毛泽东讲这些话，是希望引起人们的警惕，以免出现这种局面。

1975年8月14日，毛泽东同陪他读书的北京大学中文系教师芦荻谈话。当芦荻向毛泽东请教关于几部古典小说的评价问题时，毛泽东先讲了《三国演义》《红楼梦》等几部书，然后谈到《水浒》。他说："《水浒》这部书，好就好在投降。做反面教材，使人民都知道投降派。""《水浒》只反贪官，不反皇帝。摒晁盖于108人之外。宋江投降，搞修正主义，把晁盖的聚义厅改为忠义堂，让人招安了。宋江同高俅的斗争是地主阶级内部这一派反对那一派的斗争。宋江投降了，就去打方腊。""这支农民起义队伍的领袖不好，投降。李逵、吴用、阮小二、阮小五、阮小七是好的，不愿投降。""鲁迅评《水浒》评得好，他说：一部《水浒》说得很分明：因为不反对天子，所以大军一到，便受招安，替国家打别的强盗——不'替天行道'的强盗去了。终究是'奴才'。""金圣叹把《水浒》砍掉了20多回。砍掉了，不真实。鲁迅非常不满意金圣叹，专写了一篇评论金圣叹的文章《谈金圣叹》。""《水浒》百回本、百二十回本和七十一回本三种都要出。把鲁迅的那段评语印在前面。"

姚文元当天便见到毛泽东上述谈话的记录稿。凭着特有的政治敏感，经过一番紧张的思考，姚文元即动手给毛泽东写了一封信。信中说：关于《水浒》的评论，"这个问题很重要"，"对于中国共产党人、中国无产阶级、贫下中农和一切革命群众在现在和将来，在本世纪和下世纪坚持马克思主义，反对修正主义，把毛主席的革命路线坚持下去，都有重大的、深刻的意义。应该充分发挥这部'反面教材'的作用"。姚文元在信中提出构想："为执行毛主席提出的任务，拟办以下几件事：一、将主席批示印发政治局在京同志，增发出版局、《人民日报》《光明日报》《红旗》及北京批判组谢静宜同志，上海市委写作组。附此信。二、找出版局、人民文学出版社的同志传达落实主席指示，做好三种版本印刷和评论的工作。……三、在《红旗》上发表鲁迅论《水浒》的段落，并组织转载评论文章，《人民日报》《光明日报》订个计划。"毛泽东当天即指示"同意"。

于是，从9月起各报刊评《水浒》，批判"投降派"的文章纷纷出笼。9月12日，江青借参加全国农业学大寨会议之机来到昔阳大寨，她在会议上对评《水浒》问题又大发议论。她说："不要以为评《水浒》只是一个文艺评论"，"不单纯是对历史，对当前也有现实意义。因为我们党内有十次路线错误。今天还会有的。敌人会改头换面藏在我们党内"。"批《水浒》就是要大家知道我们就是有投降派。""我们党内的投降派，修正主义者，干的事情是公开的人做不到的"。"现在我们批《水浒》，看看宋江如何排斥晁盖。他把那些土豪劣绅、武将文吏请到梁山上去，把重要的领导岗位统统占领了。""所以毛主席说，搞修正主义很容易。"江青要求在全国农业学大寨会议上放她的讲话录音，印发她的讲话稿。9月24日，邓小平在陪同毛泽东会见外宾后向他请示此事，毛泽东怒斥江青："放屁，文不对题"。他在华国锋向他请示此事时更明确地表示："稿子不要发，录音不要放，讲话不要印。"这时，毛泽东已经察觉到江青等人的别有用心。

1975年11月，"四人帮"又一次活跃起来，随着"反击右倾翻案风"

运动的出现,评《水浒》又与揪党内"资产阶级"结合起来,其斗争矛头更集中地指向接替周恩来主持中央日常工作的邓小平。

1975年9月,毛泽东的侄子毛远新担任毛泽东的联络员。这时,毛泽东处于重病之中,已经不能从更多的渠道了解党和国家的状况,毛远新的"联络"几乎成为毛泽东获取情况的唯一耳目和发出指示的唯一喉舌。江青一伙通过毛远新不断向毛泽东进谗言。9月底至11月初,毛远新几次向毛泽东汇报说:

"今年以来,在省里工作,感觉到一股风,主要是对文化大革命。1.文化大革命怎么看?主流、支流、十个指头,三七还是倒三七,肯定还是否定。2.批林批孔运动怎么看,主流、支流,似乎迟群、小谢讲了走后门的错话干扰,就不讲批林的成绩了。口头上也说两句,但阴暗面讲了一大堆。3.刘少奇、林彪的路线还需不需要继续批,刘少奇的路线似乎也不大提了。"

"工业现代化主要强调加强企业管理,规章制度,但工交战线主要矛盾是什么?"

"农业、财贸战线也有类似问题,教育革命主流、成绩是什么?……文艺革命主流支流等等,总之,文化大革命中批判了刘少奇、林彪的路线,批判了十七年中各条战线的修正义路线还应不应该坚持下去。"

"对文化大革命,有股风,似乎比七二年批极左还凶些。"

"我很注意小平同志的讲话,我感到一个问题,他很少讲文化大革命的成绩,很少提批刘少奇的修正主义路线。"

"三项指示为纲","其实只剩下一项指示,即生产上去了"。

"担心中央,怕出反复。"

毛远新的这些话,对毛泽东产生很大影响。毛泽东认为,有些人一是对"文化大革命"不满意,二是要算账,算"文化大革命"的账。因此,毛泽东提出由邓小平主持作一个肯定"文化大革命"的决议,总的评价是"三七开,七分成绩,三分错误"。但邓小平以自己在"文化大革命"中长期"靠边站"为由予以婉拒。他说，由我主持写这个决议不适宜，我是桃花源中人，"不知有汉，无论魏晋"。

发动"反击右倾翻案风"的直接导火索是来自教育界的两封信。1975年8月13日和10月13日，清华大学党委副书记刘冰、惠宪钧、柳一安和党委常委、政治部主任吕方正4人先后给毛泽东写了两封信。信中对迟群、谢静宜在政治上、思想上、工作上和生活作风等方面的严重问题进行报告和揭露。信由邓小平转交毛泽东。与此同时，迟群也指使他人给毛泽东写信，吹捧自己在"文化大革命"中的"教育革命"战线上"具有一定的代表性"，诬告当时在教育战线得力贯彻全面整顿方针的教育部部长周荣鑫。毛远新也在毛泽东耳边吹风：迟群"在执行主席的教育革命战线上是比较坚决的，十个指头七个还是好的"。毛泽东认为有人要算"文化大革命"的账，遂对刘冰等人的信作了批示："清华大学刘冰等人来信告迟群和小谢。我看信的动机不纯，想打倒迟群和小谢。他们信中的矛头是对着我的。我在北京，写信为什么不直接写给我，还要经小平转。小平偏袒刘冰。清华大学所涉及的问题不是孤立的，是当前两条路线斗争的反映。"11月3日，清华大学党委扩大会议传达了毛泽东的有关批示。随即，清华大学开展起所谓"教育革命大辩论"，大字报铺天盖地而来，"反击右倾翻案风"运动由此发端。1975年11月8日，分管教育工作的副总理张春桥责令周荣鑫作检查，并说："宁要一个没文化的劳动者，而不要一个有文化的剥削者、精神贵族。"11月下旬，中央政治局根据毛泽东的指示，在北京召开有130余名党政军机关负责人参加的"打招呼"会议，宣读了毛泽东批准的《打招呼的讲话要点》。《讲话要点》传达了毛泽东关于刘冰等信件的批示，并说："中央认为，毛主席的指示非常重要。清华大学出现的问题不是孤立的，是当前两个阶级、两条道路、两条路线斗争的反映。这是一股右倾翻案风。尽管党的九大、十大对无产阶级文化大革命已经作了总结。有些人总是对这次文化大革命不满意，总是要算文化大革命的账，总是要翻案。""清华大学的这场大辩论必然影响全国。"这次特殊形式的会议，正式提出"反击右倾翻案风"。耐人寻味的是，打招呼会议的要点是批评邓小平的，但毛泽东仍让邓小平出面召集会议，并继续主持中央的日常工作。11月26日，中共中央向各省市自治区党委、各大军区党委、中央和国家机关各部委党组、军委各总部和各军兵种党委的第一书记发出《关于转发〈打招呼的讲话要点〉的通知》，通报了打招呼会议的情况，转发了《讲话要点》，要求在常委中传达讨论。12月1日，《红旗》杂志第12期发表北大、清华大批判组撰写的《教育革命的方向不容篡改》，这是公开发表的第一篇有影响的"反击右倾翻案风"的文章。12月14日，中共中央转发《清华大学关于教育革命大辩论的情况报告》，《报告》说："今年七、八、九三个月，社会上政治谣言四起，攻击和分裂以毛主席为首的党中央，否定无产阶级文化大革命，翻文化大革命的案，算文化大革命的账，这是一股右倾翻案风。"

1976年1月8日，周恩来逝世。消息传出，全国人民沉浸在深深的悲恸之中。1月20日，鉴于"反击右倾翻案风"的浪潮日上，自己的处境越来越困难，邓小平写信给毛泽东提请解除他主持中央日常工作的责任。而"四人帮"也加紧了争夺总理职位的活动。此时，毛泽东既未提议排名第一的副总理邓小平，因为邓小平已经受到"反击右倾翻案风"的批判，也未提议排名第二的张春桥，尽管"四人帮"及其亲信正在大肆鼓噪。1月21日、28日，毛泽东两次提议华国锋牵头主持国务院工作和任国务院代总理，主持中央日常工作，让邓小平专管外事。前一项提议经中央政治局通过，于2月3日作为中共中央1976年1号文件发出。2月5日，中央通知将《打招呼的讲话要点》扩大传达到党内外群众。2月6日，《人民日报》发表记者述评，提出"右倾翻案风的风源"问题，并用"至今不肯悔改的走资派"作为邓小平的代名词。2月12日，《北京日报》署名梁效的文章又将其升级为"不肯改悔的最大的走资派"。2月25日，中共中央召集各省市自治区的各大军区负责人会议,传达《毛主席重要指示》,即由毛远新整理的毛泽东自1975年10月至1976年1月有关"批邓、反击右倾翻案风"的多次谈话,其中点名批评邓小平。会议要求揭发、批判邓小平,解决"转弯子"问题。3月3日,中共中央发出《关于学习〈毛主席重要指示〉的通知》,转发了毛泽东关于"批邓、反击右倾翻案风"的指示,要求组织县团以上干部学习。"批邓"问题由此正式在党内公开。在此前后,江青、张春桥等人十分活跃,到处煽风点火,甚至擅自召集11省、区会议,指名道姓地攻击邓小平是"垄断资产阶级""买办资产阶级""修正主义""投降主义""大汉奸""造谣公司的总经理""一言堂,独立王国,法西斯",等等。

毛泽东对"四人帮"一伙也是保持警惕的。1976年3月10日,毛泽东曾再次批评:"江青干涉太多了,单独召开十一省谈话。""四人帮"一伙的倒行逆施也激起全国人民的极大愤慨。以悼念周恩来总理为主题,抨击"四人帮"的大、小字报和标语口号不断出现。3月底4月初,随着清明节的临近,全国各地悼念周恩来,反抗"四人帮"的活动达到高潮。4月5日,发生天安门事件。4月7日,"四人帮"指使炮制《天安门广场的反革命政治事件》的报道,攻击邓小平是"当代匈牙利反革命事件的头子纳吉"。同日上午,毛泽东听取毛远新的汇报,指示要解除邓小平的一切职务,保留党籍,以观后效。毛泽东还提出华国锋任总理,一起登报。7日下午,毛泽东又补充说,华国锋任党的第一副主席,并写在决议上。4月7日晚8时,中央人民广播电台播出中共中央的两个决议,即《中共中央关于华国锋同志任中共中央第一副主席、国务院总理的决议》《中共中央关于撤销邓小平党内外一切职务的决议》。

毛泽东选定华国锋为接班人后,在其生命的最后一段时间里还尽力帮助华国锋在党内树立威信。1976年4月间,毛泽东曾明确指示:"要造这个舆论,要宣传华国锋同志,要使全国人民认识华国锋同志。"4月30日晚，毛泽东会见外宾后，听取华国锋的工作汇报，当听到全国总的形势好，有几个省不大好的情况时，毛泽东当即给华国锋亲笔写了三条指示：一是"慢慢来，不要着急"，二是"照过去方针办"，三是"你办事，我放心"，再次表明了由华国锋做接班人的决策。

选定华国锋为接班人，是毛泽东一生中所作的最后一个重大决策。这是当时条件下所能作出的选择，虽然不一定是最恰当的人选，但毕竟打破了"四人帮"篡夺党和国家最高权力的梦想，而且为后来中共中央粉碎"四人帮"创造了重要条件，对毛泽东身后的中国政局，产生了重大影响。

1976年9月9日零时10分，毛泽东逝世，享年83岁。

毛泽东是中国共产党、中国人民解放军、中华人民共和国的缔造者和伟大领袖，是伟大的马克思列宁主义者，是杰出的无产阶级革命家、理论家、军事家和诗人。毛泽东是全心全意为中国人民和世界人民谋利益的光辉典范，他把毕生的精力直到生命的最后一息，全部贡献给中国各族人民和全世界被压迫民族被压迫人民的解放事业，贡献给人类进步事业和共产主义事业。毛泽东一生著述丰厚，他的主要著作收入《毛泽东选集》和《毛泽东文集》。

附录

毛泽东对中国特色社会主义的理论贡献

习近平总书记在纪念毛泽东同志诞辰120周年座谈会上的讲话，站在新的历史高度，科学评价了毛泽东的历史地位。其中，他进一步阐述了改革开放前后两段历史之间的辩证关系，强调："改革开放前的社会主义实践探索，是党和人民在历史新时期把握现实、创造未来的出发阵地，没有它提供的正反两方面的历史经验，没有它积累的思想成果、物质成果、制度成果，改革开放也难以顺利推进。"①结合学习这一重要讲话的精神，围绕毛泽东在新中国成立后对中国特色社会主义的理论贡献，谈一点自己粗浅的认识。

首先要说明的是，继领导创建新中国，为当代中国社会的一切发展进步提供了根本政治前提之后，毛泽东和他的战友们，从中国的实际出发，通过民主建政，确立了以民主集中制为灵魂的根本政治制度——人民代表大会制度，以及中国共产党领导的多党合作和政治协商制度及民族区域自治制度，制定了第一部"社会主义性质的"宪法；开创了一条具有中国特色的社会主义改造的道路，确立起以生产资料公有制为主体的社会主义制度，"成功实现了中国历史上最深刻最伟大的社会变革"②。上述社会制度、政治制度和基本法制的确立虽然是一种社会历史实践活动，但同时也是极为复杂的思想创

---

① 习近平：《在纪念毛泽东同志诞辰120周年座谈会上的讲话》（2013年12月26日），《人民日报》2013年12月27日。
② 胡锦涛：《坚定不移沿着中国特色社会主义道路前进，为全面建成小康社会而奋斗》，《中国共产党第十八次全国代表大会文件汇编》，人民出版社2012年版，第10页。

造过程。这期间无不融入毛泽东的智慧和心血，或者说主要就是他的思想的结晶。因此，上述制度，作为当代中国一切发展进步的根本制度基础，不仅是制度成果，同时也是毛泽东对中国特色社会主义最重要的理论贡献。与此相关，毛泽东通过广泛开展社会发展史和唯物史观教育，以及相应的知识分子思想改造运动，确立了马克思主义在意识形态领域的指导地位。这也为中国特色社会主义的理论创新提供了基本条件和舆论环境。本文不打算就在上述制度确立过程中，毛泽东对人民民主专政国家学说的阐述，对社会主义制度确立前后的阶级分析，对他在党派关系、民族问题、法制建设等方面的一系列理论创造，以及他在确立马克思主义在意识形态领域领导地位过程中的思索和见解，做详细的分析和介绍，仅就他对中国特色社会主义理论体系产生更为直接影响的思想内容，做一些概括和梳理。

一

《关于建国以来党的若干历史问题的决议》把实事求是、群众路线和独立自主，概括为毛泽东思想活的灵魂的三个基本方面。在新的历史条件下，习近平总书记再次号召全党"要坚持和运用好毛泽东思想活的灵魂，把我们党建设好，把中国特色社会主义伟大事业继续推向前进"[①]。《中共中央关于党的百年奋斗重大成就和历史经验的决议》在阐述社会主义革命和建设时期党取得的独创性理论成果的基础上，对毛泽东思想进行了科学评价。新中国成立后，毛泽东在领导社会主义革命和建设的实践中，进一步丰富和发展了这三个方面的思想，是中国特色社会主义的理论源泉。

第一，始终践行实事求是的思想路线。实事求是是毛泽东用中国语言

---

① 习近平：《在纪念毛泽东同志诞辰120周年座谈会上的讲话》（2013年12月26日），《人民日报》2013年12月27日。

对马克思主义唯物观的精辟概括,"是我们党的基本思想方法、工作方法、领导方法"①。能否一切从实际出发、能否自觉地把马克思主义与中国的具体实际有机地结合起来,是中国革命、建设和改革成败的关键。继成功地以实事求是为指导领导取得新民主主义革命和社会主义改造的伟大胜利之后,毛泽东最早向全党发出"要进行第二次结合"这一新的时代主题,他特别强调,"现在,我们反对的是社会主义革命和社会主义建设中的主观主义","思想必须反映客观实际,并且在客观实践中得到检验,证明是真理,这才算是真理,不然就不算"②。毛泽东鲜明地主张"我们必须把马克思列宁主义的普遍真理同中国社会主义建设的具体实际,并且同今后世界革命的具体实际,尽可能好一些地结合起来"③。

为了摸清新中国成立后所面临的新情况、新问题,找到领导各族人民实现新任务、新目标的正确途径和方法,毛泽东带领全党努力学习新知识,掌握新本领。单就调查研究来说,除了常规的批阅各级和各行业的报告、召集各种会议讨论研究、下发文件征求意见或试行等之外,毛泽东还身体力行,每年都亲自到各地进行深入的调查研究。据统计,从1949到1976年的27年间,他平均每年有109天是在外地,也就是说每年他有三分之一的时间是在京外考察④。他认为北京不能产生思想,生动的经验都来自外地和基层。"大跃进"遭受严重挫折后,他提出要搞个"实事求是年",要求中央、省、地、县的各级领导都要深入基层调研。他率先垂范,并多次直接组织调查组到各地进行专题调研。他还有计划地组织自己身边的警卫战士利用回乡探亲休假之机进行调研,并亲自批阅修改战士们的调研报告。总之,实事求是是

---

① 习近平:《在纪念毛泽东同志诞辰120周年座谈会上的讲话》(2013年12月26日),《人民日报》2013年12月27日。
② 《毛泽东文集》第7卷,人民出版社1999年版,第90页。
③ 《毛泽东文集》第8卷,人民出版社1999年版,第302页。
④ 袁小荣:《毛泽东外出和巡视记事》(上),大风出版社(香港)2010年版,第3页。

毛泽东在新中国成立前后一贯倡导的思想方法和工作作风,也是他一生社会实践的写照。但是,恰恰在这个问题上他也留下了不少遗憾。毛泽东认识中国国情和探索中国式建设道路的实践,受到他本人某些主观认识的影响,受到多种客观条件的局限和干扰,受到他晚年身体和精力的制约。回顾1949年到1976年的历史,凡是坚持并正确贯彻实事求是思想路线的时期,中国的各项建设事业就取得辉煌的成绩;凡是偏离这一思想路线的时候,就会遭受挫折,甚至是蒙受巨大的损失。在新的历史时期,正是通过实践是检验真理的唯一标准大讨论,重新恢复了实事求是的思想原则,并正式将其作为党的思想路线确立下来,这才开启了建设有中国特色的社会主义的伟大事业。实事求是是毛泽东留下的最宝贵的精神财富,"这个马克思主义思想路线,为我们党实行改革开放奠定了认识论基础"[①]。

从邓小平、江泽民、胡锦涛到习近平,实事求是的思想路线薪火相传,不断发扬光大。解放思想、实事求是、与时俱进、求真务实,成为中国特色社会主义伟大事业勇往直前的根本指针。

第二,充分发挥人民群众在社会主义建设中的主力军作用。新中国成立后,毛泽东除坚持他一贯倡导的那些关于群众路线的思想方针政策和措施外,还努力在社会主义条件下进一步将其发扬光大。他认为:劳动者管理国家、管理军队、管理各种企业、管理文化教育的权利,"这是社会主义制度下劳动者最大的权利,最根本的权利。没有这种权利,劳动者的工作权、休息权、受教育权等等权利,就没有保证"[②]。为此,他一是通过制度,人民民主专政的国体、人民代表大会制度的政体、生产资料公有制为主体的社会主义制度和《中华人民共和国宪法》的保障,以及"两参一改

[①] 习近平:《在十八届中共中央政治局第二次集体学习时的讲话》(2012年12月31日),《人民日报》2013年1月2日。
[②] 《毛泽东文集》第8卷,人民出版社1999年版,第129页。

三结合"的企业管理体制等，保证人民群众在新中国的主人翁地位；二是从调动一切积极因素建设社会主义强国出发，提出正确处理国家、集体与个人的关系，主张统筹兼顾、全面安排，坚持和完善按劳分配制度，把正确处理人民内部矛盾作为政治生活的主题，以及通过整风的方式解决主观主义、官僚主义和宗派主义问题，大力发扬社会主义民主等，以充分发挥广大人民群众建设自己国家的主力军作用；三是通过舆论宣传和树立劳动模范典型，引导和培育全社会形成人民群众是创造历史的动力的历史唯物主义观念。在改革开放和社会主义现代化建设新时期，毛泽东群众观的基本方面得到继承和发展，"人民拥护不拥护""人民赞成不赞成""人民高兴不高兴""人民答应不答应"成为制定各项方针政策的出发点和归宿；始终代表最广大人民群众的根本利益，把人民群众的利益实现好、维护好、发展好，成为中国特色社会主义的根本准则；中国特色社会主义新时代，以习近平同志为核心的党中央更是明确地提出："人民对美好生活的向往就是我们的奋斗目标"，新征程上，我们要始终"坚持一切为了人民、一切依靠人民"[①]。毛泽东一贯倡导的群众路线是中国特色社会主义的出发点和归宿。

第三，坚持独立自主的探索精神。早在1930年5月，毛泽东针对党内一度盛行的照搬共产国际决议和苏联经验的教条主义行径，提出一个鲜明的论断："中国革命斗争的胜利要靠中国同志了解中国情况。"[②]从那以后，独立自主、自力更生这一中华民族的伟大民族精神逐步成为中国共产党人认识世界和改造世界的基本出发点。秉承这一精神，毛泽东开辟了农村包围城市的中国民主革命胜利之路；秉承这一精神，他创造性地领导实

[①] 习近平：《高举中国特色社会主义伟大旗帜 为全面建设社会主义现代化国家而团结奋斗——在中国共产党第二十次全国代表大会上的报告》（2022年10月16日），《人民日报》2022年10月26日。

[②] 《毛泽东选集》第1卷，人民出版社1991年版，第115页。

现了向社会主义的和平过渡；还是秉承这一精神，他在社会主义制度确立伊始就率领全党开始探寻适合中国情况的社会主义建设之路。正是在独立自主精神的指引下，毛泽东率领全党和全国人民，因地制宜，开辟了独特的中国工业化道路，逐步形成了独立的工业体系和较为完整的国民经济体系，为新时期建设中国特色社会主义的伟大事业奠定了雄厚的物质基础。需要强调的是，无论是在夺取政权之前，还是在新中国成立以后，毛泽东在贯彻独立自主精神和坚持自力更生为主方针的同时，始终认为："中国与世界紧密联系的事实，也是我们的立脚点，而且必须成为我们的立脚点。我们不是而且也不能是闭关主义者，中国早已不能闭关。"[1] 他一再强调：一切民族、一切国家的长处都要学，政治、经济、科技、文艺等一切真正好的东西都要学。面对西方国家对新中国的敌视和封锁，为捍卫民族独立和尊严，他既有"封锁吧，封锁十年八年，中国的一切问题都解决了"[2] 的豪情壮志；同时，又一直为打破外界对新中国的封锁进行着积极不懈的努力。中苏关系破裂后，他把打破外界封锁的重点放在与美国之外的西方国家发展外交和经贸往来上，主张超越意识形态和社会制度发展正常的外交关系。1963年以来，经他批准，中国从日本、英国、法国、联邦德国、瑞典等国进口了石油、化工、冶金、矿山和精密机械等84套设备和技术。到1964年，中国对外贸易额中的60%来自西方国家，社会主义国家只占40%。1972年又是经他批准进行了价值43亿美元的大规模的技术和设备引进。正是在毛泽东的主持下，新中国奉行独立自主和睦邻友好的外交方针，他在世时已经与当时世界上130多个独立国家中的111个建立了外交关系，恢复了新中国在联合国及其安理会的一切合法权利。这不仅为后来的对外开放创造了良好的国际环境，而且在实际上也做了一定的思想积淀。

---

[1]《毛泽东外交文选》，中央文献出版社、世界知识出版社1994年版，第16页。
[2]《毛泽东选集》第4卷，人民出版社1991年版，第1496页。

在新的历史时期，邓小平全面继承并创造性地发展了毛泽东关于独立自主地探索中国式建设道路的精神和自力更生为主、争取外援为辅的方针，在党的十二大上，他响亮地提出"走自己的路，建设有中国特色的社会主义"的重大命题，并成功开创了对内改革、对外开放的伟大事业。习近平总书记再次重申："这种坚持走自己的路的坚定信心和决心，是我们党全部理论和实践的立足点，也是党和人民事业不断从胜利走向胜利的根本保证。"[①]可见，独立自主是开启中国特色社会主义之路的立足点和出发点。

二

什么是社会主义，如何建设社会主义，是中国特色社会主义最基本的理论命题。毛泽东对中国式社会主义建设道路的探索，实际上也主要是围绕这个命题展开的。

第一，关于坚持社会主义的发展方向。只有社会主义才能够救中国，只有社会主义才能发展中国，这是中国近代历史发展得出的必然结论；坚持社会主义的发展方向，也是毛泽东毕生的奋斗理想。三大改造完成后，他就敏锐地指出，单有生产资料所有制方面的社会主义改造，社会主义制度还不巩固，还必须大力发展社会主义生产力，从而指明了巩固社会主义制度的根本方向；针对波兰、匈牙利事件和苏联发现的问题，以及当时我们国内部分地区出现的学生游行和工人罢工现象，毛泽东阐述了严格区分和正确处理两类不同性质矛盾的重要思想，并发动了旨在反对党内主观主义、官僚主义和宗派主义的整风运动，以密切党群关系；鉴于整风运动中出现极少数右派分子对党的领导和社会主义制度的猖狂进攻，毛泽东提出

---

① 习近平：《在纪念毛泽东同志诞辰120周年座谈会上的讲话》（2013年12月26日），《人民日报》2013年12月27日。

辨别香花与毒草的六条标准,强调其中最重要的是社会主义道路和党的领导两条。此后,由于对阶级斗争形势出现扩大化和绝对化的错误判断,毛泽东坚持社会主义道路的政治实践也发生了越来越严重的错误,包括"文化大革命"那样全局性的错误。但在这个过程中,他也提出了许多宝贵的思想和经验。如关于防御帝国主义"和平演变"战略的思想,关于意识形态阵地无产阶级不去占领资产阶级必然要去占领的警示,关于培养和造就千百万无产阶级革命事业接班人及其关于接班人五项标准的思想等。他还有一些政治主张,如关于知识分子工农化和工农群众知识化,再如关于消灭"三大差别"等思想,作为当时的社会实践,严重超越了社会历史发展阶段,并给国家的经济社会生活造成相应的危害;但是作为政治理想和未来的奋斗目标,则给后人留下重要的启迪。进入新的历史时期,我们党摒弃了毛泽东将阶级斗争扩大化和超越客观历史条件的错误主张,而将其关于坚持社会主义道路的基本经验和思想,概括为"四项基本原则",并作为党在社会主义初级阶段的基本路线的基本点之一加以坚持和发展。

第二,关于社会主义社会的基本矛盾。在国际共产主义运动中,毛泽东第一个把马克思揭示的关于人类社会基本矛盾的认识推广至社会主义社会。他首先从理论上阐明了苏联建立40年都未解决的关于社会主义社会是否存在矛盾的问题。针对斯大林关于社会主义社会的生产关系与生产力、上层建筑和经济基础是完全适合的观点,毛泽东指出:"许多人不承认社会主义社会还有矛盾,因而使得他们在社会矛盾面前缩手缩脚,处于被动地位;不懂得在不断地正确处理和解决矛盾的过程中,将会使社会主义社会内部的统一和团结日益巩固。"[1]他明确指出:社会主义社会的基本矛盾仍然是生产力与生产关系、经济基础与上层建筑的矛盾。只不过社会主义

---

[1] 《毛泽东文集》第7卷,人民出版社1999年版,第213页。

社会的这些矛盾,同旧社会"具有根本不同的性质和情况罢了"①。这些矛盾"不是对抗性的矛盾,它可以经过社会主义制度本身,不断地得到解决"②。而社会主义改造完成后存在的各种矛盾,不论是敌我矛盾、人民内部矛盾,还是经济、政治、思想、文化各个领域中的矛盾,都是受社会基本矛盾制约和规定的。毛泽东关于社会主义社会基本矛盾的理论,特别是关于社会主义社会的矛盾可以经过社会主义制度本身不断地得到解决的观点,指明了社会主义制度改革的必然性,是新时期社会主义改革论的理论来源。邓小平后来说:"关于基本矛盾,我想现在还是按照毛泽东同志在《关于正确处理人民内部矛盾的问题》一文中的提法比较好。"③

第三,关于社会主义社会的根本任务。毛泽东在《论十大关系》中开宗明义,就是要调动一切积极因素建设社会主义强国。他认为:"我们的根本任务已经由解放生产力变为在新的生产关系下面保护和发展生产力。"④因此,他号召全党,"团结全国各族人民进行一场新的战争——向自然界开战,发展我们的经济,发展我们的文化,使全体人民比较顺利地走过目前的过渡时期,巩固我们的新制度,建设我们的新国家"⑤。毛泽东关于社会主义社会的根本任务的科学论断,后来虽然受到关于社会主义社会主要矛盾上错误判断的严重影响,并且在把阶级斗争扩大化和绝对化的严重干扰下未能在实践上将其贯彻始终,但是他对发展生产力这一根本任务的认识和建设社会主义现代化强国的奋斗目标,始终不渝。比如"大跃进"违背经济规律和急于求成,但当时的中心工作是在搞经济建设;八届十中全会重提阶级斗争,但他吸收1959年"反右倾"的教训,提出不要让搞

---

① 《毛泽东文集》第7卷,人民出版社1999年版,第214页。
② 《毛泽东文集》第7卷,人民出版社1999年版,第213—214页。
③ 《邓小平文选》第2卷,人民出版社1994年版,第181—182页。
④ 《毛泽东文集》第7卷,人民出版社1999年版,第218页。
⑤ 《毛泽东文集》第7卷,人民出版社1999年版,第216页。

阶级斗争妨碍了我们的工作（调整、恢复经济）；他在发动社会主义教育运动的同时，又强调"我们应当以有可能挨打为出发点来部署我们的工作，力求在一个不太长久的时间内改变我国社会经济、技术方面的落后状态，否则我们就要犯错误"[1]；"文化大革命"发动后，他又提出抓革命，促生产；到了晚年，毛泽东还念念不忘要把国民经济搞上去。毛泽东对社会主义社会根本任务的正确认识和他在实践中对此根本任务的一再偏离，从正反两方面启迪和教育了全党，这些构成了我们党在新时期确定以经济建设为中心的基本路线的思想渊源。

第四，关于社会主义发展阶段。鉴于新中国成立后各项事业的顺利开展和各种条件已趋成熟，毛泽东和党中央在过渡时期总路线中提出：党的任务是在10年到15年或者更多一些时间内，基本完成国家工业化和社会主义的改造。实际运行的结果，只用3年就基本完成了生产资料所有制的改造，但实现工业化的任务却远没有达到（按照当时的理解，实现工业化的一个重要标志是工业产值在国内生产总值的比重要达到70%以上，1957年只达到43.8%）。对此，毛泽东当时就有清醒的认识，他指出："我国的社会主义制度还刚刚建立，还没有完全建成，还不完全巩固。"[2] 这里毛泽东把社会主义区分为"建立"和"建成"两个概念，实际也就是两个阶段。他在《一九五七年夏季的形势》中指出："在我国建立一个现代化的工业基础和现代化的农业基础，从现在起，还要经过十年至十五年的社会生产力的比较充分的发展，我们的社会主义的经济基础和政治制度，才算获得了自己的比较充分的物质基础（现在，这个物质基础还很不充分），我们的国家（上层建筑）才算充分巩固，社会主义社会才算从根本上建成了，现在还未建成，还差十年至十五年时间。"通过大力发展生产以巩固社

---

[1] 《毛泽东文集》第8卷，人民出版社1999年版，第341页。
[2] 《毛泽东文集》第7卷，人民出版社1999年版，第214页。

主义的经济基础和政治制度,是毛泽东发动"大跃进"的直接动因。"大跃进"和人民公社化运动开展后所遭受的严重挫折,不仅使毛泽东对建成社会主义的时间开始有了较为清醒的认识,而且使他对建设社会主义的艰巨性和阶段性也进行了审慎的思考。这时,他估计建成社会主义的时间可能需要八到十个五年计划。1959年12月到1960年2月,他在结合中国社会主义建设中发现的问题学习苏联《政治经济学教科书》时指出:"社会主义这个阶段,又可能分为两个阶段,第一个阶段是不发达的社会主义,第二个阶段是比较发达的社会主义。后一阶段可能比前一阶段需要更长的时间。经过后一阶段,到了物质产品、精神财富都极为丰富和人们的共产主义觉悟极大提高的时候,就可以进入共产主义社会了。"[①] 1962年1月30日,他在七千人大会上的讲话中进一步指出:"中国的人口多、底子薄,经济落后,要使生产力很大地发展起来,要赶上和超过世界上最先进的资本主义国家,没有一百多年的时间,我看是不行的。……我劝同志们宁肯把困难想得多一点,因而把时间设想得长一点。"[②] 毛泽东对社会主义条件下中国国情的初步认识和他关于中国社会主义发展阶段的认识过程,为我们党在新时期全面准确地把握社会主义初级阶段的基本国情提供了重要的实践依据和思想借鉴。

第五,关于社会主义建设的发展目标。毛泽东在党的七大上提出把落后的农业国变成先进的工业国这一宏伟的奋斗目标。但按当时的理解,那是单一的工业化。新中国成立后的实践,使毛泽东对建设目标的设想得到深化与丰富。1954年9月,一届全国人大上周恩来的《政府工作报告》采纳了毛泽东在党内讲话的精神,提出:建设强大的现代化的工业、现代化的农业、现代化的交通运输业和现代化的国防。这是关于四化目标的最初

[①] 《毛泽东文集》第8卷,人民出版社1999年版,第116页。
[②] 《毛泽东文集》第8卷,人民出版社1999年版,第302页。

描述。1957年2月,毛泽东在关于正确处理人民内部矛盾问题的讲话中提出:"将我国建设成为一个具有现代工业、现代农业和现代科学文化的社会主义国家。"[①]同年3月,他在全国宣传工作会议上进一步强调,"要把我们这个经济落后、文化落后的国家,建设成为富裕的、强盛的、具有高度文化的国家"[②]。

这样,毛泽东对中国社会主义建设目标的构想,就由单一的工业化演变为四化,其中特别是加入了"科学文化"的目标。随后,他在读苏联《政治经济学教科书》的谈话中第一次完整地将建设目标概括为:工业现代化、农业现代化、科学文化现代化和国防现代化。1964年12月,根据毛泽东的建议,周恩来在三届全国人大的《政府工作报告》中正式向全党和全国提出实现四化的建设目标,后来又在四届全国人大上重申。中国社会主义建设的目标被定格为农业、工业、国防和科学技术的现代化,这反映了毛泽东对中国现代化内涵的理解,为新时期我们党科学地确定发展目标提供了阶段性的认识基础。

总之,毛泽东在率领全国各族人民取得新民主主义革命和社会主义革命伟大胜利之后,率先开始探寻与苏联不完全相同的适合中国实际的社会主义建设道路,并提出要进行"第二次结合"的历史性课题;他对进入社会主义社会后中国的阶级关系和社会经济状况作出正确的分析与判断,最早明确以经济建设为中心的思想;他第一个认识到可以把社会主义社会分为不发达和比较发达两个阶段;他提出并阐明以工业为主导、农业为基础这样一条有别于苏东国家的,实际是工农业并举的工业化道路;他在马克思主义发展史上第一次系统地阐述了关于社会主义社会基本矛盾的理论,特别是创立了关于严格区分和正确处理两类不同性质矛盾的学说,并把正

---

① 《毛泽东文集》第7卷,人民出版社1999年版,第207页。
② 《毛泽东文集》第7卷,人民出版社1999年版,第275页。

确处理人民内部矛盾问题作为我国政治生活的主题;他提出要对高度中央集权的计划管理体制进行改革,要调动中央和地方两个积极性;要兼顾生产和生活,兼顾国家、集体和生产者个人三方面的积极性,提出"统筹兼顾、各得其所"的方针,以调动各方面的积极性;他系统地论述了"自力更生为主,争取外援为辅"的方针;他强调要保证工农群众在新国家的主人公地位,要实行"两参一改三结合"的企业管理办法;他提出"百花齐放、百家争鸣"和"洋为中用、古为今用"的方针,为发展社会主义科学文化艺术事业指明了正确的方向,等等。毛泽东坚信"我们的社会主义制度优胜于资本主义制度,我们的无产阶级政党——共产党的领导优胜于资产阶级政党的领导。资本主义需要三百年才能发展到现在这样的水平,我们肯定在几十年内,至多在一百多年内,就可以赶上和超过它"[1]。他的这些思想,为新时代新征程我们党坚持和发展中国特色社会主义,提供了宝贵经验和重要的理论支持。

三

尽管毛泽东对中国式社会主义建设道路进行了多方面的探索,从微观到宏观,涉及政治、经济、军事、文化、外交等各个领域,所取得的成就也是巨大的。但是,最终还是未能实现他理想中的由必然王国到自由王国的飞跃。毛泽东的未竟之业,也就是中国特色社会主义道路,是在改革开放历史新时期开辟的[2]。习近平总书记在谈论改革开放前后两个时期历史的联系与区别问题时指出,这两个历史时期在进行社会主义建设的思想指导、

---

[1] 《建国以来毛泽东文稿》第10册,中央文献出版社1996年版,第63页。
[2] 习近平:《在新进中央委员会的委员、候补委员学习贯彻党的十八大精神研讨班上的讲话》(2013年1月5日),《人民日报》2013年1月6日。

方针政策、实际工作上是有很大差别的。具体地说：

第一，关于单一公有制与公有化程度过高问题。尽管毛泽东在三大改造刚刚完成时就注意到公有化程度过高、改造步骤过快、方式方法过于简单及其随之而来的生产品种单一、质量下降、特色不突出、无法满足人民群众需要等问题，并有过"可以消灭了资本主义，又搞资本主义"①的探索火花。但是，正如他自己所言："我注意得较多的是制度方面的问题，生产关系方面的问题。至于生产力方面，我的知识很少。"②他认为："在工商业的公私合营企业中，资本家还拿取定息，也就是还有剥削；就所有制这点上说，这类企业还不是完全的社会主义性质的。农业生产合作社和手工业生产合作社有一部分也还是半社会主义性质的；完全社会主义化的合作社在所有制的某些个别问题上，还需要继续解决。"③因此，他在实践中比较注重追求单一的公有制和公有制的高级形式。这样，到1966年个体经济从业人员还有156万人，"文化大革命"结束时只剩下15万人，产值不足国民生产总值的1%，而私营企业则是几乎不存在了。这种单一的公有制，严重超越了社会发展阶段与社会主义初级阶段中国生产力的发展水平。

第二，关于计划经济与市场经济问题。由于缺乏社会主义建设的经验，毛泽东对马列主义经典作家关于社会主义社会和共产主义社会的论述，有某种程度的教条化理解。比如，虽然他认识到要充分发挥价值规律的作用，要大力发展商品和商品交换，但却把计划经济体制作为社会主义的基本特征奉为圭臬；他很看重列宁关于小生产是经常地、每日每时地和大批地产生着资本主义和资产阶级的论断，把自由市场和自发经济视为"资本主义的尾巴"。从而在实际上将计划经济与市场经济对立起来，完全忽视了市

---

① 《毛泽东文集》第7卷，人民出版社1999年版，第170页。
② 《毛泽东文集》第8卷，人民出版社1999年版，第303页。
③ 《毛泽东文集》第7卷，人民出版社1999年版，第214—215页。

场经济在资源配置和生产经营中的重要作用。

第三，关于以阶级斗争还是以经济建设为工作重心问题。毛泽东在新中国成立前夕就指出：党的工作重点已经由农村转到了城市。而城市中的各项工作，"都是围绕着生产建设这一个中心工作并为这个中心工作服务的"①。社会主义制度确立后,他更加明确地强调：八大会议的重点是两个,一个是社会主义改造，一个是经济建设。这两个重点中，主要的还是经济建设。正是基于上述认识，党的八大正式确定党和国家的主要任务是集中力量发展社会生产力，实现国家工业化，逐步满足人民日益增长的物质文化需要。在此指导思想下，1957年的农业产值达到537亿元（比上年增长24.8%），工业产值则达到704亿元（增长一倍多），工业产值超过了农业，这是中国几千年历史上的第一次。可惜的是，在反右派斗争严重扩大化以后，以经济建设为中心的工作重点逐渐偏离。其主要标志是改变了关于社会主义社会主要矛盾的认识，把通过社会主义改造已经基本解决的无产阶级与资产阶级的矛盾，再次提升为社会的主要矛盾。此后，虽然他和党中央也抓经济建设，但经济工作却一再受到所谓"阶级斗争"问题越来越严重的干扰，到"文化大革命"中形成所谓"无产阶级专政下继续革命"的错误理论，经济建设完全处于"抓革命"的从属。结果致使在很长的时间里生产效率不高，人民生活未能得到较大的改善，与世界先进国家的差距越来越大，社会主义的优越性得不到充分地发挥。

第四，关于领导经济建设的方式方法问题。出于强烈的民族自尊心和爱国主义情怀，毛泽东始终有一种时不我待的急迫感，他的赶超战略思路是："我们不能走世界各国技术发展的老路，跟在别人后面一步一步地爬行。我们必须打破常规，尽量采用先进技术，在一个不太长的历史时期内，把我国

---

① 《毛泽东选集》第4卷，人民出版社1991年版，第1428页。

建设成为一个社会主义的现代化的强国。"① 在此思路下，一方面他摸索出许多重要的理论创造和宝贵经验，但同时，也有一些是脱离实际的主张，乃至带有空想主义的色彩。比如片面强调人的主观能动性和片面强调生产关系的反作用，一味地希望通过加强政治思想工作和不断地变革生产关系促进生产力发展，把政治上追求人与人之间的"平等"关系与分配问题上的"平均主义"简单地画等号，以及运用战争年代搞群众运动的方式解决和平时期经济建设方面的问题等。这些手段虽然有的一时发挥出很大的成效，但终因与客观条件脱节、急于求成而归于失败，甚至产生了反面的效用。

　　基于上述原因，加上党内政治生活中的问题，特别是民主监督制度不健全，致使许多符合中国国情和中国社会主义建设实际的正确主张，被视为偏离社会主义方向的错误思潮而受到压制和批判，直至发生"文化大革命"那样的历史悲剧。为中华民族的独立和富强奋斗了一辈子的毛泽东，在晚年却因为其"无产阶级专政下继续革命"的理想与现实的严重冲突而陷入无法排解的苦恼之中。随着历史的发展，中国人民对毛泽东在探索中出现的失误和不足，有了越来越理性的认识。正如习近平总书记所指出："不能用今天的时代条件、发展水平、认识水平去衡量和要求前人，不能苛求前人干出只有后人才能干出的业绩来。"②《中共中央关于党的百年奋斗重大成就和历史经验的决议》对于"文化大革命"作了评述，指出，面对当时严峻复杂的外部环境，党极为关注社会主义政权巩固，为此进行了多方面努力。然而，毛泽东同志在关于社会主义社会阶级斗争的理论和实践上的错误发展得越来越严重，党中央未能及时纠正这些错误。毛泽东同志对当时我国阶级形势以及党和国家政治状况作出完全错误的估计，发动和

---

① 《毛泽东文集》第8卷，人民出版社1999年版，第341页。
② 习近平：《在纪念毛泽东同志诞辰120周年座谈会上的讲话》（2013年12月26日），《人民日报》2013年12月27日。

领导了"文化大革命",林彪、江青两个反革命集团利用毛泽东同志的错误,进行了大量祸国殃民的罪恶活动,酿成十年内乱,使党、国家、人民遭到新中国成立以来最严重的挫折和损失,教训极其惨痛。1976年10月,中央政治局执行党和人民的意志,毅然粉碎了"四人帮",结束了"文化大革命"这场灾难。

党的十一届三中全会以来,以邓小平、江泽民、胡锦涛、习近平为代表的中国共产党人,继承毛泽东一贯力行的把马克思主义与中国实际相结合的优良传统,打破过去对马克思主义的一些僵化理解及其相应的思想禁锢,摆脱了苏联式计划经济体制的束缚;从中国仍然处于并将长期处于社会主义初级阶段这一基本国情出发,从根本上解决了什么是社会主义、怎样建设社会主义的问题;在坚持与巩固生产资料公有制的主体地位和以按劳分配为主的原则、坚持人民民主专政和人民代表大会制度、坚持马克思主义在意识形态领域的指导地位的前提下,适应社会主义初级阶段生产力发展的要求,对内改革,对外开放,吸收和借鉴国外一切有益的经验、技术、资金,鼓励和支持多种经济成分共同发展,确立了以公有制为主体、多种所有制经济共同发展的基本经济制度,建立起充满生机和活力的社会主义市场经济体制,充分调动了国内外一切积极因素,大大解放了生产力,推动中国社会经济等各项事业持续稳定快速发展。从而开辟了中国特色社会主义道路、形成了中国特色社会主义理论体系、确立了中国特色社会主义制度、发展了中国特色社会主义文化。从现在起,我们党的中心任务就是团结带领全国各族人民全面建成社会主义现代化强国、实现第二个百年奋斗目标,以中国式现代化全面推进中华民族伟大复兴。

后 记

毛泽东一直是我心目中最敬仰的伟人。1978—1982年笔者读大学时，社会上对如何评价毛泽东和毛泽东思想的历史地位有过许多争论。结合对《关于建国以来党的若干历史问题的决议》的学习，我对毛泽东有了初步的认识。那时公开出版的毛泽东著作还不是很多，只是把《毛泽东选集》反复读了多遍，甚至是每写一篇有关党史的习作，都要把《毛泽东选集》从头到尾，包括注释都一条不落地读一遍。可以说，我是借助《毛泽东选集》学习中共党史的。研究生毕业后，有幸被分配到一个专门研究毛泽东著作、生平和思想的权威机构工作了7年。非常感谢给我提供了这样一个机会的领导，非常感谢那里的同志们7年间给我的熏陶和教育，使我对毛泽东的生平和著作有了比较系统的学习。自那时起，在学习和研究的基础上，我陆续撰写发表了一些有关的论文和书籍，积累了一些相关的知识。

1995年底，韩钢、张树军两位朋友邀我参加《中共一大代表丛书》中《毛泽东》一稿的撰写。由于深感自己水平和积累之不足，再三推辞，直到1996年2月，才答应按照整套丛书的写作风格和体例要求，试试看。经过8个多月的努力，终于草成此稿。

在写作过程中，吸收和参考了历年来发表的，如《毛泽东年谱》等有关研究成果，特向那些作品的撰写者，表示衷心的感谢。这里特别要向过去和我合作撰写《毛泽东》（1991年收入《中共党史人物传》第五十卷）的吴正裕同志，合作编写《世纪伟人毛泽东》的刘敏、李东朗、张文和、刘延兵等同志，合作撰写《长征途中的毛泽东》的郑广瑾同志，合作撰写《走近毛泽东》的曹志为同志，合作撰写《毛泽东外交生涯第一幕》的王宏斌同志，合作编写《毛泽东家世》的张民等同志，以及其他一些书籍的合作伙伴们表示诚挚的敬意和感谢，本书稿中肯定融入有他们的劳动。

由于我个人的水平所限，书稿中一定有许多不当之处，敬请广大读者批评、指正！

作 者
1996 年 10 月

再版后记

本书是在1997年12月河北人民出版社出版的《毛泽东》一书的校勘本。为赶在纪念五四运动90周年之际出书，省却再次审批之累，没有对书稿的基本框架和结构做任何实质性的改动。与此相关，该书出版十多年来，尽管自己在对毛泽东生平、著作和思想的学习与研究方面有所进步。但是，自己对毛泽东及其思想的基本认识一直没有质的变化。因此，此次修订中对原书稿的基本观点，也没有改动。当年在撰写原书稿时，《建国以来毛泽东文稿》和《毛泽东文集》尚未出齐。一些相关的文献和档案还没有公开发表，特别是因为自己的水平所限，书稿中存在不少的疏漏和技术性错误。对这些问题，此次逐一进行了订正，篇幅也相应地略有增加。

借此再版之机，向原出版单位的李保平、马千海、荆彦周等同志表示感谢，向《中共一人代表丛书》的主编郑惠、张静如老师表示敬仰与感谢（本书原来是该丛书的一种），向上次送审时对书稿提出宝贵修改意见的郑谦、韩钢、张树军、张琦、庞松等学长、朋友表示感谢。我在原书稿的后记中，对多位在我学习和研究毛泽东过程中曾给予诸多帮助的合作伙伴表示鸣谢。当时忽略了一同编写相关工具书的一些朋友和老师，如共同主编《新版〈毛泽东选集〉大辞典》的挚友张占斌，带领我们编写《毛泽东研究事典》的前辈廖盖隆、邢崇智、蒋顺学（该书曾获得1993年度中国图书奖），以及后来共同撰写《毛泽东著作版本编年纪事》的同事和好友边彦军、刘敏、张素华等。事实上，还有许多其他相关书籍合作者的帮助，没有一一列出。特别是还有多位前辈、师长和领导，30多年来（1978年上大学至今），曾给予我大量的关怀和指导，因避拉大旗之嫌，对他们的哺育和教诲之恩，只能是铭记于心。

  本书稿中肯定还有这样或那样的缺陷存在，敬请广大读者继续批评指正。

蒋建农

2009年4月14日于沙滩

修订版后记

中国共产党已走过百年奋斗历程。如今，中共党史出版社拟再版《中共一大代表丛书》，拙作《毛泽东》忝列其中。这套丛书原是中央党史研究室的科研项目，由原中央党史研究室副主任郑惠同志和全国中共党史学会副会长张静如教授主编。两位老先生虽然均已作古，但他们当年组织编写和审改书稿的情形，仍历历在目，不胜感念。特别是张静如先生，我对他虽然仰慕已久并且有7年时间同在一个家属院居住，起初却未敢贸然打扰。后来通过韩钢和张树军与他结识后，多年中一直得到他的指导和提携。他不仅带领我们编写《图文共和国史记》（当代中国出版社1999年版）和多卷本《中国共产党通史》（广东人民出版社2001年版）等书籍，对我们这些后学个人的学术活动和研究也长期关爱有加。1999年我申报研究员职称评审时，正是由他和我的老领导吴正裕同志担任的推荐导师。《毛泽东》于1997年由河北人民出版社出版后，出版单位在1999年曾经设想以插图本形式再版。我向张先生汇报此事并请他作序，他欣然命笔。可惜因为其他缘故插图本未能问世，张先生写的序言也一同被搁置，对此我深感愧疚。前些日子在朋友的仓库翻检我寄存在那里的书刊时，竟然找到了当年的那篇序言，遂商得中共党史出版社同意，引为此次再版的序言，使学界得窥他对后辈的关怀与期望之一斑，同时表达我对他老人家的思念。

我自2013年6月转岗任原中央党史研究室第一研究部主任后，结束了自1995年以来的17年间在行政岗位（多为学术单位）的工作，却要利用业余时间从事专业研究的尴尬状态。特别是自 2016 年底退休转任华南师范大学特聘研究员以来，自己先后参加了七八种书籍的编写，撰写并发表了 80 多篇关于党史、军史、国史研究方面的论文。这些书文有些是专门研究毛泽东的，其余的也多与毛泽东有关。此次修订，依托这些新的研究和新的认识，我在新中国成立前部分又增写了 10 万字的内容。但是，为保持书稿的风格和便于非专业研究的读者阅读，书稿的基本框架、结构未动。同时，为免却送审环节可能的麻烦，对新中国成立后部分的书稿，只对少量的史实和文字做了订正，未敢增添新的内容。为弥补自己"意犹未尽"的遗憾，特在书稿最后加了一篇附录《毛泽东对中国特色社会主义的理论贡献》。

最后，再次感谢广大读者以往对这本书稿所提的宝贵意见，并请继续批评指正。

蒋建农

2023 年 12 月